Sabine Mannitz
Die verkannte Integration
Eine Langzeitstudie unter Heranwachsenden
aus Immigrantenfamilien

[transcript]

Bei der vorliegenden Studie handelt es sich um eine für die Publikation überarbeitete Fassung der Dissertation der Autorin an der Kulturwissenschaftlichen Fakultät der Europa-Universität Viadrina in Frankfurt an der Oder (Disputation 2005).

Gedruckt mit Hilfe der Geschwister Boehringer Ingelheim Stiftung für Geisteswissenschaften in Ingelheim am Rhein.

Bibliografische Information der Deutschen Bibliothek
Die Deutsche Bibliothek verzeichnet diese Publikation in der Deutschen Nationalbibliografie; detaillierte bibliografische Daten sind im Internet über http://dnb.ddb.de abrufbar.

© 2006 transcript Verlag, Bielefeld

Die Verwertung der Texte und Bilder ist ohne Zustimmung des Verlages urheberrechtswidrig und strafbar. Das gilt auch für Vervielfältigungen, Übersetzungen, Mikroverfilmungen und für die Verarbeitung mit elektronischen Systemen.

Umschlaggestaltung: Kordula Röckenhaus, Bielefeld
Umschlagabbildung: Maurizio Gambarini, dpa, 23.09.2005, © dpa: Im Rahmen eines EU-Projektes zur Integration muslimischer Frauen, bei dem türkische und deutsche Frauen gemeinsam das Inlineskaten erlernen, übt Arzu Eksi aus Hamburg sich im Fahren auf Rollerblades.
Lektorat & Satz: Sabine Mannitz, mit dankenswerter Unterstützung von Marlar Kin
Druck: Majuskel Medienproduktion GmbH, Wetzlar
ISBN 3-89942-507-3

Gedruckt auf alterungsbeständigem Papier mit chlorfrei gebleichtem Zellstoff.

Besuchen Sie uns im Internet: *http://www.transcript-verlag.de*

Bitte fordern Sie unser Gesamtverzeichnis und andere Broschüren an unter:
info@transcript-verlag.de

INHALT

Integration und Selbstorganisation:
Immigrantenfamilien im Fokus zweifelhafter Kategorien — 7
Das Problem des methodischen Nationalismus — 10
Schwierigkeiten der Nomenklatur — 15
Erkenntnisinteresse und Fallauswahl — 17
Forschungskonzept und Aufbau der Arbeit — 19

1. Konzeptionelle Grundlagen — 27
Sozialisation – Individuation – Identifikation — 32
Sonderfall (weibliche) Adoleszenz in der Migrantenfamilie? — 44
    Ein hegemoniales Narrativ: Der inkompatible Islam... — 48
    ...und die fremde Frau – das zu befreiende Wesen — 51
Diskursordnung als Sozialisationsfaktor — 58
Die Produktion sozialen Sinns im Alltagshandeln:
    doing difference – doing sameness — 63

2. Feldzugang, Methoden und Fallstudienwahl — 73
Feldzugang und Forschungsphasen — 73
Untersuchungsmethoden und Fallstudien-Fokussierung — 81
    Erhebungsmethoden — 82
    Fallstudienwahl — 87
Aussagewert der Studie — 91
    Geschlechtsspezifische Momente — 95
Kurzporträts — 99
    Mehabad – Unverbindlichkeit als Unabhängigkeit — 101
    Ilona – Ausharren im Dornröschenschlaf — 101
    Sahar – Unternehmergeist in Sachen Familie — 102
    Ratna – Anwaltschaft für Frauenrechte und die ‚Dritte Welt' — 103
    Helena – Tauziehen um Freiheit und Harmonie — 103
    Serkan – Der Geläuterte — 104

3. Aufwachsen als „AusländerIn":
    Kollektive Zurechnungen und eigene Projektionen 107
    Die Ambivalenz der „Herkunftskultur" 109
       Zuschreibungen in der Familie 110
       Diskursstrukturen in der Schule 124
    Die Ambivalenz des Deutschen 153
       Diskursstrukturen in der Schule 157
       Projektionen: Deutsch werden aus Sicht der „AusländerInnen" 168
    „AusländerIn" sein: Synthese von Ambivalenzen 177
    Der biographische Selbstentwurf als Leerstelle im Diskurs 191

4. Eigenes leben, Anderes integrieren 195
    Familie und Beruf: Das weibliche Dilemma 197
       Sahar – Unternehmergeist in Sachen Familie 199
       Ilona – Ausharren im Dornröschenschlaf 204
       Helena – Tauziehen um Freiheit und Harmonie 211
       Ratna – Anwaltschaft für Frauenrechte und die ‚Dritte Welt' 219
       Mehabad – Unverbindlichkeit als Unabhängigkeit 226
       Serkan – Der Geläuterte 236
    Ost-Deutsche, West-Deutsche, „Ausländer": Akzeptanzdilemmata 247
       Diskriminierungserfahrungen 251
       Polarisierungen im öffentlichen Raum 264
       Schutz- und Gegenmaßnahmen 267
    Individualität und Bindungen im eigenen, anderen Leben 277
       Das Private 281
       Gesellschaftliche Belange 284

5. Resümee und Ausblick: Die verkannte Integration 289
    Aufwachsen im Schaufenster des Westens 290
    Sozialisationsagentur Schule 293
    Die Selbstverständlichkeit des heterogenen Sozialraums 301
    Integration durch Individuation 306
    Ausblick 314

    Literatur 317

    Danksagung 343

Der Text ist nach den Regeln der neuen deutschen Rechtschreibung abgefasst. In älteren Zitaten wurde die Originalschreibung beibehalten. Als geschlechtsneutrale Begrifflichkeiten werden die verschiedenen gebräuchlichen Varianten verwendet, das große Binnen-„I" ebenso wie ausgeschriebene Formen („/innen" oder „und -innen").

Integration und Selbstorganisation: Immigrantenfamilien im Fokus zweifelhafter Kategorien

Die Diskussion um eine Integration eingewanderter Bevölkerungsgruppen hat in Deutschland unversehens Auftrieb und auf der politischen Agenda einen beachtlichen Bedeutungszuwachs erhalten: Im Jahr 2000 trat ein novelliertes Staatsangehörigkeitsrecht in Kraft, das im Inland geborene Kinder unabhängig von der Nationalität ihrer Eltern die deutsche Staatsangehörigkeit erwerben lässt. Im Jahr 2005 trat überdies ein Zuwanderungsgesetz in Kraft, das Sprach- und Orientierungskurse vorsieht und damit erstmals eine verbindliche Struktur an Eingliederungshilfen geschaffen hat. Dass Präsidium und Bundestagsfraktion der CDU im Jahr 2006 zu einem Integrationsgipfel aufrufen, bei dem politische und gesellschaftliche Gruppen sich auf geeignete Strategien zur Integrationsförderung verständigen sollen, stellt ebenfalls ein Novum dar. Begleitet wird die Installierung der Angebote indes von einer verschärften Rhetorik, Integrationsunwillige zu sanktionieren. Besonders laut wurde die Forderung von Strafen, von der Kürzung sozialstaatlicher Zuwendungen bis hin zur Ausweisung missliebiger Immigranten, anlässlich einer Reihe von Ereignissen, die bundesweit für Empörung sorgten: Die Ermordung der Berlinerin Hatun Sürücü durch ihren Bruder im Februar 2005 war ein solcher Fall. Zwar sah das zuständige Gericht eine Mittäterschaft weiterer Familienmitglieder als nicht erwiesen an. Dessen ungeachtet forderten Politiker verschiedener Parteien, die gesamte Familie auszuweisen. Die Notstands-Erklärung der Rütli-Hauptschule in Berlin-Neukölln 2006 rief ähnliche Reaktionen hervor: Der Berliner Spitzenpolitiker Friedbert Pflüger verlangte ein härteres Durchgreifen, Einschnitte beim Kindergeld, Präventiv-Inhaftierungen und die Abschiebung gewalttätiger Jugendlicher aus Einwandererfamilien. Der bayerische Ministerpräsident Edmund Stoiber schloss sich diesem Votum an. Auch er plädierte für ein Repressions-Instrumentarium von gekürzten Sozialleistungen bis zur Ausweisung, um die Eingliederung von Immigranten effektiver durchzusetzen.

Es ist kein deutsches Spezifikum, dass migrations- und integrationspolitische Einlassungen eine konjunkturelle Abhängigkeit von tagesaktuellen Skandalchroniken zeigen. Im Unterschied zu einer Reihe seiner europäischen Nachbarländer hat Deutschland sich freilich erst spät dazu bekannt, ein Einwanderungsland zu sein, in dem ein politischer Handlungsbedarf zur Gestaltung des Immigrationsgeschehens besteht. Über Jahrzehnte war die Einwanderung in die Bundesrepublik als Politikfeld der Arbeitsmarktregulierung konzipiert. Gesellschaftliche Integration wurde folglich zunächst als schlichte Teilhabe am wirtschaftlichen Leben verstanden. Darüber hinaus wurden Eingewanderte und ihre Familien sozialstaatlich integriert. Als Institutionen der sozialpolitischen Betreuung traten die diversen Wohlfahrtsverbände auf. Von einer bestimmten Bringschuld der Immigranten als Integrationsleistung in der deutschen Gesellschaft war hingegen keine Rede, ging man lange Zeit doch ohnehin vom Rotationsmodell der „Gastarbeiter"-Migration und nicht von dauerhafter Ansiedlung aus.

In Anbetracht der langjährigen Indifferenz gegenüber integrationspolitischen Fragen erstaunt die Vehemenz, mit der nun vielfach ein Scheitern „der Integration" beklagt oder auch ein Überdenken „der Integrationspolitik" angemahnt wird. In der öffentlichen Diskussion dieses Themas wird gelegentlich nicht einmal mehr zwischen den national durchaus unterschiedlichen Herangehensweisen unterschieden. So löste die Nachricht von der Ermordung des niederländischen Filmemachers Theo van Gogh im Herbst 2004 über die Landesgrenzen hinaus ein erregtes Echo aus, die Integration muslimischer Einwanderer sei misslungen. Leitartikler und Politiker stellten zum wiederholten Mal die Existenz ausgeprägter Parallelwelten in den großen Städten der europäischen Einwanderungsländer fest, und die Einschätzungen dazu fielen meist eindeutig aus: Statt Integration herrsche Segregation, und Schuld daran würden neben den integrationsunwilligen Einwanderern auch naive Multikulturalisten tragen. Deren unterschiedslose Toleranz habe nicht nur keine integrativen Effekte befördert, sondern – schlimmer noch – Extremisten und Obskurantisten Unterschlupf geboten.

Desintegration vermeldete auch das Rheinisch-Westfälische Institut für Wirtschaftsforschung e.V. im November 2004: Die Mitglieder der sogenannten zweiten und dritten Migrantengenerationen ließen in geradezu alarmierender Weise Bindungen an hiesige Lebensverhältnisse vermissen. Anders als die für ethnisch deutsch klassifizierten Spätaussiedler, denen das RWI ein hohes Maß an Selbstbewusstsein und Optimismus bescheinigte, würden Einwanderer nicht-deutscher Abstammung überwiegend düstere Lebenseinstellungen zeigen und ihr persönliches Fortkommen mehr als Frage von Glück oder Schicksal verstehen denn als Resultat eigener Leistungen. Kurzum, viele Nachkommen der „GastarbeiterInnen" seien in der deutschen Gesellschaft „deeply unsettled", obwohl sich ihr Freizeitverhalten von dem ethnisch deutscher Gleichaltriger kaum noch unterscheide (Fertig 2004: 14-17).

Zweifellos sollte es gründlich zu denken geben, wenn eine große Zahl der in Deutschland lebenden Menschen ausländischer Herkunft sich außer Stande sieht, positive Zukunftsaussichten und Vertrauen in die eigenen Kompetenzen sowie die gesellschaftlichen Partizipationsversprechen zu entwickeln. Aber macht sie das „unsettled"? Der Befund von überwiegend pessimistischen Lebenseinstellungen bei Einwanderern nicht-deutscher Abstammung ließe sich auch als eine nüchterne Einschätzung der eigenen sozialstrukturell konditionierten Chancen und Möglichkeiten interpretieren. Dass Kinder und Jugendliche aus Einwandererfamilien spezifische Probleme im deutschen Schulsystem gewärtigen, ist spätestens seit den Veröffentlichungen der internationalen OECD-Vergleichsstudien zu Schülerleistungen „PISA" 2000 und 2003 allgemein bekannt. Hieraus ergeben sich faktisch besondere Probleme des Zugangs zum Arbeits- und Ausbildungsmarkt, die es wenig abwegig erscheinen lassen, das eigene Fortkommen als Glückssache zu betrachten Sollten zudem die Akzeptanzwerte und Kompetenz-Zurechnungen der deutschen Bevölkerungsmehrheit im Hinblick auf Spätaussiedler vis-à-vis den Nachkommen der einstigen „Gastarbeiter"-Immigranten differieren, hätten Letztere umso mehr Grund zu einer negativen Beurteilung ihrer Lage und künftigen Chancen. Eine Korrelierung von Optimismus mit gesellschaftlicher ‚Verwurzelung' unterstellt, dass eine zuversichtliche Haltung Kondition hiesiger Vergesellschaftung sei und suggeriert so, es gebe eine kollektive Matrix der Lebenseinstellungen, die zur Messung von Integration herangezogen werden könne. Trotz der vom RWI gefundenen Diskrepanz im Vertrauen auf eigene Zukunftschancen, die in der Tat bemerkenswert ist, ließe sich das auch als Ausdruck eines – keineswegs wünschenswerten – Integrationsgeschehens interpretieren, in dessen Verlauf die Angehörigen einer stigmatisierten Minderheit sich die Zuschreibung von Negativattributen zu eigen gemacht haben.

Das Beispiel illustriert zweierlei: Zum Einen lässt sich die unspezifische Frage nach „Integration" oder „Desintegration" mit Hilfe von aggregierten Daten sozio-ökonomischer Panels offenbar nur unzureichend beantworten.[1] Zum Anderen neigt die Integrations*leistungen* bewertende Perspektive dazu, doppelte Standards anzulegen, durch die Immigranten und ihre Nachkommen sozusagen ‚beobachtungsstrukturell' diskriminiert werden: Kein Mitglied der angestammten deutschen „Mehrheitsgesellschaft" hat je zu befürchten, auf Grund mangelnden Optimismus, wegen selektiver Teilnahme an kulturellen Veranstaltungen oder einer Beschränkung der Freizeitkontakte auf den eigenen Familienkreis unter den Verdacht unzureichender Integration gestellt zu werden. Im Blick auf Immigranten und von ihnen konstituierte soziale Milieus sind solche Schlussfolgerungen jedoch eingeführte Deutungsroutinen.

Anders als die weithin selbstverständliche Rede von „der Integration" und ihren Indikatoren glauben macht, zählt es zu dem grundlegenden Puzzle, das die Migrationsforschung bereits lange und anhaltend bewegt, wie eine Konzeption von Gleichheit und Differenz gelingt, die Integrationsprozesse in der pluralen Gesellschaft allgemein angemessen abzubilden vermag: Braucht es zur Integration von Eingewanderten eine normative Richtschnur der Einstellungen, Werte und Lebensformen? Taugt das Konzept einer „Leitkultur", und wie wäre sie gegebenenfalls zu bestimmen? Ist Kultur in diesem Zusammenhang überhaupt eine geeignete Kategorie, um integrative Käfte zu mobilisieren, oder stellt der Kultur-Diskurs *per se* Ressourcen zur kollektiven Abgrenzung in den Vordergrund, die der Diskriminierung von Minderheiten im

---

1 Das methodische Problem räumt der Autor der zitierten RWI-Studie auch selbst ein: „Measuring societal integration is anything but trivial. Since there is no objective scale, this phenomenon is by its very nature *relative*." (Fertig 2004: 8)

Allgemeinen oder der von Immigranten im Speziellen Vorschub leistet? Wie plausibel ist das im öffentlichen Argument wenig hinterfragte Modell national-gesellschaftlicher Integration angesichts von deren funktionaler Differenzierung und den gleichzeitigen Internationalisierungsdynamiken überhaupt?

Das Problem des methodischen Nationalismus

Um die problematischen latenten wie manifesten Implikationen des etablierten Integrationsverständnisses zu vermeiden, beschreitet die vorliegende Untersuchung einen anderen Weg. Im Mittelpunkt dieser Arbeit stehen soziale Erfahrungen und konstruktive Positionsbestimmungen von sechs jungen Menschen, deren Gemeinsamkeit auf der Ebene der gewohnten askriptiven Merkmale nur darin besteht, dass sie als Kinder von Einwanderern nicht-deutscher Abstammung in einem als Problemquartier verrufenen Stadtteil West-Berlins aufgewachsen sind und dort einige Jahre gemeinsam dieselbe Schule besucht haben. Hinsichtlich ihrer familiären Hintergründe, deren Migrationsgeschichten, der nationalen und sozialstrukturellen Herkunft, ihrer Muttersprache und Religion könnten sie kaum unterschiedlicher sein. – Erlaubt solche Varianz überhaupt, sie für die Bearbeitung der Frage nach Integrations- oder Desintegrations-Phänomenen, sozialen Verortungen und damit auch nach den Prozessen von Identifikation und Abgrenzung als eine Untersuchungsgruppe zu versammeln? Dieses Vorgehen ist zumindest insoweit unüblich, als in der kultur- und sozialwissenschaftlichen Beschäftigung mit Einwanderern ein methodischer Zugang überwiegt, der die Fokussierten schon bei der Operationalisierung der Forschungsfragen als Vertreter bestimmter Gruppen oder Problemlagen definiert. Dies nimmt häufig die Form eines „methodischen Nationalismus" (Wimmer/Glick-Schiller 2002 und 2003) an,[2] der Migranten entlang ihrer Herkunftsnationalitäten abgrenzt und Fragen ihres Selbstentwurfs, ihrer Identitätsentwicklung und Integration im Einwanderungsland vor dem konzeptionellen Hintergrund von spezifischen anderen, national unterscheidbaren „Herkunftskulturen" beleuchtet. In analoger Weise werden vielfach auch Ethnizität oder Religion als Kriterien der Fokussierung herangezogen, gerade so, als seien sie feststehende Attribute evidenter Gruppenzugehörigkeiten:

---

2 Die Begriffe „methodischer Nationalismus" und „nationalistisches" Paradigma verwende ich hier und im Folgenden nicht in ideologisch wertender Bedeutung, sondern zu der Bezeichnung der Forschungslogik, die das Konzept der Nation als soziales Organisationsprinzip zu Grunde legt. Diese Verwendung der Begrifflichkeit entspricht dem neueren Stand der Fachdiskussion, in der „das Janusgesicht" der Nation nicht länger in „eine helle, ausschließlich friedvoll-demokratische Selbstbestimmung verheißende und eine dunkle, aggressive Seite zerlegt wird" (Langewiesche 1995: 195), sondern Gewalthaltigkeit und Partizipationsversprechen als komplementäre Seiten des Nationalitätsprinzips und Grundmuster der Dialektik der Moderne begriffen werden (ebd.: 197; Naimark 2004).

„[W]hen it comes to empirical studies of ethnicity, most students are still given topics such as ‚The Turks in Berlin,' ‚The Berbers in Paris,' or ‚The Sikhs in New York'. The focus is on a national, ethnic, or religious minority as if anyone could know in advance how this minority is bounded and which processes proceed inside and which outside that assumed community." (Baumann 1999: 145)

Unabhängig von ihrer jeweiligen empirischen Angemessenheit zählt die weit verbreitete Klassifikation *ex ante* zu den Einflussmomenten „kontextueller Kontingenz" (Knorr-Cetina 1984), die auf der Ebene von unbewusst verwendeten Paradigmen auch das wissenschaftliche Handeln prädisponieren.[3] Die Problematik eines solchen Zugriffs lässt sich stellvertretend am Konzept der nationalen Zuordnung illustrieren.

Das methodisch nationalistische Vorgehen bescheinigt der Idee der Nation, als Quelle sozialer Identität herausragende Bedeutung zu haben und nachhaltige Prägungen bei der Konstituierung eines kollektiven Deutungsrahmens zu bewirken. Diese Einschätzung kann sich zwar insoweit auf empirische Belege berufen, als die Herstellung von imaginierter Gemeinschaft auf der Grundlage der Zugehörigkeit zu einer Nation faktisch eine soziale Leistung der europäischen Nationalstaaten darstellt, die aus den bürgerlichen Revolutionen seit Ende des 18. Jahrhunderts hervorgegangen sind (Ziegler 1931; Deutsch 1953; Gellner 1983; Anderson 1991; Elias 1992). Allerdings vollzog sich diese Entwicklung in einem historischen Zusammenwirken von demokratischer Emanzipation, nationalstaatlichen Institutionen, gemeinschaftsstiftenden Narrationen und Symbolen, dessen Konsistenz sich unter dem Eindruck einer zunehmenden Internationalisierung und Globalisierung nach Ansicht zahlreicher Experten abgeschwächt bzw. transformiert hat (vgl. Hall 1991a und b sowie 1997; Sassen 1996; Baumann 2004). Die veränderten Rahmenbedingungen stellen zumindest in Frage, ob nationalstaatliche Herkunft denn weiterhin „‚mentale Landkarten' in Form von religiösen, ethnischen und kulturellen Zugehörigkeiten" (Pries 2001: 5) reproduziert.

Werden die genannten Zugehörigkeiten nicht als *Optionen* in einem Untersuchungsfeld betrachtet, sondern als fraglos gegebene *Merkmale* der Fokussierten vorausgesetzt, zieht dies im Kontext der Migrationsforschung meist eine Problemprognose nach sich. Die (vielfach implizit belassene) These, nach der eine Selbstverortung in den Kategorien von Herkunftsnationalität, Ethnizität und/oder Religion den zu erwartenden Standard bei der Persönlich-

---

3   Freilich verhindert auch das Bewusstsein davon, dass die operativen Begriffe den Untersuchungs-‚Gegenstand' mitprägen, nicht zwangsläufig deren Verwendung. Die Kategorien der Nationalität oder Ethnizität setzen sich nicht selten aus dem pragmatischen Grund besserer Allgemeinverständlichkeit durch. Zur Identifizierung von SprecherInnensituationen werde ich in Teilen dieser Arbeit ebenfalls (z.B. beim Zitieren von Unterrichtsdiskussionen) zu solchen Verkürzungen greifen und Einzelne als z.B. „türkische Schüler" bezeichnen, die sachlich korrekt vielleicht „Schüler aus einer Familie türkischer Herkunft" oder „türkischer Herkunftssprache" genannt werden könnten. Auf die Schwierigkeiten der Nomenklatur gehe ich im Folgenden noch ein.

keitsentwicklung darstellt, sieht MigrantInnen in Folge ihrer Wanderungsprozesse und angesichts der hierbei stattfindenden Konfrontation mit diskrepanten Gegebenheiten im Zielland der Migration unter einen erheblichen Druck geraten, der in einem Verlust der mentalen Heimat besteht. Als Handlungsalternativen ergeben sich aus dem Modell von unweigerlich eintretenden Orientierungsproblemen in Folge der Migration eine assimilatorische Integration oder aber ein Rückzug auf die vertrauten Sinnstrukturen der Herkunftsgruppe.

Die Prognose krisenhafter Zustände als Folge der Migration beruht jedoch nicht allein auf dem Paradigma von primär ethno-national konfigurierter Vergesellschaftung. Sie wird zugleich aus sozialisationstheoretischen Annahmen zu den Prozessen der kulturellen Reproduktion abgeleitet, die bislang mit Bezug auf Jugendliche aus migrantischen Herkunftsfamilien verhältnismäßig wenig Infragestellung erfahren haben. Obwohl sich der Blick auf das Jugendalter im Allgemeinen vom Verständnis eines krisenhaften Übergangs mit anschließender Anpassung an die bestehenden Strukturen dahin ausdifferenziert hat, dass die Krise auch als Chance und die Adoleszenz als eine Phase produktiver und innovativer Entwicklungsmöglichkeiten gilt, wird bei Jugendlichen in eingewanderten Familien aus wissenschaftlicher Sicht nur selten eine vergleichbare Gelegenheitsstruktur angenommen. Es dominiert statt dessen ein „Elendsdiskurs" (Hamburger 1997: 152), der pathologische Entwicklungen unterstellt: Von „Entwurzelungssyndrom" oder einem völligen „Verlust der Identität" (Bründel/Hurrelmann 1995: 294) ist die Rede, und der „Akkulturationsstress" (Jerusalem 1992), in den Jugendliche aus Immigrantenfamilien nach dieser These geraten, wird bislang kaum als ein produktiv herausfordernder, also zumindest potenziell positiver Stress verstanden.

Die Erwartung einer fraglosen Zugehörigkeit zu und Identifikation mit den Kategorien der Herkunft, von der sich die Forschung zu den sozialen Folgen der Einwanderung lange Zeit leiten ließ, führte so dazu, dass die herrschende Annahme einer migrantischen Identitätsdiffusion entwickelt wurde. Sie hat nicht allein das Bild von Migranten weit über die Wissenschaft hinaus geprägt, sondern auch das von ihren Kindern und deren familiärer wie sozialer Sonderheit: „Eine ganze Generation von Pädagogen und Sozialarbeiterinnen teilt mit der öffentlichen Meinung ein Weltbild, in dem die belasteten und hilflosen Migranten einen festen Platz einnehmen", resümierte Franz Hamburger 1997 (153). Seit einigen Jahren wird dieses miserabilistische Bild mehr und mehr in Frage gestellt. Dabei wird nicht mehr länger nur gefordert, dass ein grundlegender Perspektivenwechsel in der Forschung zu erfolgen habe. Mittlerweile liegt auch eine Anzahl an empirischen Studien vor, die das klassische essentialistische Paradigma einer nach außen hermetischen und nach innen homogenen kulturellen Reproduktion von Identitäten als unzureichend suspendieren und sozialkonstruktivistisch begründeten Konzepten der situierten Sinngebung einen größeren Erkenntniswert einräumen, da sie den fluiden, kontext- und situations- wie auch geschlechts- und altersabhängigen Charakter von sozialen Identifikationsprozessen im Forschungsdesign berücksichtigen.[4] Gegen einen allmählich festzustellenden „konstruktivistischen Trend" (Bukow/Heimel 2003) in der qualitativen Migrationsforschung bestimmen jedoch vorab ethnisierende und methodisch nationalistische Perspektiven weiterhin große Teile der entwicklungspsychologischen und Primärsozialisationsforschung (vgl. Stangl 1999) sowie manche Arbeiten aus der Interkulturellen Pädagogik.[5] Ein Sohn portugiesischer Einwanderer würde demnach umstandslos als Repräsentant „der" portugiesischen Immigrantengemeinschaft mit

---

4 Da konstruktivistische Forschungsansätze seit Ende der 1980er Jahre in allen sozialwissenschaftlichen Disziplinen an Bedeutung gewonnen haben, sei an dieser Stelle nur auf einige wichtige sozialanthropologische Beiträge zum Thema verwiesen: Vgl. Bausinger 1986; Hall 1990; Hannerz 1992; Eriksen 1993; Al-Azmeh 1993; Barth 1994; Welsch 1995; Schiffauer 1997a und 2000; Baumann 1996 und 1999. Die Entwicklung des sozialwissenschaftlichen Diskurses und seiner konzeptionellen Grundlagen von der Gastarbeiterforschung der 1960er und 70er Jahre über die Ausländerforschung der 1970er und 80er hin zum aktuellen „konstruktivistischen Trend" in der deutschen Migrations- und Integrationsforschung seit den 1990ern wird von Bukow/Heimel (2003) dahingehend zusammengefasst, dass die qualitativen Forschungsergebnisse zu einem Paradigmenwechsel geradezu genötigt hätten, da die normativen Orientierungen früherer Studien zum Verständnis der komplexen sozialen Realität augenscheinlich nicht taugten und diese Ansätze heute nur noch „alt aussehen" ließen (ebd.: 31). Für eine ausführlichere Darstellung der Entwicklungslinien der sozialwissenschaftlichen Migrationsforschung seit den 1920er Jahren vgl. Pries 2001; Groenemeyer 2003 und, vor allem, Treibel 2003.

5 Gleichwohl wird dieses Problem auch in den Erziehungswissenschaften reflektiert und als kulturalistisches Stereotyp kritisiert. Um nur einige prominente KritikerInnen zu nennen: Bommes und Radtke haben den ethnisierenden Effekt des Paradigmas der Interkulturellen Erziehung als institutionalisierte Praxis beschrieben (1993). Schepker und Eberding zeigen den stereotyp miserabilistischen „Mädchenmythos" in pädagogischen Fachdiskussionen auf (1996). Albert Scherr hat wiederholt ein sozialkonstruktivistisches Verständnis der Fremdheitsidee eingefordert (1999: 53), und Leonie Herwartz-Emden hat darauf hingewiesen, dass Generations- und Klassenlage, Geschlecht, ethnische Gruppenzugehörigkeit und Religion als „ineinandergreifende Kategorien" zu verstehen seien (1997: 907). Im Gegensatz zu ihrer Forderung nach einem systematischen Einbezug der „Mitglieder der Aufnahmekultur" in die „interkulturelle Perspektive" (ebd.: 904) richtet sich die Aufmerksamkeit jedoch bis heute mehrheitlich auf Kinder und Jugendliche mit Migrationshintergrund als „zwischen den Kulturen" Stehende und auf die Frage nach dem Umgang mit der durch sie induzierten kulturellen Heterogenität (vgl. Gemende et al. 1999). Dagegen liegen nur sehr wenige Arbeiten vor, die einen systematisch neutralen Ansatz wählen und z.B. einen Vergleich zwischen Einheimischen und Zugewanderten anstrengen, um Spezifika von angestammter vis-à-vis Migrationslagerung zu klären oder Wirkungen von Heterogenität in einem breiteren Sinne zu untersuchen. Hinzuweisen ist hier auf die Arbeiten der Forschungsgruppe um Ralf Bohnsack und insbesondere auf die in dem Kontext entstandene Studie von Arnd-Michael Nohl (Bohnsack/Nohl 1998 und 2000; Nohl 2001).

„der" portugiesischen Kultur betrachtet, deren Internalisierung Ergebnis seiner Primärsozialisation sei. Unabhängig davon, ob auf dieser Grundlage nun multikulturalistisch für die Anerkennung der kulturell Anderen plädiert werden soll oder ihnen bei der Bewältigung von sogenannten „Kulturkonflikten" beigestanden werden soll, bekräftigt die sozial-kulturelle Zuordnung nach dem Merkmal der nationalen Herkunft implizit das Konstrukt distinkter, in sich weitgehend homogener Herkunftskulturen als wirkungsmächtig(st)er Faktoren der frühkindlichen Sozialisation.

Angesichts einer bundesdeutschen Einwanderungsgeschichte von nunmehr gut fünf Jahrzehnten erscheint dieser Zugang immer weniger plausibel, machten doch bereits die ArbeitsimmigrantInnen der ersten Generation die Grunderfahrungen der Pluralität, Ambivalenz und „Unvollendetheit" der Moderne (Habermas 1994: 32-54; Bauman 1992a und b), einer sozialen und kulturellen Fragmentierung also, wonach die Geschlossenheit der „klaren und einfachen Sortierungen [...] nicht mehr möglich" sei (Schiffauer 1991: 351) und an ihrer Stelle individuelle Selbstverortungen entworfen werden mussten. Mit Blick auf die heutigen Generationen an Heranwachsenden aus migrantischen Herkunftsfamilien gesteht ein schematischer Blick auf die Adoleszenz in der Migrationslagerung als einer *per se* besonders belasteten Situation den fraglichen Jugendlichen die produktive Handlungsfähigkeit in der modernen Lebenswelt kaum zu. Sie werden forschungssystematisch diskriminiert, insoweit die Möglichkeit individueller Handlungs- und Entwicklungsautonomie schon auf Ebene der Hypothesenbildung ausgeklammert bleibt. Der Begründer der Ethnomethodologie Harold Garfinkel hat diese Tendenz einmal damit bezeichnet, dass sie die Akteure als Beurteilungstrottel („judgemental dopes") dastehen lasse. Nimmt man das neuere Sozialisationstheorem von der biographischen Krise der Adoleszenz als einer persönlichen Entwicklungsgelegenheit ernst, müsste hingegen vor allem die Frage nach Kreativität und Dynamik die Forschung zum Aufwachsen in Familien ausländischer Herkunft anleiten; zumindest wenn die im Migrationsdiskurs etablierte Unterstellung einer außerordentlichen psychosozialen Krisenhaftigkeit solcher Jugendverläufe zutreffen sollte. Auch diese These beruht freilich auf Vorannahmen, die es zu überprüfen gälte.

Die Defizite dieser voraussetzungsvollen und teilweise widersprüchlichen Forschungsparadigmen sprechen für den Versuch, die theoretische „Zwangsjacke" des national-kulturalistischen Axioms (Çaglar 1990) zugunsten einer agnostischen Annäherung abzulegen. In diesem Sinne werden in der vorliegenden Arbeit die eigenständigen Äußerungen von Migranten bzw. die ihrer heranwachsenden Kinder ins Zentrum gerückt, ohne eine grundlegende Differenz zur Adoleszenz gebürtiger Deutscher[6] zu unterstellen.

---

6 Mittlerweile werden Kinder von ausländischen Staatsangehörigen in Deutschland als Deutsche geboren. Diese Gesetzesnovelle griff jedoch erst gegen Ende meiner Untersuchung und war damit in deren sozialem Feld kaum relevant.

Schwierigkeiten der Nomenklatur

Den Begriff der „Kinder der Migranten" gilt es ebenso zu erläutern wie das weitere nomenklatorische Vorgehen: Wenn in diesem Buch von heranwachsenden „Einwandererkindern" die Rede ist, sind nicht Kinder im engeren Sinne der Altersgruppe gemeint, sondern die Generationslagerung, also Tochter oder Sohn in einer Familie zu sein, deren Eltern- bzw. vielleicht auch bereits Großelterngeneration als Einwanderer der letzten Jahrzehnte nach Deutschland gekommen sind. Die betreffenden Personen, um die es in meiner Studie geht, waren zur Zeit meiner Untersuchung dem Kindesalter bereits entwachsen. Warum spreche ich dann nicht von „Migrantenjugendlichen" oder von „MigrantInnen der ersten, zweiten, dritten Generation", was ja nicht unüblich ist? Zum Einen sind nicht alle Heranwachsenden, mit denen sich diese Arbeit befasst, selbst migriert. Die Hälfte von ihnen ist in Deutschland geboren und hat stets hier gelebt. Sie dennoch als „Migranten" x-ter Generation zu bezeichnen, schriebe vor allem ein konzeptionelles Differenzkonstrukt fort.

Zum Anderen waren auch die Migrationsgeschichten der Familien insgesamt zu disparat, als dass sie auf den Begriff einer bestimmten Migrantengeneration gebracht werden könnten. Für die Jugendlichen und jungen Erwachsenen bestand jedoch eine wesentliche gemeinsame Erfahrungsebene darin, dass die ausländische Herkunft ihrer Familie sich auf ihre Selbstverständnisse, soziale Erfahrungen und adoleszente Konflikte in spezifischer Weise auswirkte, und zwar unabhängig davon, ob sie selbst in Deutschland geboren waren, ob sie gemeinsam mit ihren Eltern als „Migranten der ersten Generation" nach Deutschland gekommen waren, oder ob Teile der Familie bereits hier ansässig waren und sie selbst zu einem späteren Zeitpunkt nachgeholt wurden.

Da mein Interesse der Rekonstruktion adoleszenter Entwicklung von Selbstverständnissen unter den Bedingungen einer familialen Einwanderungsgeschichte gilt, ohne dass die Idee einer Art Normalkurve bzw. einer über Generationen wirksamen migrationsbedingten Abweichung davon angelegt werden soll, ist die Frage der Altersklassen vernachlässigbar gegenüber der nach *geteilten sozialen Herstellungsbedingungen* von Sinn und Bedeutung. Das gesellschaftliche Moment der Erfahrungen, um deren Bedeutungen es hier geht, ist an ein gemeinsames Erleben und die Kommunikation darüber gebunden, aber weder an den Geburtsort noch notwendigerweise an askriptive Merkmale oder das biologische Alter. Die übliche Klassifizierung nach Einwanderergenerationen wäre nicht zielführend, um diese Erfahrungsebene begrifflich fassbar zu machen, gilt für den Begriff der „Migrantengeneration" doch noch stärker als bei manch anderen Termini der Sozialforschung, dass ein methodisch kaum kontrollierter Wildwuchs an Bezeichnungen das Bild bestimmt und zwischen dem Begriff der Kohorte und einem anspruchsvolleren Generationskonzept, wie beispielsweise Karl Mannheim (1982), Heinz Bude (1997 und 2003) oder Michael Corsten (1999) es in ihren Studien vertreten, kaum systematisch unterschieden wird. Das Problem der Nomenklatur bleibt gerade deshalb virulent:

„Bei Generationskonflikten stehen sich keineswegs Altersklassen gegenüber, die durch natürliche Eigenschaften voneinander getrennt wären, sondern Habitusformen, die verschieden entstanden sind, d.h. unter Existenzbedingungen, welche aufgrund verschiedener Definitionen des Unmöglichen, des Möglichen und des Wahrscheinlichen dafür sorgen, daß manche Leute Praktiken oder Bestrebungen als selbstverständlich oder sinnvoll erleben, die andere als undenkbar oder skandalös verübeln, und umgekehrt." (Bourdieu 1987: 116 f.)

Konzeptionell folge ich dem Verständnis von der Relevanz der geteilten Erfahrung und befrage die Äußerungen und Praktiken der fokussierten Heranwachsenden darauf, inwieweit sich in ihrer Praxis eine Generationslagerung in dem zitierten Sinn herstellt oder nicht. Dass auch das Konzept der Generation, zumal der „Migrantengeneration", meist in Form einer thetischen Zuschreibung gebraucht wird, macht es allerdings ähnlich missverständlich und unter Umständen ebenso falsch wie die Begriffe der „Migrantenkinder" und „Migrantenjugendlichen" für Personen, die nie migriert sind. Im Folgenden werden daher solche Problemformeln nach Möglichkeit durch Anführungszeichen kenntlich gemacht und sind dann als Zitate oder sinngemäße Paraphrasen aus dem etablierten Diskursfeld oder auch konkreter Personen zu verstehen. Aus der Forschungsperspektive der vorliegenden Studie sind die Untersuchten jedoch in erster Linie Heranwachsende – zunächst Jugendliche oder Adoleszenten, dann junge Erwachsene – mit familialer Migrationslagerung, d.h. Heranwachsende „aus Immigrantenfamilien" oder auch „Jugendliche ausländischer Herkunft", welche ich gelegentlich national spezifiziere. Gemeint ist wiederum stets die familiale Herkunft, denn manche dieser Heranwachsenden „ausländischer Herkunft" haben, wie gesagt, nie im Ausland gelebt.

So prekär das Vokabular von „ausländisch" und „deutsch" ist, so unverzichtbar ist es für die Beschäftigung mit der Wirkung von bestehenden sozialen Kategorien in Deutschland. In der Verwendungsintention der Autorin schlicht die sachlichen Attribute der Staatsangehörigkeit, stehen sie sowohl in dem untersuchten Sozialraum als auch im größeren Rahmen der deutschen Gesellschaft für ein Diskursfeld hierarchisch geordneter Zurechnungen von Differenz, und sie bedeuten den unterschiedlichen Akteuren in unterschiedlichen Zusammenhängen Unterschiedliches; das gilt somit in gewisser Weise auch für diese Arbeit: Bei dem Vokabular von „deutsch" und „ausländisch" habe ich zwar versucht, zwischen der schieren Bezeichnung der Staatsangehörigkeiten und den simultan kursierenden, verschieden aufgeladenen Differenz-Konzepten zu unterscheiden. Es ist Ausdruck einer komplexen Praxis, dass diese künstlich ‚saubere' Trennung nicht immer funktionieren konnte, es sei denn, man wollte ununterbrochen alle einschlägigen Attribute in Anführungszeichen verwenden, um zu signalisieren, wie unscharf sie ‚eigentlich' seien bzw. dass sie ‚nur' im Feld unhinterfragt gelten. Das kann nicht überzeugen, wenn die Konstruktionsleistungen, denen das Forschungsinteresse gilt, gerade in der Unschärfe der Konzepte ihre Dynamik entfalten.

Erkenntnisinteresse und Fallauswahl

Epistemologisch steht die Frage im Mittelpunkt dieser Studie, welche Bedeutungen die Heranwachsenden ihren sozialen Erfahrungen für den individuellen Selbst- und Lebensentwurf verleihen. Dem liegt das Verständnis zu Grunde, dass Menschen sich die Welt in einer subjektiven Interpretation des Erlebten aneignen und das Allgemeine in eine individuell relevante Handlungsmatrix übersetzen. Dieser Prozess ist sozial situiert, er steht also im Kontext der intersubjektiven Beziehungen eines konkreten Sozialraums und unterliegt dessen spezifischen Bedingungen. So werden in einer Gesellschaft mit etablierter Altersklassenschichtung und steigendem Ansehen bei steigendem Alter die Übergänge vom Kind zum Jugendlichen und später zum Erwachsenen eine andere Relevanz besitzen als in einer Gesellschaft, die Jugendlichkeit den Vorzug gibt und den Alterungsprozess vorrangig negativ, d.h. mit Hinfälligkeit und dem Verlust der jugendlichen Lebenskraft assoziiert. Anders formuliert, sind etische Unterscheidungen und bloße Strukturanalysen nicht geeignet, das emische System kategorialer Differenzierung und dessen Bedeutung zu erfassen.

Für die Untersuchung von Positionierungsprozessen bei Heranwachsenden aus Immigrantenfamilien ergibt sich hieraus, dass askriptive Merkmale wie die eigene oder elterliche Staatsangehörigkeit, eine Zuordnung nach ethnischer Herkunft oder auch nach der „Generation" von Einwanderern vorab weder plausibel interpretiert werden können noch sinnvollerweise zur Fallauswahl herangezogen werden sollten. Im Folgenden werden derartige Kategorien insoweit zum Gegenstand der Erörterung, als die Akteure selbst sie als relevant für persönliche Erfahrungen und Lebensumstände ins Licht rückten. Für diese heuristisch offene Forschungskonzeption und das insgesamt rekonstruktive Vorgehen der Untersuchung gibt es den bereits angedeuteten erkenntnistheoretischen Grund der prinzipiellen Subjektivität und theoretischen Freiheit menschlichen Handelns und eine damit in Zusammenhang stehende Kondition empirischer Forschung.

Das erkenntnistheoretische Problem in der Forschung zur sozialen Gruppenbildung und Selbstthematisierung (nicht nur in den Kreisen von Immigranten und ihren Nachkommen) besteht darin, dass es zu Zirkelschlüssen kommt, wenn die kategorialen Merkmale zur Auswahl der Untersuchten und die erklärenden analytischen Konstrukte ineinander greifen. Das Handeln des Individuums beruht auf Kognitionen, die ja wiederum nur durch soziale Handlungen (wie beispielsweise Sprechakte) und Repräsentationen zugänglich sind. Somit ist grundsätzlich davon auszugehen, dass die sozialwissenschaftliche Forschung, die ein bestimmtes Handeln, dessen Antriebskräfte und zu Grunde gelegten Erfahrungen aufzuhellen sucht, als ein Teil der sozialen Praxis auch an deren Konstitutionsdynamiken teilhat und sich aus dieser Eingebundenheit nicht befreien kann. Die sozialkonstruktivistische Prämisse der Prozesshaftigkeit und Kontextualität von Identifikationen, die interaktiv generiert werden (Elias/Scotson 1965; Barth 1969; Berger/Luckmann 1969; Knorr-Cetina 1984;

Eriksen 1993; Schiffauer et al. 2002), lässt vielmehr schlussfolgern, dass auch der konzeptionelle Zugang der Forschung sich auf Gruppen konstituierende Prozesse auswirkt und einen Teil der lebensweltlichen Erfahrungen bildet.

Soziale Abgrenzungen zeigen häufig eine interessegeleitete Dynamik aus Zuschreibung und Identifikation (Barth 1969; Banton 1983; Esser 1996; Groenemeyer 2003). Daher ist das sozialwissenschaftliche Forschungsdesign jeweils besonders kritisch darauf zu befragen, nach welchen Kriterien die Gruppe der Untersuchten gebildet wurde, umso mehr, wenn deren Kategorien der Selbstbeschreibung zum Gegenstand der Analyse werden sollen. Auch die konstruktivistisch angeleitete qualitative Migrationsforschung hat das methodologische Problem der diskursiven Ko-Konstruktion ihrer Forschungs-‚Gegenstände' in der Vergangenheit nicht ausreichend berücksichtigt, wie eine Reihe kritischer Kommentatoren wiederholt festgestellt hat (vgl. Bukow/Llaroya 1988; Dittrich/Radtke 1990; Welsch 1995; Bommes/Scherr 1991; Bommes 1996; Scherr 1999; Hormel/Scherr 2004).

Für den empirischen Zugang ergibt sich aus all dem die Notwendigkeit, die Forschungsparadigmen als potenzielle Einflussfaktoren zu veranschlagen: Befragt man eine nach ethnischen Zurechnungen gebildete Untersuchungsgruppe zu ihren „intraethnischen" vis-à-vis den „interethnischen" Beziehungen, lässt sich möglicherweise Aufschluss gewinnen über die unterschiedlichen Ausprägungen der entsprechenden sozialen Beziehungen, eventuell aber auch nur über die als akzeptiert geltenden Normen zur sozialen Praxis, jedoch kaum über die praktische Bedeutung der vorab so kategorisierten in Relation zu anderskategorialen Beziehungen im Wahrnehmungs- und Handlungsrepertoire der befragten Akteure. Eine entsprechende Forschungsfrage fügt deren Fundus an lebensweltlichen Erfahrungen aber allemal diejenige hinzu, dass sie im Blick der Wissenschaft als Träger eines ethnischen Merkmals gruppiert werden. Einem solchen Zugriff bleibt die Erkenntnis versperrt, ob die Befragten ihr Erleben zuvor überhaupt in den Kategorien von ethnisch definierten Gruppen strukturiert haben. Auch ob sie eine gegebenenfalls so konstruierte Gruppe höher gewichten als andere soziale Formationen, oder in welchem Kontext welche Art der Zugehörigkeit betont oder auch vernachlässigt wird, entzieht sich der Beobachtung, solange die Relation zwischen dem Individuum, seinen gesellschaftlichen Lebensbedingungen und der aus dieser konkreten Interaktion entstehenden Subjektivität nicht als ein ergebnisoffener Prozess betrachtet wird.

In welcher Weise die Einzelnen bei ihren interaktiven Hervorbringungen sozialen Sinns auf verfügbare Ressourcen kollektiver Identität zurückgreifen – ob auf Alter, Geschlecht, Klasse, Territorialität, Ethnizität o.a.m. – kann demnach nicht als bekannt vorausgesetzt werden, sondern ist in einer Weise zu rekonstruieren, die das Problem der immanenten Interpretation bzw. des „Spiegel-Effekts" (Schütz 1972: 61) berücksichtigen muss, um nicht bloß zur weiteren Ontologisierung vermeintlich so existenter Kollektive beizutragen. Das Wissen um die soziale Dialektik aus Zuschreibung und Selbstentwurf verlangt also danach, die individuellen Praxen als systemische Prozesse zu betrachten, in denen Symbole, Marker und Ressourcen – was Fredrik Barth den „cultural stuff" nannte (1969: 15) – variabel verarbeitet und in Handeln übersetzt werden, ohne dass dabei Automatismen oder bloße Replikation unterstellt werden könnte.[7] Jürgen Habermas hat die kreative Leistung dieser adaptiven Transformation als Ausdruck einer kommunikativen Handlungsfähigkeit operationalisiert (1981), die im aufgeklärten Menschenbild ihren Niederschlag findet und dem Konzept moderner Vergesellschaftung im Rahmen der freiheitlichen Demokratien als Bedingung vorausgeht. Die Analyse sozialer Konstruktionsprozesse wird dieser Konditionalität gesellschaftlicher Kommunikation nur gerecht, wenn sie Spezifika wie beispielsweise die Migrationslagerung nicht *ex ante* als Faktoren mit absehbarer Wirkung veranschlagt. Erforderlich ist vielmehr eine heuristische Außerkraftsetzung des thetischen Denkens und die Hinwendung zur konkreten Praxis.

Forschungskonzept und Aufbau der Arbeit

Von Interesse ist auf Grundlage der eben angerissenen wissens- und sozialisationstheoretischen Axiome, über die das erste Kapitel genauer orientiert, die Praxis der subjektiven Auswahl, Betonung und Identifikation mit bestimmten (unter den zahlreichen verschiedenen) sozialen Kategorien, die zur gesellschaftlichen Organisation von Kontinuität und Differenz beiträgt: Welche lebensweltlichen Erfahrungen führen zur Ausbildung welcher sowohl individuellen als auch kollektiven Verortungen, Alltagsarrangements und Traditionsbestände? Ob es sich vorrangig durch die eigene Nationalität, die politische Meinung oder eine bestimmte kulturelle Aktivität, mit der Übernahme einer *gender*-Rolle, seine sexuelle Präferenz oder die religiöse Praxis definiert, steht dem Individuum im Rahmen des sozial akzeptierten und rechtlich kodifizierten Konsens ja grundsätzlich ohnehin frei. In Anbetracht des hierin angelegten Potenzials steht auch der sozialwissenschaftlichen Forschung die Einsicht einer Begrenztheit des eigenen Wissensvorrats an, der die Varianz möglicher Praxen und Phänomene nicht in Vorwegannahmen erfassen kann; umso weni-

---

7   Auch der Automatismus, dass etwas Gemeinsames aus den Interaktionen erwächst, kann nicht vorausgesetzt werden, wie Helena Wulff unterstrichen hat: „Culture is very often defined in anthropology and neighboring fields as something ‚shared'. [...] There is a growing criticism of this assumption of sharing and I hold the view that it cannot be taken for granted even in such a small entity as a microculture. The individuals involved with it can have different ideas and experiences, different values and interests, different knowledge; different mental equipment, that is, or put it in yet another way, different perspectives (cf. Hannerz). As they interact and acquire some sense of each other's perspectives, the latter become socially organized, and one can see this as the way cultures are made; but this social organization of meaning does not have to be based on a complete sharing of meanings, nor must it necessarily result in one." (Wulff 1988: 26)

ger im Kontext der „multiple-Welten-Gesellschaft" (Beck 1998: 7): Im Gefolge von Einwanderungsprozessen vervielfachen sich die sozialen Strukturmerkmale, die dem persönlichen Selbstentwurf und möglichen Gruppenbildungen zu Grunde gelegt werden können. Die Herkunft bestimmter Migranten, die geteilte Soziallage aller Immigranten als Neulinge im Einwanderungsland, vollkommen quer zu Nationalität oder ethnischer Herkunft liegende Interessen, eine spezielle Religionsausübung, kulturelle Vorlieben, Berufsidentitäten oder ‚subkulturelle' Lebensstile bieten allesamt Anknüpfungspunkte für verschiedene Positionierungen, die als Ressourcen sozialer Kreativität genutzt werden können und möglicherweise zu vollkommen neuartigen Allianzen und Friktionen führen.

Mit der Pluralität der identifikativen Optionen und angesichts der Notwendigkeit zum Selbstentwurf in der Gesellschaft der sogenannten „zweiten", „Spät"- oder „Post"-Moderne, deren „Ende der Eindeutigkeit" (Bauman 1995) weitere Partikularisierungen nahelegt (vgl. Beck 1986; Zima 1997: 37f.), sind heute „multiple soziale Identitäten" (Hall 1991a: 57), das heißt parallele, wenn nicht ineinander verschachtelte Teilhabe-Erfahrungen und situativ verschiedene Identifikationen zu erwarten und nicht eindimensional zugespitzte Identitäten entlang nur eines persönlichen Merkmals wie z.B. dem der nationalen Herkunft. Selbst wenn das Letztere der Fall sein sollte, wäre es aber als Ergebnis aus der Handlungslogik des ethnographisch befragten Alltags heraus zu ermitteln. Unter den rahmenden Umständen der postmodernen Möglichkeitsvielfalt, „composed of an indefinite number of meaninggenerating agencies" (Bauman 1992: 35), bliebe eine solche Präferenz freilich erklärungsbedürftig.

Um den Stellenwert sozialer Kategorien für die Praxis bestimmter Akteure überhaupt untersuchen zu können, ist indes ein Forschungsfeld mit entsprechender Varianz nötig. Das in dieser Studie untersuchte Handlungsfeld erlaubte Gruppenbildungen entlang der Herkunft und auch Vernetzungen entsprechend der üblichen Kategorien der Forschung über Migrantenmilieus, also beispielsweise die soziale Identitätsbildung entlang einer gemeinsamen Religion oder Erstsprache, die sich von denen der deutschen Bevölkerungsmehrheit unterscheiden. Soziale Identifikationen und Selbstentwürfe gemäß der Alltagslogik derjenigen zu rekonstruieren, die in einem solchen Möglichkeitsraum interagieren, heißt insofern vor allem, sich mit der (selbst-)kritischen Distanz und Grundhaltung der „Abduktion" (Reichertz 2003a) ins Feld zu begeben, die neben der Langzeitigkeit der Untersuchung das charakteristische Merkmal des ethnographischen Zugangs ist: „Ethnography starts with a conscious attitude of almost complete ignorance [...] in order to discover the hidden principles of another way of life" (Spradley 1979: 4).[8]

---

8 Angesichts der zwischenzeitlich abgelaufenen Debatte um das kulturalistische *othering*, das dem ethnologischen Blick zueigen sei (Abu-Lughod 1991: 139 ff.; Wikan 1999), ist anzumerken, dass Spradleys Begriff vom „another way of life" zunächst nur auf den intersubjektiv Anderen verweist und mit dieser erkenntnistheoretisch notwendigen Unterscheidung der Subjekte nicht notwendig der je-

Wie in der ethnologischen Feldforschung üblich, sind zu diesem Zweck eine Reihe von Methoden der empirischen Datenerhebung kombiniert worden (vgl. Lüders 1995; Flick 1998 und 2003). Über die methodischen Aspekte, meinen Zugang zum Forschungsfeld, die Phasen der Untersuchung und die Fokussierung bestimmter Fallstudien klärt das zweite Kapitel genauer auf. LeserInnen mit eigener Feldforschungserfahrung werden dieses Kapitel mit seinen Erläuterungen zu den Erhebungsphasen und -methoden vermutlich als banal überblättern. Das bei Tagungs- und Vortragsdiskussionen insbesondere von jüngeren KollegInnen häufig geäußerte Interesse, etwas über die methodische Erschließung von Primärquellen zu erfahren, hat mich dennoch bewogen, die eigenen Forschungsschritte zumindest ihrem groben Verlauf nach darzulegen. Außerdem stellt das zweite Kapitel die sechs Protagonisten kurz vor, auf deren Äußerungen und beobachtete Praktiken die Studie vorrangig zurückgreift. Zum Schutz der Personen tragen sie in der Arbeit veränderte Namen.

Die empirischen Daten wurden über einen Zeitraum von insgesamt fünf Jahren (1996-2001) erhoben. Zunächst führte ich in den Jahren 1996-97 eine stationäre Feldforschung von zehn Monaten Dauer an einer Schule der Sekundarstufe in Berlin-Neukölln durch. Abduktiven Ansätzen entsprechend, versuchte ich hier zunächst, Situationen zu erkennen, die den Jugendlichen selbst Anlass zu identifikatorischen Mobilisierungen gaben: Spielen die üblichen kategorialen Zurechnungen eine Rolle? Wie gehen die Jugendlichen mit Diffe-

---

weils Andere schon zum radikalen Fremden gemacht wird. Über der Revision des Kulturbegriffs, die Ethnologen und Kulturanthropologen in den vergangenen Jahren zur Rehabilitierung des Konzepts für die analytische Arbeit vorgenommen haben (vgl. Wimmer 1996; Ortner 1997; Brumann 1999) scheint ein wenig in Vergessenheit geraten zu sein, dass es „den" einheitlichen ethnologischen Zugriff einer kulturalistischen Schematisierung auch vor der Diskussion der 1980er, '90er Jahre um den Beitrag der Disziplin bei der Herstellung von Differenz nicht gab. Paul Radin etwa warnte bereits vor 70 Jahren vor übereilten Verallgemeinerungen, denen der Einzelne zugleich auch stets als Repräsentant einer Gruppe gilt: „Wer erkennt, dass er es mit bestimmten Männern und bestimmten Frauen zu tun hat, sollte auch begreifen, dass [...] z.B. nicht ein Crow-Indianer das und das gesagt hat, sondern ein ganz bestimmter Crow-Indianer." (Radin 1933: 177) Damit nahm Radin eine der zentralen Prämissen des radikalen Konstruktivismus vorweg, dass nämlich alles Gesagte von einer bestimmten Person gesagt wird, die in einem spezifischen sozialen Kontext situiert ist. Ob dieser soziale Kontext nun als „Kultur" oder anders bezeichnet wird, scheint mir weniger erheblich als die definitorische Aufladung der Begrifflichkeit, ob also der soziale Kontext als so wirkungsmächtig operationalisiert, mithin so weit verdinglicht wird, dass die Einzelnen als bloße Produkte ihrer „Kultur" erscheinen und das Kulturkonzept nur als Instrument des „making other" wirkt (Abu-Lughod 1991: 143), oder ob das Verständnis des sozialen Kontextes das gestalterische Potenzial der Einzelnen und die Möglichkeit differenter Perspektiven im Kontext einer sogenannten Kultur berücksichtigt oder betont. Dass es sich bei „Kultur" um ein diskursiv verfertigtes Schema der Beobachtung und Klassifikation handelt, gilt schließlich auch für dessen wissenschaftlichen Gebrauch (vgl. Baumann 1999: 87 und 95 sowie die Ausführungen im Folgekapitel).

renzkonzepten um, wenn diese an sie herangetragen werden, und in welcher Form geschieht das gegebenenfalls? Unter welchen Umständen ist es ihnen selbst wichtig, beipielsweise religiös motivierte Solidarität zu zeigen? Wann positionieren sie sich nach Geschlechterdifferenz oder nach anderen denkbaren wie unerwarteten Zuordnungen? Was bewegt jemanden zu einer Stellungnahme „als Türkin"? Wann erfolgt ein Bekenntnis zu einer ethnischen Gruppe, wann die Identifikation mit der nationalen Herkunft, dem Berliner Wohnkiez oder der unter Umständen bereits erworbenen deutschen Staatsangehörigkeit? Und nicht zuletzt: Wie offen, kompatibel oder auch konfliktträchtig sind die Grenzen zwischen diesen Konzepten in der sozialen Praxis?

Einen Teil des diesbezüglichen Materials habe ich an anderer Stelle bereits als Ausdruck einer schulischen Sozialisation diskutiert, in deren Verlauf die Nachkommen aus Einwandererfamilien sich mit einer charakteristischen identifikatorischen Ambivalenz als ‚die Anderen' in Deutschland zu verstehen lernen (vgl. Mannitz 2002; Mannitz/Schiffauer 2002). Sie (re)produzieren in diesem Prozess Narrative und Kategorien des spezifisch deutschen Diskursfeldes von Zugehörigkeit und der Differenz der Immigranten nicht-deutscher Abstammung, unterlaufen in situativ wechselnden Adaptionen jedoch zugleich deren Wahrheitsanspruch. Diese Dynamik wird im dritten Kapitel zusammenfassend dargestellt. Es rekonstruiert die wesentlichen diskursiven Bedingungen des untersuchten schulischen Handlungsfeldes und beleuchtet die Hervorbringungen der Heranwachsenden aus Einwandererfamilien, ihre Arten des *making sense of reality*, in eben diesem Kontext. Die Aufmerksamkeit gilt hierbei in erster Linie den Fragen der eigenen Positionierung bei der Verarbeitung von angebotenen Zuordnungen, die sich alltagspraktisch als Kontinuitätserwartungen, Angebote der sozialen Teilhabe oder konzeptionelle Schließungen mitteilen.

Um die einschlägigen Prozesse über den schulischen Erfahrungsraum hinaus zu verfolgen, führte ich anschließend in einer ausgewählten Gruppe eine longitudinal angelegte Untersuchung durch. Von den verschiedenen sozialen Konstellationen im Feld der Schule kristallisierte sich über Zeit eine Gruppe von fünf befreundeten jungen Frauen zur fortgesetzten Begleitung in einer zweiten Forschungsphase heraus. Obwohl sie sich hinsichtlich der Herkunft ihrer Familien und deren Religionen unterschieden und diese Differenzen auch gelegentlich betonten, verstanden sie sich als eine Gruppe Gleicher, die – im Sinne des oben zitierten Generationsbegriffs – als Töchter aus Einwandererfamilien und als „Ausländerinnen" in Deutschland strukturell gleichartige Erfahrungen teilten. Damit die Frage der *gender*-Spezifität im Prozess der Entwicklung eines biographischen Selbstentwurfs wo nötig erhellt werden kann, wird den Äußerungen dieser fünf jungen Frauen die teilweise kontrastierende Fallstudie eines jungen Mannes an die Seite gestellt, der sich von einigen (auch geschlechtsspezifischen) Separationen abgesehen im selben Sozialraum bewegte wie sie. Zum Zweck der Langzeitbeobachtung fanden in den Jahren 1998-2001 wiederholt informelle Gespräche und teilstrukturierte Interviews mit allen sechs Personen statt, in denen ich Aufschluss darüber zu gewinnen suchte, welche sozial-identifikativen Entwicklungsprozesse jenseits von Adoleszenz und schulischem *peer*-Milieu bei den Einzelnen abliefen, welche Selbstverständnisse auf Grund welcher Erfahrungen beim Eintritt in die Lebensphase der jungen Erwachsenen revidiert wurden, welche Entwürfe Bestand hatten oder neu kreiert wurden.

Ob Heranwachsende aus Einwandererfamilien sich Teile des dominanten Diskurses und/oder Bildes vom Migranten aneignen oder sich mit alternativen Perspektiven dagegen verwahren, stellt die vorliegende Arbeit als eine kulturelle Praxis vor, mit der die Akteure an der Gestaltung der deutschen sozialen Realität und ihrer reflexiven Verfertigung von Bildern und Rollen partizipieren. In dieser Hinsicht ist die Studie an Sherry Ortners (1997) Konzeption von Kultur als einem dynamischen Bedeutungssystem angelehnt, dessen Praxisaspekte Aufschluss über das soziale Feld an Auseinandersetzungen zwischen verschiedenen Akteuren versprechen. Für diese Fokussierung ist der Übergang von der Adoleszenz ins frühe Erwachsenenalter von besonderer Bedeutung: Junge Leute treten mit Erreichen der Volljährigkeit und dem Verlassen der Schule in ein neues Stadium ihrer Handlungsfähigkeit sowie in neue Handlungsfelder ein, in der ihre zuvor überwiegend projektiven Einschätzungen und theoretischen Überlegungen – zur Frage des ‚richtigen' Heiratsalters, der Berufstätigkeit, der möglichen Partnerwahl und Familienplanung, bei ausländischen StaatsbürgerInnen auch zu der Möglichkeit einer Einbürgerung in Deutschland und der damit in Verbindung stehenden persönlichen Gewichtung der vollen politischen Rechte – auch praktisch relevant werden. Das junge Erwachsenenalter ist daher eine Lebensphase mit spezifischen „Problemakkumulationen" (Beck 1986: 217), die eine Vielzahl an konkreten Entscheidungen für die individuelle Lebensführung erfordert.

Die für die Fallstudien ausgewählten Personen waren zu Beginn meiner Feldforschung in ihrer Schule 1996/97 zwischen 16 und 19, bei unseren letzten Begegnungen waren sie zwischen 21 und 23 Jahren alt.[9] Diese verhältnismäßig langzeitige Perspektive auf eine überschaubare Gruppe eröffnete die Möglichkeit, Veränderungen bei der Entwicklung von Selbstentwürfen, Deutungen von sich selbst, Anderen, Gesellschaft und Politik sowie den sich wandelnden Alltagserfahrungen bei den Befragten beobachten und bei den jeweils nächsten Gesprächen berücksichtigen zu können. Um die prozessbegleitenden Beobachtungen komparativ auswerten zu können, flossen einerseits die zuvor gewonnenen Eindrücke bzw. Interpretationen in die jeweils nächsten Gespräche und Interviews ein. Zum Anderen konnte ich das Material abschließend nach solchen Aspekten ordnen, die sich entsprechend der empirischen Ergebnisse aus Sicht der Befragten als relevant erwiesen hatten. Dieses Vorgehen entspricht den methodischen Forderungen der *grounded theory* zur Auswer-

---

9   16-19 plus 5 Jahre Erhebungszeitraum ergibt hier deshalb keine Altersspanne von 21-24 Jahren, weil ich die beiden jungen Frauen, die im Laufe des letzten Jahres meiner Untersuchung 24 Jahre alt wurden, noch vor ihren 24.Geburtstagen traf.

tung und Repräsentation der Ergebnisse (Glaser/Strauss 1967; Strauss 1991; Strauss/Corbin 1996).

Interessanterweise fand sich nach dem Verlassen der Schule trotz der individuell verschiedenen Entwicklungen in den Biographien der Einzelnen und trotz auch des Verlusts des alltäglich geteilten sozialen Erfahrungsraums der Schule eine Reihe von immer wiederkehrenden Themen und Ereignissen in den Gesprächen. Es gab also Kristallisationspunkte, die alle Befragten – und, wie sie selbst meinten, auf Grund ihrer Situation als Tochter oder Sohn von Immigranten bzw. als „AusländerIn" – nachhaltig beschäftigten und bewegten. Gegenüber der ersten Phase meiner Erhebung in der Schule waren das einerseits solche Momente, die altersbedingten Entwicklungen geschuldet waren, sich etwa aus postadoleszenten Konflikten mit den Eltern über die richtige Lebensführung ergaben, aus den Übergängen von der Schule in Arbeitsleben, Ausbildung oder Studium, andererseits jedoch auch mit politischen Geschehnissen und der Präsenz oder dominanten Deutung bestimmter Themen in der bundesdeutschen Öffentlichkeit und ihren Medien in Zusammenhang standen. Diese zu den Einzelbiographien quer verlaufenden Brennpunkt-Themen strukturieren die Darstellungen im vierten Kapitel. Es befasst sich mit den nachschulischen Erfahrungen der fokussierten jungen Leute und mit ihren Formen, diese zu einem je eigenen sinnhaften Selbst- und erwachsenen Lebensentwurf zu verarbeiten.

Auch im vierten Kapitel erfahren die Beziehungen, die zwischen den Einzelnen und ihren Deutungen der Handlungsoptionen in der deutschen Gesellschaft vermitteln, besondere Aufmerksamkeit, denn für die Selbstthematisierung von Heranwachsenden aus Immigrantenfamilien schaffen etablierte konzeptionelle Unterscheidungen der eingewanderten Bevölkerung von der sogenannten „Mehrheitsgesellschaft" einen spezifischen Deutungsrahmen – in dieser Hinsicht unterscheiden sich die Rahmenbedingungen ihres Aufwachsens objektiv von denen der Gleichaltrigen aus deutschen Herkunftsfamilien. Meist – und nicht allein in Deutschland (vgl. Mannitz/Schiffauer 2002; Hormel/ Scherr 2004) – vermittelt dieser Differenzdiskurs eine mit diffusen Erwartungen befrachtete Integrationsvorstellung, die zum Teil auch sozialwissenschaftlich ventiliert wird. Mit der normativen Folie einer Integration als Passageritus hinterlegt, gelten dann Befunde wie die sozialkulturelle Differenzierung innerhalb nationaler Herkunftsgruppen, eine Angleichung des Freizeitverhaltens an Praktiken der Bevölkerungsmehrheit (so etwa in Fertig 2004), familiale oder individuelle Distanzierungen von der Herkunftsnation und der mit ihr assoziierten Kultur im Kontext der Migrationsgeschichte als Entwicklungsprozesse, die einen wünschenswerten Schritt der „Integration" in die Einwanderungsgesellschaft anzeigen. Identifikationen mit der andersnationalen Herkunft der Familie oder mit einer spezifisch konstruierten Ethnizität oder auch ein Festhalten an einem Freizeitverhalten, dessen Praktiken sich von denen der Bevölkerungsmehrheit unterscheiden, werden hingegen häufig als Indikatoren eines Scheiterns integrativer Anliegen im Zielland der Migration gedeutet.

Aus der in meiner Untersuchung eingenommenen Perspektive des kontextgebundenen Selbstentwurfs interessieren hingegen weniger inhaltlich aufgeladene Integrationskonzepte, die ein normatives Modell von anfänglicher Dissoziation, einer Phase von Liminalität und anschließend einsetzender Assimilation voraussetzen, sondern steht der reflexive Prozess zur Analyse an, in dem die Betreffenden mit sozialen Konstruktionen von Gleichheit und Differenz und den durch verschiedene gesellschaftliche Gruppen und Instanzen formulierten Integrationsanliegen umgehen. Warum ich am Ende dennoch davon spreche, dass sich die Positionierungen der Befragten als Ausdruck eines gemeinhin nicht als solchen erkannten Integrationsprozesses verstehen lassen, erläutert das Schlusskapitel.

Neben der resümierenden Betrachtung steht am Ende also eine Bewertung: Das fünfte Kapitel diskutiert, auf welche Weise die subjektiven Ausdrucksformen meiner sechs GesprächspartnerInnen die hiesigen gesellschaftlichen Verhältnisse verarbeiten und inwieweit die sozialen Erfahrungen dieser Heranwachsenden auf Strukturen der Makroebene schließen lassen, welche auf ihre persönlichen Lebensgestaltungen Einfluss genommen haben. Entgegen einem weit verbreiteten Klischee von bedauernswerten „ausländischen" Jugendlichen, die „zwischen den Stühlen" verschiedener Kulturen sitzen und dabei ihrer Identität verlustig gehen, wird hierbei eine dynamische Auseinandersetzung erkennbar, in der neue soziale Identifikationen vertreten werden, um das Dilemma dominanter Assimilationserwartungen außer Kraft zu setzen und heterogene Ansprüche auf Zugehörigkeit ohne Selbstverleugnung miteinander vereinbaren zu können.

Dass eine Untersuchung, die auf der Mikroebene individueller Lern- und Deutungsprozesse angesiedelt ist, nicht zu allgemein gültigen Aussagen über „die" Nachkommen aus migrantischen Elternhäusern führt, steht außer Frage: „Diese [Frage nach der Repräsentativität] stellt sich freilich ohnehin nur, wenn man, ethnomethodologisch betrachtet, aus dem Blickwinkel quantifizierender Standards fragt" (Baacke 1985: 9). Der sowohl integrationstheoretisch als auch praktisch relevante Mehrwert der hier gewählten Forschungsperspektive zielt auf eine andere Dimension an Erkenntnissen, nämlich die Rekonstruktion von Emergenz-Effekten. Es soll nicht horizontal von einem Fall auf möglichst viele andere geschlussfolgert, sondern der vertikale Zusammenhang beleuchtet werden, in dem eine spezifische biographische Entwicklung mit konkreten sozialen Erfahrungsebenen in Verbindung steht (vgl. ebd.). Das Anliegen dieser Arbeit ist keine Darstellung, die sich Vollständigkeit anmaßt, sondern die Präsentation von ausgewählten *telling stories*, in denen sich das gewonnene Gesamtbild auf nachvollziehbare Weise zeigen lässt.

Eine Synergie zwischen den in diesem Buch diskutierten individuellen Geschichten und grundsätzlicheren Überlegungen, wie sie gewöhnlich auf der Basis repräsentativer Sozialforschung angestellt werden, besteht dennoch: Gerade wenn deren Befunde zutreffen sollten, dass mehr und mehr Heranwachsende aus Einwandererfamilien sich parallelgesellschaftlichen Strukturen zuwenden und die (bis dato vornehmlich ökonomische) Integrationskraft der deutschen Gesellschaft nachlasse, wird der Blick auf gelingende und/oder quer zu den gewohnten Bewältigungsstrategien verlaufende Vergesellschaftungsmodi umso lohnender. Um solche geht es nach Einschätzung der Autorin im Folgenden. Die individuellen Handlungskompetenzen, die meine GesprächspartnerInnen in ihren biographischen Krisen und Aushandlungen entwickelt haben, verdienen zum Einen deutliche Anerkennung, einmal mehr in Anbetracht der vorwiegend schwierigen sozialstrukturellen und diskursiven Lebensumstände, unter denen sie in Deutschland als Angehörige einer gesellschaftlichen Minderheit aufgewachsen sind. Zum Anderen weisen ihre durchlebten Konflikte und die Handlungsstrategien zu deren Bewältigung auf Potenziale und Bedingungen von integrativen Leistungen hin, die sich durch die Gestaltung gesellschaftspolitischer Rahmenbedingungen positiv beeinflussen lassen.

1. KONZEPTIONELLE GRUNDLAGEN

Warum fokussiert diese Studie Heranwachsende, warum solche aus Einwandererfamilien, und warum in einer individualistisch zugeschnittenen Forschungsperspektive? In diesem Kapitel führe ich in drei Theoriefelder ein, in deren Schnittmenge das Interesse meiner Untersuchung an jugendlichen[1] Entwicklungswegen und hier speziell an denen von Heranwachsenden aus Einwandererfamilien konzeptionell situiert ist: Es geht mir erstens um Sozialisationsprozesse und dabei genauer um deren Dynamik der Individuation und sozialen Identifikation im Allgemeinen. Zweitens steht im Besonderen der Einfluss von Migrationslagerungen und der mit ihnen einhergehenden Zuschreibungen von Differenz auf den Sozialisationsprozess zur Diskussion. Im Hinblick auf das generative Handlungspotenzial der Einzelnen begründet das dritte theoretische Feld die These dieser Arbeit, dass sich im Alltag eine individuelle Vergesellschaftungspraxis des *doing difference* – oder auch *doing sameness* – beobachten lässt.

Die konzeptionellen Grundlagen werden hier deshalb so ausführlich in den genannten drei Schritten dargelegt, weil die Subjektentwicklung von Adoleszenten aus Einwandererfamilien meist *nicht* im Kontext der allgemeinen Sozialisationstheorie verortet wird. Auch werden Selbst- und Lebensentwürfe von Heranwachsenden aus Migrantenkreisen bislang kaum im Licht der grundlegenden Spannung von spätmoderner Vergesellschaftung und Individualisierung diskutiert. Eher werden sie forschungssystematisch speziellen Kollektiven zugeordnet oder als VertreterInnen einer Sonderproblematik in den Blick genommen, etwa als Opfer von „Kulturkonflikten". Zu solchen Forschungsansätzen nehme ich hier theoretisch begründete Abgrenzungen vor.

Warum gehe ich in diesem Kapitel nicht auf das Konzept der Integration ein, das doch im Titel meiner Arbeit steht? Aus Gründen, die ich in der Einleitung bereits angedeutet habe, ist die Frage der Integration in der vorliegenden Studie nicht als ein theoretisches Leitkonzept verwandt worden. Anders for-

---

1 Eine abgrenzende Gegenstandsbestimmung und definitorische Klärung von „Jugend" vis-à-vis „Adoleszenz" bzw. „Postadoleszenz" (vgl. King 2002: 19-23) ist für die Fragestellung dieser Arbeit insofern nicht zielführend, als hier nicht die unterschiedlichen sozialen und theoretischen Konstruktionen, die diese Semantiken abbilden, beleuchtet werden sollen, sondern die Frage bearbeitet wird, ob und wie die beobachteten und befragten Personen selbst ihr Heranwachsen qualitativ als eine „moderne Jugend", d.h. als einen „psychosozialen Möglichkeitsraum" (ebd. 21 und 28) oder ein „Moratorium", wie Erikson es genannt hat (1966) wahrnehmen, bzw., falls nicht, welche Faktoren und Umstände aus ihrer Sicht und in ihrer Lebenspraxis einschränkend wirksam werden.

muliert, hat mich bei der Beobachtung der fokussierten Personen nicht die teleologische Frage bewegt, ob diese Heranwachsenden aus eingewanderten Familien sich integrieren, ob sie als hinreichend integriert gelten können oder nicht. Von Interesse war dagegen, *wie* sie sich in dem komplexen Interaktionsfeld der Ansprüche und Zurechnungen von eingewanderter Herkunftsfamilie und deutscher Gesellschaft positionieren. Der Integrationsbegriff ist für diesen Zweck wenig geeignet, weil er wegen seiner normativen Zielorientierung häufig für majoritäre Erwartungshaltungen dienstbar gemacht wird. Das Problematische daran will ich an dieser Stelle kurz erläutern.

Viele (insbesondere soziologische) Arbeiten zu Migrationsprozessen und ihren Folgen operieren mit dem Integrationskonzept, da es auf den Begriff zu bringen verspricht, was die Wechselbeziehungen des sozialen Geschehens ausmacht: das Agieren von Einzelnen im Kontext gesellschaftlicher Systeme. Um Aussagen zur Relation beider Ebenen und ihrer unterschiedlichen Handlungsoptionen treffen zu können, wurde von dem britischen Soziologen David Lockwood die folgende Differenzierung des Integrationsbegriffs vorgenommen: Die *system integration* bezeichne „the orderly or conflictful relationships between the parts" eines sozialen Systems, während die *social integration* „orderly or conflictful relationships between the actors" des Systems meine (Lockwood 1964; vgl. Esser 2001: 3 ff.). Die Frage nach der Systemintegration richtet sich damit auf den Zusammenhalt eines überindividuellen sozialen Systems, die Sozialintegration nimmt hingegen einzelne Akteure und ihre Verbindungen sowohl in das als auch in dem System in den Blick. Die Unterscheidung erlaubt die notwendige Abstraktion, um vielschichtige Ausprägungen an Integrationsbeziehungen als Modell zu beschreiben und verallgemeinerbare Aussagen zu treffen. So präzisiert Esser:

„Unter Integration wird – ganz allgemein – der Zusammenhalt von Teilen in einem ‚systemischen' Ganzen verstanden, gleichgültig zunächst worauf dieser Zusammenhalt beruht. Die Teile müssen ein [...] ‚integraler' Bestandteil des Ganzen sein. [...] Die Integration eines Systems ist somit über die Existenz von bestimmten Relationen der wechselseitigen Abhängigkeit zwischen den Einheiten und der Abgrenzung zur jeweiligen Umwelt definiert, durch ihre Interdependenz. Je nach Struktur dieser Relationen kann ein System auch ‚mehr' oder ‚weniger' integriert sein. [...] Das ist eine sehr allgemeine Definition, die für alle möglichen Arten von Systemen zutrifft: [...] Sie kann auch auf ‚soziale' Systeme angewandt werden und daher auch auf ganze Gesellschaften bzw. auf Teile davon. Integriert wäre beispielsweise eine Nachbarschaft als soziales System, wenn sich die Familien kennen und gegenseitig besuchen, sogar, wenn sie zeitweise in Konflikten miteinander stehen. Nicht-integriert bzw. segmentiert wäre die Nachbarschaft, wenn die Familien zwar räumlich beieinander wohnen, aber sonst nichts miteinander zu tun haben, isoliert nebeneinander her existieren und voneinander keinerlei Notiz nehmen. Soziale Systeme, und damit auch Gesellschaften, konstituieren sich über soziale Relationen. Das sind u.a. wechselseitig aufeinander bezogene Orientierungen und Akte, soziale Kontakte, Interaktionen, Kommunikationen, soziale Beziehungen oder Transaktionen aller Art, die man zusammenfassend auch als soziales Handeln bezeichnet. Sogar Konflikte können zu den integrierenden Relationen gehören – sofern sie nicht auf dauerhaften Spaltungen beruhen oder erzeugen und zu Tendenzen der ‚Unabhängigkeit' führen. Hinter diesen Vorgängen stehen drei Arten grundlegender gesellschaftlicher Strukturierungen:

Materielle Interdependenzen, institutionelle Regelungen und von den Akteuren geteilte kulturelle Orientierungen." (Esser 2001: 2 f.; vgl. Esser 2000)

Für eine qualifizierende Untersuchung der verschiedenartigen Formen und Grade sozialer Integration unterschiedlicher Akteure in ein soziales System sind derlei Begriffsbestimmungen erforderlich. Genauer besehen, bleiben die getroffenen Unterscheidungen dennoch unbefriedigend, wenn sie die motivierende Bedeutungsebene der Interaktionen zwischen den Einzelnen und dem gesellschaftlichen Ganzen nicht als Teil eines potenziell integrativen Geschehens und somit in der Reflexivität der beteiligten Wahrnehmungen belichten.

Will man eine konkrete Bewertung der sozialen Relationen in Richtung auf Integration vornehmen, stellt sich das Problem der normativen Vorgaben. Das zitierte Beispiel der sozial integrierten Nachbarschaft verdeutlicht das Dilemma der Bewertung: Wenn benachbarte Familien sich kennen und gegenseitig besuchen, soll die Nachbarschaft als integriert gelten, auch dann, wenn es zeitweise Konflikte gibt. Wohnen Familien zwar räumlich beieinander, pflegen aber keine Beziehungen, sollen wir das soziale Leben als segmentiert betrachten. Das leuchtet zunächst unmittelbar ein. Aber welche Frequenz an Kontakten wäre hier das sozial normale Maß und zur Aufrechterhaltung eines integrierten Systems funktional notwendig? Wann überschreitet die Intensität an Konflikten das Niveau, das als integrativ wirkungsvoll betrachtet werden kann? Warum sind überhaupt zeitweilige Konflikte funktional nützlicher für die soziale Integration als eine dauerhaft friedliche Koexistenz, die möglicherweise auf beiderseitiger Indifferenz beruht? Der Indikator der gegenseitigen Besuche ist eine willkürlich gewählte soziale Handlung, die nicht notgedrungen soziale Bindung abbildet, sondern diese auch simulieren kann, um schierer Konvention zu genügen. Welche Schlussfolgerungen ergäben sich daraus für die Beurteilung der sozialen Integration? Genügt es, wenn alle Beteiligten sich in einem System so verhalten, ‚wie es sich gehört', um ein integriertes Beziehungsnetz darzustellen?

Es ließe sich eine Reihe weiterer Fragen anschließen. Soziale Systeme lassen sich fraglos in Hinsicht auf ihre konkreten funktional wirksamen Integrationspraktiken analysieren, und auf Ebene der Intentionen wie auf Ebene der Wirkungen können integrative von segregativen Handlungsformen unterschieden werden. Allerdings scheint es wenig sinnvoll, Absichten und Effekte sozialen Handelns von den Perspektiven der Akteure auf das Geschehen abzulösen. Sie schätzen die vorhandenen Handlungsmöglichkeiten eventuell anders ein als die sozialstrukturelle Beschreibung nahelegt. Sie handeln überdies möglicherweise aus eigenlogischen oder strategischen Gründen, auf Grund einer Ausnahmesituation, aus einer Emotion heraus, aus persönlichem Protest oder aus Prinzip so, wie sie es tun, und können damit schließlich und endlich auch nicht intendierte Wirkungen im sozialen System hervorrufen.

Praktisch weisen die drei von Esser genannten Grundarten der gesellschaftlichen Strukturierung von Integrationsgeschehen – (1) die materielle Interdependenz, (2) institutionelle Regelungen, (3) von den Akteuren geteilte kulturelle Orientierungen – kreative Grauzonen auf, in der die involvierten Akteure gestalterisch am Werk sind und die auftretenden Dissonanzen gegenüber dem normativen Idealtyp in eine für sie handlungsleitende Bedeutung transformieren (vgl. Greverus 1987: 76 ff.). Die Ausleuchtung dieser Grauzonen verspricht einen Mehrwert an Erkenntnis. Mit welcher Signifikation beispielsweise ein Besuch bei den Nachbarn erfolgt, ist dem phänomenologischen Zugriff entzogen. Insoweit relativiert das Bewertungsdilemma die Leistung und den Aussagewert von phänomenologisch informierten Beschreibungen etwa über hinreichend vis-à-vis unzureichend sozial Integrierte. Die handlungsleitenden Interpretationen der Akteure folgen deren Erfahrungen der Sinnhaftigkeit und repräsentieren möglicherweise innovative Formen sozialer Beziehungen.

Besonders prekär ist die Frage nach Integrationsleistungen, wenn sie intentional einseitig auf eingewanderte Bevölkerungsgruppen bezogen wird. Obwohl soziale Integrationsformen in den fortgeschrittenen Industriegesellschaften hoch individualisiert sind und das vergesellschaftende Moment auf universale republikanische Prinzipien beschränkt ist,[2] geht in Deutschland umgangssprachlich, in der öffentlichen, der politischen, teils eben auch in der wissenschaftlichen Rede im Hinblick auf Einwanderer ein Verständnis von Integration um, das eine Vielzahl normativer Erwartungen impliziert, meist die einseitige Anpassung der Immigranten an Bestehendes erwartet und dabei im Unklaren lässt – ja lassen muss –, auf was dieser Anpassungsprozess sich beziehen sollte oder überhaupt nur könnte; und zwar ungeachtet der eingeführten Unterscheidungen von sozialer vis-à-vis systemischer Integration oder auch der Abgrenzung von Integration gegenüber Konzepten der Inkorporation, Akkommodation und Assimilation (vgl. Treibel 2003: 59-64, 83-113; Sackmann 2000), der diesbezüglichen Stufenmodelle (etwa in Taft 1957) oder der weiteren Subdifferenzierung von Assimilation nach Teilbereichen des sozialen Handelns (vgl. z.B. die Darstellung der Begrifflichkeit nach Gordon 1964 in Esser 1980: 69). Die Fülle an Bestimmungsversuchen ist keine zufällige Wucherung, sondern spiegelbildlicher Ausdruck der komplexen Sozialität in lebensweltlich und funktional differenzierten Gesellschaften.

Szientistische Definitionen verschleiern diese Komplexität, wenn sie fixe soziale Tatsachen und eine klare Matrix an Bedeutungen suggerieren, wo die soziale Praxis so fluide ist, dass bei aller „Institutionalisierung der Normalbiographie [...] heute die Möglichkeit [besteht], sich individualisierend von ihr abzustoßen" (Kohli 1988: 33; vgl. auch Beck 1986: 211 ff.), bzw. diese Möglichkeit nicht nur legitim geworden, sondern zunehmend *modus vivendi* ist. Normativ aufgeladene Integrationsansprüche wirken in diesem Kontext wie definitorische Reflexe einer romantischen Fiktion: Mit Ausnahme von Integrations*fertigkeiten*, wie z.B. dem Erwerb der *lingua franca* eines Landes, und

---

2   Vgl. Bukow 1993: 37 ff. sowie Müller-Giebeler 1996: 45. Auf die Auswirkungen veränderter systemischer Bedingungen auf die Aufgaben der Individuation und sozialen Integration werde ich im Fortgang des Kapitels näher eingehen.

der systemisch-politischen Integration, die sich im demokratischen Rechtsstaat an der Gewährung und Wahrnehmung von staatsbürgerlichen Rechten messen lässt, bleiben Integrationskonzepte unter gegenwärtigen Bedingungen notgedrungen eine verallgemeinerbare Antwort darauf schuldig, was sich als das Ziel und das für eine soziale Integration im Einzelfall relevante soziale Feld definieren ließe. In instrumenteller Hinsicht lassen sich zwar Maßnahmen einer integrationsförderlichen *Angebots*politik bestimmen, die – wie im Fall des Zuwanderungsgesetzes von 2005 – auf Spracherwerb und Orientierung über Partizipationsrechte setzt, um ImmigrantInnen institutionell gleiche Chancen zu bieten. Selbst bei diesen beiden anhand formaler Kenntnisse und systemischer Zugangsrechte messbaren Dimensionen der Teilhabe am Gemeinwesen und öffentlichen Leben bleibt die Integrations*forderung* an Eingewanderte aber ein Paradebeispiel von *double standards*: Gebürtige Deutsche ohne Migrationshintergrund[3] werden nicht mit dem Urteil konfrontiert, zu dürftige Sprachkenntnisse aufzuweisen, ihre Nachbarn zu selten zu besuchen oder zu wenig staatsbürgerliches Engagement zu zeigen, um als integriert gelten zu können. Mit Blick auf die zu diesem Aspekt in Deutschland immer wieder auflebende Diskussion um eine maßgebliche „Leitkultur" hat Dieter Oberndörfer pointiert, dass auch die bereits länger in einem Land ansässigen Bürger kein einheitliches Bild abgeben, das ein Integrationsziel definieren ließe:

„‚Den integrierten Deutschen', an dem die Integration zu messen wäre, gibt es nicht. Versuche, ihn zu konstruieren und zu fordern, sich an ihn anzupassen, sind mit dem freiheitlichen und pluralistischen Charakter der Kultur des demokratischen Verfassungsstaates unvereinbar." (Oberndörfer 2002: VII)

Die anhaltende Integrationsforderung ist insofern ein eigenes empirisches Phänomen, das die Diskursanalyse lohnt, meine Fragestellung jedoch wegen der Implikationen der Integrationssemantik nicht konzeptionell angeleitet hat. Dennoch komme ich bei der resümierenden Gesamtschau auf meine Studie zu dem Schluss, dass die Strategien der Lebensführung und die Selbst- und Weltbilder, die von meinen GesprächstnerInnen im Rahmen der Untersuchung artikuliert wurden, integrative Prozesse reflektieren, insoweit disparate vorgefundene Deutungen in einer sozial produktiven Weise miteinander verschränkt worden sind. Ich werde diese Einschätzung im Schlussteil der Arbeit erläutern und begründen. Zunächst gilt es festzuhalten, dass die Perspektive dieser Studie nicht von strukturellen Routinen des sozialen Systems her abgeleitet ist, um sodann zielorientiert nach der Integration der Nachkommen aus Einwandererfamilien zu fragen. Die Strukturbedingungen des Systems werden dagegen als Teil von spezifischen Alltagserfahrungen der Heranwachsenden berück-

---

3 Die sogenannten deutschstämmigen Aussiedler werden jedoch ähnlich misstrauisch beäugt wie andere Immigranten. Es scheint stark von regionalen und lokalen Umständen abzuhängen, ob ihre Integrationsleistungen in der Öffentlichkcit als vergleichsweise gut oder schlecht gelten (vgl. Forsythe 1989; Münz/Seifert/Ulrich 1997: 115-130; Römhild 1996; Schneider 2001).

sichtig, die ihre konkreten Bedeutungen im konkreten Handlungsfeld individueller Akteure erfahren. Damit stehen die Perspektiven der Individuen und ihre Kreativität bei der subjektiven Deutung und Herstellung von sozialem Sinn im Vordergrund der Untersuchung. Die folgenden Ausführungen sollen verdeutlichen, warum dieser Zugang gewählt wurde.

Sozialisation – Individuation – Identifikation

Jede Untersuchung von Sozialisationsverläufen problematisiert das Verhältnis von Kontinuität und Wandel, von sozialer Struktur und der Reichweite individueller Handlungsfähigkeit und damit von der Beziehung zwischen Kollektiv und Individuum, Tradierung und Innovation: Um am sozialen Leben partizipieren zu können und in ihm handlungsfähig zu werden, müssen Kinder mit dessen Gegebenheiten vertraut gemacht werden. Sie müssen die vorhandenen gesellschaftlichen Strukturen, Kommunikationsformen und Institutionen kennenlernen, die möglichen Nutzungsweisen und einschränkenden Regeln erfahren. Diesen Prozessen der sozialisierenden Einbindung der nächsten Generation liegen aus kindlicher Perspektive zunächst die bestehenden familialen und wieteren sozialen Strukturen mit einer „ontologischen Tiefe" zu Grunde (Bhaskar 1998: 214), die das Verhältnis zwischen Individuum und dem sozialen Ganzen konditionieren und es überdies auf einer historischen Zeitachse positionieren:

„The inclusion of historical time [...] helps us understand childhood. The social relations of agency and structure require children to work with and against structures [...] with characteristics rooted in the past, such as ideas about childhood, education, parent-child relationships." (Mayall 2000: 3)

Der Hinweis auf die zeitliche Situiertheit betont, dass es stets spezifisch konstituierte Handlungsräume sind, in denen sich die Welt den Einzelnen darbietet. Nicht von der Hand zu weisen ist in diesem Zusammenhang auch, dass Eltern erhebliche Gestaltungsspielräume haben und sie interessegeleitet zur Weitergabe eigener Ideen, Vorstellungen und Konventionen zu nutzen suchen. Auch wenn eine deterministische Überbetonung von gesellschaftlichen Strukturkomponenten[4] den Blick auf die generativen Leistungen des Subjekts eine

---

4 Hier ist vor allem an den teilweise kruden Materialismus zu denken, der die sozialwissenschaftliche Forschung in den 1970ern stark beeinflusste und zu Thesen wie derjenigen der „Außenleitung" des modernen Menschen führte. Der Bedeutungszuwachs gesellschaftlicher Agenturen der Sozialisation in Ausbildung und Medien dränge die Möglichkeit, individuelle Erfahrungen zu machen, mehr und mehr zurück und lasse stereotype Formen des Sozialcharakters entstehen. So formulierte z.B. Lefèbvre, „das Alltägliche in der modernen Welt hat aufgehört ‚Subjekt' (reich an möglicher Subjektivität) zu sein, um ‚Objekt' (Objekt der gesellschaftlichen Organisation) zu werden" (Lefèbvre 1972: 87; vgl. kritisch Greverus 1987: 75 f.).

Weile verstellt hat (vgl. Bolte 1983: 13 f.), ist demnach eine Betrachtung von sozialen Strukturen als Bedingungen des Handelns weder überflüssig noch trivial: Menschliches Handeln lässt sich allein strukturanalytisch nicht plausibilisieren. Die Entwicklung kognitiver Kompetenzen des Bewusstseins „ist eine subjektive Leistung der Vermittlung von Person und Welt" (Voss 1984: 394), und „Handeln ist Ergebnis auch individuell je verschiedener Bedingungen und Leistungen" (ebd.: 479). Es lässt sich freilich ebensowenig unter Ausblendung der Strukturmomente verstehen, zu denen auch die spezifischen Ideale, Deutungen und Konzepte zählen, auf die die jeweilige Elterngeneration sich in ihren Erziehungsentscheidungen stützt (zu deren Variabilität vgl. Van de Loo/ Reinhart 1993; Dracklé 1996), um Kindern die Welt in einer ganz bestimmten, je eigenen Weise zu vermitteln. In diesem Sinn ist Sozialisation immer auch eine „Enkulturation" (Rhum 1997: 149), also ein Prozess, in dem Ordnungsvorstellungen, Glaubensinhalte und die als richtig geltenden Verhaltensweisen als gruppenspezifische Eigenarten kommuniziert werden:

„To socialize a child is always also to enculturate the child, to tell him or her that ‚this is what We do, so do it; and that is what They do, so don't!' And no one will deny that every cultural collective shows a certain stability in the traits and tastes, styles and routines that its participants have learned to cultivate." (Baumann 1999: 25)

Da die mentalen Zurichtungen und kognitiven Aneignungen der Welt durch den einzelnen Menschen an derartige Kommunikationsabläufe gebunden sind, in denen geteiltes Wissen weitergegeben wird, müssen sie bei aller Individualität als prinzipiell sozial situierte Prozesse verstanden werden (vgl. Tomasello 2002). Anders formuliert, „[s]ociety, then, provides necessary conditions for intentional human action, and intentional human action is a necessary condition for it" (Bhaskar 1998: 217). Für den Sozialisationsprozess bedeutet dieses Wechselspiel von *agency* und sozialer Struktur,[5] dass die Welt nicht in jedem Einzelnen von Grund auf neu erfunden wird, sondern Kontinuität und Genera-

---

5 Thomas Hylland Eriksen hat diese Dialektik in ganz ähnlicher Weise als Zusammenspiel von „Kultur" und agency formuliert: „[Culture] provides a necessary frame within which action can be meaningful, and it depends entirely on intentional action for its reproduction. Conversely, culture is activated in all human relationships, while simultaneously it is a condition for the very same relationships to be meaningful" (Eriksen 1991: 142). Die Überlegung ist im Kern dieselbe wie bei Bhaskar, wenngleich Eriksen, indem er kulturelle Deutungsakte zur Bedingung aller menschlichen Beziehungen erklärt, das soziale Geschehen hier auf seinen kollektiven Kontext hin zuspitzt und die Subjektperspektive in den Hintergrund treten lässt. Da die Frage nach der Wirkung kollektiver Kategorien in der vorliegenden Arbeit an das soziale Feld und seine Akteure gerichtet werden soll, gebe ich der Semantik des sozialen Kontextes den Vorzug gegenüber dem Kulturbegriff, der mit verschiedensten Akzentuierungen in Umlauf ist, einerseits z.B. in populären, medial vermittelten Diskursen häufig simplifiziert wird, andererseits auf Grund totalisierender, auch akademischer Verwendungsweisen in die Kritik geraten ist.

tivität zwar ergebnisoffen, aber in einem jeweils schon strukturierten Sozialraum dialogisch zusammenwirken. Dessen gesellschaftliche, historische und politische Umstände stellen einen konstitutiven Faktor dar, sind also „nicht [...] bloßer Hintergrund, sondern Bedingung dafür, dass etwas erst möglich wird", wie Sauter formuliert (2000: 17); sowie auch Bedingung dafür, dass manches erleichtert und anderes erschwert wird.

Die vorhandenen Strukturen des Sozialisationsprozesses aus der Perspektive des Subjekts zu betrachten, weist nun auf den Handlungsspielraum hin, der essentialistischen Ansätzen in der Regel abhanden kommt. Wenn Konzepte wie „Kultur, Identität, Ethnizität vom Subjekt aus gedacht werden", wird „die Spannung zwischen den lebensgeschichtlichen und den objektiven Wirklichkeiten nicht aufgehoben" (ebd.: 15 f.; vgl. Bhabha 1996: 354). Die Subjektperspektive lässt vielmehr neben dem Konstruktcharakter der operativen Ordnungskategorien, z.B. derjenigen vom Eigenen und Fremden, auch das schöpferische Potenzial des Einzelen und damit die spannungsgeladene Prozessualität kollektiver Hervorbringungen in den Fokus geraten:

„Who is it that cultivates culture? True, culture maketh man, but it is men, women, and youths who make culture. If they ceased to make it and remake it, culture would cease to be; and all making of culture, no matter how conservative, is also a remaking." (Baumann 1999: 25)

Dass in dialogischen Aneignungen das Vorhandene im Individuellen nicht einfach reproduziert, sondern (zumindest teilweise) auch stets zu etwas Anderem „gemacht" wird, trifft in besonderem Maß auf die adoleszente Identitätskrise zu, die mit einer „Infragestellung bestimmter familialer Erwartungen ebenso wie sozialer Rollen und gesellschaftlicher Vorstellungen" einhergeht und die „in diesem Sinne die kritische Infragestellung der zugemuteten Rollen und Konventionen voran[treibt]" (King 2002: 86). Ihr paradigmatischer Stellenwert für die aktive und dabei transformierende Aneignungspraxis macht die Untersuchung adoleszenter Performanzen und Diskurse generell aufschlussreich.

Relativ neu ist in diesem Zusammenhang die Erkenntnis, dass nicht erst bei Jugendlichen, sondern bereits in der Kindheit generative Momente der Interaktion zwischen den Einzelnen und der sozialen Welt zum Tragen kommen. Kinder sind ihrem familialen und weiteren sozialen Umfeld also nicht bloß ausgeliefert und dabei gewissermaßen zu einem rein rezeptiven Modus der Aneignung vorhandener Wissensbestände verdammt, sondern sie nehmen als Akteure am sozialen Geschehen teil, gestalten es mit und ziehen aus dem Erfahrenen bereits früh eigene Schlussfolgerungen (vgl. Bosse 1991 und 1994; Van de Loo/Reinhart 1993; Lauser 1994; Oldman 1994; Qvortrup 1994; Draklé 1996; Mayall 1994 und 2000; Alanen/Mayall 2001). Das zuvor über lange Zeit dominante Theorem, nach dem die Kindheit die Lebensphase einer nahezu vollständigen Abhängigkeit, des passiven Aufnehmens und rein adaptiven Erlernens sei, wurde falsifiziert. Vielmehr hat das von Klaus Hurrelmann 1983 als theoretische Hypothese in die Sozialisationsforschung einge-

eingeführte „Modell des produktiv realitätsverarbeitenden Subjekts" seither auch empirischen Überprüfungen bei Kindern standgehalten. Ungeachtet dieser konzeptionellen Entgrenzung in der neueren Sozialisationstheorie, derzufolge gestalterische Teilhabe und der produktive Selbstentwurf nicht lebenszeitlich gebundene Aktivitäten einer ein- für allemal stattfindenden Identitäts-Verfertigung sind, sondern die „produktive Realitätsverarbeitung" lebenslang, schon von Kindern und noch bis ins hohe Alter praktiziert wird, kommt der Adoleszenz durch die „spezifische Verflechtung von Individuations- und Integrationsprozessen" dennoch eine herausragende Bedeutung und „ein eigenständiger Stellenwert im menschlichen Lebenslauf" zu (Hurrelmann 1999: 288). Wenngleich die Übergänge zwischen Kindheit, Jugend und Erwachsenenalter in der modernen Gesellschaft diffus und elastisch geworden sein mögen[6] und es möglicherweise noch in zunehmendem Maße werden, hat die Adoleszenz weiterhin die besondere Bedeutung eines Scharniers oder „Moratoriums" (Erikson 1966), das zwischen der (zumindest im Idealfall) weitgehend geschützten Welt des Kindes und der Zumutung zur Eigenverantwortung des erwachsenen Menschen vermittelt, und dies auf mehreren Ebenen:

„auf der Ebene des Psychischen, sofern in der Adoleszenz spezifische Trennungen vollzogen werden [...] und damit Integrationen und Neukonstruktionen möglich werden; auf die soziale Identität bezogen, insofern während der Adoleszenz Lebensentwürfe [...] entwickelt und vorbereitet werden; auf die Geschlechterbeziehung bezogen, sofern in der Adoleszenz Geschlechterbedeutungen hergestellt und Vorstellungen von ‚Weiblichkeit' und ‚Männlichkeit' entworfen und angeeignet (oder einfach adaptiert) werden; auf die Generationenspannung bezogen, sofern sich [...] entscheidet, was übernommen, verworfen oder neu entwickelt wird; auf die soziale Schichtung bezogen, sofern sich verschiedene Facetten der Reproduktion oder Transformation sozialer Situierung vorbereiten." (King 2002: 31)

Damit hat die neuere Sozialisations-, Lebensverlaufs- und Biographieforschung vormalige Vorstellungen von Kindheit und Jugend als bloßer Zeiten der Vorbereitung auf das ‚eigentliche' Leben der Erwachsenen, als Phasen eines mechanistisch anmutenden Geprägtwerdens und der kognitiven Ressour-

---

6 Diffusion, gewissermaßen ein ‚Ausfransen' der Jugendphase ergibt sich nicht nur durch Vorverlagerungen solcher Prozesse in die Kindheit, die lange Zeit als kennzeichnend für die Jugend galten – von bestimmten Graden der Selbständigkeit bis hin zur durchschnittlich immer früher einsetzenden Gechlechtsreife (vgl. Ehalt 1985), sondern auch durch Ausdehnung von jugendlichen Lebensstilen und Abhängigkeiten in die Postadoleszenz, beispielsweise durch Verlängerung von Ausbildungszeiten und prekären Erwerbsumständen oder auch das bewusste Kultivieren eines jugendlichen Habitus bei Personen mittleren Alters und darüber hinaus. Zu Strukturwandel oder „Entstrukturierung" (Olk 1985) der Jugendphase vgl. Fuchs 1983 und 1985; Olk 1985 und 1986; Hornstein 1988 und 1989; Fuchs-Heinritz 1990; King 2002; Berger 1996 und 2004.

cen-Akkumulation grundlegend revidiert.⁷ Mehr noch, erscheint die Entwicklungsdynamik der Adoleszenz, in der Momente der *De*konstruktion, der *Re*konstruktion und der Innovation verdichtet zusammenwirken, heute geradezu als Sinnbild für die strukturell bedingten spätmodernen Herausforderungen eines „lebenslangen Lernens" und der Notwendigkeit zum fortdauernden Selbstentwurf (vgl. bereits Kohli 1978).⁸

„[G]erade in der Adoleszenz verdichten sich lebensgeschichtlich all jene Merkmale, die für den Individualisierungsprozess charakteristisch sind oder für charakteristisch gehalten werden: die Dialektik von Entscheidungszwang und Wahlfreiheit, die Zukunftsoffenheit, die Entbindung von Tradition und herkömmlicher Lebenswelt, die Relativierung des Bedeutungs- und Wertehorizonts von Herkunftsmilieu und Ablösung von der Herkunftsfamilie usw. mit all jenen Ambivalenzen, Vor- und Nachteilen, die in Hinblick auf Individualisierungsprozesse allgemein diskutiert werden, für Adoleszente jedoch in besonderer Weise markant, bedeutsam und konstitutiv sind: [...] ohne Adoleszenz oder verlängerte Jugend gäbe es keine Individualisierung, ohne Individualisierung keine moderne Jugend oder Adoleszenz." (King 2002: 82 f.)

Kurz, vor die Aufgabe der „Individuierung im Sinne der praktischen Realisierung strukturell konstituierter Autonomie" (Oevermann 1991: 279), die eine Ambivalenz aus Freiheitschance und Zwang zur Entscheidung, die Vervielfältigung der Optionen bei steigendem Risiko der Desorientiertheit impliziert, ist man erstmals in der Jugendphase gestellt, die nun „geradezu durch biographische Selbstreflexion definiert werden kann" (Mayer 1990: 16), also durch die erstmalige Konfrontation mit der biographischen Dauerfrage, wer man ist und künftig zu sein anstrebt.

Um dies zu gewärtigen, müssen die Einzelnen sich in einer Weise von den Urteilen und der Anerkennungskonditionierung ihres primordialen Umfeldes ablösen, wie es Kindern nicht möglich ist: „[A]uch wenn es dafür kindliche Vorläufer gibt", werden die existenziellen Fragen der Identität „erst in der Adoleszenz [...] zu zentralen reflexiven Fragen und in diesem Sinne überhaupt erst zu *Identitäts*fragen" (King 2002: 86); ein Grund hierfür ist darin zu sehen, dass die sowohl kognitiven als auch psychischen Voraussetzungen der *dezentrierten* Reflexion, die zur individuellen Identitätsprojektion nötig ist, sich erst

---

7 Eine instruktive Würdigung des konzeptionellen Wandels in der Jugendforschung mit ausführlichem Literatur-Überblick bietet Fuchs-Heinritz 1990: 60 ff.
8 Ein wenig polemisch merkt Vera King dazu an, der Individualisierungszwang könne eine strukturelle Endlosigkeit adoleszenter Prozesse für große Teile der (Erwachsenen-)Gesellschaft zur Folge haben (2002: 83). Die Verlängerung der adoleszenten Lebensumstände in Gestalt ausgedehnter materieller Abhängigkeit von den Eltern während des akademisch „erweiterten Bildungsmoratoriums" (Zinnecker 1991), das den Einstieg ins Erwerbsleben, so er überhaupt gelingt, nicht selten in die Endzwanziger bis Dreißiger Lebensjahre hinauszögert, deutet in diese Richtung: „So entsteht mitunter der Eindruck, als ob das, was entwicklungspsychologisch als adoleszente Identitätsdiffusion bezeichnet wird, gesellschaftlicher Standard geworden sei" (King 2002: 87).

in der Adoleszenz entwickeln (vgl. Erikson 1966; Döbert/Nunner-Winkler 1975; Marcia 1980; Tomasello 2002):

„Ablösung [von familialen Erwartungen und sozialen Konventionen] und Individuierung umfassen [...] das Maß der produktiven Verarbeitung der Lebensgeschichte innerhalb der Adoleszenzphase, die Vermittlung der Konfliktpotenziale mit schöpferischen Lösungsmöglichkeiten und die partielle Korrektur kindlicher Konstruktionen bei der Umgestaltung innerer und äußerer Realität. Sie impliziert insofern ein Moment von Dezentrierung und Distanzfähigkeit in Hinblick auf die eigene Geschichte. [...] Die [...] Dezentrierung [...] erzeugt zwangsläufig ein Vakuum, das potenziell adoleszente Individuierung risikoreich macht." (King 2002: 88)

Das Stichwort des Risikos zeigt zugleich an, warum adoleszenten Entwicklungsprozessen unter Lebensumständen, die im Kern auf der „Idee des Individuums im freien Austausch" basieren (Schiffauer 1993: 185), so große Bedeutung zukommt: Der Druck der Individuationsaufgabe setzt Chancen frei, bedeutet angesichts der Optionenvielfalt aber zugleich ein dauerndes Wagnis. Misslingt die Selbstorganisation des Subjekts, fällt das Scheitern heute auf das Individuum zurück, das ja stets auch anders hätte entscheiden können (vgl. Keupp 1988). Die Fähigkeit zu individueller Risikobereitschaft und -toleranz ist in der „Risikogesellschaft" (Beck 1986) persönlicher Erfolgsfaktor:

„Individualisierung bedeutet in diesem Sinne, dass die Biographie [...] offen, entscheidungsabhängig und als Aufgabe in das Handeln jedes einzelnen gelegt wird. [...] *Sozial vorgegebene* Biographie wird in *selbst herzustellende* Biographie transformiert. Die Entscheidungen über Ausbildung, Beruf, Arbeitsplatz, Wohnort, Ehepartner, Kinderzahl usw. mit all ihren Unterunterscheidungen *können nicht nur, sondern müssen getroffen werden.* Selbst dort, wo die Rede von ‚Entscheidungen' ein zu hochtrabendes Wort ist, weil weder Bewusstsein noch Alternativen vorhanden sind, wird der einzelne die Konsequenzen aus seinen nicht getroffenen Entscheidungen ‚ausbaden' müssen." (Beck 1986: 216 f.; Betonungen hinzugefügt)

Wer eigene Stärken und Schwächen abzuwägen und Entscheidungsrisiken kalkuliert einzugehen bereit und in der Lage ist, kann in den Genuss von „riskanten Freiheiten" kommen (Beck/Beck-Gernsheim 1994). Ohne Ambitionen und Vertrauen in die eigenen Fähigkeiten ist kein Aufstieg möglich. Zögerlichkeit und fehlendes Bewusstsein von den eigenen Möglichkeiten schränken hingegen das Ausschöpfen der Freiheitspotenziale ein (vgl. Schulze 1992; Wagner 1995; Sennett 1998; Beck 2000; Hitzler/Pfadenhauer 2004). Kurz, das Einüben von risikobehafteten Entscheidungen und Lösungsprozessen im Jugendalter besitzt nachhaltige biographische Relevanz.

Als ein zentrales Thema der Adoleszenz ist das Ausloten der Spielräume individueller Freiheit zum Selbstentwurf vis-à-vis der sozialen Beschränkung, auch den Ansprüchen Anderer und den Spielregeln der sozialen Ordnung gerecht werden zu müssen, regelmäßig Gegenstand besonderer Krisenhaftigkeit.[9] Einerseits kann Gewissheit darüber, wer und was man sein möchte und

---

9 Was den Begriff der Krisenhaftigkeit der adoleszenten Lebensphase angeht, sind hier nicht allein mögliche manifeste Konflikte gemeint, sondern auch die psychi-

könnte, nur in einem wechselseitigen Prozess von sozialer Spiegelung und Bestätigung entwickelt werden; das soziale Verwiesensein auf die Anerkennung durch Andere birgt das Risiko, Verweigerung, Zurückweisung und möglicherweise auch ganz konkrete Einschränkungen zu erfahren. Andererseits kann die individuierende Identitätsprojektion nur Kreativität freisetzen, wenn man sich von eben solchen Einflussmomenten der Beurteilung durch Andere ein Stück weit frei macht und sich an der sozialen Produktion der handlungsleitenden Kategorien beteiligt, die in maßgeblichen Lebensfragen Orientierung sein sollen. Diesem Spannungsverhältnis sind Jugendliche auf Grund ihrer Position zwischen Kindheit und Erwachsenenalter in besonderer Weise ausgesetzt. So sorgt der Umstand, dass sie ökonomisch meist noch nicht autonom sind, dafür, dass erzieherische Lenkungs- und Interventionsbestrebungen von Elternhaus oder Schule ihnen mit verhältnismäßig starken Reglementierungsinstrumenten gegenüber treten können. Nicht wenige Heranwachsende machen auch die Erfahrung, dass ihre Erziehungsberechtigten sie mit körperlicher Gewalt ‚zur Raison bringen' wollen, wenn sie eigene Wege zu gehen versuchen.

Ob und wie es Adoleszenten gelingt, ein zu Distanz und innerer Freiheit fähiges Bewusstsein von sich selbst in Relation zu Anderen, von den eigenen Möglichkeiten und Ambitionen hervorzubringen, macht indessen eine Kernkompetenz der handlungsfähigen Persönlichkeit aus. Es bedeutet, sich vorhandene Wissensvorräte anzueignen, um sie erneuern und in lebensweltliche Praxis umsetzen zu können. Jürgen Habermas hat das ideale Ziel der Interaktion von strukturellen und intersubjektiven Momenten bei der Sozialisation der Einzelnen so formuliert: „Persönlichkeit" sei die Summe der „Kompetenzen, die ein Subjekt sprach- und handlungsfähig machen, also instand setzen, an Verständigungsprozessen teilzunehmen und dabei die eigene Identität zu behaupten" (Habermas 1981: 209). Neben der Hervorhebung des kommunikativen Prozesses als einer konstituierenden Variable jeder menschlichen Lebenswelt klingt in der Habermas'schen Bestimmung der handlungsfähigen Persönlichkeit ein sozialer Identitätsbegriff an, der den Bedingungen der Lebensverhältnisse in heutigen modernen bzw. bereits ‚postmodernen' Gesellschaften allerdings nicht mehr gerecht zu werden scheint: Die Beschleunigung sozialer Veränderungen, wie sie der Postmoderne allgemein attestiert wird und die traditionellen Normen, Rollenkonzepten und Konventionen einen Teil ihrer bindenden Kraft nimmt, fordert als kritische Bewältigungsstrategie *andauernde* Auseinandersetzungen über angemessene Deutungen der Wirklich-

---

sche Krise, die der unwiederbringliche Verlust des kindlichen Körpers bedeutet. Im Unterschied zu Gesellschaften, die diesen Transformationsprozess mit Passage- und Initiations-Riten begleiten, überlässt die moderne Gesellschaft weitgehend den Einzelnen die Bearbeitung des Übergangs, für den kollektiv verbindliche Rollenmodelle eben kaum mehr greifen. Vielmehr wird den Individuen zugemutet, unter Verarbeitung der Bedingungen ihrer spezifischen sozialen Umgebungskonstellation einen ‚passenden' Entwurf der eigenen Person zu entwickeln (vgl. Habermas 1983; Keupp 1988; Bosse/King 2000).

keit und auf deren Kontingenz abgestellte Entwürfe der eigenen Person (vgl. Joas 1994; Wagner 1995; Müller-Giebeler 1996: 45).

„Am wenigsten kontrovers [in der Kennzeichnung der Neuzeit] mag die Behauptung sein, dass ihr eine radikalisierte Erfahrung der Endlichkeit und der Zufälligkeit alles Gegebenen zu Grunde liegt: Es ist zufällig und endlich, also ‚kontingent' insofern, als es auch anders oder auch nicht sein könnte. Die Zufälligkeit des Faktischen wird nicht mehr durch eine intuitiv einsehbare Wesensordnung aufgefangen." (Peukert 1984: 130)

Eine Entbindung von herkömmlichen Verbindlichkeiten und Rollenmodellen, die Relativierung von Traditionen und deren sozialstrukturellen Verlässlichkeiten, stellt die Einzelnen in den fortgeschrittenen Industriegesellschaften (wahrscheinlich in einem Ausmaß wie nie zuvor) vor die Aufgabe, sich die Welt in eigener Deutungsleistung aneignen zu müssen und die eigene Lebensführung entsprechend der Projektion zu gestalten. Auch eine an herrschenden Konventionen bestimmter Bevölkerungsgruppen orientierte Lebensführung ist unter diesen Umständen – mit den generellen Einschränkungen, was den Begriff des freien Willens angeht – Ausdruck einer freiwilligen Selbstbindung und damit zugleich ein Akt der Transformation: Selbst äußerster Konservatismus „places old habits in new contexts, and it thus changes the significance of these habits" (Baumann 1999: 25 f.; vgl. Castells 1997: 7).

Die qualitativ neuen Ambivalenzen, die mit der neuzeitlichen Erfahrung der Kontingenz und der resultierenden Infragestellung vorgezeichneter Bahnen verbunden sind, werden vornehmlich unter dem Stichwort der Individualisierung diskutiert.[10] Im Wechselspiel zwischen vorgefundener sozialer Struktur und dem Einflussmoment individuellen Handelns ist nach dem Individualisierungs-Theorem die Transformationskompetenz des einzelnen Menschen im Zuge der gesellschaftlichen Modernisierung gestärkt worden. Dass gleichwohl jeder Zuwachs an autonomen Gestaltungsmöglichkeiten, Wahlfreiheit und Offenheit die Schattenseite hat, eine persönliche Entscheidung zu verlangen, stellt Uneindeutigkeit und Unsicherheit auf Dauer: „In situations

---

10 Die einschlägige Literatur zu diesem Aspekt ist Legion. Um an dieser Stelle zumindest einige der wichtigeren Beiträge zu nennen, sei verwiesen auf Pierre Bourdieus frühe Arbeit zur „Illusion der Chancengleichheit" (1971), die programmatische Ausrufung der „Risikogesellschaft" als Ausdruck der „reflexiven Moderne" durch Ulrich Beck (1986), die durch erhöhte Kontingenz induzierten Problematisierungen des Subjekts bei Martin Kohli (1988), Charles Taylor (1989 und 1992), Richard Rorty (1989), Anthony Giddens (1990 und 1991), Michel Foucault (1993), oder auch Zygmunt Baumans Studien zum Zusammenhang von Modernisierung und steigender Ambivalenz (1992a und b). Weitgehend durchgesetzt hat sich im Kontext dieser begriffsprägenden Beiträge ein Phasenmodell der Modernitätsbegriffe, in dem synonym von einer zweiten Moderne, der Spätmoderne, Postmoderne oder „high modernity" (Giddens 1990) die Rede ist, die sich in den westlichen Industriegesellschaften seit dem letzten Drittel des 20. Jahrhunderts in Gestalt einer (a) Beschleunigung und (b) breiteren Wirkung der modernen Grunderfahrung der Kontingenz manifestiere.

situations that are not so clearly defined [...] role expectations become ambiguous, and those who are caught in them are forced to fall back on their personal preferences" (Shibutani 1991: 66). Entstandardisierung, der Verlust der Selbstverständlichkeiten und zunehmende Ambiguität sind das „Janusgesicht des Individuierungsprozesses [...] [der] „einerseits Befreiung von äußeren Zwängen, eine Abschüttelung des Festgelegtseins auf einen bestimmten Weg durch die Gesellschaft [bedeutet]. Andererseits [...] aus der äußeren Ungleichheit [...] eine innere [werden lässt]", wie Werner Schiffauer aus der Gegenüberstellung einer dörflichen Lebenswelt und komplexer Gesellschaft schlussfolgert (1989: 48). Individualisierung ist hier nicht misszuverstehen als eine Vereinzelung, die den sozialen Kontext des Handelns suspendiert und den Menschen zur Monade macht. Auch wenn die Notwendigkeit zum eigenverantwortlichen Selbstentwurf und mit ihr die Optionen und Chancen, etablierten Konventionen nicht zu folgen, sich im Prozess der Modernisierung vervielfältigt haben, bleibt die Identitätsentwicklung ein intersubjektives Unterfangen,[11] das vom Dialog lebt und sich im Prozess der individuellen Neuerfindung auf das Vorhandene und seine relationalen Differenzen bezieht. Die vergesellschaftende Aufgabe ist zu einer individuellen geworden, sie bleibt sozial gebunden. Diese Kontextualität ist prinzipiell mitzudenken:

[E]very human being takes shape as a social being, and ultimately, therefore, there is no such thing as truly individual behaviour. [...] Whatever we do, we do in a dialogue with ‚meaningful others'." (Baumann 1999: 120)

Mit den Widersprüchen zwischen individuellen Handlungsspielräumen und sozialen Bewertungen leben zu lernen, verlangt demnach eine Reihe von Kompetenzen, die in der Individuationsaufgabe der Adoleszenz komprimiert abgebildet sind, auch wenn sie sich nicht mehr zeitlich begrenzen lassen, weil der Verlust biographischer Selbstverständlichkeit sich zur Disposition eines lebenslang andauernden Prozesses ausgewachsen hat. Neben einer ganz allgemeinen Kompetenz zur Kontingenz-Bewältigung sind es speziellere Fähigkeiten der dezentrierten Selbstreflexion, die zur Entscheidungs- und Konfliktfähigkeit qualifizieren, und eine Ambiguitäts- und Frustrationstoleranz angesichts der Diskrepanz zwischen theoretisch verheißener Vielfalt an biographischen Optionen und der real wirksamen Einschränkungen wie auch der Kon-

---

11 Charles Taylor hat im Kontext seiner theoretischen Programmatik zum kanadischen Multikulturalismus (1994) auf das Moment der Anerkennung hingewiesen, das dem identifikatorischen Dialog zueigen sei. Die systematische Schwäche seines Ansatzes besteht darin, dass er zwischen individueller und kollektiver Identifikationsdynamik nicht hinreichend unterscheidet. So zutreffend seine Ausführungen zur *conditio humana* als „fundamentally dialogical" im Allgemeinen zur Beschreibung der Dialektik individueller Lebensführung sind, so wenig erhellen sie die Frage, wer welche auf wessen Ideen und Interessen hin gezogenen Gruppengrenzen auf welche Weise anerkennen sollte, ohne dass die ‚Objekte' der Anerkennung zugleich ontologisiert würden (vgl. die ausführliche Kritik von Baumann 1999: 107-120).

sequenzen jeder persönlichen Entscheidung oder Nicht-Entscheidung. Mit dem Befund, die Individuationsaufgabe habe sich im Zuge gesellschaftlicher Modernisierung erweitert zum „strukturelle[n] Problem jeder Lebenspraxis" (Oevermann 1991: 279), geht ein Bedeutungszuwachs der einübenden Funktionen des psychosozialen Möglichkeitsraums Jugend einher.[12] Der Trend zur biographischen Dauerbaustelle legt zugleich den Schluss nahe, dass von einer fluiden Abfolge von Identifikationsleistungen auszugehen ist, die auch Brüche und Widersprüche enthalten, und dies nicht allein auf der Zeitachse: Auch aus simultanen Mitgliedschaften in unterschiedlichen, zueinander hierarchisch geordneten Gruppen oder Klassenlagen können zueinander widersprüchliche Identifikationen erwachsen.

„The positions created for oneself and the other are not part of a linear non-contradictory autobiography (as autobiographies usually are in their written form), but rather, the cumulative fragments of a lived autobiography." (Davies/Harré 1990: 49)

Zur Plausibilisierung der Lebensbedingungen in spätmodernen Gesellschaften taugen statische Modelle aufgrunddessen ebensowenig wie die Vorstellung von erwartbaren Normalbiographien mit linearer Entwicklung und abgrenzbaren Phasen der Statuspassage, wie sie beispielsweise die Theorie von Shmuel Eisenstadt einmal entworfen hat (1966). Ob derlei Konzeptionen jemals völlig überzeugen konnten, sei dahin gestellt. Sie lassen an Erklärungskraft zumindest zu wünschen übrig, wenn es um Phänomene des sozialen, sprachlichen und kulturellen Wandels geht, den Einzelne vorantreiben, um künstlerische Kreativität, Innovation, Häresie und die Verweigerung gegenüber sozialen Rollenerwartungen, die alle weder nur in Europa noch erst mit Beginn der Neuzeit aufgetreten sind, auch wenn Nonkonformisten es in der Vergangenheit schwerer hatten, sich Freiräume und Nischen zu schaffen und der Preis für Devianz extrem hoch sein konnte. Dagegen scheint unter den Bedingungen der postfordistischen Gesellschaft, die erhöhte Mobilität, Anzeichen schwindender Bindung an traditionale Normgebungsinstanzen und eine weit

---

12 Als Zeit des (Sich-)Ausprobierens und der Selbst(er)findung ist Jugend nicht nur ein historisch konditioniertes Konzept. Ehemals ein vorwiegend männlich konfiguriertes Phänomen in oberen Schichten, ist das Moratorium der Jugendphase in den Gesellschaften der westlichen Welt sukzessiv auch Angehörigen weniger privilegierter Kreise, einschließlich Mädchen, zuteil geworden, wozu die Einführung allgemeinbildender Schulsysteme beigetragen hat. Regionale und sozialstrukturelle Einschränkungen im Verständnis von Sinn, Funktion, Idealverlauf und Grenzen des Entwicklungsraums Jugend gibt es jedoch weiterhin. Der adoleszente ‚Spielraum', in dem Heranwachsende sich wiederfinden, ist ja durch spezifische Lebensverhältnisse und ihre je eigenen Druck- und Erwartungsverhältnisse gekennzeichnet. Auf dieser Ebene spielen Faktoren eine Rolle wie die materielle Situation der Familie, der lokale oder regionale Bildungs- und Arbeitsmarkt, das Fehlen oder Vorhandensein sozialer Vorbilder, nicht zuletzt auch Momente der Statusdefinition in der Familie im Hinblick auf Geschwisterreihenfolge und Geschlecht.

gehende Ausdifferenzierung der Lebensstile aufweist, die Akzeptanz von Lebensverläufen, die von der imaginären Normalbiographie abweichen, deutlich gewachsen (vgl. Berger 2000 und 2004: 107). Wenn nun ein Trend zu größerer Offenheit, Verflüssigung und wechselseitige Durchdringung ehemals eher abgegrenzter sozialer Lebenswelten besteht und dies wachsenden Orientierungsbedarf nach sich zieht (vgl. Bausinger 1986; Beck 1986; Kohli 1988; Welsch 1995; Welz 1996; Berger 1996), stellt sich die Frage, wie die Einzelnen für sie passende Positionen finden können, um „eigenes Leben" (Beck 1995 und 2001) zu gestalten. Welche Voraussetzungen braucht es dazu?

Praktisch sind die Lebens- und Chancenlagen, in denen Menschen sich wiederfinden, sehr unterschiedlich konfiguriert, und trotz gesellschaftlicher Sozialisationsagenturen wie der allgemeinbildenden Schulen unterliegen auch die Entwicklungsbedingungen von Kindern und Jugendlichen weiterhin erheblicher Varianz. So hat Pierre Bourdieu anhand der Analyse verschiedener Vater-Sohn-Beziehungen (Bourdieu 2000) zeigen können, dass ein häusliches Milieu, in dem die Elterngeneration kein jugendliches Entwicklungsmoratorium erfahren hat, sich häufig nachteilig auswirkt: Eltern, die sich selbst und ihr Lebenskonzept durch die Individuierungsversuche ihrer Kinder in Frage gestellt sähen, seien auf Grund ihrer eigenen Lebensgeschichten weniger in der Lage, günstige Bedingungen dafür herzustellen, dass den Nachkommen ein belastbarer Selbstentwurf gelingt. Wer selbst keinen Raum zur autonomen Entwicklung gehabt habe, neige dazu, Anpassung, Dankbarkeit und Fügsamkeit gegenüber den Konventionen der eigenen ‚Normalität' einzufordern. Adoleszente Ablösungsbestrebungen würden so delegitimiert. Die resultierenden Schuldgefühle der Heranwachsenden dämpften das Kreativitätspotenzial und förderten Aggressionen. Es ist in anderen Worten belegt, dass ausgesprochen heterogene Ressourcenlagen maßgeblich über die Qualitäten des adoleszenten Möglichkeitsraums und den konkreten Verlauf der adoleszenten Krisenbewältigung in ihm entscheiden – und damit über den Erwerb wesentlicher biographischer Kompetenzen: „In modernisierten Gesellschaften werden soziale Privilegiertheit oder Ungleichheit vorrangig über die Qualität des adoleszenten Moratoriums hergestellt oder reproduziert", schlussfolgert King (2002: 94). Die Qualität resultiere hierbei aus der Chancenstruktur, die „sich im Zusammenspiel innerer und äußerer Ressourcen ergibt" (ebd.).

Die jeweiligen Gegebenheiten begünstigen oder erschweren demnach, ob das „Moratorium" der Jugend (auch) als ein Freiheitsraum erfahren wird, und sie machen die spezifischen Kosten-Nutzen-Relationen aus, mit denen Jugendliche zu kalkulieren haben: Wird ihnen der ‚Spielraum' für eigene Projektionen gewährt, oder werden sie durch ihre Eltern oder andere einflussreiche Personen für generationsübergreifende Projekte instrumentalisiert – beispielsweise für solche der Besitzstandswahrung und -vermehrung in Gestalt der Fortführung eines Familienbetriebs oder elterlicher Aufstiegsambitionen? Droht bei Devianz oder Rebellion Liebesentzug, Repression oder Strafe, oder wird den Adoleszenten grundsätzlich Mut gemacht für die Entdeckung ihrer individuellen Entwürfe, Neigungen und Talente? Gibt es in der Familie oder im weiteren sozialen Milieu Vorbilder, die erfolgreich einen unkonventionellen eigenen Weg gegangen sind? Wird im persönlichen Umfeld Risikobereitschaft geschätzt, z.B. als unternehmerische Tugend, oder eher Anpassung, Sicherheitsdenken und Zurückhaltung favorisiert? Gelten bestimmte Entwicklungsoptionen als gänzlich tabu, weil sie von sozialen Rollenerwartungen, z.B. von Geschlechterrollen, normiert sind, oder ist schon das Herkunftsmilieu von den individualistischen Handlungskonzepten der „posttraditionalen Vergemeinschaftung" (Hitzler 1998) geprägt?

Wie der Individualisierungsaufgabe begegnet werden kann, wird nach Einschätzung der neueren Sozialisationsforschung durch die sozialtrukturellen Faktoren des Milieus, in dem man aufwächst, nicht unmittelbar entschieden, wohl aber deutlich gefiltert (Hurrelmann 1990: 58). Auf welche Weise aber gelingt es Einzelnen dann, sich auch von nachteiligen Umständen zu emanzipieren? Dass „nicht das Erbe der frühen Kindheit, sondern die Freiheitsgrade unseres Handelns als Erwachsene [...] das Maß für einen Weg in die Emanzipation [sind]" (Hagemann-White 1988: 225), setzt den selbstbewussten Umgang mit Handlungsfreiheit voraus. Wie und wodurch können Heranwachsende auch in benachteiligten Milieus das nötige Maß an Imagination, Ambition und Kompetenz für „eigenes Leben" (Beck 1995 und 2001) entwickeln? Um diesen Fragen empirisch nachgehen zu können, muss die theoretische Diagnose von der weitreichenden Relevanz adoleszenter Individuation und die (auch empirisch belegte) Spezifität jugendlicher Erfahrungsräume in zweierlei Hinsicht Berücksichtigung erfahren:

Insofern Heranwachsende sich in einem jeweils ganz bestimmten familialen und gesellschaftlichen Bedeutungszusammenhang erfahren und verhalten, kann eine Untersuchung ihrer kognitiven Aneignungen und praktischen Verarbeitungsformen erstens nicht von den spezifischen Umgebungsbedingungen des sozialen Orts absehen: „Individuals negotiate their identities within the interaction order", wie Jenkins sagt (1996: 71; vgl. Grossberg 1992 und 1999; Castells 1997). Die jeweils konkrete „interaction order", in dem individuelles Handeln kontextuell verankert ist, ist folglich nach Möglichkeit zu rekonstruieren, wenn das Verhältnis verschiedener Einflussfaktoren für die Ausgestaltung biographischer Praxis diskutiert werden soll.

Zweitens ist die Frage nach der praktischen Wirksamkeit des modernen Individualisierungsversprechens sinnvollerweise an die lebensweltlichen Erfahrungen solcher AkteurInnen zu richten, die mit Konfliktkonstellationen und elterlichen Widerständen gegen das Anliegen autonomer Lebensführung konfrontiert sind. Die Auswahl einer Untersuchungsgruppe, die schon seit jeher zu den Nutznießern eines adoleszenten Entwicklungsmoratoriums gezählt hat – etwa männliche Heranwachsende des gehobenen Bürgertums – lässt Aussagen über Kontinuität und Wandel der einschlägigen Praktiken in diesem gesellschaftlichen Milieu zu,[13] kann aber wenig bis nichts darüber aussagen,

---

13 Hinzu kommt, dass die Mittel und Formen, mit denen die privilegierten Mittel- und Oberschichten ihre Nachkommen bei der adoleszenten Orientierungssuche

wie weit sich das Versprechen einer im Zuge von Modernisierungsprozessen *verallgemeinerten* Individuationschance praktisch vermittelt. Bei Jugendlichen aus Immigrantenfamilien kann hingegen begründet davon ausgegangen werden, dass die Migrationslagerung einen eigenen Deutungs- und Handlungshorizont bereithält, der adoleszente Ablösungen verkompliziert. Diese Annahme gilt es zu erläutern.

Sonderfall (weibliche) Adoleszenz in der Migrantenfamilie?

In der Sozialisationsforschung hat es Tradition, Jugendliche aus Immigrantenfamilien als Repräsentanten einer Sonderproblematik in den Blick zu nehmen. Zu Grunde gelegt wird dabei häufig ein Sozialisationstheorem, das in Anlehnung an Ausführungen wie die von Claessens (1962) oder Berger/Luckmann (1969) von einer frühkindlichen Phase der primären Sozialisation ausgeht, in der familial vorgelebte Rollenkonzepte und kulturelle Werte internalisiert und dabei grundlegende Züge einer „basic personality" gewissermaßen ‚fixiert' werden. Die deterministische Vorstellung einer solchen, sehr weit gehenden Prägung, die zwar in Prozessen der Sekundärsozialisation außerhalb der Familie überformt und dabei in Teilen transformiert werden könne, aber letztlich doch elementare Grundzüge in Verhalten und Persönlichkeitsstruktur festzurre, hat die Sozialisationstheorie über Disziplingrenzen hinweg beeinflusst. In der Ethnologie entwickelte sich in analoger Weise das sozio-biologische Kulturverständnis des Primordialismus, nach dessen Vorstellung man in eine Kultur quasi ‚hineingeboren' werde und deren kollektive Grundmuster, das Soziale zu organisieren, das Handeln der Individuen lebenslang steuern würden (in Weiterentwicklung der diesbezüglichen Ausführungen von Shils 1957 z.B. bei Geertz 1973).

Obwohl dem Theorem der kulturell determinierten „Basispersönlichkeit" schon in den 1960er und 1970er Jahren empirische ethnologische Befunde wie die „out-group identification" (Berremann 1964), Prozesse der „situativen Ethnizität" (Cohen 1978) oder Phänomene des „identity switching" (Nagata 1976) entgegen gehalten wurden, hat es in Wissenschaft und breiter Öffentlichkeit doch Karriere machen können und wirkt zum Teil bis heute fort.[14] In

---

zu unterstützen suchen, allgemein eher sichtbar und bekannt sind, d.i. etwa der musische Unterricht, die Ausbildung in distinkten Sportarten, Heranführung an Tanz, Konzert und Literatur, nicht zuletzt auch die klassische Bildungsreise in ihren verschiedenen Ausprägungen von der Klassenfahrt und den Sprachferien über den Schüleraustausch und das Auslandssemester oder -praktikum bis hin zur ausgedehnten Horizonterweiterungsreise. Es birgt eine Ironie eigener Art, dass hierbei die Mobilität und eine (hoch dotierte) Arbeitsmigrationsfähigkeit erkennbar eines der Bildungsziele darstellt.

14 Eine ausführliche Diskussion dessen findet sich in der praxeologisch orientierten Arbeit von Gröpel 1999: 89-95.

besonderer Weise hat die Idee der kulturellen Prägung Einfluss auf die Perspektive genommen, mit der Immigrantenfamilien in Deutschland in den Blick geraten: In Anlehnung an das biologistische Konzept von einer zutiefst die Handlungsrepertoires der Einzelnen prägenden Primärsozialisation wurden und werden Einwanderer hier vielfach als Merkmalsträger einer fremden Kultur wahrgenommen. Im Hinblick auf die sogenannte zweite Generation von MigrantInnen konnte aus dieser Annahme in den späten 1970er Jahren, als sich durch Familiennachzug eine Konsolidierung der Immigration einstellte,[15] die These eines strukturellen Kulturkonflikts abgeleitet werden. Auf Basis der Annahmen von Claessens (1962) führten beispielsweise Schrader, Nikles und Griese 1979 aus, dass Kinder von Migranten, die noch im Herkunftsland ihrer Familie enkulturiert wurden, in der kulturell differenten Aufnahmegesellschaft auf Dauer fremd bleiben würden und kaum Chancen hätten, die unausweichlichen Probleme ihrer „Identitätsdiffusion" in Folge des kulturellen Konflikts produktiv zu verarbeiten.

Die sozialisationstheoretisch allgemein angenommene Handlungsfähigkeit und soziale Transformationskompetenz der Einzelnen wurde mit dieser These von der nachhaltigen, kollektiven Differenz den kulturell fremdartig klassifizierten Einwanderern und ihren Nachkommen aberkannt. Die Einwanderung in die Bundesrepublik hat sich seither weiter verstetigt und auch neue Formen angenommen. Neben einer weiterhin stattfindenden Einwanderung sind auch Re- und transnationale Pendelmigrationen sowie dauerhafte Ansiedlungen in zweiter und dritter, bald vierter „Immigrantengeneration" zu verzeichnen. Die theoretische Diskussion zu Kulturdifferenz hat mit diesen Veränderungen nur partiell Schritt gehalten. Die sozial- und kulturanthropologische Theorieentwicklung hat die neueren Trends des Migrationsgeschehens in der Weise aufgenommen, dass kulturelle Identitätsmarker wie die Religion die Menschen nicht als ein gegen wechselnde Einflüsse resistentes Gepäck begleiten, sondern dass Rituale und ihre Bedeutungen, teils sogar religiöse Inhalte „change as people unpack them in new situations" (Baumann 1999: 130; vgl. auch Baumann 1996 und 1998; Schiffauer 1988 und 1991). Im Lichte dieser neueren Ansätze werden reifizierende Kulturkonzepte selbst als „duale diskursive Konstruktionen" sichtbar (Baumann 1998 und 1999: 81-96). Auch die Encyclopaedia of Social and Cultural Anthropology (Barnard/Spencer 1997) betont zum Stichwort der Identität deren reflexiven Charakter. Dagegen behauptet sich die primordialistisch hergeleitete Kulturkonflikt-These im „ausländerpädagogischen Spezialdiskurs" beharrlich (Dietrich 1997: 25 ff.) und stellt kulturalistische Identitäts-*bias* in den konzeptionellen Vorrat der Deutungs-

---

15 Für einen historischen Überblick der Einwanderungsphasen in die Bundesrepublik vgl. Münz/Seifert/Ulrich 1997; Bade 2000. Zum Einsetzen der ausländerpädagogischen Diskussion und ihrer Weiterentwicklung zur Interkulturellen Pädagogik vgl. Niekrawitz 1991.

muster ein, die in gesellschaftlichen Sozialisationsagenturen das Handeln orientieren.[16]

Trotz Absage an die Kulturkonflikt-These betrachte ich die – zumal weibliche – Adoleszenz im Kontext einer Immigrantenfamilie doch als von speziellen Umständen beeinflusst. Warum? Um dies zu erläutern, ist es notwendig, eine Abgrenzung zu dem im Themenfeld vorherrschenden Diskurs vorzunehmen, in dem die Sonderheitsthese zum Aufwachsen „zwischen den Kulturen" aus der *ex ante* Zurechnung einer kulturellen Fremdheit bestimmter Einwanderer folgt. Dieser Diskurs ist in einem Ausmaß, wie es bei sozialwissenschaftlichen Themen sonst wenig üblich ist, mit massenmedial vermittelten Bildern und Geschichten verschränkt. Einige exemplarische Auszüge genügen zur Darstellung dieser Verflechtung. Sie rekurrieren nicht zufällig auf die Bevölkerungsgruppe türkischer Herkunft bzw. auch unspezifischer auf Familien, die aus einem der verschiedenen Ländern des Vorderen „Orients" abstammen.[17] Vielmehr ist das Bild des Migranten als anhaltend kulturell Fremden hier in einer verdichteten Form repräsentiert. Die nachhaltige Fremdheitswahrnehmung steht vermutlich in Zusammenhang damit, dass Einwanderer aus der Türkei und dem Nahen Osten im Zuge ihrer Migration gen Norden neben den Staatsgrenzen auch mehrere imaginäre Grenzen der herkömmlichen „mentale[n] Landkarten" (Pries 2001: 5) verschiedener religiöser und kultureller ‚Territorien' überschritten haben.

Am plastischsten werden solche Grundlinien des Alteritäts-Diskurses, wenn von Mädchen und Frauen in „orientalischen" Einwanderermilieus die Rede ist. Das Bild der kulturellen Differenz wird am Geschlechterverhältnis konkret, und es rechnet Töchtern und Frauen in jenen Kreisen durchweg ein beklagenswertes Schicksal zu. Stärker noch als bei männlichen Adoleszenten klingt bei der Thematisierung weiblicher Biographien in „orientalischen" Einwandererfamilien das Motiv des Opfers strukturell *zu* disparater Verhältnisse an. Diesen Diskurs über „die fremde Frau" (Huhnke 1996; Huth-Hildebrandt 1999) werde ich anhand einiger plakativer Ausschnitte kurz einführen. In seinen Zurechnungs- und Deutungsroutinen der Differenz legt er nahe, dass ein Heranwachsen in Familien „orientalischer" Herkunft prinzipiell kulturelle Zerreißproben beinhaltet und es vor allem die weiblichen Lebenslagen sind,

---

16 Vgl. zu den der pädagogischen Diskussion die Zusammenschau in Gröpel 1999: 97 f. und Huth-Hildebrandt 1999.
17 Die Ineinssetzung von türkischer oder „orientalischer" Kultur und Islam verweist auf die Vorstellung eines orientalisch-islamischen „Kulturkreises", die nicht nur in der Bundesrepublik anzutreffen ist. Helma Lutz hat gezeigt, dass es das gleiche Set an negativen Klischees ist, das in Deutschland wie in den Niederlanden auf türkische und arabische Frauen, in Frankreich auf algerische Frauen und in Großbritannien auf Frauen pakistanischer Herkunft angewandt wird (Lutz 1989a: 32). Als selbst davon Betroffene hat Leyla Ahmed diese Konzeption der weiblichen Opferfigur aus dem Vorderen „Orient" für den nordamerikanischen *mainstream*-Diskurs beschrieben (Ahmed 1982: 523).

an denen sich einschlägige Fragen der Konfliktbewältigung und kulturellen Integration entscheiden.

Das medial dominierende Bild vom kulturell fremden Migranten konzentriert sich also auf Arbeitsimmigranten bestimmter Herkunft, Religion und sozialer Milieus. Es werden nicht, neutral gesprochen, alle Arbeitsimmigranten vom griechischen Gemüsehändler über den italienischen Herrenschneider bis hin zum kanadischen Investmentbanker über einen Kamm der kulturellen Andersartigkeit geschoren – gerade Differenzierungen bleiben bezeichnenderweise meist auf gut ausgebildete Einwanderer aus anderen Ländern der westlichen Welt beschränkt. Der kulturell Andere oder ‚notorische Ausländer', dessen Söhne und Enkel auch ohne eigene Migrationserfahrung noch als „Einwanderer zweiter, dritter Generation" gelten, ist in der üblichen Darstellung Türke oder Araber, und er unterjocht traditionsgemäß Frau und Töchter (vgl. Huhnke 1996).

Die großen meinungsbildenden Medien, auch solche mit Anspruch wie das deutsche Wochenmagazin *Der Spiegel*, reproduzieren dieses Bild seit Jahr und Tag, demzufolge „türkische" Frauen und Mädchen in Deutschland ein jämmerliches Dasein fristen: Mit „Knüppel im Kreuz" und „Kind im Bauch" würden sie drangsaliert. Ihr Leben sei gekennzeichnet von ständiger Angst vor gewalttätigen Ehemännern, Brüdern oder männlichen Anverwandten, „die totale Macht haben über alles, was in der Familie Röcke trägt" (Meyer 1990: 99). Insgesamt habe man es bei dieser Bevölkerungsgruppe mit dem „Mittelalter mitten in Deutschland" zu tun (ebd.: 98). Was Ingrid Dietrich (1997) als den vorherrschenden Tenor in der ausländerpädagogischen Diskussion konstatiert und Christine Huth-Hildebrandt (1999) als dominante Konstruktion in der Migrationsforschung ausgemacht hat, findet sich in skandalisierender Zuspitzung als Muster in der Berichterstattung vieler Massenmedien wieder: Dass nämlich eine Fokussierung sozial schwacher Einwanderer ländlicher Herkunft erfolgt und deren „kulturelle Diskrepanzen zur deutschen *Mittelstands*gesellschaft [...] als Defizite herausgestellt" (Dietrich 1997: 25) und letztlich verallgemeinert werden. Es stellt ein Indiz für hegemonial vorhandene Deutungsmuster dar, wenn solche Argumentationen in mehreren gesellschaftlichen Feldern zugleich anzutreffen sind.

Zur Illustration der Praxis von Alteritätskonstruktion und Stigmatisierung lohnt es, eines der zentralen Narrativ nachzuzeichnen: Die Rede davon, dass der Islam mit einer freiheitlichen Gesellschaft inkompatibel sei, zählt zu den Metanarrativen, die bei der Deutung verschiedener Phänomene Anwendung finden. So wurde es in Reaktion auf die Ermordung des niederländischen Filmemachers van Gogh durch einen sogenannten allochthonen muslimischen Niederländer im Winter 2004 mobilisiert. Zu ganz ähnlichen Urteilen kamen in einer Reihe öffentlicher Stellungnahmen diverse Politiker und Journalisten, die im Herbst 2005 die Straßenschlachten in den französischen Vorstädten kommentierten. Flankiert wird das Schema des unverträglichen Islam meist von einem Emanzipationsdiskurs, der diskrepante Geschlechterrollen und Familienkonzepte ausschließlich als kulturelle *liabilities* thematisiert. Eine entsprechende Interpretationskette bot beispielsweise der französische Innenminister Sarkozy an, als der Aufruhr in den Vorstädten das Land in Atem hielt: Die Polygamie muslimischer Einwanderer sei ein Integrationshindernis und mithin eine der Ursachen für die Krawalle (vgl. Kröncke 2005).

Ein hegemoniales Narrativ: Der inkompatible Islam...

Im Gefolge der Berichterstattungswelle zum angeblichen Scheitern multikulturell angelegter Gesellschaftsmodelle, das anlässlich der Ermordung des niederländischen Filmemachers Theo van Gogh durch einen fanatisierten Muslim im Herbst 2004 vielstimmig verkündet wurde, fand sich das Urteil, der Islam vertrage sich nicht mit der freiheitlichen Demokratie, in großen Magazinen, Zeitungen und Talkshow-Runden quer durch Europa wieder, so auch in Deutschland. Geradezu als Kampfansage an die Muslime könne dieser aufgeregte Diskurs führender Leitartikler verstanden werden, der sich in die Pose eines Schwanengesangs auf die vermeintlich „falsche Toleranz" unserer liberalen Gesellschaft werfe, resümierte Robert Misik seine Auswertung einschlägiger Medienbeiträgen. Nachdem in den vergangenen Jahren zunächst die Reformpädagogik als zu liberal verabschiedet worden sei, würden nun offenabr auch im gesellschaftlichen Verhältnis zu den Muslimen die autoritären Ideale vergangener Zeiten wiederentdeckt:

„Kein Leitartikel, keine Glosse, in der nicht das multikulturelle Toleranzideal entschieden verworfen wird. Diesmal in der Rolle des Züglings: der Muslim. Grenzen ziehen! Muslime brauchen Regeln! Sie verachten unseren Laizismus, haben keinen Sinn für Ironie und verpuppen sich in Parallelgesellschaften, in denen Menschenrechte nichts gelten, wickeln ihren Frauen hässliche Tücher um den Kopf, verprügeln und vergewaltigen sie gewohnheitsmäßig, und es ist allgemeine Übung, dass Brüder ihre Schwestern erstechen, wenn die gegen die Scharia verstoßen. Und warum das alles? Weil die Holländer, in Wahrheit aber wir alle, so tolerant waren. [...] Selbst der bedächtigste Kommentator kommt ohne eine dramatische Distanzierung von Toleranz nicht mehr aus." (Misik 2004: 16)

Was anlässlich der van Gogh-Ermordung in großen Zeitungen an Vorurteilen über den Islam nachzulesen war, deuten manche als Ausdruck eines Feindbildes, das die verschwundenen Projektionsflächen des Kalten Krieges abgelöst habe (Huhnke 2006: 11). Neu sind Struktur und Inhalte des anti-islamischen Diskurses indes nicht. Was die jüngsten Debatten über den Islam und die offene Gesellschaft in der Tat von denen früherer Jahre unterscheidet, ist dass ein geändertes Bewusstsein von der dauerhaften Präsenz muslimischer Bevölkerungsteile zum Ausdruck kommt. Legten die per „Endlosschleife" (ebd.) in den letzten 30 Jahren medial verbreiteten Stereotypen von muslimischen Einwanderern vor allem Zeugnis von einer überheblichen Verachtung für deren „Kultur" ab, stehen die Beiträge der letzten Zeit erkennbar in Zusammenhang mit der Integrationsthematik. Die Frage lautet heute erstens weniger abstrakt und zweitens weniger auf Länder mit mehrheitlich muslimischer Bevölkerung bezogen, ob sich der Islam mit der liberalen Demokratie vertrage, sondern ob und wie Muslime ihren Platz im *hiesigen* Gesellschaftsmodell definieren und einnehmen könnten bzw. sollten. Diese Akzentverschiebung markiert eine Chance zur offenen und kritischen Auseinandersetzung. Genutzt wurde diese Chance hingegen wenig. Vielmehr haben Alarmisten und Vereinfacher den öffentlichen Diskurs polarisiert.

Das Bild vom haltlosen Heranwachsen zwischen kulturellen Welten, das Jugendliche in einen Strudel kultureller Gegensätze von „Mehrheits-" und „Parallelgesellschaft" reiße, wurde bei der Gelegenheit vielfach reaktiviert. So wies der niederländische Schriftsteller Leon de Winter in der deutschen Wochenzeitung *Die Zeit* darauf hin, dass van Goghs Mörder, obwohl er in den Niederlanden aufgewachsen war, dennoch in einer vollständig anderen Welt lebte, die vom Liberalismus des Westens so weit entfernt sei, dass die nötige Anpassung „nur den Stärksten und Klügsten" gelingen könne.[18] Nach Ansicht de Winters zeigte sich schon am Ton des Bekennerschreibens, das der Täter am Tatort hinterließ, dass die „arabisch-islamische Schamkultur" mit dem Modell individueller Verantwortung und Meinungsfreiheit nicht harmoniere. Während der Individualismus der Niederlande und anderer „westlicher Kulturen" auf persönliche Disziplin und persönliches Urteil setze, würden die islamischen Einwanderer ihre Kinder gemäß den Prinzipien ihrer traditionellen „Schamkultur" aufwachsen lassen, die nicht der Leistung von Einzelnen Respekt zolle, sondern lediglich konventionelle Gesten der Ehrbezeugung einübe. „Die Schande der sozioökonomischen Stellung vieler islamischer Väter – die in ihren Familien wie die Patriarchen herrschen – in einer von Nichtmuslimen und Atheisten beherrschten niederländischen Umgebung wird in einer tödlichen Mischung noch verstärkt von den Werten, die im traditionellen Islam und in der Schamkultur bewahrt werden", so de Winter weiter (2004).

Pauschale Urteile wie dieses gewann der Romancier weder aus Expertisen zum Einwanderungsgeschehen noch aus Studien zu bestimmten Gruppen an Immigranten oder deren Nachkommen; Gewährsmann war ihm der Autor eines mythologischen Buches über „The Arab Mind" von 1973, einer „monumentalen Studie über die sozio-psychologischen Merkmale und Strukturen der arabischen und islamischen Völker" (ebd.). Es ist kaum vorstellbar, dass de Winters und vergleichbare Einlassungen anderer KommentatorInnen nicht mit einem öffentlichen Aufschrei beantwortet worden wären, wären vergleichbare Äußerungen über andere Bevölkerungsgruppen, z.B. über jüdische Einwanderer oder über Farbige und ihre „sozio-psychologischen Merkmale" geäußert worden.[19] Das Anliegen, auf „die moralischen und ethischen Familienstrukturen" islamischer Einwanderer Einfluss nehmen zu wollen, trifft dagegen auf breites Verständnis, schließt es doch an das hegemoniale Narrativ über die

---

[18] Die Zitate dieses Absatzes sind dem Beitrag von Leon de Winter „Vor den Trümmern des großen Traums" in Die Zeit (48) 2004 vom 18.11.2004 entnommen. Vgl. Misik 2004.

[19] Tatsächlich wiederholen sich in den Verallgemeinerungen über Islam und „Orient" Ideen, die vor 100 Jahren von Autoren wie dem Soziologen Werner Sombart gegen Juden in Anschlag gebracht wurden (vgl. Bodemann 2004).

muslimischen Fremden an, denen die Migration lediglich Ortsveränderung zu sein scheint. Das eigentlich Erschreckende, so de Winter in einem weiteren Interview, sei ja nicht, dass der Mörder van Goghs radikal war, sondern „dass er radikalisiert wurde, als ob er niemals hier gelebt hätte".[20]

Diese schematische Einschätzung ist spekulativ und zugleich fragwürdig. Sowohl die theoretische Erkenntnis, dass jedes Handeln seine Bedeutung in konkreten Kontexten erfährt, als auch Ergebnisse qualitativer empirischer Sozialforschung deuten in eine andere Richtung. Selbst wenn ein traditionalistisches Lebenskonzept für den Einzelfall eine plausible Interpretation anbieten könnte, wären Gründe seiner Persistenz in den Niederlanden zu suchen. Undifferenzierte Zurechnungen, mit denen Argumente über „den Islam" oder „die Muslime" operieren, sind empirisch nicht belastbar, und insbesondere die Idee, es gäbe so etwas wie einen nach einheitlichem Muster strukturierten islamischen „Kulturkreis", mit einer konsistenten „Schamkultur" hat sich seit langem als unhaltbar erwiesen:

„Anthropological studies reveal [...] that Islamic laws do not necessarily determine the behaviour of the sexes and the position of women. It is rather a complex picture of the relationship between Islam and the actual life situations of Muslim women that emerges, when we take a closer look at Islamic social systems, and one is confronted with a considerable range of interpretations of laws and traditions within these. Comparative examinations of specific practices as regards, for instance, women's inheritance of property show that there may be greater differences in such practices within communities that declare themselves adherents of a particular Islamic school of law than between communities belonging to different schools. The variability in the position of Muslim women is even more conspicuous when we move outside the core area of Islamic civilization to African and Asian Muslim societies." (Nicolaisen 1983: 3)

Wenn ungeachtet der belegten Varianz eine kollektive Stigmatisierung von Muslimen als Repräsentanten einer mörderischen „Schamkultur" erfolgt, kann das nicht allein einer Frontenbildung entlang der beschworenen Differenz Vorschub leisten. Die Rhetorik der pauschalen Fremdheit und Inkompatibilität verstellt zudem den Blick auf solche kulturellen Beiträge und Leistungen, die quer verlaufende Ligaturen hervorbringen oder zumindest dieses Potenzial bergen. Mit der Deutung, delinquente Einzeltäter repräsentierten ein kulturelles oder religiöses Kollektiv mit einer grundverschiedenen Lebensphilosophie wird zudem ein Menschenbild in Anschlag gebracht, das noch hinter die elementaren Grundsätze des Humanismus zurückfällt, jede zurechnungsfähige Person[21] in individueller Handlungsverantwortung zu sehen (vgl. Davies 1991: 42 f.).

---

20 Interview in Die Welt vom 12.11.2004.
21 Einzuräumen ist, dass dieses Personenkonzept nie uneingeschränkte Gültigkeit besessen hat: „In the humanist model of the person, agency is, by definition, a feature of each sane, adult human being. Those who are generally not constituted as agentic, such as women, children, natives [...] and the insane are, by definition, not fully human" (Davies 1991: 42). Mit der Universalisierung des Gleich-

Die Vergröberung der Kulturdifferenz-Behauptung ist indes nicht auf die Journaille beschränkt, wie der Verweis auf die Arbeit von Ingrid Dietrich (1997) schon angedeutet hat. Vielmehr können sich einschlägige Mediendarstellungen auf entsprechende akademische Beiträge stützen, und dies seit Jahrzehnten. In besonderer Weise erfolgt dabei eine diskursive Verknüpfung von islamischer Religion mit „orientalischer" Kultur und einer „traditionellen" Unterdrückung der weiblichen Bevölkerung: Das Stichwort der „Schamkultur", das Leon de Winter und andere so selbstverständlich im Munde führen, weckt Assoziationen von Prüderie, repressiver Sexualmoral und verkrampfter Körperlichkeit. Diese Mixtur ist im vorherrschenden Bild der muslimischen Frau ‚verkörpert'.

...und die fremde Frau – das zu befreiende Wesen

Dominante Bilder von der fremden Frau (vgl. Huhnke 1996; Huth-Hildebrandt 1999) lassen erkennen, dass die Grundaxiome der gegenwärtigen Fremdheitsdeutung bestimmter Einwanderergruppen in den 1970er Jahren formuliert wurden. Der in jener Zeit einsetzende Familiennachzug türkischer Arbeitsimmigranten in die Bundesrepublik machte die Frauen aus dem „Orient" zur konstitutiven Kontrastfolie hiesiger Frauenbewegung.

Analog zu den einflussreichen Kulturkonflikt-Theoretikern ihrer Zeit (etwa Schrader/Nikles/Griese 1979) gehen die Sozialpädagoginnen Andrea Baumgartner-Karabak und Gisela Landesberger in ihrem seit 1978 mehrfach nachgedruckten Erfolgstitel „Die verkäuften Bräute"[22] davon aus, dass junge Frauen, die im Zuge von Heiratsmigrationen aus der Türkei nach Berlin kommen, zwischen Kreuzberg und Anatolien kulturell zerrissen und ihren männlichen Angehörigen vollends ausgeliefert sind: Körperlich anwesend, blieben sie „sprachlose Kulisse", denn ihr „ganze[s] Wertsystem" entstamme „einer Welt, die dreitausend Kilometer und mehrere Kulturrevolutionen von uns entfernt liegt", wie es im Vorwort auch von Susanne von Paczensky heißt (1990: 8). Mehrheitlich Hausfrauen, seien diese Immigrantinnen „der Willkür des Mannes ausgeliefert" (Baumgartner-Karabak/Landesberger 1990: 111).

---

heitsgebots aller Menschen in der Allgemeinen Erklärung der Menschenrechte und den diesbezüglichen Grundsätzen in den Verfassungen der westlichen Demokratien unterliegen Einschränkungen jedoch einer besonderen Erklärungspflicht und können heute nur noch im Hinblick auf Minderjährige und geistig oder psychisch Behinderte für legitim betrachtet werden. Zwar gibt es auch Initiativen für eine Ausweitung des Wahlrechts auf Jugendliche bis hin hin zur Forderung nach genereller Aufhebung der Altersgrenze (vgl. Peschel-Gutzeit 1997; Wiemann 2002). Eine in diese Richtung zielende Verfassungsbeschwerde scheiterte in der Bundesrepublik Deutschland 1996 aber bereits daran, dass das höchste Gericht die Klage nicht zur Entscheidung annahm (vgl. http://kraetzae.de).

22 Das Buch erreichte in seinen mehreren Ausgaben eine Gesamtauflage von nahezu 40.000 Exemplaren.

Die herkunftsmäßige Distanz der „dreitausend Kilometer" zwischen Kreuzberg und Anatolien versinnbildlicht hier eine Distanz zum Lebensstil „der Türken", in dem Frauen kein aktiver Part zukommt. Mit ihnen wird lediglich im Passiv so oder so „umgegangen". Dass die Frage nach der Lebenslage von Immigrantinnen türkischer Herkunft oder auch allgemeiner von Mädchen und Frauen in den Milieus „orientalischer" Einwanderer über lange Zeit als ein sozialpädagogisches Anliegen gerahmt war, entspricht dieser Wahrnehmung. An den Äußerungen der Autorinnen zum Einkaufsverhalten der beobachteten Familien türkischer Herkunft zeigt sich zudem, dass die pädagogische Beziehung so fraglos hierarchisch war, dass noch jede Praxis der Anderen als Zeichen ihres Nachholbedarfs herhalten konnte: Während zur gleichen Zeit der Emanzipations-Diskurs mit Blick auf deutsche Paarverhältnisse die Geschlechterrollen-Normierung aufzubrechen sucht und eine unzureichende Beteiligung der Männer an der Hausarbeit thematisiert, beklagen die Berliner Sozialpädagoginnen, aus der Türkei eingewanderte Frauen überließen „selbst" den Einkauf von Lebensmitteln ihren Männern und den Kindern, obwohl es sich dabei doch um „die eigenste Domäne der Frau" (ebd.: 1 f.) handle.

Ein weiteres Buch von nachhaltigem Einfluss ist der Titel über „Die Grenzen des Geschlechts" von Cheryl Benard und Edit Schlaffer aus dem Jahr 1984. Es wurde ebenfalls in mehreren Auflagen bis in die 1990er nachgedruckt.[23] Als „Sachbuch" veröffentlicht, machten sich die Autorinnen kaum die Mühe, ihre Einschätzungen und Schlussfolgerungen im Kontext zu diskutieren oder mit empirischen Recherchen zu belegen. Damit reihen sie sich ein in die *mainstream*-Erzählung von der weiblichen Opferfigur aus dem Vorderen „Orient", über die man schlichtweg Bescheid zu wissen glaubt (vgl. Ahmed 1982: 523). Woher Benard und Schlaffer etwa die Einsicht gewinnen, dass „die primitive Gesellschaftsordnung [...] sich sehr unmittelbar nach Richtlinien der Gewalt organisiert" (1988: 165), bleibt ein Geheimnis der Autorinnen. Die Äußerungen über das durchweg als repressiv geschilderte „islamische Muster" in der Organisation des Geschlechterverhältnisses (ebd.: 173) wiederholen in pauschaler Behauptung eine Überlegenheit der „westlichen Welt". Positive islamische Einflüsse auf Europa bleiben vollends unerwähnt: Die so bezeichnete „Zivilisierung des Mannes im Westen" (ebd.: 165 ff.) im Laufe des Mittelalters kommt in der Geschichtsversion von Benard und Schlaffer ohne die (gleichwohl unbeabsichtigten) kulturellen Impulse infolge der Kreuzzüge und des Levante-Handels in Gang, die jedes bessere Lexikon erwähnt. Zweifellos würden sie die Dichotomie stören, in der „der Westen" im Hinblick auf die Regelung der Geschlechterverhältnisse dem „islamischen Muster" diametral gegenübergestellt wird (ebd.: 171 ff.);[24] ein Beispiel für die

---

23 Benard und Schlaffers Titel wurde in insgesamt 33.000 Exemplaren auf den Markt gebracht.
24 Cheryl Benard reproduziert das dichotom polarisierte Weltbild auch in ihren neueren Veröffentlichungen. In einer Studie für die regierungsnahe US-amerikanische RAND-Corporation mit dem irreführenden Titel „Civil Democratic Islam: Partners, Resources, and Strategies" (2003) stellt sie muslimische Fraktio-

Art an Aussagen über die „beiden Kulturen", „die islamische Gesellschaft" (ebd.: 172) oder auch die Gepflogenheiten „im islamischen Raum" (ebd: 174):

„Die islamische Gesellschaft reduzierte das Konfliktpotenzial, indem sie die Anzahl derjenigen, die aktiv sein konnten und Ansprüche stellten, reduzierte: sie eliminierte die Frauen als aktive Teilnehmer. [...] Das westliche Muster gestattete den Frauen unvergleichlich mehr Bewegungsfreiheit und gab ihnen mehr Chancen für die persönliche Entwicklung. Das islamische Muster reduzierte die Chance, dass Frauen in der Gemeinschaft Unruhe hervorriefen, indem es die Frauen entfernte; es reduzierte ihr Potenzial für Konfliktverursachung, indem es sie abwertete. Das westliche Muster reduzierte die Konflikte, indem es Übergriffe auf Frauen sanktionierte und einen geregelten und harmonischen Umgang der Geschlechter miteinander anstrebte. [...] Verallgemeinernd können wir sagen, dass im Westen die Zielvorstellung eine Gesellschaft war, in der alle Mitglieder zivil miteinander interagieren. Im Islam war die Zielvorstellung die Segregation der Geschlechter." (Benard/Schlaffer 1988: 172 ff.)

Mit der gängigen Polarisierung von „Westen" und „Islam" verschwinden Heterogenitäten und Widersprüche innerhalb der vermeintlich separierten Welten aus dem Blickfeld. Das Problematische an solchen für ein breites Publikum aufbereiteten Darstellungen ist, dass sie – zumal im Gewand des „Sachbuchs"[25] – Meinungen, Vorbehalte und (meist abwertende) Klischees von einem selten genauer bezeichneten „Orient" bekräftigen. Dabei werden die immer „gleichen Stereotypen *als Wahrheiten* produziert. Einem interessierten Publikum wird [...] das geboten, was es erwartet: die Frau aus dem Orient ist in erster Linie Muslimin, und darum ist sie von vornherein ein bemitleidens-

---

nen vor und sortiert diese nach einem Skalenmodell von Traditionalismus, Modernismus und Säkularismus. In der gleichen Weise wie im oben zitierten Buch zu den „Grenzen des Geschlechts" bleiben die jeweils extrapolierten theoretischen Positionen ohne jeden kontextuellen Bezug dahingestellt. Es sind Aussagen über „the Islamic camp" (Benard 2003: 36), das sie zu „the Western culture", „Western identity" oder schlicht „the West" kontrastiert (ebd.: 34 ff.). Autonome innerislamische Veränderungsprozesse, die mit Grundsätzen freiheitlicher Demokratie vereinbar sind, beurteilt Benard als letztlich undenkbar, denn „the underlying problem is that the philosophical underpinnings of the two are incompatible. [...] One can gloss over these differences for a time, but they will not go away, and sooner or later one will arrive at points of conflict" (ebd.: 33).

25 Flankiert werden solche Effekte freilich auch von anderen literarischen und medialen Gattungen wie dem Genre der „wahren Geschichten", in denen Frauen schildern, wie sie ihren männlichen muslimischen Peinigern nur mit knapper Not entronnen sind; das bekannteste Beispiel ist sicher Betty Mahmoudis Rührstück „Nicht ohne meine Tochter", das Ende der 1980er Jahre als Buch und Film weite Verbreitung und großes Echo fand. Diese Art Literatur, unter IslamwissenschaftlerInnen als „Schleierliteratur" verspottet, boomt nunmehr seit Jahrzehnten. Das aktuellste Beispiel dürfte Necla Keleks Buch „Die fremde Braut" (2005) sein, in dem die Autorin sich der – fraglos ernst zu nehmenden – Problematik von Zwangsverheiratungen annimmt, jedoch im Stil suggestiver Behauptungen und ohne ihren „Bericht aus dem Inneren des türkischen Lebens in Deutschland" in Relation oder auf wissenschaftlich nachvollziehbare Grundlagen zu stellen.

wertes Opfer ihrer kulturellen Herkunft. Sie ist der Inbegriff der unterdrückten Frau, weiblicher Passivität und weiblichen Leidens, eine Figur im Schatten der Existenz", wie Helma Lutz zusammenfasst (1989b: 51; Betonung hinzugefügt).

Die hier zitierten Passagen sind weder Einzelfälle noch veraltet, sondern in vieler Hinsicht symptomatisch für die seit den 1970er Jahren etablierte Perspektive der pädagogischen Zuwendung: „Arm – hilflos – ausgeliefert", so charakterisiert Angela Eberding, was sie an Überzeugungen im Mehrheitsdiskurs in Deutschland über Mädchen und Frauen türkischer Herkunft 20 Jahre nach dem ersten Erscheinen von „Die verkauften Bräute" fand, und trotz der kritischen Einwände, die gegen die kulturalistischen Zuspitzungen in Fachkreisen zwischenzeitlich nicht allein erhoben, sondern auch empirisch konkretisiert wurden (Eberding 1998; Boos-Nünning/Karakasoglu 2004).

Die klassische orientalistische Konstruktion, die die Frauen des Nahen Ostens mit dem phantastisch aufgeladenen Topos des Harems, mit besonderer Sinnlichkeit und Erotik als Gegenbild zum puritanischen Europa des 19. Jahrhunderts assoziierte (Thorton 1989), scheint demnach abgelöst durch einen anderen Orientalismus, der „die Orientalin" als unterdrücktes, der Öffentlichkeit entzogenes Gegenbild zur emanzipierten, im öffentlichen Raum agierenden westlichen Frau entwirft. Beide Phantasmagorien vergegenständlichen die anderen Frauen zu einer „Folie, auf der *unsere* Wirklichkeit beschrieben wird" (Lutz 1989b: 56). Die gegenwärtige Version des orientalistischen Diskurses universalisiert zudem ‚unser' Emanzipationsmodell bzw. eher noch die Wunschvorstellung davon, denn auch die These von „der westlichen Welt" als einem Hort der Gleichberechtigung der Geschlechter hält kritischen Analysen kaum stand. Einwenden ließe sich gegen die Schwarzweißmalerei überdies, dass trotz der mehrheitlich muslimischen Bevölkerung beipielsweise in der Türkei mehr Frauen mit Hochschulprofessuren betraut sind als in der Bundesrepublik. Ebenfalls in der Türkei, aber auch in Pakistan und Bangladesh standen bereits in den frühen 1990er Jahren Frauen auch an der Spitze von Regierungen.

In der Tat gibt es eine Reihe von Arbeiten, die andere Momente beleuchten als das orientalistische Klischee: sei es die informelle Macht der Frauen in einer türkischen Kleinstadt oder im jemenitischen Sana'a, wo die Kategorie des Geschlechts mitnichten über allen anderen steht, sondern eine komplexe sozial-ökonomische Ressourcenlage den Zugang zum (überdies anders konzipierten) öffentlichen Raum reguliert; die strategische Aktivität weiblicher Heiratsmigrationen; die grundsätzlich positive Rolle der Sexualität in der islamischen Konzeption der Paarbeziehung; der große Einfluss von charismatischen und mächtigen Frauen im Leben Mohammeds; oder auch die verbindenden Analogien zwischen christlich und islamisch begründeten Praktiken der Diskriminierung von Frauen.[26] Auf der Basis insbesondere ethnologischer Stu-

---

26 Zu den genannten Aspekten vgl. die Arbeiten von Aswad 1979; Makhlouf 1979; Fernea/Fernea 1979; Beck/Keddie 1979; El Saadawi 1980; Wikan 1982; Utas

dien und durch Beiträge von Frauen aus der betreffenden Re(li)gion[27] hat sich das schlichte Bild von der unterdrückten Muslima als Zerrbild erwiesen, das vor allem dazu taugt, in Abgrenzung zur bedauernswerten „Orientalin" idealisierte Selbstbilder westlicher Weiblichkeit zu konstruieren (vgl. Lutz 1993: 149). Die vielfältigen Wirkungen der sozialen Kategorie des Geschlechts kann mit anderen Worten nicht als Kennzeichen einer ganzen Gesellschaft, Religion oder Region gelten, sondern muss im Zusammenhang untersucht werden, wobei auch andere Hierarchie bildende Faktoren zu berücksichtigen sind (Gümen 2001).

Dessen ungeachtet hält sich im breitenwirksamen, meinungsbildenden Diskurs hartnäckig das Klischee von „*der* Stellung *der* Frau im Koran und in *der* moslemischen Gesellschaft" (Fitzgerald et al. 1977: 31; Betonung hinzugefügt). Auf dieser Folie gerät die Tochter aus muslimischem Elternhaus vornehmlich in den Blick als zu befreiendes Opfer, zumal wenn sie infolge Migration in unserer Mitte lebt. Der Weg ins westliche Ausland habe den Frauen des Orients die Gelegenheit geboten, sich zu emanzipieren, hieß das im Klartext schon bei Fitzgerald (ebd.). Die Verortung emanzipativer Chancen im Westen verneint die Möglichkeit, dass muslimische Mädchen und Frauen sich – ob hier oder anderswo – aus eigenen Kräften und mit eigenen Formen von vorgefertigten Rollenmodellen lösen. Dagegen richten sich mehr und mehr Erwartungen an die Mädchen und Frauen „orientalischer" Herkunft, mit ganz bestimmten Akten ihre hiesige Emanzipationsgelegenheit zu nutzen und sichtbar Position zu beziehen:

„Das orientalistische Paradigma [...], welches bis heute die Migrantinnenliteratur [gemeint ist hier die Literatur über Migrantinnen; S.M.] beherrscht, geht von der idealtypischen Gegenüberstellung mit einer befreiten weiblichen Sexualität im ‚emanzipierten Westen' aus. Damit wird auch gleichzeitig die Wertung verbunden, dass genau diese Freiheit fortschrittlich sei und universell anzustreben. Wir können [...] feststellen, [...] dass der Fortschritts- und Modernitätsgedanke in den letzten zwanzig Jahren stärker in den Vordergrund getreten ist." (Lutz 1989b: 58)

Die betreffenden Mädchen und Frauen werden so in einer doppelten Weise zum ‚Gegenstand' paternalistischer und modernistischer Differenzkonstruktionen: Das Modernitätsdifferenztheorem, das mit dem Gegensatzpaar „traditionell" versus „modern" die Migrantendarstellung seit Jahrzehnten durchzieht[28]

1983; Wolbert 1984 und 1988; Schimmel 1995; Rotter/Rotter 1996; Mernissi 1987, 1991, 1995, 1997 und 2000; Fernea 1985, 1998 und 2000.

27 Hier sind neben den wohl prominentesten Autorinnen Nawal El Saadawi und Fatima Mernissi z.B. auch Naila Minai (1981 und 1984), Ayla Neusel, Sirin Tekeli und Meral Akkent (1991) zu nennen.

28 Dass über Zeit ein Wandel der Perzeptionen möglich ist, zeigt sich daran, dass zu Beginn der bundesdeutschen Anwerbung von „Gastarbeitern" auch von italienischen ImmigrantInnen ein Bild kursierte, das sie als Mitglieder einer traditionellen/ländlichen/bäuerlichen Kultur konzipierte, dem in Deutschland ein moderneres gesellschaftliches Leben gegenüberstünde (vgl. Bukow/Llaroya 1993: 12; Auernheimer 1988: 146). Auch wenn unmittelbare Kausalitäten kaum nachweis-

wird verdoppelt in einem Kulturdifferenztheorem, das sich insbesondere in der Bewertung weiblicher Lebensformen niederschlägt. Werner Schiffauer hat im Hinblick auf die imaginäre Konstruktion des Migranten darauf aufmerksam gemacht, dass dem bundesdeutschen Diskurs selbst in der liberalen Ausprägung noch ein Überlegenheitsgestus zueigen sei, der autonomen Äußerungen der Eingewanderten – und durchaus in der Absicht wohlmeinender Hinwendung zu den wahlweise als bedauernswert oder schlichtweg als unzivilisiert eingeschätzten Fremden – immer schon zuvorkommt. So werden assimilative Forderungen höchstens protektionistisch abgeschwächt, nicht aber grundsätzlich als unangemessen aufgegeben:

„Während die konservative Variante [...] die Fremden sozusagen unnachgiebig mit der Forderung nach Anpassung konfrontiert, nimmt die liberale Version eher eine pädagogische und protektionistische Haltung ein [...] Es hängt mit dieser Tendenz zusammen, dass das Fremde [...] von vorneherein als *Problem* definiert wird." (Schiffauer 1993: 198)

Dass die Problemperspektive sowie ihre impliziten Unterscheidungen und Wertungen verschiedener Gruppenkonstruktionen und „Kulturen" sich an (angenommenen) geschlechtsspezifischen Rollen orientiert, ist in den vergangenen Jahren besonders deutlich geworden in den öffentlichen Auseinandersetzungen um die Kopftücher muslimischer Mädchen und Frauen. Dabei hat sich gezeigt, dass die enge inhaltliche Verknüpfung von Kultur- und Modernitätsdifferenz-Hypothesen, die Bukow bereits 1993 (20 ff.) als ein Charakteristikum des deutschen Konzepts vom „Orient" beschrieben hat, weiterhin Bestand hat und hier auf Migranten „orientalischer" Herkunft bezogen wird: In Analogie zum Entwicklungsdiskurs gegenüber den Ländern der sogenannten Dritten Welt, geraten diese Immigranten zu Repräsentanten der Rückständigkeit: Als seien sie die „Dritte Welt in Europa" (Blaschke/Greussing 1980), soll ihnen allgemein bei der sozialen und kulturellen Entwicklung – den Mädchen und Frauen zudem bei ihrer Emanzipation von parochialen Geschlechterrollen-Erwartungen – unter die Arme gegriffen werden.

Vorgeprescht sind mit diesem Anliegen seit langen Jahren die Macherinnen der Zeitschrift *Emma*. Die Berichterstattung zu Fragen des Islam und eine aus ihm abgeleitete repressive Normierung der Geschlechterrollen hat in der Geschichte der *Emma* Tradition. Dabei wurde stets entlang des geläufigen Kulturkreis-Konzepts vom aufgeklärten Okzident vis-à-vis der rückständigen Welt des „Orient" polarisiert und die Abkehr vom Islam zur Voraussetzung

---

bar sein dürften, ist im Hinblick auf die italienische Einwandererpopulation und ihre Nachfahren als wahrscheinlich anzunehmen, dass es einen Zusammenhang von Imagewandel und Europäischem Einigungsprozess gibt, der die imaginären Grenzen von *in-* und *out-group* auf der mentalen Landkarte verschoben hat. Umgekehrt stabilisiert das in der EU-Erweiterungsdebatte vielfach geäußerte Unbehagen angesichts eines möglichen Beitritts der Türkei zur Union möglicherweise negative Stereotypen über die hier ansässigen Bevölkerungsteile türkischer (sowie anderer Nicht-EU-)Herkunft.

jeder emanzipatorischen Entwicklung hypostasiert (vgl. die ausführliche Diskursanalyse bei Marx 2000; Huhnke 2004). In den vielfach erregt geführten Kopftuchdebatten nahm die *Emma*-Redaktion wiederum Partei für eine radikal ontologisierende Position: Frauen, die zum Kopftuch greifen, sind demnach entweder hilflose Opfer, die aus patriarchaler Unterdrückung zu befreien sind, oder machen sich selbst fundamentalistischer Umtriebe schuldig; eine Grauzone scheint es nicht zu geben: Schließlich sei das Kopftuch „Symbol des muselmanischen Fundamentalismus an sich" (Badinter 1992: 159). Diese Interpretation gehört mit zum stabilen hegemonialen Wissensvorrat über die fremden muslimischen Frauen: In der deutschen Kopftuch-Kontroverse, die sich am Wunsch einer muslimischen Lehrerin entzündete, mit Kopftuch zu unterrichten, wurden exakt die Positionen vertreten, die Badinter bereits vor mehr als zehn Jahren formulierte (vgl. Mannitz 2004).

In diskurstheoretischer Perspektive ist aufschlussreich, wie stark sich die einseitige Wahrnehmung der muslimischen Einwandererpopulation in den vergangenen Jahrzehnten stabilisieren konnte: Eine kollektiv unterstellte Differenz, die aus den Immigranten nahöstlicher Herkunft „Kulturfremde" (Korff 1983: 83), „fremdkulturelle Einwanderer" (Hoffmann-Nowotny 1993: 73) oder „die fremden Mitbürger" (Esser 1983) macht, durchzieht die öffentlichen Diskussionen. Die Kopftuch-Kontroversen zeigten überdies, dass der Rückgriff auf kulturalistische Differenzthesen quer zu allen üblichen Fraktionierungen nach Parteipolitik oder Konfession liegt.[29] Kulturelle Differenz wurde dabei jedoch kaum in den Rahmen einer *allgemeinen* sozial-kulturellen Differenzierung in der spätmodernen Gesellschaft gestellt, sondern als Ausdruck einer *herkunfts*kulturellen Fremdheit thematisiert, die mit dem Lackmustest weiblicher Rollenkonzepte erkennbar werde, Assimilationsleistungen erfordere bzw. im Falle fehlender Bereitschaft dazu auch schon einmal die Forderung nach Remigration mobilisierte. So äußerte der Münchner Stadtparlamentarier Hans Podiuk (CSU), „Wer Vorbehalte gegen die Gleichstellung der Frau hat, ist hier nicht erwünscht" (zit. n. Loerzer 2000: 57).[30]

Es entlarvt nun einerseits Parameter der Debatte, wenn die Vorstellung bemüht wird, auch die Nachkommen der Einwanderer früherer Jahrzehnte, etwa

---

29 Relativierende Positionen oder solche, die dem Kopftuch-Tragen einer Lehrerin positive Wirkungen abgewinnen können, waren in der Minderzahl. Dass es muslimische Mädchen zu einem Lehramtsstudium und finanziell selbständigen Leben ermutigen könnte, wenn sie mit Tuch unterrichten dürften, so Georg Auernheimer in einer Stellungnahme in der Frankfurter Rundschau vom 10. 8.1998 (S. 10), ist auf sehr wenig Verständnis in der öffentlichen Diskussion gestoßen.

30 Bedenkt man, dass die Anti-Diskriminierungsgrundsätze der Europäischen Union in der Bundesrepublik Deutschland sehr verzögert in geltendes Recht implementiert werden und Deutschland nach Indikatoren des *gender-mainstreaming* im europäischen Vergleich eher schlecht dasteht, erhärtet sich der Eindruck, dass das Beschwören der Gleichstellung von Frauen als Beckmesser kultureller Zugehörigkeit oder Kompatibilität anderen Zwecken dient.

die Enkel ehemaliger „Gastarbeiter" aus der Türkei, hätten letztlich dort ihren Platz und man könne sie bei Nichtgefallen oder Fehlverhalten ausweisen – notfalls unter Entzug der möglicherweise erworbenen deutschen Staatsangehörigkeit? Andererseits ist bezeichnend, dass im Kontext des Zielgruppen orientierten Gleichberechtigungsdiskurses nicht auch thematisiert wird, wie mit Mitgliedern der ansässigen „Mehrheitsbevölkerung" verfahren werden könnte, die „Vorbehalte gegen die Gleichstellung der Frau" hegen oder sich womöglich handfeste Diskriminierungen zuschulden kommen lassen: Mit der Fremdkategorisierung der Anderen als Vertreter eines rückschrittlichen Geschlechterverhältnisses geht die implizite Selbstetikettierung als fortschrittlich einher, die über jeden Verdacht erhaben macht und eine Auseinandersetzung auf Augenhöhe ebenso verweigert wie die Diskussion zu Gleichberechtigungsfragen auf einer breiteren Basis. Parallel ist das oben zitierte Argument des Niederländers Leon de Winter aufgebaut, die Radikalisierung eines jungen Muslimen zum Rächer seiner Religion an einem provokanten Filmemacher sei so zu bewerten, als habe dieser nie in den Niederlanden gelebt. Die Externalisierung der Gewaltursachen verneint jede Mithaftung. Sie übergeht, dass Rachegelüste und der Wunsch, sich mit einem demonstrativen Akt zu behaupten, möglicherweise durch die Erfahrung fortgesetzter Deklassierung hervorgerufen sein kann, wie sie auch das dominante Narrativ vom Rückstand muslimischer Immigranten vermittelt.

Diskursordnung als Sozialisationsfaktor

Warum verdienen Zuspitzungen wie die von der kollektiven Anfälligkeit z.B. „der Muslime" für gewalthaltiges Konfliktverhalten überhaupt Aufmerksamkeit? Simplifizieren Klischees nicht stets eine differenziertere Realität und erleichtern so den täglichen Umgang mit komplizierten Sachverhalten? Sicher. Die suggestiven Bilder von defizitären „Ausländern" bestimmter Glaubensrichtungen oder Herkunftsnationalitäten, deren kulturelle Differenz unüberwindbar und womöglich als eine solche Belastung zugespitzt wird, dass sie mit dem Bleiberecht nicht vereinbar sei, leisten indes keine alltagspragmatische Simplifizierung hinlänglich bekannter Komplexität. Sie bedeuten vielmehr die beharrliche Weigerung, selbige anzuerkennen.

Einlassungen, die auf eine ethnotrope kulturelle Grenzziehung gegenüber Eingewanderten rekurrieren, haben keinen Seltenheitswert. Der Innenminister und stellvertretende Ministerpräsident des Landes Brandenburg, Jörg Schönbohm, hält es für wünschenswert, Eingebürgerten die deutsche Staatsbürgerschaft bei Fehlverhalten auch wieder entziehen zu können. Die CDU habe nach seiner Einschätzung zwar im Zuwanderungskompromiss Hürden gegen „voreilige" Einbürgerungen durchgesetzt. Das biete aber keinen hinreichenden Schutz vor denjenigen, „die schon mit deutschem Paß hier in ihrer

Parallelgesellschaft leben".[31] Mit ihrer Abstammung legitimierte Deutsche scheinen sich in dieser Perspektive von den Eingebürgerten in einer grundlegenden Weise zu unterscheiden. Auch wenn es sich bei der Ausbürgerungsforderung des Ministers um eine – verfassungswidrige – Extremposition handelt, beruht sie auf Annahmen, die für das allgemeine Verständnis von „Deutschen" vis-à-vis „Ausländern" in Deutschland charakteristisch sind.[32] Dass dabei explizit mit staatsbürgerlichen Privilegien bzw. deren Entzug argumentiert wird, weist indes auf eine Verschärfung der Auseinandersetzung um integrationspolitische Grundsätze und die Regeln des gesellschaftlichen Zusammenlebens hin. Im Gefolge der novellierten Gesetzgebung zu Staatsangehörigkeit und Zuwanderung war eine solche Entwicklung nahezu erwartbar:

„Jede Öffnung, jede Verschiebung, jede Transformation der Grenzen bedeutet eine Verminderung der Kontrolle [...] Tatsächlich ließe sich die Entwicklung der Kultur der Öffentlichkeit als eine Geschichte der Restrukturierung von Grenzziehung schreiben: Die Integration von neuen Gruppen führte nicht selten zur Ausgrenzung anderer Gruppen (oder auch der gleichen Gruppe auf anderer Ebene). [...] Der Fremde wird integriert *und* diskriminiert." (Schiffauer 1993: 187 f.)

Entsprechende Veränderungen im Diskurs der deutschen „Mehrheitsgesellschaft" wurden in meinem Forschungsfeld sensibel registriert. So trug zwar (noch) keine der jungen Frauen, denen die Fallstudien dieser Arbeit gelten, ein Kopftuch; eine von ihnen liebäugelte damit. Als beredten Ausdruck davon, wie „die Deutschen" die Situation von Mädchen und Frauen in bestimmten Einwandererkreisen beäugten und bewerteten, nahmen meine Gesprächspartnerinnen die Kopftuch-Debatten jedoch höchst aufmerksam zur Kenntnis.

---

31 Die Äußerung fiel in einem Interview Schönbohms mit der Tageszeitung Die Welt vom 16.11.2004 in Reaktion auf den Mord an Theo van Gogh.
32 Obwohl die Unterscheidung in Deutsche und Ausländer formell nur den rechtlichen Status der Staatsangehörigkeit bezeichnet, ist sie in der Praxis mit einer Vielzahl weiterer Bedeutungen befrachtet, die abgestufte Zugehörigkeiten ausdrücken. Die deutsche Tradition des Abstammungsrechts bei der Regelung der Staatsangehörigkeit, die erst 2000 um das territoriale Prinzip ergänzt wurde, wirkt sich auf dieser Ebene ebenso aus wie kulturelle Selbstverständnisse, an die sich etwa die Forderung nach Ausbürgerung ‚unpassender' Personen richtet. Auf der Grundlage empirischer Untersuchungen kam Diana Forsythe (1989) zu dem Schluss, dass die grundsätzliche Dichotomie „Deutsche"/„Ausländer" praktisch ein differenziertes Kontinuum darstelle, für das die faktische Staatsangehörigkeit nachrangige Bedeutung habe. Alltagspraktisch sei eher eine Art „folk-genetics" wirksam, die sich in erster Linie an äußerlichen Erscheinungsmerkmalen orientiere: „Legal status does not appear to influence this perception." (ebd.: 144) Gleichwohl gebe es auch Dynamiken innerhalb des Wahrnehmungsschemas: Dass „deutschstämmige" Spätaussiedler seit den 1990er Jahren von signifikant schwindender Akzeptanz betroffen seien und in Befragungen eher als „Ausländer" denn als „Deutsche" klassifiziert würden, wertet Forsythe als Zeichen, dass die hierarchischen Kategorien des Zugehörigkeitskontinuums nicht in einer fixen Ordnung zu begreifen seien (ebd.: 145 f.; vgl. Hoffmann 1996; Schneider 2001).

Ähnliches galt für die bundesweite Unterschriftenkampagne der CDU gegen Einführung der doppelten Staatsbürgerschaft und für vergleichbare öffentlich ausgetragene Diskussionen, in denen abschätzige Mehrheitsmeinungen über eingewanderte Minderheiten und ihre Ansprüche kommuniziert wurden. Für die Nachkommen vor allem aus nahöstlichen, respektive muslimischen Immigrantenfamilien machen öffentlich kursierende Stereotypen und deren mehr oder minder implizite Rechtfertigungen diskriminierender Praxis einen spezifischen Sozialisationsfaktor aus. Ungeachtet der konjunkturellen Ausschläge an Aufmerksamkeit, die das Thema bei skandalträchtigen Anlässen genießt, haben die vorangegangen Ausführungen bereits gezeigt, dass der geringschätzige Grundtenor relativ stabil ist. Als ein Kind von so verpönten Einwanderern in Deutschland aufzuwachsen, lässt daher spezifische Erfahrungen erwarten.

Einerseits lässt der herrschende Diskurs kaum Angebote in die Richtung erkennen, die angestammten Deutschen würden sich und ihre Selbstverständnisse in Folge der demographischen Veränderungen im Land überdenken wollen. Den Heranwachsenden ausländischer Herkunft und speziell den Mädchen wird andererseits ein Kulturkonflikt prognostiziert, der vom angeblichen Beharren der migrierten Eltern auf vormodernen Traditionen verursacht sei (vgl. die Befunde bei Gümen 1996; Gutiérrez-Rodriguez 1996 und 1999). Die These einer in den Primärsozialisationen tief geprägten Verhaftetheit der Älteren in „traditionellen" Lebensweisen lässt Immigrantenfamilien als Austragungsorte eines intergenerationalen *clash of cvilizations* erscheinen. Auch zu diesem Punkt beherrschen schablonenhafte Bilder nicht allein die Boulevard-Berichterstattung, sondern auch Teile der (sozial)pädagogischen Literatur. Stellvertretend kann hierfür das Szenario zitiert werden, das die Erziehungswissenschaftlerin Maria Dietzel-Papakyriakou aufreißt, wenn sie diagnostiziert, die migrantische Elterngeneration halte „konservativ an [...] obsolet gewordenen kulturellen Werten fest", die den Anforderungen der Sozialisation ihrer Kinder „in einer Industriegesellschaft" nicht gerecht würden (1993: 49). Abgesehen davon, dass Migranten hier implizit und unterschiedslos eine dörfliche Herkunft angedichtet wird, fällt auf, dass die Sozialisation der Kinder auf den Einfluss der Eltern verkürzt wird, als würden nicht gerade in hochgradig arbeitsteiligen Gesellschaften auch weitere Sozialisationsagenturen wirksam. Noch einen Schritt weiter geht der Psychologe Bernd Seeberger. Er vertritt die Auffassung, „die ausländische Mutter" sei angesichts kultureller Diskrepanzen psychisch so überfordert, dass ihre Persönlichkeitsprobleme zu einer Entfremdung zwischen Mutter und Kindern führten. An dem unvermeidlichen Konflikt werde deutlich, „dass die Kinder in zwei konkurrierenden Kulturen aufwachsen" (Seeberger 1998: 125).

Die These der Konkurrenz von kulturellen Kollektiven suggeriert, Nachkommen migrantischer Familien würden zwangsläufig zwischen Unvereinbarkeiten zerrieben. Überzeugen kann das Bild des strukturellen Konflikts monolithischer Kulturen schon deshalb nicht, weil es die allgemeine Normalität von *multiple realities* systematisch außer Acht lässt:

„Es existieren in ausdifferenzierten Industriegesellschaften nicht nur verschiedene soziokulturelle Milieus nebeneinander, sondern im Längsschnitt durch den Lebenslauf zeigt sich, dass das einzelne Individuum je nach aktueller Lebenslage auch immer wieder gezwungen ist, seine soziokulturellen Ausarbeitungen zu verändern." (Müller-Giebeler 1996: 38)

VertreterInnen der Kulturkonflikt-Theorie sprechen Eingewanderten die Kompetenz ab, mit Komplexität und sozialem Wandel Schritt halten zu können. Repräsentanten anderer Kulturen, stünden sie dem hiesigen Gesellschaftsmodell als nachhaltig Fremde gegenüber. Wenn den „fremdkulturellen Einwanderern" (Hoffmann-Nowotny 1993: 73) als Erziehungsberechtigten ein so problematischer Einfluss unterstellt wird, schlägt das vermutlich in besonderer Weise in den öffentlichen Sozialisationsagenturen durch. Systematische Analysen pädagogischer Diskurse über eingewanderte Eltern aus den 1970er, '80er und '90er Jahren haben gezeigt, dass sich das Urteil der rückständigen, kulturell und sprachlich einen ungenügenden Sozialisationsbeitrag leistenden Migranteneltern als konstantes Stereotyp durchzieht (vgl. Burget 1996; Dietrich 1997: 24 ff.; Gröpel 1999; Huth-Hildebrandt 1999). Obwohl es von Beginn an Kritik an einem solchen „Kulturrassismus" gab (vgl. insbesondere Bukow/Llaroya 1988; Auernheimer 1988; Dittrich/Radtke 1990), wird die pauschale Defizit-Hypothese erst seit einigen Jahren auf breiterer Basis sozialisationstheoretisch in Frage gestellt. Das Umdenken vorangetrieben haben Kolleginnen und Kollegen, die selbst ImmigrantInnen oder Nachkommen aus Migrantenfamilien sind und sich in den gängigen Darstellungen der bedauernswerten Opfer von kulturell diskrepanten Verhältnisse nicht wiedererkennen konnten (vgl. Atabay 1994; Otyakmaz 1995; Gümen 1996; Gutiérrez-Rodriguez 1996 und 1999; Badawia 2002; Karakasoglu [mit Boos-Nünning] 2004).

Durch die empirisch fundierten Studien der letzten Jahre, die von der dominanten „Katastrophisierung von Migrationsfolgen für die Identitätsentwicklung" (Badawia 2003: 146) Abstand genommen haben, gerieten die generativen Leistungen von Adoleszenten aus Einwandererfamilien in den Blick der Sozialisationsforschung. Konflikthafte adoleszente Ablösungsprozesse sind nicht zu leugnen. Die zitierten Arbeiten belegen jedoch, dass in den intergenerationalen Interaktionen konstruktive Auseinandersetzungen zu beobachten sind und es weit weniger zu dramatischen Zerwürfnissen kommt, als gemeinhin behauptet wird. So ist in der Forschung zur Sozialisation mit migrantischem Familienhintergrund ein grundlegender Perspektivenwechsel erforderlich geworden (vgl. Kohnen 1998; Badawia/Hamburger/Hummrich 2003; Bukow/Heimel 2003): Für die Sichtweise, eine familiale Migrationsgeschichte bedeute *per se* eine besondere Härte und verursache für die „zweite oder dritte Generation" besonders prekäre Konfliktlagen bei der adoleszenten Krisenbewältigung, gibt es keine belastbaren Belege. Auch die Benachteiligungsthese in Folge kulturellen Grenzgängertums ist nicht plausibel, denn „Multikulturalität ist [...] nicht bloß ein Merkmal der Industriegesellschaft, sondern sozusagen ein Merkmal jedes einzelnen Gesellschaftsmitgliedes in der Industriegesellschaft" (Müller-Giebeler 1996: 38 f.). Trifft die Beschreibung vom Aufwachsen in kulturell differenten Lebenslagen aufgrund der Migration zu, müsste Heranwachsenden aus Einwandererfamilien sogar eine erhöhte Kompetenz in der Verarbeitung diskrepanter Realitätsanforderungen und damit eine spezifische Eignung zur modernen Lebensführung zugerechnet werden:

„Während aus dem Blickwinkel von Ungleichheitsforschern nur das als ‚echte' Mobilität ‚zählt', was nach aufwändigen statistischen Berechnungen als ‚relative' Mobilität ‚übrig' bleibt, ist unter dem Gesichtspunkt der mobilitätsbedingten Individualisierung *jedes* Verlassen des Herkunftsmilieus erfahrungsrelevant" (Berger 2004: 104).

Auf dieses Argument werde ich im letzten Teil dieses Kapitels noch eingehen. Zunächst soll festgehalten werden, dass bei der Sozialisation von Heranwachsenden aus Einwandererfamilien das – wertneutral – Besondere der Migrationslagerung darin besteht, dass sie die soziale Erfahrung um bestimmte Differenz-*Narrative* erweitert, und zwar vermutlich sowohl hinsichtlich dessen, was in der eigenen Familie kommuniziert wird, als auch in Form der Zuschreibungen seitens einer ansässigen Bevölkerung ohne vergleichbare Migrationsgeschichte. Dass persönliche und kollektive Identifikationen generell in sozialen Praxen situiert sind, in denen eine Anzahl von Ressourcen zur Hierarchiebildung zirkulieren, nimmt hier aller Wahrscheinlichkeit nach einen spezifischen Einfluss: Durch die herrschende Konstellation von gesellschaftlicher Mehrheit und Minderheit ist im Fall von Heranwachsenden aus Einwandererfamilien ohne Zweifel eine weitere Machtebene in die Optionen der Selbstdarstellung und Identifikation eingewoben.

Im hegemonialen öffentlichen Bild der Migrantenbevölkerung, das oben ausschnittweise nachgezeichnet wurde, nimmt die zusätzliche Ebene Gestalt an: Das überindividuelle *setting* von sowohl massenmedial als auch wissenschaftlich vermittelten Perzeptionen der „fremdkulturellen" Einwanderer streut Stereotypen, Bilder und Diskurse über Migranten im Allgemeinen, über bestimmte Immigranten im Besonderen, über Jugendliche aus solchen Einwandererfamilien und die Bedingungen ihres Aufwachsens, und hier speziell über die differenten Lagen der Geschlechter. Nach dem Kenntnisstand der Sozialisationsforschung macht das einen Teil der sozialisierenden Umwelt aus, der nicht ignoriert werden kann. Dass die Eingewanderten in Deutschland überwiegend mit negativen Images repräsentiert sind, ist belegt, und die Existenz eines abwertenden Differenzdiskurses verursacht spezifische lebensweltliche Bedingungen. Das macht insofern die Sozialisation mit familiärem Migrationshintergrund tatsächlich zu einer, die strukturellen Besonderheiten unterliegt. *Wie* stigmatisierende Zurechnungen erfahren werden, lässt sich freilich genausowenig theoretisch herleiten wie die Konsequenzen, die die Einzelnen aus ihren biographischen Erfahrungen ziehen.

Die allgemeine adoleszente Aufgabe, aus konkurrierenden Narrativen und Angeboten Sinn für „eigenes Leben" (Beck 1995) zu entwickeln und sich in der Projektion eines machbaren eigenen Wegs praktisch zu üben, dürfte durch die kursierenden Narrationen über die Migration und ihre Folgen komplizierter werden: Weder aggregierte Merkmale noch die am Kulturkonflikt-Theorem orientierte Perspektive vermitteln Aufschluss darüber, welche Faktoren und Umgebungsvariablen die Akteure praktisch zu welchen handlungsleitenden Schlussfolgerungen kommen lassen. Die Möglichkeit eines reflexiven Aufgreifens fremdethnisierender Zuschreibungen für eine selbstethnisierende Persönlichkeitsentwicklung illustriert aber, dass bei Adoleszenten aus migrantischen Herkunftsfamilien Optionen zu den Entscheidungsvarianten der Identifikation und individuellen Lebensgestaltung hinzutreten. Eine externe Rollenzuweisung führt nicht zwangsläufig zur Identifikation mit dieser Rolle, leistet aber eine u.U. machtvolle Vorstrukturierung dafür. Dass die gewissermaßen ‚diskursive Angebotsstruktur' selbst dann noch Wirkung zeigen kann, wenn die Zurechnung eine stigmatisierende Form annimmt, zeigen auf eindrucksvolle Weise die antirassistischen „blue-eyed"-Verhaltenstrainings, die Jane Elliott seit dem Jahre 1968 durchführt, indem sie Schulklassen nach Augenfarbe sortiert, um sodann den Blauäugigen systematisch weniger Aufmerksamkeit und Anerkennung zukommen zu lassen, sie nicht zu Leistungen ermuntert und sie überhaupt als minderwertig und minderbemittelt dastehen lässt. Der Effekt ist regelmäßig, dass die Blauäugigen nervös und depressiv werden, sich weniger zutrauen, schlechtere Leistungen als zuvor und als die Anderen zeigen (vgl. http://www.janeelliott.com; http://www.eyetoeye.org).

Wenn die Zuweisung einer Rolle mit spezifischen Identitätsressourcen korrespondiert, begünstigt das erst recht die Gelegenheit, diese für den Selbstentwurf zu mobilisieren. So kann es jeweils weitere Möglichkeiten konstituieren, mit verwandtschaftlichen Beziehungen in ein anderes Land und mit mehreren Sprachen aufzuwachsen, dabei widersprüchliche In- und Exklusionserfahrungen zu machen oder auch disparate Ideale vom ‚richtigen' bzw. ‚guten' Leben zu erfahren. Um die Logik zu verstehen, nach der Menschen sich in einer bestimmten, diskursiv und institutionell strukturierten Lebenssituation bestimmte Deutungen und Handlungsroutinen aus dem Pool ihrer Möglichkeiten aneignen, um sie zu verwirklichen oder zu ‚tradieren' und andere verwerfen, ist ihr Alltag danach zu befragen, welche Optionen und Sinnangebote sich vermitteln. Dass soziale Regeln und kulturelle Ordnungsvorstellungen prinzipiell aushandelbar sind, macht schließlich auch ein Eintreten für deren Fortbestand zu einer ergebnisoffenen Interaktion.

Die Produktion sozialen Sinns im Alltagshandeln:
doing difference – doing sameness

Die Erkenntnis, dass jeder Selbst- und Lebensentwurf interaktiv generiert wird, verweist nicht ausschließlich auf das kreative Potenzial der einzelnen Individuationsaufgabe. Die Möglichkeit, sozialen Erfahrungen neue Bedeutungen zu verleihen, setzt neben der Offenheit der Einzelnen auch Handlungsfelder voraus, die als veränderbar begriffen werden. Trifft das theoretische Konzept der allgemeinen Sozialisationsforschung zu, nach der sich „die Persönlichkeitsentwicklung, verstanden als die individuelle, in Interaktion und Kommunikation mit Dingen wie Menschen erworbene Organisation von Merkmalen, Eigenschaften, Handlungskompetenzen und Selbstwahrnehmungen eines Menschen auf der Basis der natürlichen Anlagen als Ergebnis der Bewältigung von Entwicklungs- und Lebensaufgaben *zu jedem Zeitpunkt der Lebensgeschichte*" vollzieht (Hurrelmann 1990: 71), dann kommt dem individuellen Erleben der Alltagswelt wesentliche Bedeutung für die Emergenz von Sinnstrukturen und Bewältigungs*fähigkeiten* zu. Um es mit Max Weber zu sagen, erschließt sich „die spezifische Bedeutung, die ein Bestandteil der Wirklichkeit für uns hat [...] [eben] nicht in denjenigen seiner Beziehungen, die er mit möglichst vielen anderen teilt" (Weber 1973: 218), sondern im Ergründen seiner für die Einzelnen Sinn stiftenden Besonderheit:

„Die Beziehung der Wirklichkeit auf Wertideen, die ihr Bedeutung verleihen, und die Heraushebung und Ordnung der dadurch gefärbten Bestandteile des Wirklichen unter dem Gesichtspunkt ihrer Kulturbedeutung ist ein gänzlich heterogener und disparater Gesichtspunkt gegenüber der Analyse der Wirklichkeit auf Gesetze und ihrer Ordnung in *generellen* Begriffen. [...] Wir ständen, selbst mit der denkbar umfassendsten Kenntnis aller ‚Gesetze' des Geschehens, ratlos vor der Frage: wie ist kausale Erklärung einer individuellen Tatsache überhaupt möglich? [...] [J]e ‚allgemeiner', d.h. abstrakter die Gesetze sind, desto weniger leisten sie für die Bedürfnisse der kausalen Zurechnung individueller Erscheinungen, [und] damit [...] für das Verständnis der Bedeutung der Kulturvorgänge." (Weber 1973: 218-221)

Schon aus grundsätzlichen epistemologischen Erwägungen kann es den Erfahrungen von Heranwachsenden aus migrantischen Elternhäusern also nicht gerecht werden, ihre adoleszenten Entwicklungen mit der totalisierenden Perspektive pauschal differenter Herkunftskontexte zu interpretieren. Wie alle Adoleszenten, tendenziell aber in noch stärkerem Maße als Gleichaltrige ohne familiäre Migrationslagerung, werden sie mit einer Vielzahl an sozial differenzierenden Faktoren konfrontiert, die ihre Bedeutungen und damit die praktische Gewichtung im sozialen Alltag erfahren. Dessen „systemisch [...] bedingte Einbrüche von Wandel, Diskontinuität, Kontingenz und Zwängen zum Umdenken in die Lebensrealität des Einzelnen" (Müller-Giebeler 1996: 51) schaffen ja den Entscheidungsdruck, den die Theoretiker der Spätmoderne als das sowohl riskante wie emanzipative Moment der selbstreflexiven Individuationsaufgabe verstehen (vgl. die Ausführungen im vorangegangenen Abschnitt und z.B. Beck 1986; Mayer 1990; Wagner 1995; Berger 1996; Schneider et al. 2002). Umgekehrt lässt sich aus der Ambivalenz des Handlungszwangs zwischen Statusunsicherheit und Erfahrungsgewinn eine theoretische Perspektive gewinnen, die nicht nur die Relevanz des Alltags, sondern auch das generative Freiheitspotenzial der Einzelnen in ihm berücksichtigt.

In seinen theoretischen Ausführungen zur Lebenswelt hat Jürgen Habermas (1981) ein Verständnis von der Reproduktion geteilter Verweisungszusammenhänge im Alltag formuliert, das für die Analyse sozialer Verortungspraktiken informativ ist. Habermas versteht in seiner Theorie des kommunikativen Handelns die Lebenswelt als den soziokulturellen Fundus an kognitiv selbstverständlich gewordenen Referenzen, der in den Interaktionen der kommunikativen Alltagspraxis (re)produziert wird. Kurz formuliert, stellen Menschen, indem sie miteinander kommunizieren, ein intersubjektiv geteiltes Wissen her, das gemeinsame Normen etabliert oder bekräftigt und somit Legitimationsressourcen bereitstellt, die das Handeln der Einzelnen sozial anschlussfähig machen: Diese kommunikative Praxis „sorgt für die Koordinierung von Handlungen über legitim geregelte interpersonale Beziehungen und verstetigt die Identität von Gruppen in einem für die Alltagspraxis hinreichenden Maße" (Habermas 1981: 213). Forschungspraktisch lässt sich schlussfolgern, dass soziale Sinnzusammenhänge, die an die lebensweltlichen Beziehungen der Akteure gebunden sind, ethnographisch rekonstruiert werden können.

Angesichts der allenthalben konstatierten Radikalisierung der Individuationsaufgabe in den fortgeschrittenen Industriegesellschaften steht allerdings in Frage, inwieweit das Habermas'sche Modell der Lebenswelt für die *multiple realities* heutiger sozialer Zusammenhänge noch trägt. Der Vervielfältigung gesellschaftlicher Teilsysteme mit dem resultierenden lebensweltlichen Pluralismus wird in Teilen der Sozialforschung schon seit längerem durch feinere Differenzierungen Rechnung getragen: „Lebenslagen, Lebensläufe, Lebensstile" sind die neueren konzeptionellen Instrumente,[33] um soziale Ungleichheit zu beschreiben (Berger/Hradil 1990), deren strukturelle Größen „von Klassen und Schichten zu Lagen und Milieus" (Hradil 1989) heruntergebrochen worden sind. Die gestiegene Komplexität und Optionenvielzahl relativiert zumindest theoretisch die Bedeutung der einzelnen „kleinen sozialen Lebenswelt" (Hitzler/Honer 1984), insofern diese als Arena symbolischer Reproduktion nurmehr begrenzt Anschlussfähigkeit herzustellen vermag. Die posttraditionale Vergemeinschaftung gehe mit neuen Formen der Sozialbindung einher, so nimmt Hitzler an (1998). Peter Berger (2004) identifiziert als einen neuartigen, zunächst paradox anmutenden Integrationsmodus, der sich von herkömmlichen lebensweltlichen und systemischen Konzeptionen absetze, eine Integration *durch* Individualisierung:

„So weit ich sehe, wurden in der [...] Ideengeschichte zur Behandlung von Fragen nach der ‚Integration' [...] bevorzugt zwei Konzeptionen angeboten: Nämlich – *erstens* – die [...] bis heute beherrschende Vorstellung einer *sozialen Integration durch geteilte Werte und gemeinsame Normen*, die ja nicht nur in der Soziologie von Talcott Parsons, sondern etwa auch in der Sozialphilosophie von Jürgen Habermas eine prominente Stellung einnimmt. Und – *zweitens* – die Vorstellung, dass *Macht und Herrschaft* die soziale Integration einer Gesellschaft herzustellen und zu sichern hätten. [...] Ich werde demgegenüber versuchen, einen dritten [...] Integrationsmodus zu skizzieren, nämlich *Integration durch Individualisierung*." (Berger 2004: 101)

---

33 David Lerner hat zwar bereits 1961 von der „Modernisierung des Lebensstils" gesprochen. Für weite Kreise der Gesellschaft wurden der modernisierende Mobilitätsdruck und der Verlust von Statusgewissheiten aber erst in den Folgejahrzehnten eine real bedeutsame Erfahrung (vgl. Berger 2004: 101ff.).

Was Berger als dritten Integrationsmodus beschreibt, erscheint als logische Folge einer weit gehenden Entstandardisierung des Lebensverlaufs. Die in Chancen und Risiken ambivalente Zumutung der Moderne kognitiv handhaben zu können, „bleibt am Individuum hängen", wie Müller-Giebeler formuliert; „das Individuum selbst sei nun „unmittelbar gefordert *als Instanz sozialer Integration*" (1996: 45; Betonung hinzugefügt). Sich das „aktive Handlungsmodell des Alltags" (Beck 1986: 217) zueigen zu machen und die Biographie als „Summe von Teilsystemrealitäten" (ebd.: 219) auszuhalten, ist damit zu einem ganz wesentlichen Moment der Vergesellschaftung geworden:

„Die Verflüssigung von kultureller Reproduktion, sozialer Integration und Sozialisation auf der Rückseite einer dem Individuum gegenüber gleichgültigen zweckrationalen Organisation der gesellschaftlichen Teilsysteme, führt dazu, dass die individualisierte Lebenswelt in der Lage ist, aus sich selbst heraus neue Normen und einen *neuen Sinn hervorzubringen, jeweils der konkreten Lebenslage, konkreten Alltagssituationen einzelner Gruppen oder einzelner Gesellschaftsmitglieder angemessen*. Darüber hinaus gewährt die Vielzahl von reflexiven Verfahren, die die Gesellschaftsmitglieder angesichts von ins Alltagsleben hineinreichenden Störungen, Brüchen, Kollisionen im Zuge gesellschaftlicher Modernisierung entwickelt haben, die Möglichkeit, systemisch induzierte Belastungen dieses Alltags zumindest immer wieder einzuebnen und den Fortgang des Alltags sicherzustellen. [...] Und das funktioniert offensichtlich in weiten Bereichen. Gesellschaftsmitglieder scheinen in der Lage zu sein, sich bei aller Ausdifferenzierung, Fremdbestimmung, Fragmentierung ihres Alltagslebens noch irgendwie Geschichten über sich und ihr Leben zu erzählen." (Müller-Giebeler 1996: 51 f.; Betonung hinzugefügt)

Entsprechend ist die Theorie des kommunikativen Handelns in den vergangenen 25 Jahren weiter entwickelt worden. Poststrukturalistische Ansätze suchen die diskursive Reflexivität zu integrieren, in der Personalität und systemische Strukturen der Sozialität praktisch interagieren und sich gegenseitig in der Weise bedingen, dass auch das Subjekt in Aktion und Rezeption situiert ist und als „the effect of a production, caught in the mutually constitutive web of social practices, discourses and subjectivity" (Henriques et al. 1984: 117) begriffen werden kann.

An die Stelle der dualistischen Trennung von System und Lebenswelt auf der einen Seite und radikal individualistisch zugespitzten Handlungskonzepten auf der anderen tritt damit das Paradigma der diskursiven Verfertigung von Individuum *und* Gesellschaft.[34] Die Ausdifferenzierung gesellschaftlicher Lebenswelten rückt die individuelle *Praxis* als Kern sozialen Rationalitätsma-

---

34 Indem Habermas (1981) darauf verweist, dass kommunikatives Handeln nicht allein rezeptive, sondern auch narrative Praktiken umfasst, weist er kausalmechanistische Reduktionen zurück. Die von ihm als „strukturelle" Komponenten der Lebenswelt bezeichneten Größen – Person, Gesellschaft und Kultur – werden im Weiteren auch als gegenseitig wirksame Einflussfaktoren beschrieben (ebd.: 210 ff.); Prozesscharakter und Autoritätsverteilung der diskursiven Verfertigung sozialen Sinns – einschließlich des sinnhaften Selbstverständnisses – wurden aber erst in der poststrukturalen Sprechakttheorie in der Weise berücksichtigt, dass der situativen Bedingtheit des Handelns Rechnung getragen wird.

nagements in den Blick. Hierbei lässt Individualisierung sich – anders als die häufig pessimistisch konnotierte Rede von Modernisierungs*risiko* und Status-*ungewissheit* möglicherweise glauben macht – als gestaltungsoffener Prozess verstehen, dessen Zugewinne in den Freiräumen der Entstandardisierung liegen (vgl. Schulze 1992). Ob die Einzelnen diese Perspektive teilen, bzw. in welcher persönlichen Gewichtung sich ihnen Sicherheitsverlust und Freiheitszugewinn darstellen, ist theoretisch nicht zu beantworten.

Kritisch aufgegriffen wurde die These der individuellen Praxis seit Ende der 1980er Jahre in poststrukturalistisch angeleiteten Arbeiten, die die Macht der Diskurse als konditionierende Variable von Subjektivität beleuchtet haben. Insbesondere feministisch motivierte Analysen der Konstituierung von hegemonialen *gender*-Rollen haben die Interaktion von subjektiver Handlungsfähigkeit und Sozialität für diskursanalytische und sozialkonstruktivistische Studien des Geschlechterverhältnisses operationalisiert.[35] Dabei wurde die quasi-natürliche Evidenz zweier differenter Geschlechter in Frage gestellt und der generative Prozess der diskursiven Herstellung von Geschlechterdifferenz beleuchtet.

In ihrer Reflektion von durchmachteten Sozialisations- und diskursiven Handlungsbedingungen sind die aus dieser Forschungstradition hervorgegangenen Arbeiten und ihre theoretischen Implikationen nicht allein für das *gender*-Thema relevant. Vielmehr geben sie wichtige Hinweise für die Untersuchung der Wirkung auch anderer Differenz und Hierarchien bildender Kategorien. Das Erkenntnisinteresse lässt sich dann allgemein so zuspitzen: Welchen kollektiven Imaginationen und hegemonialen Diskursen unterliegt das „Ich", und wie ist folglich das Möglichkeitsspektrum konfiguriert, sich in Subjektivität, d.h. *als* Akteur individueller Lebensführung zu begreifen? Was Bronwyn Davies (1991) als das zentrale Interesse poststrukturalistischer feministischer Analyse benennt, lässt sich ebenso auch im Hinblick auf, beispielsweise, Ethnizität oder die Zurechnung differenter kultureller Zugehörigkeit, letztlich in Bezug auf die Konstituierung von Ungleichheitskategorien schlechthin fragen:[36]

---

35 Während hier zunächst stärker die soziale Konstruktion von Weiblichkeit untersucht wurde (etwa von Iragaray 1985; Davies 1990 und 1991; Butler 1990, 1993 und 1999; Müller-Funk 1994; Maihofer 1995), liegen mittlerweile auch Studien zur Analyse von Männlichkeitskonzepten und Transsexualität vor (Connell 1987 und 1995; Mosse 1997; Böhnisch/Winter 1997; Connell/Müller 2000; Carrigan/Connell/Lee 2001 bzw. zu Transsexualität: Hirschauer 1993; Lindemann 1993).

36 Dass dieser Forschungszugang über die *gender*-Forschung hinausweist, heißt nicht, dass alle Kategorien der Ungleichheit als gleichrangig betrachtet werden könnten. Jenkins argumentiert, *gender* sei insoweit eine grundsätzlich andere Differenzkategorie, als das Geschlecht „*categorical* collective identity" stifte, ehe es zu einem Prinzip von Gruppenbildungen werde; hierin unterscheide es sich von Verwandtschaft oder Ethnizität, die „typically – and by definition – principles of group identification" seien (Jenkins 1996: 60). Das Besondere der binären Geschlechterordnung liegt darin, dass sie praktisch umfassend beobachtungsrelevant ist, wie der „zweigeschlechtliche Erkennungsdienst" mit seinem

„[T]he game itself would be reconstituted through addressing such questions as the following: Who defines this as *the* game? Inside which discourse is it constituted? Who is granted an authoritative position within that discourse? [...] A central question then becomes in what sense am ‚I' spoken into existence through these discursive practices? What is the ‚I' that is thus spoken, that is the active agent of modern theory? Is it just a fragmented, discontinuous series of positionings through which we simply become that which various discourses make possible, or do we each in some sense take control of the ‚I' and the words through which it is spoken into existence? [...] The words that become one's own, the positions that these words make it possible to take up form a base from which individual persons speak. Thus it is both the case that being an individual involves the appropriation of the words of the collectives of which one is a member and that that collective appropriates the individual at the moment that the individual speaks any words." (Davies 1991: 46 f.)

Dieser Ansatz erlaubt es, die erkenntnistheoretisch relevanten Stränge zusammenzuflechten, die in radikal konstruktivistischen ebenso wie in rein strukturanalytischen Zugängen artifiziell getrennt werden: das Handlungspotenzial der Einzelnen und der konditionierende Einfluss von Umgebungsvariablen bei der Herstellung sozialen Sinns. Sowohl historische als auch gesellschaftsvergleichende Studien haben entgegen der analytischen Separation gezeigt, dass die Reflexivität des Aneignungsprozesses oder des „dual sense of appropriation" (ebd.: 47) die *conditio humana* in einem Maße informiert, dass selbst das, was wir für das am natürlichsten Gegebene halten mögen – die binär codierte Geschlechterdifferenz – in ausgesprochen variierenden sozialen Interpretationen hervorgebracht wird. Diesem Befund entspricht die Rede von *„doing gender"* (West/Zimmermann 1991; vgl. Gildemeister/Wetterer 1992; Gildemeister 2003), an das mein Forschungskonzept in folgender Weise angelehnt ist.

Als alltagstheoretischer Ansatz steht *„doing gender"* für den Versuch, die rekonstruktive Leistung, in der das symbolische System der Zweigeschlechtlichkeit angeeignet und reproduziert wird, nicht allein von den Subjekten her zu sehen, sondern als eine alltägliche Hervorbringung, die von Institutionen

---

entweder/oder-Schema zeigt (Tyrell 1986: 463). Die Transsexuellenforschung hat zwar belegt, dass die Idee der Zweigeschlechtlichkeit die Qualität einer normativen sozialen Konstruktion besitzt (vgl. Hirschauer 1993; Lindemann 1993 oder die ethnomethodologische „Fallstudie Agnes" von Harold Garfinkel bereits 1967; dazu auch Kessler/McKenna 1985: 112-115; Treibel 2000: 140-143). Diese wissenssoziologische Erkenntnis ist für die soziale und Forschungspraxis indes vorwiegend als konzeptionelles Kontrollmoment von Belang, denn in der Praxis treten sich Menschen gegenüber, die in Wahrnehmung und Verhalten als Jungen oder Mädchen, Frauen oder Männer sozialisiert sind und diese kategoriale Zuordnung als „natürliche" zu begreifen gelernt haben. Es gilt das berühmte Thomas-Theorem: „If men define situations as real, they are real in their consequences" (Thomas/Thomas 1928: 571 f.). Gildemeister/Wetterer sprechen in Anlehnung an Mary Douglas auch von der „Naturalisierung sozialer Klassifikationen" (1992: 241). Dass Geschlechterrollen dagegen auch explizit als solche verstanden werden können, belegt Sabine Langs Arbeit über die Praxis des Geschlechterrollenwechsels bei nordamerikanischen Indianern (1990).

und anderen Akteuren des sozialen Feldes mit betrieben wird (Kessler/ McKenna 1985; Hagemann-White 1984: 80 ff.). Als Junge oder Mädchen, als Frau oder Mann aufzutreten und wahrgenommen, d.h. auch so zugeordnet zu werden, beinhaltet den kompetenten Umgang mit sozial geteilten Symbolen der Zweigeschlechtlichkeit. Für meine Untersuchung lässt dieser Ansatz sich allgemeiner fassen als ein Paradigma des *doing difference* – was auch Möglichkeiten von *doing sameness* impliziert: Es integriert die folgenden Axiome: (1) Menschen handeln auf der Grundlage ihrer subjektiven Deutungen, die (2) in ihrer Sinnhaftigkeit von konkreten systemischen und diskursiven Zusammenhängen abhängen und (3) in sozialer Interaktion entstehen, so dass (4) Menschen die Normen ihrer Lebenswelten und der darin wirksamen Diskurse aktiv mit hervorbringen, ihnen (5) aber auch im Sinne der Unterwerfung selbst als *„subject"* unterliegen; auch die persönliche Selbstdeutung – ob in Identifikation, *doing sameness*, oder in Abgrenzung, *doing difference*, – erfolgt im Kontext der Ausdrucksmöglichkeiten vorhandener Diskurse und zirkulierender sozialer Kategorien.

Praktisch verlangt das Konzept des *doing difference/sameness* nach rekonstruktiven Prozessanalysen, in denen der Emergenz von Deutungen in ihren spezifischen Entstehungskontexten nachgegangen wird. Hegemonial vermittelte Diskurse und Rollenverständnisse stellen in der Hinsicht nur einen Teil der Umstände dar, die den „sinnhaften Aufbau der sozialen Welt" (Schütz 1993) ausmachen: Soziale Erfahrung speist sich weder allein aus dominanten Diskursen, noch ist sie auf die kommunikative Ebene diskursiver Vermittlung reduziert. Eine Beschränkung auf diskursanalytische Verfahren ontologisiert insofern den Diskurs in einer Weise, die der sozialen Herstellung von Ordnung aus theoretisch informierter Sicht nur ungenügend Rechnung tragen kann. Den Blick vor allem auf das Verhältnis von Macht und Diskurs zu richten, übergeht hingegen die performative Dimension der interaktiven Hervorbringung von Identifikationen und Unterscheidungen, ob in Bezug auf Geschlechterrollen, ethnisch, kulturell oder ganz anders definierte Gruppen. Dass deren Bedeutung sich, wie im Fall sonstiger sozialer Kategorien auch, in einem Zusammenspiel von gesellschaftlich hergestellten Hierarchien ausbildet, macht es erforderlich, beide Dimensionen der Hervorbringung in die Untersuchung einzubeziehen – das *having* und das *making* handlungsleitender Normen:

„All the culture to be had is culture in the making, all cultural differences are acts of differentiation, and all cultural identities are acts of cultural identification" (Baumann 1999: 94 f.).

Was bedeuten diese Überlegungen nun für die Untersuchung von Identifikationspraxen Heranwachsender aus Migrantenfamilien in Berlin-Neukölln? In Richtung auf die Empirie gewendet, erfordert das Vorgesagte, die durch praktische Erfahrungen fundierten Eigenlogiken der Akteure in ihrem genuinen Interaktionsfeld zu erheben. Insofern auch die als generell plural theoretisierten Individuierungsprozesse nicht beliebig flottieren, sondern praktisch an die Erfahrung *bestimmter* gesellschaftlicher Strukturen und Machtverhältnisse gebunden sind, lässt sich nun einmal nicht theoretisch ableiten, *welche* Strukturmomente sich den Einzelnen *wie* darstellen. Analog gilt das für die Migrationslagerung der Herkunftsfamilie, die sich weder übergehen noch mit einer verallgemeinerbaren Wirkung verbinden lässt. Es können vorab lediglich einige theoretische Überlegungen angestellt werden, die an die Erkenntnisse der Sozialisationsforschung und die Konsequenzen voranschreitender Differenzierung in der spätmodernen Gesellschaft anschließen.

Dass Heranwachsende aus Migrantenfamilien mit der biographischen Aufgabe zum Selbstentwurf wohl in einer besonderen Komplexität konfrontiert werden, macht sie zu AkteurInnen, die den Individuationseffekt der Moderne und seine Konflikt erzeugende Qualität in einer besonders exponierten Weise erfahren können. Ursula Apitzsch hat in diesem Sinne von der Migrationsbiographie als einem „Modell der gesellschaftlichen Transformation" gesprochen (1993: 12). Bei adoleszenten MigrantInnen, wenngleich im speziellen Kontext von Migrationen der Flucht und Asylsuche, gehen auch King und Schwab von einem „verdoppelten Transformationsprozess" (2000: 211) aus, insofern sich für Jugendliche „die Migrationsbewegung im Prozess der *adoleszenten* ,Migration' von der Kindheit zum Erwachsensein in der kulturellen Umgebung der Aufnahmegesellschaft auf chancen- aber auch risikoreiche Weise verdoppeln kann" (King 2002: 43). Bezieht man für heranwachsende Mädchen noch den Befund der verdoppelten Minoritätserfahrung von Ethnisierung und Vergeschlechtlichung in die Überlegungen ein, scheint die prekäre Gleichzeitigkeit von Chancen und Unsicherheiten der adoleszenten Krise in der Migrationslagerung potenziert. Ebenso offen wie die Verarbeitung solcher Lebensumstände durch die Einzelnen ist die Frage, wie sich die Fortschreibung des Migrantenattributs Heranwachsenden darstellt, die selbst nie migriert sind, sondern die ausländische Herkunft ihrer Familie nur in der Brechung durch migrierte Eltern, Großeltern oder auch die weitere Verwandtschaft erfahren.

Für die Sozialisationsforschung verspricht eine Fokussierung des Aufwachsens mit familialer Migrationsgeschichte demnach Ergebnisse von besonderer Dichte. Daraus ergibt sich freilich nicht, dass die Nachkommen aus Einwandererfamilien – im *mainstream* der Sozialforschung eben noch die bedauernswerten Opfer essentialistisch zugespitzter „Kulturkonflikte" – ohne es zu wissen und zu wollen, plötzlich zur Avantgarde der postmodernen Gesellschaft avanciert sind, denen die Aufgabe der Individuierung schon *wegen* ihrer spezifischen Exponiertheit aufs Vortrefflichste gelingen würde. Wenn Stuart Hall sich darüber mokiert, dass zuvor minoritäre Erfahrungen, etwa als *Black* in Großbritannien mit Marginalisierung und fragmentierten Lebenswelten umgehen zu müssen, in der postmodernen Gesellschaft zentral und zu einem allgemeinen Identitätsproblem geworden sei, wirft auch die Verallgemeinerung des zuvor Besonderen die Frage nach den Bedingungen auf, unter denen Erfahrungen der biographischen Fragmentierung und Dezentrierung individuell und sozial produktiv verarbeitet werden können – und dann, beispielsweise, zu so ironischen Distanzierungen befähigen:

„Thinking about my own sense of identity, I realize that it has always depended on the fact of being a migrant, on the difference from the rest of you [...] Now that, in the postmodern age, you all feel so dispersed, I become centred. What I've thought of as dispersed and fragmented comes [...] to be the representation of postmodern experience! Welcome to migranthood!" (Hall 1987: 63)

Die These von der Zentrierung der Marginalität, die an erster Stelle in den britischen *postcolonial studies* vorgebracht wurde, hat dafür gesorgt, dass die zuvor wenig hinterfragte Evidenz fixer Identitätskategorien und ihre hierarchische Ordnung gründlich in Zweifel gezogen wurden und der Prozess der sozialen Identifikationsgenese im Alltag selbst in den Blick der Forschung geriet. In der Folge hat eine beachtliche Anzahl an empirischen Untersuchungen insbesondere in Großbritannien die Komplexität, Produktivität und Flexibilität von identifikatorischen Konstruktionen bei Angehörigen verschiedener minoritärer Bevölkerungsgruppen gezeigt.[37] Thesen kollektiver Differenz wurden damit geschwächt. In diesem Zuge ist die Begrifflichkeit von der Marginalität und Zentralität selbst zum Gegenstand einer Kontroverse geworden, denn auch das binäre Bild von Peripherie und Zentrum scheint immer weniger geeignet, die Verwerfungen, Gleichzeitigkeiten und heterogenen Lebensbedingungen in hochdifferenzierten Gesellschaften angemessen zu erfassen. Insoweit die Einzelnen in den verschiedenen Zusammenhängen ihres sozialen Lebens ganz verschiedene Positionen auch hinsichtlich der persönlichen Machtressourcen einnehmen, erweist sich sozialer Status *allgemein* als relativ und von der Situation abhängig (vgl. Phoenix 1998: 15 ff.).

Der (de)konstruktivistische Erkenntnisgewinn hat zu der gelegentlich arg übertrieben zelebrierten Einsicht in die produktive Kraft geführt, die Auseinandersetzungen um Differenz und Anerkennung freisetzen können (etwa bei Hall 1997).[38] Darüber sollte nicht vergessen werden, dass „Individuierung im

---

37 Die Ausdifferenzierung des Analysekonzepts von dominanten vis-à-vis marginalisierten Gruppen hat einen Boom an Arbeiten ausgelöst, die sich mit den Strategien der vermeintlich Schwachen befassen. Dabei sind die Kategorien der Dominanz insgesamt zur Disposition gestellt worden, also nicht allein die von Stuart Hall benannte Relation von *blackness/whiteness* als Ausdruck von *racialisation* im britischen Diskurs sondern auch die Unterscheidungen nach *gender*, Ethnizität, Sozialstatus und Nationalität. Angesichts der Breite dieser Literatur nenne ich nur einige Arbeiten, die für die Dynamik der Alteritätskonstruktion von Eingewanderten relevant sind: Hutnik 1991; Modood/Beishon/Virdee 1994; Baumann 1996; Brah 1996; Lewis 1996; Ahmed 1997; Sewell 1997.

38 Auseinandersetzungen, auch wenn sie manifeste Konflikte erzeugen, ist neben disruptiven Aspekten immer auch ein kreatives Potenzial zueigen, beispielsweise die Bindung stiftende Dynamik, Teilbarkeit von Konflikten ausmachen zu können, um Eskalationen im beiderseitigen Interesse zu verhindern. Damit Konflikte so konstruktiv bearbeitet werden können, braucht es allerdings eine Reihe von Bedingungen wie die prinzipielle Anerkennung von Statusgleichheit der streitenden Parteien, ihre Bereitschaft, sich in kooperative Abhängigkeit zu begeben und der anderen Seite die Möglichkeit zur differenzierten Selbstdarstellung einzuräumen. Auch wenn soziale Konflikte z.B. durch direkte Konkurrenz so verhärtet

Sinne der praktischen Realisierung strukturell konstituierter Autonomie [auch] misslingen kann" (Oevermann 1991: 279), was zweifellos auch für Angehörige solcher Bevölkerungsgruppen gilt, die den strukturellen Modernitätsrisiken in einer besonderen Weise ausgesetzt sind. Mit der Vervielfältigung von Entscheidungszwängen und -möglichkeiten steigen Kontingenz und Konfliktpotenzial generell, während die konkrete Wirkung dieser Erfahrung in der Praxis den Einflüssen zahlreicher sozial geteilter wie auch individueller Faktoren unterliegt:

„The aim is therefore to isolate a small set of social actions for intensive analysis, and to achieve this circumscription in a logically meaningful manner which makes possible an understanding of the larger context." (Rogers/Vertovec 1995: 6)

Hieran orientiert sich die Methodenwahl. Das Interesse, mit dem das „small set of social actions" in dieser Arbeit befragt wird, kann wie folgt ausbuchstabiert werden: Welche Bedeutung geben die betreffenden Heranwachsenden in ihren alltäglichen Hervorbringungen den Erfahrungen der Migrationsgeschichte ihrer Familie, den normativen Diskursen der Zugehörigkeit und der Differenz? Worin bestehen aus ihrer Sicht die Entscheidungszwänge und normativen Dilemmata der eigenen Lebensführung? Wo liegen die Gestaltungsspielräume, und welche Überlegungen beeinflussen deren Nutzung?

Zentraler Gesichtspunkt wird im Folgenden also sein, wie die fokussierten Jugendlichen und jungen Erwachsenen selbst die Konditionalität ihrer Lebensverläufe wahrnehmen, und wie sie ihren eigenen sozialen Ort durch die ausländische Herkunft ihrer Familien bestimmt sahen: Wie nahmen untereinander benutzte Kategorien zu anderen Klassifikationsschemata Bezug? Wurden dominante Zuordnungen der Zugehörigkeit entsprechend der gesellschaftlichen Machtverhältnisse akzeptiert oder Strategien entwickelt, um eine andere Balance herzustellen? Wie wurden schließlich öffentliche Repräsentationen vom Dasein als „Ausländer" oder als Teil der Migrantenbevölkerung in Deutschland mit Blick auf die eigene Personalität, die soziale Anerkennung und biographische Partizipationschancen wahrgenommen?

Ehe die Kapitel drei und vier zu diesen Aspekten eine aussagekräftige Auswahl aus dem erhobenen Material zu versammeln suchen, klärt das folgende Kapitel kurz über die Schritte der Erhebung auf und erläutert den Zugang zu dem sozialen Feld, in dem die Untersuchung durchgeführt wurde.

---

sind, dass sie keine ‚Lösung' durch Konsensbildung erfahren können, ist theoretisch noch die Transformation zur Definition von Verfahrensgerechtigkeit machbar (vgl. Albers 2000). Praktisch erweist sich aber gerade in der Gewährung solcher Verfahren, ob eine Mehrheit dazu bereit ist, Minderheiten als Akteure mit (gleich-)berechtigen Interessen zuzulassen oder nicht.

2. FELDZUGANG, METHODEN UND FALLSTUDIENWAHL

Die vorliegende Studie beruht auf mehreren Forschungsphasen, die sich über insgesamt fünf Jahre erstreckten. Daher sollen die einzelnen Etappen, die Erhebungsmethoden und die Motive sowie Schritte der Fallstudienauswahl in diesem Kapitel erläutert werden. Abschließend werde ich die Protagonisten, deren Erfahrungen und Handlungskonzepte im Mittelpunkt der Folgekapitel stehen, kurz vorstellen.

Feldzugang und Forschungsphasen

Den ersten Zugang zu den Heranwachsenden, mit denen sich meine Arbeit beschäftigt, fand ich an einer Gesamtschule im Berliner Stadtteil Neukölln, die regelmäßig einen hohen Anteil an Schülerinnen und Schülern aus Einwandererfamilien verzeichnet, in diesem Fall v.a. aus der Türkei, dem ehemaligen Jugoslawien und dem Libanon. Dort führte ich in den Jahren 1996 und 1997 eine stationäre ethnologische Feldforschung durch.[1] Zu dieser Zeit lag der Anteil der Schülerinnen und Schüler ausländischer Staatsangehörigkeit bei ungefähr 60%. Darüber hinaus gab es auch unter den Jugendlichen mit deutscher Staatsangehörigkeit eine ganze Reihe mit migrantischem Familienhintergrund, und zwar sowohl Eingebürgerte nicht-deutscher Abstammung als auch Kinder aus sogenannten deutschstämmigen (Spät-)Aussiedlerfamilien. Da die Schulbehörden bei ihren Datenerhebungen nicht nach einer (ob nun individuellen oder familiären) Migrationserfahrung fragen, geben die einschlägigen Statistiken zur Zusammensetzung der Schülerschaft keinen Aufschluss darüber, wieviele der Schülerinnen und Schüler eingewanderten Familien entstammen,

---

1 Ein Teil der Ergebnisse dieser Feldforschung wurde bereits im Rahmen des Projekts „Staat, Schule, Ethnizität", das 1996-1999 im Programmschwerpunkt „Das Fremde und das Eigene" der VolkswagenStiftung als internationale Vergleichsstudie durchgeführt wurde, komparativ ausgewertet. Dabei stand die politische Sozialisation von Heranwachsenden ausländischer und insbesondere türkischer Herkunft in vier europäischen Ländern im Mittelpunkt des Interesses. Die vergleichende Analyse konnte zeigen, dass die Heranwachsenden in jedem der untersuchten Länder von den spezifischen Selbstverständnissen, Konzepten und Diskursen geprägt werden, die ihnen (auch) in der Schule normativ vermittelt werden, so dass sie sich in einem erkennbar französischen, britischen, deutschen bzw. niederländischen Stil als Angehörige der eingewanderten Bevölkerungsteile verstanden und artikulierten. Die vergleichende Studie liegt in deutscher und in englischer Sprache vor (Schiffauer et al. 2002 und 2004 bzw. 2006).

geschweige denn darüber, wieviele von ihnen auch persönlich Migrationserfahrungen gemacht haben. Mit diesen Einschränkungen galt die Staatsangehörigkeit bislang als relativ aussagekräftiger Indikator, um die Präsenz von Schülerinnen und Schülern aus Einwandererfamilien nicht-deutscher Abstammung in Erfahrung zu bringen, denn im internationalen Vergleich ist die Einbürgerungsquote niedrig.[2]

Die Auswahl der Schule in Berlin-Neukölln erfolgte unter dem Gesichtspunkt, dass auch entsprechend der Kategorien, in denen Einwanderer üblicherweise sozial-statistisch erfasst und unterschieden werden, Möglichkeiten der Identifikation und Gruppenbildung unter den Schülerinnen und Schülern gegeben sein sollten, also beispielsweise auch die Ausbildung ethnisch zugespitzter Gruppenprofile und darauf abgestellter Selbstdarstellungen.[3] Wäre ein gut situiertes Gymnasium in einem der großbürgerlich geprägten Stadtteile Berlins gewählt worden, hätte die dort in aller Regel geringe Zahl von Schülerinnen und Schülern ausländischer Herkunft[4] die Möglichkeit sozialer Identifi-

---

2 Auf Grund der traditionell restriktiven, auf das Abstammungsrecht konzentrierten deutschen Staatsangehörigkeitsgesetzgebung, die erst im Jahr 2000 um das territoriale Prinzip ergänzt wurde, das alle in Deutschland geborenen Kinder die deutsche Staatsangehörigkeit erwerben lässt, wurden vor 2000 in Deutschland geborene Kinder ausländischer Eltern ebenfalls ausländische Staatsangehörige. Der Ausländerstatus wurde so in die zweite und dritte Generation fortgeschrieben und schuf eine wachsende Bevölkerungsgruppe von „Ausländern", die nie in einem anderen Land als Deutschland gelebt hatten. Im Jahr 2005 wurde erstmals im bundesweiten Mikrozensus auch die Migrationserfahrung erfragt. Zuvor tauchten in den amtlichen Statistiken lediglich die im Land ansässigen Ausländer als Menschen mit Migrationshintergrund auf. Das Ergebnis der exakteren Befragung war, dass in Deutschland doppelt so viele Personen mit Einwanderungshintergrund leben als bis dato bekannt gewesen war. Demnach sind 19% der Bevölkerung entweder selbst eingewandert oder Kinder oder Enkel von Immigranten. Mit 8 Mio Menschen liegt die Zahl der Deutschen mit Migrationshintergrund sogar über der Zahl von 7,3 Mio Einwanderern ohne deutschen Pass (vgl. http://www.destatis.de/presse/deutsch/pk/2006/mikrozensus2005_b.htm).
3 Dieser Bezug auf kategoriale Zuordnungen ist im Kontext der Fragestellung weder wertend noch normativ, unterstellt also nicht, dass die sozialstatistische Kategorisierung, welche Migranten nach ihrer Nationalität identifiziert, automatisch eine auf dieses Merkmal abstellende Gruppenidentität nach sich zieht oder dies so sein sollte. Um untersuchen zu können, ob solche Zurechnungen in der sozialen Realität relevant sind, ob sie gegebenenfalls bestimmte Selbstentwürfe, Praktiken der Gruppenbildung bzw. Abgrenzung nach sich ziehen, müssen im Forschungsfeld aber entsprechende Akteure in hinreichender Zahl anzutreffen sein.
4 Kinder und Jugendliche ausländischer Herkunft sind an deutschen Gymnasien noch immer stark unterrepräsentiert, während ihr Anteil an den Sonder-, Hauptund Gesamtschulen über dem Anteil der eingewanderten an der Gesamtbevölkerung liegt. Hinsichtlich der erreichten Schulabschlüsse zeigt sich seit Ende der 1980er zwar ein wachsender Bildungserfolg der Kinder ausländischer Herkunft, der Bildungsabstand zwischen ihnen und den Jugendlichen aus deutschen Herkunftsfamilien ist im selben Zeitraum jedoch nicht wesentlich geschrumpft. Die

kationspraxen entlang der Herkunft praktisch eingeschränkt oder eher unwahrscheinlich gemacht. Was die Aussagekraft der Untersuchung einer einzelnen Schule angeht, ist hinzuzufügen, dass es den ‚typischen' Sozialraum, in dem Heranwachsende ausländischer Herkunft ihren Selbstentwurf konstituieren, ebensowenig geben kann wie im Hinblick auf irgendeine andere Bevölkerungsgruppe. Auch die ausgewählte Schule kann nicht repräsentativ im Sinne der quantitativ-sozialwissenschaftlichen Terminologie sein. Selbst bei einheitlichen curricularen Vorgaben werden die Anforderungen und Lerninhalte noch in jeder Schule auf eigene Weise kommuniziert, von spezifischen Akteuren vermittelt und durch sie gefiltert.[5] Dennoch ist eine Gesamtschule im Problemquartier oder „sozialen Brennpunkt", frequentiert von einer heterogenen Schülerschaft, was die Herkunft anbelangt, und mit einem überproportionalen Anteil von Schülerinnen und Schülern mit nicht-deutscher Staatsangehörigkeit vergleichsweise typisch für die Bildungsrealität sehr vieler Kinder aus Immigrantenfamilien in Deutschland. Auch der Berliner Bezirk Neukölln ist in dieser Hinsicht einschlägig.

Sich Heranwachsenden über die Schule anzunähern, bietet sich aus mehreren Gründen an, ob diese nun der einheimischen Bevölkerungsmehrheit angehören oder ihre Familien eingewandert sind: Einerseits ermöglicht der institutionelle Rahmen der Schule hochgradige Kontinuität für teilnehmende Beobachtungen, informelle Gespräche und ergänzende Befragungen. Neben dem schlicht pragmatischen Zugangsaspekt, dass Jugendliche einen großen Teil ihrer Zeit in der Schule verbringen, ist sie auch ein öffentlicher Ort von besonderer Qualität im Hinblick auf Fragen von Sozialisation und Individuation.

Ergebnisse der internationalen OECD-Leistungsvergleichsstudien „PISA" von Schülerinnen und Schülern legten bereits den Schluss nahe, dass Kinder aus Migrantenfamilien im deutschen Schulsystem doppelt benachteiligt seien, da sich erstens der soziale Hintergrund von Kindern stärker als in anderen Ländern auf ihren schulischen Erfolg auswirkt und zweitens das deutsche Schulsystem strukturell auf homogene Lerngruppen ausgelegt ist, mit Heterogenität also besondere Schwierigkeiten hat. Dass SchülerInnen, die die Homogenität der Lerngruppe stören, gewissermaßen ‚nach unten' aussortiert werden können, sei es durch Sitzenbleiben oder die Versetzung in eine andere Schulform – Optionen, die es in vielen „PISA"-erfolgreichen Ländern so nicht gibt –, hat dafür gesorgt, dass Kinder aus Einwandererfamilien am unteren Rand der deutschen Schullandschaft, v.a. in den Sonder- und Hauptschulen, konzentriert sind. Der erste nationale Bildungsbericht hat diese Vermutungen erhärtet. Zu den Ergebnissen des deutschen Bildungsberichts 2006, der „PISA"-Studien und der statistischen Verteilung von SchülerInnen ausländischer Herkunft auf die deutschen Schulformen sowie zu Daten hinsichtlich der erreichten Schulabschlüsse vgl. Baumert et al. 2001; Prenzel et al. 2004; Bainski et al. 2004: 202 ff; http://www.bildungsbericht.de.

5   Gewissermaßen im Umkehrschluss bietet dennoch jede Schule Aufschluss über die normativen Anliegen und Leitbilder der öffentlichen Sozialisation, hat doch jede einzelne von ihnen die Aufgabe zu erfüllen, auf die Gegebenheiten genau der Zivilgesellschaft und politischen Kultur vorzubereiten, deren Teil sie ist (vgl. Schiffauer et al. 2002 und 2004).

SchülerInnen verschiedener Herkunft begegnen sich dort und agieren miteinander oder zumindest gleichzeitig, teils freiwillig, teils – im Unterricht – auch gezwungenermaßen. Heranwachsende können sich dem Interaktionsdruck in diesem *setting* nicht ohne weiteres entziehen, sondern müssen sich zu einer Reihe von sozialen Anforderungen verhalten und Stellung beziehen. Dies gilt für ihre kommunikativen Praktiken, die Wahl ihrer Freunde und die Selbstdarstellung mittels Kleidungsstil ebenso wie für die expliziten Äußerungen zu ihrer persönlichen Verortung. Darüber hinaus übt die Schule als gesellschaftliche Sozialisationsagentur auch nachgewiesenermaßen Einfluss auf die Prozesse der Identifikation und Bewusstseinsbildung von Kindern und Jugendlichen aus (vgl. Spindler 1987; Wittpoth 1994; Renner 2000 und 2003).

Für die Entwicklung der weiterführenden Forschungsfragen dieser Arbeit schuf die Untersuchung der Interaktionen im Sozialraum Schule die Grundlagen, und vor dem Hintergrund der Feldforschung entstanden Kriterien für die anschließende Fokussierung von Fallstudien. Methodisch entspricht dieses Vorgehen dem *theoretical sampling* der *grounded theory* (Glaser/Strauss 1967; Strauss 1987: 16 ff.), nach der die Fallauswahl der empirischen Erhebung nicht vorgelagert wird, sondern Teil des Forschungsprozesses ist, der somit auch die nicht theoretisch ableitbaren Gegebenheiten der sozialen Wirklichkeit angemessen berücksichtigen kann: Die Perspektive der ersten Forschungsphase war von der theoretisch begründeten Annahme bestimmt, die Schule könne als ein Ort betrachtet werden, an dem politische und systemische Axiome der gesellschaftlichen Mehrheit kommuniziert werden. Für Angehörige eingewanderter Bevölkerungsgruppen, zumal wenn sie ausländische Staatsangehörige geblieben sind,[6] ließ eine solche Agenda mit großer Wahrscheinlichkeit andere Implikationen erwarten als für Kinder und Jugendliche, die der angestammten Bevölkerung zugerechnet werden. Als „Institution der nationalstaatlich verfassten Zivilgesellschaft" (Schiffauer 2002: 1) vermittelt die Schule ja weiterhin kategoriale Konzepte zur Herstellung der abstrakten Solidarität im Rahmen der Nation, selbst wenn hierbei mittlerweile ein „Übergang von einem expliziten zu einem impliziten Nationalismus" (ebd.: 2) der Stile und Methoden zu beobachten ist und das Nationalitätsprinzip u.a. unter dem Druck von Globalisierungsphänomenen in Teilen relativiert wurde. Trotz seines Bedeutungswandels ist der Nationalstaat letztlich bis heute der maßgebliche politische Referenz- und Handlungsrahmen geblieben, und einschlägige Politikfeld-Analysen zeigen, dass selbst die europäischen Staaten, deren Kooperation im Rahmen der EU das weltweit „am weitesten fortgeschrittene transnationale System der Wirtschaft, des Rechts und der Politik" bildet

---

6 Das erwähnte novellierte Staatsangehörigkeitsrecht ändert den Status vieler Kinder zumindest für die Dauer der Schulzeit: Wer in Deutschland geboren wird, erhält seit dem Jahr 2000 automatisch die deutsche Staatsangehörigkeit. Im Fall von Kindern ausländischer Eltern geschieht das auf einer vorläufigen Basis, die für begrenzte Zeit auch eine Doppel-Staatsbürgerschaft erlaubt; bei Volljährigkeit haben diese Personen sich abr für eine ihrer beiden Staatsangehörigkeiten zu entscheiden (vgl. http://www.einbuergerung.de).

(Brunkhorst 2002: 218), ihre Souveränität besonders im Bereich der Zuwanderungskontrolle nachhaltig zu verteidigen bereit und in der Lage sind (vgl. Morris 1997; Cyrus 1999).

Zwar sieht der öffentliche Bildungsauftrag vor, *allen* Heranwachsenden unabhängig von ihrer Abstammung oder Nationalität die nötigen Kompetenzen zur Teilhabe an der zivilgesellschaftlichen Deliberation nahezubringen, und potenziell sind ja auch ausländische SchülerInnen künftige deutsche Staatsangehörige. Dennoch ist schwer vorstellbar, dass die Spannung zwischen dem traditionell exkludierenden Begriff der deutschen Volkszugehörigkeit und der real bleibenden gesellschaftlichen Präsenz der Einwanderer und ihrer Familien sich nicht auch in schulischen Bemühungen niederschlägt, die der Vorbereitung der Staatsbürger auf ihre künftige Rolle als verantwortliche Mitgestalter des Gemeinwesens gelten.[7] Für die Frage der tatsächlichen Partizipationsoffenheit und Durchlässigkeit des politischen Vergesellschaftungsmodells der Bürgergesellschaft ist daher von besonderem Interesse, welche Erfahrungen ein Personenkreis macht, dessen Zugehörigkeit nach den herkömmlich ethno-nationalen Kriterien verneint würde: Welcher Platz wird ihnen – unabhängig von der Staatsangehörigkeit – eingeräumt bzw. zugewiesen? Werden ihnen partikulare Interessen, Rechte der Repräsentation und Praxis kultureller oder religiöser Eigenart als legitim zugestanden, bzw. wie können sie solche Anliegen gegebenenfalls mit Aussicht auf Erfolg vertreten?

Abgesehen vom expliziten Wissen zu den institutionellen Regelungen des politischen Systems und den impliziten Kompetenzen der Teilhabe, die zu vermitteln Auftrag der Schule ist, tragen auch die Bilder, Erwartungen und informellen Diskurse, die die Schule an Heranwachsende heranträgt, zu deren Fundus an fremd- und selbstreferentiellen Vorstellungen und Differenzkonzepten bei: In der Schule wird die kommende Generation systematisch mit etablierten Leitbildern der umgebenden Gesellschaft und mit dem kollektiven Selbstentwurf, der „nationalen Autobiographie" (Jacobmeyer 1994) konfrontiert. Die Normen der öffentlichen Interaktion wird Schülerinnen und Schülern zum Einen – unterstützt durch Repräsentationen im Schulbuch – modellhaft vorgestellt, und sie werden zum Anderen auf verschiedenen Ebenen des

---

7 Es würde den Rahmen sprengen, die spezifische Problematik des Konzepts der deutschen Volksnation (im Unterschied zur Staatsbürgernation französischer Provenienz) an dieser Stelle ausführlicher theoretisch zu diskutieren, denn die Arbeit fokussiert ja deren praktischen Stellenwert aus Sicht und im Erleben bestimmter Heranwachsender. Die grundlegende Funktion der Schule, das nationale Selbstkonzept zu vermitteln, gilt ohnedies unabhängig von der konkreten Ausgestaltung desselben, und als Modus zur Generierung eines solidarischen Kollektivs operiert die nationalstaatlich orientierte Sozialisation stets mit – unterschiedlich konfigurierten – Grenzziehungen, die freilich spezifische Teilhabeoptionen verheißen oder auch versperren. Zu der grundsätzlichen Spannung zwischen den Prinzipien der Demokratie und der Idee der Nation sowie den differenten Formen, mit diesem Problem umzugehen, vgl. Francis 1965; Lepsius 1990: 232-55; Brubaker 1992; Hoffmann 1996.

Schulalltags auch praktisch eingeübt. Kindern und Jugendlichen werden auf diese Weise normative Ideen davon präsentiert, worauf es in der Gesellschaft ankommt, in der sie aufwachsen, welche Kollektive was für eine Rolle spielen (sollen), was dieses Land und sein politisches Selbstverständnis von anderen unterscheidet. Sich in den schulischen Interaktionen und Darstellungen als Mitglied einer bestimmten Gruppe wiedererkennen zu können, beeinflusst in anderen Worten den Identifikationsprozess der Heranwachsenden, denn in der Auseinandersetzung mit den idealen Entwürfen und ihren Aus- und Abgrenzungen, den impliziten wie den expliziten, konstituieren sich Möglichkeitsspektren der sozialen Identifikation, d.i. „our understanding of who we are and of who other people are, and reciprocally, other people's understanding of themselves and of others (which includes us)", wie Jenkins diese reflexive Beziehung formuliert hat (1996: 5). Heranwachsende lernen von den vorhandenen Repräsentationen der sozialen Welt, als was sie sich selbst begreifen und darstellen sollen oder können, um als Erwachsene in der öffentlichen Auseinandersetzung um Güter, Interessen und Anerkennung von anderen verstanden und akzeptiert zu werden. Neben dem Moment der instrumentellen Fertigkeiten, die es braucht, um im kommunikativen Geschehen handlungsfähig werden zu können, betrifft dieser Lernprozess auch das soziale Wissen um herrschende Unterscheidungskategorien: In freiheitlichen Demokratien werden Heranwachsende zwar mit dem aufgeklärten Menschenbild von freien und gleichen Individuen vertraut gemacht, zugleich aber auch mit Konzepten, die Frauen und Männer unterscheiden, Mitglieder von Nationen, Religionen, Interessengruppen, kulturell oder ethnisch definierten Gruppen.

Auf der ersten Analyseebene zur Repräsentation vom *difference* und *sameness* kristallisierte sich für die untersuchte Schule in Berlin ein Diskurs als maßgeblich heraus, dem die zugewanderte „ausländische" Bevölkerung primär als kulturell fremdartig und dabei als problematisch galt. Die Präsenz dieser „Ausländer", ob in Schule oder Gesellschaft, wurde von Seiten der Institution in erster Linie mit Konflikten assoziiert, deren Lösung einseitige Anpassungen erfordern würden (vgl. Mannitz/Schiffauer 2002: 87-98). Hinter dem Klima des Unbehagens ist unschwer die notorische bundesdeutsche Schwierigkeit zu erkennen, die politisch ungewollte Realität des seit den 1970er Jahren verfestigten Einwanderungsgeschehens anzuerkennen und die ehemaligen „Gastarbeiter" als eine Bevölkerungsgruppe, die geblieben ist und deren Nachkommen zu einem großen Teil bleiben werden, in die kollektive Selbstdarstellung und den politischen Souverän zu integrieren.[8] Dass dieser Le-

---

8   Dass in Deutschland erst an der Schwelle zum 21. Jahrhundert ein Staatsangehörigkeitsrecht in Kraft treten konnte, das die Grenzen des zuvor exklusiven Entwurfs durchlässiger gemacht hat, indem es die vorgestellte Gemeinschaft um ethnische Heterogenität zu erweitern und damit einen demotischen Volksbegriff zu etablieren sucht, mag man als typische Zögerlichkeit der ‚verspäteten Nation' interpretieren. Die Absage an die deutsche Tradition des Abstammungsprinzips markiert nun den „Aufbruch zur Staatsbürgernation" (Oberndörfer 2000: 1344), aber noch nicht deren Realisierung. Zahlreiche Widerstände und ein zähes innen-

benslüge über lange Zeit auch viele der ehemals als „Gastarbeiter" angeworbenen Immigranten selbst anhingen und dies möglicherweise weiterhin tun (vgl. Bade 2000: 338), macht ihren Nachkommen die Bestimmung einer eigenen Position sicher nicht leichter. Die betreffenden Jugendlichen in meinem Berliner Untersuchungsfeld sahen sich in dieser Hinsicht ausgesprochen ambivalenten und widersprüchlichen Erwartungen ausgesetzt. Wie sie sich zu den disparaten Normen verhielten, wird im folgenden Kapitel beleuchtet.

Abgesehen von seiner Relevanz im konkreten Forschungsfeld verweist der Aspekt der elterlichen Erwartungen auch auf ein grundlegendes Problem der ethnologischen Datenerhebung in der komplexen Gesellschaft: Der hermeneutische Ansatz der ethnologischen Feldforschung, verstärkt noch durch konstruktivistische Paradigmen, wie sie auch dieser Studie zugrunde liegen, verlangt ja danach, die alltäglichen Konstruktionsleistungen der Akteure *in der Kontextualität ihrer Erzeugungsbedingungen* in den Blick zu nehmen. Die Argumente für diesen Ansatz habe ich im vorangegangenen Kapitel eingeführt. Im Widerspruch zum holistischen Impetus dieses Forschungskonzepts ist eine Engführung der Perspektive in der Forschungspraxis aber unumgänglich. So blieb durch meinen Feldzugang über die Schule und bei der Primäranalyse der Empirie als einer Interaktion zwischen Heranwachsenden ausländischer Herkunft und den Axiomen der „Mehrheitsgesellschaft" ausgespart, die Schule als einen *relativen* Sozialraum im Leben der SchülerInnen zu betrachten: Einerseits werden zwar in der Schule über einen längeren Zeitraum biographische Alltagserfahrungen gemacht, die den Vermittlungsprozess zwischen Individuum und Gesellschaft in besonderer Weise gestalten; die Beziehungen sind hier nicht ohne weiteres auflösbar, sondern bilden in mancher Hinsicht sogar explizit herrschende Machtverhältnisse ab. Andererseits stellt die Schule aber nur *einen* Lernort oder Ausschnitt der lebensweltlichen Erfahrung unter vielen dar, eine „kleine soziale Lebenswelt" im Sinne von Hitzler und Honer (1984 und 1988), in denen die Akteure sich in Interaktion mit Anderen erleben und dabei ein Verständnis von sich und der Welt aufbauen bzw. es „basteln", „stückeln" und „montieren" (dieselben 1994: 311). Als dialektische Beziehung von Internalität und Externalität (vgl. Jenkins 1996: 71) ist dieser Prozess ohnehin nur partiell in der Kontextualität seiner Erzeugungsbedingungen zugänglich; die Multiplikation der Einflussmomente durch Teilhabe an diversen „kleinen sozialen Lebenswelten" stellt eine weitere Herausforderung dar.

Um zu klären, welchen Stellenwert die Einflüsse der schulischen Sozialisation in Relation zu anderen Erfahrungen der Heranwachsenden überhaupt einnehmen, wäre eine komplementäre Erhebung nötig, die Einblicke in den größeren Zusammenhang der Alltagserfahrungen gewährt. Mit dieser Überlegung begleitete ich während meiner stationären Forschung eine Reihe von

---

politisches Ringen um die betreffende Gesetzesnovelle 1998/99 sowie anhaltende Meinungsverschiedenheiten der politischen Entscheidungsträger zur weiteren Gestaltung des sogenannten Zuwanderungsgesetzes führen vor Augen, wie nachhaltig das Ideal der Volksnation auch die verwestlichte deutsche Nachkriegsdemokratie noch geprägt hat.

Schülerinnen und Schülern aus der Neuköllner Schule bei ihren nachmittäglichen Freizeit-Aktivitäten. Zudem berichteten die Jugendlichen in Gruppendiskussionen, Einzelgesprächen und Interviews über familiäre und andere außerschulische Erfahrungen. Solche Äußerungen vermittelten Anhaltspunkte über individuelle und kollektiv erfahrene Schlüsselerlebnisse und gaben Aufschluss über eine Reihe von Themen und Konflikten, die die jungen Leute aktuell oder längerfristig beschäftigten. Das Verlassen des schulischen Milieus zeigte allerdings auch eine hochgradige Differenzierung bei der Inanspruchnahme des städtischen Raumes, seiner Teilsysteme und sozialen Infrastruktur. Die Jugendlichen waren in anderen Worten Mitglieder verschiedener Szenerien und bewegten sich außerhalb des gemeinsamen Schulbesuchs in teils überlappenden, teils auch gänzlich separierten territorialen und sozialen Räumen Berlins.[9] Eine zusätzliche Verteilung ergab sich durch geschlechtsspezifische Nutzungsformen, Orte und Milieus. Diese hinlänglich bekannte hochgradige Differenzierung spätmoderner und zumal urbaner Lebensverhältnisse legt den Schluss nahe, dass die alltäglichen Erfahrungen der Einzelnen sich nurmehr in eingeschränktem Maß überlappen und die je subjektiven Lebenswelten je eigene Wissensbestände generieren.

An dieser Stelle boten sich verschiedene Optionen an: Eine Möglichkeit hätte darin bestanden, die synchrone Richtung der Untersuchung systematisch zu vertiefen, also tatsächlich „alle Kontexte, in denen sich ein Jugendlicher (Schule, Arbeit, Familie...) bewegt, als eine Herausforderung für alle Jugendlichen (autochthone wie allochthone Jugendliche, Jungen wie Mädchen) [zu]

---

9   Damit bestätigt sich einmal mehr, dass große Städte besondere Bedingungen der Nutzung sozialer Räume bieten, so dass die Relation von Fremdheit und Vertrautheit in einem anderen gesellschaftlichen Rahmen verhandelt wird, als dies in kleineren Gemeinden der Fall ist, und der urbane Raum die Entstehung einer Vielzahl an „socio-scapes" (Albrow 1997) begünstigt. Dass insbesondere die „Kopräsenz von Migranten und länger ansässigen Bevölkerungsgruppen und die Herausbildung neuer, kulturell vermittelter Formen sozialer Ungleichheit sowie neuer Verknüpfungen bisher separater gesellschaftlicher Sphären [...] zuallererst in Städten sichtbar und wirksam werden" (Welz 1996: 131), ist auf diese besondere Gelegenheitsstruktur rückführbar, die Ulf Hannerz treffend auf die Begrifflichkeit von „access to diversity" bei einer gleichzeitigen „diversity of access" gebracht hat (1980). Fremdheitslagerungen sind im urbanen Raum eine Selbstverständlichkeit (vgl. Eckert/Kissler 1992; Schiffauer 1997b; Bukow/Yildiz 2000; Bukow et al. 2001). Die strukturelle Heterogenität großer Städte hält damit eine Vielzahl an Anknüpfungspunkten für die Entwicklung von hybriden Stilen der Identifikation bereit, wie z.B. dem der „Frankfurter Türken" (Sauter 2000). Ob solche Phänomene bereits als Belege dafür genügen können, dass städtische Metropolen nicht nur in ökonomischer und politischer, sondern auch in kultureller Hinsicht „strategic sites" einer fortschreitenden Globalisierung und Entnationalisierung seien, wie Saskia Sassen argumentiert hat (2000), bleibt abzuwarten. Auch wenn städtischen Räumen herausragende Bedeutung als Gelegenheitsstruktur für Hybridisierungen aller Art zukommt, folgt daraus weder zwangsläufig deren Verallgemeinerbarkeit noch eine fortschreitende Entnationalisierung jenseits oder auch nur konsistent innerhalb des Raums der „global city".

würdigen" (Bukow/Heimel 2003: 38). – Die konkreten Lebenslagen und milieuspezifischen Erfahrungen einer Anzahl von Jugendlichen simultan zu beobachten und zu rekonstruieren, erfordert jedoch die personellen Ressourcen eines ganzen Teams. Stellt man dabei in Rechnung, dass jede/r ForscherIn ein spezifisches ‚Erhebungsinstrument' ist, zieht das Bemühen um methodische Konsequenz erheblichen weiteren Aufwand nach sich. Als komplementäre Perspektive zu den schulischen Erfahrungen der Heranwachsenden ist daher für diese Arbeit die diachrone Alternative gewählt, eine überschaubare Gruppe aus dem intensiv untersuchten Berliner Sozialraum über einen längeren Zeitraum mit Gesprächen und Interviews zu begleiten. Zu diesem Zweck traf ich mich in einer zweiten Erhebungsphase in den Jahren 1998-2001 wiederholt zu narrativen, biographischen und themenzentrierten Interviews mit einer Reihe der (mittlerweile ehemaligen) Schülerinnen und Schüler.

Auch bei der diachronen Perspektive müssen zweifellos Abstriche an Vollständigkeitsansprüchen in Kauf genommen werden. Dem Verlust an Permanenz und Nähe steht jedoch ein positiv wirksamer Zugewinn an Distanz gegenüber. Die Standortpositionierungen und projektiven Äußerungen, die die jungen Leute zur Zeit meiner ersten Feldphase noch im jugendlichen „Moratorium" als SchülerInnen vornahmen, konnten sich mit ihren Sichtweisen als junge Erwachsene in Relation setzen lassen, deren Alltagspraxen durch berufliche Ausbildung, Berufstätigkeit oder Studium sowie die bereits getroffenen Entscheidungen zur Partnerwahl und weiteren Lebensplanung sehr viel konkreter wurden und Fortentwicklungen der subjektiven Selbst- und Fremdverständnisse erkennen ließen. Die zweite Forschungsphase vollzieht somit einen mehrfachen Perspektivenwechsel: Mit dem Verlassen der Schule wird es sowohl den jungen Erwachsenen als auch der Forscherin möglich, die subjektiven Entwicklungsprozesse Ersterer in zeitlicher Distanz zur schulischen Erfahrung und zu den adoleszenten Ablösungskrisen mit den Eltern zu gewichten. Vergleichbares gilt für die (teils gemeinsame) Rückschau auf Beobachtungen und Befunde aus dem stationären Forschungsaufenthalt an der Schule. Indem die zweite Erhebungsphase aus der Schule herausführt, stehen die Begegnungen zudem nicht länger im Kontext der Rollen, Verhaltensregeln und zeitlichen Beschränkungen der schulischen Institution: Die Treffen fanden meist im privaten Rahmen und in zwangloser Atmosphäre statt. Nicht zuletzt hatten meine GesprächspartnerInnen durch ihre Einstiege in Studium oder Berufsleben auch einen Teil unserer vorherigen Statusdifferenzen überwunden.

Untersuchungsmethoden und Fallstudien-Fokussierung

In den unterschiedlichen Phasen der Untersuchung kamen verschiedene qualitative Methoden zum Einsatz, die den konstruktivistischen Prämissen der hermeneutischen Sozialforschung entsprechen (vgl. Berger/Luckmann 1969; Soeffner 1988 und 1989; Schröer 1994). Das Erkenntnisinteresse der Rekonstruktion von Aneignungsformen, mit denen die Subjekte ihrem Handeln Eigensinn und Bedeutung verleihen, erfordert zum Einen ein strukturanalytisches Vorgehen, das die spezifischen Bedingungen im ausgewählten Feld erhellt, hier zunächst in der Schule. Die Strukturbetrachtung kann aber nur Aufschluss über den Rahmen geben, in dem die kognitiven Prozesse der subjektiven Auslegung angesiedelt sind. Die Genese von „biographisch, soziokulturell und durch aktuelle Erfahrung vermittelten Deutungs-, Orientierungs- oder Handlungsmustern" (Schumm 1988: 22) vollzieht sich zwar in Konfrontation mit gegebenen systemischen Strukturen, ist aber mehr als ein rezeptiver Vorgang; Erfahrungen Bedeutung zu geben, erfordert mentale Aneignungen, die das Vorgefundene produktiv verarbeiten, d.h. eine komplexe Leistung aus Interpretation und adaptiver Transformation:

„Da diese Erfahrungswelt für die Person [...] von vorneherein eine gesellschaftliche ist, geschieht diese Bewusstseinsleistung unter gesellschaftlichen Bedingungen und in gesellschaftlicher Einbindung; sie bleibt dabei aber immer eine subjektiv zu erbringende Leistung." (Voss 1984: 394)

Über die Bestandsaufnahme von strukturellen Bedingungen hinausgehend ist daher nach konkreten Handlungslogiken zu fragen. Epistemologisch interessiert hieran vor allem, was „Neuauslegungen des gesellschaftlich vorausgelegten Wissens" motiviert, welche „ihrerseits (ebenfalls als Wissen) in das gesellschaftliche Handlungsfeld wieder eingespeist werden" können (Reichertz 2003b: 519), um dann möglicherweise selbst eine strukturelle Objektivierung zu erfahren. Aus dieser erkenntnistheoretischen Konzeption ergibt sich bei der Methodenwahl, nicht-reaktive Verfahren der Dokumenten- und Diskursanalyse mit reaktiven Interview- und Beobachtungsverfahren zu kombinieren.

Erhebungsmethoden

Unter den eingesetzten Methoden ist an erster Stelle die ethnologische Feldforschung zu nennen, die als offenes Verfahren die Basis für die weitere Fokussierung (Glaser/Strauss 1967; Strauss 1991) geschaffen hat. In der stationären Feldforschung von September 1996 bis Juli 1997 stand zunächst das ethnographische Anliegen im Vordergrund, das Geschehen möglichst frei von Vorannahmen[10] zu protokollieren: „Rather than studying people, ethnography means learning from people", wie James Spradley (1979: 3) diesen Grundsatz pointiert und damit Malinowskis Ziel „to grasp the native's point of view"

---

10 Da kein erwachsener Mensch ohne Vorannahmen ist, weder beim Forschen in der ‚Fremde' noch in der eigenen Gesellschaft, beschreibt dieses Anliegen in erster Linie ein Ideal. Gewendet als Übung der mentalen Selbstdisziplinierung fordert es dazu auf, vorhandene bias bei der Beobachtung des Geschehens als solche mit zu reflektieren. Es geht hier also in erster Linie um ein kognitives Distanzverhältnis, das mit Verfremdungstechniken hergestellt werden kann. Zur Problematik von Distanz und Vertrautheit, Authentizitätskonstruktion und Voreingenommenheit in der Feldforschung vgl. Sökefeld 2002.

(1922: 25) für die Ethnographie in der eigenen Gesellschaft paraphrasiert hat; wie später auch Clifford Geertz (1984).

Diese Annäherung der Ethnographin dient nicht dazu, wie ein naives Verständnis nahelegen könnte, so zu tun, als könne man in der Lebenswelt der Anderen unsichtbar und eine/r von ihnen werden. Das Bestreben ist, eine Nähe zum Feld zu entwickeln, die möglichst wenig durch vorhandene Schemata beeinträchtigt wird. Sich mit weitestgehender Offenheit und ‚allen Sinnen' auf das Feld einzulassen (Girtler 1996: 225-30), ist zudem eine Bedingung der Möglichkeit von Vertrauensbeziehungen, ohne die der angestrebte Einblick in das Alltagserleben Anderer gar nicht möglich ist. Schließlich setzt der ja ihre Bereitschaft voraus, die Feldforscherin dabei sein und teilhaben zu lassen. Gegen das geforderte Sich-Einlassen auf die Situation im Feld wird von erkenntnis-positivistischen Kritikern gern das Risiko eines methodischen Kontrollverlusts vorgebracht. Das anarchische Element sozialer Reaktivität im Feld nicht erst zuzulassen, hieße allerdings, sich heuristischen Erkenntnisprozessen von vorneherein zu verschließen:

„Was einer externalistischen Sozialforschung als Greuel und Anarchie [...] erscheinen mag: der Kontrollverlust über die Bedingungen des Erkenntnisprozesses, wird zu einer methodisch notwendigen Freiheit für den Forschungsprozess. Reaktivität ist [...] der *modus vivendi* der Forschung." (Amann/Hirschauer 1997:17)

Was hieß Feldforschung in der Schule nun konkret? Während des gesamten Zeitraums machte ich teilnehmende und nicht-teilnehmende Beobachtungen im Unterricht und bei außerunterrichtlichen Aktivitäten. Dabei galt meine Aufmerksamkeit in erster Linie Schülerinnen und Schülern der Jahrgangsstufen 9 bis 12.[11] Neben der Teilnahme am Unterricht stand mir auch der Zugang zu den Räumen der Schule offen, die regulär dem Lehr- und sonstigen Personal vorbehalten waren. Damit waren Möglichkeiten des Perspektivenwechsels auf den Schulalltag verbunden, und es entstanden Vertrauensbeziehungen nicht allein zu SchülerInnen, sondern auch zu Lehrkräften. In Ergänzung der kontinuierlichen Beobachtungen fanden mit Einzelpersonen und mit kleinen ‚natürlichen' Gruppen informelle Gespräche, spontane und arrangierte Gruppendiskussionen[12] sowie zunächst nichtstandardisierte Interviews, später auch

---

11 Für die Eingrenzung auf die Jahrgänge 9-12 waren mehrere Gründe ausschlaggebend. So ließen die noch eher kindlichen SchülerInnen der Jahrgangsstufen 7 und 8 weniger adoleszente Problemlagen erwarten. Dass die SchülerInnen des 13. Jahrgangs im Schuljahr der Abiturprüfung nur noch verhältnismäßig wenig Unterrichtszeit in der Schule verbringen und im (recht kurzen) 2. Halbjahr mit prüfungsvorbereitenden Klausuren sowie den Abiturprüfungen zu tun haben, führte dazu, sie aus der Untersuchungsgruppe auszuschließen.

12 Hier bin ich nach der Verfahrensweise der Gruppendiskussion vorgegangen, wie Bohnsack sie als methodischen Standard konzipiert hat. Das Ziel besteht im Wesentlichen darin, dass „der Forscher Bedingungen ermöglichen muss, damit sich der Fall, hier also die Gruppe, in seiner Eigenstrukturiertheit prozesshaft entfal-

teilstandardiserte Interviews statt. In Abhängigkeit von der Situation wurden diese entweder direkt mitgeschnitten und dann transkribiert; wenn Tonbandaufzeichnungen nicht möglich oder nicht ratsam waren, verfasste ich Gedächtnisprotokolle auf Grundlage meiner Notizen. Über das Schuljahr 1996/97 verteilt entstanden so Beobachtungsprotokolle zu mehr als 300 einzelnen Unterrichtsstunden, Transkriptionen und Gedächtnisprotokolle von über 180 Einzelgesprächen und -interviews, die zwischen wenigen Minuten und 2½ Stunden dauerten, sowie an die 30 Feldprotokolle und Tonbandtranskriptionen, die außerunterrichtliche Gruppendiskussionen unterschiedlicher Länge (von 15 Minuten bis 3 Stunden) festhielten.

Die Fülle der Eindrücke und Beobachtungsmöglichkeiten in der Schule zwang zu einem selektiven Vorgehen. Dafür erfolgte eine Auswertung der Erstbeobachtungen in dreierlei Hinsicht: Sie lieferten erstens Erkenntnisse für Soziogramme und Netzwerk-Analysen, die zur Auswahl von genauer zu befragenden Einzelpersonen relevant wurden. Die anfänglichen Gesprächs- und Feldprotokolle gaben zweitens Hinweise auf Situationen der Differenzerfahrung im Alltag der Jugendlichen aus Einwandererfamilien, die in Interviews und Diskussionsrunden gezielt angesprochen werden konnten. Das galt für Befragungen und Gespräche mit SchülerInnen, aber auch für die mit Lehrpersonen, Sozialpädagogen, BerufsberaterInnen und anderen Akteuren im Umfeld der Schule, die ich als lokale Experten interviewt habe. Ein dritter Erkenntnisgewinn betraf die Nutzungsformen des städtischen Raumes außerhalb der Schule, die in Narrationen der Schülerinnen und Schüler thematisiert wurden. Hier trat einerseits die schon angesprochene Ausdifferenziertheit von jugendkulturellen Milieus und ihrer je eigenen Orte zutage, von denen ich einige gemeinsam mit Jugendlichen aufsuchte, z.B. ein Neuköllner Jugendzentrum. Andererseits fanden sich in den Erzählungen zum Freizeitverhalten aufschlussreiche Einschätzungen zur Sozialtopographie Berlins, die mit qualitativen Unterscheidung von Ost- und Westdeutschen einhergingen. Das Thema erwies sich als anhaltend bedeutsam, nicht allein im weiteren Verlauf der stationären Forschung, sondern auch in der anschließenden Langzeit-Untersuchung: Für die jungen Leute stand die deutsche Einheit mit irritierenden Ausschluss- und Diskriminierungserfahrungen in Verbindung, die sie in unseren Gesprächen wiederholt zur Sprache brachten, kommentierten und in ihr Bild der deutschen Gesellschaft einbauten.

Zu geeigneten Anlässen dokumentierte ich Situationen außerdem fotografisch. Die z.B. bei außerunterrichtlichen Aktivitäten wie Wandertagsausflügen, Projektwochen oder den Betriebspraktika der 9. Jahrgangsstufe entstandenen Fotos schufen Anknüpfungspunkte für weitere Gespräche und nachträgliche Kommentierung der Geschehnisse durch die abgelichteten Personen. Fotografien, die ich von Schülerinnen und Schülern bei ihren Betriebspraktika gemacht hatte, veranlassten diese, sich über die Erfahrungen während der

---

ten kann" (2003: 380) und nicht durch die Forscherin induzierte Parameter oder Interventionen die Situation bestimmen.

Praktika, über Zukunftspläne und Berufswünsche zu äußern. Abgesehen davon, dass die Fotos hilfreich waren, um Gesprächssituationen herzustellen, waren sie teils auch Quellen mit eigenem Aussagewert: Wer mit wem zusammen oder auf gar keinen Fall gemeinsam fotografiert werden mochte, welche Situationen als peinlich und nicht zur Ablichtung geeignet galten, mit welchen Posen die Heranwachsenden sich inszenierten, trug zu dem Bild bei, das ich mir von ihnen und ihren Beziehungen untereinander machen konnte.

Neben den narrations- und interaktionsorientierten Erhebungsmethoden, die die Akteure im Feld zentrierten, nahm ich Inhaltsanalysen von Dokumenten vor. Dabei ging es vor allem um die Identifizierung herrschender Diskurse, die Einfluss darauf ausüben, welche Interpretationen und Positionen sozial akzeptiert sind und welche ein *opting out* aus dem vor Ort etablierten Konsens darstellen würden. Die in diesem Sinne normativen Diskurse „dictate what is possible to say and not possible to say. Discourses therefore provide the basis on which [...] preferences and goals are constructed. It works both as a constraint and as a creative force" (Larsen 1999: 453). Dieser Diskursbegriff, der aus den Forschungstraditionen von Michel Foucault und Pierre Bourdieu abgeleitet ist, eignet sich für Analysen im schulischen Feld in besonderer Weise. Er berücksichtigt das Moment der Statusdifferenz verschiedener Textsorten und überwindet damit die Herrschaftsblindheit des klassischen Interaktionismus (vgl. Foucault 1995; Bourdieu 1987: 253; Bourdieu 1990 und 1991). So betrachtete Pierre Bourdieu die Schulen als zentrale Institutionen der herrschenden Klasse, in denen offiziell gültige „Rangplätze" verteilt würden (Bourdieu 1987: 255). Er sah das Schulsystem in einer Schlüsselrolle bei der Durchsetzung einer dominanten Präferenzskala. Nicht von der Hand zu weisen ist, dass bildungsferne Milieus nicht erst bei der Inanspruchnahme der verfügbaren Bildungsoptionen, sondern auch bei der Mitgestaltung der normativen Diskurse im Nachteil sind.

Die Diskursanalyse hatte nun unterschiedliche Textsorten zu berücksichtigen: Neben die Inhaltsanalyse der curricularen und Schulbuchtexte, die im schulischen Kontext ein wesentliches Instrument für die Entwicklung eines gemeinsamen Deutungshorizonts sind, trat die Beobachtung und Erfassung der normativen „Narrative" (White 1987; Müller-Funk 2002) der pädagogischen Akteure. Sie stellen einen weiteren Diskursstrang dar, der sich im Zusammenwirken mit den Aussagen der Bücher zu einer dominanten Diskursordnung formieren kann. Das Zusammenwirken ist nicht notwendig affirmativ, sondern kann auch eine Form annehmen, in der die Narrative der Akteure den Diskurs der Bücher kritisch kommentieren und auf diese Weise ein Text die normative Aussagekraft des anderen in „negativer Dialektik" (Adorno 1970) abschwächt. Von den Narrativen, die in eine Diskursordnung einfließen, ist in hochgradig differenzierten Gesellschaften schon auf Grund der differenten Erfahrungshorizonte der Beteiligten zu erwarten, dass sie konkurrierende Deutungsmuster repräsentieren und insofern nicht konsistent sind. In den Interaktionen eines konkreten Handlungsraums setzen sich erfahrungsgemäß dennoch einige Deutungen als weitgehend konsensfähig, andere als mehrheitsfähig gegenüber minoritären oder abweichenden Interpretationsmustern durch. In dem Prozess der Konstituierung einer „Erzähl- und Gedächtnisgemeinschaft" (Müller-Funk 2002: 7, 14) werden Dinge und Erfahrungen in eine für ihre Mitglieder sinnhafte Ordnung gebracht:

„In der Welt der menschlichen Angelegenheiten werden Wahrheit und Fakten auf unterschiedliche Weise konstruiert. Ihre Bedeutungen sind in konkurrierende Diskurse eingebettet. Damit sind sie in die Kämpfe um Machtpositionen oder Wahrheitsdefinitionen verwickelt, und es stellt sich die Frage, wer die Definitionsmacht über Wahrheit und Unwahrheit besitzt." (Denzin 2003: 145; vgl. Hall 1996: 205)

Freilich unterliegen all diese Verhandlungsprozesse den Bedingungen der herrschenden Mehrheits- und Machtverhältnisse, und in der Schule gilt das ausdrücklich: Lehrpläne und Schulbücher geben definitionsgemäß die Parameter des öffentlich konsentierten Sozialisationsanliegens in der Schule vor. Die Noten gebenden Lehrerinnen und Lehrer haben qua Amt Definitionsmacht. Zumal angesichts des deutschen Verständnisses vom Lehrberuf als einem öffentlichen Amt wäre es zudem unrealistisch anzunehmen, dass ein Schulkollegium aus mehrheitlich verbeamteten Lehrkräften, welche in Treuepflicht mit hoheitlichen Aufgaben betraut sind, die normativen Vorgaben des Dienstherrn in Fundamentalopposition aushebeln und die in staatlichen Zulassungsverfahren akkreditierten Schulbücher delegitimieren würde. Insofern sind die Überlegungen kybernetisch inspirierter Kommunikationsmodelle zur Relevanz der interaktiven Aushandlung, die auf eine vollständige Offenheit dynamischer Prozesse abheben, für die Diskursanalyse im schulischen Feld nur von geringem Nutzen. Zwar sind Kommunikationsprozesse nicht vorhersehbar und im Prinzip ergebnisoffen; der strukturelle Rahmen limitiert aber deutlich das real wahrgenommene Möglichkeitsspektrum: Der soziale Raum der Schule ist durchmachtet und lässt einen wirklich herrschaftsfreien Diskurs auch dann nicht zu, wenn Lehrkräfte zur offenen Unterrichtsdiskussion im vermeintlich geschützten Raum der Klassenöffentlichkeit aufrufen. Auch in dieser Hinsicht haben die Annahmen von Pierre Bourdieu zur hierarchischen Logik der Praxis bei der interaktiven Herstellung sozialen Sinns meinen Blick auf die schulischen Interaktionen und Diskurse geleitet:

„Bei der Festlegung der kollektiven Einordnung und Hierarchie der Geltungen [...] haben nicht alle Urteile dasselbe Gewicht [...] Außerdem ergibt sich die Vorstellung, die sich die Handelnden von ihrer eigenen Stellung und von der Stellung der anderen im sozialen Raum machen (übrigens auch die Vorstellung hierüber, die sie bewußt oder unbewußt durch ihre Praktiken oder Eigenschaften vermitteln), aus einem System von Wahrnehmungs- und Beurteilungsschemata, das selbst wiederum einverleibtes Produkt einer Bedingung [...] ist und sich nicht nur auf die Indizien des kollektiven Urteils, sondern auch auf die objektiven Indikatoren der realen Stellung in der Verteilungsstruktur stützt, die das kollektive Urteil bereits berücksichtigt hat." (Bourdieu 1987: 254 f.)

Folglich waren neben den vor Ort eingesetzten Schulbüchern auch Richtlinien der Schulverwaltung, Rahmenpläne und Verordnungen durchzusehen, die über allgemeine Konzeptionen bei der öffentlichen Bildung und Erziehung informieren und überdies instruktive Details zur Situation und den Grundsätzen der Beschulung von Kindern ausländischer Herkunft(ssprache) in Berlin enthalten. Diese Informationen trugen dazu bei, Beobachtungen in einen institutionellen Rahmen einordnen und beispielsweise die idiosynkratischen Praktiken einiger Lehrerinnen und Lehrer von solchen unterscheiden zu können, die eine systemische Logik zum Ausdruck bringen.

Fallstudienwahl

Das Ziel, die so gewonnenen, ihrer Beschaffenheit nach heterogenen Daten in ihrer jeweiligen Eigenrationalität zu repräsentieren, machte eine fokussierte Fallstudienauswahl erforderlich: Die Explikation von sozialen Bedeutungen als interaktiv generierte Wissensbestände, die „*als* eine fortwährende Hervorbringung und Leistung der gemeinsamen Tätigkeiten des Alltagslebens" soziale Ordnung repräsentieren (Garfinkel 1967: VII, Betonung im Original; vgl. Garfinkel/Sacks 1976), setzt eine Untersuchungsgruppe und/oder einen sozialen Ort voraus, bei der bzw. dem tatsächlich von Hervorbringungen der „gemeinsamen Tätigkeiten des Alltagslebens" die Rede sein kann.

Aus den Eindrücken der stationären Feldforschung ließen sich für die „kleine Lebenswelt" Schule zwar allgemein herrschende Diskursmuster, Typen an Netzwerken und Situationen sozialer Identifikation beschreiben; auch der begrenzte Sozialraum Schule zerfällt jedoch bei näherem Hinsehen in soziale Teilsysteme, die eigene Routinen, Binnenstrukturen der Kommunikation und Wissensgenerierung unterhalten. Wenngleich die Gruppenbildung sich insgesamt als situationsabhängig und offen genug darstellte, um in den unterrichtsfreien Zeiten die von der Organisationslogik des schulischen Betriebs gezogenen Grenzen nach Kurssystem und Jahrgangsstufen außer Kraft zu setzen, gab es bei aller Fluidität doch auch erkennbar stabilere Beziehungen mit höherer Interaktionsdichte. Dies wurde zu einem Kriterium meiner Fallstudienwahl.

Nach der anfänglich breit und offen gehaltenen Annäherung an die Jahrgangsstufen 9 bis 12 konzentrierte sich meine Untersuchung im Laufe der Zeit auf einige engere Kreise.[13] Das Gros meiner Einsichten verdanke ich diesem

---

13 Ich problematisiere meinen Zugang zum sozialen Feld als solchen nicht eigens, weil er – durchaus entgegen eigener Befürchtungen – ausgesprochen unkompliziert war. Ich hatte angenommen, dass die Kontaktaufnahmen auf dem Schulhof und im Lehrerzimmer schwierig werden könnten: Warum sollten Teenager sich überhaupt mit mir unterhalten wollen? Warum auch sollten LehrerInnen bereit sein, mir Einblicke in ihre Arbeit und ihren Unterricht zu gewähren? Diese Sorgen erwies sich schnell als unberechtigt: SchülerInnen kamen zum Teil von sich aus auf mich zu, andere waren schnell zum Gespräch bereit, wenn ich auf sie zuging. Auch in den Lehrerzimmern fanden sich stets ansprechbare Mitglieder des Kollegiums und mein Wunsch nach beobachtender Teilnahme am Unterrrricht wurde nur in einzelnen Fällen nicht gewährt. Die Akteure meines Untersu-

Vorgehen zufolge zwei Kerngruppen der 9. Jahrgangsstufe sowie Schülerinnen und Schülern der Jahrgangsstufen 11 und 12, an deren Kursen ich gezielt teilnahm. Die Vertrauensbeziehungen zu bestimmten Schülerinnen und Schülern wurden auf diese Weise stabiler. Auch bei der Wahl der Unterrichtsfächer für die teilnehmenden Beobachtungen fand eine Fokussierung statt. Die diskussionsbetonten Fächer, d.h. die Sprachen, Geschichte, Gesellschafts- und politische Weltkunde, Lebenskunde, außerdem Kunst und Sport boten besonders gute Gelegenheiten, um Interaktionen und inhaltliche Auseinandersetzungen mitzuerleben. Um diese Auswahl treffen zu können, hatte ich anfangs einen Monat lang am gesamten Unterricht zweier Parallel-Kerngruppen[14] der 9. Klasse in allen Fächern und allen Stufen der Leistungsdifferenzierung teilgenommen.

Im Hinblick auf die sozialen Beziehungen untereinander nahmen die Heranwachsenden wechselnde Konstellationen ein, die gelegentlich geschlechtsspezifische, in anderen Situationen auch ethnische, nationale oder auf die Religion bezogene Cluster erkennen ließen, häufig jedoch auch vollkommen quer zu derartigen Kategorien lagen. Für einen Aufschluss über die relationalen Bedeutungen der wechselnden Solidarisierungsmuster boten sich unter den Gruppenkonstellationen solche an, die große Varianz in den Praktiken zeigten. Die Mitglieder dreier Gruppen von befreundeten Schülerinnen und Schülern befragte ich gemeinsam und einzeln zu ihrem situativen Erleben von Zugehörigkeiten, sozialer Nähe und Distanz sowie ihren daraus abgeleiteten biographischen Entwürfen. Der Versuch, die Beziehungen mit diesen jungen Leuten über den Zeitraum der stationären Forschung hinaus aufrecht zu erhalten, um die Untersuchung in Langzeitperspektive fortzusetzen, gelang indes nur zum Teil. Zu einigen riss der Kontakt zwischen 1998 und 2001 ab.

Die Gründe dafür, dass einige Kontakte nach Beendigung meines Aufenthalts vor Ort abbrachen, sind mir nicht in jedem einzelnen Fall bekannt. Grundsätzlich zeigt sich hier ein methodisches sowie ein in Verbindung ste-

---

chungsfeldes machten mir das *getting on* also unerwartet leicht, und es wäre prätentiös, meine dortige Integration eigens als Passageritus zu thematisieren bzw. als solchen zu stilisieren.

14 Der Begriff der Parallel-Kerngruppen bezieht sich darauf, wie die Kurse des leistungsdifferenzierten Unterrichts gebildet wurden. Es handelte sich bei der Schule um eine Integrierte Gesamtschule, bei der die SchülerInnen jeweils einer Tutoren- oder sogenannten Kerngruppe angehörten und in diesem quasi Klassenverband den Teil des Unterrichts gemeinsam erhielten, der nicht leistungsdifferenziert wurde. Das war z.B. im Fach Weltkunde mit den drei Komponenten Geschichte, Erdkunde und Sozialkunde der Fall. Für Fächer des Wahlpflichtunterrichts und einige der nach Leistung differenziert unterrichteten Fächer (wie Mathematik oder Englisch) wurden Gruppen nach Leistungsniveau gebildet, die sich aus den SchülerInnen mehrerer, paralleler Kerngruppen zusammensetzten. Wegen des insgesamt eher niedrigen Leistungsniveaus waren die aus verschiedenen Kerngruppen gemischten Kurse meist solche mit höherem Anforderungsprofil, für die sich in einzelnen Kerngruppen nicht genügend SchülerInnen qualifizierten, um einen eigenen Kurs zu etablieren.

hendes ethisches Problem der ethnologischen Forschungspraxis: Um Einsichten der Art zu gewinnen, die den qualitativen Mehrwert ethnologischer Arbeiten ausmacht, genügt es ja nicht, sich mit einem bestimmten Erkenntnisinteresse, Hypothese und Interviewleitfaden in ein „Feld" zu begeben und dessen Akteure gezielt danach zu befragen. Es müssen Beziehungen aufgebaut werden, die sich bekanntlich weder erzwingen noch mit einheitlicher Intensität und Güte verwirklichen lassen. Menschen legen ihre persönlichen Stile, Eigenarten und Präferenzen schließlich auch dann nicht ab, wenn sie sich als Forschende und ‚Beforschte' gegenübertreten. Selektierende Faktoren wie Sympathie und Abneigung lassen auch im Forschungsprozess verschiedenartige Beziehungen und Vertrauensverhältnisse entstehen, so dass der Zugang zu sozialen Räumen immer spezifischen Auswahlmomenten und Filterungen unterliegt. Zu den ethischen Folgeproblemen zählt, dass besonders gut ‚funktionierende' Beziehungen die reflektierende Distanzierung der Forschenden erschweren können; aber auch, dass solche Vertrauensverhältnisse, die besonders intime Einsichten in das Untersuchungsfeld erlauben, letztlich eine Art Verrat erfahren, indem das, was *face-to-face* einer bestimmten Person des Vertrauens preisgegeben wurde, anschließend einer breiten Öffentlichkeit bekannt gemacht wird.

Von solchen Faktoren der Beziehungsqualität einmal abgesehen, unterliegt der Verlauf eines Forschungsvorhabens auch Zufällen. So gab es einige der bedauerlichen Trennungen in den Forschungsbeziehungen zu jungen Frauen aus konservativen muslimischen Elternhäusern, die es nach Ende ihrer Schulzeit nach und nach vorzogen, den Kontakt zu beenden, obwohl ein gutes persönliches Verhältnis zwischen uns entstanden war. Es ist nicht unwahrscheinlich, dass mein Kontakt zu einer gesamten Gruppe dieser jungen Frauen aufrechterhalten geblieben wäre, wenn nicht zufällig der Vater derjenigen arbeitslos gewesen wäre, die wegen ihrer starken Persönlichkeit eine Art Vorbild und Wortführerin unter den Freundinnen war. Hätte sie sich nach Ende der Schulzeit darüber hinweggesetzt, dass ihr Vater den Umgang mit mir nicht gut hieß, wären vermutlich auch ihre etwas schüchterneren Freundinnen weiterhin zu den vereinbarten Treffen erschienen. Zwei dieser jungen Frauen gestanden offen, dass es gegen den Willlen ihrer Eltern, respektive den ihrer Väter sei, wenn sie sich mit mir zu Gesprächen trafen. Dass ich mit 30 Jahren noch unverheiratet und kinderlos war, machte mich in den Augen dieser Männer suspekt. Ich galt als schlechter Umgang für ihre Töchter. Ausschlaggebend dafür, dass diese sich nach Abschluss der Schule über die väterlichen Direktiven zu meiner Person nicht hinwegsetzten – was sie in anderer Hinsicht durchaus taten – war ein Kosten-Nutzen-Kalkül: Mit jeder Überschreitung einer weiteren Grenze würde ihnen innerfamiliär „noch weniger vertraut". Was für ein Gewinn stünde dem auch durch die Teilnahme an Interviews und Diskussionsrunden zu meinen Forschungszwecken gegenüber? In dieser Abwägung sparten die Betreffenden sich Akte der demonstrativen Selbstbestimmung für Anliegen, die ihnen – und zu Recht – mehr wert waren.

Im Rahmen des Schulbesuchs war es noch leicht gefallen, von den Eltern unerwünschte Kontakte zu pflegen, z.B. in den Freistunden. Ich hatte die Eltern der minderjährigen SchülerInnen zu Beginn meiner Feldforschung 1996 in einem Rundbrief sowie bei einem Elternabend auf meine Präsenz aufmerksam gemacht: Ich sei für eine Untersuchung des schulischen Alltags ein gutes Dreivierteljahr an der Schule und auch in Teilen des Unterrichts ihrer Kinder zugegen und würde – freiwillige Kooperation vorausgesetzt – gerne auch Interviews und Diskussionen mit ihren Kindern zu deren schulischen Erfahrungen durchführen. Zwei Mädchen türkischer Herkunft aus der damals 9. Jahrgangsstufe, Fadime und Leyla, beide Kopftuchträgerinnen, teilten mir dazu mit, ihre Väter hätten ihnen den Umgang mit mir verboten. Das sei ihnen aber egal, denn so eine Bevormundung gehe einfach zu weit. Sie würden durchaus gern mit mir sprechen wollen. Mit dieser Einstellung motivierten die beiden auch andere Mädchen, die zunächst zurückhaltend gewesen waren, mich an ihren Eindrücken und Erfahrungen teilhaben zu lassen. Dass ich Fadime und Leyla trotz ihrer selbstbewussten Haltung später nicht mehr zu Verabredungen bewegen konnte bzw. sie diese teils nicht einhielten, deutet zum Einen darauf hin, dass sie sich nach Beendigung der Schule erhöhter sozialer Kontrolle ausgesetzt sahen. Zum Anderen war es ihnen verständlicherweise wichtiger, die innerfamiliären Beziehungen nicht unnötig zu belasten und sich ihre Energie für das Durchsetzen wesentlicher Freiräume vorzubehalten. Fadime erzählte mir in einem Telefonat, sie habe eine so aufreibende Zeit mit ihrem Vater hinter sich, weil der sich gegen ihren Wunsch nach einer Berufsausbildung zur Arzthelferin gesperrt hatte. Sie hatte ihren Willen in anstrengenden Auseinandersetzungen durchgesetzt und machte in der Praxis eines türkischen Arztes im Kiez ihre Ausbildung. Da sie nun kaum über zeitliche und territoriale Freiräume verfügte, wie der Schulbesuch sie geboten hatte, wäre ein längeres Treffen mit mir ihrem Vater sofort aufgefallen und hätte erneut Unmut erregt. Nach einigen Telefongesprächen gab Fadime mir zu verstehen, dass ihr allmählich auch das Telefonieren in der Wohnung zu riskant werde, denn ihr Vater, auf Grund seiner Erwerbslosigkeit sehr viel daheim, sei bereits misstrauisch geworden, sie könnte einen Freund haben und das verheimlichen. Sie nahm an, er würde ihr den Zugang zum Telefon erschweren oder sie an der Fortführung ihrer Ausbildung hindern, wenn er feststellte, dass sie sich hinter seinem Rücken mit mir treffe. Das sei zwar „total albern" und tue ihr sehr Leid, aber sie sei so froh, dass der Ärger wegen der Berufsausbildung gerade beigelegt sei.

Lediglich bei einer der insgesamt drei näher fokussierten Gruppen gelang es mir, mit *allen* dazugehörigen Personen den Kontakt über den gesamten Zeitraum bis 2001 aufrecht zu erhalten und sie wiederholt zu Interviews zu treffen. Im Fall der anderen beiden Gruppen kam es nur noch zu Begegnungen mit Einzelnen. Die Kontinuität, die sozusagen den Gesprächsfaden über die Jahre nicht abreißen ließ, war ein Grund für die Auswahl der im folgenden vorrangig berücksichtigten Fallstudien: Mit allen sechs (sowie sieben weiteren ehemaligen Schülerinnen und Schülern) fanden zwischen 1998 und 2001 mehrfach biographische und episodale Interviews statt, die ich in Anlehnung an narrationsanalytische Verfahren (Schütze 1983) ausgewertet habe.

Aussagewert der Studie

Die Summe der Interviews und Gespräche ergab, dass es trotz der erwartbaren biographischen Spezifika und der besonders seit Beendigung der Schule zunehmenden Individualisierung der lebensweltlichen Erfahrungsräume sowie der daraus abgeleiteten Lebensentwürfe auch wiederkehrende Muster in der Wahrnehmung und Deutung von bestimmten Themen und Problemen gab, die für die weitere biographische Orientierung Relevanz besaßen. Dabei ging es um Dinge, die mit der gesellschaftlichen Position meiner GesprächspartnerInnen als „Ausländer/in" und mit der Migrationslagerung der Familien in Verbindung gebracht wurden. Im Hinblick auf diese quer liegende Schnittmenge an Narrationen stellen die im Folgenden bevorzugt herangezogenen sechs Fallstudien verschiedenartige Formen der individuellen Bearbeitung vor, von denen Einiges in ähnlicher Weise auch in den Erzählungen weiterer Gesprächspartner auftauchte. Den im Folgenden vorgestellten Befunden kann daher eine über den Einzelfall hinausgehende *indikative* Bedeutung beigemessen werden; repräsentativ können subjektive Verarbeitungsprozesse lebensweltlicher Erfahrungen gleichwohl nicht sein.

Was die wissenschaftliche Einordnung und Bewertung subjektiver Konstruktionsleistungen anbelangt, hat Sven Sauter in seiner Studie über „Frankfurter Türken" die Position vertreten, es gebe „in diesem komplexen und vielschichtigen Prozess [der biographischen Entwicklung] keine Idealtypen, nur verschiedene Arten, damit zu leben, und verschiedene Möglichkeiten, dies durchzuspielen" (Sauter 2000: 20). Dass es *Ideal*typen in der Realität nicht gibt, ist im Grunde tautologisch. Dennoch lohnt eine Klarstellung über Wert und Status von typisierenden Aufbereitungen empirischer Ergebnisse: Die Spannung der lebensgeschichtlichen Entwicklung entfaltet sich zwischen individuell autonomer und objektiviert darstellbarer sozialer Praxis. Schon allein wegen dieser immanenten Dynamik kann es allgemeine Typen nicht „geben"; Fluides lässt sich nur bedingt fixieren. Verstanden als heuristische Instrumente sind Typisierungen dennoch nützlich, denn sie erleichtern das wissenschaftliche Anliegen, die soziale Wirklichkeit begrifflich zu ordnen. Zu bedenken ist dabei einerseits, dass es sich bei der Typisierung um ein rein forschungspragmatisches Vorgehen handelt, andererseits dass die Konzeption von Typen weder stereotype ‚Muster' impliziert noch der definitiven Klassifikation dienen sollte. Indem ich etwa eine meiner Berliner Gesprächspartnerinnen dadurch charakterisiere, dass ihr Leben als junge Erwachsene davon motiviert sei, ihren widersprüchlichen Drang nach „Freiheit und Harmonie" in Balance zu halten, unterstelle ich weder, dass Andere unter strukturell vergleichbaren Lebensumständen gleichartige Entwicklungen zeigen würden und Helenas Entwurf insofern ‚mustergültig' sei, noch dass sie für den Rest ihres Lebens mit dieser Spannung zu ringen habe. Vielmehr geht es darum, einzelbiographische Interpretations- und Konstruktionsleistungen auf einen Slogan zu bringen, der eine Kontrastierung mit den Deutungen und Handlungskonzepten Anderer möglich macht.

„Der Idealtypus [...] muß dem Forschungsprozeß dienlich sein, indem er etwa interessante Probleme aufzeigt. [...] Diese [...] idealtypischen Denkgebilde besitzen den Vorteil, leichter in einer klaren und verständlichen begrifflichen Form faßbar zu sein, während die reale [...] Mannigfaltigkeit sich nur schwer festen Begriffen beugt." (Kuchenbrod 1999: o. S.)

Typisierungen sind also gerade deshalb von Nutzen, *weil* sie die komplexe Realität gewissermaßen karikieren und durch Verkürzung einen problembezogenen Vergleich individueller Lebensverläufe ermöglichen. Dabei können sie immer nur einen Teil der ‚Wahrheit' in seiner Tendenz und auch den nur aus einer spezifischen Beobachtungswarte repräsentieren.

Die Sichtweisen und Entwicklungswege, die meine Arbeit vorstellt, sind demnach weder mit einem Anspruch auf Vollständigkeit verbunden noch entsprechen sie den epistemologischen Glaubenssätzen der Objektivität und Reliabilität, an denen sich die quantitative Sozialforschung ausrichtet. Anders als erkenntnis-realistische Vertreter, die quantitative Standardkriterien auch in der qualitativen Forschung als Instrumente einer objektivierenden Auswertungsprozedur berücksichtigt sehen wollen (beispielsweise Oevermann 1993), folge ich hierin den Argumentationen Garfinkels (1967), Shotters (1990) und Denzins (1990), wonach die Kriterien der Reliabilität und Validität mit dem Theorem der sozialen Konstruiertheit der Welt aus prinzipiellen epistemologischen Gründen nicht zusammengehen (vgl. Steinke 2003: 319 ff.). Im herkömmlichen Sinne, d.h. durch Reproduzierbarkeit überprüfbar, sind die Ergebnisse dieser Forschung schon deshalb nicht, weil die Interviewsituationen selbst sozial und zeitlich kontextualisierte Interaktionen darstellen, mithin weder standardisiert noch unter anderen Umständen so wiederholbar sind (vgl. Fabian 1983: 30 ff.).

Welchen Aussagewert können solche Daten denn dann besitzen, wenn sie weder repräsentativ noch dem gewohnten Verständnis nach reliabel sind? Die Antwort ist im Erkenntnisprinzip der qualitativen Forschung bereits angelegt, das weniger im Erklären als im Verstehen besteht, genauer im „methodisch kontrollierten Fremdverstehen", wie die Arbeitsgruppe Bielefelder Soziologen schon 1976 formulierte. Welche Interpretationen sich in einem sozialen Feld ausbilden und behaupten, hängt mit davon ab, was sich aus Sicht individuell lebensweltlicher Erfahrungen als plausibel und zweckmäßig darstellt. Weil die Erosion traditionaler Verbindlichkeiten in der zunehmend „individualisierten Gesellschaft" (Beck 1986: 217; Beck/Beck-Gernsheim 1994) die Anforderungen an die Einzelnen steigen lässt, den Bedeutungsgehalt disparater sozialer Erfahrungen für die eigene Lebensführung selbst zu bestimmen, büßen Erhebungsverfahren wie die Meinungsumfrage gegenüber den qualitativen hermeneutischen Verfahren an Aussagewert ein, während die Analyse von Selbstkonzepten und das Verstehen ihrer jeweiligen Entstehungsrationalitäten an Relevanz gewinnen (vgl. Heitmeyer 1992; Voss 1984: 480 f.).

Methodisches Ziel der hermeneutisch orientierten Forschung ist infolgedessen, das soziale Geschehen, aus dem subjektiv handlungsrelevante Sinngebungen hervorgegangen sind, im Untersuchungsprozess zu identifizieren und es in der Dokumentation möglichst nachvollziehbar zu machen. Dieses Ziel verfolgt auch die vorliegende Arbeit. Obwohl es also bei den Positionierungen, die ich in den folgenden Kapiteln rekonstruiere, nicht um verallgemeinerbare ‚Muster' geht, besitzen die verschiedenen Möglichkeiten, sich zu einer strukturell vergleichbaren Lebenssituation zu verhalten, einen exemplarischen Aussagewert: Sie belegen die Existenz eines vielschichtigen Spektrums an konzeptionellen Interpretations- und Handlungsmöglichkeiten, das als solches signifikant ist, weil es den Spielraum der individuellen Praxis in konkreten Lebenszusammenhängen ausleuchtet und „einer unangemessenen Komplexitätsreduktion im Umgang mit Folgen der Migration entgegenzuwirken" geeignet ist (Badawia/Hamburger/Hummrich 2003: 9). Im Kontext dieses Möglichkeitsspektrums werden parallele Formen der Realitätsverarbeitung und sozialen Sinngebung umso erklärungsbedürftiger. Ich will das kurz illustrieren:

Als aufschlussreich erwiesen sich im langzeitigen Forschungsprozess Rückblicke, in denen meine Interviewpartner/innen ihr Erleben der schulischen Sphäre mit den anschließend gemachten Erfahrungen anderer Bereiche und Kreise der Gesellschaft kontrastierten und ihre disparaten Erzählstränge sich wechselseitig kommentierten. In gezielter Sekundärsichtung zeigte sich dabei, dass die Einschätzungen der schulischen Erlebnisse aus der zeitlichen Distanz und vor dem Hintergrund gewachsener Lebenserfahrung zu bemerkenswert anderen Urteilen, z.B. über „gute" und „schlechte" Lehrer und Lehrerinnen führen konnte. Was zur Zeit des Schulbesuchs weitgehend Konsens in der Gruppe gewesen war, wurde später in Teilen relativiert. Die in der außerschulischen gesellschaftlichen Praxis weiter entwickelten Bewertungsmaßstäbe ließen Umdeutungen des früher Erlebten zu und stellten bestimmte Unterrichtssituationen oder ihre Akteure im Nachhinein in ein neues Licht. Neben solchen – wohl noch am ehesten erwartbaren – Momenten wie der nachträglichen Idealisierung der Schulzeit als Teil unbeschwerter Jugend und dem romantischen Bedauern, die eine oder andere Chance nicht als solche wahrgenommen zu haben, wurden eine Reihe von Umständen und Personen im Rückblick deutlich kritischer bewertet. Ein Lehrer, der zu Zeiten des Schulbesuchs bei all meinen Gesprächspartnerinnen wegen seines zwanglosen Stils sehr beliebt gewesen war, wurde im Nachhinein von mehreren der jungen Frauen genau dafür kritisiert: Seiner Verantwortung, ihnen eine gute Ausbildung und deren Wert für die künftige Teilhabe am Erwerbsleben zu vermitteln, sei er letztlich nicht gerecht geworden, indem er die Unterrichtsstunden mit ihnen verplaudert habe. Manche dieser revidierten Einschätzungen standen in erkennbarem Zusammenhang mit aktuellen biographischen Themen, z.B. mit Konflikten im Ausbildungsbetrieb oder mit der Frustration, nicht im Wunschberuf tätig zu sein. Insofern zeigte sich, dass die fortschreitende soziale Erfahrung, das je aktuelle und/oder fortgesetzte Erleben von Erfolg oder Misserfolg, sich im biographischen Rückblick und bei dessen Bewertungen niederschlägt. Die biographische Erzählung kann folglich nicht als ein abrufbereites Set beliebig wiederholbarer Äußerungen zu ein- für allemal bewerten Erlebnissen begriffen werden, sondern ist selbst Gegenstand von fortgesetzten Rekonstruktionen und Reinterpretationen.

Aussagekräftig sind solche Äußerungen dennoch. Erstens geben sie gerade in ihrer Situationsabhängigkeit für den jeweiligen Moment zu erkennen, wie lebensweltliche Erfahrung und die Konstitution von Sinn in einem *praktisch* vermittelten Zusammenhang stehen. Zweitens weisen Phänomene wie die entweder von ein- und derselben Person im Abstand von vier Jahren nahezu wortgleich wiederholte Einschätzung oder unabhängig voneinander gemachte Äußerungen verschiedener Personen in ihrer Parallelität auf kognitive Techniken der Kontingenzbewältigung hin: Obwohl oder gerade weil alles in Fluss ist, werden von den Einzelnen ‚Feststellungen' vorgenommen. Zu Irritationen und daran anschließende genauere Betrachtungen solcher ‚Feststellungen' käme es nicht, wenn die Wiederholbarkeit von einmal getroffenen Urteilen oder eine gleichförmige Wirkung struktureller Variablen als Standards der „sozialen Tatsachen" erwartet würden. Dem Forschungsprozess blieben Schlüsselmomente vorenthalten.

Unter den frappierenden Auffälligkeiten war beispielsweise, dass kritische Kommentare zu eigenen Benachteiligungen zu Schulzeiten stets, prompt und nahezu stereotyp als individuell gelagerte Probleme formuliert wurden. Momente der spezifischen Benachteiligung von Jugendlichen ausländischer Herkunft, wie sie einschlägige pädagogische Diskussionen durchziehen, z.B. zu den institutionellen Faktoren, die sich auf die schulischen Karrieren von Kindern aus Migrantenfamilien in Deutschland insgesamt nachgewiesenermaßen negativ auswirken, waren aus Sicht meiner GesprächspartnerInnen nicht der Rede wert und blieben aus ihren Problemerörterungen weitgehend ausgeklammert, als sie noch SchülerInnen waren. Diese Leerstelle ist insofern bemerkenswert, als der deutsche Expertendiskurs, der sich von der ehemaligen Ausländerpädagogik der 1970er zur Interkulturellen Pädagogik fort entwickelt hat,[15] trotz aller Divergenz bei den angenommenen Kausalzusammenhängen

---

15 Vgl. das Kapitel zu konzeptionellen Grundlagen. Die Defizit orientierte Ausländerpädagogik bestimmte im Wesentlichen den Fachdiskurs der 1970er und 1980er Jahre (vgl. Boos-Nünning/Hohmann/Reich 1976; Schrader/Nikles/Griese 1979; Mertens 1980). Sie ließ sich überwiegend davon leiten, dass die Kinder der ehemaligen „Gastarbeiter" als Mitglieder fremdkultureller Gruppen Orientierungsprobleme gewärtigen und spezieller Unterstützung bedürften. Obgleich die kulturalistischen Implikationen von gut gemeinter Ausländerpädagogik und Multikulturalismus seit Ende der 1980er grundlegende Kritik erfahren haben (vgl. Bukow/Llaroya 1988; Leggewie 1989; Prengel 1993; Radtke 1995 und 1996; Bukow 1996; Bommes 1996), ist die Deutungsroutine, Kinder und Jugendliche aus (bestimmten) Immigrantenfamilien als Vertreter einer problematisch differenten Kultur zu sehen, weiterhin wirkungsmächtig. Das zeigen auch manche

und den daraus abgeleiteten Besserungsvorschlägen in der Diagnose einer systemischen Benachteiligung schon seit langem übereinstimmt. Dieser Befund wurde auch in die weitere Öffentlichkeit getragen und hätte so mit einiger Berechtigung als Erklärung herangezogen werden können, um frustrierende Bildungs-Erfahrungen überindividuell einzuordnen.

Eine naheliegende Erklärung für das Fehlen selbstviktimisierender Äußerungen ist der Wunsch, nicht als Teil eines diskriminierten Kollektivs wahrgenommen werden zu wollen, sondern sich gegen die „strukturell herangetragene Minderwertigkeit und Zwangszuweisung zur ‚Gastarbeiterkategorie' [...] zu wehren" (Badawia/Hamburger/Hummrich 2003: 9). Das durchgängige Zurückweisen selbstviktimisierender Erklärungen für Misserfolge wich nach dem Verlassen der Schule einem Ernüchterungsprozess, doch auch selbst in einem stärkeren Maße Diskriminierung zu erleben als antizipiert worden war. Eine parallele Deutung dieser verstärkten Konfrontation lautete, es seien die Ostdeutschen, die das ehedem friedliche Zusammenleben desavouiert hätten. Eine weitere Auffälligkeit war, dass als ein rückblickend induziertes Relevanzmoment das „multikulturelle" *peer*-Milieu die herausragende, Persönlichkeit und eigene Perspektiven prägende Besonderheit der Schulzeit bildete. Alle werteten übereinstimmend die (speziell gegenüber dem Berufsalltag) andere zeitliche Struktur des SchülerInnenlebens und die (auch gegenüber dem studentischen Leben noch) hohe soziale Intensität einer fast ständigen, täglichen Interaktion mit Gleichaltrigen vielfältiger Herkünfte als zentrale Erfahrung der Schulzeit und als eine Gelegenheitsstruktur der Verständigung, die seither fehlte. Ob diese Einschätzung repräsentativ für die gesamte ehemalige Schülerschaft der untersuchten Berliner Schule oder für diejenigen unter ihnen ist, die aus Einwandererfamilien stammen, ist unerheblich. Der Aussagewert solcher übereinstimmenden Bewertungen liegt darin, dass sie parallele Verarbeitungen der erfahrenen Wirklichkeit symbolisieren und damit auf überindividuell wirkende soziale Konfigurationen und Aneignungsformen verweisen.

Geschlechtsspezifische Momente

Bevor ich die Einzelnen, die in den weiteren Kapiteln vor allem Berücksichtigung finden, kurz porträtiere, bleiben noch einige Anmerkungen zum *gender*-Aspekt zu machen, der forschungssystematisch die Aussagekraft der Arbeit spezifiziert. Dass die Fallstudien, die am Ende hier vorgestellt würden, fünf junge Frauen und einen jungen Mann versammeln, ergab sich im Laufe des Forschungsprozesses, ohne dass dieser von Beginn an auf eine *gender*-spezi-

---

Publikationen zur Interkulturellen Pädagogik noch, in denen Differenz von nationalen oder religiösen Kollektiven paradigmatisch vorausgesetzt werden (vgl. Bründel/Hurrelmann 1995; Gemende et al. 1999; kritisch dazu Czock 1993). Auch im deutschen Schulbuchdiskurs ist das kulturalistische Theorem weiterhin präsent (vgl. Höhne/Kunz/Radtke 1999 und 2000; Höhne 2000; Mannitz/Schiffauer 2002).

fische Frage des *coming of age* abhob. Als weibliche Forscherin fand ich Zugang zu weiblichen und männlichen Heranwachsenden, wobei die Begegnungen zweifellos unterschiedlichen Rollenerwartungen und -zuweisungen unterlagen. Bei einer Reihe von Mädchen in der Berliner Schule, die Ort meiner stationären Forschung war, weckte es großes Interesse, eine Frau aus einem hoch qualifizierten Berufsfeld kennenzulernen. Das ermutige sie, vielleicht auch selbst ein Hochschulstudium in Betracht zu ziehen, sagten manche. Viele der Schülerinnen schienen mich als eine Art ältere Schwester wahrzunehmen, mit der sie sich über persönliche Probleme und über teils recht intime Fragen austauschen konnten. In der nachschulischen Forschungsphase entwickelte sich das Verhältnis mit einigen dieser jüngeren Frauen zu einem eher freundschaftlichen, bei dem zwar die Altersdifferenz weiterhin präsent war, aber in den Hintergrund trat, und die Begegnungen – abgesehen von einem vielfach mitlaufenden Aufnahmegerät – informellen, eher privaten Charakter hatten.

Die Beziehungen zu den männlichen Heranwachsenden nahmen hingegen entweder die deutlich sachlichere Form an, dass sie mich in der professionellen Rolle der Wissenschaftlerin adressierten, der sie zwar bereitwillig Auskunft gaben, sich und die Themen unserer Gespräche dabei aber auch erkennbar kontrollierten; oder die deutlich unsachlichere der unterschwelligen Flirtbeziehung zu einer zwar schon älteren, aber offenbar noch hinreichend jungen Frau,[16] um für sexualisierte Wort- und Gedankenspiele oder Inszenierungen geeignet zu sein. Auch als meine Präsenz und meine Rolle als Feldforscherin an der Schule schon allgemein bekannt waren, genossen es einige der männlichen Jugendlichen sichtlich, wenn mein Pausengespräch mit ihnen Anderen Anlass zu schlüpfrigen Bemerkungen gab. Anspielungen auf die Möglichkeit einer sexuellen Beziehung zu einer erwachsenen Frau schienen den männlichen Adoleszenten ein schmeichelhaftes Symbol ihres eigenen Erwachsenwerdens zu sein.

Die verschiedenartigen Qualitäten dieser Rollenverteilungen nahmen selbstverständlich Einfluss darauf, was mir mit welcher Motivation erzählt oder auch vorenthalten wurde. Im Verständnis erkenntnis-positivistischer Ansätze gelten derartige Dynamiken der Projektion, Selbstinszenierung und Ge-

---

16 Diese Einschätzung mag weniger plausibel als eitel klingen, denn zur Zeit der Feldforschung war ich 30 Jahre alt und damit älter als manche der Mütter von Jugendlichen, mit denen ich zu tun hatte. Im Kontext der Schule erschien ich dennoch als relativ junge Frau: Das Lehrerkollegium war auf Grund des jahrelangen Einstellungs-Stopps im Land Berlin verhältnismäßig alt. Auch die Jüngsten im Team waren mit Ende 40 noch knapp zwanzig Jahre älter als ich, und die wechselseitigen Wahrnehmungen entsprachen dieser Situation: Der Schulleiter begrüßte mich zu mehr als einem größeren Anlass etwas verzögert mit der entschuldigenden Bemerkung, dass er mich nicht sofort gesehen habe, weil unbewusst für eine Schülerin gehalten habe. Auch manche der älteren Schülerinnen und Schüler sprachen mich auf dem Pausenhof zunächst als neue Mitschülerin an. Mit der Zuweisung von zwei Referendarinnen an die Schule im Jahr nach meinem Forschungsaufenthalt traten dort nach Jahren erstmals auch wieder jüngere Lehrpersonen ihren Dienst an.

genübertragung¹⁷ als limitierende Faktoren. Sie sind indes eine unvermeidliche Komponente jeder menschlichen Begegnung, die als Teil der Forschungssituation mitgedacht werden sollte, statt sie programmatisch zu leugnen und hinter hermetischen Ergebnisberichten zu verbergen (vgl. Goffman 1969 und 1983): Das soziale Feld, in das ich mich begeben habe, hätte ein Mann aus anderen Blickwinkeln wahrgenommen; nicht wegen irgendwelcher biologisch determinierter Differenzen der Wahrnehmungsfähigkeit, sondern wegen der geschlechtsspezifisch zugeschnittenen Rollenkonzepte, die unsere sozialen Interaktionen konditionieren. Das Vertrauen, sich auch über sehr private, prekäre Themen zu verständigen, das Mädchen und junge Frauen mir entgegenbrachten, wäre einem männlichen Kollegen höchst wahrscheinlich nicht in dem Maße gezeigt worden. Die Verständigung über solche Themen wäre dann möglicherweise auf eine abstraktere Weise erfolgt. Umgekehrt wären auch die männlichen Heranwachsenden einem gleichgeschlechtlichen Gesprächspartner anders gegenübergetreten als mir und hätten dabei möglicherweise mehr oder auch andere Aspekte ihrer sozialen Erfahrungen offenbart.

Mein privilegierter Zugang zu den weiblichen Kreisen stellte eine gewisse Verpflichtung dar, die noch immer mehrheitlich androzentrierte Adoleszenzforschung um Perspektiven weiblicher Subjektivität zu ergänzen, deren Spezifika überhaupt erst seit Mitte der 1980er diskutiert werden, und die doch weiterhin blinde Flecken in der jugendkulturellen Forschung darstellen (vgl. Ostner 1986; Tillmann 1992: 7 f.; King 2002: 224 ff.). Dabei machen schon die mittlerweile vorliegenden Arbeiten, die sich geschlechterdifferenziert mit Fragen der adoleszenten Entwicklung befassen, eine größere Komplexität in Rollenerwartungen und Optionen sichtbar als durch die vorherige Dominanz von Untersuchungen bei Jungen Gegenstand der Debatte war.¹⁸ So zeigte sich in

---

17 Die Ethnopsychoanalyse macht diese Dimension der Untersuchung fruchtbar, indem sie die unbewussten Aspekte der Forschungsrolle und -begegnung in den auswertenden Reflexionsprozess integriert. Nach ethnopsychoanalytischem Verständnis dienen Objektivierungsversuche vor allem dazu, die Angst des Forschers vor der Verstrickung in die Gegenübertragung zu unterdrücken (vgl. z.B. Lorenzer 1986; Erdheim/Nadig 1983; Devereux 1985; Reichmayr 1995).

18 Damit ist keineswegs ausgeschlossen, dass Jungen ebenfalls in Prozesse involviert sein können, bei denen die Optionen der Konformität/Devianz im Hinblick auf die Geschlechtsidentität in Spannung zu anderen Erwartungen, Wünschen und biographischen Projektionen liegen. Der zu erwartende Erkenntniszuwachs durch geschlechtersensitive Forschung muss nicht heißen, dass die weiteren Optionen nur Mädchen betreffen, sondern kann durchaus Defizite der etablierten androzentrischen Jugendforschung anzeigen, die Fragen nach der Geschlechterrollen-Reproduktion nicht auch an Jungen in der Weise gerichtet hat, wie es bei der Untersuchung weiblicher Adoleszenz üblich ist. Andererseits gibt es auch Befunde dahin gehend, dass männliche Jugendliche und junge Männer den Komplex der lebenszeitlichen Vermittlung von Familie und Beruf nicht als Teil ihrer männlichen Lebensplanung problematisieren, sondern es praktisch an den gleichaltrigen Mädchen und jungen Frauen ist, sich mit diesem Thema zusätzlich zu den für alle in gleicher Weise relevanten Entscheidungsfragen der Qualifizierung

in Griffins (1985) heranwachsende Mädchen fokussierender Parallelstudie zu Paul Willis' Arbeit über männliche Biographie-Entscheidungen im englischen Arbeitermilieu (1981), dass bei weiblichen Heranwachsenden „die Achse Konformität/Abweichung nicht wie bei den Jungen vor allem in der Frage begründet [ist], ob der durch die Schule vorgegebene Normalweg akzeptiert wird oder nicht, sondern [...] überlagert [ist] durch die Frage nach Konformität/Devianz im Hinblick auf die Geschlechtsidentität und die Spezifik eines weiblichen Lebensentwurfs" (Fuchs-Heinritz 1990: 67).

Hinzu kommt bei weiblichen Heranwachsenden ausländischer Herkunft, dass sie mit dem kategorialen Topos der kulturellen Fremdheit in anderer, oftmals in radikalerer und dichterer Weise konfrontiert sind als vergleichbare männliche Adoleszenten; darauf habe ich im vorangegangenen Kapitel hingewiesen: In Prozessen synchroner Ethnisierung und Vergeschlechtlichung werden Mädchen und Frauen häufig in doppelter Weise mittels negativer Differenzkonzepte, also als Abweichungen von der Norm konstruiert (vgl. Griffin 1988; Ortner/Whitehead 1981; Nadig 1986; Müller 1989; Davis-Sulikowski et al. 2001; Rommelspacher 1995; Lamphere et al. 1997; Yuval-Davis 1997; Gutiérrez-Rodriguez 1999). Daher verspricht eine Auseinandersetzung mit den Erfahrungsbeständen weiblicher Adoleszenz und den daraus abgeleiteten Lebensentwürfen einen potenziell komplexeren Fremdheitsdiskurs in seiner praktischen Wirkung offenzulegen.

Um entweder einen allgemeineren Stellenwert der von den Mädchen und jungen Frauen vorgebrachten Einschätzungen oder auch ihre geschlechtsspezifische Bedeutung deutlicher zu machen, wird das Bild an geeigneten Stellen mit den Äußerungen einer männlichen Kontrastperson komplementiert. Meine Beziehung zu dem Jungen bzw. jungen Mann der sechsten Fallstudie war von Anfang an außergewöhnlich. Er war unter den Ersten, die im schulischen *setting* von sich aus die Initiative entwickelten, mich einzubeziehen, und das mit einer besonderen Verbindlichkeit. Im Unterschied zu den meisten anderen männlichen Jugendlichen im Feld brachte er mir gegenüber häufig Themen zur Sprache, die ihn emotional beschäftigten. Obwohl er sein „cooles" Auftreten unter den Gleichaltrigen mit ausgeprägtem Imagebewusstsein inszenierte und auch zu denen zählte, die in der *peer*-Öffentlichkeit latent mit ihrer Nähe zu mir kokettierten, zog er mich regelmäßig und mit verblüffender Offenheit über häusliche Probleme oder Beziehungen zu jungen Frauen ins Vertrauen. Einen so weit gehenden Einblick gewährten mir ansonsten nur die Mädchen und jungen Frauen. Ohne dass ein derartiger Zugang sich absichtsvoll hätte herbeiführen lassen, verdanke ich ihm die Möglichkeit, geschlechtsspezifische Erfahrungen der Heranwachsenden zumindest teilweise als solche zu konturieren und von quer liegenden Gemeinsamkeiten zu unterscheiden, die etwa

---

und künftigen Berufstätigkeit auseinanderzusetzen. Insofern nimmt die „kompliziertere Jugendsituation der Mädchen" (Fuchs-Heinritz 1990: 66) das Problem der Mehrfachbelastung vorweg, vor das sich das Gros der Frauen, aber bislang kaum ein nennenswerter Anteil der Männer gestellt sieht, wenn neben die Berufstätigkeit die Familienaufgabe tritt, Kinder zu betreuen und zu versorgen.

alle als Töchter oder Söhne von Immigranten teilten, als Jugendliche mit ausländischer Staatsangehörigkeit oder auch ganz allgemein als junge Leute aus (West-)Berlin.

Kurzporträts

Das empirische Material wird in den folgenden Kapiteln nicht nach einem strengen Muster von biographischen Einzelfallstudien vorgestellt, sondern die Struktur der Darstellung folgt den Strängen der Diskursordnung, die ich in dem untersuchten Feld ausgemacht habe. Im dritten Kapitel sind es die Differenz-Narrative, die im schulischen Feld artikuliert wurden und hier als sozialisierender Kontext rekonstruiert werden, sowie diesbezügliche Stellungnahmen der fokussierten Personen. Das daran anschließende vierte Kapitel beschäftigt sich mit nachschulischen Erfahrungen und deren biographischen Verarbeitungen der Befragten. Da in der Zeit eine stärkere Ausdifferenzierung der Positionen zu beobachten war als zu Zeiten des gemeinsamen Schulbesuchs, werden die Einzelnen bei den Ausführungen im vierten Kapitel deutlichere Konturen gewinnen als bei der vorgelagerten Diskussion der Äußerungen im schulischen Feld. Um die Personen, um die es im Folgenden geht, nicht über weite Passagen unkenntlich zu lassen, stelle ich sie bereits an dieser Stelle kurz vor. Sie tragen aus Schutzgründen veränderte Namen.

Die fünf jungen Frauen, deren Entwicklungspfaden ich in den Fallstudien nachgehe, besuchten zur Zeit meiner Forschung vor Ort den 12. Jahrgang, also die Gymnasiale Oberstufe, einer Gesamtschule in Berlin-Neukölln und waren in dieser ersten Forschungsphase zwischen 17 und 19 Jahre alt. Alle fünf verließen die Schule 1998 mit dem Abitur. Der männliche Heranwachsende, der in dieser Studie gelegentlich als Kontrastfigur herangezogen wird, war zu der Zeit 16 Jahre alt und besuchte die 9. Jahrgangsstufe derselben Schule. Er verließ die Schule ebenfalls 1998, und zwar mit dem einfachen Hauptschulabschluss[19]. Damit war er am Ende der Schulzeit formell deutlich weniger bildungserfolgreich als die fünf jungen Frauen. Im Kontext der Fragestellung meiner Arbeit erwies sich der formelle Bildungsunterschied jedoch als vernachlässigbar.[20] Gemessen am überproportionalen Scheitern vor allem männlicher Jugendlicher ausländischer Herkunft im deutschen Schulsystem, zumal

---

19 Das Land Berlin unterscheidet zwischen dem einfachen Hauptschulabschluss, der für das Ausscheiden aus der Schule durch Beendigung der Schulpflicht steht, ohne dass die Mindestleistungen für den sogenannten erweiterten oder qualifizierten Hauptschulabschluss erreicht wurden. Ob die Leistungen am Ende des 10. Schuljahrs dem erweiterten Haupt- oder dem Realschulabschluss entsprechen, hängt vom Leistungsstand nach Zeugnisnoten ab.

20 Das Forschungsdesign hätte es erfordert, die Diskrepanz der formalen Bildung zu berücksichtigen, wenn die Jugendlichen bzw. jungen Erwachsenen die erreichten Bildungsgrade selbst zu einem wesentlichen Kriterium ihrer sozialen Identifikationen gemacht hätten, was jedoch nicht der Fall war.

in Berlin, wo ca. ein Viertel dieser Gruppe ohne jeden Schulabschluss bleibt, ist ohnehin auch dieser junge Mann verhältnismäßig erfolgreich: Bis zum Ende meiner Langzeit-Untersuchung war es ihm gelungen, den erweiterten Hauptschulabschluss nachzuholen. Er hatte vor, auch noch den Realschulabschluss zu machen. Im Hinblick auf die Ausbildungswege, die die sechs jungen Leute nach der Schulzeit einschlugen, fällt der anfängliche formale Qualifikationsunterschied am Ende der Untersuchung zudem kaum mehr ins Gewicht: Trotz Erlangens der Allgemeinen Hochschulreife nahmen nur zwei der fünf jungen Frauen ein Studium an Universität oder Fachhochschule auf, während die anderen drei einfache Ausbildungsberufe ‚wählten', die theoretisch auch HauptschulabsolventInnen offen stünden.

Aus Sicht und nach der Erfahrung der fokussierten Heranwachsenden war in ihrem Alltag die – in ihrem Fall ausländische – Herkunft ein relevantes soziales Distinktionskriterium. Was die Selbstkategorisierung als „AusländerInnen" anbelangt, gab es dabei im juristischen Sinn anfangs keine Unterschiede: Alle Personen, mit denen diese Studie sich beschäftigt, waren während der Zeit meines Forschungsaufenthalts an ihrer Schule ausländische Staatsangehörige. Betrachtet man nicht allein die rechtlich institutionalisierte Dimension der Regelung von Zugehörigkeit und der daraus abgeleiteten Rechte und Pflichten, sondern konzipiert Staatsbürgerschaft im Sinne von Thomas Marshall (1965) als eine Mitgliedschaft, die gesellschaftliche Praxis einschließt, waren sie auf der Ebene alle Inländer und mit dauerhafter Aufenthaltsperspektive ausgestattet.[21] Sie verfügten dabei über unterschiedliche Aufenthaltstitel und vertraten zur Frage ihrer eigenen möglichen Einbürgerung in Deutschland verschiedene Auffassungen. Die diesbezüglichen Differenzen werden in den folgenden Kapiteln im Kontext thematisiert, ebenso die Veränderungen, zu denen es in der Hinsicht kam: Bei unseren letzten Begegnungen waren nicht mehr alle sechs ausländische Staatsangehörige. An dieser Stelle sollen wenige Angaben zum familiären Hintergrund der Einzelnen und zu ihren Lebensumständen nach Ende der Schulzeit genügen. Dabei ist jeder biographischen Skizze bereits der Slogan vorangestellt, der im Weiteren die Zuspitzung der Fallstudie markiert.

Abgesehen von den hier kurz vorgestellten sechs Personen, mit denen ich über den gesamten Erhebungszeitraum Kontakt hielt, werden im folgenden Kapitel, das auf die Zeit des Schulbesuchs 1996-1997 rekurriert, auch Mitschülerinnen und Mitschüler sowie Lehrkräfte auftauchen, die nicht näher porträtiert werden. Wo es zum Verständnis oder für eine Einordnung ihrer jeweiligen Äußerungen, die z.B. aus Unterrichtsdiskussionen oder Interviewzusammenhängen heraus zitiert werden, notwendig oder hilfreich scheint, Informati-

---

21 Zur theoretischen Differenzierung der verschiedenen Ebenen von Staatsbürgerschaft vgl. neben der klassischen Arbeit von Thomas Marshall (1965) auch Benhabib 1997 und 1999. Die folgenden Kapitel werden die Diskrepanzen zwischen der formell juristischen, der politischen und der sozialen Zugehörigkeit aus dem Erleben der Betroffenen heraus zumindest in Ausschnitten veranschaulichen.

onen zu den Einzelnen anzugeben, finden sie sich direkt im Text oder in den Fußnoten. Aus Gründen der Lesbarkeit werden dabei auch nationale Attribute verwandt, welche die umständlichen Formulierungen wie „Tochter aus einer Einwandererfamilie türkischer Herkunftssprache" verkürzen, letztlich aber so zu verstehen sind.

Mehabad – Unverbindlichkeit als Unabhängigkeit

Mehabad entstammt einer Familie kurdischer Aleviten, die im Südosten der Türkei ansässig war, ehe die Arbeitsmigration des Vaters nach Berlin erfolgte. Mehabads Vater kam im Rahmen des Anwerbeabkommens mit der Türkei in die Bundesrepublik und machte später von der Möglichkeit der Familienzusammenführung Gebrauch; Mehabad sah die Emigration ihrer Eltern jedoch auch im Kontext der in der Türkei eingeschränkten Rechte von Kurden, Aleviten und anderen Minderheiten. Mehabad kam im Alter von zwei Jahren zusammen mit ihrer Mutter nach Berlin, nachdem ihr Vater 10 Jahre lang allein in Deutschland gelebt hatte. In der türkischen Herkunftsregion der Eltern lebten Ende der 1990er noch einzelne und eher entfernte Verwandte, zu denen so gut wie kein Kontakt bestand.

Geboren 1978, wurde Mehabad im Jahr meiner Feldforschung an ihrer Schule 19 Jahre alt. Als wir uns im Winter 2000/2001 zum letzten Mal begegneten, war sie 23 und bewohnte allein eine 1-Zimmer-Wohnung in Alt-Tempelhof.

Nach dem Schulabschluss war Mehabad unschlüssig gewesen, in welche Richtung sie sich beruflich entwickeln wollte. Ein halbes Jahr lang war sie einfach zuhause geblieben. Um auszuprobieren, ob ihr eine sozialpädagogische Aufgabe liegen würde, begann sie dann ein Soziales Jahr als Praktikantin in einem Heim für schwer erziehbare Mädchen. Da die Konfrontation mit den persönlichen Krisen der dort lebenden Mädchen ihr psychisch zu nahe ging, brach Mehabad das Praktikum nach einigen Monaten ab und bewarb sich statt dessen um eine Ausbildung zur Kauffrau in der Grundstücks- und Wohnungswirtschaft, die sie auf Anhieb erhielt. Bei unserem letzten Gespräch befand Mehabad sich im letzten Ausbildungsjahr, erwog aber, noch vor der Abschlussprüfung abzubrechen, weil ihr klar geworden war, dass das Kaufmännische sie nicht befriedigte. Statt dessen wollte sie Psychologie studieren.

Ilona – Ausharren im Dornröschenschlaf

Anders als Mehabad hatte Ilona ihr gesamtes Leben in Berlin verbracht. Ihre beiden Großelternpaare waren infolge des Vertrags zur Anwerbung von Arbeitnehmern aus dem ehemaligen Jugoslawien in den 1960er Jahren nach Berlin gezogen, und die Kinder beider Familien – darunter Ilonas spätere Eltern – folgten ihnen kurze Zeit darauf. Angesichts der kriegerischen Auseinandersetzungen und staatlichen Neugründungen im ehemaligen Jugoslawien verstand sich die Familie seit Ende der 1990er Jahre nicht mehr als jugoslawisch, sondern als kroatisch. Auch Ilona griff das Attribut widerwillig für sich auf.

Während der größte Teil von Ilonas Familie in Berlin ansässig war, waren sowohl eine ihrer Großmütter als auch eine Tante in das heutige Kroatien remigriert. Beide waren für Ilona während ihrer Kindheit in Berlin wichtige Bezugspersonen gewesen, zu denen sie Kontakt halten wollte. Ilonas Großmutter traf die Entscheidung zur Rückwanderung im Rentenalter, nachdem ihr Mann in Berlin bei einem, wie es hieß, rassistisch motivierten Überfall sein Leben verloren hatte. Eine ebenfalls bereits verwitwete Tochter nahm diesen Schritt zum Anlass, mit der Mutter in die alte Heimat der Familie zu übersiedeln.

Ilona war zur Zeit meiner Feldforschung an ihrer Schule 17 Jahre alt. Wir trafen uns zuletzt im Winter 2000/2001 in Berlin. Ilona war mittlerweile 21 und lebte quasi nominell allein in einer 2-Zimmer-Wohnung in Kreuzberg. Praktisch wohnte ihr Freund mit in Ilonas Wohnung. Nach der Schule hatte sie eine Weile in Cafés, Restaurants und in einer kleinen Schneiderei gejobbt. Dann hatte sie den Entschluss gefasst, eine Ausbildung zu machen und wurde über das Arbeitsamt in eine Lehre zur Einzelhandelskauffrau vermittelt. Bei unserem letzten Gespräch war Ilona im dritten Jahr Auszubildende bei Karstadt in Berlin-Schöneberg.

Sahar – Unternehmergeist in Sachen Familie

Auch Sahar ist in Berlin geboren und aufgewachsen. Ihre Eltern waren als Palästinenser mit Sahars damals schon geborener älterer Schwester vor dem Bürgerkrieg in ihrer Heimat zunächst in den Libanon, dann weiter in die Bundesrepublik geflohen. Sahars ältere Schwester war zu der Zeit noch im Säuglingsalter gewesen. Die Familie erhielt in der Bundesrepublik Deutschland das Recht zum Aufenthalt als staatenlose Flüchtlinge. Es bestand regelmäßiger Besuchskontakt zu einem Teil der Verwandtschaft, der im Libanon lebte.

Als ich die Feldforschung an ihrer Schule durchführte, war Sahar 17 Jahre alt. Bei unserer letzten Begegnung im Jahr 2001 war sie 21 und als einzige von den sechs Porträtierten bereits verheiratet. Nach einigem Zögern – da sie in einen Jungen türkischer Herkunft verliebt gewesen war, der für ihre Familie keinen akzeptablen Ehemann dargestellt hätte – hatte sie einen Cousin geheiratet, dem so der Zuzug aus dem Libanon nach Deutschland möglich wurde.

Mein letztes Treffen mit Sahar fand in ihrer ehelichen Wohnung in Berlin-Rudow statt. Ihr Mann hatte im Libanon eine Ausbildung zum labortechnischen Assistenten absolviert. Da der libanesische Ausbildungsgang in der Bundesrepublik Deutschland nicht anerkannt ist, konnte Sahars Mann in seinem erlernten Beruf allerdings nicht arbeiten. Auch mit der deutschen Sprache hatte er noch Schwierigkeiten, die einer Berufstätigkeit im Wege standen. Sahar stellte sich daher darauf ein, für einige Zeit die Hauptnährerin des Haushalts zu sein. Sie machte eine überbetriebliche Ausbildung zur Bürokauffrau und plante, im Anschluss zwei bis drei Jahren erwerbstätig zu sein. Dann wollte sie gern Kinder bekommen und später nach Möglichkeit Islamwissenschaft studieren.

Ratna – Anwaltschaft für Frauenrechte und die ‚Dritte Welt'

Ratna hat ihre Kindheit bis zum Alter von sechs Jahren auf Sri Lanka verbracht. Sie entstammt einer tamilischen Familie, die mit der Entscheidung zur vollständigen Übersiedlung nach Deutschland lange zögerte und dann in Etappen migrierte: Als Ratnas Vater sich Anfang der 1980er Jahren auf Grund von beruflichen Einschränkungen und der zunehmenden Schikanen, denen die tamilische Bevölkerung sich in Sri Lanka ausgesetzt sah, zur Migration nach Deutschland entschloss, ließ er seine Frau und vier Kinder im Heimatland zurück. In Sri Lanka spitzte sich jedoch nicht nur die politische Situation weiter zu. Auch ökonomisch wurde das Leben für Ratnas Mutter und die Kinder zusehends schwieriger, denn landwirtschaftliche Anbauflächen, die im Besitz der Familie waren, wurden teils konfisziert, teils zum Schauplatz des Bürgerkriegs. Angesichts dieser Umstände entschloss Ratnas Mutter sich drei Jahre nach dem Fortgehen ihres Mannes, ihm mit Ratna und dem jüngeren ihrer Söhne nach Deutschland zu folgen. Eine ältere Tochter und ein weiterer Sohn blieben in der Obhut ihrer Großeltern in Sri Lanka, beendeten dort die Schule und kamen erst in den frühen 1990er Jahren nach Berlin.

Auf Grund der großen Entfernung, wegen des Bürgerkriegs und der relativ hohen Reisekosten pflegte Ratnas Familie den Kontakt zur restlichen auf Sri Lanka verbliebenen Verwandtschaft nur sporadisch. Selbst Ratnas Mutter, der es sehr schwer gefallen war, ihre Heimat und zwei ihrer Kinder zu verlassen, kehrte nur mit Abstand mehrerer Jahre zum Besuch dorthin zurück.

Ratna war 18 Jahre alt, als wir uns im Jahr 1996 kennenlernten. Bei unserem letzten Gespräch im Sommer 2000 war sie 21 und Studentin. Als einzige der sechs Fokussierten hatte Ratna Berlin verlassen, nachdem sie die Schule dort beendet hatte. Unsere letzte Begegnung fand in einem Café in Heidelberg statt, wo Ratna zwischenzeitlich ihr Hochschulstudium der Politikwissenschaften Südasiens aufgenommen hatte. Sie wohnte in einem Heidelberger Studentenwohnheim. Ihre berufliche Zukunft sah sie bei einer internationalen Organisation der Entwicklungszusammenarbeit.

Helena – Tauziehen um Freiheit und Harmonie

Wie zuvor bereits ihr älterer Bruder wurde auch Helena in Berlin geboren. Ihre Eltern waren als griechische Arbeitsmigranten nach Deutschland gekommen. Gemeinsam verbrachte die Familie regelmäßig den Jahresurlaub in Griechenland, und die Eltern waren auch ansonsten darum bemüht, ihren beiden Kindern ein Bewusstsein von ihrer griechischen Herkunft zu vermitteln. Dabei trugen sich Helenas Eltern keineswegs mit Remigrationsplänen, sondern sahen ihre eigene und die Zukunft ihrer Kinder in Berlin. Sie besaßen zwei Wohnungen im selben Wohnblock in Kreuzberg, die sie selbst nutzten und die als künftige Domizile für sich sowie den Sohn mit dessen künftiger Familie vorgesehen waren. Die Rollenerwartung, nach der ihr Bruder und seine zukünftige Frau als Fürsorger der Eltern fungieren sollten und Helena sich in ähnlicher Weise um ihre künftigen Schwiegereltern würde kümmern sollen, galten ihr als Inbegriff einer griechischen Lebensweise, von der sie sich befreien wollte. Sie war deshalb bereits in ihrem 13. Schuljahr aus dem elterlichen Haushalt ausgebrochen und hatte für einige Monate in der Wohnung eines Jugendhilfe-Vereins Zuflucht gefunden, der solche Angebote speziell für Mädchen ausländischer Herkunft in Berlin macht.

Helena wurde im Jahr meiner Feldforschung an ihrer Schule 19 Jahre alt. Wir trafen uns zuletzt im Jahr 2001. Mittlerweile war Helena 23 und studierte an der Technischen Universität Berlin Angewandte Geowissenschaften. Wir trafen uns in der Wohnung ihrer Eltern, in die Helena auf Bitten ihres Vaters wieder zurückgekehrt war.

Serkan – Der Geläuterte

Serkan ist die männliche (teils Kontrast-)Figur dieser Studie. Während meiner stationären Forschung in der Schule 1996-97 war er 16 Jahre alt. Ich traf ihn zuletzt im Jahr 2001 im Alter von 20 Jahren. Serkans Familie stammt aus einer überwiegend von Kurden bewohnten Stadt in der östlichen Türkei. Serkan bezeichnete sich und seine Familie mal als kurdisch, mal als türkisch. Er sah kein Problem darin, die Zugehörigkeit zur kurdischen Minderheit mit der türkischen Staatsangehörigkeit zusammen zu bringen. Anders als Mehabad, die in der Situation der Kurden in der Türkei ein uneingestandenes Migrationsmotiv ihres Vaters sah, betrachtete Serkan die Auswanderung seiner Familie unter rein ökonomischen Gesichtspunkten.

Ein Onkel Serkans war in den 1960er Jahren zum Arbeiten nach Berlin gezogen und hatte dann als Brückenkopf für seinen Bruder, Serkans Vater, und ihrer beider Eltern gewirkt. Serkans Mutter blieb mit den damals vier Kindern noch bis zum Ende von Serkans Grundschulzeit in der Türkei. Da ihr Mann nach dem Anwerbestopp von 1973 nach Deutschland kam, erhielt er zunächst weder eine längerfristige Aufenthaltsgenehmigung noch eine Arbeitserlaubnis und schlug sich mit Gelegenheitsarbeiten in der Schattenökonomie durch. Als es Serkans Vater gelungen war, eine feste Arbeit zu finden und seinen Aufenthalt zu legalisieren, holte er seine beiden ältesten Söhne, Serkan und dessen älteren Bruder nach Berlin. Serkan hatte zu dem Zeitpunkt die Grundschulzeit gerade hinter sich gebracht. Seine Frau und die beiden jüngeren Kinder, ein Zwillingspärchen Jungen, ließ Serkans Vater erst zwei Jahre später nachkommen. Dort kam als fünftes Kind der Familie eine Tochter zur Welt.

Den Jahresurlaub verbrachte Serkans Familie regelmäßig bei den Verwandten in der Türkei, für Serkan eine überwiegend freudige Angelegenheit, weil er sowohl Verwandte wie die Großeltern mütterlicherseits als auch ehemalige Schulfreunde wiedersehen konnte. Während seiner Grundschulzeit war Serkan ein sehr guter Schüler gewesen. Er verband auch deshalb positive Erinnerungen mit dem Ort der Kindheit. Nach Ende seiner Schulzeit in Berlin verlor die jährliche Türkeifahrt für Serkan an Reiz. Aktivitäten in und um Berlin füllten ihn aus, es stand weniger freie Zeit zur Verfügung als zu Schulferien; der Aufwand der weiten Reise stand nicht mehr im Verhältnis zum möglichen Aufenthalt. Zudem waren viele seiner Grundschulfreunde in die größeren Städte im Westen des Landes oder ins Ausland abgewandert.

Serkan holte nach Entlassung aus der Schule den erweiterten Hauptschulabschluss nach und machte eine Ausbildung zum KFZ-Mechaniker. Sein eigentlicher Berufswunsch galt dem Polizeidienst. Serkans größter Wunsch war es, an der Berufsschule den Realschulabschluss nachzuholen und sich dann für die mittlere Laufbahn bei der Berliner Polizei zu bewerben.

Anders als die fünf jungen Frauen sah Serkan am Ende der Schulzeit keinen Anlass, die elterliche Wohnung zu verlassen. Die Familie verfügte über eine große Mietswohnung nahe dem Kottbusser Tor in Berlin-Kreuzberg. Unsere Treffen fanden allerdings stets anderswo statt, sei es in der Wohnung von Freunden oder an öffentlichen Orten wie Cafés oder Restaurants. Obwohl die Gegend um das Kottbusser Tor erklärtermaßen Serkans heimatlicher Kiez war, bevorzugte er zum Ausgehen mit Freunden und für Verabredungen mit mir Lokalitäten in Berlin-Mitte wie z.B. die nach dem Mauerfall am Potsdamer Platz errichtete Sony-Plaza oder Trendlokale in der Nähe des Kurfürstendamms.

3. Aufwachsen als „AusländerIn": Kollektive Zurechnungen und eigene Projektionen

Gegenstand dieses Kapitels sind Positionierungsprozesse, in die die fokussierten Heranwachsenden zur Zeit ihres Schulbesuchs, d.h. in der ersten Phase meiner Untersuchung, involviert waren. In dieser Zeit wurde das Alltagsleben der jungen Leute vor allem durch die Anforderungen der Schule strukturiert. Sie verbrachten dort regelmäßig große Teile ihrer Zeit und unterhielten in der Schule eine beträchtliche Zahl an sozialen Beziehungen unterschiedlicher Art, Intensität und Kontinuität. Neben dem schulischen Sozialraum stellten ihr familiärer Kreis und der ihrer (überwiegend gleichaltrigen) Freundinnen und Freunde wichtige Foren des alltäglichen sozialen Erlebens dar. Zwischen diesen drei Erfahrungsbereichen gab es einerseits partielle Überlappungen, etwa in der Form, dass einige von den in der Schule geschlossenen Freundschaften über den gemeinsamen Schulbesuch hinauswiesen oder auch der Art, dass Teile der Familie (Geschwister, Cousin oder Cousine) in der Schule präsent waren. Andererseits wurden die verschiedenen Sozialräume vielfach als zueinander diskontinuierlich erfahren. Nicht allein Verhaltensnormen und Kommunikationsgepflogenheiten waren an den jeweiligen sozialen Rahmen gebunden. Es kamen auch jeweils spezifische kollektive Zurechnungen und Ansprüche an deren Übernahme zum Tragen.

Die Jugendlichen wiesen in ihren Ausführungen zu diesem Thema regelmäßig auf die sozial parzellierte Kontextualität ihres Verhaltens hin – dass sie sich in der Schule „ganz anders"[1] verhielten als zuhause, dass sie unter Gleichaltrigen einen „völlig anderen" Umgang pflegten als gegenüber ihren älteren Verwandten, oder auch dass in der Türkei (oder einem anderen familiären Herkunftsland) „alles ganz anders" sei als in Deutschland. Jedes der sozialen *settings* war also mit einer spezifischen Imagination von der Art der Beziehungen verbunden, die unterschiedliche Anforderungen konstituierten. Es kamen jeweils eigene Regeln, Erwartungen und persönliche Stile zur Geltung, wurden eigene Codes und Rituale gepflegt. Dies betraf sowohl die Sprech- und Verhaltenskonventionen als auch gemeinsame Handlungsroutinen und normative Vorstellungen der Angemessenheit. Waren die Jugendlichen also hin- und hergerissen, saßen „zwischen den Stühlen" der diversen Sozialräume, an denen sie alltäglich teilhatten, wie eine eingeführte These des wissenschaft-

---

1 Die mit Anführungszeichen markierten Zitate geben wörtliche Äußerungen von Personen aus dem Feld der untersuchten Berliner Schule wieder, ohne dass ich sie in jedem einzelnen Fall vorstelle.

107

lichen Migrationsdiskurses behauptet?² Dass das persönliche Verhalten ein Spektrum umfasst und die Art einer Beziehung, ihr struktureller Rahmen, aber auch emotionale Faktoren wie Sympathie oder Antipathie, Konkurrenz, Bewunderung, Neid oder Furcht Einfluss darauf nehmen, wie wir Anderen gegenübertreten, ist ja eine Binsenweisheit. Gerade weil jede Interaktion sozial situiert ist, fällt allerdings umso stärker ins Auge, dass die Jugendlichen aus Immigrantenfamilien, denen ich in Berlin begegnete, dieses Phänomen als ein Spezifikum ihres Alltags begriffen, das sich von den Lebenslagen Gleichaltriger aus der deutschen Bevölkerungsmehrheit grundsätzlich unterscheide. Sie brachten das auf den Nenner verschiedener „Kulturen".

Das Konzept der kulturellen Differenz³ kursierte unter den Schülerinnen und Schülern ebenso wie unter den Lehrkräften an ihrer Schule. Praktisch alle befragten Jugendlichen aus eingewanderten Familien stellten ihr Zuhause und die soziale Welt der Schule, die sie ungeachtet des hohen Anteils an SchülerInnen ausländischer Herkunft als Institution der deutschen Gesellschaft verstanden, als kulturell unterschiedlich gegenüber. Mit großer Selbstverständlichkeit war etwa die Rede von „anderen Kulturen" auch, wenn LehrerInnen qualitative Unterscheidungen der lebensweltlichen Sozialräume von Schülerinnen und Schülern machten. Die Abgrenzung war *common sense*, wurde von den Einzelnen allerdings nicht nur situativ höchst unterschiedlich bewertet, sondern der Kulturbegriff wurde auch auf Kollektive verschiedenster Art bezogen: Mal war von „der Kultur" (im Singular) „der ausländischen" Eltern die Rede, mal von „der Kultur" aller Muslime, dann hielt der Begriff als Synonym für „die Lebensweise" (ebenfalls im Singular) „der Deutschen" her oder für Gepflogenheiten „in unseren Ländern", d.h. in all den diversen Herkunftsländern eingewanderter Familien. Um ihren eigenen Ort in dieser Imaginationslandschaft aus multiplen, ineinander verschachtelten kulturellen Ebenen zu bezeichnen, bedienten sich die Heranwachsenden bevorzugt der alle Nationalitäten übergreifenden Kategorie des „Ausländers".

Diese Klassifikationspraxis wurde im Alltag der Schule nicht – sozusagen korrekt – als Kategorisierung nach der Staatsangehörigkeit gebraucht. Die Zuschreibung des Deutschseins wie das Attribut des Ausländischen umfasste mehrere Erfahrungsebenen. Mit Blick auf unterschiedliche Kollektive brach-

---

2   Vgl. Hamburger 1997 zu dem „Elendsdiskurs der Migrationsforschung".
3   Kulturelle Differenz war hier bereits eine geläufige Kategorie im Jargon der alltäglichen Verständigung, wurde also nicht erst von der Forscherin konzeptionell in das Untersuchungsfeld eingebracht. Darauf ist hinzuweisen angesichts der kritischen Diskussion um die Auswirkung des ethnologischen Blicks auf soziale Differenz, der nach Ansicht mancher Forscher ein verhängnisvoller „Beitrag der Wissenschaften zur Konstruktion ethnischer Minderheiten" sei (Dittrich/Radtke 1990) und für die kulturell codierte „Erfindung der Fremdheit" (Kiesel et al. 1999) als relevante Wahrnehmungskategorie Mitverantwortung trage. Dessen ungeachtet mag der Zusammenhang bestehen und dazu geführt haben, dass der kulturalistische Diskurs zu einem so selbstverständlichen Jargon auch in diesem Berliner *setting* werden konnte.

ten die Begrifflichkeiten verschiedene Aspekte sowohl empfundener Zugehörigkeit als auch der Abgrenzung zum Ausdruck. Diese ambivalenten Identifikationen des *doing sameness* und *doing difference* werden im Folgenden mittels ihrer empirischen Artikulationen nachgezeichnet. Deren diskursive Kontexte geben Aufschluss über die sozialisierenden Einflüsse unterschiedlicher Zuschreibungen, die von elterlicher Seite wie von Seiten der deutschen Schule bzw. als gesellschaftlich zirkulierende Diskurse an die Heranwachsenden aus Migrantenfamilien herangetragen wurden und zu denen sie sich sowohl individuell als auch überindividuell in Beziehung setzten.

Während sich den meisten der betreffenden Jugendlichen sowohl ihre familiäre als auch die Situation in der deutschen Schule so darstellte, dass beide primär von der Erwartung bestimmter Anpassungsleistungen geprägt waren, galt ihnen der Umgang unter den gleichaltrigen Freundinnen und Freunden als Möglichkeitsraum zur freien und authentischen Persönlichkeitsentfaltung. Das Deutungsschema der differenten Kulturen in Schule und Elternhaus diente insofern eher der Plausibilisierung von diskrepanten Ansprüchen, denen die jungen Leute *nicht* zu entsprechen bereit waren, als der Beschreibung eigener Bewusstseinszustände. So stand das Thema der häuslichen Beziehungen unter dem Vorzeichen eines widerspruchsvollen Entfremdungsprozesses; das Stichwort von „den Deutschen" verband sich mit gleichfalls widersprüchlichen Assoziationen wie z.B. den Vor- und Nachteilen einer rationalen Lebensführung, welche den Leistungen der Eingewanderten zugleich mit Ignoranz oder Geringschätzung gegenüberstand. Die eigene Positionierung als ein Kollektiv von „Ausländern" mit gemeinsamen kulturellen Besonderheiten vollzieht eine Synthese dieser in den *peer-groups* geteilten, multiplen Ambivalenz-Erfahrungen. Als eine soziale Konstruktion der Jugendlichen wird die Übernahme und Neubewertung des Ausländer-Status in diesem Kapitel rekonstruiert, und zwar unter dem Blickwinkel der Ambivalenz, aus dem sie sowohl die eigene Herkunft als auch kollektive Repräsentationen des Deutschen wahrnahmen.

Die Ambivalenz der „Herkunftskultur"

Die Zuordnung ihrer Herkunftsfamilie zu einer „anderen Kultur" war für die Schülerinnen und Schüler aus Immigrantenfamilien eine nicht hinterfragte Routine. Sie hatten gelernt, sich in Unterscheidung von „den Deutschen" zu sehen und teilten ein implizites Wissen, nach dem diese Kategorisierung in der Logik der Praxis weniger die Frage ihrer Staatsangehörigkeit betraf, sondern als komplexe Zurechnung von Differenz funktionierte. In Anlehnung an den Sozialisationsbegriff von Geulen (1995) kann diese emische Evidenz des Kulturdifferenzkonzepts als Ausdruck einer Internalisierungsleistung betrachtet werden, mit der ein Kind ‚anderer' Herkunft die unterscheidende Etikettierung „in sein Selbstbild aufnimmt und sich zu eigen macht und sich in der Folge tatsächlich und immer häufiger genauso verhält" (ebd.: 123), wie die Etikettierung es behauptet. Daraus lässt sich die Vermutung ableiten, dass an

Kinder aus migrantischen Elternhäusern in dem Berliner Feld meiner Untersuchung die Matrix einer Kulturdifferenz als sozial erwünschte Zuordnung herangetragen wurde, und sie sich diese angeeignet haben. Aus den Äußerungen und persönlichen Erfahrungen meiner GesprächspartnerInnen ergab sich allerdings ein sehr viel variantenreicheres Bild, als die Rede über „die verschiedenen Kulturen" suggeriert. Zwar erfuhren sie sowohl von Eltern und Verwandten als auch in der Schule die Attributierung, mit Blick auf „die Deutschen" eine andere „Kultur" zu repräsentieren; ihrem Lebensgefühl entsprachen aber weder die normativen Implikationen noch die Eindeutigkeiten des binären Zuordnungsschemas.

Zuschreibungen in der Familie

Ein erheblicher Teil dessen, was unter den Berliner Jugendlichen, die ich während meiner Feldforschung kennenlernte – und zwar auch unter den gebürtigen Deutschen – als genuiner Ausdruck von kulturellen Differenzen galt, stand mit dem Geschlechterverhältnis in Verbindung. Viele der heranwachsenden Mädchen ausländischer Herkunft machten seit ihrer Geschlechtsreife die Erfahrung, dass ihre Eltern sie mehr und mehr auf bestimmte Verhaltensweisen verpflichten wollten, die der älteren Generation die Bewahrung eigener Traditionsbestände bedeutete. Ihre Eltern behaupteten dabei, sich in dieser Hinsicht von der deutschen Bevölkerungsmehrheit deutlich zu unterscheiden und belegten das, was ihnen als „die deutsche Lebensweise" oder der Verhaltenskodex „der Deutschen" galt, mit Geringschätzung: Sich „wie die Deutschen" zu verhalten oder zu „verdeutschen", war nach Auskunft der Mädchen und jungen Frauen in vielen Immigrantenfamilien als erzieherische Mahnung gebräuchlich. So äußerte die 19jährige Mehabad, dass ihre Mutter sie sofort als „verdeutscht" bezeichnen würde, wenn sie ihren Pflichten im Haushalt nicht in der vorgesehenen Weise nachkomme:

„Zum Beispiel, wenn ich mal nicht gleich abwasche, heißt es ,wir müssen sauber sein und nicht dreckig'! Und dann kommt auch gleich ,deutsch': ,Du bist schon ganz deutsch', bei jeder Kleinigkeit, ,du bist verdeutscht'. [...] Das kommt öfter vor, dafür gibt es zig Beispiele!"

Sauberkeit gehört nun allerdings zu den Attributen, die jede Gruppe für sich reklamiert, und es sind stets die Anderen, denen Schmutz und Unordnung nachgesagt wird;[4] zweifellos würden viele Deutsche Sauberkeit in den Kata-

---

4 In ihrer Arbeit über ethnische Identifikations-Optionen und -Praktiken in den USA hat Mary Waters bestätigt, dass es im Grunde der immer gleiche Kanon an positiven Qualitäten ist, der für die eigene Abstammungsgruppe beansprucht wird. Die von Waters befragten Familien verwiesen auf exakt dieselben positiv besetzten Merkmale als spezifisch eigene, ganz gleich ob sie portugiesischer, deutscher, irischer, italienischer oder polnischer Herkunft waren (Waters 1990: 134; vgl. Schneider 2001: 177 zu diesen Kardinaltugenden). Ethnisierende Witze basieren überwiegend ebenfalls auf diesem Prinzip, indem sie die stets gleiche

log von „typisch deutschen" Positiveigenschaften einreihen, und manche dürften „Ausländer" im Gegenzug als dreckig diffamieren. Dass es bei solchen Vorwürfen, wie Mehabads sie Mutter erhob, weniger um Sachverhalte ging, sondern ihr daran lag, soziale Abgrenzungen vorzunehmen, um mit deren Hilfe kulturell definierte Eigenheiten zu bewahren, deren Verlust sie fürchtete, wurde von Mehabad und ihren Freundinnen genau so verstanden, zumeist achselzuckend hingenommen, aber nicht für eine wahrhaft berechtigte Sorge gehalten. Es herrschte ein Konsens, dass die Eltern maßlos übertrieben.

Wenn Mehabads Mutter nicht hinnehmen wollte, dass ihre Tochter ein Mädchen aus der Nachbarschaft ihre Freundin nannte, sondern insistierte, das sei „ja wohl keine Freundin, sondern eine Deutsche", hatte jedoch auch Mehabads nachsichtiges Schweigen ein Ende, und sie geriet mit ihrer Mutter in Streit. Elterliche Interventionen wie diese veranlassten sie und viele andere Mädchen aus migrantischen Elternhäusern die deutsche Gesellschaft und ihr Zuhause als konzeptionell getrennte Lebenswelten zu sehen: „Ich komme nach Hause, und alles ist ganz anders als draußen. Zuhause zählen Dinge, die im Grunde für mich sehr unwichtig sind, wirklich sehr, sehr unwichtig und von keiner Bedeutung... also manchmal ist das schon zum Verrücktwerden!", so Mehabad in einer weiteren Äußerung zu diesem Thema.

Zuhause herrschten andere Erwartungen an das Verhalten als „draußen". Im Unterschied zu dem, was ihre Mutter voraussetzte, fühlte Mehabad sich nun offenkundig mit einigen Gegebenheiten „draußen" deutlich wohler, distanzierte sie sich doch von Dingen, denen ihre Mutter Bedeutung beimaß, als für sie selbst „sehr, sehr unwichtig". Auch diese Gewichtung der Differenz-Erfahrungen teilte Mehabad mit zahlreichen Mitschülerinnen, deren Eltern immigriert waren, ob aus der Türkei oder anderen Ländern: Die Eltern Ilonas aus dem ehemaligen Jugoslawien zogen gleichartige Grenzen zu „den Deutschen", ebenso Helenas griechische Eltern, Sahars palästinensische und Ratnas tamilische Eltern. Zugleich erlegten sie alle ihren Töchtern seit Einsetzen der Pubertät vergleichbare Restriktionen auf, was das Ausgehen am Abend oder das Übernachten bei Freundinnen betraf. Mit dem Argument, es entspreche nun einmal nicht ihrer Kultur, jungen Mädchen derartige Freiheiten zuzugestehen, wurden diese in die Rolle von Repräsentantinnen einer bestimmten „Herkunftskultur" gedrängt und zu Hüterinnen von dessen Frauenideal erklärt.[5] Für die Mädchen selbst ging es um weitaus weniger Spektakulä-

---

Auswahl negativer Züge auf die der Lächerlichkeit preisgegebene Zielgruppe anwenden (vgl. Mannitz 1992: 72-84). „Stupidity, dirtiness, brute force [...] are generally viewed as negative and can be linked to any target group." (Apte 1985: 127)

5   Auf den paradigmatischen Stellenwert der Sexualität für symbolische Grenzziehungen hat Mary Douglas (1966) hingewiesen. Reinheitsdiskurse, die sich auf das (befürchtete) Verhalten zum anderen Geschlecht beziehen, sind daher wenig überraschende Abwehrreaktionen bei Ängsten um kulturelle Erosion. Diese Erfahrung machten viele der Jugendlichen, und insbesondere – aber nicht nur – die Mädchen. Der Sorge, die Kinder in einem kulturellen Sinne zu verlieren, traten

res; die Bedeutung, die ihre Eltern einem abendlichen Kinobesuch oder der Party einer Schulfreundin zumaßen, erschien ihnen völlig überzogen, wie dieser Auszug aus einer Gruppendiskussion außerhalb des Unterrichts zeigt:

Helena: „Bei mir fing das mit der Pubertät an, dass ich da einfach nicht mehr drauf gehört habe, was meine Eltern gesagt haben, und mir selbst meine Gedanken gemacht habe. Aber ich fand das auch sehr schwer, denn die haben sich einfach völlig geweigert, auch mal nachzugeben und hatten echt krasse Vorstellungen davon, was das bedeutet, wenn ich abends weggehen will!"
Ilona: „Die Pubertät ist ein schwieriges Alter. Man verändert sich ja, fängt an nachzudenken, und die Eltern kommen damit nicht klar, versuchen das auf ihre Weise zu lösen, und dann denkt man sich immer, ‚warum machen die das bloß so?', und kommt zu dem Schluss, ich bin nicht so, und ich denke nicht so wie die." [...]
Sahar: „Aber Freiheit ist halt nicht nur rausgehen, Freiheit ist das zu sagen, was du willst, auch zu den Eltern."
Helena: „Das sagst du sowieso. Ob dir jemand zuhört, ist eine andere Frage. Es geht darum, dass du *selbst* entscheiden kannst. Du sagst, du triffst dich dann und dann mit dem und dem, um was zu planen, und du hast überhaupt nicht die Freiheit, das zu sagen, weil du nicht voraussagen kannst, ob sie dich lassen. Zum Beispiel weißt du nicht, ob du bis um neun Uhr überhaupt da bleiben kannst - das ist doch lächerlich, wenn du 20 bist oder so. [...] Soll ich denn dann immer noch meine Mami und meinen Papi fragen, die eh nur nein sagen? Das ist einfach deprimierend!"

Zum Konflikt mit den Eltern jenseits tagesaktueller Streitigkeiten führte es, wenn die Mädchen sich nicht nur in ihrer Bewegungs- und Entscheidungsfreiheit eingeschränkt sahen, sondern ihre Eltern auch keine Bereitschaft zeigten, andere Perspektiven zu Wort kommen zu lassen. In der Familie entweder nicht die Freiheit zu haben, „das zu sagen, was du willst", oder es höchstens sagen zu können, aber auf keine Resonanz zu stoßen, machte ihnen mehr zu schaffen, als mit den Einschränkungen des abendlichen Ausgehens umzugehen. Das latente Misstrauen kränkte die Mädchen, und ihre Versuche, den Eltern klarzumachen, dass sie sich vom Freizeitverhalten ihrer Töchter falsche Vorstellungen machten und die Vorbehalte nicht gerechtfertigt seien, stießen auf taube Ohren. Dabei sahen die Mädchen und jungen Frauen das Hauptproblem der elterlichen Auffassungen von den sozialen Geschlechterrollen in der Gleichsetzung bestimmter Verhaltenskonventionen mit der moralischen Anstandsnorm. Ratna, hier 18 Jahre alt, formulierte das so:

„Die tun immer so, als müssten sie uns die ganze Zeit überwachen und könnten uns einfach *gar nichts* zutrauen. Ich will meinem Vater zeigen, dass ich auf meinen ei-

---

viele Eltern mit Verstärkung von symbolischen Grenzen entgegen: Der Aktionsraum und die sozialen Kontakte der Heranwachsenden wurden unter latenten Verdacht einer Überschreitung sexueller Tabus gestellt, so dass die Geschlechterrollen zum zentralen Merkmal der häuslichen Auseinandersetzung um kulturelle Kontinuität und Identität wurden. Die Auffassung der Heranwachsenden, kulturelle Differenzen seien vor allem im Geschlechterverhältnis zu sehen, scheint zu einem großen Teil in den Generationskonflikten mitbegründet, in denen ihre immigrierten Eltern die postulierten Verhaltensnormen vielfach ethnisierten und kulturalisierten.

genen Füßen stehen kann, und dass ich das auch besser kann als seine eigenen Söhne, weil der total an denen hängt und uns [Mädchen] irgendwie gar nicht so schätzt; also er hält einfach nicht so viel von uns Töchtern. Und für mich ist das sehr, sehr wichtig."

Ihre gleichaltrige Freundin Helena sah eine ähnliche Diskrepanz zwischen ihrem Selbstbild und den Vorstellungen ihrer Eltern, obwohl sie auch zur Kenntnis nahm, dass in deren ehelicher Beziehung, ausgelöst durch die Migration nach Deutschland, ein Wandel zu mehr Mitsprache und einem selbstbewussteren Auftreten ihrer Mutter stattgefunden habe:

Helena: „Also es ist ja auch so, die Eltern haben eine ganz andere Vorstellung von Ehe. Meine Eltern sind so aufgewachsen: Die Frau hat den Mund zu halten. Und der Mann ist halt in die Schule gegangen, dann heiratet man irgendwie, durch Verkuppeln oder so, und dann lebt man eben so vor sich hin. Meine Eltern sind hergekommen, meine Mutter hat die Frauenemanzipation mitgekriegt und hat irgendwann auch den Mund aufgemacht. Und mein Vater? Tja, der hatte damit Schwierigkeiten, hat es dann letztendlich aber doch hingenommen. Und ich persönlich bin sowieso der Meinung – und das ist es, was meine Eltern mit ‚verdeutscht' meinen –, man muss auch Kompromisse schließen können! Dann fangen die an mit ‚hör auf mit dem Gelaber'! Die sind es gar nicht gewohnt zu diskutieren und irgendeine Zwischenlösung zu finden."

Insbesondere bei dieser letzten Einschätzung herrschte große Einigkeit unter den fünf jungen Frauen: Ihre Eltern würden Idealen von den Geschlechterrollen anhängen, die den Töchtern jede moralische Urteilskraft absprächen und somit eine Missachtung weiblicher Fähigkeiten bedeuteten. Ihre persönlichen Kompetenzen würden zu gering geschätzt, und sie seien gegenüber ggf. vorhandenen Brüdern oder Jungen allgemein benachteiligt. Das sei ein typisches Zeichen „der anderen Kultur", aus der ihre Eltern stammten.

Bei aller Konsterniertheit über die festen Vorstellungen ihrer Eltern sahen die Jugendlichen ausländischer Herkunft sich dennoch eindeutig in deren Schuld, und für die Mädchen galt das in besonderer Weise. Sie waren schon daher bereit, den Eltern ihr Unvermögen der kontroversen Auseinandersetzung nachzusehen; schließlich habe die Generation ihrer Eltern bei weitem nicht solche Chancen gehabt, Diskussionskompetenz oder Kompromissbereitschaft sowie andere Vorstellungen vom (zumal weiblichen) Leben zu entwickeln wie sie selbst. In Ratnas Worten hieß das: „Man kann sich hier ja auch viel besser entwickeln als in unseren Ländern." Und Mehabad, die sich über die Sturheit und Voreingenommenheit ihrer Mutter gegenüber Deutschen oft ärgerte, empfand vor allem Mitgefühl, wenn sie sich die Biographien der Elterngeneration vergegenwärtigte. Auch für deren Widerständigkeit gegenüber deutschen Anpassungserwartungen brachte sie deshalb in erster Linie Verständnis auf:

Mehabad: „Unsere erste Generation, die hierher kam, die sind doch putzen gegangen und waren in den Fabriken unter sich. Die hatten gar keine Zeit, noch die Sprache zu lernen. Und jetzt sind sie alt geworden. *Wir* müssen jetzt was tun, wir sind an der Reihe! [...] Ich hab nichts gegen die Eltern. [...] Die sind vom Land gekommen, hatten keine Chance, sich zu entwickeln. Die haben doch dafür gesorgt, dass hier in Deutschland was passiert – und dann sollen die sich auch noch anpassen?!"

Dass die Eltern weniger Chancen zur persönlichen Entwicklung hatten, ist das Eine. Zugleich waren es freilich der Unternehmensgeist und die Entschlossenheit der Eltern oder auch Großeltern, ihr Land und die gewohnte Umgebung zu verlassen, die ihren Nachkommen den Zugang zu einem Leben in West-Berlin verschafft hatten, das als das eindeutig chancenreichere galt. Angesichts der vielfältigeren Optionen, die sich ihnen im Vergleich zu den Biographien ihrer Mütter und Großmütter boten, vor allem im Hinblick auf eine schulische Bildung und berufliche Wahlmöglichkeiten, war die Devise der Mädchen, die Eltern nicht unnötig vor den Kopf zu stoßen. Sie versuchten daher, die als kulturell markant aufgestellten Regeln eher diplomatisch zu umgehen, als es zuhause auf direkte Konfrontationen ankommen zu lassen, denn: „Wo es richtig gegensätzlich ist, das würde einfach zu viel für die sein", so Mehabad. „Da ist es mir lieber zu schweigen; ändern könnte ich sie sowieso nicht."

Genau diesen Loyalitätskonflikt sahen die weiblichen Heranwachsenden als die Besonderheit ihrer Lage als Immigrantentöchter an, die sich hierin von den Generationskonflikten ihrer deutschen Mitschülerinnen unterscheide: „Ich glaube, dass die ausländischen Schüler da mehr Probleme haben. Die haben im Privatleben mehr zu kämpfen als ein Deutscher: Erziehung, Familie, sozial ist man vielleicht auch schwächer – man muss sich irgendwie ständig umstellen", meinte Helena.[6] Die Diskrepanz zu deutschen Familien lasse sich daran erkennen, wie mit der Kluft zwischen eigenen Wünschen und den elterlichen Ansprüchen zuhause umgegangen werde. Konflikte zwischen Eltern und Kindern gebe es ja bei Deutschen zugegebenermaßen auch; in ihren Vergleichen mit deutschen Familien betonten die Töchter aus migrantischen Elternhäusern aber als elementaren Unterschied, dass bei ihnen zuhause die einvernehmliche Suche nach Kompromissen praktisch unmöglich sei. Spätestens wenn man deutschen Eltern den Vorwurf der Intoleranz mache, würden sie nachgeben oder wären zumindest zur Diskussion bereit, ihre „ausländischen Eltern" könne man mit so einem Vorwurf nicht beeindrucken. – „Dann sagen die ‚na und, dann sind wir eben intolerant'!" Ratna führte den Gedanken weiter aus:

„Bei einer Freundin übernachten geht ja überhaupt nicht. Dann höre ich, ‚du hast doch ein eigenes Bett, bist du etwa obdachlos?'. [Sie lacht.] Meine Eltern verstehen das einfach nicht. [...] Wie die [Deutschen] aufwachsen und wie wir aufwachsen, das ist unterschiedlich. [...] Bei deutschen Eltern – und ich vergleiche jetzt wirklich nur diejenigen, die ich kenne – ist es so gut: Sie werden von Anfang an darauf ‚trainiert' sozusagen, dass sie selbständiger leben [...] und es ist nicht nur das, sondern mit der

---

6 Obwohl Helena in einem Teil Kreuzbergs aufgewachsen ist, in dem auch die angestammten Deutschen überwiegend ökonomisch schwach sind, hat sie offenbar das dominante Bild von der deutschen Mittelschichtsgesellschaft verinnerlicht, das Einwanderer bzw. „Ausländer" sozial ‚ganz unten' ansiedelt (vgl. Dietrich 1997: 25).

Mutter meiner [deutschen] Freundin kann ich über alles reden: über Sex, über Drogen. Mit meiner Mutter? Die kann *ich* nur aufklären, ‚Mama, so was gibt es!', aber ich kann nicht direkt mit ihr darüber reden. Ich denke, die deutschen Eltern haben da mehr Verständnis."

Im Gegenentwurf sowohl zur Strenge der eigenen Eltern als auch zu dem negativen Stereotyp, das diese zum Teil über die Deutschen vertraten, werden „die deutschen Eltern" hier zu einem leuchtenden Vorbild an Diskussionsbereitschaft, Toleranz und Aufgeschlossenheit stilisiert. Die Pauschalität dieser Zuschreibung irritiert, insbesondere da die Mädchen allgemein, so wie auch Ratna es hier mit der Bemerkung zum Ausdruck bringt, sie beurteile „wirklich nur diejenigen", die sie kenne, gegenüber Vorurteilen wachsam waren.

Anzunehmen, dass „die deutschen Eltern" einen verständnisvollen Umgang mit ihren halbwüchsigen Kindern pflegen, muss jedoch auch in Anbetracht der schwierigen sozialen Verhältnisse verblüffen, aus denen viele der herkunftsmäßig deutschen Mitschülerinnen und Mitschüler an Ratnas Schule stammten. Der Bezirk Berlin-Neukölln ist als „Problemquartier" über die Grenzen der Stadt hinaus bekannt, verzeichnet überdurchschnittlich hohe Zahlen an gering Qualifizierten, Langzeitarbeitslosen und Sozialhilfeempfängern; Lehrkräfte und SozialpädagogInnen wussten von extrem desolaten häuslichen Verhältnissen zu berichten, von hohen Scheidungsziffern, häuslicher Gewalt, Verwahrlosung und Alkoholismus in vielen der deutschen Elternhäuser ihrer Schülerschaft. Dass es in einem derartig belasteten Milieu viele Eltern gibt, die ihre Kinder zum eigenverantwortlichen Handeln erziehen und den Austausch von Argumenten pflegen, kann bezweifelt werden. Dennoch beharrten (nicht nur) diese fünf jungen Frauen darauf, „die deutschen Eltern" seien im Allgemeinen relativ liberal und konzessionsbereit, „ausländische" Eltern dagegen streng und weder willens noch in der Lage, die in der Pubertät nun einmal auftauchenden Konflikte mit ihren Kindern zu diskutieren. Fälle deutscher Mädchen mit strengen Eltern seien Ausnahmen von der Regel.

Die mythisch anmutende Überhöhung der vermeintlich idealen Verhältnisse in deutschen Familien wird verständlich, wenn in Rechnung gestellt wird, dass der Blick auf die eigenen „ausländischen" Familien durch kulturalistische Diskurse konditioniert werden, die sich in ihrer Parallelität gegenseitig verstärken. Was die Migrantentöchter an Zugeständnissen einforderten, belegten ihre Eltern – negativ gemeint – mit dem Begriff des Verdeutschens. Auseinandersetzungen wie diese hatten deutsche Mitschülerinnen nach allgemeinem Dafürhalten erst ab einer anderen Schwelle – z.B. bei der Diskussion um noch spätere Heimkehrzeiten am Abend – und selbst wenn es über solche Dinge Streit gab, würde dieser näher an der Sache geführt, als dass große Fässer wie eine befürchtete kulturelle Entfremdung oder die vollständige moralische Entgleisung aufgemacht würden. Das Urteil der eigenen „ausländischen" Eltern, eine Tendenz zur *laissez-faire*-Haltung sei „den Deutschen" eigen, wurde im umgekehrten Bild „der Ausländer" als moralisch repressiv bestätigt, das im schulischen Feld kursierte. Im Erleben der deutschen Mitschülerinnen hatten solche kulturalistischen Gegenbilder kein Pendant: Keine der deutschen Schülerinnen war in der Weise mit kritischen Fragen zur Entwicklung ihrer Geschlechterrollenidentität oder der Zugehörigkeit zu entweder dieser oder jener „Kultur" konfrontiert. Da auch der hegemoniale gesellschaftliche Diskurs die fremde Frau vorwiegend als bedauernswertes Objekt überholter Anstandsnormen und im Gegenentwurf die deutsche Gesellschaft als liberal und aufgeklärt konstruiert,[7] riskieren deutsche Mädchen, die mit ihren Eltern um die Gewährung längerer Ausgehzeiten feilschen, nicht, einer kulturellen Entfremdung verdächtigt zu werden; und Stubenhocker-Vorlieben oder extreme Schamhaftigkeit – die den Kulturdifferenz-Schemata entsprächen – dürften kaum zu Konflikten mit den Eltern führen.

Die ausländische Herkunft stand so für eine zusätzliche Konfliktebene, die nicht mit den alltagspraktischen Aushandlungsverfahren handhabbar war, derer sich deutsche Jugendliche bedienen konnten, um ihre Beziehungen mit den Eltern zu regeln. Das biographisch erworbene Wissen um diese speziellen Bedingungen verlangte spezifische Kompetenzen und bestärkte die Immigrantentöchter darin, sich in einer gemeinsamen Lage als different von „den Deutschen" zu verstehen. Der folgende Ausschnitt aus der bereits zitierten außerhalb des Schulunterrichts geführten Diskussion zwischen den fünf Mädchen erhellt die Logik der Unterscheidung. Zugegen war auch ein männlicher Mitschüler aus der 12. Jahrgangsstufe, Hashim. Im Alter von 13 Jahren war er aus dem Kosovo nach Berlin gekommen.

Sahar: „Es gibt ganz große Unterschiede zwischen uns und den Deutschen: Wie wir miteinander umgehen oder wie die Deutschen miteinander umgehen." [...]
Ratna: „Miteinander umgehen? Nein. Wie die aufwachsen, und wie wir aufwachsen, das ist unterschiedlich."
Sahar: „Unser Denken ist... also ich meine, zumindest *mein* Denken ist ganz anders als das eines Deutschen!"
[kleiner Tumult: Mehabad, Helena und Ratna protestieren gleichzeitig gegen Sahars aus ihrer Sicht viel zu pauschale Behauptung]
Helena: „Das kann ja Zufall sein."
Sahar: „Weil die Ausländer die gleiche Denkweise haben, und die Deutschen haben wieder eine ganz andere?! [...] Es kommt durch das Aufwachsen zuhause, die Eltern erziehen ihre Kinder ja auch ganz anders, finde ich. Ich wurde bestimmt ganz anders erzogen als eine Deutsche. [...]
Hashim: „Die Eltern, also ich rede jetzt von Ausländern, versuchen ja auch, den Kindern ihre Interessen weiterzugeben."
Ilona: „Kultur."
Hashim: „Ja genau, das ist es, glaube ich." [...]
Sahar: „Das kommt aber alles durch die Erziehung. [...] Wir leben in zwei verschiedenen Gesellschaften irgendwie, die arabische und die deutsche, und deswegen kann keiner von euch oder von uns typisch sein, weil [zu Helena gewandt:] du bist keine typische Griechin, und ich bin keine typische Araberin, weil ich nicht in dem Land aufgewachsen bin und nicht die Kultur miterlebt habe und ihr ganzes Denken."

Obwohl Sahars plakative Äußerung, dass „die Deutschen" und „die Ausländer" sich in ihrer Art des Umgangs und des Denkens unterscheiden würden,

---

7 Vgl. die Ausführungen hierzu im ersten Kapitel.

als zu grobes Klischee sofort Widerspruch in der Gruppe hervorrief, ließen im weiteren Verlauf der Diskussion alle ihre Aussage gelten, dass „die Deutschen" andere Erziehungsziele verfolgten als „die Ausländer", denen an einer kulturellen Kontinuitätswahrung gelegen sei. Eine solche kollektive Aussage zu treffen, galt nun nicht mehr als unzulässiges Stereotyp, sondern als der gemeinsame Nenner, auf den sich die parallelen Erfahrungen mit Eltern bringen ließ, die sich allesamt in einer kulturellen Diaspora sahen und daher besondere Verlustängste hatten.

Die Argumentationslogik der jungen Leute scheint widersprüchlich: Mit der Akzentuierung, die häusliche Sozialisation sei für die persönliche Entwicklung maßgeblich, wurde der These von kollektiven Merkmalen eigentlich eine Absage erteilt. Es wird jedoch die Existenz mustergültiger Entwicklungen in diesem Sinn angenommen, wenn Kinder in den gewissermaßen kulturell konsistenten Umgebungen ihrer Herkunftsländer zu „typischen" Vertretern der dortigen „Kultur" heranwachsen: Sahars Verwandte im Libanon sind für sie „typische Araber", ohne dass weitere, interne Diversifizierungen in Betracht gezogen werden müssten. Wäre Helenas Familie nicht nach Deutschland emigriert, wäre Helena eine „typische Griechin" geworden, heißt es in der Logik weiter. Im Vergleich zu solchen vermeintlichen Normalverläufen der Enkulturation bringt das Aufwachsen als Immigrantentochter in einer deutschen Großstadt Störfaktoren mit sich, und so „kann keiner von euch oder von uns typisch sein", meinte Sahar. Die Idee der nach nationaler Herkunft unterscheidbaren Kulturen wurde nicht zurückgewiesen. Sich selbst mochten die DiskussionsteilnehmerInnen aber nicht in der Weise auf vorgefertigte Kollektive festgelegt sehen.

In Sahars Erklärung, dass sie alle ja keine typischen Vertreter bestimmter Kulturen seien, da sie alle „irgendwie in zwei verschiedenen Gesellschaften leben" würden, klingt zwar ein gewisses Bedauern an. Letztlich sahen die meisten dieser Heranwachsenden aber eine positive Abweichung darin, sich nicht auch zu „typischen" Repräsentanten der familialen „Herkunftskulturen" entwickelt zu haben. Dass ihre MitschülerInnen nicht länger gegen den Gedanken einer kollektiven Differenz in Umgang und Denken protestierten, als Sahar mit ihrer argumentativen Abschwächung signalisierte, sie alle seien doch ohnehin keine „typischen" VertreterInnen der zuvor so rigoros entworfenen Unterschiede, reflektiert diesen Konsens.

Dass nicht eine spezifische national-kulturelle, ethnische oder religiöse Eigenart zum Angelpunkt der eigenen Verortungen wurde, sondern die gemeinsame Position „wir Ausländer" gewählt wurde, weist auf eine bemerkenswerte Strategie hin. Indem die jungen Frauen, wie im Übrigen auch viele ihrer männlichen Mitschüler aus Migrantenfamilien, sich auf diese Gemeinsamkeit verständigten, vollzogen sie eine Abgrenzung von den elterlichen Anpassungserwartungen, die ja stets *spezifischen* Traditionen der eigenen Herkunft galten. Die Grenze statt dessen pauschal zwischen „uns Ausländern" und „den Deutschen" zu ziehen, relativiert etwaige Besonderheiten der eigenen Herkunft und betont statt dessen die geteilte Lage im Zielland der Migration. Die

„Ausländer"-Kategorie erlaubt dabei, sich von Zuordnungen zu einer „Herkunftskultur" abzusetzen, ohne dass die Eltern in ihrer Sorge um das „Verdeutschen" der Kinder offen brüskiert würden.

Besonders deutlich wurde die zum Herkunftskontext hin abgrenzende Funktion des „Ausländer"-Attributs, wenn von Bekannten und Familienangehörigen in den Auswanderungsländern die Rede war. Sehr viel stärker noch als im Verhältnis zu den Eltern, das ja auch von Dankbarkeit und unmittelbarer Abhängigkeit geprägt war und sich im Raum der deutschen Großstadt ohnehin strategisch handhaben ließ, standen Entfremdungsgefühle im Vordergrund, wenn die „ganz anderen" Einstellungen und Lebensstile der nicht ausgewanderten Verwandten in den vielfach kleinstädtischen Milieus der einstigen Heimat der Familien Thema wurden.

Kaum sprachen die Jugendlichen und jungen Erwachsenen über die Emigrationsländer ihrer Familien, tauchten Begriffe auf wie „die andere Mentalität" oder „die Kultur und ihr ganzes Denken", die suggerieren, es gebe kollektive mentale Eigenarten, die auf Grund prägender Umgebungsvariablen in standardisierter Form ausgebildet würden. So wie Sahar von der Entwicklung „typischer" Repräsentanten mit konsistenten Identitäten, z.B. bei Arabern im Libanon, gesprochen hatte, aktivierten viele andere Jugendliche ebenfalls essentialistische Annahmen von unverändert tradierten Sitten und Gebräuchen, um die Andersartigkeit der Lebensumstände „dort", in der anderen Heimat der Familie, zum Ausdruck zu bringen. Die jungen Leute waren sich ihrer Distanz zu dem vermeintlich authentischen kulturellen Leben ihrer Verwandten bewusst. Gleichwohl ließen ihre Beschreibungen von den Diskrepanzen zwischen dem „typischen" Leben „dort" und dem eigenen Leben in Berlin zwiespältige Gefühle erkennen.

Einerseits stand „die Mentalität" im ehemaligen Herkunftsland der Familie für ein Mehr an menschlicher Wärme und einen eher gemächlichen Lebensrhythmus, der sich positiv vom Leben in Berlin unterscheide. Helena brachte das so zum Ausdruck, „dass in anderen Ländern die Mentalität eine ganz große Rolle spielt, und hier [...] ist es irgendwie kühler". Sahar, die bei der Äußerung zugegen war, pflichtete ihr mit Blick auf den Libanon spontan bei. Andererseits galt jedoch eben diese „typische" Mischung aus stärkerer sozialer Verbindlichkeit mit ihrem Mehrwert an „Wärme" oder Beschaulichkeit auch als ursächlich für bestimmte negative Seiten, nämlich ökonomische Schwäche, ein hohes Maß sozialer Kontrolle sowie eine generelle Unflexibilität der Lebensführung. Auch die Abwägung dieser Positiv- und Negativsalden konkretisierte sich für die weiblichen Adoleszenten darin, welche biographischen Entfaltungsmöglichkeiten es für Frauen gebe. Aus der oben bereits zitierten Gruppendiskussion:

Sahar: „Die Menschen dort sind ganz anders: freundlicher, netter. Geht man raus, sagt dir jemand ‚Guten Tag'. Nicht wie hier, wo du über die Straße läufst, und alle sind gestresst. Dort ist es eben nicht so. Es ist alles viel persönlicher dort, das Leben, die Atmosphäre... Wenn mich jemand finanziell absichern kann, würde ich vielleicht auch nach Libanon ziehen."

Hashim: „Die Länder, die wirtschaftlich schwach sind, sind immer an Religion gebunden, an Sitten und Traditionen; das ist eigentlich immer so."
Ratna: „Und deshalb weiß ich, dass ich da niemals zufrieden leben kann! Ich kann da vielleicht Urlaub machen, am Strand oder so. Und ich kann meine Verwandten dort zwei Wochen ertragen mit ihren Weltanschauungen; und ich weiß, dass diese Weltanschauungen, die die haben, das Krasseste sind!"
Hashim: „Das ist ja das Problem."
Ratna: „Sie akzeptieren *gar nichts*, was hier passiert, und sie stellen es auch alles in ein schlechtes Licht, richtig krass. Ich kann mich überhaupt nicht mit meinen Leuten dort verständigen; meine Verwandten sind auch zum Teil sehr konservativ. Für mich ist Berlin mein Zuhause, weil ich mich hier wohl fühle, und ich kann mir hier die Leute aussuchen." [...]
Ilona: „Was mich da ankotzt, schon bei meinen Eltern, aber vor allem, wenn wir da drüben sind, dann heißt es, kaum bin ich jetzt 17-18, ‚und was machst du so?'. Und wenn ich dann sage ‚Schule, Abitur', dann fragen die ‚wozu brauchst denn *du* das?' Ob Familie oder Bekannte, die meinen, ‚du bist doch eine Frau, wirst später Kinder haben und bist schon 18, such dir mal langsam einen Freund!' Bei uns ist es so: Wenn man mit 25 noch nicht verheiratet ist, nennt man das ein altes Mädchen!" [...]
Ratna: „Bei mir fragen sie auch schon immer, ob ich es noch nicht zur Ehe ‚geschafft' habe – dabei bin ich doch erst 18!"

Dass die Verwandtschaft in den Herkunftsländern nur besuchsweise erträglich war stand mit einem Korsett an fixen Ideen zur Normalbiographie in Verbindung: Die Auffassungen davon, wann geheiratet werden müsse und ob ein Mädchen überhaupt eine schulische Ausbildung brauche oder nicht, seien ebenso starr und unerschütterlich wie die negativ verzerrten Vorstellungen vom Leben in Deutschland, so Ratna. In ihrer Äußerung, sie könne wegen der schlechten Meinungen ihrer Verwandten über Deutschland keine heimatliche Gefühle für „ihre Leute" in Sri Lanka hegen, drückt sich zugleich ein Identifikationsdilemma aus: Nicht so einen beschränkten Horizont zu haben wie die Verwandten ohne Migrationserfahrung, scheint sich allein dem glücklichen Zufall der elterlichen Emigration zu verdanken. Nach der eigenen Logik der authentischen Kultur mit ihrem Konservatismus „dort" wäre Ratna so borniert geworden, wie sie die ‚Hinterbliebenen' nun wahrnahm, denn Erziehung und eine konsistente gesellschaftliche Umgebung galten in dem Kreis doch als ursächlich für die Ausprägung von kulturellen Differenzen mit starren „Mentalitäten". Dass die Eltern sich nun im heimischen Berlin ausgerechnet für die Bewahrung von Traditionen stark machten, die im Originalkontext so einschränkende Wirkung zeitigten, löste Befremden aus.

Mit Ausnahme von Sahar[8], die hier primär das Problem der finanziellen Absicherung als Manko veranschlagte und sich wegen der ansonsten angeneh-

---

8 Dass Sahar sich in dieser Hinsicht zurückhielt, kann damit in Zusammenhang stehen, welche familiären Konflikte sie bei der Eheschließung ihrer älteren Schwester im Jahr zuvor miterlebt hatte. Sahars Schwester hatte sich in Berlin in einen Gleichaltrigen albanischer Herkunft verliebt, der zwar auch Muslim war, wegen seiner andersnationalen Herkunft von den Eltern aber als Ehepartner abgelehnt worden war; das Gleiche galt umgekehrt in der albanischen Herkunftsfamilie des Bräutigams, die für den Sohn keine Frau palästinensischer Herkunft akzeptieren wollte. Das junge Paar setzte sich gegen den Wunsch beider Familien

men Atmosphäre ein Leben im Libanon durchaus vorstellen konnte, äußerten die Anderen in der Runde, auch erhebliche Schwierigkeiten mit der allzu festen Vorstellung von dem „normalen Leben" zu haben, die ihnen in der einstigen Heimat ihrer Eltern und Großeltern entgegenschlug.[9] Die Äußerungen von Ratna und Ilona machen nun deutlich, dass sie diese Normativität kulturell definierter Ansprüche als junge Frauen in besonderer Weise ‚am eigenen Leib' erfuhren. Auch der männliche Diskussionsteilnehmer in der eben zitierten Runde, der 20jährige Hashim, wusste von Verständigungsproblemen zu berichten, die ihm vor Augen führten, dass die acht Jahre zurück liegende Emigration aus dem Kosovo seine persönliche Entwicklung stark beeinflusst habe:

„Wir leben hier in Deutschland und sehen viele Sachen anders. Wenn ich versuche, das drüben zu machen, dann kommt immer: ‚Nee, wir machen das nicht, das passt nicht zu uns, ist nicht unsere Tradition und Kultur, das ist eine Ehrensache, macht man nicht so.' [...] Das Leben in Deutschland hat mir schon ein anderes Denken gegeben. Wenn ich mir vorstelle, ich wäre im Kosovo aufgewachsen, da würde ich eine ganz andere Vorstellung von der Welt haben, auf jeden Fall! Die Leute denken dort ganz anders."

---

    durch, heiratete und bekam ein Kind. Sahar hatte bei all dem zum Einen die Erfahrung gemacht, dass die „krassen Weltanschauungen", die Ratna oder Ilona so eindeutig in der alten Heimat ihrer Familien verorteten, auch in Berlin eine Rolle spielen konnten, sobald es ums Heiraten ging. Zum Anderen konnte sie die Widerstände ihrer Eltern gegen die ‚gemischte Ehe' der Schwester inzwischen in Teilen nachvollziehen und hatte daher weniger Kritik an deren normativen Überzeugungen: Nach der Hochzeit war Sahars Schwester mit ihrem Ehemann in das Berliner Mietshaus eingezogen, in dem auch seine Eltern lebten. Das mittlerweile geborene Kind des jungen Paares wurde daher tagsüber oder, wenn die jungen Leute abends ausgingen, regelmäßig von seiner albanischsprachigen Großmutter betreut. Sahars Schwester und ihr Mann sprachen miteinander und mit dem Kind deutsch, so dass Sahars Eltern oder auch sie selbst sich mit ihrem Enkelkind bzw. Neffen nicht in arabischer Sprache verständigen konnten. Sahar kam mit der Situation zurecht, da sie selbst besser deutsch als arabisch sprach. Sie konnte aber gut verstehen, dass es für ihre Eltern einen schmerzlichen Verlust bedeutete, mit Enkelkind und Schwiegersohn nur gebrochen in einer fremden Sprache kommunizieren zu können. Sie kommentierte das Ganze so, dass diese Heirat ihrem Vater das Herz gebrochen habe.

9 Ich lernte ein einziges Mädchen aus einer türkischen Familie kennen, das 1996/ 97 die 9. Klasse besuchte und seine Unlust am Schulbesuch auch selbst damit begründete, dass das alles doch ziemlich überflüssig sei. Sie würde ja bald heiraten *wollen* und vielleicht nebenher noch ein wenig als Kindergärtnerin arbeiten. Mit dieser Einstellung stieß sie unter ihren Freundinnen auf Unverständnis. Auch diejenigen, die sich im Unterricht ähnlich unmotiviert zeigten, waren sich dennoch des Werts einer abgeschlossenen Schulbildung bewusst, um z.B. biographische Wünsche wie die Tätigkeit als Kindergärtnerin überhaupt realisieren zu können.

Im Unterschied zu den jungen Frauen, die sich zu persönlichen Rechtfertigungen für ihre Bildungsambitionen genötigt sahen und denen das Schicksal eines „alten Mädchens" in Aussicht gestellt wurde, falls sie nicht bald heirateten, zeigte Hashim aber größere Gelassenheit. Zwar wurde auch er bereits von seinen kosovarischen Verwandten gefragt, wann man seine Hochzeit feiern könnte. Dass er zunächst seine Ausbildung abschließen wollte, um dann auch in der Lage zu sein, eine Familie zu ernähren, rang ihnen aber in erster Linie Respekt vor einer so verantwortungsvollen Einstellung ab. Hashim wurde daher nicht weiter unter Druck gesetzt, sich auf Brautschau zu begeben. So kommentierte er denn auch in relativ abgeklärter Weise, dass Religion, Sitten und kulturelle Traditionen in wirtschaftlich schwachen Ländern „eigentlich immer" eine größere Rolle spielten. Die weiblichen Diskussionsteilnehmerinnen, die denselben Konnex herausstellten, interpretierten den sozialen Druck, der im Gewand des herkunftskulturellen Bewahrungsdiskurses auf sie ausgeübt wurde, deutlich weniger distanziert. Für sie stellte es eine konkrete Forderung an die eigene Lebensführung dar, der sie sich in Deutschland würden entziehen können, wo die soziale Möglichkeitsstruktur Alternativen zum Lebensentwurf der Verwandten bot und man sich „die Leute aussuchen kann", wie Ratna formulierte.

Zusammenfassend fällt bei den geäußerten Auffassungen über kulturelle Differenzen auf, dass die jungen „AusländerInnen" zwar darauf bedacht waren, für sich selbst keine schematischen Zuordnungen zuzulassen, dass sie die Herkunftskontexte ihrer Familien aber durchaus stereotyp und statisch konstruierten: Nicht nur ihren eigenen Eltern sprachen sie die Fähigkeit ab, kontroverse Fragen zu diskutieren oder Kompromisse zu finden; so wie sie diese an konventionellen Vorstellungen von dem, was „normal" und angemessen sei, festhalten sahen, repräsentierten aus ihrer Sicht auch die Gesellschaften, die die Familien hinter sich gelassen hatten, eine Unbeweglichkeit in Gestalt „der" anderen „Mentalität". Diese wurde gelegentlich in sozial-romantischen Wendungen als emotional wärmend einem deutschen Klima aus Stress und sozialer Kälte gegenüber gestellt. Sie taugte aber kaum als identifikative Ressource für das eigene Leben. Vielmehr wurde „die andere Lebensart" mit dem Preis von Irrationalität in Verbindung gebracht, mit einer Unfähigkeit, die eigenen Vorstellungen durch andere Perspektiven zu relativieren oder Alternativen zu gewohnten Handlungsmustern zuzulassen; zudem mit einer ökonomischen Schwäche, die aus unzeitgemäßen Traditionen resultiere:

Hashim: „Mein Vater verlässt sich immer noch auf das Wort. Das ist traditionell. Und ich sage ziemlich oft zu ihm, ‚wenn du was abschließt, dann mach es mit Vertrag oder so, schriftlich jedenfalls'. Mündlicher Vertrag ist immer schlecht. [...] In Jugoslawien würde man vielleicht sagen, ‚bringe ich dir morgen, den Krankenschein', aber hier ist eine große Stadt, da geht das nicht. Hier muss man organisieren, und hier kannst du nicht einfach so jemandem Vertrauen schenken. In einer kleinen Stadt funktioniert das anders, so 50.000 Leute, jeder kennt jeden, aber hier ist es anders. Und ich glaube, die anderen Menschen hier, die aus Südeuropa kommen, sind nicht daran gewöhnt, müssen den neuen Lebensstil erst lernen."

Ilona: „Hier ist alles geregelter und sicherer, irgendwie auch realistischer. [...] Man merkt das vor allem, wenn man zurückkommt. Die Eltern von meinen Eltern waren ja auch in Deutschland und sind dann zurück, und das sind da noch immer ‚die Deutschen'. Das wird irgendwie auch hochgestellt [...] Manchmal kommen wir da hin, und die Leute [...] denken echt, hier wachsen die 100-Mark-Scheine auf den Bäumen, ehrlich! Hier muss man ja genauso arbeiten, nur die wirtschaftliche Situation ist viel stabiler als jetzt zum Beispiel in Kroatien [...], aber das können die gar nicht begreifen. Die denken, wir sind reiche Schweine, [...] und für uns ist hier alles offen. Ich meine, viele Wege *sind* offen, aber du musst auch was dafür tun."

Obwohl die allseits behaupteten kulturellen Unterschiede zwischen „Deutschen" und „Ausländern" – oder ‚Südländern', wie es hier sinngemäß hieß, – von den Diskutanten als Ergebnisse eines sozialen Lernens in den Familien aufgefasst wurden, das von Faktoren der umgebenden Gesellschaft mit beeinflusst sei, betrachteten sie das dynamische Veränderungspotenzial, das sich in den Distanzierungen ihrer eigenen Entwicklungsprozesse zeigte, als ein Spezifikum der Moderne, das in den Auswanderungsregionen nicht zu beobachten sei. Realismus, klare Regelungskonzepte, die Verfahrenslogik und das reelle Leistungsdenken einer funktional differenzierten Gesellschaft machen den „neuen Lebensstil" aus, den „Südeuropäer" nach Ansicht Hashims hierzulande erst lernen könnten bzw. müssten. Den Bekannten und Verwandten in der anderen Heimat sprachen die jungen Leute die Fähigkeit, in ihrer Lebenswelt einen sozialen und Einstellungswandel zu vollziehen, hingegen nicht zu. Dass die Verbindlichkeiten der „anderen Lebensart" dort ebenso in Fluss, sprich eventuell im Schwinden begriffen sein könnten, hieße freilich auch den möglichen Verlust des pittoresken und wohltuenden Urlaubsambientes und damit der positiven emotionalen Ressourcen, die sich aus der Zurechnung zu der „anderen Kultur" gewinnen ließen.

Diese ambivalente Perspektive erinnert nicht zufällig an die stereotypen Konstruktionen des exotistischen Blicks auf die außereuropäische Welt und insbesondere an das fiktive Bild vom „Orient", den europäische Orientalisten als den mysteriösen, von Traditionen bestimmten und weitgehend unveränderlichen Gegenpol entwarfen, neben dem die westliche Zivilisation als Inbegriff dynamischer Entwicklung erschien (Said 1978; vgl. Koebner/Pickerodt 1987; Rodinson 1988; Kabbani 1988 und 1993; Budde/ Sieverich 1989; Lutz 1991). Die Narrative der zitierten Jugendlichen reproduzierten unzweideutig eine dominante Klassifikationsrhetorik, die Orientalismen fortschreibt und deren implizite Thesen auch in der Schule kommuniziert wurden. Die dichotome Konstruktion des um den Preis der sozialen Kälte hoch entwickelten und wohlhabenden Nordens vis-à-vis des auf Grund seiner anderen Handlungslogik zurückgebliebenen und verarmten „Orients" hatten die Töchter und Söhne der Einwanderer offenbar weitgehend verinnerlicht und wandten sie in der Narration von differenten Kulturen auf die Herkunftsländer ihrer Familien an.

Waren die Heranwachsenden, wenn sie solchen Interpretationsschemata folgten, also in dem Prozess begriffen, den ihre Eltern als das „Verdeutschen" der Nachkommen fürchteten? Der Unmut, den Ratna darüber äußerte, dass die aus ihrer Sicht „krass konservativen" Verwandten in Sri Lanka „gar nichts akzeptieren", was in Deutschland passiere, sondern alles in ein schlechtes Licht rücken würden, ist instruktiv. Ratnas Ärger über die mangelnde Kenntnis und das fehlende Interesse der tamilischen Verwandtschaft an ihrem Leben in Deutschland weist auf die Identifikation zumindest mit Teilen dessen hin, was für sie als „deutsch" firmiert. Ratna vertrat diese Haltung besonders vehement. Auch sie assoziierte eine emotionale Wärme mit den Orten und Menschen ihrer frühen Kindheit auf Sri Lanka, lehnte deren Ansprüche, sie mit kulturell begründeten Auffassungen auf bestimmte Normen vom richtigen Leben zu verpflichten, aber rundweg ab.

Komplementiert wurde die ablehnende Haltung zu Verhaltensnormen, die den Jugendlichen von familiärer Seite als Ausdruck kultureller Identifikation abverlangt wurden, durch Differenz-Theoreme, die in der Schule kursierten. Auch die Schule konfrontiert Heranwachsende ja (ihrem Auftrag entsprechend) mit erzieherischen Anliegen.[10] Obwohl das Ideal hierbei vorsieht, dass Schule und Elternhaus bei der Sozialisation der kommenden Generation an einem Strang ziehen, schafft die schulische Situation stets auch einen Anpassungsdruck eigener Art, denn die Erwartungen orientieren sich per Definition an anderen Voraussetzungen als diejenigen von Eltern. Eine Diskrepanz zwischen öffentlichen und häuslichen Sozialisationsnormen ist insofern regelmäßig anzunehmen und keinesfalls spezifisch für die Situation von Kindern und Jugendlichen aus migrantischen Elternhäusern. Viele der Berliner Jugendlichen ausländischer Herkunft spitzten die Inkongruenz von Ansprüchen in Elternhaus und Schule dennoch als besonders zu. In ihrem Fall würden die beiden lebensweltlichen Sphären von Familie vis-à-vis Schule nicht nur unterschiedlich gewichteten Prinzipien gehorchen, sondern geradezu Pole gegensätzlicher Erwartungen bilden. In ihrem Berliner Alltag stelle sich praktisch eine Erwartungsdiskrepanz von Elternhaus und Schule dar, zwischen denen *sie* zu vermitteln hätten, ohne dass die weiteren Akteure vermittelnde Perspektiven anböten.

Der Beitrag der schulischen Interaktionen zu dieser Erfahrung wird im Folgenden mit Blick auf die soziale Organisation des Wissens und deren Implikationen für die Deutung der „Herkunftskulturen" beleuchtet. Auf die Frage,

---

10 Verglichen mit den Konzeptionen in anderen Ländern gehen in der Bundesrepublik Deutschland die Vorstellungen davon, welche Relation und Art der Arbeitsteilung zwischen Schule und Elternhaus herrschen sollten, um den angestrebten Bildungs- und Erziehungserfolg der Kinder sicherzustellen, relativ weit in Richtung einer symbiotischen Kooperation. Die verhältnismäßig hohen Erwartungen an die häusliche Sphäre tragen dazu bei, dass es auch verhältnismäßig schnell zu Überforderung und Frustrationen bei den schulisch Verantwortlichen kommt, wenn die Voraussetzungen sich als suboptimal erweisen. Außerdem bietet sich ihnen zur Entlastung von eigener Verantwortung (zusätzlich zu Diagnosen von fehlender Begabung u.ä.) das Argument des Versagens im Elternhaus an, wenn SchülerInnen stören oder an den gegebenen Leistungszielen scheitern (vgl. Enders-Dragässer 1991a und b; Trömel-Plötz 1991; Norman 1997; Mannitz 2002b).

in welcher Weise die Heranwachsenden sich in dem so vorstrukturierten *setting* identifikatorisch verhielten, komme ich nach der zusammenfassenden Beschreibung des schulischen Diskursfeldes zurück.

Diskursstrukturen in der Schule

Im Unterschied zum familiären Anpassungsdruck, der sich den Jugendlichen vor allem als emotional begründete Verpflichtung zur Fortführung des elterlichen Lebensmodells darstellte, stehen schulische Anpassungserwartungen ausdrücklich im Kontext eines gesellschaftlich formulierten und somit seinem Anspruch nach verallgemeinerbaren Sozialisationsanliegens. Sie sind damit einerseits Teil einer größeren Diskursordnung, die in Gestalt der Kodifizierung dessen fassbar wird, was zu einer bestimmten Zeit allgemein für relevantes Wissen gilt und als solches in Lehrpläne und Schulbücher eingeht;[11] andererseits bietet die Schule eine besondere Gelegenheitsstruktur zur Reflexion, d.h. die Gelegenheit, sich mit den Vorgaben und Anforderungen in rationalen Verfahren auseinanderzusetzen. Die Schule vertritt ihre Agenda insofern mit einer anderen Macht, bietet aber in ihren sozialen Vermittlungspraxen auch andere Handlungs- und Emanzipationsspielräume als die von Loyalitätsanforderungen und emotionalen Bindungen – ob im Guten oder im Schlechten – bestimmte Familie. Sichtbar wird diese prinzipielle Differenz beispielsweise in der Reichweite des schulischen Instrumentariums an positiver wie negativer Sanktionierung: Durch die Vergabe von Zeugnisnoten und Examina, deren Zweck es ist, die Standards abzubilden, nach denen die weitere Gesellschaft Leistungen evaluiert und Möglichkeiten distribuiert, entscheiden die Handlungsbevollmächtigten in der Schule in ganz erheblichem Maße mit über die biographischen Chancen der ihnen anvertrauten Schülerinnen und Schüler.

Der Schnittstellen-Charakter, der die Schule zwischen den Einzelnen und der umgebenden sozialen Ordnung vermitteln lässt, kommt auf verschiedenen organisatorischen und diskursiven Ebenen im Schulalltag zum Ausdruck. Um deren praktisches Zusammenwirken zu beleuchten, lohnt es, zwei wesentliche normative Diskursebenen im schulischen Feld zunächst getrennt voneinander

---

11 Jede Kodifizierung ist ein jeweils vorläufiger und damit relativer Akt der ‚Feststellung': Als Gegenstände einer gesellschaftlichen „Diskursdynamik" (Höhne 200: 41) sind auch Lehrpläne, Rahmenrichtlinien und Schulbücher Ausdruck von zeitlich, sozial und politisch kontextualisierten Verständigungsprozessen um das, was zu einem bestimmten Zeitpunkt als relevantes Wissen, angemessenes Vokabular und das richtige Präsentationskonzept durchsetzbar ist. Dem liegen divergierende Interessen, Machtentscheidungen und Konkurrenz um die Beeinflussung dessen zu Grunde, was in den Fundus der hegemonialen Wissensvermittlung eingestellt werden soll und was nicht. Schulbücher sind in diesem Sinne immer Medien eines interessegeleitet selektiven Wissens, das rekonstruktiv analysiert werden kann (vgl. Huisken 1982; Jeismann 1984; Johnsen 1992a und b; Jacobmeyer 1994; Blankertz 2000; Höhne 2000; Bertilotti/Mannitz/Soysal 2005).

zu betrachten, die vorstrukturierende Ebene der Bücher und die kommentierende der pädagogischen Akteure. Für die Fragestellung des Kapitels sind sie als systemische Umstände relevant, in denen die identifikatorischen und abgrenzenden Interaktionen der fokussierten Heranwachsenden situiert waren.

Narrationen der Bücher
Inhalt und Präsentationsformen von Schulbüchern sind für die Evaluationsforschung zur politischen Sozialisation generell bedeutsam: Kinder und Jugendliche lernen mit Hilfe von Schulbüchern Grundzüge des Selbstverständnisses der umgebenden Gesellschaft als Teil eines *strukturierten* Diskurses kennen. Es beeinflusst den Identifikationsprozess der Heranwachsenden nicht rein zufällig, sondern soll diese Wirkung erzielen, sich in der Darstellung der Schulbücher als Mitglieder einer bestimmten Gruppe wiederzuerkennen. Zu diesem Geschehen gehört die Entwicklung eines Bewusstseins von Eigenem und Anderem ebenso wie die Spiegelung des Fremdbildes, d.h. von Anderen ebenfalls in einer bestimmten Weise als different wahrgenommen zu werden (Turner et al. 1994; Graumann 1999). Heranwachsende lernen in diesen Repräsentationen, als was sie sich in der Gesellschaft, in der sie leben, begreifen und darstellen können, um verstanden und akzeptiert zu werden bzw. ihre Anliegen erfolgversprechend vorzubringen: Wann ist es angebracht, sich als freies Individuum mit bestimmten Persönlichkeitsrechten zu positionieren? Welche Interessen lassen sich gemeinhin eher als geschlechtsspezifische vertreten? Was zeichnet dem herrschenden Verständnis nach die Mitgliedschaft in der Nation aus, was die Zugehörigkeit zu einer Religion, oder die zu einer als kulturell oder ethnisch klassifizierten Gruppe? Solche Unterscheidungen vornehmen zu lernen, ist Teil eines jeden Sozialisationsprozesses, denn ohne Kenntnis der vorhandenen Konstruktionen von Kollektiven und deren Grenzen, könnte die Idee der Sozialität weder individuelles noch gemeinschaftliches Handeln beeinflussen – in welcher Weise auch immer (vgl. Krappmann 1993).

Da die allgemeinbildenden Schulen der heranwachsenden Generation die Grundsätze der sozialen und politischen Ordnung nahebringen sollen, müssen die Ideale zum Verhältnis von Staat und bürgerlicher Öffentlichkeit, von individuellem Interesse und Gemeinwohl, aber auch von der Mehrheit zu Minderheiten in der Schule vorgetragen werden. Der Diskurs der Schulbücher ist für die Vermittlung solcher normativen Entwürfe von herausragender Bedeutung, denn er bewahrt Hegemonialwissen in konzentrierter Form auf (vgl. Höhne 2000: 3, 16 ff.). Es enthält Konzepte davon, wodurch ‚wir' uns auszeichnen und von Anderen unterscheiden wollen, wie der ideale Bürger sich verhalten sollte, wie Interessen artikuliert und Konflikte gelöst werden sollten, welche Spielräume und Grenzen es dabei zu beachten gilt. Die Bücher machen auf vergröbernde Weise deutlich, welche sozialen Gruppen im gesellschaftlichen Leben was für eine Rolle spielen (sollen), kurz, was das eigene Land und seine Leute von anderen unterscheidet. Dass diesbezügliche Darstellungen das Möglichkeitsspektrum didaktisch vorstrukturieren, in dem Kinder und Jugendliche ihre Subjektpositionen einnehmen, ist evident. Besondere Implikationen lässt der Schulbuchdiskurs aufgrund dessen für Angehörige minoritärer Bevölkerungsteile erwarten:

„Wenn man davon ausgeht, dass Schulbücher ein soziokulturelles Wissen repräsentieren, in dem eine nationalstaatliche Gesellschaft sich selbst idealtypisch beschreibt, dann ist die Untersuchung der Beschreibung und Positionierung von Minderheiten besonders interessant. Wie werden sie im Vergleich zur ‚Mehrheitsbevölkerung' dargestellt? Welche Besonderheiten und Differenzen werden hervorgehoben?" (Höhne 2000: 29)

Um in Erfahrung zu bringen, welches sozialkulturelle Wissen über einwanderungsbezogene Themen als idealtypisch eingeführt gilt, lassen sich in Unterricht und Büchern grob vier Zugänge unterscheiden: Das ist erstens die Thematisierung von Migration(en) und den sie motivierenden *push*- und *pull*-Faktoren im Allgemeinen; zweitens ist es die konkrete Einwanderungsgeschichte in das Territorium, das heute als ‚unser' Land gilt, sei es als Geschichte vergangener Jahrhunderte oder als Zeitgeschichte bei den neueren Migrationsphänomenen; drittens die Darstellung solcher Länder und ihrer Bevölkerungen, die als Herkunftsländer und – je nach Art der Präsentation – Herkunfts*kulturen* der hiesigen Einwanderergruppen von Bedeutung sind (in Fächern wie Weltkunde, Erdkunde oder Wirtschaftsgeographie); und schließlich viertens die Darstellung von gesellschaftlicher Pluralität einschließlich der durch Immigrationen induzierten als Teil des sozialkundlichen Unterrichts.

Wie stand es um diese Darstellungen in den vor Ort eingesetzten Schulbüchern? Zur Verblüffung der Autorin tauchten die Einwanderer der vergangenen Jahrzehnte und ihre Nachkommen dort fast nicht auf. Für die Frage nach dem herrschenden Schulbuchdiskurs zur Einwanderung, zur Bewertung der Präsenz von Bevölkerungsteilen ausländischer Herkunft und der Zurechnung kultureller Differenzthesen erwiesen sich die Geschichts-, Geographie- und Sozialkundebücher dennoch und über die beredte Lücke hinaus als informativ. Das Konzept von der kulturellen Andersartigkeit der Bevölkerungsmitglieder, die als „Gastarbeiter" oder „Ausländer" bezeichnet waren, fand sich *en passant* und als quasi selbstverständliche *Prämisse* in vielen Büchern, ohne dass das Einwanderungsgeschehen selbst oder die resultierende gesellschaftliche Veränderung sonderliche Aufmerksamkeit erfahren hätten.

Es würde zu weit führen, an dieser Stelle ausführliche Synopsen zu den genannten vier Ebenen des Themas mit detaillierten Schulbuchanalysen einzuschieben. Wollte man diesen Aspekt umfassend bearbeiten, würde dazu eine genaue Analyse beispielsweise auch der Darstellungen der sogenannten Völkerwanderung in unterschiedlichen Geschichtsbüchern zählen. Auch die vergleichende Sichtung von Bewertungen der unterschiedlichen historischen Migrationsphänomene wäre aufschlussreich für die Einschätzung dessen, was Schülerinnen und Schülern als ‚unser' Territorium, Kollektiv usw. nahegebracht wird: Wer waren jeweils die angestammten Ansässigen, wer die Eindringlinge, und was geschah in Folge der jeweiligen Wanderungen? Was motivierte Emigrationen im Laufe der Geschichte, und was haben sie bewirkt? – Obwohl davon ausgegangen werden kann, dass auch die Konnotationen, mit denen verschiedene historische Aus- und Einwanderungen in den einschlägigen Darstellungen versehen sind, mit in den Wissensvorrat eingehen, der heutige Wanderungsphänomene deuten und bewerten lässt, beschränke ich mich im Folgenden auf den Schulbuchdiskurs zum zeitgenössischen Migrationsgeschehen, da es die Fragestellung der Untersuchung unmittelbar betrifft.

Ein aussagekräftiges Beispiel für den allgemeinen Tenor zu der Thematik bietet das Buch, das in der Berliner Schule für den Unterricht in Zeitgeschichte eingesetzt wurde.[12] Darin findet sich im zeithistorischen Band, d.h.

---

12 Generell erlaubt die besondere Fächer-Vielfalt des föderalen bundesdeutschen Schulsystems mit seiner Fülle an zugelassenen Lehrmaterialien keinen Zugriff, bei dem ein einziges Schulbuch als repräsentativ vorgestellt würde. Es liegen allerdings sowohl internationale Vergleichsstudien als auch bundesdeutsche Querschnittsanalysen vor, deren Desiderate es erlauben, die Bücher, die an der Berliner Schule zum Einsatz kamen, in eine größere Diskursordnung einzustellen. Im Blick auf die Darstellung von anderen Ländern, differenten Kulturen und der Migrantenbevölkerung wurden deren Aussagen in jüngster Zeit gut aufgearbeitet. Inhaltliche Schulbuchanalysen werden seit langem unter Ägide des Georg-Eckert-Instituts für Internationale Schulbuchforschung in Braunschweig durchgeführt. Darüber hinaus haben sich einzelne Forschungsprojekte immer wieder mit dem Gesichtspunkt der Selbst- und Fremdbildkonstruktion in Schulbüchern befasst. Das Georg-Eckert-Institut führte Ende der 1990er Jahre ein Projekt zu den „Darstellungsweisen fremdkultureller Sachverhalte in deutschen Unterrichtsmedien" durch (Stöber 2001). An international vergleichenden Analysen von Schulbuchdiskursen ist neben der unsrigen im Forschungsprojekt „State, School, and Ethnicity" (Schiffauer et al. 2002 und 2004) auch ein Vergleichsprojekt zu den Veränderungen kollektiver Identitätsentwürfe in den Schulbüchern und Lehrplänen mehrerer Länder Europas seit den 1950er Jahren zu nennen, das vom britischen Economic and Social Research Council im Forschungsprogramm „One Europe or Several?" 1999-2002 durchgeführt wurde: „Rethinking Nation-State Identities in the New Europe: A Cross-National Study of School Curricula and Textbooks" (vgl. Bertilotti/Mannitz/Soysal 2005). Zu nennen ist außerdem die von der VolkswagenStiftung finanzierte Studie „Bilder von Fremden" zur Darstellung von Migration und kultureller Differenz der (insbesondere türkischen) Arbeitsimmigranten in deutschen Schulbüchern (Höhne/Kunz/Radtke 2000). Eine von der Bertelsmann-Stiftung getragene Recherche zur „Bildung für die Einwanderungsgesellschaft" an der Pädagogischen Hochschule Freiburg arbeitete von 2002-2004 einen internationalen Vergleich pädagogischer Konzepte aus, bei dem der Status von Menschenrechtserziehung, Anti-Diskriminierung und Anti-Rassismus in Schulbüchern bewertet und *best-practice*-Empfehlungen erarbeitet wurden (Hormel/Scherr 2004). Die Bilanz der Forschungen bescheinigt vielen deutschen Schulbüchern einen kulturalistisch verengten Blick auf Migration und die durch sie bedingten sozialen Veränderungen. Im Licht internationaler Vergleiche mit anderen europäischen Zielländern der Arbeits- und postkolonialen Immigrationen seit Ende des Zweiten Weltkriegs wird deutlich, dass das langjährige politische Credo, die Bundesrepublik sei kein Einwanderungsland, eine Mischung aus Konzeptionslosigkeit und Ignoranz auf der einen Seite und, in

zur Geschichte des 20. Jahrhunderts, für die 9./10. Klasse eine kurze Passage über die Einwanderung in die Bundesrepublik Deutschland, in der es um einen Anstieg der Flüchtlingseinwanderung geht. Thematisiert wird dies neben Umweltverschmutzung und wirtschaftlicher Rezession als ein Teil der „Probleme, vor denen die Politik in den achtziger Jahren stand" (Ebeling/Birkenfeld 1991, Bd. 6: 109).[13]

Der Zugang ist in mehrfacher Hinsicht bezeichnend: Im selbstreferentiellen Diskurs, wie er in den verwendeten Schulbüchern repräsentiert ist, stellt die Einwanderung der letzten Jahrzehnte erstens keinen für die bundesdeutsche Zeitgeschichte wesentlichen Aspekt dar; der Beitrag der Arbeitsimmigranten, sei es zur ökonomischen Leistung oder auch zur gesellschaftlichen Entwicklung der Bundesrepublik, findet in den Geschichts- und Sozialkundebüchern kaum Erwähnung. Wird die Einwanderung seit den 1960er Jahren thematisiert, dann zweitens vorwiegend als Ursache von Problemen, als zusätzlich auftretende Schwierigkeit und Belastung in Gestalt von sprachlichen und kulturellen Barrieren, erhöhtem Druck auf Wohnungs- und Arbeitsmärkte oder gar eines wachsenden Rechtsradikalismus, der unterschwellig der Präsenz von Immigrantengruppen angelastet wird, welche „Probleme bei der Eingliederung" verursachen würden (ebd.). Insgesamt verdichtet sich ein Bild von Immigration als schierer Last.

Zuspitzung erfährt die Darstellung durch kategoriale Unterscheidungen von „Gastarbeitern", „Zuwanderern" oder „Ausländern" auf der einen Seite und „Deutschen" auf der anderen, die einander in teils suggestiver Weise als Konkurrenten um Ressourcen gegenüber gestellt werden. In dem bereits zitierten Geschichtsbuch finden sich hierfür mehrere Beispiele, etwa wenn zu Ausführungen über die prognostizierte Bevölkerungsentwicklung in Deutschland die „Kinder unter 15 Jahren" als abnehmende, dagegen „Alte ab 65 Jahren" und „Ausländer" als rapide ansteigende Gruppen zueinander ins Verhältnis gesetzt werden (ebd.: 108). Die Überlegung, dass viele dieser sogenannten

---

Reaktion auf die kritische Diagnose von Versäumnissen, einen kaum weniger problematischen wohlmeinenden Kultur-Relativismus auf der anderen Seite befördert hat. Das Paradigma der Kulturdifferenz der Immigranten ist dabei durchgängig.

13 Diese Schulbuchserie ist überregional recht erfolgreich. Sie ist seit Jahrzehnten am Markt und wird in vielen Bundesländern genutzt, was sich an den Auflagenzahlen und Akkreditierungen der Länder ablesen lässt. Letztere liegen im Georg-Eckert-Institut in Braunschweig zur Einsicht vor. Angesichts der knappen Budgets für Lehr- und Lernmittel dürfte die Beliebtheit der Serie mit darin begründet liegen, dass sie verhältnismäßig preiswert ist, weil bei den Nachauflagen auf sorgfältige Überarbeitungen verzichtet wird. Das ergab meine Sichtung verschiedener Auflagen aus einem Zeitraum von vier Jahrzehnten. Die Konzeption der thematischen Präsentation wurde über Zeit kaum verändert, Aktualisierung als schlichte Ergänzung gehandhabt. Damit fällt die Serie qualitativ deutlich gegenüber manch anderen ab. Deutsche Schulbuchverlage produzieren auch hervorragende, von internationalen Gremien ausgezeichnete Schulbücher, deren Marktanteile aber leider oft gering sind.

„Ausländer" unter beizeiten an die veränderte Demographie angepassten Bedingungen des deutschen Staatsangehörigkeitsrecht gar keine wären, habe ich auch bei breiteren Analysen von Schulbüchern jenseits der in dieser Berliner Schule genutzten nicht gefunden. Vielmehr unterstellt die übliche Darstellung eine nachhaltige Fremdheit nach Logik der Abstammung, der bis zum Jahr 2000 auch das deutsche Staatsbürgerrecht folgte.

Ethnische Herkunft, Kultur und Staatsangehörigkeit wirken so als unauflöslich miteinander verquickt. Ein gutes Beispiel hierfür bietet ein Erdkunde-Schulbuch für die 10. Klasse, das sich mit der Region Berlin-Brandenburg befasst. Unter der aufschlussreichen Überschrift „Berliner – aus Istanbul, Warschau..." werden dort „ausländische" AbiturientInnen vorgestellt, die – ganz anders als die Überschrift suggeriert – weder aus Istanbul noch aus Warschau stammen, sondern ihr gesamtes Leben in Berlin verbracht haben (Terra 10: 120 f.). Wäre die Absicht, mit dieser Unterrichtseinheit den prekären Status der jungen Leute als gleichzeitiger In- und (wegen der Einbürgerungsrestriktionen wahrscheinlich der Staatsangehörigkeit nach) Ausländer zu erörtern, wäre die fraglose Zuschreibung des Attributs kaum geeignet, zumindest jedoch eine diesbezügliche Erläuterung oder kritische Aufgabenstellung wert. Nichts von beidem findet sich in dem Text. Statt dessen fragt die einleitende Bildüberschrift „Wo kommen sie her? Wo gehen sie hin?" – Diese Frage ließe sich ohnehin an alle SchulabgängerInnen richten, und in Zeiten globalisierter Märkte und hoher, nun ja auch durchaus erwünschter Mobilität gilt das umso mehr. Sie nur mit Blick auf die SchülerInnen ausländischer Herkunft bzw. Staatsangehörigkeit zu stellen, erweckt den Eindruck, sie seien auf der Durchreise und ihr Leben in Berlin nur als vorübergehendes Provisorium zu begreifen. Der Eindruck einer Nicht-Zugehörigkeit dieser Söhne und Töchter aus Immigrantenfamilien wird dadurch unterstrichen: Ob sie nun in Berlin oder in Istanbul oder in Warschau aufgewachsen sind, scheint an der grundlegenden Fremdheit nichts zu ändern, die sie „Ausländer" sein lässt.

Zwar zielt die in diesem und einigen anderen Büchern nahegelegte Bewertung des Gruppenbildes von „Deutschen" mit „Ausländern" auf eine friedliche Kohabitation, soll heißen: Die Zuwanderung bedeute „kulturelle Vielfalt", schaffe aber auch Einiges an Problemen. Das zugrunde gelegte Stereotyp von dauerhafter kollektiver Differenz erfährt so aber keine kritische Revision. Vielmehr werden differente kulturelle Kollektive entlang nationaler Abstammung konstruiert. Angesichts der augenfälligen Leerstellen in Bezug auf konkrete Positiveffekte drängt sich auch die Frage auf, worin denn die potenzielle Bereicherung durch „kulturelle Vielfalt" jenseits der Verbreiterung des kulinarischen Angebots bestehen könnte. Trotz des vordergründigen Normalitätsgestus', mit dem die Immigrationen der letzten 40-50 Jahre und ihre Folgen also mittlerweile in manchen Büchern zur Sprache gebracht werden, induziert die Darstellung weiterhin eine Unterscheidung nach Abstammungsprinzip, um eingewanderte Bevölkerungsteile von der angestammten deutschen Bevölkerungsmehrheit abzuheben.

Ganz ähnliche Abgrenzungen finden sich in Geographiebüchern. Neben der Diversität der Lebensräume auf der Erde widmen sie sich menschlichen Besiedlungs- und Bewirtschaftungsformen sowie ökonomischen Erfolgs-, respektive Misserfolgsleistungen und der sogenannten „Unterentwicklung". Die Anderen ‚bei uns' kommen im Erd- oder Weltkundeunterricht insofern höchstens über ehemalige Herkunftsländer vermittelt vor, allerdings in entscheidender Weise, nämlich im Zusammenhang ökonomischer Ungleichgewichte mit der Variable Kultur als erklärendem Hindernis für nationale Entwicklungs- und gesellschaftliche Modernisierungsprozesse.[14] Es erfolgt somit eine implizite Hierarchisierung von national konzipierten Kulturen auf einer ökonomischen Entwicklungsachse (vgl. Stöber 2001), die das dichotome Paradigma der aufgeklärten, fortschrittlichen westlichen Moderne vis-à-vis der Stagnation in der „anderen Welt" (Koebner/Pickerodt 1987) im Süden und Osten in eine Argumentationslinie einbaut. Kultur ist nach Logik dieser Schulbuchtexte im Sinne einer fixen Mentalität als Standortfaktor der nationalen Ökonomie wirksam, und es drängt sich eine Kausalkette auf von Unterentwicklung, die kulturellen Traditionen geschuldet ist und als *push*-Faktor zu Migrationen führt, welche laut Geschichtsbuch wiederum ‚bei uns' Probleme hervorrufen.

Kulturelle Eigenarten werden in dieser Diskursstruktur in anderen Worten nicht als veränderliche Komplexe von interpersonal oder intergenerational verhandelten Normen, konkurrierenden Werten und individuell angepassten Vorstellungen konzipiert, sondern als fix anmutende kollektive Dispositionen, die vor allem in der ökonomischen Leistung einen Niederschlag finden und anhand derer die Stellung eines Volkes in der Welt beurteilt werden kann. Im Fall der Deutschen lässt die erfolgreiche Volkswirtschaft vor diesem Dispositiv eine zupackende Lebenseinstellung vermuten, während die Leistungen der Anderen im Kontext eines hinderlichen Traditionalismus zu stehen scheinen, der Defizite, Armut und Probleme verursacht. Es ist vor diesem Hintergrund beinahe folgerichtig, das Zutun der Arbeitsimmigranten in der Bundesrepublik auch im Geschichtsunterricht nicht erst zur Sprache bringen, denn es könnte die Darstellung national differenter Kulturen mit je spezifischen Leistungsfähigkeiten herausfordern.

Aus solchen Schulbuch-Repräsentationen spricht weder die ehrliche Erwartung einer möglichen Bereicherung durch Austausch noch Respekt vor differenten oder womöglich gar nicht so differenten Handlungslogiken, sondern vor allem eine Geringschätzung der Anderen, die zugleich außerordentlich karikiert werden. Verstanden als erklärender Faktor für die dürftige ökonomische Leistung eines ganzen Landes oder gar Erdteils – in einem Geographiebuch ist kurzerhand die Rede von „den Afrikanern" und „dem Schwarzafrikaner" (Terra 8: 44) – wird Kultur im Entwicklungsdiskurs zum kollektiven Ballast,[15] kurz zu einem Stigma, das als „tied and tagged baggage of a na-

---

14 Für weitere Beispiele vgl. Mannitz/Schiffauer 2002: 93 f.
15 Implizit wird mit dieser Argumentation auch eigene Mitverantwortung für weltwirtschaftliche Ungleichgewichte zurückgewiesen.

tional, ethnic, or religious group" (Baumann 1999: 94) das Handlungsrepertoire der Einzelnen einschränkt. Die teils als latenter Subtext vorhandene, teils auch explizit angelegte Entwicklungsskala, verweist auf den Überlegenheitsanspruch wissenschaftlich rationalisierten Wissens und delegitimiert „Traditionen" als obsolete Wissensbestände. So wie kulturelle Differenz nach dieser Lesart konstruiert ist, erscheint es abwegig, Menschen aus weniger wohlhabenden Weltregionen mit substanziellen Leistungen in Verbindung zu bringen. Praktisch wird der Eindruck erweckt, die Bevölkerungsteile ausländischer Herkunft bildeten Enklaven der Vormoderne in den Zielländern ihrer Migrationen.

Zusammengefasst lässt sich festhalten, dass die Schulbücher aus dem Bestand der Neuköllner Schule im wesentlichen drei Varianten enthielten, mit den Themen Migration und kulturelle Differenz umzugehen: (1) Migrationen sind mit Armut und *push*-Faktoren assoziiert. Diesen Konnex stellen insbesondere die Erdkundebücher her, die bei entwicklungspolitischen Belangen kulturelle Eigenheiten als hinderlich für Fortschritt und Entwicklung in den Blick nehmen. (2) Einwanderung und ethno-kulturelle Pluralität bereiten gesellschaftlich, politisch und ökonomisch Probleme, nicht nur was Deutschland anbetrifft, sondern auch hinsichtlich notorischer Krisengebiete wie z.B. dem „Balkan". (3) Die Beziehung von angestammten Deutschen und Immigranten ist in der Balance aus Leistung und Nutzen weder reziprok noch sind es ‚wir', die von ‚ihnen' profitieren. Vielmehr scheinen die Einwanderer einseitig Nutzen aus dem Migrationsgeschehen zu ziehen.

Die in der Sekundarstufe eingesetzten Texte bilden selbstverständlich nur einen Ausschnit dessen ab, womit einzelne SchülerInnen in Schulbuchform konfrontiert werden. Ungeachtet der hierbei theoretisch möglichen Vielfalt belegen aber nicht nur die systematischen und thematisch fokussierten Untersuchungen der letzten Jahre, dass die zitierten Schulbücher ein dominantes Wissen repräsentieren, zu dessen Standards die Ineinssetzung von Nation und Kultur zählt sowie die Rahmung von kultureller Differenz als Konflikttopos und Merkmal sozialer Hierarchiebildung.[16] Dass der Schulbuchdiskurs an ein

---

16 Der kulturalistische Blick, durch den sich der hier kurz zusammengefasste Schulbuchdiskurs auszeichnet, ist nicht auf die Ausführungen zu anderen Teilen der Welt beschränkt. Analog dazu, wie den Gesellschaften ihrer Herkunftsländer die Prozesshaftigkeit und Leistungsfähigkeit abgesprochen wird, scheint die Individualität und Diversität der migrantischen Akteure auch bei solchen Themen größtenteils ausgeblendet zu werden, die curricular im Primarbereich liegen. So findet sich nach Höhne/Kunz/Radtke 2000 das pauschale Fremdheitstheorem regelmäßig in Schulbuch-Abhandlungen, die für den Sozialkundeunterricht in den 5./6. Klassen die Schwierigkeiten des Aufwachsens „ausländischer" Kinder „zwischen den Kulturen" oder „zwischen zwei Stühlen" behandeln. Als Indikator kultureller Differenz dient dabei schlicht eine andere Nationalität bzw. andersnationale Herkunft, parallel dazu, wie das oben zitierte Erdkundebuch Terra die „ausländischen" AbiturientInnen vorstellt.

hegemoniales Wissen anschließt, zeigt sich nicht zuletzt an dem, was im Bereich des Impliziten, Ungesagten, Nicht-Erwähnten bleibt:

„Im vorliegenden Fall [der Immigrantendarstellung] heißt dies, dass in Schulbüchern bei kulturalistischen Positionierungen Migranten als ‚Fremde' regelmäßig vorausgesetzt werden, was ein Indiz für einen Konsens und ein implizites hegemoniales Wissen darstellt, das in verschiedenen sozialen Bereichen übergreifend herrscht." (Höhne 2000: 26; vgl. Höhne/Kunz/Radtke 2000)

Die Auslassungen, die an implizites Hegemonialwissen anschließen, welches als bekannt vorausgesetzt oder als herrschender Konsens zumindest unterstellt wird, besagen zu dem konkreten Thema: Das Einwanderungsgeschehen der letzten Jahrzehnte ist kein nennenswerter Teil der bundesdeutschen Geschichte oder relevanter Aspekt der deutschen Gesellschaft. Vermutlich muss kein Schulbuchverlag ernsthaft befürchten, dass die akkreditierenden Ministerien oder eine organisierte Elternschaft die Korrektur des an dieser Stelle lückenhaften (Selbst-)Bildes anmahnt.

Offenkundig bestimmen nicht die Bücher allein das schulische Diskursfeld: Momente, in denen die Akteure sich über darin propagierte Normen, Werte und Handlungsorientierungen verständigen, beeinflussen deren Stellenwert in der Praxis, und diese Verständigung umfasst letztlich – zumindest potenziell – alle Strukturen und Abläufe des schulischen Alltags: Was genau im Klassenzimmer geschieht, welche informellen Regeln und Erwartungen die Unterrichtsdiskussionen prägen, wie auf sektiererische Argumente reagiert wird, bestimmt mit darüber, welche Teile des institutionalisierten normativen Diskurses in routinierte Interaktionen übersetzt und damit für die Interaktanden sozial relevant werden. Höhne (2000) fordert in diesem Sinne, der Unterricht müsse die konstruktivistische Dimension des Schulbuchwissens reflektieren und an dessen Beispiel Medienkompetenz entwickeln und einüben:

„Die mediale Funktionalität von Schulbuchwissen könnte [...] eigens zum Thema gemacht werden, um eine relativierende Distanz zum Medium und dem vermittelten Wissen zu gewinnen. [...] Indem die Bedingungen seiner Entstehung offengelegt würden, würde eine zusätzliche Reflexionsstufe zwischen Schulbuch und Rezipient eingezogen mit der Konsequenz, dass die soziale Konstruiertheit des repräsentierten Wissens zum Gegenstand der Reflexion und Diskussion gemacht werden könnte resp. müsste." (Höhne 2000: 41 f.)

Die Wirkung von hegemonialen Narrativen im Schulbuch kann einerseits umso nachhaltiger sein, wenn Lehrer und Lehrerinnen keinen Anlass zur Infragestellung des Schulbuchwissens sehen; andererseits, wenn die Gegebenheiten in den übrigen sozialen Erfahrungsbereichen an das anschließen, was der Diskurs der Bücher als objektives Wissen zu präsentieren vorgibt. Was kann das konkret für eine Schülerschaft heißen, deren große Teile aus Immigrantenfamilen stammen? Auf Ebene des normativen Diskurses der Schulbücher wurde ihnen kein Angebot zur Identifikation mit irgendeiner positiv besetzten Rolle sitiv besetzten Rolle gemacht. Sie wurden nicht als dazugehörige Mitglieder der deutschen Gesellschaft angesprochen, Präsenz und Herkunft ihrer Familien erfuhren eine (mindestens) implizite Entwertung. Die schematische Darstellung in den (sicherlich auch mangels nennenswerter Beschaffungsetats) verwendeten Schulbüchern kann in der Schule aber zur kritischen Diskussion gestellt werden.

Für eine Bestandsaufnahme von dominanten Bildern, Axiomen, Rollenmodellen und Erwartungen ist daher ebenso von Belang, wie mit vorgefundenen Repräsentationen in der schulischen Praxis umgegangen wird, welche Einstellungen die Lehrenden vertreten und inwieweit deren Konsens oder Dissens zum Schulbuchwissen in den Interaktionen im Unterricht zum Tragen kommen. Zu erwarten ist, dass der kommentierende Diskurs der pädagogischen Akteure schon wegen der diversen involvierten Personen inkonsistenter und weniger strukturiert ist als der von Büchern, zumal da letztere allesamt den gleichen Weg der bürokratischen Akkreditierung für das jeweilige Bundesland passieren müssen. Der personale Diskurs ist andererseits potenziell machtvoller als der Schulbuchdiskurs, da die kommunikative Praxis Möglichkeiten der Verstärkung ebenso wie solche der kritischen Bewertung oder gezielten Falsifizierung bietet. Welche Auslassungen, Auseinandersetzungen, Aneignungen oder Abgrenzungen in diesem Kommunikationsprozess initiiert werden, nimmt Einfluss darauf, welche Optionen der klassifikatorischen Ordnung SchülerInnen als sozial bedeutsam erfahren und ob sie die Entwürfe von verschiedenen Kollektiven generell als Konstruktionen mit jeweiligen Zwecken zu durchschauen lernen.

Diskurse der pädagogischen Akteure
Um es vorwegzunehmen: Dass die Bücher prinzipiell auch kritisch gehandhabt werden können, indem z.B. Lehrende zu Schulbuchtexten auf Distanz gehen oder deren Darstellung eines Themas zum Gegenstand medienkritischer Diskussion machen, kam in der beobachteten Praxis höchst selten vor. In den zehn Monaten meiner teilnehmenden Beobachtungen am Schulunterricht in Berlin-Neukölln zeigte sich vielmehr, dass die Schulbücher in der dortigen Praxis tatsächlich ein einflussreiches Medium von hoher Autorität bildeten. Die Empirie bestätigte: Schulbücher kanonisieren das zu vermittelnde Wissen, sie operieren mit einem Gestus der Objektivität und führen durch Art und Auswahl der Präsentation eine bestimmte argumentative Struktur in den Unterricht ein, die allen weiteren Auseinandersetzungen über diesen Diskurs vorausgeht. Dass ich den veralteten Bestand an Schulbüchern auch deshalb für ein Problem hielt, konnte nicht einmal der Leiter des schulischen Fachausschusses für den Geschichtsunterricht nachvollziehen: Die Geschichte ändere sich doch nicht mehr und könne daher mit Schulbüchern aus dem Jahr 1983 ebsenso wie mit neueren gelehrt werden. Zur aktuellen Zeitgeschichte käme man im Geschichtsunterricht der Mittelstufe aus Zeitgründen sowieso nie.

Aus meiner Sicht zählt zu den erstaunlichsten Beobachtungen in der Berliner Schule aber, dass im Diskursfeld zur kulturellen Differenz weitgehende

Kohärenz herrschte: Schülerinnen und Schüler, Lehrkräfte und SozialpädagogInnen reproduzierten das Konzept als ein geradezu evidentes Unterscheidungsmerkmal.[17] Wie die SchülerInnen, die bereits zu Wort gekommen sind, wandten auch die PädagogInnen „Kultur" abhängig von Situation und Interessenkonstellation auf verschiedenste Ebenen und Kollektive an, ohne die Tauglichkeit der Unterscheidungskategorie angesichts der Varianz zu relativieren oder ihre Eignung grundsätzlich in Zweifel zu ziehen.

Auf Seiten der pädagogischen Akteure kam das Narrativ der differenten Kulturen vor allem zu Entlastungszwecken zum Einsatz, um das Unterlassen bestimmter Aktivitäten zu rechtfertigen, das andernfalls als ein Zeichen von Resignation und geringer beruflicher Motivation hätte gewertet werden können.[18] Die Arbeitsbedingungen an der Schule waren objektiv nicht einfach: Mittelknappheit zwang dazu, nicht nur Schulbücher, sondern auch Inneneinrichtung weit länger zu nutzen als wünschenswert gewesen wäre. Gelder zur Instandhaltung gab es kaum, und der laufende Betrieb war durch einen gedeckelten Betriebskosten-Haushalt spürbar in Mitleidenschaft gezogen. So wurde in den Wintermonaten unabhängig von den Temperaturverhältnissen ab einer bestimmten Uhrzeit das Heizen eingestellt. Wer danach noch Unterricht hatte, saß in ausgekühlten Räumen. Der lange versprochene Neubau des Schulgebäudes fiel anderen bildungspolitischen Prioritäten zum Opfer, und der jahrelange Einstellungs-Stopp im Land Berlin hatte Verjüngungen des Kollegiums über Jahre verhindert.[19] Zu den schwierigen äußeren Umstanden

---

17 Unter den über 100 Lehrerinnen und Lehrern gab es an dieser Schule zwei der Herkunft und Staatsangehörigkeit nach türkische Lehrer. Die Belegschaft einschließlich SozialpädagogInnen bestand ansonsten ausschließlich aus Deutschen.

18 In der Hinsicht stellt die Lehrerschaft dieser Schule möglicherweise einen Extremfall, aber wohl keine wirkliche Ausnahme dar: Wenn Kinder ausländischer Herkunft in der Schule scheitern, wird dies von den unterrichtenden Lehrkräften auch andernorts gern als Ausdruck eines „Kulturkonflikts" interpretiert (vgl. Auernheimer 1988; Dietrich 1997: 25). Kulturelle Differenz kommt als Argument der Verteidigung augenscheinlich gelegen, denn SchülerInnen anderer als deutscher Nationalität und Muttersprache erfahren in eklatanter Zahl Misserfolge im deutschen Schulsystem. Da sie im Betrieb der deutschen Regelschule ‚stören', sind sie an sonderpädagogischen Schulen überrepräsentiert, und zwar ohne dass diese nennenswerte Spezial-Kompetenzen zur gezielten Förderung aufwiesen, z.B. für Deutsch als Zweitsprache (vgl. Dietrich 1997: 9 und 18 f.; Kornmann/ Klingele 1996; Uçar 1996).

19 Hier soll nicht unterstellt werden, dass jüngere Lehrkräfte *per se* einen anderen Zugang wählen, andere Unterrichtsstile oder didaktische Neuerungen einbringen würden. Die Wahrscheinlichkeit, dass solche Effekte eintreten und BerufsanfängerInnen größere Motivation mitbringen, ist aber allemal höher als wenn Kollegien über Jahrzehnte gemeinsam altern, gemeinsame Routinen und Deutungen entwickeln, und man sich in den wachsenden beruflichen Frustrationen und Unterlassungen wechselseitig bestärkt. Erschwerend kommt hinzu, dass die Generation 50+, die an der Schule in Berlin überproportional vertreten war, zu einer Zeit ausgebildet wurde, als die Präsenz von Kindern ausländischer Herkunft in deutschen Schulen noch eine Seltenheit darstellte.

kam hinzu, dass viele SchülerInnen in sozial prekären Verhältnissen lebten, so dass sie schlechte Voraussetzungen für eine erfolgreiche Schullaufbahn mitbrachten. Die Elternabende und -sprechtage zeigten überdies, dass das Gros der Eltern (unabhängig von der nationalen Herkunft) am schulischen Leben und dem Erfolg oder Scheitern ihrer Kinder entweder desinteressiert war oder kein Bewusstsein von der Bedeutung solcher Anlässe und der eigenen Anteilnahme am schulischen Geschehen hatte.

Den Lehrern und SozialpädagogInnen galt die Schule angesichts all dieser Faktoren als „Problemschule" im „sozialen Brennpunkt". Äußerten sie sich konkreter darüber, was die Schule so problematisch mache, war der Topos der kulturellen Fremdheit der Immigrantenfamilien und ihrer Kinder ein beliebtes Argument. Die Einwanderer vor allem nahöstlicher Herkunft wurden als „schwierige Klientel" wahrgenommen und mit Selbstverständlichkeit „den Deutschen" gegenüber gestellt. Es war vom nachteiligen Einfluss „der orientalischen Kultur" die Rede und von „ausländischen Schülern" auch bei denen, die ihr gesamtes Leben in Berlin verbracht hatten.

Das Muster ist vertraut: Im geläufigen Begriff des „Ausländers", wie er routinemäßig Verwendung fand, klingt dieselbe negative Kulturalisierung an wie in den Schulbüchern. Eigentlich die Bezeichnung *aller* nicht-deutschen Staatsangehörigen, bleibt der Begriff in der Logik der Praxis auf diejenigen Arbeitsimmigranten aus dem Osten und Süden beschränkt, die in kultureller Hinsicht eben nicht als Bereicherung, sondern als fremdartige Problemgruppen gelten; der Begriff enthält damit eine stigmatisierende Konnotation. In Interviews vetrat eine Reihe von Lehrenden der Schule freimütig die Ansicht, dass „die Ausländer" eine kulturell schwierige Gruppe bildeten und das ganz besonders für „die Orientalen" gelte. Die Primärsozialisation der Jugendlichen aus diesem „anderen Kulturkreis" sei defizitär, hieß es, denn „in den orientalischen Familien" seien ein repressiver Erziehungsstil und überkommene Moralvorstellungen an der Tagesordnung. Das Anliegen der Schule, zur Freiheit fähige und selbstbewusste Persönlichkeiten hervorzubringen, werde dadurch konterkariert. Die Einschätzung mag in Einzelfällen nicht einmal falsch sein; sie wurde aber so bereitwillig und umstandslos auf ganze „Kulturkreise" und „den Orient" übertragen, dass es sich eindeutig nicht um Kasuistik handelte, sondern kollektives Stigma den Ton angab.

Nun war es nicht so, dass die befragten Lehrkräfte bestritten hätten, dass es vielfach auch den herkunftsmäßig deutschen SchülerInnen aus den im Stadtteil überwiegend bildungsfernen Milieus an Fertigkeiten mangelte, die in der Schule wichtig sind. Gelegentlich wurde das soziale Klassenproblem auch als die allergrößte Schwierigkeit der pädagogischen Arbeit benannt. Im Fall von Schülerinnen und Schülern ausländischer Herkunft wurde jedoch der private Kontext einer „anderen Kultur" als zusätzlich erschwerender Umstand gewertet: Die kulturspezifischen Sozialisationsziele zugewanderter Familien seien kontraproduktiv. Macho-Gehabe, die Orientierung an konventionellen Geschlechter-Rollen und das Fehlen ziviler Strategien zur Konfliktbeilegung wurden auf diese Weise als spezifische Probleme „der orientalischen Schüler" codiert. Die generelle Überlegung, dass benachteiligende Soziallagen sich auf schulische Anliegen schädlich auswirken, war kulturalistisch ausdifferenziert.

Ein Lehrer für Deutsch und Geschichte, 55 Jahre alt und zum Zeitpunkt unseres Gesprächs seit 24 Jahren an der fraglichen Schule in Berlin tätig, verschränkte die Perspektiven auf instruktive Weise. Ausgangspunkt seiner Ausführungen war, dass er mich darüber aufklärte, warum er praktisch überhaupt keinen Kontakt zu den Elternhäusern seiner Schülerinnen und Schüler pflegte und den Kontakt auch gar nicht wünschte:

Lehrer P.: „Die können ihren Kindern hier in der Schule überhaupt nicht helfen. [...] Mögliche Einwirkungen von Zuhause, die meistens in Form von repressivem Verhalten waren, die haben uns nur geschadet, weil die Schüler das dann hier ausagiert haben, den Druck, den sie von Zuhause hatten. Das hängt natürlich ein bisschen auch zusammen mit dem relativen Desinteresse vieler unserer Eltern an dem, was hier passiert: Die sind froh, dass wir uns um die Kinder kümmern, und wenn Schwierigkeiten auftauchen, haben die keine anderen Mittel, als mit Druck zu reagieren, und das ist für uns sehr schädlich."
Sabine Mannitz: „Würden Sie das denn eher dem sozialen Hintergrund zuordnen oder welchen ande...."
Lehrer P. unterbricht die Frage: „Sozialem Hintergrund."

Obwohl er an dieser Stelle prompt die Soziallage als allgemein wesentlich für die Wahl repressiver Erziehungsmethoden nannte, äußerte er sich kurz darauf zur Heterogenität seiner Schülerschaft wie folgt:

Lehrer P.: „Wenn ich das hier vergleiche mit dem, was die Schüler mir von draußen erzählen, ist das hier eine richtige Idylle, was die Form des Umgangs miteinander angeht, oder zumindest was wir wollen, welches die richtige Form des Umgangs ist. Wir haben hier Einfluss auf die Schüler und können ein bisschen lenkend eingreifen. [...] Vor allem auch bei ausländischen Schülern, wo das Rollenverhalten in meinen Augen etwas rückständig ist, will ich das schon als Norm vorführen, ja. [...] Also das Schlimmste, was mir auffällt: kaum Möglichkeiten, verbal Konflikte auszutragen, keine Kompromissbereitschaft und eben die Spannungen zwischen männlichen und weiblichen Jugendlichen, wo bei unserem großen Anteil an, ähem... orientalischen Schülerinnen und Schülern, muss man sagen, eine Menge Defizite vorhanden sind. [...] Da sind Anpassungsleistungen, die in meinen Augen reaktionär sind: Also das hohe Aggressionspotenzial, die geringe Toleranz, das hat sich bei den deutschen Schülern in der Auseinandersetzung, in dem Umgang mit den ausländischen, vor allen Dingen den türkischen, schon geändert. Die deutschen Schüler waren früher, als die anderen weniger waren, friedlicher, konnten mehr. Und was noch dazukommt, vielleicht als Identitätskrise, ist dieses Macho-Gehabe bei den türkischen Jugendlichen. Dem hatten sie [= die deutschen Schüler] gar nichts entgegenzusetzen."

Zwar hatte er zuvor auf die soziale Lagerung als Hauptproblematik der schulischen Klientel hingewiesen, in den weiteren Ausführungen wurde das Argument der Klassenlage aber mit einer kulturalistischen Perspektive auf „die orientalischen Schülerinnen und Schüler" spezifiziert. Diese Verschränkung war gang und gäbe. In Reaktion auf die Bemerkung zum „Macho-Gehabe bei den türkischen Jugendlichen" fragte ich im selben Interview nach, ob übersteigertes Jungmänner-Verhalten sich nicht auch als allgemeiner üblich v.a. in proletarischen Milieus betrachten ließe. Diese Möglichkeit schloss er rigoros und etwas brüskiert aus: Er stamme selbst aus dem Berliner Arbeitermilieu und teile solche Ansichten ganz und gar nicht.

Anders als manche seiner KollegInnen war der hier zitierte Mann ausgesprochen überlegt und nie vorschnell in seinen Äußerungen. Vor dem Gebrauch von Begriffen wie „rückständig" oder „reaktionär" hielt er inne, zögerte, dachte noch einmal nach und formulierte dann sehr bedächtig. Gerade das macht deutlich, als wie unstrittig auch ihm die Bewertung galt, wonach es *kulturell* bedingte Schwierigkeiten mit den SchülerInnen ausländischer Herkunft gab. Die kulturalistische Interpretation hatte den Stellenwert einer kaum anfechtbaren Tatsachenbeschreibung.[20] Ausformuliert bedeutet die These, nach der eine kulturspezifische Sozialisation besonders in türkischen bzw. „orientalischen" Familien zu einem Verhalten der Jugendlichen führe, das sich so negativ auf das Klima in der Schule auswirke, dass unter dem Eindruck solcher Verhaltensmuster bei deutschen Jugendlichen bereits „reaktionäre Anpassungsleistungen" zu beobachten seien, eine massive Geringschätzung der eingewanderten Eltern. Im Kontext einer derartig „schwierigen Klientel", wie der Schulleiter sich wiederholt ausdrückte, und insbesondere angesichts der in „orientalischen" Familien vermuteten repressiven Erziehungsmethoden galt

---

20 Bei den hier zitierten Äußerungen handelt es sich nicht um einen Einzelfall. Analog zu der resümierenden Charakterisierung des Schulbuchdiskurses im vorangegangenen Abschnitt beschränke ich mich bei der Darstellung der Diskurse von Lehrenden auf exemplarische Aussagen, die den dominanten Tenor prägnant wiedergeben. Auch andere Mitglieder des Lehrkollegiums brachten zum Ausdruck, dass sie „die andere Kultur" (im Singular) „der Ausländer" für ein Hauptproblem ihrer Arbeit hielten und ihre Deutungen von „der fremden Kultur" für faktische Zustandsbeschreibungen hielten. Das Erklärungsmuster wurde auch aktiviert, nachdem es in dem Schuljahr meiner stationären Forschung einige gewalttätige Ausschreitungen auf dem Schulgelände gegeben hatte: Ein Schüler war von drei Jugendlichen, die von außerhalb auf das Gelände gekommen waren, schwer zusammengeschlagen worden. Ein Lehrer war auf dem Pausenhof angerempelt und mit Prügel bedroht worden – gleichfalls von Jugendlichen, die Schulfremde waren, und kurze Zeit später war der Schulleiter in dichtem Gedränge auf dem Pausenhof in ein Gebüsch gestoßen worden. Mit diesen Vorfällen befasste sich unter anderem eine Sitzung der gewerkschaftlich organisierten Lehrerschaft (GEW) an der Schule, bei der die Anwesenden die Vorkommnisse überwiegend dahingehend akzentuierten, dass die Gewalt ausnahmslos von „Ausländern" ausgegangen sei. Als ein Lehrer gegen diese Zuspitzung Stellung bezog, indem er auf einen Bekannten verwies, der von seiner Schule in Potsdam ganz ähnliche Episoden vortragen könnte mit dem Unterschied, dass die beteiligten Jugendlichen dort „nicht schwarzhaarig, sondern kahl rasiert" seien, eskalierte die Situation: Ob er etwa Kollegen, die bereits vor 20 Jahren gegen die Apartheid demonstriert hätten, Rassismus unterstellen wolle? – Die pauschale Annahme von negativen Verhaltensmustern bei „ausländischen" Jugendlichen stellte aus Sicht dieser Lehrkräfte kein Vorurteil dar, sondern entsprach gleichsam faktischen Differenzen.

deren behauptetes Desinteresse an den schulischen Aktivitäten ihrer Kinder noch als die bessere Alternative.

Vor allem die Attribute des Türkischen oder „Orientalischen" assoziierten in dieser Weise viele PädagogInnen in der Schule mit einem autoritären Familienmodell, das die Kinder auf unausgewogene Geschlechter-Verhältnisse festzulegen suche, Druck ausübe und so den aufgeklärten Idealen der Persönlichkeitsentwicklung widerspreche, um die es der deutschen Schule zu tun sei. Wenn weibliche Lehrkräfte den Eindruck hatten, dass Jungen mit türkischem Familienhintergrund ihnen nicht mit dem nötigen Respekt begegneten, nahmen sie das als typisches Zeichen von kulturell differenten Konzepten der Geschlechterrollen: „Türkische Jungen" würden „häufig ein zuhause erlerntes Macho-Verhalten kultivieren, das den Umgang mit ihnen als weibliche Lehrkraft erschwert". Eine Kollegin, ebenfalls seit über 20 Jahren Lehrerin an der Schule, hielt auf Grund der Annahme, dass von den Migranteneltern überhaupt kein hilfreicher Erziehungsbeitrag zu erwarten sei, die Vorbildrolle der Lehrkräfte im Verhalten, also den sogenannten heimlichen Lehrplan, für den *einzigen* Weg, auch zivile Werte und Verhaltensnormen an ihre SchülerInnen aus Einwandererfamilien heranzutragen. Erläuternd führte sie dazu aus:

Lehrerin M.: „Die türkischen Schüler sind Opfer der Verhältnisse. Die türkischen Elternhäuser versagen insofern, dass kaum Wert auf den Erwerb deutscher Sprachkenntnisse gelegt wird. Die türkischen Eltern unserer Schüler werfen ihre Kinder ohne Begleitung ins deutsche Schulsystem. Besonders an türkische Jungen werden oft so irreale Anforderungen von Seiten der Eltern gestellt, dass manche daran zu zerbrechen drohen. Dieser Druck produziert natürlich bei ihnen Verhaltensweisen, die von uns als sehr unangenehm empfunden werden – Erreichen von Zensuren und Abschlüssen mit allen Mitteln von Täuschungsversuchen und ‚Schleimen' bis hin zu offenen Drohungen; letztere glücklicherweise sehr selten. Der türkische Elternverein versagt meiner Meinung nach völlig!"

Obwohl die Kritik hier lautet, dass die türkischen Eltern ihre Kinder „ohne Begleitung ins deutsche Schulsystem werfen", suchte man nun gerade nicht den Kontakt zu ihnen, um beispielsweise die Erwartungen der Schule oder die Notwendigkeit von mehr oder anderer Unterstützung für die Kinder deutlich zu machen.[21] Der Input der Eltern wurde vielmehr als in einem Maße inkom-

---

21 Wegen der vergleichsweise anspruchsvollen Arbeitsteilung zwischen Schule und Familie stellen Bewusstsein und Fähigkeit der Eltern, den impliziten Spielregeln des schulischen Betriebs zu genügen, in Deutschland entscheidende Weichen für die Zukunftschancen. Das andauernde Delegieren von Aufgaben in die schulfreie Zeit gewährt der privaten Sozialisation großen Raum, als Agent von effektiver sozialer Distinktion und Reproduktion wirken zu können. Nach allen dazu vorliegenden Untersuchungen erleben Kinder aus Immigrantenfamilien in Deutschland auch deshalb außerordentlich stark schulischen Misserfolg. Der Schluss liegt nahe, dass im System Mechanismen wirken, die sich speziell zu Ungunsten von Neulingen auswirken. Mit Blick auf die Reproduktion von differenten Klassenlagen findet etwa im Vergleich zu der Situation in Frankreich bereits während der Schulzeit eine weitgehende Differenzierung statt. Die international verglei-

patibel eingestuft, dass jeder Kommunikationsversuch als nutzlos unterblieb; schließlich galten ja deren Erziehungsstile und -inhalte als Quellen des Hauptübels. Das Ziel schulischer Sozialisation, Individuen darin zu fördern, dass sie private und öffentliche Belange mitgestalten und -entscheiden können, wurde nicht nur aus Sicht dieser Lehrerin durch die erzieherische Agenda „der türkischen Elternhäuser" desavouiert. Statt selbstbewusste Kinder und Jugendliche würde man autoritär erzogene Charaktere erleben, die ihre persönliche Unsicherheit durch „Schleimen" oder aber exzessive physische Präsenz zu kompensieren suchten, hieß es mehrfach, auch von SozialpädagogInnen an der Schule. Beide Verhaltensextreme wurden als Symptome ungenügender Selbstkenntnis und fehlenden Selbstvertrauens gedeutet. Mit diesen Diagnosen richtet sich der kritische Blick weniger auf die eigenen Verantwortungbereiche, sondern auf das häusliche Umfeld der SchülerInnen. Die gute Absicht ist zweifellos, Schülerinnen und Schüler vor allem, wenn Schwierigkeiten auftreten, nicht auf ihre Leistungen im schulischen Bereich reduziert, sondern im Kontext ihres häuslichen Umfeldes zu betrachten. Mit dieser Weitung der Perspektive scheint jedoch eine rapide Überforderung und als Folge der resignative Rückzug von LehrerInnen in solchen Einzugsgebieten begünstigt zu werden, die als „soziale Brennpunkte" stets eine so komplexe Gemengelage an schwierigen Lebensverhältnissen aufweisen, dass eine Einbindung der Eltern außerordentliche Anstrengungen erfordern würde (vgl. Mannitz 2002b).

Die Geringschätzung dessen, was an Erziehungsidealen in „den orientalischen Familien" angenommen wurde, traf nun allerdings nicht nur solche Jugendliche, die sich etwas hatten zuschulden kommen lassen wie z.B. gewalttätige Übergriffe oder andauerndes Störverhalten im Unterricht.[22] In der Tat waren die Protagonisten dieser sogenannten „Verhaltensauffälligkeiten", bei denen Lehrerinnen und Lehrern sich zu disziplinarischen Maßnahmen veranlasst sahen, überwiegend Jungen aus arabischen oder türkischen Einwandererfami-

---

chende *International Encyclopedia of Education* vermerkte schon vor mehr als 10 Jahren zu Deutschland eine beträchtliche Abhängigkeit des Bildungserfolgs von sozialer Herkunft (Lehmann 1994: 2472), wohingegen die positive Wirkung des französischen allgemeinen Schulsystems an der größeren Durchlässigkeit bei den erreichten Abschlüssen ablesbar sei und die sozialen Abstände im Bildungssektor dort geringer würden (Monchablon 1994: 2380). Die internationalen Vergleichsstudien der OECD haben diese negativen Effekte für Deutschland in den letzten Jahren bestätigt.

22 Während einer Krisensitzung anlässlich der „Verhaltensauffälligkeiten" von Serkan stellte eine Lehrerin ausdrücklich eine solche Verbindung zu den häuslichen Erziehungsmethoden her. Sie fürchtete, dass er zuhause geschlagen werde, denn der Junge sei absolut „penetrant". Sein ganzes Verhalten, mit dem er ständig Aufmerksamkeit erheischen wolle, lasse darauf schließen, dass er sehr unsicher sei; wer wirklich selbstbewusst sei, brauche nicht in dieser Weise auf sich aufmerksam zu machen. Wurden SchülerInnen den an sie gerichteten Erwartungen im persönlichen Auftreten nicht gerecht, galt das als Ausdruck von Defiziten auf der Elternseite, denen die Schule sodann den ‚schwarzen Peter' zurückschieben konnte.

lien, so dass es offensichtlich vielen von ihnen misslang, den schulischen Erwartungen an die richtigen „Formen des Umgangs" zu entsprechen. Dass viele dieser Jungen eher ausreizten, wie weit man gehen konnte, und sich nicht hinreichend kontrollierten, um Konfrontationen zu vermeiden, sahen viele Lehrkräfte im Kontext der „kulturell differenten" Primärsozialisation, die Jungen nach allseitigem Dafürhalten keinerlei Grenzen setze. Zugleich gab es jedoch, wie schon erwähnt, Jungen vergleichbarer Herkunft, die auf gegenteilige Weise an den impliziten Codes des erwünschten Verhaltens scheiterten, nämlich durch ihr in einem konventionellen Sinne wohlerzogenes Auftreten: Sie hielten Lehrerinnen ohne Aufforderung die Türen auf und deuteten dabei zum Teil noch eine kleine Verbeugung an, sie boten sich an, den Klassensatz Schulbücher wieder ins Magazin zu tragen, die Tafel zu wischen oder dergleichen. Solchen zuvorkommenden Diensteifer kommentierten Lehrkräfte mir gegenüber als „diese typisch schleimige Art", mithin als servil und zu unterwürfig. Freilich führte übertrieben höfliches Verhalten nicht zu Überlegungen, dass Disziplinarmaßnahmen ergriffen werden müssten; als angemessen galt vorauseilender Gehorsam aber ebenso wenig wie das „Macho-Gehabe" der Provokateure, da es den Umständen der Situation ebenso wenig Aufmerksamkeit schenke, sondern nahezu ‚mechanisch' erfolge. Die allzu Braven schienen wie Pharisäer, die äußerlich alles richtig machen, das Wesentliche aber nicht begriffen haben.

Eine Lehrerin, 47 Jahre alt und seit 16 Jahren für Englisch, Geschichte und Sozialkunde an der Schule tätig, erläuterte mir hierzu, dass ja die Fähigkeit, sich im sozialen Kontext angemessen einzuschätzen, ein wichtiger Wert sei, den die Schule einer Belastungsprobe und letztlich Bewertung zu unterziehen habe:

Lehrerin D.: „Abgesehen von solchen Sekundärtugenden wie Ordnung und Pünktlichkeit, sind die Fähigkeit zur Zusammenarbeit, gegenseitige Toleranz und Respekt, die voraussetzen, dass man sich selbst richtig einschätzen und wertschätzen lernt, wichtige Werte."[23]

---

23 Diese positive Nennung von sogenannten Sekundärtugenden überrascht, auch in Anbetracht der LehrerInnen-Generation, die an dieser Schule überrepräsentiert war: Im Alter zwischen Ende 40 und Ende 50 hatten nahezu alle in den 1960er und '70er Jahren studiert und waren stark vom Impetus der Bürgerrechtsbewegungen seit 1968 beeinflusst. Obwohl dies im Unterricht nur zu speziellen Anlässen explizites Thema wurde, herrschte an der Schule eine unverkennbar antiautoritäre Grundeinstellung, die mit der Dominanz dieser Generation(en) zusammenhängen dürfte. Das bloß äußerliche Einhalten von Regeln war durch die antiautoritäre Bewegung ja als eine Bedingung totalitärer Herrschaft thematisiert worden, und mit der individuellen Verantwortung für das Gemeinwesen rückten Prozesse der inneren Persönlichkeitsentwicklung als funktionale Grundlagen der zivilen demokratischen Gesellschaft ins Zentrum der Aufmerksamkeit. Im politisch-gesellschaftlichen Diskurs der Bundesrepublik waren daher „Sekundärtugenden" lange verpönt. In Anlehnung an Habermas (1979) spitzte z.B. Oskar Lafontaine die Ambivalenz dieser Normen damit zu, dass Pünktlichkeit, Fleiß u.ä.

Genau diese Werte sah man in den Neuköllner Immigrantenfamilien unzureichend vermittelt, ein Defizit, das mit dem Etikett der „anderen Kultur" versehen wurde. Als zwei Jahre vor meinem Feldaufenthalt drei LehrerInnen aus dem Kollegium eine Umfrage „zur Feststellung der schulischen Befindlichkeit" in Schülerschaft und Lehrerschaft durchgeführt hatten, war die negative Einschätzung ganz deutlich geworden. Von den befragten Lehrkräften führte ein Drittel die herausragenden Probleme der Schule auf den „hohen Anteil von Schülern anderer Kulturkreise" zurück und *nicht* auf die sozial-ökonomische Elendslage im Bezirk oder auf bildungspolitische Versäumnisse; die massivsten dieser *kulturell verursachten* Probleme seien „rüder Umgangston", „fehlende Kulturtechniken", ein „zu niedriges Leistungsniveau" und „zunehmende Gewalttätigkeiten".

Es war also bei weitem nicht nur ein Fehlen nötiger instrumenteller Hilfen im Bereich von z.B. Hausaufgabenbetreuung, der sprachlichen Förderung und allgemeinen Interessenvertretung der Kinder und Jugendlichen, was unter LehrerInnen als spezifisches Manko insbesondere „orientalischer" Familien galt, sondern die Inhalte und Methoden der primären Sozialisation selbst wurden vielfach als kontraproduktiv bewertet. Nach dieser Problemdefinition benehmen sich nicht nur die „verhaltensauffälligen" (vor allem männlichen) Jugendlichen, sondern auch deren Eltern daneben – an die Stelle einer Zusammenarbeit von Schule und Familien tritt ein Teufelskreis. Angesichts dessen geriet die emanzipative Ablösung der Heranwachsenden von ihren ‚Problem'-Eltern zu einem vorrangigen Entwicklungsziel, und zwar weniger im Sinne des allgemeinen, am Subjekt orientierten Emanzipationsgedankens qua Bildung, sondern als Überwindung der vermeintlichen Barrieren, die „die andere Kultur" ihnen in den Weg stelle. Obwohl auch sie äußerte, mit den Eltern ihrer SchülerInnen am liebsten möglichst wenig zu tun haben zu wollen, bemerkte eine weitere Lehrerin, dass sich nach ihren Beobachtungen die wünschenswerte kulturelle Entfremdung auch vollziehe und die meisten Jugendli-

---

Sekundärtugenden seien, mit denen sich auch ein KZ betreiben lasse. Anders als die oben zitierte Äußerung suggeriert, schlug der schale Beigeschmack der „Sekundärtugenden" auch an der Schule in Berlin durch. Dass stereotype Wohlerzogenheit vielen Lehrkräften unheimlich war und als serviles Einschleimen galt, macht das Unbehagen deutlich. Auch gegenüber der eigenen Rolle als Autoritätsperson zeigten manche LehrerInnen Vorbehalte, was zu einer für viele SchülerInnen undurchschaubaren, weil völlig inkonsistenten Praxis führte (vgl. Mannitz 2002a). In den bundesdeutschen Bildungsdebatten der vergangenen Jahre zeichnet sich ein Trend zur Wiederentdeckung der „Sekundärtugenden" ab. Der Begriff selbst drückt jedoch eine Missbilligung aus. Genau diese Entwertung warf der CSU-Vorsitzende Edmund Stoiber in seiner Rede „Herausforderungen anpacken" 2004 der damaligen rot-grünen Regierungskoalition vor, „Leistungsbereitschaft, Disziplin, Pünktlichkeit, Pflichtbewusstsein, Rücksicht und Höflichkeit [...] jahrzehntelang als Sekundärtugenden verunglimpft" und damit dem Land geschadet zu haben. Wer hier lebe, müsse sich zu Deutschland und seinen (soll wohl sagen: den genannten) Werten bekennen (Stoiber 2004).

chen aus den Neuköllner Migrantenkreisen in Relation zu ihrer familiären Herkunft doch eine bemerkenswert positive Entwicklung nähmen:

„Wenn man die Eltern mal kennenlernt, weiß man die Kinder doch erst so richtig zu schätzen! Da merkt man dann auch, dass die hier doch einiges von dem mitbekommen, was wir anstrebenswert finden und sich von der Familie dann eher weg entwickeln."

Auf meine Nachfrage, was sie unter dem „Anstrebenswerten" verstehe, nannte auch sie „die Umgangsformen". Parallel zum Tenor der Schulbücher galt somit auch für herrschenden Diskurs der pädagogischen Akteure, dass den Immigranten, die vor allem als kulturell Fremde wahrgenommen wurden, keine genuin positive Leistung zugerechnet wurde. Analog dazu, wie das zitierte Geschichtsbuch die Präsenz von „Ausländern" in den Kontext von Problemen stellte, die es politisch und gesellschaftlich zu bewältigen gelte, war das dominante Narrativ unter den PädagogInnen, dass „der hohe Ausländeranteil" in der Schülerschaft die wesentliche Problemquelle sei und folglich auch die Bringschuld zur Bewältigung der Misere vor allem auf Seiten der Einwandererbevölkerung liege.[24] Es wurde so gut wie keine Bereitschaft gezeigt, die diagnostisch wahrgenommene Disparität zwischen den Erwartungen der deutschen Schule und dem Scheitern ihrer „ausländischen" Klientel systemisch zu überdenken. Vielmehr herrschte eine Haltung, die nach Verursacherprinzip auf einseitige Verhaltensänderungen bei den Immigranten setzte.

Das überwiegend negative Stimmungsbild blieb den betreffenden Jugendlichen selbstverständlich nicht verborgen; schließlich wurden bei Gelegenheit auch einschlägige Themen im Unterricht diskutiert und sie selbst als Vertreter einer „anderen Kultur", Moral oder Religion exponiert. Dabei sahen sich vor allem Mädchen und junge Frauen in eine strukturelle Rechtfertigungsposition gedrängt: Obwohl viele Mädchen die Anstandsvorstellungen ihrer Eltern und/oder die daraus abgeleiteten Reglementierungen selbst für überzogen hielten und sich daheim um die Trennung von Moral und Verhaltenskonvention

---

24 Die Diagnose wurde oft auf den Begriff der „brisanten Mischung" gebracht. Angesichts der problematischen Familienumstände, in denen Alkoholismus, Scheidung, Arbeitslosigkeit an der Tagesordnung seien, bräuchten „schon die deutschen SchülerInnen" so viel Aufmerksamkeit, dass man sich nicht auch noch um die speziellen Probleme der SchülerInnen ausländischer Herkunft kümmern könne. Sie erschienen also als zusätzliche Härte. In den Worten einer Lehrerin: „Der hohe Ausländeranteil an unserer Schule ist ein Problem, da unsere deutschen Schülerinnen und Schüler aus sehr benachteiligten Verhältnissen kommen und auf ihre Probleme viel zu wenig eingegangen werden kann." Eine Kollegin ergänzte: „Die Mischung ist brisant. Zu viele deutsche Kinder stammen aus Problemfamilien, brauchen also viel Zuwendung." – In diesen Äußerungen klingt neben dem Eindruck, der Vielzahl der Herausforderungen gar nicht gerecht werden zu können, auch eine bezeichnende Priorität bei der eigenen Ressourcenallokation an, als seien „unsere deutschen" Kinder eher berechtigt, die Zuwendung ihrer LehrerInnen zu erhalten als diejenigen ausländischer Herkunft.

bemühten, sahen sie sich und ihre Eltern in der schulischen Öffentlichkeit in einer Weise gebrandmarkt, die Verteidigungshaltungen mobilisierte. So fühlten sich vor allem muslimische Mädchen regelmäßig herausgefordert, ihre Familien und deren „Kultur" im Allgemeinen oder auch bestimmte Praktiken wie das Anlegen von Kopftüchern im Besonderen gegen Pauschalurteile zu verteidigen. Der folgende Ausschnitt aus einer Unterrichtsdiskussion, an der die fünf Schülerinnen meiner Fallstudienauswahl teilnahmen, veranschaulicht, welche Überforderung es für die Einzelnen bedeuten kann, das Kollektiv, dem sie sich zugerechnet sehen, in einem Klima voller Vorbehalte zu verteidigen.

Die hitzige Debatte, in deren Verlauf ein Schüler türkischer Herkunft wutentbrannt den Klassenraum verließ, wurde in einem Politik-Kurs im 12. Jahrgang dadurch ausgelöst, dass Lehrer P. die Ansicht vertrat, muslimische Kopftücher seien in Schulen „ebenso fehl am Platz wie andere weltanschauliche Zeichen" (er nannte als Beispiel Anti-Atomkraft-Buttons), insbesondere da das Kopftuch „bekanntlich" für ein Geschlechterverhältnis stehe, das mit dem Gleichheitsgebot des Grundgesetzes nicht vereinbar sei. Sahar protestierte gegen diese Behauptung und fand, mit seiner Interpretation diskriminiere der Lehrer Mädchen, die ein Kopftuch tragen. Sie selbst zählte zwar nicht dazu, konnte sich aber gut vorstellen, später einmal, d.h. wie sie sagte, „als etwas ältere, verheiratete Frau", ein Kopftuch anzulegen:

Sahar: „Aber in der Verfassung steht doch auch, dass alle ihre Religion praktizieren dürfen! Wenn Ilona ein Kreuz um den Hals trägt, stört mich das doch auch nicht! Ich finde, alle sollen ihre Religion ausüben können."
Ilona pflichtet ihr bei.
Lehrer P.: „Jeder darf seine Religion *haben*, aber nicht mit entsprechenden Symbolen in der Öffentlichkeit auftreten. [...] Im öffentlichen Raum haben Demonstrationen von Weltanschauungen nichts verloren. Und jetzt tut bitte nicht so, als sei das Kopftuch ein harmloses Kleidungsstück! [...] Ich sage es noch einmal: Das Kopftuch ist Symbol einer Weltanschauung, die ein bestimmtes Verhältnis von Männern und Frauen beinhaltet, das gegen den Gleichheitsgrundsatz unserer Verfassung verstößt. Als Ausdruck einer solchen verfassungsfeindlichen Überzeugung ist das Kopftuch zu sehen."
Sahar: „Das sagen *Sie*! Aber das diskriminiert doch die Mädchen!"
Lehrer P.: „Das sage ich nicht einfach, das kann man in den entsprechenden Koransuren nachlesen. Hat irgendjemand von euch das schon mal gemacht? – Nein. Das habe ich mir gedacht. Ich habe diese Suren gelesen!" [...]
Deutscher Schüler: „Ich finde, die sollen sich anpassen. Die sind Gäste hier. Wer sich nicht an die Regeln hält, kann doch gehen."
Sahar (wütend): „Was?! Ich denke, wir haben hier eine multikulturelle Gesellschaft!"
Lehrer P.: „Aber nicht laut Verfassung." [...]
Türkischer Schüler: „Ich verstehe das nicht – wovor haben die Deutschen denn eigentlich Angst?"
Lehrer P.: „Na das müsstet ihr doch wohl inzwischen wissen. Warum man in Deutschland empfindlich auf weltanschauliche Symbole reagiert, ist hoffentlich allen klar, wenn ich das Stichwort ‚Hakenkreuz' nenne!"

Der Politik-Lehrer rahmte die Diskussion damit, dass er den Islam als nicht verfassungskonform darstellte. Indem er äußerte, das Geschlechterverhältnis, das der Koran entwerfe, sei mit den egalitären Grundsätzen der deutschen Verfassung nicht vereinbar, fanden sich die muslimischen Schülerinnen und Schüler im Kurs in einer Situation wieder, in der ihre Religion zu einer mehr als nur kulturalistischen Abgrenzung herangezogen wurde. Es ging ums Ganze: um den Verfassungskonsens der freiheitlichen Demokratie, die unterstellte Fremdheit „der" muslimischen Geschlechterrollen-Konzeption, um die Assimilationsforderung, die Mitglieder der eingewanderten Bevölkerung hätten sich als „Gäste" anzupassen, um die Frage nach partikularen Minderheitenrechten in einer multikulturellen Gesellschaft – letztlich um die Bedingungen der Möglichkeit sozialer Koexistenz schlechthin, wenn der Fundamentalgegensatz von Islam und FDGO zuträfe. Konkretisiert wurde das Misstrauen in der – angeblich eindeutig ideologischen – Bedeutung des Kopftuchs muslimischer Frauen.[25]

In dieser Interaktion versammeln sich einerseits wieder eine ganze Reihe von Projektionen auf dem weiblichen Körper, so dass den anwesenden muslimischen Mädchen unmissverständlich ins Bewusstsein gebracht wird, wie sehr ihre persönlichen Positionierungen und ihr Auftreten mit extern kursierenden Deutungen befrachtet sind. Daneben macht die Einordnung des Tuchs in einem Tableau widerstreitender Weltanschauungen, die im abschließenden Hakenkreuz-Verweis gipfelt, es praktisch unmöglich, sich noch positiv oder auch nur indifferent zum Kopftuch zu äußern. Umso mehr gilt dies angesichts des angeblichen Expertentums, das der Lehrer noch zusätzlich zu seiner ohnehin autoritären Position im Unterricht in die Waagschale wirft, indem er auf seine Koran-Lektüre hinweist. Mit dieser Rhetorik des angeblich objektiven Belegs für eine eindeutige Aussage des Tuches verneint er die Möglichkeit, dass ein Symbol wie das Kopftuch seine Bedeutung im jeweiligen persönlichen oder sozialen Kontext erhält, also vieldeutig sein kann, möglicherweise als kultureller Identitätsmarker fungiert, das Tragen des Tuchs einer Konvention folgt oder für heranwachsende Mädchen praktisch sein kann, um mit Hilfe der demonstrativen symbolischen Anerkennung wertkonservativer Keuschheitsnormen sozial-emanzipative Handlungs- und Bewegungsfreiheit zu gewinnen. Auch ein unorthodox alltagsreligiöses Selbstverständnis als Musli-

---

25 Die Diskussion fand im Februar 1997 statt und war somit noch nicht vom prominentesten deutschen Streit um ein Kopftuch, dem der Lehrerin Fereshta Ludin, beeinflusst, der in den Folgejahren öffentliche Polarisierungen nach sich zog,. Die damalige Lehramtsstudentin Ludin geriet im Sommer 1997 mit dem Land Baden-Württemberg in Konflikt, als sie darauf bestand, ihr Referendariat mit Kopftuch abzuleisten. Von mehreren Streitfällen um Kopftücher bei der Berufsausübung hat der von Fereshta Ludin das bislang größte Interesse gefunden, auch weil er der erste war, in dem Verfassungsklage erhoben wurde. Das Bundesverfassungsgericht urteilte in der Sache im September 2003 (vgl. Mannitz 2004a und b). In der zitierten Unterrichtsdiskussion war es dagegen um Kopftücher von *Schülerinnen* gegangen, die in Deutschland (anders als in laizistisch geordneten Staaten wie der Türkei oder Frankreich) dem Verständnis einer offenen religiösen Neutralität des Staates nach toleriert werden.

min, das eben nicht auf einem genauen Koranstudium beruht, wird hier letztlich diskreditiert.

Für die bei der Thematik besonders exponierten jungen Frauen muslimischen Glaubens wiederholen sich in dem Vorgeführtwerden Erfahrungen, die sie als bezeichnend für die vergeblichen Diskussionsversuche mit ihren Eltern und für die Differenz ihrer lebensweltlichen Sphären beschrieben: Die Interpretationen ihres Handelns und die Aberkennung von dessen möglicher Autonomie beruhen nicht nur auf Zerrbildern von den jeweils anderen Kollektiven, an denen zu orientieren Eltern und Lehrer ihnen vorhielten, was einander widersprechende Erwartungen implizierte; den heranwachsenden Mädchen aus (in diesem Beispiel muslimischen) Einwandererfamilien wird in der schematischen Zuordnung des Entweder-Oder auch das Potenzial einer genuin *eigenen* Entwicklung und möglicherweise quer liegenden Positionierung abgesprochen. Die Verständnislosigkeit, die es bei vielen betreffenden Mädchen auslöste, dass sie sich – abweichend von ihrem Selbstbild – zu Konstrukten der fremdbestimmten Frau in Beziehung setzen sollten, erfährt besondere Verstärkung, wenn die negative Zuschreibung als Teil der durchmachteten Interaktion mit Lehrerinnen und Lehrern zu handhaben ist. Wie deren Fortschreibung des kulturellen Differenz-Theorems praktisch als geschlechtsspezifisch diskriminierende Fremdheitskonstruktion wirkte, lässt sich daran erkennen, welche unterschiedlichen Argumentations- und Handlungsoptionen einschlägige Diskussionen für Jungen und für Mädchen bereithalten. Der folgende kurze Ausschnitt aus einer anderen Unterrichtsstunde wird diesen Effekt demonstrieren. Dem Beispiel liegt eine Unterrichtsdiskussion aus der Tutorengruppe von Serkan zugrunde:

Ausgangspunkt der Debatte zum Thema „Ehre und Scham", so das Tutorenteam von Serkans Kerngruppe, war die Geschichte einer ehemaligen Mitschülerin, die bis zum Sommer 1996 zu der Kerngruppe gehört hatte. Die 15-jährige Sevda war Tochter türkischer Arbeitsimmigranten und weitgehend in Berlin aufgewachsen. Während der Sommerferien war Sevda in der Türkei mit einem ihrer Cousins durchgebrannt, hatte ihn flugs geheiratet und war dann mit ihm gemeinsam nach Berlin zurückgekehrt. Als es eheliche Krisen gab, zog Sevda zurück zu ihren Eltern, kehrte dann wieder zu ihrem Mann zurück, wurde schwanger, verließ ihn erneut und ließ einen Abbruch der Schwangerschaft vornehmen; das Hin und Her setzte sich fort. In der Schule war sie seit ihrer Heirat nicht mehr erschienen. Sevdas ehemalige Tutoren, eine Lehrerin und ihr männlicher Kollege, wollten diese „Ehre und Scham"-Angelegenheit mit Sevdas ehemaligen Klassenkameraden diskutieren. Sie taten das ein gutes halbes Jahr nach Sevdas Verschwinden aus der Schule auf Grundlage eines bereits etwas älteren Artikels aus der Zeitschrift *Emma*. Dort wurde vom Schicksal einer jungen Frau aus dem Pakistani-Milieu im britischen Ort Bradford berichtet, die von einem Familienangehörigen ermordet wurde, nachdem sie ihren Gatten, mit dem sie in Pakistan zwangsverheiratet worden war, verlassen hatte.

Nachdem die (9.) Klasse in Berlin den *Emma*-Artikel gelesen hatte, wurden die Muslime direkt zur Stellungnahme aufgefordert, „denn die Pakistanis sind auch Mohammedaner wie einige der ausländischen Schüler hier", so der Tutor. Die muslimischen Jungen, die sich darauf hin äußerten, unter ihnen Serkan, betonten *unisono*, dass es mit den Grundsätzen der islamischen Religion „eigentlich" nicht vereinbar sei, eine Frau gegen ihren Willen zu verheiraten. Der Islam verlange von den Gläubigen Anstand, Ehrlichkeit und moralische Integrität. Mit diesem Stichwort bekräftigten sie sodann jedoch die Keuschheitsnorm als wichtige Verhaltensregel: Ihre zukünftigen Bräute sollten auch Jungfrauen sein, und eine Kontrolle der Frauen sei insofern gerechtfertigt.[26] Wogegen sie sich dennoch verwahrten, war die Unterstellung einer männlichen Unterdrückerrolle: Zwangsheirat, Ermordung abtrünniger Frauen – derlei hätte nicht nur keine Legitimation durch den Islam, sondern hätte auch nichts mit ihren persönliche Vorstellung von der Ehe gemein. Dazu Serkan in der Unterrichtsdiskussion:

„Ich finde, die zwei müssen sich doch verstehen. Also die Vorstellung, ich heirate eine Frau, und die kenne ich gar nicht..., die könnte ich doch dann gar nicht heiraten. Ich meine jetzt gar nicht den Sex. Also dass die Jungfrauen sein sollen, das mit der Reinheit finde ich schon gut. Aber so die Frauen wegsperren und dann irgendwie mit Zwang verheiraten, das geht doch nicht. Ich verstehe auch die Männer nicht, die das machen! Es geht doch beim Heiraten auch um Liebe."

Auf dieses Statement reagierte ein Mitschüler von Serkan, der aus einer syrisch-aramäischen Familie stammte und gerade die deutsche Staatsangehörigkeit beantragt hatte, so: „Ich finde, die Frauen sollen auch so Spaß haben können wie ich vorher. – Naja, aber ich fühle mich ja auch schon ziemlich deutsch jetzt". Auf diese Wendung in der Argumentation stieg ein gebürtig deutscher Junge ein, Mike: „Wie kann man nur eine Frau heiraten, die über-

---

26 Dieselbe Argumentationslinie verfolgten Oberstufenschüler des 11. Jahrgangs, die denselben Artikel einige Tage später ebenfalls zur Diskussion erhielten: Die jungen muslimischen Männer stellten sich auf den Standpunkt, Zwangsheirat und Mord könne man nicht dem Islam anlasten. Was die Frage der Kontrolle der Mädchen und Frauen durch deren Familien betreffe, sei das durch die eingeführten Präferenzen der Ehegattenwahl begründet. Sie selbst würden auch auf die Jungfräulichkeit bis zur Hochzeit Wert legen. Von ihren muslimischen Mitschülerinnen herausgefordert, das Keuschheitsgebot gelte aber ja wohl für beide Geschlechter, spannen einige der angesprochenen jungen Männer den Bogen plötzlich noch weiter: Es sei doch auch generell ein Trend zu mehr Moral da, und es würden sich mehr Menschen die Sexualität für die Ehe aufsparen, als gemeinhin behauptet würde, schon wegen AIDS; freilich würden sich nicht alle daran halten. Die männlichen Diskussionsteilnehmer stellten also die Norm nicht in Frage, sondern relativierten ihre Spezifizität. Damit bekräftigten sie gegenüber den Mädchen das Jungfräulichkeitsverlangen, während der lässige Hinweis, dass sich eben nicht alle daran hielten, auch die Doppelmoral von geschlechtsspezifischen Differenzen einschließt. Mit einverständlichem Gelächter reagierten auf diesen Satz bezeichnenderweise nur männliche Kursteilnehmer und kein Mädchen.

haupt keine Erfahrungen mit Sex hat? Also ich würde nur eine Frau heiraten, mit der ich auch schon geschlafen habe, das ist doch ganz wichtig! Eine Türkin zu heiraten, kommt für mich deshalb überhaupt nicht in Frage!"

Die Debatte operierte mit etablierten Stereotypen: Eine restriktive Kontrolle weiblicher Sexualität wurde Muslimen bzw. Türken zugeschrieben, die ihrerseits auch gar nicht die Keuschheitsnorm in Frage stellten, sondern nur die Zentralität des Konzepts durch andere Momente wie das gute Verhältnis der Ehepartner zu relativieren suchten oder angesichts der pauschalen Verurteilung für eine stärkere Differenzierung von Islam, Tradition und moralischem Wohlverhalten plädierten. Sexuelle Standards wurden durch die vom Tutor in der Diskussionseröffnung induzierte Gegenüberstellung von muslimischen „Ausländern" zu Deutschen als kultureller Indikator begriffen: Die Kommentare der Jungen, die sexuelle Freiheit der Frauen – welche sie ihnen als mögliche Ehemänner zugestehen oder verweigern können – sei Indikator für die Einordnung auf einer Skala von kollektiven Unterschieden, kommt sowohl in dem Kommentar des gerade in Einbürgerung begriffenen Jungen zum Ausdruck, er fühle sich ja nun schon ziemlich deutsch und gestehe Frauen auch voreheliche Freiheiten zu, als auch in Mikes kategorischer Weigerung, sich eine Frau türkischer Herkunft als mögliche Ehepartnerin überhaupt vorstellen zu können, da mit Türkinnen ja keine Möglichkeit zum vorehelichen Sex bestehe. Die männlichen Jugendlichen stimmten in dieser Diskussion prinzipiell damit überein, wie die kollektive Abgrenzung in der deutschen Öffentlichkeit (einschließlich ihrer Schule) konstruiert war. Nicht weniger als die behauptete kulturelle Differenz wird durch diese Verdoppelung des kulturalistischen Diskurses in der Klassenöffentlichkeit die moralische Definitionsmacht nach Mustern des Geschlechts, also *gendered* hergestellt: Die muslimischen Mädchen werden im Diskurs zu Gallionsfiguren eines Reinheitskonzeptes, das je nach Perspektive für ein Ideal moralischer Integrität oder für die Körperfeindlichkeit einer rückständigen Tradition steht; gelockerte Moralvorstellungen wurden hingegen als Attribute einer sexuell libertären „deutschen" bzw. „modernen" Lebensweise gebraucht.

Die daraus resultierenden Bewertungen von Divergenz oder Konvergenz haben für weibliche und männliche Adoleszenten unterschiedliche praktische Implikationen: Keiner der Jungen hatte weibliche Sexualität so konzeptualisiert, dass es schlicht Sache der Mädchen sei, wie sie ihr Geschlechtsleben vor einer vielleicht ohnehin gar nicht erfolgenden Eheschließung ausgestalten wollten. Vielmehr wurde unter Beibehaltung des Differenztheorems quer zu den angeblichen Grenzen von Kultur oder Religion ‚unter Männern' erörtert, was Mädchen und jungen Frauen zugestanden werden sollte oder wie die Wunschpartnerin sich in dieser Hinsicht zu verhalten habe, damit man(n) sie heiraten könne. Die Jungen verhielten sich als Inhaber von Definitions- und sozialer Allokationsmacht.

An dem Beispiel zeigt sich, dass bei der Verhandlung der Relation von gesellschaftlicher Mehrheit und Minderheit zugleich Machtverhältnisse in den Geschlechterbeziehungen zur Disposition stehen: Mädchen, die eine Auflösung der strikten Abgrenzungen nach Religion oder Kultur favorisierten und das Recht auf weibliche Selbstbestimmung in sexuellen Fragen hätten fordern wollen, standen vor dem Risiko eines Reputationsverlusts. Strukturell waren die Positionen der „ausländischen", respektive die der muslimischen Mädchen also nicht nur Gegenstand doppelt kulturalistischer Deutungen, sondern sie unterlagen einem weitaus größeren Rechtfertigungsdruck als die Jungen. Aus dieser Position heraus wandten Serkans Mitschülerinnen in derselben „Ehre und Scham"-Diskussion andere Strategien an, um die Vorlage und deren These von Frauen gängelnden islamischen Sozialmilieus zu beantworten.[27]

Lehrerin A.: „In der Einleitung zu diesem Artikel steht, dass es um ‚eines der brennendsten Probleme unserer Zeit' geht. [Leyla kommentiert bereits im Hintergrund: „Ich hab' andere Probleme!"] Was ist denn das Thema des Artikels eigentlich?"
Leyla: „Zwingen zu heiraten."
Lehrerin A.: „Wer wird denn gezwungen zu heiraten, Frauen oder Männer?"
Leyla: „Na Frauen."
Lehrerin A.: „Ist das für Euch auch so, dass ihr das für eines der ‚brennendsten Probleme' haltet?"
Leyla: „Nö. Meine Eltern würden mich nicht zwingen und mich auch nicht umbringen."
Alexandra: „Für die Türken ist das doch nur..."
Nina: „Ist doch kein Problem für mich, nur für die Türken."
Sanem: „Araber und Türken *sind* so..."
Alexandra: „Oh Mann, das ist doch deren Problem, von den Türken und so, das geht mich doch nichts an!"
Lehrerin A.: „Naja, ob dich das alles nichts angeht, weiß ich nicht: Ein Fall, den ihr ja alle mitgekriegt habt, ist eure ehemalige Mitschülerin... [Sanem fängt laut an zu lachen] ...Sevda."
Sanem (triumphierend): „Hundertprozentig habe ich das gewusst, dass Sie gleich mit Sevda anfangen!"

Dass Leyla, die stets ein Kopftuch trug, von Beginn an kommentierte, sie habe andere Probleme als die zur Diskussion gestellten, zeigt, wie vertraut diese Schülerinnen mit genau der Akzentuierung sind, die sich im weiteren entwickelte: „Araber und Türken sind so". Auch Sanems triumphierende Bemerkung, sie hätte „hundertprozentig gewusst", dass es am Ende um Sevda gehen

---

27 Es gilt mitzudenken, dass es (auch) in dieser Kerngruppe nicht üblich war, Schulbuchwissen medienkritisch in Frage zu stellen. Zwar handelte es sich bei der Textvorlage, die die Tutoren zum Ausgangspunkt nahmen, um einen Zeitschriftenartikel. Bei SchülerInnen, die Texte im Unterricht in der Regel als ein vermeintlich objektives Informationsmedium präsentiert bekommen, kann aber keine Medienkompetenz vorausgesetzt werden, mit der dem vorgelegten Text in seinem Wahrheitsanspruch widersprochen würde. Es überraschte insofern nicht, dass der *Emma*-Artikel selbst nicht in seiner Autorität hinterfragt wurde und die argumentative Strategie der muslimischen Mädchen sich in punkto seines Aussagewerts darauf reduzierte, den Text als nicht passend für den Fall ihrer ehemaligen Mitschülerin Sevda zu erklären: Der Einwand lautete vor allem, dass Sevda ja gar nicht zwangsverheiratet worden sei, sondern ihren Cousin aus freien Stücken geheiratet habe, denn „Die war doch notgeil!", so eine Schülerin.

sollte, belegt dies: Ein repressiver familiärer Hintergrund, unter dem Mädchen und Frauen zu leiden haben, wird im Kontext einer anderen, „traditionellen" Kultur oder der islamischen Religion thematisiert, und schon wissen die Schülerinnen aus „orientalischen" Familien, dass sie gefordert sind, Stellung zu beziehen und sich, den Islam oder ihre Herkunft gegen Angriffe zu verteidigen.

Leyla wies die Definition des Problems unverzüglich zurück und versuchte damit, die vorherrschende Wahrnehmung von sich abzuwehren, muslimische Mädchen und Frauen seien hilflose Opfer einer zurückgebliebenen Weltanschauung. Ihre Kommentare in der weiteren Diskussion führen vor Augen, wie unausgewogen die Situation ist: Leyla hat ihre Position gegen das Klischee der deutschen Mehrheit zu verteidigen, die muslimische Frauen (zumal solche mit Kopftüchern) als marionettenhafte Repräsentantinnen eines überkommenen Moralkonzepts betrachtet, das Frauen auf voreheliche sexuelle Abstinenz verpflichtet. Ihr Mitschüler Mike brachte das mit seinen Redebeitrag auf den Punkt. Neben der Einlassung, er könne sich nicht vorstellen, eine Türkin zu heiraten, da gemeinsamer Sex ja auch wichtig für die Entscheidung sei, ob man sich aneinander binde, gab er noch zum Besten: „Oh Mann – die sind so verklemmt zu den Töchtern, die Türken! Dass die keine Freunde haben dürfen und noch Kopftücher tragen müssen!"

Gegen solche Sichtweisen setzten sich vor allem diejenigen Mädchen zur Wehr, die sich auf Grund ihrer eigenen Kopftücher besonderer Geringschätzung ausgesetzt sahen. Auch muslimische Mitschülerinnen, die selbst keine Tücher trugen, und muslimische Jungen sprangen ihnen gelegentlich argumentativ zur Seite und wiesen entweder auf das Spektrum an Motivationen hin, dass hinter der Praxis der Kopfbedeckung stecke, oder pochten darauf, dass es doch eine Privatsache sei, wie Frauen sich kleideten. Positive Verstärkung von LehrerInnenseite erfuhren hingegen solche Mädchen, die zur Norm weiblicher Zurückhaltung explizit auf Distanz gingen. So äußerte sich im weiteren Verlauf der zitierten Diskussion Sanem zu dem Verhältnis mit ihren Eltern, Aleviten türkischer Herkunft, wie folgt:

„Die Eltern müssen sich daran gewöhnen, wenn ich einen Freund habe. Sie erfahren es sowieso, und die gewöhnen sich daran. Mein Vater hatte früher selber eine Freundin, nur meine Mutter nicht, die kam vom Dorf und hatte nicht so Erfahrungen wie er."

Diese Haltung unterstützte die deutsche Lehrerin sofort: „Ja, aus Gesprächen kennen wir deine Eltern ja auch. Ich glaube schon, dass die inzwischen auch eher so leben wie wir und etwas aufgeschlossener sind."

Sanem siedelte die Sorge um weibliche Keuschheit in einem ländlichen Kontext an, indem sie auf die dörfliche Herkunft ihrer Mutter verwies. Dies ermöglicht zwar, Liberalisierung in städtischen Milieus anzunehmen und auf eine Diversifizierung sozialer Normen auch in der Türkei hin zu argumentieren. Zugleich bestätigt die Konstruktion aber das Urteil, voreheliche sexuelle Abstinenz bedeute eine Zurückgebliebenheit; das Dorf scheint in dieser Perspektive den Menschen nicht die Chance zu geben, Erfahrungen zu sammeln.

Indem die Lehrerin anschließend die wahrgenommene Aufgeschlossenheit bei Sanems Eltern mit einem „Leben wie wir" gleichsetzt, bestätigt sie diese Wertung, stabilisiert überdies die Vorstellung von kollektiv abgrenzbaren Lebensweisen und diskreditiert implizit die Mädchen, die sich gegen solche Interpretationen verwahrt hatten. An Leyla und Gül als die beiden bei der Diskussion im Klassenzimmer anwesenden „Kopftuch-Mädchen" wendet sie sich sodann noch ganz direkt. Leyla hatte zuvor bereits geäußert, sie halte die Polarisierung für substanzlos. Wenn sie wollte, könne auch sie einen Freund haben.

Lehrerin A.: „An euch beide habe ich schon noch eine Frage. Mit den Kopftüchern, also scheiden da eigentlich bestimmte Jungs von vornherein aus?"
Leyla: „Nein."
Nina: „Es wollen aber nicht alle eine mit Kopftuch."
Alexandra: „Sie haben doch auch Angst."
Sanem: „...dass sie Ärger kriegen mit der Familie!"
Leyla: „Meine Schwester hatte doch einen Freund! Sie ist nicht geschlagen worden. Ich könnte auch einen Freund haben." [...]
Anna: „Ihr dürft doch gar nicht Freunde haben!"
Leyla protestiert erneut: Ihre ältere Schwester trage ebenfalls ein Kopftuch und habe einen Freund gehabt. Ihre Eltern hätten sich nicht daran gestört, sondern nur wissen wollen, wer das sei. Sie könnte also auch einen Freund haben, wenn sie das wollte.

Das Statusmanagement der Mädchen war notgedrungen hochgradig situationsabhängig. Auch wenn Leyla hier versuchte, das Verhaltensdilemma herunterzuspielen, indem sie *jeglichen* Unterschied leugnete, modifizierte sie diese Position doch in einer anderen Unterrichtsdiskussion und betonte dort, deutsche Mädchen könnten offen vor den Eltern zugeben, einen Freund zu haben, während Töchter aus türkischen Familien das vor den Eltern eher geheim hielten. Viele von ihnen hätten zwar Freunde, ehe sie heirateten, es werde in den Familien aber anders mit dem Thema umgegangen als bei „den Deutschen", für die es normal sei, wenn die Tochter mit einem Freund nach Hause komme. In vertraulicheren Gesprächen beklagte Leyla zudem, dass ihr eigener Vater ihrer Ansicht nach viel zu streng sei. Er habe ihr z.B. im Vorjahr nicht erlaubt, an einer Schulexkursion in die Türkei teilzunehmen, weil er sich um ihren Ruf gesorgt habe. In Unterrichtsstunden, in denen ihr Familienhintergrund stereotypen Angriffen ausgesetzt ist, würden Mädchen wie Leyla derartige häusliche Konflikte verständlicherweise nie zugeben, sondern fühlten sie sich vorgeführt und zu Rechtfertigungen genötigt. Vor der Klassenöffentlichkeit die eigenen Ambivalenzen und Auseinandersetzungen mit Ansprüchen der Eltern auf Wahrung der Herkunftskultur zuzugeben, hieße, in einem Interaktionsfeld, in dem genau solche intergenerationalen Konflikte zur kollektiven Stigmatisierung plakatiert werden, Öl ins Feuer zu gießen und eine offene Flanke zu zeigen.

Ganz parallel dazu, was vielen Jugendlichen aus Migrantenfamilien von Seiten ihrer Eltern an Schemata entgegenschlug, schwang also auch im herrschenden pädagogischen Diskurs an ihrer Schule in der Vorstellung davon, was es hieße, „deutsch zu werden", die Erwartung einer kulturellen Assimilation mit, genauer eine Entfremdung von den „Umgangsformen" der Herkunftskultur, für die Einstellungen und Praktiken im Geschlechterverhältnis als aussagekräftiger Indikator etabliert waren. Wie zu Beginn des Kapitels gezeigt wurde, reproduzierten die jungen Leute dieses dichotome Konzept teilweise: Auf der einen Seite standen für sie die kulturellen Traditionen der elterlichen Herkunftsgesellschaften, symbolisiert durch weit(er) gehende Kontrolle des weiblichen Körpers, auf der anderen Seite liberale Moralstandards der deutschen ‚Spaß'-Gesellschaft. In dem Anpassungsdruck, der mit den beiden so verstandenen Lebensstilen einhergeht, manifestiert sich die Verdoppelung sozialer Observation, der Mädchen unterliegen. Anders als die Jungen, die in der Auseinandersetzung um das moralisch ‚richtige' Leben letztlich nicht viel zu verlieren haben, hängt der Status der Mädchen in beiden als konträr konzipierten Sphären davon ab, wie sie ihre Autonomie zu wahren wissen. Angesichts des Dilemmas, selbst im Fokus der symbolischen Auseinandersetzungen um die Definition verschiedener Kollektive zu stehen, waren die Mädchen also stärker als die männlichen Gleichaltrigen gefordert, sich zu einem normierenden Zugriff beider „Kulturen" zu verhalten.

Auf ‚der deutschen Seite' erwies sich die Bestimmung eigener Positionen als noch komplizierter denn gegenüber elterlichen Forderungen. Anders als die Eltern, die mit ihren Erwartungen einer gewissen kulturellen Kontinuität zumindest eine konkrete Projektion vorhielten, ließ der in der Schule vermittelte Anpassungsdruck letztlich überhaupt keinen gangbaren Weg, geschweige denn ein positives Projekt erkennen, das die Heranwachsenden ausländischer Herkunft konkret zur Teilhabe einladen würde: Dass sie sich nach Möglichkeit von den Normen und Konventionen ihrer Herkunftsmilieus emanzipieren und einen lockeren Stil im Geschlechterverhältnis an den Tag legen sollten, war unmissverständlich. War für eine Vielzahl Lehrkräfte eine nicht näher spezifizierte Anpassung hinsichtlich der „Umgangsformen" der einzig akzeptable Weg, über den die eingewanderte Bevölkerung in die bundesdeutsche Gesellschaft zu integrieren wäre, scheint angesichts der gleichzeitigen Nachhaltigkeit der kursierenden Kulturkonzepte doch zweifelhaft, ob und welche assimilativen Ausdrucksformen die konzeptionelle Exklusion von „Ausländern" oder „Orientalen" überhaupt würde außer Kraft setzen können. Vor allem stellt sich die Frage, welche Standards den Lehrerinnen und Lehrern vorschwebten, an die die betreffenden Heranwachsenden sich anpassen sollten. Die Lehrerin, die im Unterrichtsgespräch positiv vermerkt hatte, Sanems Eltern würden ja bereits eher „so leben wie wir", gab auf meine Nachfrage, was das für sie heiße und woran sie die Einschätzung festmache, die Antwort, dass Sanems Eltern auf Elternabenden einigermaßen regelmäßig auftauchten, dass sie gesprächsbereit seien „und überhaupt locker wirkten"; das sehe sie an der Kleidung: Der Vater trage so wie Sanem Jeans und Lederjacke, die Mutter kein Kopftuch[28]. Außerdem habe Sanem auch immer ohne Probleme an Klassenausflügen teilnehmen dürfen.

Über solche Äußerungen in Richtung auf eine im doppelten Sinne ‚aufgeklärte' Leitkultur hinausgehend gab es im sozialen Feld der Schule keine positiv besetzte Illustration dessen, in welcher Form und Praxis sich denn ein wünschbares ‚deutsches Leben' als Gegenstück zu den diskreditierten „Umgangsformen" eingewanderter Familien konkretisieren ließe. Das ist nun weder ein Zufall noch – hinsichtlich der Lebensstilfrage – ein Versäumnis der pädagogischen Akteure, denn die Fragen der privaten Lebensführung normieren zu wollen, ginge weit über die legitime Aufgabe gesellschaftlicher Sozialisationsagenturen hinaus, den Einzelnen die „zur legalen Lebensführung notwendigen Kompetenzen zu verschaffen" (Kötter 2005: 89). Um das nötige Wissen zu vermitteln, das es braucht, um innerhalb der öffentlichen Ordnung „eigenes Leben" im sozialtheoretischen Sinn führen zu können, ist ein pädagogischer Diskurs, der „sowohl Kultur als auch mutmaßliche ethnische Unterschiede zu konkreten Wesenheiten [reduziert]" (Baumann 1998: 289), wenig zielführend. Neben seiner ontologisierenden Wirkung geht ein *agenda setting* zu Gunsten kulturalistischer Wahrnehmungen zu Lasten inhaltsneutraler Integrationsmomente, wie sie z.B. in der Rechtsordnung der deutschen Verfassung liegen (vgl. Kötter 2005; Benhabib 1999; Oberndörfer 2002). Wenn dessen ungeachtet ein kulturalistisch aufgeladener Differenz-Diskurs gepflegt wird, lässt das erhebliche Versäumnisse erkennen: Eine Professionalisierung der pädagogischen Praxis im Umgang mit eingewanderten Minderheiten hat hier offenkundig nicht stattgefunden.

Die schulische Praxis bestätigte letztlich, dass kulturell formulierte Integrationserwartungen keine Folie anbieten, mit der sich unterstellte Differenzen vermitteln ließen. Vielmehr wirkt sie als Herrschaftstechnik, die sich „den Ausländern" stets nur mit erzieherischer Absicht und von der Haltung eigener Überlegenheit her zuwendet. Überdies appelliert die Erwartung, Einwanderer sollten sich eine Spielart vom „Leben wie wir" zueigen machen, an eine Idee sozialer Kohäsion, die merkwürdig anachronistisch anmutet:

„Wir alle leben in Parallelgesellschaften. Von Einheit kann [...] keine Rede sein. [...] Und nicht erst seit Luhmanns Sozialtheorie ahnen wir, dass systemübergreifende

---

28 Das Kopftuch galt dieser Lehrerin als Inbegriff von Rückständigkeit und Frauenverachtung. Dass ich mich „als Frau" für „die rückständigen, konservativen Türken" überhaupt interessierte, machte sie mir zum Vorwurf. Es sei wohl angebrachter, wenn Ethnologinnen über „Matriarchate in Afrika" arbeiteten, um damit für die hiesige Weiterentwicklung der Gleichberechtigung von Mann und Frau einen Beitrag zu leisten, sagte sie. Auch wenn diese Frau mit ihrer Haltung eine Extremposition vertrat, wurde im Kollegium der Schule das Kopftuchtragen überwiegend als Zeichen einer Integrationsunwilligkeit gesehen. Von den beiden Polen abgesehen, dass einzelne LehrerInnen an Kopftüchern ausdrücklich keinen Anstoß nahmen, und dass einige Sportlehrer den Tüchern regelrecht den Kampf angesagt hatten, herrschte im Großen und Ganzen ein diffuses Unbehagen gegenüber den „Kopftuch-Mädchen", wie sie im Jargon vor Ort hießen.

Einheit in der modernen, funktional differenzierten Gesellschaft nie mehr als eine Fiktion ist." (Kötter 2005: 83)

So überrascht auch nicht, dass ein Ton der Vergeblichkeit den pädagogischen Diskurs zur kulturellen Fremdartigkeit „der Ausländer" in der Berliner Schule begleitete. Die vorherrschende Perspektive, wonach das schulische und das gesellschaftliche Leben durch das Einwanderungsgeschehen in Mitleidenschaft gezogen sei und diskrepante Lebensweisen in Immigrantenfamilien eine Belastung bedeuteten, die diese mittels kultureller Anpassungsleistungen abzustellen hätten, beschwört ja eine soziale Fiktion, die in der Praxis nur enttäuscht werden *kann*: Real festzustellen sei im Zusammenleben von Deutschen und „Ausländern" ein geradezu pervertierter Trend, hieß diese Frustration unter LehrerInnen. Als sarkastisches *Bonmot* kursierte im Kollegium die rhetorisch vorgetragene Frage „Wer integriert hier eigentlich wen?", die besagen sollte, was Lehrer P. im zitierten Interview als die „reaktionären Anpassungsleistungen" bezeichnete: Deutsche Jugendliche würden sich unter dem Einfluss ihrer „ausländischen" MitschülerInnen negativ entwickeln, statt dass letztere sich an den Deutschen orientierten. Die immanenten Widersprüche dieser polarisierenden Diskursstruktur werden umso deutlicher, wenn man Aussagen über die deutsche Seite mit in Betracht zieht: Wofür stand denn Deutschland, deutsch zu sein oder es zu werden im Diskursfeld dieser Berliner Schule, und welche Andockstellen lässt der Begriff des Deutschen als Zielvorstellung der Integrationsforderung zu?

Die Ambivalenz des Deutschen

Im Interview hatte der bereits zitierte Lehrer P. die Möglichkeit, Konflikte mit verbalen Mitteln auszutragen und dabei auch Kompromissbereitschaft zu zeigen, als Stil der deutschen Gesellschaft veranschlagt. Hingegen galten ihm ein in der Schülerschaft beobachtetes hohes Aggressionspotential und ein geringes Maß an Toleranz als negative Einflussmomente, die „die ausländischen" SchülerInnen und insbesondere die männlichen Schüler „orientalischer" Herkunft einbrächten: Als man in Deutschland noch mehr unter sich gewesen sei, seien „die Deutschen" friedlicher gewesen und konnten mehr, sagte er.

Parallel zu dieser Interpretationsmatrix rechneten auch viele Jugendliche aus Immigrantenfamilien den Konfliktaustrag mittels argumentativer Auseinandersetzung deutschen Eigenschaften zu. Allerdings sahen sie sich selbst in dieser Hinsicht nicht als ‚nicht-deutsch' an, denn in den häuslichen Auseinandersetzungen hielten ihnen die Eltern einen Spiegel vor, in dem ihre eigene Distanzierung von Konflikt negierenden Verhaltensweisen sichtbar wurde. Dass ihnen die Eltern entgegenhielten, sie seien womöglich am Verdeutschen, wenn sie über etwas diskutieren wollten, reflektierte in Teilen die sozialisierenden Erfahrungen der Heranwachsenden in der deutschen Schule. Dass sie dort im Unterricht (zumindest einiger Fächer) zur Diskussion aufgerufen waren, eigene Positionen formulieren sollten, ihre persönlichen Auffassungen an anderen messen und in der Auseinandersetzung auch Kompromisse einzugehen lernen sollten, sahen sie im Vergleich dazu, wie Eltern und Verwandte in den Herkunftsländern der Familien aufgewachsen waren, als etwas typisch Deutsches an. Stellvertretend hierzu eine Äußerung von Helena:

„Die deutschen Eltern reden eben mit ihren Kindern darüber, statt einfach nur zu sagen, ‚mach mal dies, mach mal das'. In der Schule ist es ja sowieso so. [...] Also ich glaube schon, dass die Deutschen auch zuhause [...] mehr sich respektieren und andere Meinungen gelten lassen. Die ausländischen Eltern sind dann immer gleich eingeschnappt, wenn Widerspruch kommt. Dann heißt es, ‚du steckst deine Füße unter meinen Tisch' und so. Die haben das einfach nicht gelernt so wie wir."

Wenngleich ein Großteil der Lehrkräfte die kritische Diskussionskompetenz bei Jugendlichen aus migrantischen Elternhäusern unzureichend gegeben sah, empfanden diese selbst den Einfluss der Schule als prägend dafür, wie sie den Eltern gegenübertraten und was sie von deren Herangehensweisen an Konfliktthemen unterschied. Insoweit stand die Rede vom Verdeutschen in diesem Kontext für eine positiv bewertete Kompetenz zur Kontroverse, die einen Teil der eigenen Persönlichkeitsentwicklung ausmachte. Obwohl ihnen die Fähigkeit zur argumentativen Auseinandersetzung als etwas Deutsches galt, stellten die jungen Leute sie nicht in den Zusammenhang von Entfremdungsprozessen, die für sie selbst problematisch oder ein schmerzhafter Verlust seien. Zur Sprache kamen die Diskrepanzen im häuslichen Konfliktverhalten lediglich als Sozialisationsdefizite der Anderen, d.h. als Unvermögen der Eltern und Verwandten. Selbst Sahar, die von den fünf in dieser Arbeit näher fokussierten jungen Frauen noch am ehesten Bedauern darüber empfand, nicht das vermeintlich kulturell authentischere Leben im Libanon geführt zu haben, bedauerte nicht, ihre Kritikfähigkeit in einer solchen Weise entwickelt zu haben, dass ihr ein widerspruchsloses Akzeptieren dortiger Lebensumstände wohl kaum noch möglich sein würde, wie sie einräumte. In dieses Urteil spielt wiederum die Annahme von kulturell konfigurierten Geschlechterrollen hinein:

Sahar: „Wenn ich da leben würde im Libanon, würde ich bestimmt auch Einiges anders machen wollen. Und wer weiß..., ob das so gut gehen würden. Jetzt bin ich ja immer nur im Urlaub da. [...] Und wenn ich in mein, also nach Libanon fahre, dann heißt es dort immer gleich: ‚Guck mal, die Deutsche kommt.' Wir machen hier ja alle eher mal den Mund auf, wenn uns etwas nicht passt, also auch wir Mädchen. Das sind die Leute da nicht so gewohnt. Wenn ich so vergleiche, wie ich bin und wie meine Cousinen sich verhalten, das ist schon ein Unterschied."

Eingedenk seiner Besuchserfahrungen im Kosovo pflichtete Hashim ihr bei. Er sah sich in seiner alten Heimat in eine Rolle des männlichen Bestimmers gedrängt, die ihm nicht behagte:

Hashim: „Also es ist schon noch viel so: Die Frauen denken so, weil denen das eingeredet wurde, sie müssten nicht unbedingt dem Mann gleichstehen oder Konkurrenz machen oder sowas. Und ich hab immer Schwierigkeiten damit, wenn ich drüben im Kosovo bin: Die Cousinen von mir, die fragen mich immer ‚Was hältst du davon?', ‚Was machen wir jetzt?' und so – Wieso soll *ich* denn eigentlich entscheiden, was wir machen und wohin wir gehen? [...] Das Leben in Deutschland hat mir schon ein anderes Denken gegeben."

Was diesen jungen Leuten selbst als ein deutsches Moment im eigenen Auftreten, im Diskussionsverhalten und bei der Durchsetzung individueller Interessen galt, schien eine kognitive Fertigkeit, deren Wert völlig außer Frage stand. Neben solchen positiven Aspekten wie der Diskussionsfertigkeit, der internalisierten Norm von Geschlechterverhältnissen, in denen Frauen Mitsprache haben, einer gewissen Rationalität oder auch dem schlichten Funktionieren von Ökonomie und Gemeinwesen, die das Attribut des Deutschen ihnen außerdem repräsentierte, stand es jedoch für eine Reihe negativer Erfahrungen. Zudem erfuhren die Heranwachsenden die Zuschreibung des Deutschen lediglich aus der Verlust- und Entfremdungsperspektive ihrer Eltern, nicht aber – sozusagen als Inklusionsangebot – von Seiten der deutschen Gesellschaft. In der Schule wurde ihnen zwar einerseits gelegentlich ein „Leben wie wir Deutschen" als Ziel assimilativer Ansprüche vorgehalten; ihre biographische Situation wurde aber andererseits als von ethno-national differenten Kulturen geprägt beschrieben, die für unzureichende Kompetenzen standen: Sie sahen sich als „Ausländer" wahrgenommen, als „türkische", „kurdische", „arabische", „kosovarische" etc. Jugendliche, nicht als BerlinerInnen mit andersnationaler Abstammung und zusätzlichen Erfahrungen. Mochten ihre Eltern sie auch für verdeutscht halten, ihre deutschen Lehrkräfte sahen einen solchen Prozess nur in ungenügendem Maße in Gange.

Die widerspruchsvolle Mixtur von kategorial exklusiven Zurechnungen und der gleichzeitigen Erfahrung, es weder der einen noch der anderen ‚Seite' je recht machen zu können, ließ viele der dortigen Heranwachsende aus Einwandererkreisen das Deutsche als mindestens so ambivalent sehen wie die familialen „Herkunftskulturen", wie auch immer sie diese im einzelnen akzentuierten. Von meinen GesprächspartnerInnen vertrat keine/r offensiv, „deutsch" werden zu wollen, geschweige denn, sich bereits so zu verstehen. In den ablehnenden Äußerungen zu der Idee, sich selbst als (auch) „deutsch" zu definieren, spiegelte sich indes paradoxerweise ein Spezifikum des bundesdeutschen Selbstverständnisses, das Norbert Elias einmal so beschrieben hat:

„Man stellt sich vielleicht stillschweigend vor, daß das Nationalgefühl jedem Mitglied der Nation gleichsam von Natur eingeschrieben sei, und nimmt deshalb nicht wahr, daß die Bundesrepublik einer der wenigen Staaten Europas ist, dessen Angehörigen der Zement des Empfindens einer gemeinsamen Identität, wenn man von dem gebrechlichen Stolz auf das ‚Wirtschaftswunder' absieht, so gut wie völlig fehlt. [...] Der Mißbrauch, den die Nationalsozialisten mit dem Appell an das deutsche Nationalgefühl getrieben haben, macht es überdies viel schwerer, mit dem Begriff ‚national' [bzw. ‚deutsch'; S. M.] einen positiven Wert zu verbinden. [...] In älteren Staaten mit einer kontinuierlichen Entwicklung hat sich ein alle Regionen und Klassen umgreifendes Gefühl der nationalen Identität –, ‚ich bin Franzose, ich Holländer, Italiener, Engländer' usf. – ungeplant im Laufe der Jahrhunderte herausgebildet. [...] Sicherlich ist es nach den Erfahrungen des Nationalsozialismus nicht mehr möglich, im Rahmen eines nicht-diktatorischen deutschen Staates den Aufbau einer Nation und die Entwicklung eines Gefühls der nationalen Zugehörigkeit [...] zu benutzen. Dementsprechend ist der noch ausstehende Aufbau einer Nation in der Bundesrepublik eine besonders schwere Aufgabe. Sie verlangt, daß man vor allem den jüngeren Generationen, von deren gutem Willen und Zugehörigkeitsgefühl die Zukunft eines jeden Landes abhängt, das Gefühl gibt, es lohne sich, in dieser Gesellschaft zu leben." (Elias 1998: 545 f.)

Diese Überlegungen fixierte Elias Ende der 1970er Jahre noch mit Blick auf die damalige Bundesrepublik. Über der seither erfolgten Vereinigung der beiden deutschen Staaten, aus der explizite Absichtserklärungen zum „Zusammenwachsen" im vereinten Deutschland hervorgegangen sind, ist der negative Beiklang des Nationalen, respektive Deutschen trotz aller Normalisierungsrhetorik nicht verschwunden. Dass Nationalismus und Patriotismus im deutschen Kontext „für Arroganz, Abgrenzung und Überhöhung des eigenen Wertes [stehen]", wie Hans-Ulrich Wehler formuliert,[29] macht es schwerer, eine positive Assoziation mit der Vorstellung zu verbinden, „deutsch" zu sein oder es zu werden, als es bei den nationalen Repräsentationen manch anderer Länder der Fall ist. Schulkindern etwa ein so unkompliziertes Identifikationsangebot zu machen wie „Nationalgefühl zu haben", heiße schlicht und einfach „Frankreich zu lieben" (Stern/Hugonie 1998: 114), scheint vor dem Hintergrund der deutschen Geschichte geradezu illegitim. Es stellt sich deshalb die Frage, ob und inwieweit Elias' Appell, man müsse den Jüngeren das Gefühl zu geben, „es lohne sich, in dieser Gesellschaft zu leben", in der untersuchten Berliner Gesamtschule eine Entsprechung fand, und welche möglicherweise speziellen Botschaften dazu an die Nachkommen aus Einwandererkreisen ausgesandt wurden.

---

29 Anlässlich der im Gefolge der deutsch-deutschen Vereinigung wieder auflebenden Debatte um Patriotismus und den Begriff der Nation stellt der Historiker Hans-Ulrich Wehler fest, das Thema sei in Deutschland weiterhin „Terrain der Konservativen": „Die Bundesrepublik war beherrscht vom Stolz, der aus der Verbindung von funktionstüchtigem Verfassungsstaat, Rechtsstaat und Sozialstaat erwachsen war, auf der Basis eines erstaunlichen ökonomischen Erfolges vor der Folie eines verlorenen Krieges. Das war die Legitimierung des neuen Staates, der zwar in der Tradition des Reiches stand, aber in Wirklichkeit auf dessen Trümmern neu anfangen musste. Da trat die Nation völlig zurück – vor allem unter dem Schock darüber, wie sie von den Nazis pervertiert worden war. In den 70er und 80er Jahren hat niemand über die Nation gesprochen. [...] Tatsächlich lautet jetzt die Frage: Wie lange trägt das noch? Der Sozialstaat erodiert wegen seines übermäßigen Ausbaus, und die Wachstumsmaschine stottert. [...] Das ist die Witterung von Edmund Stoiber und Angela Merkel. Sie versuchen, ein vertrautes Angebot zu machen: Wir sind in einer Krisensituation, die Nation als Schicksalsgemeinschaft muss beschworen werden. Wer sein Land liebt, dem kann man harte Reformen zumuten. Sie tun, als hätten sie keine Ahnung, welche Geister aus der Geschichte sie damit wecken. [...] Hinter der Edelvokabel Patriotismus wird die Rückkehr zu einem ganz ordinären Nationalismus gepredigt, voller Arroganz, Abgrenzung und Überhöhung des eigenen Wertes." (Interview mit Hans-Ulrich Wehler in der Zeitschrift *Stern* (51) 2004).

Diskursstrukturen in der Schule

Im Hinblick auf die Repräsentationen dessen, wofür Deutschland und die Deutschen im schulischen Diskursfeld stehen (sollen), ließen sich der normative Diskurs der Bücher und derjenige der pädagogischen Akteure wiederum getrennt vorstellen. Ich verzichte hier darauf: Die grundsätzlich verschiedenen Bedeutungen der beiden Diskursebenen sind im Vorangegangenen bereits erläutert worden. Im Sinn der Herstellung einer identifikatorischen Möglichkeitsstruktur, die als Teil der pädagogischen Interaktion Denk- und Handlungsspielräume anbietet, in denen SchülerInnen eigene Facetten in das präsentierte Bild einbringen könnten, wäre ein Auseinanderfallen der beiden Ebenen signifikant, wie ich es oben als mögliche Strategie skizziert habe, um Medienkompetenz zu vermitteln. Das würde beispielsweise die Form einer kritischen Kommentierung von Schulbuchwissen als Teil der Unterrichtspraxis annehmen, um die Entwicklung alternativer Lesarten des Dargebotenen anzuregen. Da jedoch auch bei den Themen der nationalen Selbstbeschreibung keine nennenswerten Differenzen zwischen dem kodifizierten Schulbuchwissen[30] und dem, was die Lehrkräfte im Unterricht vermittelten, zum Tragen kamen, kann auf eine Trennung der beiden Ebenen verzichtet werden.[31] Ich fasse statt dessen die Quintessenz der Schulbuchaussagen zu dem Thema zusammen und konzentriere mich im Weiteren auf die beobachteten Performanzen im Unterricht, in denen normative Konstrukte dessen, was es heißt, „deutsch" zu sein, auf eine mit Blick auf die Mitgliedschaft in diesem Kollektiv disparate Öffentlichkeit trafen.

Das Sprechakt-Modell der Genese von Wissen und Bedeutung im Kommunikationsprozess, das ich im ersten Kapitel als Teil der theoretischen Rahmung meiner Arbeit vorgestellt habe, wirft Fragen nach der Sinnhaftigkeit

---

30 Zu beachten ist, dass ich hier von Schulbüchern im eigentlichen Sinn spreche, also im Fall der Geschichtsbücher von didaktisch für den Unterricht aufbereiteten Historiographien. Neben solchen Texten kamen vornehmlich in der Gymnasialen Oberstufe auch historische Quellentexte zum Einsatz, die von den SchülerInnen in Vorbereitung auf etwaige akademische Anforderungen quellenkritisch zu bearbeiten waren. Die Schulbücher selbst wurden aber auch in fortgeschrittenen Lerngruppen nicht als historische Dokumente mit einer intentionalen Aussage in den Blick genommen.
31 Das Nicht-Herstellen eines Möglichkeitsraums zur subjektiven Geschichtskonstruktion im Unterricht ist nach Stand der Forschung nicht als idiosynkratischer Zug dieser Schule zu sehen. In seinen geschichtshermeneutischen Arbeiten zur schulischen Didaktik kritisiert etwa Volkhard Knigge die etablierte Praxis der Geschichtsdidaktik in der Schule: In ihrer normativen Orientierung an den sozialen Funktionen eines verbindlichen Geschichtsbewusstseins würden die subjektiven Lernprozesse in der Schule tendenziell ausgegrenzt oder gar explizit als irrelevant trivialisiert. Bergmann sieht in der affirmativen schulischen Praxis der Geschichtsbildvermittlung gar die Gefahr einer Beschädigung der lernenden Subjekte, deren Wirklichkeitserfahrungen in ihrer Bedeutung negiert würden (Knigge 1987: 254 ff. und 1992; Bergmann 2000; vgl. Georgi 2003: 60-72).

und dem Überzeugungsgehalt der zirkulierenden normativen Narrative auf. Insofern die intersubjektive Kommunikation theoretisch ergebnisoffen ist und Leerstellen für *agency* und Dissens bietet, interessiert hierbei einerseits, ob und in welchem Maß die adressierte Öffentlichkeit dem zu folgen bereit ist, was ihr an kollektiven Bewusstseinsinhalten nahelegt wird. In Anbetracht von Schülerinnen und Schüler ausländischer Herkunft bleibt andererseits auch zu fragen, welche identifikatorischen Optionen der selbstreferentielle Diskurs der deutschen Bevölkerungsmehrheit ihnen bietet. Auch jenseits ihrer bereits informellen, zivilgesellschaftlichen Teilhabe sind schließlich die nach dem formellen Kriterium der Staatsangehörigkeit ‚nicht-deutschen' SchülerInnen potenziell künftige deutsche Staatsangehörige. Sollen auch sie die Möglichkeit haben, an der Herstellung von Sozialität und Solidarität im Gemeinwesen in vollem Umfang zu partizipieren, muss das Bild der Nation verallgemeinerbare Anknüpfungspunkte bieten. Da aber die soziale Wirkung der Imagination von nationaler Gemeinschaft neben den fluiden und offenen kommunikativen Prozessen der kontinuierlichen Herstellung und Redefinition dessen, was die Gemeinsamkeit ausmachen soll, auch Fixierungsmomente erfordert, die schließenden Charakter haben, ist zu erwarten, dass selbst Eingebürgerte noch gleichzeitige Inklusions- und Exklusionserfahrungen machen (Schiffauer 1993: 187 und 2002: 12; vgl. Habermas 1998: 100). Zu dem grundlegenden Dilemma der Restrukturierung von Grenzziehungen bei der Integration neuer Gruppen kommt hinzu, dass die ehemaligen ‚Container' nationalstaatlicher Ordnung selbst durch Prozesse internationaler Vergesellschaftung geöffnet wurden und ihre politischen und sozial-ökonomischen Räume durch neue Kommunikationsmedien, globale Kapitalflüsse und neuartige Migrationstypen durchlässiger, in Teilen sogar „transnational" geworden sind (vgl. Pries 2001: 5-9 und 49 ff.). Vor allem in den Bereichen der Ökonomie und Politik ist die Nation am Beginn des 21. Jahrhunderts kein uneingeschränkt souveräner Akteur mehr.

Für den schulischen Auftrag bedeuten die genannten Transformationsmomente den Spagat, „to perpetuate a sense of nation-state continuity but also to integrate non-nationals and first-generation citizens into the democratic project of equalizing chances and access for all" (Baumann 2004: 1). Ein wichtiges Austragungsfeld für solche konkurrierenden Anliegen stellt der Geschichtsunterricht dar, denn die normativen Entwürfe der Nation und ihrer Situiertheit in einem größeren Kontext werden zu einem erheblichen Teil in Gestalt einer nationalen Erinnerungsgemeinschaft abgebildet. In Anbetracht eines Verlustes an nationaler Souveränität in ökonomischen und politischen Belangen gewinnt möglicherweise diese Form der vorgestellten Einheit als verbliebene Ressource der Vergemeinschaftung an Bedeutung.

„Erinnerung [...] ist immer auch ein kommunikativer Prozess von Vergemeinschaftung. In der Geschichtsschreibung, aber auch in den alltäglichen Geschichtskonstruktionen der Menschen werden über geschichtliches Erinnern Zugehörigkeiten formuliert, reproduziert und stabilisiert. [...] Der Rückgriff auf geteilte oder nicht geteilte historische Erinnerung ist zugleich ein Moment des Ein- und Ausschlusses [...]

Die Individuen werden durch gemeinsame Erinnerung und Teilhabe am Kollektivgedächtnis vergemeinschaftet. Dabei sind die Raum- und Zeitdimensionen untrennbar verwoben mit den jeweiligen gruppenspezifischen Kommunikationsformen. Diese sind Teil eines affektiv und wertbesetzten Lebenszusammenhangs, in dem sie als Orte von Bedeutung, Orte des Schicksals oder Lebensgeschichten auftauchen, die für das Selbstverständnis einer Gruppe relevant sind." (Georgi 2003: 97 f.)

Die erinnerungstheoretisch signifikante Verbindung von Raum, Zeit und Kommunikation zur Schaffung eines „affektiv und wertbesetzten Lebenszusammenhangs" weist auf strukturelle Widersprüche hin, die Immigranten und ihre Nachkommen gewärtigen: Ihre sozialen Erfahrungen überschreiten die räumliche und unterschreiten die zeitliche Dimension der vergemeinschaftenden nationalen Geschichte im Zielland der Migration, das zugleich bedeutungsvolle Orte der eigenen Lebensgeschichte birgt.

Einwanderungsgesellschaften wenden verschiedene Strategien an, um den normativen Entwurf der nationalen Selbstdarstellung teilbar zu machen. Abgesehen davon, dass eine Transformation über Zeit erfolgen kann, indem die Eingewanderten an den kommunikativen Prozessen der Geschichtskonstruktion partizipieren,[32] sind die Attraktivität und die Offenheit des vorhandenen Entwurfs maßgebliche Faktoren dafür, wie stark und in welcher Form überhaupt Immigranten sich einbringen können. In den ausdrücklichen Einwanderernationen wird das Problem in der einen oder anderen Form direkt angegangen (vgl. Schiffauer 1993). Für die USA konstatieren Levy und Sznaider beispielsweise, dass es das nicht-ethnisierte Konzept der amerikanischen Nation sei, das die Pflege ethnisch codierter Erinnerungsgemeinschaften rahme. Diese Verbindung begünstige die Teilbarkeit und Vermischung der Erinnerungsdiskurse (Levy/Sznaider 2001: 176 ff.). Mit welchen Bildern aber tritt Deutschland seinen Immigranten und ihren Nachkommen entgegen, und inwieweit sind die einschlägigen Bilder und Narrationen konzeptionell teilbar? Die Frage richtet sich zunächst wieder an die Schulbücher.

Zusammengefasst brachte die Untersuchung der vor Ort eingesetzten Geschichtsbücher drei Narrative zum Vorschein, die bündeln, welches kollektive Selbstbild in Deutschland für die nächste Generation als Identifikationsangebot entworfen wird:[33] Das deutsche Volk wird erstens als eine Schicksalsgemeinschaft konstruiert, die als kollektives Subjekt den sozialen Tod der „Stunde null" 1945 und die Wiedergeburt als geteiltes Nachkriegsdeutschland

---

32 Jan Assmann unterscheidet das kulturelle vom kommunikativen Gedächtnis (1995 und 1999); Lutz Niethammer spricht analog dazu von einem sozialen Langzeit- und einem sozialen Kurzzeitgedächtnis (1985). Die Differenzierung dient dazu, den partizipationsoffenen Ansatzpunkt des diskursiven Handelns zu bezeichnen, der im „sozialen Kurzzeitgedächtnis" bzw. im „kommunikativen Gedächtnis" situiert ist und sich über dessen rekonstruktive Verstetigung in das „soziale Langzeit-" bzw. „kulturelle Gedächtnis" einschreiben kann, sofern die sozialen und Machtverhältnisse den Wandel zulassen (vgl. Georgi 2003: 92-96).
33 Für Details vgl. Schiffauer/Sunier 2002: 55-64; Mannitz/Schiffauer 2002: 87 f.; Bertilotti/Mannitz/Soysal 2005.

durchlaufen hat. Zweitens steht die Gemeinschaft der Deutschen in der gemeinsamen Verantwortung für die nationalsozialistische Vergangenheit, die in der Verpflichtung zum Ausdruck kommt, totalitäre Entwicklungen nicht mehr zuzulassen. Politische Identität ist auf dieser Basis vor allem negativ formuliert als ein ‚Nie wieder'; explizit heißt das „nie wieder Auschwitz" und „nie wieder Krieg". Die Formulierung einer positiven politischen Vision fehlt dagegen als national definiertes Projekt fast vollständig. Die positive politische Vision ist (auch nach der deutsch-deutschen Vereinigung noch) die europäische Einigung, in deren Rahmen das Nationale aufgeweicht wird und Deutschland als Mitglied der europäischen Staatenfamilie Anerkennung genießt. Ein positives Bild der Deutschen verbindet sich drittens mit dem ökonomischen Erfolg, der im Westen mit dem „Wirtschaftswunder" begann, das politische Ideal des sozial gerechten Wohlfahrtsstaates entwickeln half und wiederum europäisch eingebunden ist. Auffällig ist an all dem die Zähmung des Nationalen durch eine entweder internationale Einordnung oder durch die Versachlichung der kollektiven Leistungen im Ökonomischen. Der Beweggrund für die verhaltene Präsentation ist evident und zugleich Teil des vergemeinschaftenden Narrativs: Die nationalsozialistische Vergangenheit erlaubt keine deutsche Geschichtserzählung, die auf nationale Größe oder eine Kontinuität der politischen Entwicklung abheben würde, wie es in manchen anderen Ländern durchaus möglich und üblich ist.

Was überdies deutlich wird, ist, dass sich realpolitische Grundsätze in den Repräsentationen der Schulbücher niederschlagen. Die (Nicht-)Behandlung des Einwanderungsthemas im Kontext der Nachkriegsgeschichte illustriert den *bias*: Man hat sich in Deutschland schwer damit getan, die Tatsache anzuerkennen, dass das Land sich – wenngleich wider die ursprünglichen politischen Absichten – zu einem Einwanderungsland entwickelt hat. Dem Unbehagen entspricht, dass die Erfolgsstory des wirtschaftlichen Aufschwungs der Bundesrepublik in den 1950er und '60er Jahren im übergroßen Teil der eingesetzten Schulbücher als eine rein deutsche Leistung zustande kommt, die im Nachkriegsdeutschland auf den Trümmern der Nation wieder eine unverdächtige Gemeinschaft gestiftet hat: „Alle Westdeutschen trugen diesen Wiederaufbau mit", und auch „die Flüchtlinge und Vertriebenen hatten maßgeblichen Anteil am „Wirtschaftswunder", so eines der vor Ort verwandten Geschichtsbücher (Ebeling/Birkenfeld 1991, Bd. 6: 97). Das Zutun der ausländischen Arbeitsimmigranten fällt dagegen unter den Tisch. Und dass die ehemals zum vorübergehenden Aufenthalt eingereisten „Gastarbeiter" im Laufe der vergangenen 40 bis 50 Jahre zu einem Teil der dauerhaft ansässigen Bevölkerung geworden sind, veranschlagt das Schulbuchwissen allenfalls als problematische Entwicklung.

Die (auch) infolge dieser Immigrationen gewachsene gesellschaftliche Heterogenität wurde in anderen Worten lange Zeit nicht zum Anlass genommen, die selbstreferentiellen Konzepte der veränderten demographischen Realität anzupassen – und beispielsweise als eine unverhoffte Chance, den *haut goût* des Nationalen auch durch eine Erneuerung des staatsbürgerlichen Konzepts vom Deutschsein zu überwinden.[34] Aus der lückenhaften Präsentation resultiert, dass deutsche Schüler und Schülerinnen im Unterricht Fragen wie die folgende aufwarfen, die in ihren Schulbüchern nämlich ausgespart bleibt: „Warum sind die [Arbeitsimmigranten] denn eigentlich hergekommen?" – Die Perspektive, die der Berliner Geschichtslehrer zur Beantwortung dieser Frage im Klassenzimmer aufruft, vollzieht die Logik nach, die sich im Hinblick auf die Präsentation von Migrationen im Allgemeinen als charakteristisch zeigte: Das Einwanderungsgeschehen wird von der Interessenlage der Einwanderer her betrachtet, es scheint gewissermaßen automatisch in ihr Ressort zu fallen, die eigene Präsenz zu legitimieren:

Alexandra: „Warum sind die [Arbeitsimmigranten] denn eigentlich hergekommen?"
Lehrer D.: „Kann das mal einer der türkischen Schüler zu erklären versuchen?"
Serkan: „Also wegen Geld vor allem, denn in der Türkei ist es teuer. Weil man da nicht viel Geld verdienen kann, kann man sich nichts leisten. Hier kann man das Geld verdienen. Man muss zwar auch viel arbeiten, aber es ist okay, es ist immerhin nicht zu wenig, was man verdient. Und wenn man dann in die Türkei fährt, ist das da auch viel Geld. Wir leben ja hier so wie im Luxus."
Leyla: „Und hier klappt auch alles! So beim Arzt, wenn man krank ist, kann man einfach hingehen. Und im Supermarkt kriegt man einfach alles und so. In der Türkei muss man immer lange warten und hat man keine Rechte."

Wenngleich die Schüler türkischer Herkunft von ihrem Lehrer hier einmal mehr als Repräsentanten der Anderen aufgerufen wurden, hatten sie mit dieser Rolle bei der in Rede stehenden ökonomischen Thematik persönlich kein Problem. Serkan und Leyla bekräftigten genau solche Diskrepanzen mit Blick auf die Ökonomie, die Infrastruktur der Daseinsvorsorge und Verbraucher- oder auch Bürgerrechte, die üblicherweise als negative Umstände der Herkunftsländer genannt wurden. Sie selbst wurden an dieser Stelle aber nicht mit dieser ‚anderen Welt', aus der ihre Familien einmal gekommen waren, identifiziert und fühlten sich wohl auch daher nicht zu einer Verteidigung aufgerufen. Vielmehr konnten sie ihr positives Erleben der deutschen Gesellschaft im Vergleich zu den als nachteilig empfundenen Lebensumständen in der Türkei ar-

---

34 Die weitgehende Auslassung der Arbeitsimmigration als Teil der Zeitgeschichte steht im erstaunlichen Widerspruch zu der Dynamik, die seit den 1950er Jahren allgemein in die nationalen Selbstdarstellungen in Westeuropa und speziell der Bundesrepublik auch im Schulbuchdiskurs gekommen ist (vgl. Bertilotti/Mannitz/Soysal 2005): In die Selbstdarstellungen der Bundesrepublik ist die Fähigkeit zur kollektiven Bewältigung sozialen Wandels durchaus inkorporiert worden, auch wenn dies auf Grund der historisch bedingten Problematik der nationalen Beschreibungskategorie selten explizit als positive „deutsche" Leistung benannt wird (vgl. Schneider 2001: 334). Noch weniger als sich selbst scheint man allerdings Anderen und *newcomern* zugestehen zu wollen, zu den Prozessen der innergesellschaftlichen Entwicklung in positiver Weise beigetragen zu haben. Der Schulbuchdiskurs bringt in dieser Form nicht nur keine Bereitschaft zum Ausdruck, die Präsenz der Immigranten zu würdigen, sondern marginalisiert die eingewanderten Bevölkerungsteile auch im kollektiven Gedächtnis.

tikulieren. Zwar stellten sie sich damit selbst in eben der Rolle der Nutznießer des Migrationsgeschehens dar, die der eingewanderten Bevölkerung auch in vielen Schulbuchtexten zugewiesen ist. Sich mit den ökonomischen Leistungen und der wohlfahrtsstaatlichen Ordnung der Bundesrepublik zu identifizieren, heißt aber auch, eine der wenigen überhaupt verfügbaren und zudem sachlich neutralen Optionen einer positiven deutschen Selbstbeschreibung in ihrer Teilbarkeit zu nutzen.

Als sachliche Teilhabedimension bietet sich theoretisch neben der Ökonomie vor allem die öffentliche Rechtsordnung an, denn „[d]ie Befolgung des Rechts ist die oberste Bürgerpflicht im Staat der modernen Gesellschaft. In dieser ist das Recht aus Gründen der Rationalität, der Effektivität und seiner beliebigen Vermehrbarkeit zum zentralen Steuerungsmittel avanciert" (Kötter 2005: 85). Welche Rolle spielte das Rechtssystem als neutrales Integrationsinstrument in der schulischen Vermittlung? Es lohnt sich, hierzu kurz einen erneuten Blick auf die oben angeführte Diskussion in der 12. Klasse zum Thema der Kopftücher muslimischer Mädchen und Frauen zu werfen:

Sahar verwies in der Auseinandersetzung selbstbewusst auf das Gleichbehandlungsgebot des Grundgesetzes, nachdem ihr Lehrer gegen die Kopftücher Position bezogen hatte: „Aber in der Verfassung steht doch auch, dass alle ihre Religion praktizieren dürfen!" – Nun beschäftigt die Frage, wie weit die Religionsfreiheit der Einzelnen reicht, unter welchen Bedingungen sie zugunsten welcher anderen Rechtsgüter eingeschränkt werden darf und wie es speziell um die Zulässigkeit von Kopftüchern bestellt sein sollte, seit Jahren deutsche Gerichte unterschiedlichster Instanzen bis hinauf zum Bundesverfassungsgericht. Zum Zeitpunkt der Unterrichtsdiskussion im Frühjahr 1997 waren diese Verfahren zwar noch nicht sehr weit fortgeschritten; dass es sich um eine komplexe Angelegenheit handelt, bei der verschiedene Grundrechte gegeneinander abzuwägen sind, muss dem beteiligten Lehrer aber klar gewesen sein. Statt die Schülerinnen und Schüler in eine Modellfall-Erörterung zu involvieren, also etwa eine rechtliche Verhandlung simulieren zu lassen, die konträre Rechtsauslegungen zur Sprache bringt, stellte er sich auf den Standpunkt, das Kopftuch sei ein „weltanschauliches" Symbol, transportiere eine eindeutig verfassungsfeindliche Aussage und sei aufgrund dessen im öffentlichen Raum (!) nicht tolerabel.

Das Vorgehen ist bemerkenswert. Zum Einen widersprach es der Praxis dieses Lehrers, zumal im Fach Politik, kontroverse Themen so anzugehen, dass der Unterricht den Heranwachsenden erlaube, sich im Argumentieren zu üben. Er handelte also entgegen seine erklärte Absicht und seinen sonstigen Stil, die SchülerInnen in ihren Fähigkeiten, sich über Konflikte mit argumentativen Mitteln auseinanderzusetzen, aktiv zu fördern und optierte statt dessen für eine ausgesprochen autoritäre Intervention. Unterstrichen wurde dies im weiteren Verlauf der Diskussion dadurch, dass er auf seinen Wissensvorsprung durch Koranlektüre rekurrierte. Dass die muslimischen Schülerinnen und Schüler mit anderen Wissensbeständen im Vorsprung sein könnten, indem sie beispielsweise das Tragen eines Kopftuchs durch manche Frauen als schlichte Konvention hätten einordnen könnten, ließ er nicht einmal als Möglichkeit zu: „Und jetzt tut bitte nicht so, als sei das Kopftuch ein harmloses Kleidungsstück!" Zum Anderen widersprach sein ‚Abwürgen' minoritärer Ansprüche auch in der Sache dem Grundgesetz. Mit ihrer Einlassung, dass in der Bundesrepublik unterschiedslos alle ihre Religion praktizieren dürften, war Sahar ja im Recht. Die Antwort ihres Lehrers lautete „Jeder darf seine Religion *haben*, aber nicht mit entsprechenden Symbolen in der Öffentlichkeit auftreten".

Obwohl diese Äußerung über religiöse Symbole in der Öffentlichkeit vollkommen haltlos ist, war sie als Verhalten der Diskussionsleitung in einem gewissen Sinne symptomatisch. Ich erlebte im hospitierten Unterricht in Berlin mehrere vergleichbare Unterrichtsdiskussionen zu Fragen von Minderheitenrechten oder dem Recht auf Differenz im Allgemeinen, bei denen Lehrkräfte sich ähnlich verhielten. Um das Muster zu verdeutlichen, hier ein weiteres Beispiel, aus einem Geschichtskurs in der 11. Jahrgangsstufe: Thema war die Entwicklung der Demokratie im antiken Griechenland, konkret die Staatsreformen des Perikles. Zunächst wurde ein Text über die Probleme der Perikleischen Demokratie still gelesen. Unbekannte Wörter sollten unterstrichen und nach dem Lesen besprochen werden. Der Geschichtslehrer moderierte sodann in einem zwanglosen Stil das Unterrichtsgespräch.

Lehrer H.: „Gibt es unklare Begriffe?"
Schülerin: „Ostrakisieren"
Lehrer H.: „Ja. Das ist das Verb zum Scherbengericht. Wie war das noch mal?... [keine Reaktionen] [...] Also das Scherbengericht war eine ganz tolle Sache: 10 Jahre Verbannung für die Leute, aber das Vermögen bleibt unangetastet. Und wie darüber in der Volksversammlung entschieden wurde, war ja auch toll. Stellt euch das mal vor, bei uns könnte jeder einmal im Jahr per Knopf an der Fernseher-Fernbedienung so eine Entscheidung treffen: Volksabstimmung, das wär doch was, oder?!"
Ein türkischer Schüler: „Dürften die Ausländer da denn mitentscheiden?"
Lehrer H. [mit wegschnickender Handbewegung]: „Also bitte!"
Türkischer Schüler: „Und wenn die Deutschen dann entscheiden, dass die Ausländer raus sollen?"
Lehrer H.: „Die Möglichkeit, dass das durch das Parlament beschlossen wird, besteht ja."
Türkischer Schüler: „Und dann müssen wir gehen, oder was?!"
Lehrer H.: „Naja, es gibt ja auch noch Gerichte und Menschenrechte und sowas alles... Welche Begriffe aus dem Text waren denn nun noch unbekannt?"

Als die Begriffe geklärt sind, soll der Text unter Hinzuziehung eines demographischen Überblicks zur Besiedelung der attischen Halbinsel jener Zeit diskutiert werden.

Lehrer H.: „Gibt es denn da Probleme in der Perikleischen Demokratie, die heute in ähnlicher Form auftreten? [keine Wortmeldung] Also das ist doch sowas von vergleichbar mit heute! Wenn es ökonomisch bergab geht, ist es mit der Toleranz vorbei! Was steht denn da zum Staatsbürgerrecht?"
Ein Schüler liest vor, dass nach Perikles' Reformen nur noch derjenige Vollbürger sein kann, dessen Eltern bereits Vollbürger waren.

Lehrer: „Genau! Stellt euch das doch mal hier vor, was heißt das denn?"
Deutscher Schüler: „Das geht doch gar nicht!"
Lehrer H.: „Wie bitte? Also meine Eltern sind beide Deutsche, dann bin ich doch wohl anständiger Deutscher!"
Türkischer Schüler: „Gibt's denn auch unanständige?"
Lehrer H.: „Na sicher, Ali, wer da so'n türkischen Vater hat, hm?"
2. Türkischer Schüler: „Na das ist ja mal wieder witzig!"
Lehrer H.: „Der Perikles hat ein Gesetz gemacht, nach dem Kinder aus Mischehen von attischen Vollbürgern mit *Metöken*[35] nicht mehr die Vollbürgerschaft erlangen konnten. Da hat sich so ein attisches Mädchen das doch zweimal überlegt, wenn sie sich in einen *Metöken* verliebt hat, ob das wirklich auch der Vater ihres Kindes werden soll. Vollbürgerschaft fürs Kind ist ja schließlich auch was wert! – Stellt euch das doch mal vor hier bei uns, da müsste der Robert [ein Schüler mazedonischer Herkunft; S.M.] wo hin, wo sich das Volk versammelt, und die könnten darüber entscheiden. Da würde er hier in eine Kneipe gehen und den Leuten erzählen, dass er Deutscher werden will. Die würden alle noch eine Zigarette rauchen und noch ein Bier trinken und dann abstimmen. So muss man sich das mal vorstellen mit den Volksversammlungs-Beschlüssen!"
Türkischer Schüler: „Ja wie ist denn das jetzt eigentlich mit der Visumspflicht hier? Mein kleiner Bruder, der ist ja in Berlin geboren, aber solange die Eltern noch türkische Staatsbürger sind, braucht der jetzt hier ein Visum oder was?".
Lehrer H.: „Keine Ahnung."

Drohte die Diskussion sich in eine Richtung zu entwickeln, bei der die Rechte von Einwanderern hätten beleuchtet werden können, wurde abgebogen, die Idee gleicher oder partikularer Rechte lächerlich gemacht bzw. die tatsächliche Rechtslage verschwiegen. Dies mag teilweise einer Unkenntnis in Sachfragen geschuldet sein wie im Fall der Visumspflicht, die ein Schüler mit Blick auf seinen jüngeren Bruder aufwarf. Für die adressierten SchülerInnen und Schüler macht es freilich auch in solchen Fällen einen Unterschied, ob ihre LehrerInnen signalisieren, mit ihrem Detailwissen in einer speziellen Frage leider am Ende zu sein, oder ob die Botschaft ist, dass schon die Idee abwegig oder lachhaft sei, Einwandererkreise könnten Rechte auf Präsenz, Teilhabe an einer Volksabstimmung, Repräsentation oder eine von der Mehrheit der „anständigen Deutschen" abweichende religiöse Praxis geltend machen. In solchen Situationen übernahmen offenbar assimilative Anliegen und latente Interessen des Machterhalts die Regie des pädagogischen Auftretens. Die Chance, gerade die öffentliche Rechtsordnung der Bundesrepublik als ein herkunftsneutrales Integrationsvehikel vorzustellen, die *allen* eine Identifikation mit dem Gemeinwesen erlaubt, blieb auf diese Weise vielfach ungenutzt. Die Botschaft lautete dagegen: Einwanderer und ihre Nachkommen sind darauf angewiesen, wieviel Spielraum die Deutschen ihnen gewähren, was nach Aussage des zitierten Lehrers wiederum davon abhängt, wie es um die Volkswirtschaft

---

35 Der Begriff *Metöken* bezeichnete in den altgriechischen Stadtstaaten ansässige Fremde ohne politische Rechte. Sinn der demographischen Übersicht zur attischen Halbinsel in Perikles' Zeit war eine Problematisierung des demokratischen Volksbegriffs durch die Veranschaulichung einer heterogenen Bevölkerung mit extrem ungleich verteilten Rechten in einem politischen System, das als antike Demokratie firmiert.

bestellt ist: „Wenn es ökonomisch bergab geht, ist es mit der Toleranz vorbei!" Allenfalls an die Menschenrechte ließe sich appellieren, wollte man ein Aufenthaltsrecht einfordern, denn das Parlament könne ja auch die Ausweisung „der Ausländer" beschließen.

Nun haben Ausländer objektiv nicht die Rechte von Staatsangehörigen, und auf Grund der bis ins Jahr 2000 überwiegend nach Abstammung geregelten Staatsangehörigkeitsgesetze war der größte Teil der SchülerInnen ausländischer Herkunft, ob in Deutschland geboren oder nicht, zur Zeit meiner stationären Forschung an ihrer Schule nicht im Besitz der deutschen Staatsangehörigkeit. Die provokanten Äußerungen über ihren Ausländer-Status und die dadurch eingeschränkten Rechte waren von LehrerInnenseite – zumindest teilweise – durchaus mit der guten Absicht einer politischen Bewusstseinsschärfung verbunden. An den betreffenden Jugendlichen ging diese Intention eher vorbei. Sie vermochten weder die (Selbst-)Ironie süffisanter Bemerkungen wie der vom „anständigen" Deutschen zu goutieren, noch boten derartige Repräsentationsformen eine Gelegenheit, die grundsätzliche Offenheit der demokratischen Staatsbürgergemeinschaft für Neuzugänge zu erkennen. Statt eine Weitung des Diskursfeldes „deutsch" im politisch-institutionellen Kontext zu befördern, verdichteten Einlassungen wie die eben zitierten den Eindruck, dass „die Ausländer" der Gunst der angestammten Deutschen ausgeliefert seien und jederzeit mit einer Schlechterstellung rechnen müssten.

Unterrichtssituationen wie diese, in denen einer der Schüler türkischer Herkunft auch direkt zu erkennen gab, die Einlassungen seines Lehrers nicht witzig finden zu können, wurden mir von mehreren SchülerInnen aus Migrantenfamilien als Beispiele für ihren generellen Eindruck genannt, dass „einige Lehrer uns immer so beleidigen". Ob man diese Bewertung im Einzelfall nachempfinden mag oder sie als übertriebene Empfindlichkeit von Halbwüchsigen betrachtet, ist unerheblich: Festzustellen ist, dass die kommunikativen Handlungen der Pädagoginnen und Pädagogen vielfach weniger zur Verständigung beitrugen, als dass sie die kollektive Allokationslogik von „deutsch" versus „ausländisch" verhärteten und damit pädagogische Professionalität im Umgang mit Diversität vermissen ließen..

Identifikatorische Anknüpfungsmomente wurden den Jugendlichen ausländischer Herkunft in diesen schulischen Vermittlungsdiskursen also kaum angeboten. Nahegelegt wurden ihnen allenfalls paradoxe Identifikationen mit den *outlaws* der Geschichte wie den *Metöken* im antiken Athen oder aber mit den historischen Opfern der Deutschen, die – trotz ihrer deutschen Staatsangehörigkeit – zu Fremden erklärt, aller Bürgerrechte, ihres Eigentums und am Ende ihres Lebens beraubt wurden, den von den Nazis ermordeten Juden. In Serkans Kerngruppe stellte der Geschichtslehrer diese Analogie direkt her, als die Rede auf die sogenannte „Reichskristallnacht" kam:

Thema der Stunde ist die Abdankung des Deutschen Kaisers am 9.11.1918; Lehrer D. sagt, der Tag der Abdankung sei ja nur einer von „drei wichtigen 9. Novembern in der deutschen Geschichte". Welche das seien? Auf den 9.11.1989 als Tag des Mauerfalls kommen einige SchülerInnen nach seinem Hinweis, einige von ihnen hätten das sogar ganz nah miterlebt, andere wären zu dem Zeitpunkt noch „weit weg gewesen". Der dritte 9. November, der des Jahres 1938, ist einem der Schüler als „Reichskristallnacht" bekannt. Der Lehrer bejaht, erläutert den Zynismus der Bezeichnung, führt aber keine Alternative dazu ein.

Kemal: „Warum sind denn eigentlich die Juden aus Deutschland nicht geflohen?"
Lehrer D.: „Ja warum fliehen denn die Türken nicht?"
Kemal: „Warum sollen die Türken denn fliehen?"
Lehrer D.: „Na heute gibt es doch Morde, Brandanschläge und Überfälle auf Türken – warum fliehen denn die Türken nicht?"
Kemal: „Aber das ist doch nicht vom Staat gemacht, die Brandanschläge..."
Lehrer D.: „Die Reichskristallnacht war auch nicht vom Staat gemacht. Das war ein sogenannter ‚Volkssturm': Da waren zwar Leute von der SA dabei, aber das muss man sich vorstellen wie einen Sportverein. Wenn ich heute bei *Türkiyemspor* wäre und den Leuten Bescheid gebe, ‚so heute Abend treffen wir uns da und da in einer Kneipe', die kommen dann da hin in ihren normalen Klamotten, und ich sage dann, ‚jetzt lasst uns mal einen Überfall auf Kurden machen' oder so. – So muss man sich das vorstellen. Die SA-Leute waren da in Zivil, und dann haben da auch andere Bürger mitgemacht bei den Überfällen. Der Hitler war 1938 zwar schon seit 5 Jahren an der Macht, aber das war nicht der Staat, der das gemacht hat. Aber kommen wir doch mal zu der zweiten Frage zurück: Warum verlassen die Türken heute nicht in Scharen Deutschland?"
Kemal: „Weil die nicht an der Macht sind, die heute so etwas machen, die Reps."
[...]
Leyla: „Weil wir jetzt viel sicherer sind."
Lehrer D.: „Du meinst, dass unsere Situation jetzt nicht mit der Nazidiktatur vergleichbar ist, ja? Ja – das sehe ich auch so. Das wäre ja sonst auch ganz schlimm. Aber was wäre denn, wenn jetzt ganz viele Leute plötzlich die Reps wählen würden? Ist doch vorstellbar bei immer mehr Arbeitslosen. Würdet ihr dann türmen?"
Kemal: „Ja klar, ich weiß doch, dass die gegen mich sind!"
Lehrer D.: „Na ja, einige würden das vielleicht tun, aber erfahrungsgemäß ist das nicht so. Was meint ihr, warum Leute trotz so einer Entwicklung bleiben?"
Michael: „Wird schon nicht so schlimm werden!"
Lehrer D.: „Genau! Das haben nämlich auch viele Juden gedacht, dass der ‚Spuk', wie man damals sagte, vielleicht ganz schnell wieder vorbei ist. Und dann müsst ihr euch auch mal klarmachen, was das heißt, wegzugehen: Die Türken haben doch hier auch Eigentum, vielleicht eine Eigentumswohnung, einen Laden, Geld auf der Bank. Wenn man da sagen würde, ‚ihr dürft nur mitnehmen, was ihr in Koffern wegtragen könnt, und der Rest bleibt hier und gehört Deutschland', wer würde denn da weggehen wollen? Und so ging das den Juden ja damals."

Das Perfide dieser Analogisierung, in der die Geschichte mit didaktisch guter Absicht ‚belebt' und für die Schülerinnen plastisch gemacht werden soll, besteht in dem verdoppelten Akt der Ausgrenzung: Die heute in Deutschland ansässigen „Türken" werden als potenzielle Opfer „den Deutschen" als ihren potenziellen Raubmördern gegenüber gestellt. Deutschen haftet in diesem Bild eine ‚Jekyll-und-Hyde'-Disposition zum Bruch der Zivilität an. Sie scheinen unberechenbar. Dem Konzept der kollektiven Differenz folgend, werden aber auch die jüdischen Deutschen – geradezu im Sinne der nationalsozialistischen Lehre – zu Fremden erklärt, statt sie zumindest im Erinnern an ihr Leiden „wiedereinzubürgern", wie Brumlik fordert (2000: 53). Dass viele deutsche Juden trotz der in den 1930er Jahren zunehmenden Übergriffe und Entrechtungen im Land blieben, wurde den Jugendlichen im Unterrichtsgespräch nicht mit dem Hinweis erläutert, dass es ihnen *als deutschen Staatsangehörigen* fern lag, ihr Land zu verlassen, sondern mit dem Hinweis auf die materiellen Verluste, die eine Emigration – insbesondere unter den damaligen Bedingungen des „legalisierten Raubes" (Meinl/Zwilling 2004) – bedeutete.

Obwohl die Bundesrepublik für den Bruch mit krudem Nationalismus steht und gerade in dieser Diskontinuität der Geschichte eine Gelegenheit zur sachlichen politischen Vergesellschaftung besteht, trägt die negative Absetzung von der NS-Zeit in der nationalhistorischen Repräsentation[36] auch zu einem Ausschluss der Immigranten aus der Erinnerungsgemeinschaft bei: Letztere werden nicht mit als Teil der politischen Gemeinschaft angesprochen, die aus der deutschen Vergangenheit Lehren ziehen soll, sondern als diejenigen, an denen man als deutsches Kollektiv die Fehler der Geschichte nicht wiederholen darf. Selbst diese Rollenverteilung ermöglicht zwar gewisse Koalitionen und wechselseitige Anwaltschaftsverhältnisse, sie bezieht die eingewanderte Bevölkerung aber nicht auf Augenhöhe in die Aneignung der deutschen Geschichte ein, sondern marginalisiert sie als die Anderen ‚bei uns'.

Diese Allokationsdynamik stellt kein Spezifikum der Geschichtsvermittlung in der von mir untersuchten Schule in Berlin oder den idiosynkratischen Stil einzelner dort Lehrender dar. Dass es sich um einen allgemeineren Zug des bundesdeutschen Umgangs mit der nationalen Vergangenheit handelt, „die NS-Geschichte als gesellschaftliches Orientierungswissen identitätskonkret" werden zu lassen (Georgi 2003: 174), haben weitere Untersuchungen gezeigt. In Bezug auf die Wirkung des Erinnerns im Stil der „Gegenwärtigkeit der Geschichte" (Assmann/Frevert 1999: 21) des Nationalsozialismus auf die Geschichtsbilder junger Migranten in Deutschland ist die Studie von Viola Georgi (2003) zu nennen. Parallel zu dem, was ich in der Unterrichtspraxis in Berlin beobachten konnte, stellte auch Georgi fest, dass eine sozialisationsrelevante Erfahrung darin besteht, welche symbolischen Plätze die Individuen in Relation zur deutschen Erinnerungsgemeinschaft zugewiesen oder auch eingeräumt bekommen:

---

36 Diese Rezeptionsform ist nicht alternativlos: Orientiert sich die Geschichtsdidaktik an der universalisierenden Perspektive einer „Kosmopolitisierung der Erinnerung" (Levy/Sznaider 2001), dann kann der Nationalsozialismus als modellhaftes ‚Lehrstück' für das Studium der Aushebelung von Demokratie und Menschenrechten verallgemeinert werden. Levy und Sznaider betrachten die Erinnerung an den Holocaust nach diesem Ansatz als Ressource eines möglichen kosmopolitischen Kollektivgedächtnisses, dessen Potenzial darin besteht, einen neuen kulturellen Horizont des Humanismus zu begründen. Dabei ist unübersehbar die Gefahr einer Relativierung oder Banalisierung des nazistischen Völkermords durch die Universalisierung gegeben. Micha Brumlik sieht daher im konkreten, lokalen bzw. nationalen Geschichtsbezug und in der – kollektiv gesprochen – ‚selbst'kritischen Analyse der eigenen Vergangenheit eine unabdingbare Grundlage der Menschenrechtserziehung „im Rückblick auf die Massenvernichtung" (Brumlik 2000: 49; vgl. Fechler et al. 2000).

„Über die Aneignung der Geschichte des Holocaust und die Auseinandersetzung mit dem Nationalsozialismus wird Zugehörigkeit zur deutschen Gesellschaft verhandelt. [...] Die Vergangenheitsbewältigung wird quasi zum Eintrittsbillet in die deutsche Gesellschaft. Dabei ist auffällig, dass es nicht so sehr die nationalkulturelle Herkunft ist, die die Umgangsweise mit der NS-Geschichte prägt, sondern vielmehr die Zugehörigkeit zu einer Minderheit in der deutschen Mehrheitsgesellschaft. Ausschlaggebend ist die Fremdzuschreibung ‚Ausländer' und der häufig hiermit einhergehende Zwang, seine Identität in der Marginalität ausbilden zu müssen." (Georgi 2003: 173)

Welche Formen der Rezeption sind auf dieser Basis möglich? Heißt „Identität in der Marginalität aus[zu]bilden", dass eine Positionierung in der deutschen Gesellschaft nur in Übernahme der Perspektive erfolgen kann, dass „Ausländer" analog zu den assimilierten Juden der Vergangenheit nie sicher sein könnten, ob man ihnen die Zugehörigkeit nicht doch wieder streitig macht? Die projektiven Äußerungen der „ausländischen" Heranwachsenden zu ihren eigenen Möglichkeiten, „deutsch" zu werden, waren in dieser Hinsicht weniger fatalistisch als der vorgestellte schulische Diskurs vermuten lässt.

Projektionen: Deutsch werden aus Sicht der „AusländerInnen"

So ambivalent sich den meisten der heranwachsenden „Ausländer" in meinem Untersuchungsfeld die soziale und kulturelle Herkunft ihrer Familien auch darstellte, so wenig attraktiv wirkte die Selbstdarstellung der Deutschen als Anreiz für eine bewusst vollzogene identifikatorische Hinwendung. Die soziale Sicherheit in Deutschland, der ökonomische Erfolg des Landes, auch Rede- und Pressefreiheit als Aspekte des demokratischen Systems wurden von den jungen Leuten nüchtern als Pluspunkte gewürdigt. Selbstverständlich seien diese mit in Betracht zu ziehen, wenn man über das „Deutschwerden" im Sinne der Einbürgerung nachdenke. Aber die Vorstellung, „deutsch zu sein", biete keinen Anlass zu Enthusiasmus, so der Tenor. Vielmehr sei das eine rein pragmatische Angelegenheit. Bezeichnenderweise galt der Reisepass als Synonym der Staatsangehörigkeit.

Wenn das positiv Nennenswerte am Leben in Deutschland auf die vergleichsweise günstigen materiellen und strukturellen Umstände zusammenschnurrt, liegt die Attraktivität der Zurechnung zu „den Deutschen" eindeutig *nicht* auf affektiver Ebene. Das wurde in einer Reihe von Äußerungen sowohl im Unterricht als auch in außerunterrichtlichen Gesprächen sehr deutlich. In emotionaler Hinsicht schnitt „Deutschsein" gegenüber anderen Nationalitäten erwartungsgemäß schlecht ab:

Ilona: „Eigentlich ist mir ja egal, ob ich jetzt einen deutschen Pass habe oder einen kroatischen. Es wäre vielleicht wirklich besser, [den deutschen zu haben]: Wenn man jetzt verreisen will, und man kommt dann locker durch. Wenn man einen deutschen Pass zeigt, winken die [einen durch]! Wenn man jetzt einen kroatischen Pass zeigt, bei uns an der Grenze winken sie auch eigentlich, aber wenn die einen bosnischen oder so sehen, dann werden die alle eingesammelt und kontrolliert, und die Leute müssen warten. [...] Man hat dann halt so diese Papiersachen nicht. [...] Es ist

aber auch eine Frage des Stolzes, zum Beispiel sich als Kroatin zu bezeichnen und den kroatischen Pass behalten zu wollen. Meine Tante hat den deutschen Pass, und die ist in Kroatien jetzt nur die dreckige Deutsche!"
Sahar: „Die sind doch nur neidisch!"
Ilona: „Nein, das ist Stolz!"
Helena: „Das glaube ich auch, dass es diesen Stolz gibt. [...] Ob Frankreich, Deutschland, Italien – irgendwo ist jedes Land stolz, selbst wenn du einen europäischen Pass hast, wirst du noch sagen, du kommst aus dem und dem Land."

In dem Austausch der drei Mädchen werden verschiedene Aspekte dessen angesprochen, wofür das nationale Attribut steht: Mit ihrer Bemerkung über den Neid der Kroaten auf den Status der Tante Ilonas als Deutscher verwies Sahar darauf, dass die deutsche Staatsangehörigkeit eine relative Besserstellung anzeige. Das beruhte auf zwei konkrete Erfahrungsebenen, bei denen deutsche Staatsangehörige aus Sicht der jungen AusländerInnen im Vorteil waren: Zum Einen machte die praktische Erfahrung der ungleichen Behandlung an Staats- bzw. EU-Grenzen das Reisen mit deutschem Pass und damit weniger Visumszwängen attraktiv. Neben der größeren Reisefreiheit wurde die deutsche Staatsangehörigkeit zum Anderen auch als formale Bedingung einer Gleichbehandlung *innerhalb* Deutschlands betrachtet. Alltäglicher Diskriminierung besser entgegentreten zu können[37], stellte einen Anreiz dar. Mehabad wollte ihre türkische Staatsangehörigkeit z.B. deshalb aufgeben und sich in Deutschland einbürgern lassen, weil sie unter den andauernden Demütigungen litt, die mit ihrem Ausländer-Status einhergingen: Sie habe schon oft darüber geweint, in öffentlichen Bibliotheken wie eine Kriminelle behandelt zu werden. Ohne die Vorlage von Pass und Aufenthaltsgenehmigung könne sie nicht einmal ein paar Bücher ausleihen, und in Videotheken sei es genauso. Auch Serkan hatte starkes Interesse an der deutschen Staatsangehörigkeit, weil er den Triumph erleben wollte, bei Polizeikontrollen einen deutschen Personalausweis zu zücken. Seiner Beobachtung nach würden (männliche) ausländische Jugendliche stärker schikaniert und beispielsweise bei polizeilichen Routinekontrollen auch ganz ohne Grund festgehalten.

Trotz der funktionalen Anreize der deutschen Staatsangehörigkeit rechneten sie alle „Stolz" jedoch (wenn überhaupt) eher dem Kontext ihrer nationalen Abstammung zu. In Anbetracht der zugleich abfälligen Äußerungen über die parochiale Engstirnigkeit der Herkunftskulturen überrascht, dass bei der Nationalität Stolz ins Spiel kam. Sicherlich lässt sich die Verbindung von Stolz mit einer leistungsneutralen politischen Ordnungskategorie wie der Nati-

---

37 Für die politisch Interessierten war auch der Zugang zu vollen politischen Partizipationsrechten ein Argument pro Einbürgerung. Da sich aber das Gros der Jugendlichen aus Migrantenfamilien ebenso wenig für Politik interessierte wie ihre gebürtig deutschen MitschülerInnen es taten, fiel dieser Aspekt für die wenigsten ins Gewicht. Zwar wurde der Ausschluss von politischer Gleichberechtigung auf Grund des Ausländer-Status erkannt und teils als sehr ungerecht empfunden, kaum eine/r der Jugendlichen und jungen Erwachsenen war aber z.B. am Wahlrecht so interessiert, dass dies einen nennenswerten Einbürgerungsanreiz bildete.

onalität prinzipiell in Frage stellen. Üblicherweise qua Abstammung oder durch Geburt auf einem bestimmten Territorium erworben, liegt einer bestimmten Staatsangehörigkeit ja kein persönlicher Akt zugrunde, sondern ein Höchstmaß an Kontingenz. Wenngleich der Verbindung von Stolz und Nationalität daher grundsätzlich eine national-chauvinistische Tendenz zueigen ist, gilt das im deutschen Fall auch ganz konkret: Die Formel „stolz, Deutsche/r zu sein" ist eine stehende Kampfparole der extremen Rechten, die „Ausländer" explizit aus ihrer Konzeption vom „deutschen Volk" ausschließen. Ein positives Bekenntnis dazu, selbst auch deutsch und stolz darauf sein zu wollen, hieße für Personen ausländischer Herkunft also die paradox anmutende Übernahme einer Position, die im deutschen Diskurs mit Ausländerfeindlichkeit assoziiert ist. Im weiteren Verlauf des oben angeführten Austauschs zwischen Ilona, Helena und Sahar brachte letztere das Abwegige daran zur Sprache:

Sahar: „Man kann sich einfach nicht als Deutsche fühlen. Aber genauso, wenn ich in den Libanon fahre, dann fühl' ich mich..., dann kann ich, hm... Also dann heißt es dort: ,Guck mal, die Deutsche kommt.' Und hier ist es genauso: Man merkt, dass die Leute einen als *anders* ansehen. Ich *möchte* mich aber auch irgendwie nicht als Deutsche fühlen, weil ,typisch deutsch' schreckt doch irgendwie ab!"

Die Ansicht, deutsch zu sein, schrecke doch ab, spricht das Image vom hässlichen Deutschen an, das historisch begründet ist. Sahar teilt diese Vorbehalte mit nicht wenigen gebürtigen Deutschen; von der Minderheitsposition her gesehen, hat sie dennoch andere Implikationen. Das wurde bereits in der Vorstellung der schulisch gepflegten Semantik deutlich: So wie die politische Kultur der Bundesrepublik in der Bearbeitung des Nationalsozialismus einen zentralen Bezugspunkt hat, stellt sich Zugehörigkeit zum deutschen Volk praktisch auch über die Beteiligung an der postfaschistischen Erinnerungsgemeinschaft und in Übernahme historischer Verantwortung her. Für die Sozialisation von Heranwachsenden ausländischer Herkunft schafft dieser Diskurs einen spezifischen Rahmen der Selbstthematisierung. Unter den Möglichkeiten, die hiesige Verantwortungsgemeinschaft zu teilen, war den Betreffenden diejenige am präsentesten, sich in Analogie zu den Opfern des deutschen Faschismus zu sehen.

Angesichts des Szenarios, potenziell in eine Opferrolle zu geraten, richteten sich die Hoffnungen umso mehr auf volkswirtschaftliche Stabilität, die als Basis von Akzeptanz galt. Bei der Diskussion um ihre zukünftige Lebensplanung und der Projektionen für die nächste Generation äußerten Ilona und Sahar Befürchtungen für den Fall, die wirtschaftliche Lage in Deutschland könne sich weiter verschlechtern:

Sahar: „Arbeitsplätze schaffen ist auf jeden Fall sehr wichtig. [...] So viel wie jetzt gekürzt wird, da kann der normale Bürger ja gar nicht mehr mit leben."
Ratna: „Und so etwas ist halt sehr gefährlich. [...] Man sucht die Schuldigen, und die Schuldigen sind bei anderen irgendwie nicht die Politiker, sondern andere Leute, also Ausländer vor allem."

Mehabad: „Die Arbeit haben!"
Sahar: „Aber das sind doofe Menschen!"
Ratna: „Aber so denkt man! So denkt man!"
Ilona: „So denken viele, wirklich."

Dass bei der Suche nach Schuldigen für eine wirtschaftliche Misere „Ausländer" leicht zur Zielscheibe würden, entspricht dem, was im Geschichtsunterricht neben anderen Faktoren als Mechanismus vermittelt wird, der zum ansteigenden Antisemitismus während der 1920er Jahre und letztlich zum Ende der Weimarer Republik führte. Als wirksamer Stabilitätsfaktor, Grundlage des Sozialstaats und Bedingung des sozialen Friedens hatte ökonomische Prosperität sich zudem in der deutschen Nachkriegsgeschichte erwiesen.[38] Von den zitierten Heranwachsenden wurde allerdings nicht allein als eine theoretische Lehre aus der deutschen Geschichte rezipiert, dass wirtschaftliche Krisen Gesellschaften so unter Druck setze, dass Frustrationen dann eher an gesellschaftlichen Minderheiten, „also Ausländer[n]", ausgelassen würden als an Politikern, wie Ratna die Gefahr benannte. Dass „Ausländer" sich in einer prekären Sicherheit befanden, entsprach zugleich eigenen Beobachtungen und z.T. Erfahrungen in Berlin und – auf Grund von Medien-Berichterstattungen oder Besuchen bei Verwandten in anderen deutschen Städten – in der deutschen Gesellschaft ganz allgemein. Anlässlich eines ‚fremdländischen' Erscheinungsbildes[39] auf offener Straße als „Kanake" beschimpft zu werden, war keine Ausnahmeerfahrung. Deswegen galt unter meinen Gesprächspartne-

---

38 Diese Zusammenhänge werden in Geschichtsbüchern ausdrücklich hergestellt (vgl. Ebeling/Birkenfeld 1991, Bd. 6: 97-109 als ein Beispiel).
39 Im Sprachgebrauch des Lehrerkollegiums war der Begriff der „Schwarzköpfe" oder auch der „Schwarzhaarigen" zur Bezeichnung von „ausländischen" SchülerInnen v.a. türkischer und arabischer Herkunft geläufig. Dieser Jargon ging zum Teil in den Unterricht ein. In einer Geschichtsstunde der 9. Klasse zum 1. Weltkrieg entstand z.B. folgender Wortwechsel, als es um die Mobilmachung ging: *Serkan*: „Ich wäre da abgehauen." – *Lehrer*: „Das geht ja nicht einfach so. Ihr müsst ja auch alle mal zum Bund, bis auf die Ausländer; ihr Ausländer müsst ja, glaube ich, in euren Heimatländern zum Militär." – *Emre*: „Dann würde ich eine Deutsche heiraten!" – *Lehrer*: „Ach, und du meinst, das geht einfach so als Schwarzhaariger? Stehen die deutschen Frauen da irgendwo parat, um geheiratet zu werden? Glaubst du das?" Als in einer anderen Klasse, ebenfalls der 9. Jahrgangsstufe die Frage eines türkischen EU-Beitritts diskutiert werden sollte, stellte ein anderer Lehrer die Frage nach Gründen gegen eine Aufnahme der Türkei so: „Also in der NATO sind die Türken ja schon. In der EU sind die Griechen, die Türken aber nicht, und die wollen gerne rein. Warum sollen denn die Türken nicht in die EU? Sagt man da, man hat schon genug Schwarzhaarige in der EU, oder was soll das? Warum lehnt man das ab?" Vgl. Forsythes These der alltagspraktisch rassistischen *folk-genetics* (Forsythe 1989: 144 ff.). Zu den Erfahrungen tätlicher Angriffe auf Grund des Erscheinungsbildes gehört auch, dass einige Mädchen, die Kopftücher trugen, von Deutschen auf der Straße festgehalten worden waren, die dann versuchten, ihnen die Tücher vom Kopf zu reißen.

GesprächspartnerInnen als Tatsache, dass sie in Deutschland auch dann noch als Fremde wahrgenommen würden, wenn sie sich einbürgern ließen:

Ilona: „Manchmal kommt man sich vor wie ‚wo gehöre ich eigentlich hin?' Sollen wir jetzt noch einen neuen Staat gründen, für alle die deutsch-halb-halb sind, oder wie? Ich meine, *für sich selbst* muss man das ausmachen. Als was *ich* mich fühle – egal was die Anderen labern, lass die labern – das muss der Mensch *selber* entscheiden."
Hashim: „Das ist nur, weil du auf Schranken triffst und dann fühlst, dass du doch nicht so 100%ig hier angenommen wirst als Ausländer."
Sahar: „Die nächste Generation wird schon viel besser damit umgehen - die Deutschen wie die Ausländer. Unsere Kinder werden sich hier mehr heimisch fühlen, weil wir dadurch, dass wir hier leben, viel von unserer Kultur [...] verlieren werden. Wir werden ja auch immer mehr deutsch. Und unsere Kinder werden wahrscheinlich dann ganz deutsch sein, irgendwie vielleicht."
Ratna: „Vielleicht werden unsere Kinder aber auch mehr als Sündenböcke dargestellt werden als wir, denn die Situation wird sich noch verschärfen. Es werden immer weniger Arbeitsplätze, und immer mehr wird man Sündenböcke suchen, und dann werden wahrscheinlich unsere Kinder mehr zu Sündenböcken, und vielleicht entsteht auch bei denen dann mehr Rassismus, also dass sie sich absondern."

Hier zeigt sich die Nachhaltigkeit der herrschenden Fremdheitskonstruktion, die einen Teil des Dilemmas ausmacht, mit dem die Söhne und Töchter aus Immigrantenfamilien konfrontiert waren: Obwohl die Bestimmung dessen, „als was ich mich fühle" nach Ilonas Auffassung eine persönliche Angelegenheit sein müsse, wird sie durch gewährte oder verweigerte Anerkennung erkennbar beeinflusst. Diskriminierung als Sündenböcke könne den Rassismus bei den ‚eigenen Leuten' verstärken, meint Ratna und spricht damit an, dass die ablehnende Haltung, die viele von ihnen bei den Eltern gegenüber dem kulturellen Assimilationsdruck der deutschen Gesellschaft wahrnahmen, einer beiderseitigen Dynamik geschuldet sei. „Deutschwerden" verlange letztlich einen Prozess der Assimilation, mit dem Erwerb der Staatsangehörigkeit sei es nicht getan, unterstrich auch Sahar. Dass sie alle „ja auch immer mehr deutsch" würden und ihre Kinder „wahrscheinlich dann ganz deutsch sein" würden, verband sie indes mit der optimistischen Prognose, dass die Akzeptanz letztlich allgemein steigen würde.

Deutschsein wurde demnach als ein dichtes Knäuel an Vergemeinschaftungsmomenten und Eigenschaften verstanden, von denen nur manche teilbar waren: Abstammung, die nationale Geschichte, eine Mentalität, die für kühle Rationalität und ökonomischen Erfolg stand, aber auch für irrationalen Fremdenhass und systematischen Völkermord, modernes gesellschaftliches Leben, Gleichberechtigungsideale, Diskussionskompetenz und Kompromissbereitschaft – eine so komplexe wie ambivalente Melange. *Werden* könne man es höchstens bis zu einem Grad von „deutsch-halb-halb", so Ilona; eine Einschätzung, die nicht allein eine Reserviertheit zum Ausdruck bringt, nicht 100%ig deutsch werden zu *wollen*, sondern auf Schranken hinweist, die die schon länger ansässige Bevölkerungsmehrheit gegenüber Einwanderern errichtet. Wenn auch die formelle juristische Integration möglich ist, impliziert sie doch nicht die volle Inklusion in die vorgestellte Gemeinschaft der Deutschen, der zusätzliche Bedeutungen von (problematischer) gemeinsamer Geschichte, Mentalität, Kultur und noch immer auch Abstammung anhaften. Die Exklusivität des herrschenden Konzepts vom Deutschsein zählte im *peer*-Milieu der Berliner Schuler zu den hinlänglich bekannten Fakten. Das kam auch in einem Gespräch mit Serkan und einem seiner Freunde zum Ausdruck:

Emre: „Ich habe gelesen, dass es in Deutschland 2% Ausländer gibt, aber das stimmt doch nicht, es sind mehr, oder? – 60 Millionen Bevölkerung[40], und allein hier in Berlin sind doch 2 Millionen Türken!"
Sabine Mannitz: „Also 2 Millionen Türken gibt es nicht in Berlin: Das wäre ja mehr als die Hälfte der Berliner Bevölkerung."
Emre: „Oder zählen die etwa die mit deutschem Pass nicht mehr mit?"
Sabine Mannitz: „Wieso sollte man die denn mitzählen?"
Emre: „Sind doch auch Ausländer."
Sabine Mannitz: „Wenn sie einen deutschen Pass haben, sind sie doch Deutsche. Die kann man doch dann nicht mehr als Ausländer zählen."
Serkan: „Jawohl, sie hat eigentlich Recht! [Pause] Aber für die Nazis sind das dann immer noch ‚Kanaken' und keine Deutschen. Wieso ist das eigentlich so?"

Vom „Ausländer" zum „Deutschen" zu werden, scheint innerhalb einer Lebensspanne schwerlich machbar. Selbst mit deutschem Pass: „Ausländer" bleibt – in gewissem Maß und Sinne – „Ausländer". So bedauerte auch der Berliner Schulleiter, wegen der gestiegenen Einbürgerungszahlen „die wahre Zahl der ausländischen Schülerinnen und Schüler" nicht zu kennen. Obwohl diese Logik, Menschen ausländischer Herkunft auch nach einer Einbürgerung noch als ‚Nicht-Deutsche' anzusehen, eher zu den wenig hinterfragten, allgemein geläufigen Vorstellungen von ethno-nationalen Kollektiven entspricht als dass sie Spezifikum der extremen Rechten wäre, ordneten die Heranwachsenden solche Überlegungen gelegentlich als Zeichen von Ausländerfeindlichkeit bzw. Auffassung „der Nazis" ein. Auch mit Blick auf solche Unterscheidungen war das Bild jedoch voller Widersprüche, denn es hing vom Kontext der Situation ab, ob das Attribut „deutsch" positive Eigenschaften, Modernität, Rationalität und eine offene Gesellschaft symbolisierte, der man sich selbst bereitwillig zuordnete, oder ob es auf den hässlichen Deutschen, auf Spießbürgertum und Fremdenhass zulief. Auch der Begriff des „Ausländers", der in eigenen Stellungnahmen i.d.R. ohne jede negative Bedeutung eingesetzt wurde, stand zugleich mit einem gesellschaftlichem Wissen in Verbindung, dass manche Deutsche die Bezeichnung als Schimpfwort meinten. Hinter beiden Kategorien entfaltete sich eine Skala, die mit bekannten Klischees operierte und diese zugleich reflexiv kommentierte. Ein Beispiel:

Ratna: „Was das Zusammenleben von Deutschen und Ausländern angeht, gibt es weniger Probleme, als man immer so sagt. [...] Man hört zwar immer wieder über Ausschreitungen, aber das ist eine Minderheit. [...] Ich kenne sehr viele Deutsche,

---

40 Die Bevölkerungszahl von 60 Millionen trifft auf die alte Bundesrepublik zu. Der Junge rechnet hier, vermutlich unbewusst, die Bevölkerung der ehemaligen DDR nicht mit ein.

die sagen jetzt auch nicht einfach so ‚ich bin ein Deutscher'. Das sind halt Linke, die sagen genauso, sie sind gegen das System hier, es ist so eine bürokratische Scheiße hier usw. Ich identifiziere mich mit solchen Deutschen, nicht mit dem durchschnittlichen Deutschen, [...] der an seiner Arbeitsstelle arbeitet, kommt nach Hause, schaltet sich seinen Fernseher jeden Abend um sechs an, guckt seine Nachrichten..."
Hashim: „Jaja: das gibt's bei uns alles nicht..." [und lacht]
Ratna [lacht mit]: „Okay, das ist das Klischee. [...] Das gibt es bei allen."

Der negative Beiklang ihrer Nationalität veranlasst nach Ratnas Wissen auch manche Deutsche, ein innerlich distanziertes Verhältnis zu entwickeln, anstatt sich umstandslos als deutsch zu identifizieren. In der Ambivalenz des Deutschen ist somit auch eine Teilbarkeit von widersprüchlichen Zugehörigkeits-Erfahrungen angelegt, die identifikatorische Verortungsprozesse und wechselseitige Allianzen möglich, zugleich jedoch hochkompliziert macht. Auf der Achse der Zuschreibungen von gesellschaftlicher Offenheit versus National-Chauvinismus, ließen sich einerseits verschiedene Gruppen von Deutschen ansiedeln, im Jargon der jungen Leute etwa „die Linken" als angebliche ‚Ausländerfreunde' vis-à-vis „Nazis". Auf der Achse hierarchischer Zuschreibungen von Rückständigkeit versus Modernität, die im schulischen Diskurs bei der dichotomen Unterscheidung „der Ausländer" von „den Deutschen" mitschwang, ließen sich andererseits auch verschiedene Typen unter den übergreifend „Ausländer" Genannten bilden. Mehabad meinte beispielsweise, „man kann das so einteilen: Da gibt es die extrem strengen [„ausländischen" Eltern], da kann man kaum was tun, und dann gibt's auch die, die gar nicht so streng sind, sondern eher so wie die Deutschen und die Sachen ein bisschen moderner sehen."

Beide Spektren boten sowohl Anknüpfungspunkte zur eigenen Verortung im „kommunikativen Gedächtnis" wie auch Anlass zu Distanzierungen von Teilen der vermeintlichen Inventarien der „kulturellen Gedächtnisse"[41]. Dabei diente das jeweils andere Kollektiv als spiegelnde Kontrastgruppe, um interne Diversifizierungen zu beschreiben: Die Deutschen ließen sich anhand ihrer Einstellungen zu den eingewanderten Bevölkerungsteilen als mehr oder weniger tolerant, offen und zu Zugeständnissen an die „multikulturelle Gesellschaft" bereit verstehen; die „Ausländer" konnten auf Grund ihrer Einstellungen im Verhältnis zu der als deutsch, nordeuropäisch oder westlich codierten Moderne auf einer Entwicklungsachse positioniert werden, deren Koordinaten gelegentlich zur Markierung eines Stadt-Land-Gefälles dienten, ein anderes Mal ebenso gut für differente Religionen oder Ideen zum idealen Heiratsalter stehen konnten:

Sahar: „Unter den Ausländern gibt es ja die arabisch-türkischen, also die moslemischen, und die anderen."
Ilona: „Ja. Die Polen sind ja eigentlich auch Ausländer, aber weil die auch Christen sind, sind die eher so wie die Deutschen, nicht ganz so traditionell irgendwie."

---

41 Unterscheidung nach Assmann 1999.

Die Zuordnungen greifen dominante Klassifikationen auf. Hier ist es das Bild des Ausländers als kulturell Fremden, in dem die Religion als Marker für mehr oder weniger kulturelle Fremdheit gegenüber den mehrheitlich christlichen Deutschen fungiert. Die Logik dieser Zuordnung nach der Einschätzung kultureller Nähe bzw. Fremdheit entspricht noch dem, was Diana Forsythe Ende der 1980er als das Fluide des Deutsche/Ausländer-Kontinuums in deutschen Alltagsdiskursen ermittelte (Forsythe 1989: 148): Demnach gelten hierzulande Franzosen als kulturell ‚fremdere' Ausländer als Skandinavier oder Flamen, jedoch als weniger fremd denn Spanier, Griechen oder Türken.

Die hierarchische Binnenordnung der kulturalisierten Diskurse war den jungen Leuten demnach bewusst. In dem daraus abgeleiteten Spektrum der Zurechnungen positionierten sie sich selbst aber nicht durch Übernahme einer fixen „Identität". Vielmehr identifizierten sie sich situativ mit diversen Aspekten, die sie der einen oder anderen Gruppe zuschrieben und wehrten sich zugleich konsequent dagegen, wenn Vertreter der beiden ‚Lager', auf die sie selbst immer wieder klischeehaft Bezug nahmen, die jeweils andere Seite verkürzt zur Kenntnis nahmen. So galten die Ostdeutschen zwar als die ‚deutscheren' Deutschen im schlimmsten Sinne: „Überhaupt ist das [Zusammenleben von Ausländern und Deutschen] ja erst ein Problem, seit die Mauer weg ist", erklärte mir ein junger Mann dezidiert. „War doch ein Fehler, die Mauer wegzumachen, oder?! [...] Jetzt kommen die ganzen Nazis." – Pauschale Äußerungen dieser Art blieben unter *peers* in der Regel aber nur unwidersprochen, solange es um „die Ostler" ging.[42] Wurde hingegen unterschiedslos „den Deutschen" ein Hang zur Ausländerfeindlichkeit unterstellt, ging das vielen zu weit und mobilisierte Widerspruch, der nicht nur Einsicht in politische und soziale Differenzierungen im Land erkennen ließ, sondern auch partielle Identifikationen mit dem/den Deutschen. In einem Gespräch mit ihren FreundInnen vertrat Ratna besonders massiv die Ansicht, man müsse die Deutschen auch gegen vorhandene Ignoranz und Ressentiments von Einwanderern verteidigen:

Hashim: „Die Vorurteile werden schon stärker in Deutschland."
Helena: „Also bei mir ist es so, dass ich auch bei Demonstrationen irgendwie Angst habe. Irgendwie denke ich mir, dass rechte Strömungen immer intensiver werden. Ich persönlich habe schon Angst davor. Man weiß nicht, was alles noch kommt, und man hört immer wieder von Anschlägen, okay das sind nicht viele, aber..."
Mehabad: „Es reicht doch schon einer! Ein Anschlag reicht schon, zum Beispiel der erste Anschlag mit der türkischen Familie damals, es muss doch nicht jedes zweite türkische Haus brennen, um wirklich auf die Beine zu kommen und was dagegen zu tun! [...] Die an der Spitze können doch auch mal was machen, die da oben sitzen. [...] Man kann doch was dagegen tun."
Hashim: „Die schlafen ja nicht alle, die tun auch was. Die Regierung tut durchaus viel."
Helena: „Das fängt ja bei uns an. [...] Man muss reden, was das Zeug hält, anders geht das nicht."

---

42 Auf Praxis und Bedeutungen des Auseinanderdividierens der Deutschen nach Ost- und West-Provenienz werde ich im Weiteren noch eingehen.

Ratna: „Ja, Aufklärung, aber auf beiden Seiten! [...] Also es gibt auch ausländische Familien, die ich kenne, die sagen, wenn sie von solchen [ausländerfeindlichen] Anschlägen hören, oder schon, wenn sie mal Ärger mit den Behörden haben, sofort ‚diese Nazis'! Sofort kommt das. Dann kriege ich immer so einen Wutanfall! Das stimmt einfach nicht, und das ist unfair, wenn man so etwas sagt. Auch diese Seite muss man aufklären. Meine Mutter war echt erstaunt, als ich ihr erzählt habe, dass mein Lehrer auf einer Demo gegen Nazis war. Da war sie echt verblüfft! So was wissen die Ausländer dann auch nicht. Und ich denke, *beide* Seiten, die kennen sich nicht untereinander!" [...]

Im Laufe des Gesprächs werden verschiedene Vogelperspektiven auf das Zusammenleben von alteingesessenen Deutschen und „Ausländern" gerichtet. Es scheint, als würden die SchülerInnen Schiedsrichtern gleich ein Geschehen kommentieren, in dem zwei differente Gruppen aufeinandertreffen. Dass bei dem Thema auch starke Emotionen im Spiel sind – Helenas Furcht vor dem Anwachsen rechter Strömungen, Ratnas Wut über die autistische Wahrnehmung in manchen „ausländischen Familien", an anderer Stelle Hashims Ärger über die nur mündlich geschlossenen Verträge seine Vaters – zeigt, dass sie keineswegs nur staunend Zuschauende sind, sondern an dem kommentierten Geschehen durchaus regen Anteil nehmen. Eine klare Parteinahme erfolgte aber nicht, vielmehr galt „Aufklärung" als geeignete Strategie, „reden, was das Zeug hält", um Anpassung und Dialogbereitschaft zu fördern, und zwar „auf beiden Seiten".

So wie in dieser Gesprächsrunde kamen in Gestalt von selektiven Koalitionen und situationsabhängig wechselnden Abgrenzungen unterschiedliche Aspekte des relationalen Selbst- und Fremderlebens zum Ausdruck. Griffen MitschülerInnen oder Lehrkräfte bestimmte Praktiken wie das Kopftuchtragen an, fühlten die muslimischen Jugendlichen sich *als Muslime* aufgerufen, den Islam gegen Diskreditierung zu schützen. Standen dagegen klischeehafte Thesen über die Frauenunterdrückung im „Orient" zur Diskussion, sahen Mädchen aus Familien nahöstlicher Herkunft, sich genötigt, ihre famliäre Sozialisation zu verteidigen und sich selbst *als emanzipierte junge Frauen* zu zeigen; die männlichen Jugendlichen entsprechender Herkunft fühlten sich gefordert, in ihrer Eigenschaft *als männliche Repräsentanten* „orientalischer" Migrantenkreise das Stigma des Frauenunterdrückers abzuwehren. Konfrontierten ihre Eltern und Verwandten sie mit der missbilligenden Einschätzung, sie seien am Verdeutschen, konnten dieselben Heranwachsenden Partei für Eigenschaften ergreifen, die ihnen als deutsche galten, und zeigten damit, dass sie *als in Deutschland Lebende* Wert darauf legten, dass nicht alles verunglimpft würde, was dieses Leben in ihren Augen auszeichnete.

Auffällig war bei all dem das weitgehende Fehlen affirmativer Bekenntnisse. Weder rechneten sich die fokussierten Adoleszenten einem der beiden angeblich doch fraglos klassifizierbaren Kollektive zu, noch verorteten sie sich an einer anderen Stelle im definitorischen System. Zwar wurden die Attribute der Herkunftsnationalitäten von allen im Feld Agierenden routinemäßig in Anschlag gebracht, um Andere oder auch sich selbst *im Verhältnis zu Anderen* zu verorten. Kaum waren solche Positionen eingenommen, wurden sie jedoch wieder abgeschwächt, als nicht ganz zutreffend klassifiziert oder mit qualifizierenden Ergänzungen versehen. Sich zugehörig zu fühlen und das jeweils korrespondierende ‚Anderssein' beinhaltete also eine Vielzahl verschiedener Bedeutungsebenen, deren jeweilige Relevanz von den sozialen Umständen der Situation abhing. Dies legt eine Mélange an Identifikationen mit unterschiedlichen sozialen Gruppen nahe, in denen man sich gleichzeitig als zugehörig empfinden kann, jeweils aber auch Abstriche der Art macht, dass keine der Zugehörigkeiten genügen würde, den eigenen sozialen Ort hinreichend zu bestimmen. Ein gemeinsames Chapeau für diese Erfahrung andauernder eigener Uneindeutigkeit bestand im Konzept des „Ausländers" bzw. der „Ausländerin", das nun in seiner Eigenlogik vorgestellt wird.

„AusländerIn" sein: Synthese von Ambivalenzen

Die allenthalben gängige Allokation als kulturell Fremde hatte bei den jungen Leuten, denen meine Fallstudien gelten, vor allem zu einer Identifikation *als „Ausländer"* geführt. Obwohl die Übernahme des ausgrenzenden Attributs aus dem dominanten Diskurs nach beleidigtem Rückzug und Verweigerung klingen mag, hatte die Terminologie in ihrer emischen Verwendung eigene Bedeutungen, die über bloßes Stigma-Management hinausgehen:

„AusländerIn" zu sein bezeichnete einen Standpunkt *innerhalb* der deutschen Gesellschaft, der sich von den Positionen der Eltern unterschied, ohne durch diese Absetzung schon ein Bekenntnis zum „Deutschen" darzustellen. Es stand damit einesteils für die parallelen Erfahrungen der intergenerationalen Konflikte in den eigenen Familien und andernteils für den Versuch, diese zu entschärfen, ohne diejenigen vor den Kopf zu stoßen, deren Initiative sich die Migration verdankte. „AusländerIn" zu sein beinhaltete zugleich geteilte Diskriminierungserfahrungen und eine latente Angst vor der Unberechenbarkeit „der Deutschen". Es barg überdies das Erleben einer persönlichen Entfremdung von Verwandten, die nicht migriert waren, welche deshalb als etwas Eigentümliches der „AusländerInnen"-Lage galt, weil innerfamiliär hohe Loyalitätserwartungen herrschten und individuelle Ablösungsprozesse sowohl in schulisch zirkulierenden Diskursen als auch zuhause eher als typisch für „das moderne Leben der Deutschen", d.h. als Indikator von kulturellen Differenzen, klassifiziert wurden, als dass man sie allgemeiner mit Prozessen der Adoleszenz und Individuation in Verbindung brachte.

Selbständig leben und dabei dennoch etwas vom eigenen „Anderssein" bewahren zu wollen, war ein emotionales Anliegen, das deutschen MitschülerInnen kaum vermittelbar war, unter „AusländerInnen" aber quer zu nationalen Herkunftsgruppen verstanden wurde. Die folgende Passage aus einer Diskussion im Lebenskundeunterricht des 12. Jahrgangs macht deutlich, dass die teilnehmenden Töchter aus migrantischen Familien sich in einem komplexen Erfahrungs- und Zurechnungskontext zu den Themen des Erwachsenwerdens verständigten und dass sie die Gegenüberstellung „deutsch"/„ausländisch" auf eigene Weise bewerteten, auch wenn sie sich in der dominanten Dichotomie ausdrückten:

Fatma: „Bei uns ist die Familie irgendwie sehr wichtig, und wir haben Angst, dass das hier verloren geht, denn die Deutschen leben ja alle mehr so *ego*, alle eher für sich."
Sahar: „Bei uns ist es eben so: Man bleibt bei den Eltern, bis man verheiratet ist. Das ist bei den Deutschen anders."
1. deutsches Mädchen: „Ja. Bei mir ist das schon so: Ich ziehe demnächst zuhause aus."
2. deutsches Mädchen: „Unter Deutschen gibt es aber auch ganz strenge Familien. Es lassen doch nicht einfach alle die Kinder ausziehen!"
Sahar: „Phh! Das ist ja wohl eine von hundert!"
Lehrer B.: „Grundsätzlich sind solche Gepflogenheiten auch im Kontext von gesellschaftlichen Veränderungen zu sehen: Vor dem Zweiten Weltkrieg war es auch in Deutschland üblich, bis zur Hochzeit bei den Eltern zu wohnen, und ganz lange gab es noch den sogenannten ‚Kuppelei-Paragraphen'. Da durfte die unverheiratete Tochter dann auch keinen Männerbesuch empfangen. Momentan geht der Trend auch eher wieder dahin, länger bei den Eltern wohnen zu bleiben, wenn auch wohl eher aus andere..."
Sahar [unterbricht ihn]: „Die werden doch von den Eltern rausgeschmissen, wenn sie 18 sind, die Deutschen."
Ilona: „Ja!"
Lehrer B.: „Ihr müsst aber auch sehen, dass Jugendliche ohne Lehrstelle oder Arbeit, oder auch wenn die Eltern vielleicht keine Arbeit haben, eben nicht so einfach alleine eine Wohnung finanzieren können. Selbst wenn dann alle Beteiligten wollen, dass die Jüngeren ausziehen, geht das oft gar nicht."
1. deutsches Mädchen: „Also ich glaube aber, dass es bei Deutschen eher so ist, dass man ab 16 selbst bestimmen kann, wie lange man abends wegbleibt und dass die Eltern das auch ganz gut finden, wenn man dann allmählich mal auszieht mit 18 oder 19. Irgendwie ist das doch auch ganz richtig, finde ich."
Ratna: „Bei den Deutschen ist gut, dass sie so erzogen werden, dass sie selbständiger leben. Es hört sich irgendwie grausam an, wenn ich von der Schule nach Hause komme, und es steht kein Essen da; es *ist* grausam [lacht], aber... ich lerne dann, das zu machen. Wenn jetzt meine Mutter irgendwo weg ist – ich habe das sechs Monate mitgekriegt – das war schwer für mich! Ich wusste nicht, wie ich das alles machen sollte: die ganze Wäsche zum Beispiel, ich konnte nicht mal waschen! [...] Das konnte ich alles nicht, weil ich so erzogen, also sehr verwöhnt worden bin."
Sahar: „Das ist Mutterliebe! [...] Ich komme auch nach Hause, und mein Essen ist schon gekocht. Aber trotzdem: Ich denke, wenn die Mutter richtig erzieht, dann lernt man auch das: Essen kochen, Wäsche aufhängen, Wäsche bügeln, Wäsche waschen. Wenn man Interesse hat, stellt man sich auch gerne in die Küche und lernt das."
Ilona: „Na ja; aber es gibt auch, vor allem bei Ausländern, andere Fälle. Bei mir war das so mit meiner Mutter. Also mit sieben Jahren stand ich in der Küche, und es hieß ‚mach mal dies', und ‚mach mal das'!"
Sahar: „Das ist ja auch personenbedingt."
Ilona: „Ja, [...] aber auch, weil man denkt, ein Mädchen muss dies und das können."
Ratna: „Ja, ja, die Mädchenrolle!"
Ilona: „Ja, das ist schon Mädchenrolle, aber [...] ich kann wirklich den ganzen Haushalt führen, und ich finde das auch gut, dass ich das kann. Ich seh's ja an meiner Schwester. Die kommt nach Hause, schmeisst ihre Tasche in die Ecke und guckt ‚Beverly Hills'! Die kann noch nicht mal ein Spiegelei machen mit 14!"

Schien es zunächst so, als würden wieder einmal nur Stereotypen von Individualismus vis-à-vis Familialismus reproduziert: „Deutsche Eltern", die ihre Kinder zum selbständigen Leben erziehen versus „Ausländer", deren Loyalitätsansprüche und Geschlechterrollen-Konzepte derlei verhindern würden, nahm das Gespräch eine andere Wendung, als die „ausländischen" Mädchen sich über die Erziehungsstile in ihren Familien konkreter äußerten: Ratna bedauerte, zuhause so verwöhnt worden zu sein, dass sie nicht selbst die Waschmaschine bedienen konnte. Sie bezeichnete das, was ihr an „den Deutschen" imponierte, nämlich dass die Erziehung ein selbständiges Leben anvisiere, dann jedoch als „grausam". Obwohl Sahar und Ratna bei einer Reihe von Themen unterschiedliche Urteile fällten, waren sie sich sehr einig darin, dass ihr behütetes Aufwachsen letztlich einen liebevolleren Umgang bedeute als bei „den Deutschen" üblich sei. Das Grunddilemma, das im Diskursfeld der „anderen Kultur" herrschte, scheint hier wieder durch: Die größere emotionale Wärme im Herkunftsmilieu verschafft einen gewissen Wettbewerbsnachteil; die andere Kultur – einmal mehr symbolisiert durch die Normierungen der Mädchenrolle – kann ein nachteiliger Standortfaktor in der Ökonomie des selbständigen Lebens sein.

Die dichotome Gegenüberstellung versuchte der Lebenskunde-Lehrer zu relativieren. Seine Anregung lief jedoch ins Leere. Genau besehen eignete sich sein Hinweis gar nicht, zwischen den Repräsentantinnen der deutschen Bevölkerungsmehrheit und den Repräsentinnen der Einwandererfamilien im Kurs eine Verständigungsebene auf Augenhöhe herzustellen: Die Äußerung, dass es „vor dem Zweiten Weltkrieg auch in Deutschland üblich war, bis zur Hochzeit bei den Eltern zu wohnen" und es jüngst angesichts wirtschaftlicher Schwierigkeiten wieder so einen Trend gebe, bekräftigt letztlich die vertraute Fortschrittsachse, auf der es eine Rückständigkeit von mehreren Jahrzehnten markiert, bis zur Eheschließung bei den Eltern zu wohnen. Dass das Phänomen, der Not von Arbeitslosigkeit oder Lehrstellenmangel geschuldet, wieder auftrete, revidiert nicht die Bewertung des Anachronistischen.

Die Töchter aus migrantischen Elternhäusern zeigten selbst eine deutlich größere Kompetenz darin, in der Diskussion einen relativierenden Akzent zu setzen, so dass sie am Ende nicht wieder als die ganz Anderen und durch ihren kulturellen Hintergrund Benachteiligten dastanden, im Gegenteil: Sahar räumte zunächst Ratnas These aus, nach der ein behütetes Aufwachsen die Entwicklung von Selbständigkeit unterlaufe. Es sei doch eine Frage des persönlichen Interesses, sich in den Dingen der Haushaltsführung unabhängig zu machen: „Wenn die Mutter richtig erzieht, dann lernt man auch das" – und zwar nicht nur, weil es von Mädchen erwartet wird, sondern „wenn man Interesse hat, dann stellt man sich auch gerne in die Küche und lernt das". Ilona lenkte sodann den Blick darauf, dass selbst ein gewisser erzieherischer Druck nicht schaden könne, um entsprechende Kenntnisse vermittelt zu bekommen. Dass ihre jüngere Schwester, die überhaupt kein Interesse an der Hausarbeit zeige, in ihrer Verweigerungshaltung unbehelligt blieb und mit ihren 14 Jahren noch nicht einmal ein Spiegelei braten könne, fand Ilona nicht richtig.

Zwar reflektierte sie nicht, dass die innerfamiliären Ungleichgewichte zwischen ihrem eigenen und dem Aufwachsen ihrer jüngeren Schwester der These widersprechen, Erziehungsstile ließen sich entlang der Achse „Ausländer" vs. „Deutsche" ausmachen; aber ob es nun der Mädchenrolle geschuldet sei oder nicht, machte für Ilona nicht das Wesentliche aus: „Ich kann wirklich den ganzen Haushalt führen, und ich finde das auch gut, dass ich das kann". Mit diesen Einlassungen lösten die jungen Frauen das Thema der Heranführung von Kindern an die im Haushalt anfallenden Arbeiten aus dem Rahmen der Reproduktion von traditionellen Geschlechterrollen und stellten es in den Kontext der Befähigung zum eigenständigen Leben. So wurde das Führen eines Haushalts als eine Kompetenz angesprochen, die unabhängig vom Geschlecht relevant sei und nicht dadurch entwertet werde, dass sie bei Mädchen mit einer geschlechtsspezifischen Arbeitsteilung zusammenfällt:

Sahar: „Spiegelei, phh, das kann mein kleiner Bruder schon, mit neun! Du erziehst ja auch deine Brüder irgendwie."
Mehabad: „Also ich konnte meine Brüder nicht erziehen. Er *muss* ja nicht wirklich, und solange er nicht muss..."
Ilona: „Ja, das ist die Mädchenrolle eben."
Mehabad: „Man muss die Kinder gleichberechtigt erziehen."
Sahar: „Ich weiß nicht, ob das was mit Gleichberechtigung zu tun hat."
Mehabad: „Doch!" [...]
Hashim: „Also, meine Mutter ist Hausfrau [...] ihr ganzes Leben schon!"
Sahar: „Mann, dein Vater geht arbeiten, deine Mutter ist zu Hause, was soll sie denn sonst machen? Natürlich ist sie Hausfrau! [...] Sie ist aber nicht die Dienerin für den Mann. Der Mann kann ja selber aufstehen und sich Kaffee machen."

Im Laufe der Diskussion hatten Sahar, Ratna und Ilona nicht nur kundgetan, dass sie sich zuhause liebevoll behandelt fühlten, sondern war auch die anfänglich insinuierte Schlechterstellung im Hinblick auf die erzieherische Leistung für ein selbständiges Leben relativiert worden. Im Vergleich schienen die Mädchen aus deutschen Familien am Ende gar nicht mehr sonderlich beneidenswert: „Die werden doch von den Eltern rausgeschmissen, wenn sie 18 sind", hatte Sahar gestänkert. Eine ihrer deutschen Mitschülerinnen drückte es zwar nüchterner so aus, dass „es bei Deutschen eher so ist, [...] dass die Eltern das auch ganz gut finden, wenn man dann allmählich mal auszieht mit 18 oder 19". Mehr als das Bekenntnis, sie finde das „irgendwie doch auch ganz richtig", vermochte sie dem aber offenbar gar nicht abzugewinnen. Sie hatte eingangs bemerkt, sie würde selbst demnächst zuhause ausziehen. In ihrer zurückhaltenden Kommentierung dieses Schritts schien sie Sahars Vermutung indirekt zu bestätigen, dass sie die elterliche Wohnung nun verlasse, weil das „bei Deutschen" so üblich sei und erwartet werde. Von Liebe oder gar einem Verwöhntwerden seitens der Eltern, die sich in der Ermöglichung dieser individuellen Freiheit ausdrücken, war hier nicht die Rede.

Mit ihren Äußerungen über die häusliche Situation vermittelten die jungen „Ausländerinnen" nicht den Eindruck, als seien sie angesichts der immer wieder artikulierten Diskrepanz von häuslichen Erwartungen zu Gepflogenheiten

„der Deutschen" psychisch besonders belastet oder mit ihrer Lebenslage im Allgemeinen unzufrieden. In dieser Hinsicht deckt sich das Bild, das meine Unterschungsgruppe in Berlin abgab, mit den Ergebnissen einer umfänglichen Studie, die im Auftrag des Bundesfamilienministeriums in den Jahren 2001-2002 zur Lebenssituation von Mädchen und Frauen mit familialem Migrationshintergrund bundesweit durchgeführt wurde (Boos-Nünning/Karakasoglu 2004): Für die Studie „Viele Welten leben" wurden knapp 1.000 Mädchen und junge Frauen aus verschiedenen Einwanderergruppen und verschiedenen Wohnorten der Bundesrepublik mit Hilfe eines voll standardisierten Fragebogens, der 138 Fragen umfasste, zu einer Reihe von biographischen Themen befragt.[43] In der Auswertung formulieren die beiden Autorinnen eine Bilanz zu den familialen Bindungen, die mit Einschränkungen, was das intergenerationale Verstehen anbelangt, auch auf die in meiner Studie Fokussierten zutrifft:

„Die meisten Mädchen fühlen sich von ihren Eltern verstanden und angenommen. [...] Der am häufigsten wahrgenommene Erziehungsstil ist der ‚strenge, aber liebevolle' [...] Das Erziehungsklima im Elternhaus ist aus Sicht der Mädchen und jungen Frauen bei einem hohen (schulischen) Anspruchsniveau von einem noch höheren Maß an Zusammenhalt geprägt." (Boos-Nünning/Karakasoglu 2004: 12 f.)

Für die Protagonistinnen meiner Arbeit ließe sich sagen, dass sie sich *trotz* einer Reihe von Verständigungsproblemen und auch ohne ein in jedem Fall höheres Anspruchsniveau an ihre schulische Bildung von den Eltern angenommen und in der Familie letztlich aufgehoben fühlten. Dass dabei der Familien-Zusammenhalt als zweischneidiges Schwert empfunden werden kann, hat die eben zitierte Unterrichtsdiskussion gezeigt. Auch diejenigen jungen Frauen

---

43 Das Themenspektrum deckte u.a. Faktoren der sozialen Rahmenbedingungen des Aufwachsens, die Bedeutung von Familie, Freizeit, Freundschaften, Schule und Ausbildung, Einstellungen zu Ethnizität, Erziehung, Partnerwahl und Geschlechterrollen, Körperbewusstsein und Sexualität ab. Die Auswertung erfolgte mittels SPSS anhand von Skalen und Einstellungsindizes. Dabei wurden die Befragten nach der Nationalität ihrer Herkunft unterschieden. Hinter den Stand der ethnologischen Forschung zu Ethnizität fällt die Untersuchung insofern zurück, als die Operationalisierungsform einen ontologisierenden Zugriff auf die Gewichtung der Herkunft darstellt. Beispielsweise erfolgte eine Gleichsetzung von Nationalität der Herkunft mit Ethnizität/ethnischer Herkunft, und die Frage nach der Bereitschaft zur „Anpassung an deutsche Bräuche" suggeriert, nationale Kultur sei in der Form bestimmter Gewohnheiten konkretisierbar. Dies ist in gewissem Maße ein immanentes Problem der Methodenwahl. Das Verfahren der standardisierten Messung mit Fragebögen erfordert ja eine Standardisierung der Antwortmöglichkeiten, die es ausschließt, Prozesse und situationsabhängig divergierende Bedeutungsdimensionen des Gesagten zu erfassen. Von derartigen Einschränkungen abgesehen, vermittelt die Studie einen für quantifizierende Arbeiten sehr differenzierten Einblick in die Lebenslagen junger Frauen in Migrantenfamilien, und sie erlaubt es nicht zuletzt, qualitative Befunde wie die meiner eigenen Mikrostudien in einen größeren Kontext einzuordnen.

aus meinem Untersuchungsfeld, die sich in ihren Familien tendenziell als *zu* fürsorglich belagert sahen und sich mehr individuelle Freiheit wünschten, z.B. Ratna und Helena, äußerten sich insgesamt zufrieden über ihr Leben und zeigten vor allem einiges Zutrauen in ihre Möglichkeiten, die eigenen Bedürfnisse auf längere Sicht gegen elterliche Wünsche durchzusetzen. Ratna verfuhr dabei bereits nach dem Motto ‚Ist der Ruf erst ruiniert, lebt sich's völlig ungeniert': Ihre Eltern wüssten durchaus, dass sie „Sachen heimlich mache", nur eben nicht was das genau sei. Durch dieses Verhalten sei sie aus Sicht ihrer Eltern „das schlechte Mädchen" in der Familie; aber dass sie „gar keine richtige Tamilin" sei, würde sie doch sowieso ständig zu hören kriegen. Damit komme sie zurecht.

Ganz so viel widerständiges Selbstbewusstsein brachte ihre Freundin Helena nicht auf. Zwar nahm auch sie sich die Freiheiten, die ihr wirklich wichtig waren, z.B. auf Partys von FreundInnen zu gehen oder länger zu bleiben als erlaubt; aber das fehlende Verständnis ihrer Eltern nagte mehr an ihr als an Ratna. Helena plädierte dafür, die Eltern stärker zu konfrontieren, um in den Familien als Mittler zwischen den Welten zu wirken. Sie stieß mit dieser ausgleichenden Haltung im Kreise der Freundinnen auf offenere Ohren als Ratna mit ihrer Strategie der achselzuckenden Subversion:

Helena: „Ich habe ja auch Probleme mit den Eltern, weil ich verdeutscht bin, wie sie meinen. Oder Religion: Für die ist zum Beispiel die Evolution nicht gewesen, vor allem für meine Mutter. Mein Vater glaubt schon dran, aber glaubt auch irgendwie an Gott. Oder Politik mit meinem Vater zu diskutieren, geht nicht bei mir, mit meiner Mutter auch nicht. Das ist schwer! Ich finde aber, dass man mit ihnen reden *sollte*. Ich bin ja hier in Berlin aufgewachsen, das ist eine Großstadt [...]. Das geht irgendwie nicht, dass die mit ihren Vorstellungen vom Leben sich noch alles so ausmalen wie früher auf dem Land in Griechenland."
Mehabad: „Ich persönlich habe schon manchmal starke Probleme damit, und zwar [...] irgendwie, die Werteinstellung ist bei den Eltern ganz anders. Das macht mich auch traurig."
Sahar: „Aber du musst die Eltern schrittweise erziehen."
Mehabad: „Ja. Das ist eine Sache, die einen einerseits sehr viel Kraft kostet. Andererseits wird man dadurch auch reif, wenn man so früh schon lernt, jemandem was beizubringen. Du siehst die Sache so und kannst deine Mutter erziehen oder deine Eltern."
Ratna: „Ich habe eine ältere Schwester. Sie ist erst vor fünf Jahren hierhergekommen. Sie wirft mir jetzt vor, dass ich mich mit meinen Eltern nicht so beschäftigt habe. Dass ich nicht zum Beispiel gesagt habe ‚Mama, es ist ganz normal, dass ich ausgehe'. Sie wirft mir vor, dass ich meine Eltern auch ein bisschen geschult haben könnte und dass es mir dann jetzt auch leichter fallen würde. Ich denke auch, dass ich da Fehler gemacht habe. Ich hätte mehr mit meinen Eltern darüber sprechen müssen als immer Sachen heimlich zu machen."

Interessant ist an diesen Absichtserklärungen, die Eltern „schulen" oder „erziehen" zu wollen, dass es bei den Lernzielen nicht allein um das eigene Interessen eines Zugewinns an Freiheiten oder Diskussionsspielräumen zuhause geht. Vielmehr liegt den jungen Frauen daran, ihre Eltern in den Entwicklungsprozess einzubeziehen, den sie an sich selbst als das „Verdeutschen" im positiven Sinn erlebten: Religion und Politik im Rahmen eines aufgeklärten Weltbildes zu sehen, Kritik zu üben, Argumente auszutauschen, die „Dinge in Frage zu stellen", wie Hashim an anderer Stelle formuliert hatte. Helena war der Meinung, es ginge nicht an, dass ihre Eltern Vorstellungen vom Leben anhingen, die mit dem großstädtischen Berlin nichts zu tun hätten. Mehabad fand es traurig, dass ihre Eltern an „ganz anderen" Einstellungen festhielten, und Ratna wurde von der älteren Schwester dafür gerügt, dass sie sich „mit den Eltern nicht ausreichend beschäftigt" habe. Was hier verhandelt wird, ist die eigene Verantwortung im Familienprojekt der Migration. An den Äußerungen zur Frage kultureller Differenzen war zu erkennen, dass viele Nachkommen aus Einwandererfamilien und besonders Mädchen sich als Nutznießerinnen der elterlichen Migration sahen, da sie die Chancen auf Bildung und eine persönliche Entwicklung in den Herkunftsländern der Familien als schlechter einschätzten. Für diesen Zugewinn an Möglichkeiten galt es, den Eltern auch etwas zurückzugeben und diskrepanten Erwartungen nicht allein mit egoistischer Heimlichtuerei oder dem Verlassen des Familienhaushalts als dem Weg des geringsten Widerstands zu begegnen.

Auseinandersetzungen mit den Eltern kosten viel Kraft, wie Mehabad anmerkte. Eltern erwarten schließlich andere Liebesbeweise, als von ihren Kindern Widerspruch zu ernten und über das richtige Leben belehrt zu werden. Man reife aber auch an der Aufgabe, Anderen etwas beizubringen, so Mehabad. Aus dem Gedanken der jungen Frauen, die Eltern und eigenen Brüder „erziehen" zu können, ihnen etwas beizubringen, spricht ein Überlegenheitsgefühl, das die „kompliziertere Jugendsituation der Mädchen" reflektiert (Fuchs-Heinritz 1990: 66). Dass sie häufig selbst im Fokus von Auseinandersetzungen um kulturelle Differenz standen bzw. diese am Geschlechterrollen-Verständnis festgemacht wurde, hatte ihren Sinn für eigene Einflussmöglichkeiten und für die Notwendigkeit geschärft, selbst Verantwortung für den ‚interkulturellen' Vermittlungsprozess zu übernehmen. Auf die Grenzen der erzieherischen Ambitionen, die sie an Eltern und Brüder richteten, wies Mehabad mit dem Kommentar hin, dass sich wenig ausrichten ließe, solange die Jungen nicht auch etwas tun *müssten*. Das ließ sie fordern: „Man muss die Kinder gleichberechtigt erziehen." Auch diesen Schluss zog sie nicht resignativ, sondern mit der Haltung, dass sie selbst an dem Wandlungsprozess mitwirken könnten, den sie sich wünschten. Überlegungen wie diese brachten Mehabad dazu, die biographische Besonderheit der familialen Migrationslagerung als etwas zu sehen, das auch besondere Ressourcen für die eigene Lebensführung bereitstelle:

Mehabad: „Da wir, ich rede von den Ausländern, noch eine andere Mentalität, eine andere Kultur kennen, können wir ja noch entscheiden, welche ein bisschen besser ist, oder welche uns mehr anspricht, und daher gibt es dann diese Sehnsucht nach der Kultur, die einem besser gefällt. Und die Deutschen, glaube ich, haben gar nicht diese Auswahl."

Die Äußerung, die Mehabad in einer Lebenskunde-Stunde machte, fand großen Beifall bei den anwesenden „ausländischen" Mitschülerinnen sowie bei ihrem Lehrer. Er zeigte sich beeindruckt, dass Mehabad das notorische Bild von Defiziten infolge von Migration und kultureller Differenz zurückwies und statt dessen als Bereicherung definierte, mit zwei Kulturen vertraut zu sein. Als er weiter kommentierte, dass auch aus seiner Sicht „die Schubladen ‚deutsch', ‚türkisch', ‚Ausländer' gar nicht mehr der gesellschaftlichen Realität entsprechen", stimmten die Anwesenden unverzüglich zu; die Töchter aus migrantischen Elternhäusern wandten allerdings ein, das Problem ihres Alltags bleibe dennoch, „dass die Schubladen halt ringsherum immer noch verwendet werden", und zwar „gerade auch von den Eltern" – und das obwohl man ja merke, so Ilona: „Der ganze Schrank ist zu klein".

Der Eindruck, die eigene biographische Erfahrung überschreite kategorial eindeutige Zurechenbarkeiten, plausibilisierte das Konzept der „Ausländer"-Begrifflichkeit.[44] Um den eigenen Prozessen der Identifikation Ausdruck zu verleihen, war die Kreativität gefordert, einen Raum für die Selbstverortung zu schaffen, der bislang noch auf keiner der „beiden Seiten" vorgesehen war, und die geteilte Positionierung als „AusländerIn" bot sich dafür an: Sie setzt kulturelle Besonderheiten der Herkunft außer Kraft und erlaubt eine Teilhabe an herrschenden Diskursen der deutschen Öffentlichkeit. Als übergreifende Kategorie konnte sie tatsächlich auch interner Diskriminierung von speziellen Einwanderergruppen entgegenwirken und unter *peers* als Mittel der Befriedung eingesetzt werden, wenn Spaltungen drohten (vgl. Mannitz 2002a: 268 f.). Was Schwierigkeiten verursachte, war demnach nicht so sehr, persönlich mit den spezifischen Widersprüchen von diskrepanten Lebensbereichen fertig zu werden, sondern dass weder die Eltern noch die umgebende deutsche Gesellschaft den eigenen Vermittlungskompetenzen mit Anerkennung begegneten. „AusländerIn" sein hieß für diese Heranwachsenden insofern tatsächlich, laufend ‚zwischen' und quer zu diversen Gruppen situiert zu sein, ohne dass es für diese Position(en) einen passende(re)n Begriff zu geben schien.[45] Auf „beiden Seiten" nahmen sie in erster Linie einen an sie gerichteten Anpassungsdruck sowie eine fehlende Akzeptanz des jeweils Anderen und erst recht der Zwischenräume wahr. Dass ihre Eltern nicht deutlicher eingestanden, mit

---

44 Auf die Selbstzuordnung als „AusländerIn" stieß auch Jens Schneider in seiner Studie zum „Deutsch sein" (Schneider 2001). Schneider konstatierte zu den sozialen Abgrenzungen: „Offensichtlich ist die ‚deutsche Welt' [...] sozial so geschlossen, daß die Unterscheidung ‚Deutsche-Ausländer' zum strukturierenden Prinzip wird. In der Folge [...] bilden ‚die Ausländer' eigene multikulturelle Freundeskreise, z.T. sogar über große große kulturelle Unterschiede hinweg – Hauptsache ‚Ausländer'." (ebd.: 172)
45 Das Hybrid-Vokabular wie z.B. „Deutsch-Türken" oder „Turkodeutsch" fehlte in diesem Berliner *setting*. Die Abgrenzung vom Begriff des Deutschen überwog hier demnach den Wunsch, die positiven Anteile der eigenen „Verdeutschung" mit zu benennen. Anders verhielt es sich mit dem Attribut des Berlinerischen, das keine negativen Assoziationen weckte. Darauf werde ich zurückkommen.

ihrem Leben in Berlin doch auch selbst sehr zufrieden zu sein, war so ein Punkt:

Mehabad: „Dass die noch so an der Heimat hängen, stimmt eigentlich auch nur ein bisschen. Also ich habe jetzt in meiner Umgebung gesehen, die Eltern und die erste Generation, die ist ja jetzt ziemlich alt geworden. Und so, wie ich das beobachtet habe, ist eigentlich keiner mehr so recht zurückgegangen in die Türkei. Die reden immer noch. Meine Eltern, die kann ich ja auch als Beispiel geben, die sagen, also meine Mutter seit dem Tag, seit sie hier in Berlin, also in Deutschland ist, hat sie immer gesagt, dass sie zurück will [...] Und jetzt sind wir aufgewachsen, und irgendwie merke ich, wenn sie jetzt wieder drüben in der Türkei war, für eine bestimmte Zeit auf Urlaub oder so, dann kommt sie zurück und man merkt einfach, wie sehr sie doch eine Sehnsucht hatte *hierher* und wie sehr sie sich im Grunde hier wohlfühlt."
Helena: „Kenn ich auch, kenn ich auch."
Hashim: „Genau, das stimmt. Mein Vater hat gesagt, als er nach Deutschland kam, dachte er an vier Jahre oder fünf: hier arbeiten und dann wieder zurück. Und daraus sind jetzt 27 Jahre geworden!"
Helena: „Das hängt auch immer mit den Kindern zusammen. Man sagt sich, man will erst ein bisschen sparen, dann kommt man her, arbeitet, dann wird die Frau vielleicht schwanger, man kriegt ein Kind, das wächst auf, anschließend kommt's in die Schule, und dann geht's los. Dann geht es erstmal in die Schule, und wenn die Schule beendet ist, kann es dann überhaupt wieder zurück, und welche Möglichkeiten werden ihm im Heimatland geboten? [...] Ich denke, da hängt viel mit den Kindern zusammen."
Mehabad: „Jaja, aber jetzt sind ja die Kinder groß! Meine Geschwister und ich sind alt genug und selbständig. Ich könnte jetzt auch alleine hier wohnen und habe ja schließlich noch meine Geschwister. Mein Vater hat jetzt die ganze Zeit immer als Ausrede gehabt ‚bis zur Rente'. Jetzt ist er in Rente im März, jetzt kann er ja ruhig rüber. Nee, jetzt kommt noch dies und dann das, und daher, ich habe das also selten erlebt, dass Eltern wirklich rübergezogen sind; zum Teil schieben sie die Entscheidung immer so vor sich her. Und im Grunde habe ich das Gefühl, auch bei den anderen Familien, die ich kenne, dass sie eigentlich gar nicht so große Lust darauf haben zurückzugehen."
Hashim: „Aber auch nicht wissen, was sie wollen, wahrscheinlich. Die tun immer so, als wär es toll zurückzugehen, aber ich denke nicht, dass wir Ausländischen uns hier unwohl fühlen."

Sich zu der Position, „ausländische" Wohnbevölkerung in Berlin zu sein, deutlich zu bekennen, heißt demnach auch, den Eltern zu zeigen, dass es Alternativen zu der aufschiebenden Lebenspraxis einer immer wieder beschworenen aber unter „Ausreden" nie vollzogenen Rückkehr in die einstige Heimat gibt, die keine Selbstverleugnung sind. Würden auch die Eltern zugeben, „dass wir Ausländischen uns hier [nicht] unwohl fühlen", sondern sie das Leben „als Ausländische" in Deutschland durchaus positiv erfuhren, würden auch einige innerfamiliäre Konflikte entschärft, so die implizite Hoffnung.

In dem Bewusstsein, dass der Herkunftskontext, mit dem ihre Eltern sich zwar auf unterschiedliche Weise, aber aus Sicht ihrer Kinder doch verhältnismäßig eindeutig identifizierten, für sie selbst nicht den gleichen Stellenwert hatte, sondern die eigene Orientierung einer Zukunft in der deutschen Gesellschaft galt, hieß es, Brücken zu bauen. Dies mit dem gemeinsamen Nenner des „Ausländischen" anzugehen, stellte sich den jungen Leuten keinesfalls als

Optimum dar, aber es beschrieb einen Ausweg angesichts der ansonsten kursierenden als rigide erfahrenen Gruppenkonzepte. Eine Anerkennung der eigenen ‚Querschnittslage' in der deutschen Gesellschaft konnte die Hilfskonstruktion einer gemeinsamen „Ausländer"-Gruppenidentität, die interne Heterogenität umschließt, aber nicht ersetzen. Ilonas einmal angestellte Überlegung, man müsse wohl noch einen neuen Staat gründen, in dem die Realität der Vermischungen von „deutsch-halb-halb" legitim sei, ist bezeichnend. Als Ideal einer Gesellschaft, in der das der Fall sei, hoben viele auf die USA ab. Die 19jährige Helena geriet geradezu ins Schwärmen: „Ich finde [...] die Idee, dass so viele Kulturen miteinander leben wie in Amerika, richtig super! Und das scheint da zu klappen!" – Auf irgendeine Weise wollten auch meine GesprächspartnerInnen in ihrer transkulturellen Lebenserfahrung als Gleiche akzeptiert werden, sie hatten aber den Eindruck, mit diesem Anliegen kein Gehör zu finden. Dass sie ihre daraus abgeleiteten erzieherischen Ambitionen eher in Richtung auf die Eltern formulierten als dass sie „den Deutschen" etwas beibringen wollten, lässt vermuten, dass sie die Chancen für ein Umdenken auf der deutschen Seite als noch geringer einstuften. Die Lebenslügen und „Ausreden" der Eltern waren ihnen hingegen so vertraut, dass sich hier Anknüpfungspunkte und alltägliche Gelegenheiten boten, offensiv dafür zu werben, zu dem Leben in Deutschland zu stehen.

Der Begriff des „Ausländers", wie er von den Betreffenden selbst gebraucht wurde, bediente sich der Differenz-Kategorien des etablierten Diskursfeldes, stand aber in Verbindung mit einem pluralistischen Gegenentwurf zum Bestehenden. Mit ihrer Aneignung des ursprünglich ausgrenzenden Konzepts bezogen die jungen Leute Position *in* und *für* eine Gesellschaft, die interner (kulturell codierter) Diversität und Prozessen der Vermischung Raum zugestehen solle.[46] „Es müssen sich einfach die Kulturen untereinander mischen und ihre Kultur, weiß ich nicht, aufgeben wohl nicht, aber einen Kompromiss finden halt, ein bisschen aufeinander eingehen. Das ist eigentlich gar nicht viel verlangt", urteilte Mehabads über ihre Wünsche für die Zukunft. Ilona wünschte sich „Verständnis untereinander, unter den Völkern, Frieden und Verhandlungsmöglichkeiten".

Selbstverständlich war die Adaption der Ausländer-Kategorie nicht die einzige identifikatorische Äußerung. In selektiven Identifikationen, sei es mit dem eigenen Kiez in Berlin, mit der Berliner *Breakdance-* und *Hip-Hop-*Szene, den „guten", d.h. nicht ausländerfeindlichen Deutschen oder mit dem ökonomischen Erfolg der Bundesrepublik wurden ungeachtet sonstiger Differenzen vielfach Gemeinsamkeiten mit Deutschen/m her(aus)gestellt. Aufschluss-

---

46 Auch ihrer Herkunft nach deutsche Jugendliche konnten den „Ausländer"-Gruppen angehören, wenn der Konsens gegen „die Nazis" gegeben war. Dem folgte zum Teil eine Zurechnung, „Ausländer" zu sein. Ein Heranwachsender kurdischer Herkunft schilderte, dass ein „deutscher" Freunde, der viel mit „Ausländern" zusammen sei, dann oft als „Kanake" beschimpft werde und als Mitglied einer „Ausländer"-Gruppe in Berlin-Rudow auch bereits Opfer eines Überfalls durch „Nazis" geworden sei.

reich war bei dem, was diese Zugehörigkeiten artikulieren ließ, jeweils der Stellenwert von interner Heterogenität: Während die Ökonomie eine abstrakte Dimension herstellt,[47] die unabhängig von der kulturellen oder nationalen Herkunft partizipationsoffen ist, standen die übrigen identifikationsrelevanten Größen für in sich diversifizierte Sozialräume, in deren Alltag die Realitäten des Einwanderungsgeschehens und seiner Folgen einen festen Platz einnehmen. Ohne sich einem wie auch immer gearteten deutschen Nationalkollektiv verschreiben zu müssen, ist die Identifikation mit Berlin oder mit bestimmten Teilen der Stadt möglich: „Ich bin nicht deutsch, aber ein Berliner" oder „Deutschland ist nicht meine Heimat, Kreuzberg schon", „Neukölln ist mein Zuhause" hieß es. Wie die übergreifende Kategorie des „Ausländers" stehen auch Berlin, mehr noch Kreuzberg und Neukölln, für eine Heterogenität, in der Anderssein gegenüber dem fiktiven Imago der deutschen Bevölkerungsmehrheit nicht Exklusion, sondern Normalität beinhaltet und dies auch psychologischen Schutz vor „den Nazis" bietet.[48] Diese jungen „AusländerInnen"

---

47 In der ökonomiebezogenen wie auch in der lokalen Kiez-Identifikation vollzogen die fokussierten Heranwachsenden zugleich logische Konsequenzen der Identitätsarbeit unter den Bedingungen wachsender gesellschaftlicher Pluralisierung selbst nach: „Identitätsbestimmungen [...] müssen jetzt auf einem abstrakteren Niveau formuliert werden. [...] [D]em vermehrten sozio-kulturellen Pluralismus [muss] [...] mit einer erhöhten Abstraktion seines [d.i. des Identitätsfokus'] Inhalts Rechnung [ge]tragen" werden. [...] Davon profitiert u.a. der Regionalismus als Bewusstsein und als soziale Bewegung. Denn auf der Ebene der Region [oder im städtischen Kiez; S.M.] ist die Erfahrung handfester Gemeinsamkeiten [...] und ihrer handlungsleitenden Auswirkungen auf das alltägliche Leben noch oft und gelegentlich drastisch zu machen. [...] Hohe Abstraktheit überdeckt ja den Mangel an sozialer Übereinstimmung hinsichtlich *konkreter* Identitätsinhalte." (Estel 2002: 474 f.)

48 Die im Feld kursierende klassifikatorische Gegnerschaft von „Nazis" versus „Ausländern" besagte nicht unbedingt, dass bereits eigene Erfahrungen mit „Nazis" gemacht worden waren; für einige der Befragten galt allerdings, dass sie verbale und tätliche Angriffe erlebt hatten. Auch die anderen Jugendlichen hatten aber die Begriffe parat und bedienten sich ihrer, um latente Unsicherheitsgefühle zu benennen. Als Abwehrmaßnahme erfolgte die Mobilisierung eines Gegenkollektivs entlang der Linie der potenziellen Viktimisierung. Überall dort, wo die strukturelle Minderheit der „Ausländer" die Hausmacht hatte, galt die Gefahr als gebannt. Zahlreiche Schüler türkischer, kurdischer oder palästinensischer Herkunft erklärten mir, an ihrer Schule gebe es *wegen der hohen Ausländerzahl* keine „Nazis", und deshalb sei das soziale Klima dort in Ordnung. Bei Anlässen wie Fußball-Begegnungen mit Mannschaften aus Ost-Berlin sei es allerdings schon zu Handgreiflichkeiten gekommen, denn die Ost-Berliner „Nazis" hätten in den Umkleidekabinen wiederholt rassistische Parolen gegrölt. Mit Blick auf die soziale Landkarte Berlins wurden die Verhältnisse ebenso strukturiert: Im nördlichen Neukölln und in Kreuzberg gebe es *wegen der großen Zahl* „ausländischer" Einwohner keine Probleme mit Rechtsextremen, denn die würden sich nicht dorthin trauen. Obwohl die Wahlergebnisse in Berlin-Neukölln auch andere Schlüsse zuließen, waren die „ausländischen" Jugendlichen überzeugt davon, dass „Nazis"

hatten insoweit während ihres Aufwachsens in Berlin nicht nur gelernt, sich selbst als die immanenten Anderen zu begreifen; sie machten den Umgang mit diesen ‚Andersartigkeiten' auch zu einem Maßstab ihrer eigenen Beziehungslogik. Wie die Präsenz der „ausländischen" Bevölkerung kommentiert und gehandhabt wurde, stellte in der Schule beispielsweise ein Kriterium zur Beurteilung verschiedener Lehrkräfte dar. Als Ordnungsmoment der Berliner Sozialtopographie schied es den „Heimat"-Kiez von Stadtgebieten, die analog zur Abstraktion des Ökonomischen Orte einer neutralen Öffentlichkeit symbolisierten – etwa „Mitte" und „Ku'damm" – sowie von solchen Bezirken, die als feindliches „Nazi"-Territorium galten. „Der Osten" war hierfür der Inbegriff. Das Narrativ bringt ein prekäres Moment der identifikatorischen Verortung als ‚die Anderen' in Deutschland zum Vorschein.

Ich habe im Vorangegangen zitiert, dass mir ein Jugendlicher – er war damals 16 Jahre alt und entstammte einer deutsch-libanesischen Ehe – den Fall der Berliner Mauer als Wendepunkt für die innergesellschaftlichen Beziehungen benannte: Vorher habe es „kein Problem" gegeben. Er kleidete seine Erzählung von den Deutschen aus der ehemaligen DDR als idealtypischen Vertretern des hässlichen Deutschen in eine satirisch anmutende Episode, mit der er mir als Westdeutscher die Gelegenheit einräumte, einverständliche Solidarisierung durch gemeinsames Spotten über die Ostdeutschen herzustellen:

> „Überhaupt ist das [Zusammenleben von Ausländern und Deutschen] ja erst ein Problem, seit die Mauer weg ist. Wir gehen ja schon jeden Abend ein Stück Mauer wieder aufbauen, aber wir schaffen es nicht, was Serkan?! [lachend zu mir gewandt:] Sagen Sie mal: War doch ein Fehler, die Mauer wegzumachen, oder? [...] Vorher gab's ja kein Problem. Und wir haben da sogar noch Bananen rübergeworfen früher, damit's denen besser geht im Osten!" – [Ich lache.] – „Glauben Sie nicht, was?! Kiwis haben wir denen rübergeworfen! Die dachten wahrscheinlich, das waren Handgranaten! Und jetzt kommen die ganzen Nazis."

Im selben Stil, mit dem der dominante Alteritätsdiskurs sich dem Topos der Unterentwicklung von „anderen Kulturen" zuwendet, konstruierte der Junge die Fremdheit der Ostdeutschen: Man habe ihnen ökonomische Hilfe zuteil werden lassen, Kiwis und Bananen über die Mauer geworfen; statt sich der Wohltaten würdig und den Wohltätern gegenüber dankbar zu zeigen, verursachten die Ostdeutschen nun nichts als Ärger: „Jetzt kommen die ganzen Nazis." Dass die deutsche Vereinigung einen gewissen Identifikationsschub bedeutet hat, ist nicht zu übersehen. Die Gefühle der eigenen Zugehörigkeit wurden allerdings nicht dem vereinten Deutschland entgegengebracht, sondern galten einem Mythos vom friedlichen Leben im ehemaligen West-Berlin. Dieses Phänomen bestätigten auch mehrere Lehrer, unter den SchülerInnen ausländischer Herkunft beobachtet zu haben. Hier ein Auszug aus einem Interview mit Lehrer P. für Deutsch, Geschichte und Politik:

---

allerhöchstens im südlichen Teil des Bezirks vertreten seien, ansonsten aber v.a. im ehemaligen Ost-Berlin zu finden seien, wo es in der Tat keine nennenswerte Wohnbevölkerung ausländischer Herkunft gibt.

Lehrer P.: „Die ausländischen Schüler waren sehr traurig über die Vereinigung. Sie glaubten, dass sie jetzt in den Hintergrund gedrängt würden, dass die deutsche Gesellschaft jetzt alles auf die Realisierung der Vereinigung werfen würde. [...] Also die fanden das nicht gut."
Sabine Mannitz: „Es gibt ja auch die Möglichkeit, dass z.B. Türken, die hier aufgewachsen und sozialisiert sind, sich plötzlich auch als ‚Wessis' empfunden haben und sich mit auf dieser ‚Ossi-Wessi'-Diskursebene einsortieren."
Lehrer P.: „Unbedingt, unbedingt!"
Sabine Mannitz: „So dass das einen Integrationsschub bedeutet hat und das Gefühl verstärkt, klar hier dazuzugehören?"
Lehrer P. (zögernd): „Ja... Es kam aber dann die ziemlich harte Konfrontation sehr bald dazu. Weil die Schwierigkeiten, die Ost-Jugendliche mit Ausländern hatten, die machten sich sehr bald auch so im Verhalten bemerkbar, dass unsere West-Ausländer dann auch von ‚den Ossis' gesprochen haben; also ich denke schon, es war eine stärkere Identifizierung, aber eben nicht mit der deutschen Gesellschaft, sondern mit dieser untergegangenen West-Gesellschaft. Das hat stattgefunden."

Zwar bestätigte Lehrer P. die Praxis des *othering* der vormaligen DDR-Deutschen als „Ossis" durch „unsere West-Ausländer", eine aus seiner Sicht ungute Entwicklung. Er selbst bediente sich freilich ebenfalls der Strategie: Seine Einschätzung, wonach „die Ost-Jugendlichen" mit Ausländern „Schwierigkeiten haben" entspricht dem im ehemaligen Westen verbreiteten Bild. „Die Ossis" repräsentieren danach ein gesellschaftliches Stadium der provinziellen Selbstbezogenheit, das in der Bundesrepublik überwunden wurde durch die fortgesetzte politische Internationalisierung, durch die Realisierung eines hohen Wohlstandsniveaus, das politische Stabilität erzeugte und die gesellschaftlichen Modernisierungsimpulse der sozialen Protestbewegungen produktiv zu integrieren half, nicht zuletzt auch durch die gewachsene Pluralität der westdeutschen Gesellschaft.[49] Der Bevölkerung der ehemaligen DDR gehe die entscheidende Erfahrung der Herausforderung durch Pluralisierung ab, besagt eine These, die in westdeutschen Diskursen einen festen Platz einnimmt:

„Viele Westdeutsche sehen die ‚Faschismusanfälligkeit' im Osten eindeutig größer, vor allem linke IP [d.i. Interviewpartner] haben das Gefühl, im Streit für ein ‚offeneres' Deutschland ‚um Jahre zurückgeworfen' worden zu sein. Interessanterweise ist dieser westdeutsche Diskurs aber politisch übergreifend, auch konservative IP haben das Gefühl, daß Deutschland durch die Vereinigung – im negativen Sinne des Wortes – ‚deutscher' geworden ist." (Schneider 2001: 205)

Dass „die Nazis" so fraglos im Osten lokalisiert werden konnten und Beispiele von ostdeutscher Fremdenfeindlichkeit, ob am eigenen Leib erfahren oder

---

49 Mit Blick auf die Bundesrepublik ist dieses Bild eine belastbare Geschichtsdarstellung. Zu der „geglückten Demokratie" BRD vgl. Wolfrum 2006. Damit ist die These einer besonderen Anfälligkeit von ehemaligen DDR-Deutschen für xenophobes Denken und Handeln jedoch noch nicht verifiziert. Da heutige jugendliche Neonazis die DDR-Gesellschaft entweder gar nicht mehr oder kaum noch miterlebt haben, steht eine ggf. besonders stark ausgeprägte oder alltagskulturell breit verankerte Fremdenfeindlichkeit auch im Kontext des vereinten Deutschland.

sozial tradiert, die Konstruktion einer kollektiven „Ausländer"-Identität stärkte, ist vor dem Deutungshintergrund einleuchtend. Im Detail betrachtet, kommen in der Mobilisierung des „Ossi"-Narrativs gleich mehrere diskursive Assimilationsmomente[50] zum Vorschein. Dennoch steht sowohl hinter der Legende einer besseren Vergangenheit vor der deutsch-deutschen Vereinigung als auch hinter der Verklärung von Kreuzberger und Neuköllner Kiezen zu Horten des Multi-Kulti-Friedens eine prekären Ambivalenz.

In Zurückweisung des verbreiteten Negativ-Image von Berlin-Kreuzberg und -Neukölln als hoffnungslosen ‚Ghetto'-Bezirken, erfuhr die Hegemonie der eingewanderten Wohnbevölkerung in diesen Stadtteilen in den Äußerungen der „ausländischen" Jugendlichen positive Bewertung. Sie fühlten sich dort wohl, ihre Kieze wurden als „Heimat" und „Zuhause" bezeichnet, und da „die Nazis" nach allgemeinem Dafürhalten solche Orte meiden würden, an denen Immigranten dominieren, stand die *in-group* der „Ausländer", gelegentlich noch erweitert um „viele Linke, die da wohnen," zudem für ein sicheres Territorium. Muss die Hausmacht so beschworen werden, klingt darin allerdings die verzweifelte Lage eines belagerten Burgfriedens an: Sollte der Osten „die Nazis" beheimaten, wäre das ‚eigene' Berliner Territorium schon deshalb einer latenten Gefährdung ausgesetzt, weil Neukölln und Kreuzberg unmittelbar an die ehemalige DDR grenzen. Auf das ehemalige West-Berlin als Ganzes bezogen, stünde der Nische der ungestörten Koexistenz überdies eine erdrückende Übermacht von „Ossis" rings um die Stadt gegenüber. Hinzu kommt, dass die Identifikation mit Kreuzberg oder Neukölln eine eher einseitige Affinität abbildet, denn es gibt keinen Anhaltspunkt dafür, dass es im größeren Kontext der deutschen Gesellschaft oder auch nur unter den ehemaligen West-Berlinern ein soziales Prestige der ansässigen „Ausländer" ausmachen würde, sie als Bollwerk gegen die Ostdeutschen in der Stadt zu wissen. Selbst wenn die Mär zuträfe, dass es vor 1989 durchweg harmonisch zuging und im Zusammenleben von angestammten Deutschen und Eingewanderten „keine Probleme" zu verzeichnen waren, würde der sehnsüchtige Blick zurück aber eine negative Bilanz für das gegenwärtige Leben bedeuten, dass nämlich die Zeiten friedlicher Koexistenz mit „den Deutschen" seit Mauerfall passé sind.

Diese Unsicherheiten und Schieflagen bezeichnen zugleich eine prinzipielle Problematik, die in identifikatorischen Positionierungen als „Ausländer" oder „Ausländerin" greifbar wird. Dass die Figuration der dominanten Kategorien übernommen wird und die Kommunikation über abweichende Signifikationen derselben lediglich im Innern der so konstruierten Gruppe erfolgt, bildet die systemische Diskriminierung ab, in der die Interaktion aus Fremdzuschreibung und Übernahme der Zurechnung gesellschaftlich situiert ist. Es fordert den hegemonialen Diskurs und seine Bewertungsschemata in keiner

---

50 Dass es sich bei der Übernahme des „Ossi-Wessi"-Diskurses um ein Beispiel von Geschichtsaneignung handelt, die bestimmten eigenen Zwecken dient, wird spätestens deutlich, wenn auch hier die Alterskomponente in Betracht gezogen wird: Zur Zeit des Mauerfalls 1989 waren die Jugendlichen, die das zitierte Narrativ von der besseren Zeit im alten Westen pflegten, 9-12 Jahre alt.

Weise heraus, sich als „AusländerIn" zu positionieren, denn die Redefinitionen der Kategorie bleiben begrifflich unsichtbar.

Der biographische Selbstentwurf als Leerstelle im Diskurs

Um die hierarchischen Effekte und blinde Flecken des hegemonialen Diskurses sichtbar zu machen, an denen alternative Deutungen, etwa vom „AusländerIn"-Sein, gebildet werden, bedient sich die sozialkonstruktivistisch informierte Forschung der analytischen Unterscheidung der Handlungsebenen, die im sozialen Feld ineinandergreifen: Zurechnung – Aneignung, systemisch – subjektiv, etisch – emisch, und so fort. Erst die Differenzierung dieser von unterschiedlichen Akteuren eingebrachten ‚Produktivkräfte', welche an der Herstellung der symbolischen Ordnung und an der Emergenz spezifischer Wissensvorräte in ihrem Rahmen mitwirken, zeigt die interaktiven Konstruktionsmomente sozialer Wirklichkeit und die involvierten Interessenlagen auf. Die Geschlechterforschung hat das gesellschaftskritische Moment dieses Forschungsparadigmas deutlich gemacht: Mit der konzeptionellen Unterscheidung von *sex* als dem biologischen Geschlecht und *gender* als dem sozial generierten Geschlechterverständnis konnte gezeigt werden, dass mann/frau ein Geschlecht nur in der Form ‚hat', als mann/frau sich gegenüber Anderen auch entsprechend der sozialen Geschlechterrolle verhält sowie von ihnen rollenkonform behandelt wird, den Geschlechterdualismus also (mit)macht. Die Gültigkeit des dualistischen Begriffssystems hängt im Alltag von perpetuierenden Kommunikationsprozessen ab. Mit Hilfe begrifflicher Kontrastfolien können dagegen als quasi ‚natürliche' zirkulierende Zuschreibungen der Rollenerwartung *als Zuschreibungen* erkennbar und damit selbst Gegenstände diskursiver Veränderung werden. Indem die Heranwachsenden meiner Untersuchungsgruppe in Berlin den Begriff des „Ausländers" bzw. der „Ausländerin" für sich adaptierten und sich nicht etwa mit Hilfe von Bindestrich-Neuschöpfungen als „andere Deutsche" (Mecheril/Teo 1994) positionierten, erfolgte eine solche erkennbare Infragestellung der sozial etablierten Deutungsmatrix nicht.

Sich eine im Mehrheitsdiskurs stigmatisierte Kategorie anzueignen und den diskursiven ‚Nicht-Ort' mit eigenen, positiven Bewertungen neu zu bestimmen, stellt eine beachtliche Leistung dar und scheint insbesondere für das Spannungsfeld des adoleszenten Selbstentwurfs auch plausible Rückzugsgelegenheiten zu bieten, um den diversen Identitätsansprüchen konkurrierender Kollektive auszuweichen. Den in meiner Arbeit porträtierten Heranwachsenden aus Berlin gelang es so, die biographischen „Spannungen und Ambivalenzen nicht negieren zu müssen", sondern „diese Spannungen auszuhalten" (Sauter 2000: 226), indem sie sich untereinander auf die ‚Nicht-Orte' der hegemonialen Diskurse als verbindende Imaginationsräume verständigten. Analog zu ihren Äußerungen als „Ausländer" oder „Berliner TürkIn" verzeichnete Sven Sauter unter jungen „Frankfurter Türken" die Schaffung eines solchen eigenen Imaginationsraums, der „gegenüber Angriffen aus beiden Richtungen – also seitens der Herkunftskultur der Eltern und seitens der Mehrheitskultur – verteidigt werden" musste und sich als „spezifisches Produkt eben dieser adoleszenten Schöpfungskraft von Migrantenjugendlichen" darstellte (ebd.). Gerade wenn die Eigenlogik derartiger Verortungen in den adoleszenten Abgrenzungen vis-à-vis den Eltern und vis-à-vis deutschen Assimilationsansprüchen begründet ist, stellt sich gleichwohl die Frage, wie es von dieser Position aus biographisch weitergehen soll und kann: Welche Vision vom guten „eigenen Leben" lässt sich aus einer Selbstverortung als „AusländerIn" oder als „Andere/r" in Deutschland gewinnen, so kreativ diese in Anbetracht ihrer strukturellen und diskursiven Emergenzbedingungen auch sein mag?

Die soziale Logik des „Prinzip[s] Heimat, das sich zusammensetzt aus [...] psycho-sozialen Elementen" erläutert Sauter damit, dass Heimat dort sei, „wo man sich am wohlsten fühlt, und das kann der Freundeskreis sein, die Folkloregruppe, mit der die Freizeit geteilt wird oder auch die Familie" (2000: 172). Die Idee, mal könne die Muttersprache Heimat sein, ein andermal die Religion, eine Tanzgruppe oder der Berliner Wohnkiez, wird mit diesem Heimatbegriff fassbar. Angesichts der heterogenen Komplexität an psycho-sozialen Aspekten, aus denen sich soziale Identifikationen ableiten lassen, ist das Konzept einer situationsabhängigen Evokation von nicht-territorialen „Heimat"-Gefühlen" auch geeignet, Konstruktionen von Sinnhaftigkeit in hochgradig differenzierten Sozialräumen zu reflektieren:

> „,Wir sind nirgends mehr zu Hause' ist eine Beschreibung des Ortes, der nicht existiert, keine eindeutige Zuordnung durchscheinen läßt. Aber dieser Zustand wird nicht beklagt, sondern in einem fortwährenden Prozeß ständig und situativ mit *Sinn* gefüllt." (Sauter 2000: 172)

Ist also gar nicht mehr von Belang, an *welcher* gesellschaftlichen Andockstelle sich das Individuum jeweils anbindet, wenn die Ressource der Sinnhaftigkeit ubiquitär und situativ herstellbar ist? Wenn die Überlegungen der allgemeinen Adoleszenztheorie zum Erwerb der heute signifikanten biographischen Kompetenzen zutreffen, ist weder beliebig, *welche* assoziativen und dissoziativen Imaginationen der eigenen Person ausgebildet werden, noch welche allgemeine *Anschlussfähigkeit* diese im größeren gesellschaftlichen Feld aufweisen: „In modernisierten Gesellschaften werden soziale Privilegiertheit oder Ungleichheit vorrangig über die *Qualität* des adoleszenten Moratoriums hergestellt oder reproduziert", so King (2002: 94; Betonung im Original). Dessen Qualität resultiere aus der *Chancenstruktur* des adoleszenten Möglichkeitsraums, „wie sie sich im Zusammenspiel innerer und äußerer Ressourcen ergibt" (ebd.).

Was bedeutet in dieser Hinsicht beispielsweise die Betonung des Ausländer-Status oder die Identifikation mit der guten alten Zeit im West-Berlin vor dem Mauerfall? Beide Phänomene lassen für das Erleben der „Chancenstruktur des adoleszenten Möglichkeitsraums" den Schluss zu, dass die sozialisierenden Diskurse und Handlungsstrukturen der deutschen Gesellschaft so gut wie keine Sinn gebenden *Inklusions*offerten enthalten. Die Immigranten, ihre Kinder und Kindeskinder unterliegen mitnichten vollständig der Deutungs- und systemischen Gestaltungshoheit der angestammten Bevölkerungsmehrheit. Sie sind aber doch in einem erheblichen Maß auf deren Bereitschaft verwiesen, Teilhabe und Anerkennung zu gewähren bzw. die Rahmenbedingungen dafür zu schaffen. Es beleuchtet daher eine Unfähigkeit oder den Unwillen großer Teile der deutschen Aufnahmegesellschaft, sich auf faire Angebote für Immigranten zu verständigen, wenn die *agency* noch der Nachfahren von Einwanderern sich darin äußert, sich am ehesten als „Ausländer" in zweiter oder dritter Generation zu verstehen. Sicher steht diese Form der Identifikation der Inanspruchnahme von bereits vorhandenen Partizipationschancen nicht im Weg. Insofern trifft Seyla Benhabibs Kritik an der staatszentrierten Perspektive der Integrationsdebatte zu, dass nämlich „Ausländer zu sein nicht [bedeutet], sich in der Gesetzlosigkeit oder außerhalb des politischen Gemeinwesens zu bewegen" (Benhabib 1999: 99).

Auch wenn der formelle Ausländer-Status in Sicht auf die politische und rechtliche Situation immer weniger Hürden impliziert, steht er jedoch im deutschen Alltagsdiskurs – wie das Vorangegangene gezeigt hat, auch im schulischen Bereich – für eine kulturalisierte Stigmatisierung. Wenn diejenigen, denen fortdauernde Fremdheit, Nicht-Zugehörigkeit und kulturelle Minderbemitteltheit zugeschrieben wird, sich auf den Nenner der Ausgrenzung verständigen, stellt das den Sozialisationsagenturen in ihrem Bemühen um eine moderne Vergesellschaftung freier und gleicher Individuen auch dann noch ein schlechtes Zeugnis aus, wenn es den Betreffenden gelingt, die negativen Zuschreibungen für sich positiv zu wenden. Die prinzipiellen Egalitätsversprechen der freiheitlichen Demokratie werden durch die Grenzen der Staatsbürgerschaft möglicherweise immer weniger konditioniert. Deren diskursive Verquickung mit ethnotrop kodifizierten Ideen von Nationalität, der nationalen (Erinnerungs-)Gemeinschaft und ‚ihrem' Spektrum an Umgangsformen, Leistungsfähigkeit und Lebensart kann diese Öffnungen dennoch konterkarieren: „A morally and culturally neutral state which [...] is equally hospitable to all cultures and conceptions of the good is logically impossible", wie Parekh angemerkt hat (2000: 201 f.). Praktisch ergeben sich deshalb soziale Identifikationsoptionen in der durchmachteten Auseinandersetzung der Diskurse, Selbstentwürfe und Gegenbilder von etablierter Mehrheit und zugewanderter Minderheit. In dem hier untersuchten Feld verlief der Prozess eindeutig und nachhaltig zu Lasten der eingewanderten Bevölkerungsteile und ließ kaum Leerstellen zur herkunftsneutralen Inklusion erkennen (vgl. Mannitz 2002a: 255-257). Was sich den Heranwachsenden ausländischer Herkunft in dem Berliner *setting* vor allem vermittelte, war dass sie doch niemals ‚richtig' oder ‚ganz' würden dazugehören können – auf beiden Seiten der um ihre kulturelle Vereinnahmung bemühten Kollektive.

Mit der Verortung als „Ausländerinnen" und „Ausländer" vollzogen die jungen Leute folglich in zwei Richtungen adoleszente Loslösungen von den geschlossenen Konzepten kulturell determinierter Biographien: Sie weigerten sich, die Eindeutigkeit und Verbindlichkeit kollektiver Zurechnungen für sich und ihre biographischen Projektionen zu akzeptieren. Ob die in dieser Zurückweisung angelegte Möglichkeit, „eigenes Leben" zu führen, auch verwirklicht wird, ist hingegen eine Frage, die an die Lebenpraxis der Einzelnen jenseits ihres Schulbesuchs zu richten ist (vgl. Hagemann-White 1988: 225).

Optionen eigener Lebensgestaltung zu nutzen, setzt die kompetente Nutzung von Handlungsfreiheiten voraus, die Heranwachsenden durch verschiedene Sozialisationsagenturen auf verschiedene Weisen vorgestellt und die dabei – wie sich zeigen ließ – auch interessegeleitet bewertet werden. In ihren persönlichen Distanzierungen von den Eindeutigkeitsansprüchen der Interpretationsschemata kollektiver Zurechnungen zeigten viele der jungen Leute ausländischer Herkunft in meinem Berliner Untersuchungsfeld ein bemerkenswertes Maß an Ambiguitätstoleranz. Deren Tragfähigkeit wird indes Belastungsproben erst ausgesetzt, wenn es gilt, die Entwürfe der eigenen Lebensplanung in konkretes Handeln vor allem bei den anstehenden biographischen Entscheidungen umzusetzen. Befähigt die in der *peer-group* der adoleszenten „AusländerInnen" intersubjektiv hervorgebrachte Ambiguitätstoleranz auch dazu, subjektiven Sinn und Selbstvertrauen ‚als Andere' in dem postadoleszenten Leben herzustellen, dem die alltäglichen Interaktionsräume zur überindividuellen jugendkulturellen Sinngebung nicht länger zur Verfügung stehen? Diese Frage stand im Mittelpunkt der zweiten Forschungsphase, deren Ergebnisse das folgende Kapitel vorstellt.

4. Eigenes Leben, Anderes integrieren

In diesem Kapitel stehen die Entwicklungen nach dem Ende der gemeinsamen Schulzeit zur Diskussion. Die Aufmerksamkeit gilt einerseits den biographischen Entscheidungen im engeren Sinne, d.h. der Wahl von Ausbildungswegen, den Entscheidungen zu Wohnsitz und Partnerwahl oder Familiengründung sowie den Prioritäten, die für jeweils getroffene Entscheidungen den Ausschlag gaben. Andererseits ist auch die Einbettung der biographischen Erfahrung in überindividuelle Zusammenhänge von Interesse: Wie wird die eigene Person nun in Relation zu den Bindungen an die Herkunftsfamilie, zur deutschen Gesellschaft oder bestimmten Bevölkerungsgruppen gesehen? Verstehen die jungen Erwachsenen meiner Untersuchungsgruppe sich weiterhin als „AusländerInnen" in Deutschland, oder lassen sich Transformationen im Erleben des eigenen sozialen Orts verzeichnen? Welche Bedeutungen stehen gegebenenfalls dahinter?

Bei den Entscheidungen zur eigenen Lebensführung ist die geschlechtsspezifische Lage mitzudenken: Während junge Frauen sich mit Abschluss der schulischen Ausbildung ebenso wie ihre männlichen Altersgenossen mit dem Entscheidungsdruck der beruflichen Orientierung konfrontiert sehen, tritt für sie in stärkerem Maße als für die jungen Männer die Frage hinzu, wie sie ihre weitere Ausbildung, die Berufstätigkeit und einen etwaigen Wunsch nach Mutterschaft lebenszeitlich koordinieren wollen. Als ein geschlechtsspezifisches Dilemma stellt sich das deshalb dar, weil junge Männer – wie eine Reihe von empirischen Studien belegen – sich den Fragen der Reproduktionsplanung in einem höheren Maße entziehen und es schlichtweg Frauensache sein lassen, die Kinderfrage in der biographischen Planung zu berücksichtigen. Auffällig sei, „daß sich nur die Mädchen Gedanken über eine spätere lebenszeitliche Vermittlung von Berufsarbeit und Kindern machen, kaum aber die Jungen, die mehr oder weniger davon ausgehen, daß dies Problem ihre eigene Lebensplanung nicht tangiert", lautet ein Resümee der Forschung zu diesem Aspekt (Fuchs-Heinritz 1990: 68). Als nach Geschlecht differenzierte Fragestellung schlägt das Thema Familienplanung auch in der Forschung zur Sozialisation von Heranwachsenden mit familialer Migrationslagerung durch: Die Frage der lebenszeitlichen Vermittlung von Familienarbeit und Berufstätigkeit wird mit Mädchen und jungen Frauen stets erörtert, zu diesem Zweck werden gemischtgeschlechtliche Gruppen gelegentlich auch explizit verlassen.[1] Dage-

---

1 So beispielsweise in Sauter 2000: 268 ff., der diese Parallelität der geschlechtsspezifischen Arbeitsteilung zur biographischen Themenstrukturierung der Untersuchung aber selbstkritisch kommentiert, was nicht die Regel darstellt.

Dagegen wird die Thematik in Studien, die sich mit rein männlichen Adoleszentengruppen befassen, nicht zwangsläufig aufgegriffen.

Dass „das öffentliche Interesse im Hinblick auf Migranten und Migrantinnen an Veränderungsprozessen in diesen [privaten] Lebensbereichen besonders groß" ist, weil sie als „zentrale Indikatoren für den Grad der Integration von Zuwanderern und Zuwanderinnen [...] betrachtet werden" (Boos-Nünning/Karakasoglu 2004: 26), bekräftigt insofern, dass vor allem die weibliche Lebenspraxis vor besondere Herausforderungen gestellt ist, sich im biographischen Selbstentwurf zu konkurrierenden Modellen der privaten Lebensführung zu verhalten.[2] Dem entspricht, dass sich das Dilemma von Familie und Beruf in meinen Gesprächen mit den jungen Frauen nach dem Ende ihrer Schulzeit wie von selbst einfand, während ich die männliche Kontrastfigur der Untersuchung angesichts der Nicht-Äußerungen zu diesem Bereich der Lebensplanung erst mit entsprechenden Fragen zu Stellungnahmen bewegen konnte. Für ihn waren Überlegungen zu Partnerwahl oder Familiengründung im Grunde ‚noch kein Thema'. Vor allem war es für Serkan kein Thema, das mit der Frage seiner Berufswahl in direktem Zusammenhang stand. Als ein biographischer Brennpunkt werden die Gewichtungen von Qualifizierung und privater Lebensplanung in einem ersten Themenblock des Kapitels behandelt.

Stellte sich die lebenszeitliche Planung von Reproduktion und Beruf als nach wie vor spezifisch weibliches Dilemma dar, so gab es ein Thema, das alle Befragten in Berlin unabhängig von ihrem Geschlecht erheblich beschäftigte, das in allen Gesprächen auftauchte, und in einer so erstaunlichen Parallelität, dass sich der Rückschluss auf einen „kollektiven Erfahrungsraum" des Heranwachsens mit ausländischer Herkunft erhärtet (vgl. Bohnsack 1997 und 1999; Schittenhelm 2000): Es handelte sich hierbei um die Fragen des eigenen sozialen Status im Kontext der innerdeutschen Ost-West-Beziehungen.

Die starke Präsenz des Ost-West-Themas – immerhin zehn Jahre und mehr nach der Vereinigung – überrascht zunächst. Die Stellungnahmen der jungen Leute zeigen aber sehr deutlich, worauf die stärkere Rahmung ihrer Selbstverortungen im Ost-West-Diskurs zurückzuführen war: War es zu ihren Schulzeiten noch relativ einfach gewesen, Begegnungen mit den als „Nazis" verschrieenen Ost-BerlinerInnen zu vermeiden, hatte sich durch die anschließende Suche nach Ausbildungsplätzen oder beim Besuch von bezirksübergreifenden Einrichtungen die Notwendigkeit ergeben, das als sicher geltende West-Berliner Territorium zu verlassen. Kontakte mit ehemaligen DDR-BürgerInnen wurden unumgänglich, und diese Zunahme an persönlichen Begegnungen zeitigte Auswirkungen. In den Ausbildungs- und Arbeitsverhältnissen wurden ir-

---

2 In Anbetracht des weitgehenden Konsenses über die geschlechtsspezifischen ‚Zuständigkeiten' der Familienfragen dürften es freilich auch solche jungen Männer schwer haben, die sich entgegen der konventionellen Rollenverteilung nicht nur aktiv mit dem Thema Elternschaft auseinandersetzen, sondern dabei auch zu dem Schluss kommen, dass sie selbst in jungen Jahren Vater werden möchten und ihre Rolle durch entsprechende Übernahme von Verantwortung im Bereich der anfallenden Familienarbeit ausfüllen möchten.

ritierende Diskriminierungserfahrungen gemacht, und es kam zu konfrontativen Grenzziehungen, während ein Milieu von Gleichaltrigen und gleichartig Betroffenen, in dem die parallelen Erfahrungen hätten kommuniziert und verarbeitet werden können, nicht mehr in dem Maße zur Verfügung stand wie noch zu Zeiten des Schulbesuchs. Die Irritationen schienen länger nachzuwirken und die Einzelnen nachhaltig mit Fragen der eigenen Position innerhalb der deutschen Gesellschaft zu konfrontieren. Dass das Gewicht dieser Themen in der zweiten Untersuchungsphase zugenommen hatte, ist außerdem ohne Zweifel auch eine Konsequenz des Älterwerdens der Befragten: Beispielsweise stellt sich der eigene Ausschluss von vollen politischen Rechten Jugendlichen, für die eine Teilnahme an demokratischen Wahlen vorerst ohnehin nur eine theoretische Überlegung bedeutet, anders dar als jungen Erwachsenen, die an stattfindenden Wahlen tatsächlich teilnehmen könnten, wären sie nicht ausländische Staatsangehörige. In diesem Sinne hatte bei den fokussierten Personen eine Politisierung der Identifikationsfragen stattgefunden, der ich im zweiten Teil des Kapitels nachgehe.

Abschließend werden die teils sehr verschiedenen, teils auch konvergenten Konzeptionen vom eigenen Leben vergleichend zusammengeführt. Dabei unternehme ich wie im vorangegangenen Kapitel den Versuch, die Emergenz der in Anschlag gebrachten Deutungen auf sozialisierende Faktoren und Erfahrungen rückzuführen.

Familie und Beruf: Das weibliche Dilemma

Das weibliche Dilemma, die Ausübung eines qualifizierten, bezahlten Berufs, der ökonomische Unabhängigkeit verspricht, gegenüber der Option einer Mutterschaft mit dem Risiko einer Benachteiligung auf dem Arbeitsmarkt oder der vollständigen ökonomischen Abhängigkeit von einem Familienernährer oder staatlichen Fürsorgeleistungen abzuwägen, führt im wesentlichen zu drei Modellen an weiblicher Lebensplanung:[3]

(1) Die prioritäre Orientierung am Ziel der Familiengründung bzw. der Mutterschaft, der eine eigene Berufstätigkeit nach- oder untergeordnet wird, und die sich im konventionellen Typ der Versorgerehe mit unbezahlter Hausfrauenarbeit und einem Ehemann als mindestens Haupt-, wenn nicht Alleinverdiener des Haushalts realisieren lässt. (2) Die prioritäre Orientierung am Ziel eigener Berufstätigkeit und ökonomischer Unabhängigkeit, dem die Familiengründung bzw. Mutterschaft nach- oder untergeordnet wird, was an keinen bestimmten Typ der Partnerschaft gebunden ist. (3) Eine Unentschlossenheit, die auf dem starken Wunsch nach der Vereinbarkeit von Familie und eigener Berufslaufbahn beruht und angesichts der sozialen und systemischen Hindernisse sowie der primär für Frauen entstehenden Kosten zu keiner eindeutigen Gewichtung der biographischen Entscheidungsoptionen führt.

---

3 Vgl., auch zu bildungsspezifischen Besonderheiten, Fuchs-Heinritz 1990: 67 f.

Als Ratna, Sahar, Ilona, Helena und Mehabad noch Schülerinnen gewesen waren, hatte sich keine von ihnen festlegen mögen, welchen beruflichen Weg sie nach dem Abitur einschlagen wollte. Zwar gab es dazu Äußerungen, die Vorstellungen vom künftigen Leben muteten aber nicht nur recht vage an, sondern wirkten mit Ausnahme derer von Sahar und Ilona auch ausgesprochen ‚abgehoben' von den konkreteren Entscheidungsalternativen, die sich mit Beendigung der Schule einstellen würden.

Kurze Rückblicke auf diesbezüglichen Vorstellungen der Schülerinnen aus der Zeit 1996/97, in der sie das 12. Schuljahr besuchten, zeigen, dass Ilona und Sahar sich damals recht sicher waren, dass sie eine Familie gründen wollten. Während Sahar sich dabei das konventionelle Modell der Hausfrauenehe vorstellte, fand Ilona es anstrebenswert, zumindest „nebenbei" noch berufstätig zu sein. Besonderen Ehrgeiz verband sie mit der Ausübung eines Berufs jedoch nicht. Im Unterschied zu diesen beiden orientierten sich Ratna und Helena vor allem am Ziel ihrer ökonomischen Unabhängigkeit, setzten es aber nicht mit einer konkreten Ausbildungsplanung in Verbindung; die Kinderfrage stand für sie vorerst nicht zur Debatte. Von den fünf jungen Frauen wäre Mehabad am ehesten der dritten o.g. Option zuzurechnen gewesen: Sie war sowohl in der Frage der Ausbildungsentscheidung als auch hinsichtlich der Perspektive eigener Mutterschaft unschlüssig, fand alles Mögliche theoretisch denkbar, hatte aber bei allem auch praktische Bedenken.

Nach Beendigung der Schule blieben mit Ausnahme von Ratna, die nach ihrem Abitur zur Aufnahme eines Hochschulstudiums nach Heidelberg umzog, alle hier Porträtierten in Berlin wohnen. Neben Ratna entschied sich von den fünf Frauen allein Helena ebenfalls für eine akademische Ausbildung. Sie blieb damit wie Ratna zunächst von Unterhaltszahlungen durch ihre Eltern und die staatliche Ausbildungsförderung abhängig. Sahar heiratete tatsächlich zweieinhalb Jahre nach Ende ihrer Schulzeit. Die ökonomischen Abhängigkeiten in ihrer Ehe gestalteten sich jedoch anders, als sie es sich ausgemalt hatte, denn ihr Mann bezog lediglich eine Unterstützung zum Lebensunterhalt vom Sozialamt. Den wesentlicheren Teil des Haushaltseinkommens steuerte Sahar bei, und ihren Wunsch nach früher Mutterschaft mochte sie unter diesen Bedingungen vorläufig nicht verwirklichen. Dagegen führten Ilona und Mehabad sehr selbständige Leben, unterhielten jeweils ihren eigenen Haushalt und waren durch Einkünfte aus ihren Ausbildungsverhältnissen und einer städtischen Wohngeld-Beihilfe ökonomisch relativ unabhängig, denn beide hatten niemanden mitzuversorgen. Ilona war mit diesem Zustand unzufrieden, weil sie sich nach einer ehelichen Partnerschaft sehnte. Im Unterschied zu ihr war Mehabad mit ihrer privaten Lebenssituation einigermaßen zufrieden, mit der Ausbildungssituation allerdings gar nicht. Sie fühlte sich im falschen Beruf. Serkan wohnte weiterhin bei seinen Eltern und arbeitete an seiner weiteren schulischen Qualifizierung. Er hatte durch die Berufsschule den Spaß am Lernen wiedergefunden, der ihm in der Sekundarstufe abhanden gekommen war. Der Alltag in seinem Ausbildungsbetrieb war ihm dafür verhasst.

Unter welchen Perspektiven die sechs sich in der zweiten Untersuchungsphase zu ihren Lebensprojekten äußerten, werde ich zunächst nach Personen getrennt vorstellen. Dabei sind den einzelnen Porträts jeweils kurze, kursiv dargestellte Rückblicke auf die projektiven Äußerungen aus der SchülerInnenzeit vorangestellt, um Veränderungen und Kontinuitäten leichter nachvollziehbar zu machen. Eine vergleichende Betrachtung erfolgt im abschließenden Teil des Kapitels unter dem Aspekt der Balance von Individualität und Bindung.

Sahar – Unternehmergeist in Sachen Familie

Rückblick
Als Schülerin sprach Sahar sich von den fünf jungen Frauen am deutlichsten für den konventionellen Familientyp aus, der für sie zugleich Ausdruck ihrer arabischen Herkunftskultur war. Als Frau eine Prioritätensetzung zugunsten einer eigenen Karriere vorzunehmen, hielt die 17jährige hingegen für etwas sehr Deutsches. Sie selbst wollte heiraten, Kinder bekommen und denen „auch etwas von ihrer arabischen Herkunft vermitteln":

„Ich finde es schön, Hausfrau sein, zuhause mit den Kindern zusammen sein und so. Warum sollen wir das aufgeben? Ausländer sollten sich anpassen, finde ich, aber nicht ihre Identität und ihre Kultur verlieren. Ich würde es schade finden, wenn meine Eltern mir nichts von meiner Kultur, vom Arabischsein, gegeben hätten, weil ich meine, es ist auch was Schönes, Araber zu sein und nicht jetzt gleich ganz deutsch. Okay, ich habe die [deutsche] Sprache, ich habe vielleicht auch ein bisschen deutsche Ansichten... obwohl nee, eigentlich nicht. Ich habe ja auch die Absicht zu heiraten und Hausfrau sein zu wollen und nicht groß Berufsfrau zu werden."

Die Möglichkeit, ein Leben als Hausfrau und Mutter zu führen, sah Sahar im Libanon ebenso gegeben wie in Berlin, und – eine finanzielle Absicherung vorausgesetzt – sah sie das auch als eine bedenkenswerte Alternative an. Dass sie dennoch auch Gründe sah, dort vielleicht weniger gut zurecht zu kommen als in Berlin, wurde im vorangegangenen Kapitel schon angesprochen. Was Sahar dagegen überhaupt nicht in Frage stellte, war das Arrangement, nach dem sie als Frau von einem Mann finanziell abgesichert werden sollte und ihr die Familienarbeit zufiele. Das Modell der Hausfrauenehe schien ihren Wünschen so sehr zu entsprechen, dass sie über eine mögliche Weiterqualifizierung nach dem Abitur gar nicht erst nachgedacht hatte.

Nach Beendigung der Schule
Sahar heiratete zweieinhalb Jahre, nachdem sie die Oberstufe der Neuköllner Gesamtschule mit dem Abitur verlassen hatte. Bei unserem letzten Treffen bewohnte sie mit ihrem Mann eine 2-Zimmer-Wohnung in Berlin-Rudow, die ihre Eltern für das junge Paar eingerichtet hatten. Der Einrichtungsstil strahlte eine arabeske Bürgerlichkeit aus: Es gab sehr schweres Mobiliar in dunkelbraunem Holz und eine schwarz-gold gehaltene Esstisch-Garnitur mit Rauch-

glasplatte; vor den Fenstern hingen üppig drapierte, groß-volumige Samtvorhänge in einem dunklen Rot, und mehrere hinterleuchtete Koransuren in schwarz-goldenen Rahmen schmückten die Wände. Zwar hatten nicht Sahar und ihr Mann, sondern die Eltern alle Möbel ausgewählt, aber Sahar war mit all dem sehr zufrieden. Stolz zeigte sie mir die Wohnung, die in ihrer Lebensplanung eine Art ersten Etappensieg darstellte. Dabei war der Weg in diese Ehe nicht ohne Entscheidungsnöte verlaufen.

Die Ehe
Sabine: „Ist das deine Verwandtschaft oder die von deinem Mann auf diesem Hochzeitsbild?"
Sahar: „Er ist mein Cousin; insofern ist das seine *und* meine Familie: Er ist ja mein Cousin von Vaters Seite, aber er ist im Libanon groß geworden und erst kurz ganz hier. Deswegen sind seine Eltern nicht hier, keiner. Er hat nur meine Eltern hier."
Sabine: „Habt ihr beiden euch im Libanon getroffen, oder wie war das?"
Sahar: „Ach was! Wenn wir da im Libanon waren, in sechs Wochen hab ich den einmal gesehen, ein, zwei Tage vielleicht, und das war's. Also ich kannte ihn nicht, er war für mich so wie ein Fremder. Und dann war er immer mal wieder hier, seit vier Jahren, und zuerst: ‚nee wa?'!"
Sabine: „Du mochtest ihn zuerst gar nicht?"
Sahar: „Nee... Weil [mit gesenkter Stimme, da ihr Mann im Nebenraum ist:] ich hab ja vor ihm einen Anderen gekannt, und der war Türke. Ich wollte den damals unbedingt haben. Dann hab ich ihn aber gehen lassen, weil ich gedacht habe, das hat keine Zukunft."
Sabine: „Warum nicht?"
Sahar: „Ja, weil doch meine Schwester einen Albaner geheiratet hatte, und ich habe da gesehen, dass es nicht gut geht. Also für meine Schwester ging das gut, aber ich wollte nicht das Gleiche durchmachen und habe auch nicht so die Kraft wie sie, und vor allem wollte ich meine Eltern nicht nochmal so leiden sehen. Und da hab ich mir gedacht, so ist es besser."
Sabine: „Dann hast du also vor allem deinen Eltern entgegenkommen wollen?"
Sahar: „Das hat schon eine Rolle gespielt."
Sabine: „War er ein Wunschkandidat deiner Eltern?"
Sahar: „ER? Nein! Er war auf gar keinen Fall ein Wunschkandidat. Er ist zwar Araber, alles schön und gut, aber andere hätten sie noch lieber gesehen. Da waren schon ein paar, wo sie sich mehr drüber gefreut hätten. Aber es reicht jetzt, dass er Araber ist. Inzwischen setzt mein Vater auch nicht mehr so viel voraus. Nachdem die erste einen Albaner genommen hat, sagt er nur noch ‚Hauptsache Araber'. Das ist so. [...] Aber insgeheim sagt er schon mal, den hätte ich gern oder den als Schwiegersohn, einfach weil er die lieber mag."
Sabine: „Und warum hast du dich für diesen Mann entschieden?"
Sahar: „Tja am Anfang, hat er mich eher so gestört: Er kam bei uns in die Küche, wollte mit mir den Abwasch machen und so Sachen! Da hat man dann doch nicht so die Freiheit in der Küche. Ich mochte das erst nicht. Und es kam dann halt die Zeit, da habe ich ihn besser kennengelernt, und dann dachte ich, das ist einfach am besten so: Da machst du dich glücklich und ihn, und so kam es dann auch. Er ist ein Lieber. Und bei uns ist es ja so, dass das Mädchen ungefähr bis zum 25. Lebensjahr verheiratet sein muss."
Sabine: „Sonst ist das Verfallsdatum abgelaufen, oder wie?"
Sahar: „Also bei uns gibt's eben den Spruch, ‚ein Mädchen ist wie eine Rose, und ab dann fängt sie irgendwie an zu verwelken'. Das ist ganz normal. Bei euch Deutschen vielleicht nicht, aber bei uns ist es halt die Voraussetzung, um zusammen zu leben,

verheiratet zu sein, und deswegen ist es so. [...] Vielleicht würde ich sonst auch erst mit dem zusammen leben und dann mal gucken."
Sabine: „Und wie gefällt dir jetzt, das Zusammenleben?"
Sahar: „Gut, ja. Der Anfang ist wohl immer schön: er weckt dich, macht dir Frühstück und so. Meinst du, in 3-4 Monaten macht er das noch? Bestimmt nicht mehr so häufig. Wenn er dann anfängt, wieder richtig zu arbeiten und so. Jetzt ist es halt so, wenn ich müde bin, schmeiß ich mich hin, und er macht alles. Das ist schön. Er wurde im Libanon so erzogen. Die hatten keine Mädchen in der Familie, halt nur Jungs. Die Jungs haben da den Haushalt geführt. [...] Für ihn ist es dadurch selbstverständlich, in der Küche zu stehen. Mich hat das zuerst eben ein bisschen gestört, aber jetzt bin ich froh, dass er das macht."

Ihr Mann war nicht Sahars Wunschpartner, sondern klingt nach einem Kompromiss: Er ist ein Lieber, mit dem sich gut leben lässt, und er ist ein Araber, was die Eltern zufriedenstellt. Sahars Gefühle wirken nur lauwarm. Aus ihren Äußerungen wird deutlich, dass sie sich in Fragen der Partnerwahl einerseits in einer sehr aktiven Rolle sieht: Den Türken, den sie zunächst unbedingt hatte „haben" wollen, habe *sie* dann doch gehen lassen, weil *sie* für die Beziehung keine Zukunft sah. Die Entscheidung für ihren Mann traf auch sie. Andererseits sieht Sahar sich als schwach an: Im Unterschied zu ihrer Schwester meint sie, nicht die Kraft zu haben, die Heirat eines Mannes nichtarabischer Herkunft durchzusetzen. Ebenso wenig traut sie sich zu, die Norm zu überschreiten, nach der die Ehe Voraussetzung zum Zusammenleben mit einem Partner sei, oder mit der Vorstellung zu brechen, dass eine Frau bis zum 25. Lebensjahr verheiratet sein müsse, weil sie ansonsten „verwelke". Obwohl Sahar immer sehr selbstbewusst auftrat, ging sie den Weg des geringsten Widerstand und fügte sich in der Partnerwahl den Konventionen, weil es „so besser" sei und sie auf diese Weise sich, ihren Mann und ihre Eltern habe glücklich machen können. Das nüchterne Abwägen in dieser Angelegenheit erstaunte nicht nur mich. Auch ein ehemaliger Lehrer von Sahar, der zu Gast auf ihrer Hochzeit gewesen war und den ich kurz darauf traf, konnte es mit seinem Bild von Sahar schlecht vereinbaren, dass sie ausgerechnete diesen Mann gewählt hatte:

„Irgendwie tut es mir ein bisschen Leid um sie. Ich habe die Sahar immer so ein bisschen bewundert, muss ich sagen. Sie hat ja dieses enorme Selbstbewusstsein und so eine Ausstrahlung von Mut und Entschlossenheit, eine tolle Frau eigentlich, dazu auch noch gut aussehend, und dann heiratet die so einen blässlichen Typen. Ich finde das ganz einfach ziemlich schade um sie."

Sahars Partnerwahl schien nicht unmittelbar nachvollziehbar, beruhte aber bei ihr auf sehr klaren Sachargumenten. In ihren Erläuterungen zu dem Thema wirkte sie sehr überlegt und auf eine abgeklärte Weise erwachsen. Sie betonte mehrfach, dass eine Bindung fürs Leben doch sehr wohl überlegt sein wolle und man nicht mal eben auf Grund einer heftigen Verliebtheit heiraten sollte:

Sahar: „Jetzt mal wirklich! Man muss sich das doch zwei- oder dreimal überlegen, so etwas! Meine Schwester hat doch einen Kosovo-Albaner geheiratet. Das war ein sehr, sehr großes Problem natürlich, für beide Familien. [...] Wir haben ja sehr gemischte Freunde hier, alles, was Deutschland bietet eigentlich, aber ich muss sagen, es ist trotzdem schön, wenn man jemanden findet, der die eigene Sprache sprechen kann. Also ich finde es schöner, wenn ich mit meinem Mann Arabisch reden kann."

In ihrer Überlegung, dass sie mit dieser Ehe auch sich selbst etwas Gutes tun würde, hat Sahar sich nicht auf ihr Gefühl verlassen, sondern das Lebensglück mittels einer unternehmerischen Güterabwägung geplant. Dagegen wirkte ihre berufliche Entscheidung beliebig. Ihre Äußerungen dazu bestätigen, dass dieser Bereich für Sahar von vollkommen nachrangiger Bedeutung war.

Beruf und Kinder
Sahar: „Ich lerne Bürokauffrau. Das kam einfach so, ich weiß nicht. Ich hab mich nicht beworben, habe gar nichts gemacht nach der Schule. Und dann musste ich ja doch irgendwas machen, ich konnte ja nicht einfach nur weiter zuhause rumliegen. Dann dachte ich, gehst du halt mal zum Arbeitsamt, bin dahin und meinte, ich suche eine Ausbildung. Da gab es diese Maßnahmen, also überbetriebliche Ausbildungen. Da meinten sie, das könnte ich haben. Eigentlich war ich gar nicht so heiß auf eine Ausbildung, aber weil man heute ohne Ausbildung nicht mehr weit kommt, zumindest etwas in der Hand haben, wenn man mal auf der Suche nach was ist, dachte ich, man weiß ja nie. Später fragt keiner, ob du Abi hast, sondern ‚was hast du gemacht, was hast du für'n Beruf erlernt?'. Die fragen nicht, was du für Noten hattest. Aber ich wollte zum Beispiel nicht gleich nach der 13., ich dachte halt, ein Jahr hin oder her, wird schon nicht so schlimm sein. Und jetzt, das ist ja so eine überbetriebliche Maßnahme, alles vom Arbeitsamt. Und kürzlich habe ich mein Praktikum gehabt, die wollten mich sogar übernehmen. Da waren ich und noch eine andere die einzigen Ausländer, ansonsten alles Deutsche, auch die Chefs, aber das hat keinen Unterschied gemacht. Nur was man kann, hat den Unterschied gemacht. Da war eine, die war total schlecht, und die war Deutsche! Die konnte nichts, und da hatte sich die Sache. Die wollten sie nicht übernehmen, mich wollten sie aber übernehmen!"
Sabine: „Das ist doch schön. Und möchtest du da weiter arbeiten?"
Sahar: „Nein, also wegen der Arbeitszeiten nicht. Das war ein Stromanbieter, also die haben den Strom vertrieben. Und die haben Überstunden, das würde ich jetzt gar nicht machen können, wo ich einen Haushalt habe, meinen Mann und das alles. Ich kam manchmal erst um 9.00, 10.00 Uhr abends nach Hause, und morgens bin ich um 8 Uhr raus! Ich will ja sowieso gar nicht in dem Beruf weiter arbeiten großartig."
Sabine: „Was möchtest du gerne?"
Sahar: „Ein, zwei Jahre arbeiten, um alles zu festigen, was man gelernt hat, ist okay. Dann möchte ich zwei Kinder haben, okay? Also zwei, mehr will ich nicht. Und dann würde ich gerne studieren: Arabistik und Islamwissenschaften. Ich weiß nicht, wie das hinhaut, aber ich plane das jetzt so, und wir sind uns da auch relativ einig. Aber ich weiß natürlich nicht, was die Zeit mit sich bringt, ob ich nach den zwei Kindern auch noch sage, ich will studieren. Und die will ich erstmal, ich will ja nicht mit 40 meine Kinder kriegen, deswegen also so rum. Erstmal muss ich aber noch ein bisschen arbeiten, denn mein Mann ist labortechnischer Assistent, aber er kann hier nicht arbeiten, weil er im Libanon gelernt hat und auch die Sprache hier nicht so kann. Das haut nicht hin. Also das dauert noch, ehe er wieder richtig arbeiten kann."
Sabine: „Wenn du später Islamwissenschaften studieren willst, gibt es da auch einen Beruf oder ein spezielles Betätigungsfeld dazu, das dir für dich vorschwebt?
Sahar: „Ich will das *für mich* machen, vor allem Arabistik, weil ich finde, dass so viel verlorengegangen ist von der Generation meiner Mutter zu unserer. Die haben uns zwar auf die arabische Schule geschickt, alles schön und gut, aber wir können nicht so schreiben, reden und lesen. Wenn ich jetzt meinen Kindern Arabisch beibringe, geht noch mehr verloren, weil ich es ja selbst nicht richtig kann."
Sabine: „Du möchtest also über deine Herkunft mehr erfahren durch das Studium?"

Sahar: „Ja vor allem, und auch über den Islam, auf jeden Fall. In erster Hinsicht für mich, und dann auch für meine Kinder. Aber in erster Linie für mich [...] Ich versuche ja schon, von meiner Mutter mehr zu lernen, denn sie kann ja Arabisch und liest auch, alles schön und gut, aber sie kann mir das nicht rüberbringen. Denn ich brauche ja jemanden, der mir's auf Deutsch erklärt! [sie kichert] Ist wirklich so! [...] Ich hoffe halt, dass es im Studium geht. Also in der Schule war es ja so: Ich habe immer gesagt, ich will studieren, studieren, studieren, und dann kam er! Und wie so oft im Leben, da ging's dann nicht!"
Sabine: „Hättest du nicht heiraten können und gleich studieren?"
Sahar: „Ein Studium dauert ja zu lange! Da dachte ich, 3 Jahre Ausbildung ist doch besser als 6 Jahre oder weiß-ich-wie-lange studieren."
Sabine: „Es wird aber doch nicht kürzer, wenn du es erst später machst."
Sahar: „Ja, aber ich will doch nicht sechs Jahre warten bis zu den Kindern!"
Sabine: „Du hast ja schon ein paar Mal gesagt, dass du deinen Kindern etwas davon weitergeben möchtest, dass ihr arabischer Herkunft seid. Dein Mann kann jetzt hier gar nicht arbeiten, weil seine Ausbildung nicht anerkannt ist. Überlegt ihr auch, vielleicht im Libanon zu leben. Oder ist, wenn ihr die Zukunft plant, schon klar, dass euer weiteres Leben hier in Berlin stattfinden soll, oder anderswo in Deutschland?"
Sahar: „Eigentlich schon hier, wenn's so weitergeht. Aber hätte ich die Möglichkeit, dort unten das Leben zu führen, das ich hier habe und das alles zu bekommen, was ich hier habe, das heißt, dass es einem gut geht, finanziell vor allem. Hätte ich das Geld oder mein Mann, also hätten wir das Geld, um unten so zu leben, wie wir hier leben, dann würde ich runterfahren! Dort ist es ganz anders. Das Wetter ist schön, die Menschen lachen dich an, man spricht seine Sprache – obwohl ich die arabische Sprache schlechter spreche als die deutsche, aber trotzdem... Aber momentan: Wenn ich dort bin, ich freu' mich dann so auf die Rückkehr nach Berlin! [sie lacht] Weil ich hier einfach alles habe, wo ich sage, das ist mein Zuhause eigentlich. Ich weiß auch nicht, wie ich das erklären soll."

Mit ihrer Erzählung zur beruflichen Tätigkeit und den geplanten zeitlichen Abläufen von Berufs- und Familienphasen bestätigte Sahar ihre früheren Absichten zur prioritären Orientierung am Ziel der Familiengründung bzw. der Mutterschaft gegenüber einer eigenen Berufstätigkeit. Im Grunde wiederholte sie nur in sehr viel konkreteren Vorstellungen, etwa zu der genauen Kinderzahl, was sie bereits als Schülerin gesagt hatte, nämlich dass sie „nicht groß Berufsfrau" werden wolle, sondern in erster Linie Mutter. Diese Rolle möchte sie nun aber anders ausfüllen, als ihre eigene Mutter es getan hat. Dass von der Generation ihrer Mutter zu ihrer eigenen einiges an Kenntnissen im Arabischen und über den Islam verlorengegangen sei, kreidet Sahar indirekt der Untätigkeit ihrer Mutter an. Sahar sprach selbst besser deutsch als arabisch und erwähnte das mehrfach als ein Kuriosum. Sie wollte diesen Trend in der Erziehung ihrer eigenen Kinder durchbrechen. Die Wiederaneignung des verlorenen Wissens durch ein Studium war dazu Voraussetzung.

Dass Sahar sich selbst so in Erinnerung hatte, sie habe schon zur Zeit ihres Schulbesuchs die feste Absicht gehabt habe, zu studieren, stellt die einzige Diskrepanz zu ihren früheren Äußerungen dar. Der inhaltliche Bruch scheint damit in Verbindung zu stehen, dass Sahar ihre Ehe mit zumindest einer kleinen romantischen Aura versehen möchte: Ganz anders als in ihren nüchternen Urteilen darüber, dass es eben „besser so" sei, ihre Ehe also letztlich eine Vernunftehe bedeute, hat Sahars Mann in der Erzählung zu ihrer Ausbildungsentscheidung seinen großen Auftritt als Herzensbrecher: „Und dann kam er! Und wie so oft im Leben, da ging's dann nicht" mit dem Studieren. Sahar gesteht damit ein, dass sie Abstriche gemacht hat und ihre Partnerwahl für sie mit Kosten verbunden war. Sie bucht diese aber zugleich um vom Konto der emotionalen Ressourcen auf das der instrumentellen Funktionalität ihrer Lebensplanung, zu dem ihrer Logik nach auch das Studium zählt: Den Wunsch nach einem Studium der Arabistik und Islamwissenschaften begründet Sahar mit dem Interesse an ihrer eigenen kulturellen Identitätsarbeit und dem der kulturellen Reproduktion. Es geht ihr darum, dass sie selbst und ihre Kinder das Arabische nicht verlieren sollten und nicht darum, einer sinnstiftenden Berufstätigkeit nachzugehen oder anderen Menschen, etwa Deutschen etwas über den Islam und die arabische Sprache zu vermitteln. Zusammen genommen bekräftigte Sahar ihre frühere Projektion. Der Erwerb einer Ausbildung – offenbar gleichgültig welcher – dient allein dazu, eine Art biographischer Ausfallbürgschaft „in der Hand [zu] haben, wenn man mal auf der Suche nach was ist". Sie folgt auch hier einer unternehmerischen Logik und bildet biographische Rücklagen, von denen sie hofft, auf sie nicht irgendwann einmal angewiesen zu sein, aber „man weiß ja nie".

Die Aneignung des Arabischen ist bei Sahar ein starker biographischer Wunsch, der gegenüber ihren Äußerungen zu Schulzeiten an Bedeutung zugenommen hat. Obwohl Sahar einräumt, dass ihr Zuhause in Berlin sei und sie sich auf die Rückkehr immer freue, wenn sie im Libanon sei, machte sie keine Äußerungen der Art, es sei ihr wichtig, vermittelnd zu wirken. Statt dessen schien ihre Furcht gewachsen, der arabische Familienhintergrund entgleite ins Vergessen, und es war ihr Interesse, das zu verhindern. Was in diesem Bemühen mitschwingt, ist auch eine Art Furcht vor der eigenen Wandlung: Sahar hatte sich in Deutschland einbürgern lassen, obwohl sie als Schülerin stets unter den vehementeren Stimmen gewesen war, die betonten, wie abschreckend das Attribut des Deutschen doch sei und wie unvorstellbar, sich selbst als deutsch zu begreifen. Gerade weil sie nun formell Deutsche war, war es für Sahar umso wichtiger geworden, die eigene Differenz vom Deutschsein zu unterstreichen und sich kulturell als Araberin zu profilieren

Ilona – Ausharren im Dornröschenschlaf

Rückblick
Ilona hegte als 17jährige keine großen beruflichen Ambitionen, wollte ihre schulische Ausbildung jedoch nicht für nichts und wieder nichts erworben haben, sondern erwartete einen dem Aufwand einigermaßen entsprechenden Gegenwert. Dass sie sich überhaupt auf das Abitur vorbereitete, lag daran, dass ihre Versuche, mit dem Realschulabschluss einen Ausbildungsplatz zu finden, gescheitert waren:

„Nach der 10. Klasse wollte ich unbedingt eine Ausbildung machen, und mein Zeugnis war halt nicht so schlecht, ich hab ja auch eine Empfehlung zur Oberstufe bekommen. Ich habe 50 Bewerbungen geschrieben, und alle haben abgesagt, dabei *war das Zeugnis völlig okay! [...] Der Arbeitsmarkt ist jetzt so:*[4] *Inzwischen braucht man einen Realschulabschluß für die Müllabfuhr, und bald braucht man Abitur als Zahnarzthelferin! [...] Früher haben sie dir erzählt, mit Abitur öffnen sich alle deine Wege, du kannst machen, was du willst; und jetzt schließen sich die Türen: kein Uniplatz, keine Ausbildung. Für 'ne Ausbildung, die man mit Haupt[schulabschluss] machen kann, mach ich doch kein Abitur! Soll ich auf Friseuse machen mit Abitur?! Davon hab ich nichts!"*

Ilonas Eltern dachten an eine Rückkehr nach Kroatien, und Ilona hatte kurz darüber nachgedacht, mit ihnen zu gehen und ihren deutschen Schulabschluss dort – eventuell mit besseren Chancen – zur Suche eines Ausbildungsplatzes einzusetzen. Sie war aber schnell zu dem Schluss gelangt, dass es trotz der frustrierenden Berliner Berufsaussichten besser war zu bleiben. Dafür sprachen nicht allein ökonomische Gründe, sondern auch das entspanntere soziale Klima, das Ilona in Berlin empfand:

"Die wirtschaftliche Situation ist ziemlich schlecht jetzt in Kroatien, auch mit Arbeit: Die verdienen da höchstens 500 Mark! [...] Und dann ist da ja dieser Konflikt. Hier habe ich noch viele Freunde, die Serben sind, und ich komme mit denen prima aus. Wenn ich denen da [= den Kroaten in Kroatien] das erzähle, dann kommt ein ‚ah' und ‚oh'; die können sich das gar nicht vorstellen. Es ist ganz anders dort. Weil ich war hier immer ‚die Jugoslawin', ich fand das auch schöner, als wir noch Jugoslawen waren, jetzt ist das alles so getrennt da, und das gefällt mir überhaupt nicht."

Dass sie heiraten und Kinder bekommen wollte, gehörte auch für Ilona ganz selbstverständlich zur Lebensplanung, sie stellte es aber weniger in den Vordergrund als ihre Freundin Sahar und hatte auch etwas andere Vorstellungen vom Ablauf des Ganzen: Nach dem Abitur wollte Ilona unbedingt erst eine Ausbildung machen, denn für eine Ehe und die Verantwortung der Mutterrolle, fühlte sie sich noch viel zu jung. Nach der Ausbildung sollte dann die Familie gegründet werden, Ilona wollte aber weiterhin „ein bisschen dazuverdienen, wenn die Kinder alt genug sind". In welche Richtung ihre Ausbildung gehen könnte, wusste sie nicht zu sagen. Bei ihrer Lehrstellensuche nach Abschluss der 10. Klasse hatte sie sich auf so ziemlich alles beworben, was es im Bereich qualifizierter Dienstleistungsberufe gab.

Nach Beendigung der Schule

Anders als Sahar, die bis zu ihrer Hochzeit im Haushalt der Eltern gelebt hatte, war Ilona bereits zuhause ausgezogen, als sie noch Schülerin der 13. Klasse gewesen war. Sie bewohnte seitdem eine eigene Wohnung in Kreuzberg

---

4   In der Einschätzung, dass es arbeitsmarktstrukturelle Faktoren waren, die ihr Scheitern bei der Lehrstellensuche ausmachte, und sich darin nicht etwa eine spezielle Benachteiligung „ausländischer" SchulabgängerInnen auf dem Ausbildungsmarkt zeigte, waren sich die SchülerInnen damals einig. Sie kannten zwar aus ihren Familien- oder Bekanntenkreisen auch Fälle expliziter Diskriminierung von BewerberInnen ausländischer Herkunft, bewerteten das aber als vereinzelte Ausnahmen.

und genoss dies als eine Freiheit, die ihr z.B. ermöglichte, einen Freund über Nacht bei sich zu haben, ohne dass die Familie es gleich mitbekäme. Ilona beneidete ihre Freundin Sahar aber um die frühe Eheschließung, weil damit die Grundlage einer künftigen Mutterschaft im Rahmen der Ehe geschaffen war. Als ich Ilona zuletzt traf, war sie nach einer vorherigen Trennung wieder mit dem jungen Mann liiert, den sie am liebsten heiraten wollte, der ihr in dieser Hinsicht aber keine Hoffnung machte. Ilona sah ihre Liebesbeziehung, da sie noch nicht zur Ehe geführt hatte, als etwas an, womit sie ihre Zeit vergeudete, denn den Zielen ihrer Lebensplanung komme sie so kein Stück näher.

Partnerschaft und Kinderwunsch
Ilona: „Damals hab ich mich ja nicht so gut mit meinen Eltern verstanden, vor allem mit meiner Mutter. Es gab viele Auseinandersetzungen und war eigentlich unerträglich für mich zuhause. Als ich dann 18 war, [...] ging das ja alles ganz schnell, [...] und dann bin ich zuhause ausgezogen. Das war schon ein Problem für meine Eltern, logisch! Für mich war's auch komisch am Anfang, ganz alleine, aber ich hab mich eigentlich ganz schnell eingewöhnt. Das war ja auch so, dass ich den Freund hatte damals, und da war die Freiheit mit der Wohnung größer. Sonst musste man sich ja immer so heimlich treffen, im Park oder halt die Schule schwänzen. So hat das halt keiner mitgekriegt, wenn er bei mir übernachtet hat. Das ist ganz schön."
Sabine: „Vor ein paar Jahren wart ihr euch ja alle recht einig, dass das ein ganz markanter Unterschied sei zwischen deutschen und ‚ausländischen' Familien, ob die Töchter vor der Hochzeit ausziehen dürften, abends raus dürften oder nicht usw."
Ilona: „Ist auch so. Aber bei mir ist das dann so'n bisschen lockerer gewesen. Ich weiß nicht warum; vielleicht auch, weil die Situation zuhause so war. [...] Vielleicht ist das bei mir auch dadurch gegangen, weil ich gesagt habe, ich will hier nicht mehr leben. Das war auch nicht einfach, aber es musste sein. Heute habe ich mit meiner Mutter ein Super-Verhältnis. Seitdem ich ausgezogen bin, ist das wunderbar. [...]"
Sabine: „Als du zuhause ausgezogen bist, hast du dich ja auch über Einwände deiner Eltern hinweggesetzt. Ist das grundsätzlich deine Lebenseinstellung, oder möchtest du ansonsten darauf Rücksicht nehmen, was deine Eltern sich für dich vorstellen?"
Ilona: „Ach, ich möchte es ja auch *selbst* so, wie sie sich das denken. Ich wurde doch so erzogen, dass ich es so möchte: Eine weiße Hochzeit in Kroatien eigentlich. Aber ich war bereit, das alles aufzugeben! Liebe macht bekanntlich blind, oder?! Nur gehören dazu halt zwei, und wenn er nicht dazu steht, geht's nicht."
Sabine: „Dein Freund will dich nicht heiraten?"
Ilona: „Seine Eltern wollen mich nicht, denn ich bin ja keine Albanerin und kein Moslem. Dabei, für mich ist er auch gar kein Moslem, weil er da nicht daran glaubt und, ich weiß nicht. [...] Ich habe damit auch kein Problem, aber er betet nicht, er fastet nicht und sieht das auch alles nicht so: Er weiß nicht, ob's einen Gott gibt oder nicht. Das ist ihm irgendwie schnuppe. Seine Eltern sind das Problem, die größte Problem, vor allem seine Mutter. Es ist schon mal gescheitert, also wir hatten uns getrennt. [...] Und jetzt ist es halt eine Beziehung mit Fragezeichen. Man weiß nicht, wie und wo das hinführt. Und die Eltern labern einen voll: ‚Mensch, was willst du denn mit dem, willst du nicht einen Kroaten heiraten?' und so was. Das ist natürlich viel einfacher für die Familie! Logisch, wenn ich mit 'nem Mann ankomme, der kroatisch kann, der kann sich in meine Familie integrieren, klar. Aber ich hab's mir ja nicht ausgesucht! Ich habe ja nicht gesagt, ‚aha, der ist Albaner, und den nehme ich dann deshalb'. Das war ja so, dass ich ihm damals zuerst einen Korb gegeben habe. Das sind halt so Sachen, die was mit Ausländern zu tun haben, also mit den Ausländern untereinander, weil jeder Ausländer für sich *irgendein* Ausländer ist, weil dann die Religionen noch dazwischen sind und so. Das ist ein großes Problem. Und wir, wir wurden hier geboren in Berlin. Ich habe meinen Eltern das auch gesagt: Wäre

ich in Kroatien geboren, dann wär ich nur unter Kroaten. Klar, da hätte ich dann wahrscheinlich auch einen Kroaten gefunden, nehme ich mal an. Aber hier? Hier sind ja so viele Nationalitäten, und gerade auf unserer Schule waren so viele Nationalitäten. Da kann man das doch nicht mehr so trennen. Ich weiß ja nicht, ob ich jemals nach Kroatien zurückkehre, aber das Problem ist: Wenn du hier eine Karriere aufbaust und dir eine Familie aufbaust, deine Kinder aufziehst, dann musst du die ja auch irgendwie erziehen. Also versuchst du das dann, denke ich mal, innerhalb der Familie, so weit wie möglich die Sitten in der Familie halt weiterzugeben, damit die Kinder das mitkriegen. Aber es geht immer Stück um Stück verloren. Genauso, wie bei uns ein Stück verloren gegangen ist, wird es bei unseren Kindern auch noch ein Stück verloren gehen, vor allem weil wir so eine Generation sind, so ‚Multi-Kulti' irgendwie, und wenn es so ist wie bei mir jetzt – ich habe den albanischen Freund, und wenn ich den jetzt zum Beispiel heiraten würde, oder wenn er mich heiraten würde, besser gesagt, dann wären das schon mal zwei Nationalitäten. So: Wie ziehst du dann dein Kind auf? Das sind dann drei Sprachen, die das quasi wissen muss."
Sabine: „Wie redest du mit ihm, deutsch oder serbokroatisch?"
Ilona: „Wir reden deutsch. Wir waren ja früher alle mal ein Volk, wir waren ja alle früher Jugoslawen, und mit seinem Vater kann ich mich auch in meiner Sprache unterhalten, das hab ich schon gemacht. Oder bei Bekannten, da haben wir uns auch auf jugoslawisch unterhalten. Ich verstehe die auch und die mich, alles gut und schön. Aber seine Generation, seine Brüder, seine Schwester, aber auch seine Mutter, die versteht zwar viel, aber mit mir sprechen kann sie es nicht, und ihre Kinder sowieso nicht, die sind ja hier aufgewachsen. Und deshalb wird nie der Tag kommen, wo die zu mir sagen, dass sie einverstanden mit mir sind und das ehrlich meinen."

Ilona durchlebte in ihrem Beziehungsleben jene Konflikte, denen Sahar bewusst aus dem Weg gegangen war, indem sie trotz anderweitiger Verliebtheit innerhalb der Herkunftsgruppe geheiratet hatte: Sowohl Ilonas kroatische Eltern als auch die albanischen Eltern ihres Freundes waren gegen eine Heirat der beiden, aus den bekannten Gründen: Die unterschiedlichen Religionen und die unterschiedlichen Sprachen ließen zumindest aus Sicht der potenziellen Großeltern befürchten, dass ihre Eigenarten und Gepflogenheiten in der Enkelgeneration verloren gehen würden und sie sich – wie es bei der Heirat von Sahars Schwester auch der Fall war – mit ihren Enkelkindern nur noch in deutscher Sprache würden verständigen können. Ilona und ihre Freund hätten sich einig sein müssen, um den eigenen Ehewunsch gegen diesen Druck beider Elternpaare durchzusetzen. An dem Strang zog Ilonas Freund nicht mit.

Sabine: „Wie verhält sich dein Freund dabei?"
Ilona: „Wir waren schon getrennt, und dann ist er wieder zurückgekommen. Das war für mich der Weltuntergang damals, weil ich überhaupt nicht damit gerechnet habe, dass er so feige ist und nicht zu mir steht. Da hab ich die Schnauze so voll gehabt und hab gesagt, ‚weißt du was, Junge, wenn du nicht willst, machen wir halt direkt Schluss jetzt und hier. War nett mit dir und fertig'. Das war vor dem Urlaub, und er war total überrumpelt, denn er liebt mich, und er hat mir damals immer erzählt, Frau und Kinder alles toll und so weiter. Er wollte ja auch heiraten! Und dann hat er einen Rückzieher gemacht, weil er so ein Muttersöhnchen ist! Das hätte ich nie gedacht. Dann hab ich gesagt, ‚du hast drei Wochen Zeit, wasch' dir die Birne, mach was du willst, nur ich kann so nicht mehr leben'. Und als ich wieder aus dem Urlaub zurück war, war alles wunderbar. Er hat sich 180 Grad geändert, er kümmert sich, macht dies, macht das, er wohnt ja halb bei mir, und ich bin, solange es geht, auch zufrieden. Nur ich weiß nicht, wie lange das so weitergeht. Es sind jetzt schon

drei Jahre, aber ich weiß, dass das keine Zukunft hat. Ich wünschte, ich könnte die Zeit zurückdrehen, und wo ich damals ja gesagt habe, würde ich jetzt nein sagen!"
Sabine: „Du meinst, als ihr euch kennengelernt habt?"
Ilona: „Ja. Damals habe ich ja zuerst nein gesagt, ich bin ja klug! Ich habe gesagt, ‚nein, du bist Albaner, das geht nicht'. Wenn er mich jetzt von ihm trennen würde, das würde mich in so ein Tief werfen, und ich habe in drei Monaten die Abschlussprüfung. Das will ich hinter mich bringen! Ich hab Angst, das pack ich sonst nicht. Wenn ich das in der Tasche habe, dann wäre vielleicht der Zeitpunkt zu sagen: ‚ja oder nein, entscheide dich jetzt'. [...] Mir ist das alles klar, dass das Zeit ist, die für mich verloren geht und dass ich nicht viel Hoffnung in diese Beziehung setzen kann. Aber soweit es mir jetzt gut geht, kann ich auch gut arbeiten – ich bin damals so krank geworden von der Trennung!"
Sabine: „Vielleicht musst du es ja auch gar nicht so ultimativ klären, sondern kannst es sich weiter entwickeln lassen, oder? Warum denkst du, dir geht Zeit verloren, wenn du dich doch jetzt wohl fühlst in der Beziehung?"
Ilona: „Er hat sich ja damals ganz offensichtlich entschieden und gesagt, es hat keine Zukunft, also was das Heiraten angeht. Dann besser ein Ende mit Schrecken als Schrecken ohne Ende. Ich möchte ja, dass er mein Mann wird, und ich will auch Kinder bekommen. Da kann ich doch nicht ewig so weitermachen in diesem Zwischenstadium, Freundin ja, Heirat nein. Momentan versuche ich mir so zu helfen, dass es mir am besten geht, da bin ich egoistisch und denke nur, ich will nicht leiden, ich will nicht heulen und krank sein, sondern diese Scheiß-Lehre hinter mich bringen, und dann kann ich gucken, wie es weitergeht und kann vielleicht auch krank sein. Ich war richtig krank damals, [...] weil es diese Enttäuschung gab, alle Hoffnung weg! Und ich hatte mich schon bei meinen Eltern durchgesetzt. Ich will einfach wissen, woran ich bin mit ihm. Bin *ich* ihm wichtig oder seine Mutter?"

Die Zwickmühle, in der Ilona sich befindet, wird durch die Untätigkeit ihres Partners verschärft, die geradezu mustergültig den Ergebnissen der Sozialforschung entspricht: Während er offenkundig gar keinen Handlungsbedarf sieht und die Beziehung mit Ilona unbekümmert fortsetzt, ohne dem Ganzen eine stabilere Basis geben zu wollen, sieht sie die Zeit verstreichen, ohne ihrem Ziel einer Ehe und Mutterschaft näher zu kommen. Damit bleibt das Dilemma der lebenszeitlichen Planung einer eigenen Familie vollständig an ihr hängen. Für Ilona stellt sich der Entscheidungsdruck so dar, das sich von dem Mann, mit dem sie ihre Familie am liebsten gründen würde, trenne müsse, da er „so feige" sei, sie nicht auch gegen den Wunsch seiner Eltern zu heiraten. In einem Gespräch, bei dem auch Sahar zugegen war, schüttete Ilona uns ihr Herz über die ganze Sache aus. In ihrer zupackenden Lebenseinstellung konnte Sahar nicht nachvollziehen, warum Ilona sich das alles gefallen ließ und nicht mehr Druck auf ihren Freund ausübte:

Sahar: „Ist ja klar, dass die lieber eine Albanerin hätten als 'ne Kroatin, aber das Problem ist doch, dass er so ein Muttersöhnchen ist – tut mir leid, das zu sagen – aber das ist so."
Ilona: „Wieso ‚tut mir leid', das stimmt ja, und ich weiß es ja selbst."
Sahar: „Weil seine Mutter keine Kroatin will, will er auch keine Kroatin als Ehefrau. Wo gibt's denn sowas?! – [süffisant:] Aber als Freundin ist das natürlich okay... Sie sehen sich jeden Tag, er wohnt fast bei ihr, halb oder dreiviertel! Er verdient dich nicht, so ist es! Und das musst du ihm mal klar machen. Was machst du denn, wenn du schwanger wirst? Sagt er dann, ‚nein, meine liebe Mutter will das Kind aber nicht'?!"

Ilona: „[...] Vielleicht bin ich in der Hinsicht ja auch feige, aber ich toleriere die Anderen eben. Ich muss ja mit denen keinen Pakt schließen und sagen, aber ich kann das doch tolerieren. Für mich ist eine Aussage wie ‚die ist zu klein, zu fett, zu hässlich und nicht blond, oder hat die falsche Nationalität' – das ist für mich naiv, einen Menschen nach so was zu beurteilen. [...] Aber es ist so: er macht einen Fehler, seinen Eltern fällt das auf, und dann heißt es, ‚das war deine Freundin'! Da könnte ich ausflippen! Aber ich hab's aufgegeben, mir die Nerven damit zu quälen, weil ich weiß, das hat alles keinen Sinn. Ich wünschte, ich könnte die Zeit zurückdrehen."

In ihrer Argumentation vollzieht Ilona einen bemerkenswerten Bruch mit der elterlichen Erwartung einer spezifischen herkunftskulturellen Reproduktion, den sie gegenüber ihren eigenen Eltern auch offensiv artikuliert hat: Sie benennt das Problem, dass die verschiedenen Einwanderergruppen sich weiterhin nach Nationalitäten und Religionen getrennt wahrnähmen. Diese Trennung habe für sie aber keinen Sinn mehr. Sie toleriere die Anderen, die Beurteilung nach Kategorien wie der Nationalität sei naiv, und man müsse ja keinen Pakt mit den jeweils Anderen schließen. In ihrer Einschätzung hat die Eheschließung also nicht mehr die Bedeutung, ganze Familiengruppen zusammenzubinden und herkunftskulturelle Eigenarten weiterzuführen, sondern sei sie ein Bund zwischen zwei Personen. Dass ihr Freund diesen Schritt nicht mit geht, kränkt Ilona. Dabei sind ihr die kritischen Momente binationaler Ehen bewusst: Gewiss, es gebe Folgeprobleme bei der Kindererziehung angesichts unterschiedlicher Sprachen, Religionen und dergleichen, aber bei den vielen Herkunftsnationalitäten in Deutschland könnten die altvorderen Einwanderer doch nicht mehr erwarten, dass man „das so trenne". Ilona wendet in diesem Argument die Migrationsentscheidung ausdrücklich gegen die Erwartungen der Eltern, statt deren Loyalitätsansprüche für berechtigt zu akzeptieren und befriedigen zu wollen: „Wäre ich in Kroatien geboren, dann wär ich nur unter Kroaten. Klar, da hätte ich dann wahrscheinlich auch einen Kroaten gefunden, nehme ich mal an. Aber hier?"

Ebenso wie Sahar konstatiert auch Ilona einen kulturellen Entfremdungsprozess von Generation zu Generation, den sie gleichermaßen als Verlust formuliert: „Genauso, wie bei uns ein Stück verloren gegangen ist, wird es bei unseren Kindern auch noch ein Stück verloren gehen, vor allem weil wir so eine Generation sind, so ‚Multi-Kulti' irgendwie." Ohne großes Bedauern über diese Tendenz bekennt Ilona sich zu dem Berliner ‚Multi-Kulti'-Leben, in dem sich herkömmliche Abgrenzungen der Herkunft nicht mehr aufrechterhalten ließen. Sie zieht nicht wie Sahar den Schluss, ihren Kindern unbedingt ganz viel über ihre kroatische bzw. jugoslawische Herkunft mit auf den Weg geben zu wollen, sondern konstatiert schon für sich selbst, dass sie sich nicht vorstellen könne, ihren Lebensmittelpunkt ins heutige Kroatien zu verlegen, an dem sie ja auch störte, dass es nun, anders als im früheren Jugoslawien, „alles so getrennt" nach Volksgruppen zugehe. Die Beobachtung, dass bei dem Versuch, den eigenen Kindern auch spezifische Sitten und die Herkunftssprache der Familie weiterzugeben, „Stück um Stück verloren" gehe, löste daher keine großen Emotionen bei Ilona aus. Ihr Drama bestand vielmehr darin, dass sich das Leben ohne das Zutun des passenden Partner nicht so gestalten ließ, wie sie es sich wünschte. Da sie ihre Entscheidung in der Berufswahl auf das Wunschbild abgestellt hatte, eine Familie zu haben und nur „nebenbei" ein wenig arbeiten zu gehen, mit der Berufsausübung selbst aber keine nennenswerten Ambitionen oder Identifikationsanliegen verband, war auch ihre Ausbildung zur Einzelhandelskauffrau keine Quelle befriedigender Erfahrungen. Zudem war es von den Berufen, die Ilona für einigermaßen vorstellbar gehalten hatte, die aus ihrer Sicht schlechteste Wahl.

Der Frust der Ausbildung
Ilona: „Ich arbeite ja jetzt bei Karstadt, also mach da die Ausbildung: Einzehandelskauffrau. [...] Durch das Abi habe ich gar nicht so viele Bewerbungen geschrieben. Ich hatte einige Vorstellungstermine, dann hatte ich das Abi in der Tasche, die Ferien standen vor der Tür, und irgendwie hatten viele von uns keine Ausbildungsplätze. So 100%ig weiß man ja nie, was man machen will, aber ich hab mir schon gedacht, irgendwie im Büro, vor allem gleitende Arbeitszeit, oder, na ja was heißt ‚gleitend', halt die Wochenenden frei, eben so normal, dass man auch ein Privatleben haben kann, Zeit für die Familie hat und so weiter. Und jetzt arbeite ich von morgens bis abends! Ich wollte eigentlich als Allerletztes zum Einzelhandel. Man muss ja immer angeben, was für Berufsgruppen man haben will, und da meinte ich halt, Einzelhandel okay, aber an letzter Stelle, weil man da zeitlich eher so fest eingespannt ist Da hat der Typ vom Arbeitsamt mir Adressen gegeben von Karstadt und C&A. Eine Woche später rief mich die Frau von Karstadt an und sagte, in der Lederwarenabteilung geht es: ‚Würde Sie das interessieren?' – Na, da hab ich Idiot mir vorgestellt, das ist was mit Klamotten, die Lederwaren, und hab zugesagt, bin da zu dem Gespräch, und alles lief toll. Dann habe ich die Ausbildung bekommen, das ging ganz schnell, und das war dann halt die Lederwarenabteilung, sprich Taschen, Koffer, Portemonnaies, und so weiter! Ich hab mich jetzt ziemlich gut eingelebt dort, aber das Problem ist die Arbeitszeit. Ich arbeite von morgens halb zehn bis abends halb sieben, dazu mindestens eine halbe Stunde Fahrt, Parkplatzsuche, das ist natürlich stressig. Wenn ich bis acht arbeite, bin ich um halb neun, neun erst zuhause! [...] Und überhaupt dieser Job: Du kommst dir da vor wie so jemand, wie soll ich das beschreiben – so wertlos! Du wirst zu wenig geschätzt von den Kunden und musst denen echt in den Arsch kriechen! Es muss immer alles vom Besten sein, Service pur und so. Ist ja auch alles schön und gut, aber irgendwie erwarte ich dann als Mensch, dass ich da auch eine andere Gegenleistung kriege. Was wir uns da anhören müssen! Einerseits kommst du dir vor wie irgendwo auf 'nem Markt. Da versuchen die mit dir die Preise zu verhandeln, bei Karstadt! Und dann beschimpfen sie dich noch! Ich hab letzt' einen Artikel gelesen mit der Überschrift ‚Die Deppen der Nation: die Verkäufer'. Und das ist echt so: ein Job zu absolut Scheiß-Arbeitsbedingungen."
Sabine: „Gerade weil du Abitur hast, kannst du dich aber dann vielleicht weiterqualifizieren und in andere Positionen kommen, oder?"
Ilona: „Tja. Man kann halt ‚Erstkraft' werden und dann ‚Substitutin', aber für die paar Mücken mehr ist das viel zu viel Verantwortung. Ich seh es doch an meiner Abteilungsleiterin: Die ist im Büro, im Verkauf, muss die Ware bestellen, auswählen, muss auf Seminare – die ist doch fünf Personen in einer! Die hat noch weniger Zeit fürs Private, und so viel Geld Unterschied ist das nicht."

Neben die unbefriedigende Stagnation in der Liebesbeziehung tritt bei Ilona die Frustration, auch beruflich in einer Sackgasse zu stecken: Von ihrem Ideal einer Familie und einem Teilzeit-Beruf, für das sie sich eine zeitlich flexible Tätigkeit in einem Büro gewünscht hatte, war sie weit entfernt. Durch die biographische Orientierung daran, das berufliche Fortkommen dem Kriterium der zeitlichen Vereinbarkeit mit häuslichen Belangen nachzuordnen, hatte Ilona sich bereits bei der Ausbildungsplatzsuche auf einige wenige Berufsfelder beschränkt, die für sie nicht im Verdacht standen, dass sie dort zeitlich zu sehr gefordert würde. Zwar entsprach die Realität der tatsächlich absolvierten Ausbildung nicht einmal diesen Prioritäten. Ilona verengte jedoch weiterhin alle Optionen durch eine vorauseilende Vermeidung jedes zeitlichen Aufwandes, der dem privaten Wunschbild eventuell im Weg stehen könnte, und das obwohl sich auch im Privaten nicht tat, was sie erhoffte. Ein Aufstieg als Kauffrau komme dennoch nicht in Frage, weil sie ja an der Abteilungsleiterin sehe, dass die „noch weniger Zeit fürs Private" habe.

Gegen Ende ihrer Lehrzeit wollte Ilona das Arbeitsamt konsultieren, um vielleicht „als Quereinsteiger irgendwo unterzukommen". Sie hatte im Vergleich zu ihrer Freundin Sahar ursprünglich mehr gewollt, nicht allein Mann und Kinder, sondern zumindest auch einen gewissen Gegenwert für die schulische Ausbildung, etwas eigenes Berufsleben und ein kleines eigenes Einkommen. Einen simplen Ausbildungsberuf wie Friseurin hatte sie als Schülerin abgelehnt, fand sich nun aber in genau so einer Sparte wieder. Dass sie ihre biographische Orientierung daran koppelte, den Partner zu finden, der mit ihr eine Familie gründen und für das Gros des Haushaltseinkommens sorgen würde, versetzte Ilona in eine Art Dornröschenschlaf. Beruflichen Ehrgeiz mochte sie nicht entwickeln, um die Möglichkeitsstruktur des anvisierten Wunschlebens nicht noch von sich aus zu sabotieren. In der Frage der Familiengründung im Rahmen einer Ehe konnte sie alleine aber nichts vorantreiben. Es schien, als bestünde die einzig positive Wende, die den passiven Wartezustand hätte beenden können, im erlösenden Kuss ihres albanischen Märchenprinzen: Von ihm geheiratet zu werden, von ihm ein Kind zu bekommen oder auch zwei und dann vielleicht als Teilzeitverkäuferin zu arbeiten, hätte Ilona glücklich gemacht. Sie sah jedoch vorerst keine Möglichkeit, die biographische Erstarrung selbst zu durchbrechen.

Helena – Tauziehen um Freiheit und Harmonie

Rückblick
Als Oberstufenschülerin beantwortete Helena die Frage, ob sie einen speziellen Berufswunsch habe, damit, dass sie in ihrer frühen Jugend mit dem Gedanken gespielt habe, in die Politik zu gehen, weil Tierquälerei sie „wirklich rasend" machte: „Das mit den Tieren, echt! Also Tierschutz, wie man mit Tieren umgeht, das ist so eine Sache. Ich weiß nicht, wie man das den Leuten beibringen könnte, dass die die Tiere auch wie Individuen behandeln sollen." Der enorme Aufwand, den ein solches Engagement erfordern würde, hatte sie allerdings schon als Schülerin auch wieder Abstand von der Idee einer politischen Laufbahn nehmen lassen, denn sie wollte das Leben vor allem auch genießen: Ihr schwebte ein glamouröses Leben in einer Metropole vor, denn ihr gefalle die „Stadtromantik, die etwa darin bestünde, „nachts durch die Straßen zu fahren". Berlin war für sie ein geeigneter Ort, um ein solches Leben zu

führen – mit Loft in zentraler Lage und Aussicht über die Dächer der Stadt sowie „ausreichend Geld, um das alles zu bezahlen. Ich will es auch irgendwie genießen, in der Stadt zu leben. Natürlich geht es nur, wenn ich Geld habe, das muss ich halt verdienen", wie sie konzedierte.

Konkretere Pläne zu einer möglichen Einkommensquelle oder berufliche Alternativen zum Politikerinnendasein, das ja bereits ausgeschieden war, äußerte sie nicht. Neben dem Verbleib in Berlin fand Helena auch eine Auswanderung reizvoll, in die Schweiz oder nach Amerika, soll heißen in die USA. Zwar war sie noch in keinem dieser Länder gewesen, fühlte sich durch Fernsehmagazine aber gut informiert. Beides waren Länder, in denen aus Helenas Sicht „das multikulturelle Zusammenleben funktioniert[e]". Über ihr privates Leben wusste die 19jährige vor allem, dass sie nicht so leben wollte, wie ihre Eltern es von ihr erwarteten. Deren Wunsch bestünde in erster Linie darin, dass Helena einen Griechen heirate. Sie kannte zwar die Gründe der Eltern und nahm sie durchaus ernst, fand die Überlegung, „sich einen Griechen rauszusuchen" aber zugleich auch abwegig, denn ihr Berliner Freundeskreis war sehr gemischt. Sie mochte den Gedanken nicht, in Fragen von Freundschaft, Liebe und Ehe die nationale Herkunft den Ausschlag geben zu lassen:

„Bei mir fing das mit der Pubertät an, dass ich einfach nicht mehr darauf gehört habe, was meine Eltern dazu gesagt haben und mir selbst meine Gedanken gemacht habe. Ich fand das auch sehr schwer, weil es ist immer leichter, mit dem Strom mitzugehen, weil man dann irgendwie das Gefühl hat dazuzugehören, aber ich kann einfach in manchen Sachen nicht so denken wie meine Eltern. [...] Wenn ich gemischte Freunde unterschiedlicher Nationalitäten nach Hause bringe, ist es noch völlig in Ordnung, also Freundinnen. Aber wenn das jetzt mein Partner wäre, der aus einem anderen Land kommen würde, da würden die ganz anders reagieren. Ich habe mit meiner Mutter mal eine ernste Diskussion darüber gehabt und sie meinte, da würde es später generell Schwierigkeiten für uns geben mit dem Zusammenleben: Was werden die Kinder sein, werden die sich taufen lassen oder nicht, wie willst du sie erziehen und sowas alles. Ich kann mich aber mit den Griechen, der Religion und so, auch nicht identifizieren."

Die Konsequenz schien zu sein, dass Helena das gesamte Thema von Partnerwahl und Mutterschaft weit von sich schob. In ihrer Vision vom guten eigenen Leben, von der „Stadtromantik" mit Loft und genügend Geld, das Leben in der Stadt zu genießen, kamen Mann und Kinder jedenfalls nicht vor.

Nach Beendigung der Schule
Helena hatte kurz vor dem Abitur einen Krach mit ihren Eltern und hatte den elterlichen Haushalt Hals über Kopf verlassen. Zuflucht fand sie in der Wohnung eines Jugendhilfe-Vereins. Auf Bitten des Vaters kehrte sie in die Familienwohnung zurück. Ich traf Helena dort, nachdem sie ihr Studium an der TU Berlin aufgenommen hatte. Während Helenas Bruder von den Eltern im selben Haus eine eigene Wohnung eingerichtet bekommen hatte,[5] wohnte sie

---

5 Die Ungleichbehandlung regte Helena auf. Ihre Eltern hatten die Wohnung für den Sohn erworben, weil es laut Helena „so die griechische Tradition" sei, dass

weiterhin in ihrem Jugendzimmer in der elterlichen 4-Zimmer-Wohnung in einem Hochhaus am Wassertorplatz in Kreuzberg. Vollends zufrieden war Helena mit der Situation nicht, aber da sie studierte und kein Einkommen hatte, um eine eigene Wohnung zu finanzieren, sah sie keine Alternative.

Unfreiheit im Wohnen und Leben
Helena: „Wenn es irgendwas Interessantes in meinem Leben gibt, dann ist das die Pubertät und wie sich dadurch alles entwickelt hat, dass da die Kulturen aufeinander prallen. Überhaupt das ganze Denken: wie man anfängt, sich ein eigenes Denken zu entwickeln. Ich glaube, das hat mich sehr geprägt, also die Konflikte, was das Deutsch-Griechische betrifft. Das fing damals an mit meinen Eltern, Konflikte hier und da, und dann wurde es intensiver, wo man halt rauswollte und Neues erfahren wollte und das nicht ging. Ich weiß halt nicht, wie andere Griechen so sind, ich bin ja hier geboren, aber mein Vater ist schon ziemlich konservativ; meine Mutter eigentlich auch, aber sie lässt mehr mit sich reden. In der 13. Klasse bin ich ja dann ausgebückst von Zuhause und in so einem anonymen Mädchenhaus gewesen. Ich wusste ja zuerst auch nicht wohin. Das ist alles irgendwie ganz komisch gekommen. Das hatte sich so aufgestaut, und dann aus einem Streit mit meiner Mutter heraus: Nichts wie raus! Obwohl es eigentlich mehr Zoff mit meinem Vater gab. [...] An dem Tag, das war irgendwas ganz Blödes, aber so der Funke. Mir ist eigentlich im Nachhinein erst klar geworden: Mir ging es eigentlich darum, meinen *eigenen* Lebensstil zu führen. Das geht sonst gar nicht, man kann ja nicht hier bei den Eltern Highlife, Party machen oder so, das ist halt so. Es ist ja nicht so, dass ich jeden Tag irgendeine Party machen will, aber ich möchte die Möglichkeit dazu haben und meine Freunde einladen können und abends mit denen telefonieren. Und meine Freunde bestehen eben nicht nur aus Mädchen, und das sind auch nicht nur Griechen. Dass mich das vielleicht so beeinflusst, dass ich auch Partnerschaften nicht ausschließen könnte, damit haben meine Eltern ein Problem. Ich weiß nicht genau, wie mein Vater darüber denkt. Er redet mit mir nicht, was das betrifft. Aber die erwarten von mir, dass ich einen Griechen kennenlerne und mich in einen Griechen verliebe. Und momentan sieht es nicht gerade danach aus, überhaupt nicht! [...] Ich war drei Monate weg damals, und drei Monate ist nicht nur ein Tag, und mein Vater hat eigentlich gar nicht verstanden, worum es geht. Er dachte ja, es geht mir nur um die Freiheit, abends wegzubleiben und dass ich nicht geschlagen werde oder so."
Sabine: „Wurdest du vorher geschlagen?"
Helena: Ja, nicht blutig oder so, aber es war halt entwürdigend irgendwann. Ich bin ja erwachsen, ich bin kein kleines Kind. Ich meine, okay, mein Vater wird immer mein Vater bleiben, und irgendwo liebt man seine Eltern ja auch, aber das war halt komisch, eine Ohrfeige zu bekommen mit 18, 19!
Sabine: „Von der Zufluchtwohnung aus hast du aber den Kontakt zu deinen Eltern selbst wieder gesucht, oder?"

---

der Sohn bei den Eltern bleibe und mit seiner Frau, die in den männlichen Haushalt einheirate, dann für seine Eltern zu sorgen habe. Da ein Zusammenleben innerhalb einer Wohnung räumlich nicht in Frage kam, wurde die zweite Wohnung im selben Haus eingerichtet. Für die Eltern war es selbstverständlich, dass Helena dem Modell entsprechend, dereinst zu ihrer Schwiegerfamilie ziehen würde und dann ebenfalls dafür zuständig wäre, ihren Schwiegereltern zur Hand zu gehen und sie im Alter zu versorgen. Für Helena zählte dies zu „der griechischen Vorstellung vom Leben", der sie nicht entsprechen wollte. Da sie sich mit ihrem Bruder recht gut verstand, konnte sie seine Wohnung auch für eigene Zwecke nutzen. Sie konnte sich dort mit ihrem Freund treffen und empfand es als angenehm, die zweite Wohnung im selben Haus als Rückzugsort zu haben.

Helena: „Ja. Mein Vater hat die ersten drei Tage gar nicht gepeilt, dass ich weg war, er war ja arbeiten, und [lacht] das haben meine Mutter und mein Bruder ihm dann irgendwann nach ein paar Tagen gesagt. Und dann, ja dann war er irgendwie ganz unter seiner Würde, glaube ich. Er war immer sehr nett und meinte ‚bitte komm zurück', und hat so gebettelt. So hab ich meinen Vater noch nie erlebt. Aber es verdient halt jeder eine zweite Chance. ‚Das ist ja mein Vater', habe ich mir letzten Endes gesagt. Ach ich weiß nicht, es gibt immer Phase da denke ich so, und dann wieder Phasen, da sag ich mir ‚scheiß drauf'. Ich weiß halt nicht. Ich habe damals Bedingungen gestellt, aber ich war so doof, weil ich wusste nicht, wie ich ihm das erklären soll: ‚mein Individuum' – so etwas gibt es halt nicht in Griechenland! Ich habe ihm gesagt, es ist auch die Freiheit unter anderem, und es ist, dass ich Reisen machen kann oder mit Freunden zusammen sein... Und er meinte damals ‚Du kannst gehen, wann du willst, kommen, wann du willst'. Aber jetzt fängt das schon wieder an, wenn ich um eins oder um zwei Uhr nachts nach Hause komme, motzt er rum! Er hat überhaupt nichts verstanden. Er kann auch nicht davon loslassen und so abstrakt sagen, ‚okay, das ist dein Leben, führ du es'. Ich denke, das ist eine Art, die man als deutsche Lebensweise bezeichnet: ‚dein Leben', ‚mein Leben'."

Was Helena als „deutsche Lebensweise" beschreibt, die Idee vom Individuum, dass man für sich selber Verantwortung trage und die Freiheit haben müsse, das eigene Leben zu führen, setzt sie einem gemeinschaftsorientierten griechischen Lebensstil gegenüber, zu dem ihr zwar die Anschauung fehlt, das aber als plausible Erklärung erscheint, um die adoleszenten Konflikte mit ihren Eltern zu rahmen. Bei all dem ist es Helena wichtig, dass die Würde der Personen gewahrt bleibt: Dass ihre Eltern sie als junge Erwachsene noch gängelten und sogar ohrfeigten, empfand sie als entwürdigend und ließ sie letztlich zuhause ausbrechen. Dass ihr Verhalten seinerseits den Vater in die entwürdigende Situation brachte, um die Rückkehr seiner Tochter zu betteln, bewegte sie zu der Rückkehr in die Familienwohnung.

Das neuerliche Zusammenleben mit den Eltern hatte Helena an Bedingungen geknüpft. Im Nachhinein bekam sie jedoch zunehmend den Eindruck, dass sie nicht hinreichend deutlich gemacht hatte, worum es ihr bei dem Ausbruch gegangen war, nämlich nicht um die äußerlichen Freiheiten, abends weggehen zu dürfen, sondern um die prinzipielle Freiheit, über die Belange des eigenen Lebens selbständig und frei entscheiden zu können. Dass ihre Eltern für diese Idee kein Verständnis aufbrachten, ihr Vater „überhaupt nichts verstanden habe" war Helena Beleg dafür, dass es hier einen Kulturkonflikt zwischen deutscher und griechischer Lebensweise gebe. Ihr Ideal war ein Mittelweg: Das Leben als ein Miteinander genießen, aber die Anderen, mit denen sie ihr Leben teilen wollte, als Individuum frei wählen. Zu diesem Konzept der eigenen Lebensführung, das Helena von ihren Eltern respektiert sehen wollte, zählte auch die Freiheit, sich bei der Wahl eines Partners nicht an dessen nationaler Herkunft oder Religion zu orientieren.

Helena: „Ich möchte nicht, dass Dinge als so selbstverständlich betrachtet werden, die es gar nicht sind. Ich lehne das Griechische ja gar nicht komplett ab oder so. Ich liebe Griechenland und alles, was damit zusammenhängt! Ich bin zwar nicht religiös, aber so etwas wie die Namenstage feiern, Ostern, Weihnachten, da fühlt man das Miteinander, und es bedeutet mir sehr viel. Es ist ein ganz anderes Leben dort. Da zählen andere Werte: Das Leben genießen. Man merkt das richtig im Tanzen oder so in der Art, wie man miteinander umgeht, dass andere Dinge wichtig sind und dass das Füreinander viel mehr vorhanden ist als das Gegeneinander. Vielleicht ist es so das Ellbogending, was man hier so hat, das mich eher stört. Und ich weiß nicht, was richtig, falsch, gut oder schlecht ist, aber es eine Mittelding wäre wohl ganz gut. Teilweise möchte ich das deutsche Leben, aber ich möchte natürlich auch ein Miteinander. Vor allem will *ich* aber entscheiden können, wie ich mein Leben führe."

Wie bei Sahar und Ilona betraf die Freiheit der eigenen Lebensführung, die Helena sich wünschte, in besonderer Weise die Frage der Partnerwahl. Dass sie es für sich nicht würde ausschließen können, einen Lebenspartner zu wählen, der nicht griechischer Herkunft sei, und dass es „momentan überhaupt nicht danach aussehe", hatte mit einer konkreten Person zu tun: Sie war mit einem jungen Mann arabischer Herkunft zusammen. Weder seine Eltern noch ihr Vater wussten von dieser Beziehung. Helena fürchtete neue Auseinandersetzungen auf sich zukommen. Gegenüber der Mutter hatte sie das Verhältnis bereits offengelegt, und deren schockierte Reaktion sei ein deutliches Signal gewesen:

Helena: „Bisher, also bis vor einem halben Jahr habe ich an so etwas wie Ehe, Familie ja gar nicht gedacht. Du weißt ja, ich war auch eher so ein bisschen feministisch angetoucht, nicht zuletzt wegen dem Mädchenhaus, da haben ja sehr viele Feministinnen gearbeitet. Aber jetzt denke ich schon, erst mal das Studium abschließen und dann. In den nächsten fünf Jahren also eher noch nicht heiraten. Erst Kinder bekommen und dann heiraten ist eh nicht drin, das würden meine Eltern nicht mitmachen, aber es ist vielleicht auch kein guter Start. Man kann ja so zusammen wohnen, aber ich möchte auch ganz gerne heiraten. Aber es ist halt alles krass kompliziert, weil mein Freund Araber ist, und das ist wieder eine ganz andere Religion, und ich wusste deshalb zuerst echt nicht, ob ich was mit dem anfangen soll, obwohl ich superverknallt war. Ich wusste halt gleich, das ist jetzt kein Spiel mit ihm. Wenn es so bleiben sollte und es bei ihm auch so bleibt, dann wüsste ich nicht, was ich machen soll. Er ist ja Moslem und meine Eltern sind Christen. Wir haben darüber gesprochen, und da hat er gesagt, er könnte sich überhaupt nichts Anderes vorstellen als nach islamischem Glauben zu heiraten, aber das wäre nicht kirchlich, sondern so wie vor dem Standesamt, dass man was unterschreibt. Ich weiß nicht, was Anderes kann ich mir eigentlich auch nicht vorstellen, aber ich hab dann gedacht, ‚huu Scheiße: mein Vater, meine Mutter!' – Das wird superkrass, wenn es so weit kommen sollte! Aber ich schließe es nicht aus. Damit habe ich meine Mutter total schockiert. Sie weiß davon, und ich sehe an ihren Reaktionen, sie hat extreme Angst: ‚Ja, wo willst du denn später mal hin, der ist doch Moslem, und die Familie wird so viel von dir fordern' blabla, das Klischeedenken halt. Man hat Angst. Klar, ich habe auch Angst, wenn ich daran denke. Aber wovor ich am meisten Angst habe, ist meine Familie."
Sabine: „Und wie sieht dein Freund das? Weiß seine Familie von dir?"
Helena: „Nee, ist auch besser, dass sie's noch nicht wissen, weil ich denke, seine Eltern sind ein bisschen so wie mein Vater. [...] Wenn mein Vater das wüsste, huuhuu, da wär ich jetzt wohl gar nicht hier! Ich weiß natürlich nicht, was er machen würde, aber ich glaube, er würde Amok laufen. Ich bin ja sowieso nicht gläubig, aber meine Eltern halt. Und zumindest ist man dann, wie sagt man, entbunden oder so. Meine Mutter meinte, das darf man gar nicht, einen Moslem heiraten. Ich würde mit ihm auch erstmal so zusammenzuleben, ohne Heirat. Darüber hatten wir gestern eine Diskussion, und da meinte er, das könnte er gar nicht. [...] Er kann sich nicht vorstellen mit einer Frau zusammenzuleben, die nicht seine Ehefrau ist, auch aus Respekt vor ihr. Ich habe gemeint, dass es wichtig ist, den Anderen erst richtig kennenzuler-

nen, bevor man heiratet, und das heißt dann halt auch 2-3 Jahre zusammen zu wohnen, ohne miteinander verheiratet zu sein. Aber dann ist mir der Gedanke gekommen, er könnte glauben, dass es mir mit der Liebe nicht so ernst ist. Man arbeitet ja aufeinander zu und muss bereit sein, Kompromisse zu schließen. In dem Moment, wo man sagt, ‚ich heirate dich nicht, sondern lebe nur mit dir zusammen', ist das ja so wie, ‚wenn mir was nicht passt, dann geh ich wieder', und so war's ja dann auch nicht gemeint. Also diese Angst verstehe ich schon, dass man es ernst meinen muss miteinander, aber man muss halt auch vorsichtig sein, sonst fliegt man auf die Fresse. Ich will ihn ja nicht kränken. Da hat er sowieso solche Ängste. Also er meinte mal, wenn er meine Eltern kennenlernt, hat er Angst davor, nicht ruhig bleiben zu können, wenn er gekränkt wird. Er kann sich vorstellen, dann so Sachen gefragt zu werden wie ‚warum haltet ihr Araber eure Frauen in der Küche' oder ‚warum müssen die sich verhüllen, verschleiern' und so weiter. Er hat halt keine Lust dazu, in einem fremden Haushalt praktisch ein Streitgespräch zu führen. Das wär kein guter Anfang und würde er nicht wollen. Ich verstehe das auch. Ständig dieses Sich-Rechtfertigen-Müssen. Dabei, wenn ich ihn so höre, klingt das alles total tolerant. Er sagt, jeder interpretiert diesen Glauben anders, einige sind liberaler, andere nicht. Und ich kenne ihn als einen toleranten Menschen und einen weltoffenen Menschen. Wir hatten schon mal eine Diskussion über Religion, und ich meinte, ‚bitte, glaub halt dran'. Er hat gemeint, er hätte doch nichts zu verlieren, sondern nur was zu gewinnen. [...] Ich kann halt nicht mehr glauben, das ist mir irgendwie abhanden gekommen, aber ich komme damit zurecht, dass er glauben möchte."

Der Wunsch nach einem freien und toleranten Miteinander motivierte Helena in großem Maße. Wie ihre ehemalige Mitschülerin Ilona war auch sie nicht bereit, aus den Abgrenzungen der Nationalität und Religion, die ihren Eltern wichtig waren, Verhaltensregeln für ihr eigenes Leben abzuleiten. Zugleich fürchtete sie einen Bruch mit den Eltern. Helena war nicht nur auf sich und eine radikale Durchsetzung ihrer Freiheitsinteressen bedacht, sondern wollte auch die Harmonie wahren oder herbeiführen, die Anderen mit ihren Anliegen ernst nehmen, sie respektieren und sie ihre Würde wahren lassen, niemanden kränken. Dass die Mutter ihr deutlich signalisiert hatte, eine christlich-muslimische Heirat sei ein Tabubruch, zeigte ihr mögliche Kosten einer Ehe mit dem arabischen Freund an. Der Vater könne Amok laufen. Dass sie am meisten Angst habe vor den Reaktionen ihrer eigenen Familie, steht für die drohenden Verletzungen und den Verlust des Beziehungsfriedens, was Helena vermeiden wollte.

Helena sah sich vor dem Dilemma, dass die Kompromisse, die ihr vorschwebten, mit den übrigen Beteiligten nicht realisiert werden konnten: Analog dazu, wie sie ihre Lebensphilosophie generell beschrieb – teilweise „das deutsche Leben" einer individuellen Entscheidungsfreiheit, aber „natürlich auch ein Miteinander" und „Füreinander" haben zu wollen – strebte sie in den privaten Beziehungen einen Ausgleich an, „so ein Mittelding", wie sie selbst sagte. Ihren Eltern traute sie die dafür nötige Toleranz nicht zu, am allerwenigsten dem Vater: Trotz ihres Ausbrechens aus der Wohnung und der Bedingungen, die sie seinerzeit an den erneuten Einzug geknüpft hatte, habe er ja „überhaupt nichts verstanden". Der Vater scheint aus Helenas Sicht im Gehäuse seiner „griechischen Vorstellung vom Leben" gefangen, denn er könne „auch nicht davon loslassen und so abstrakt sagen, ‚okay, das ist dein Leben,

Leben, führ du es'." Die Einschätzung seiner fehlenden Kompromissbereitschaft, die sie als Schülerin bereits einmal geäußert hatte, wiederholte die 22jährige so:

„Ich denke, dass es schon ziemlich parteiisch zugeht anderswo, in Griechenland zum Beispiel. Jedenfalls gab es öfter mal so Diskussionen mit meinem Cousin. Ich meine, ich liebe Griechenland, [...] aber die heben das da so in den Himmel, das ist unglaublich! Wenn ich da mit meinem Cousin diskutiere, dann [...] redet der über die Türken, ohne einen zu kennen! Dann heißt es ‚die Türken haben uns so und so viel angetan, und Griechenland hat nie mehr gefordert als das, was sie hatten', so ein bla bla! Und dann meinte er zu mir ‚wie willst du das vergessen?' [...] Naja, ich hab wenig Ahnung, was die Politik betrifft von Griechenland und der Türkei, aber wieso denn gleich über jemanden so denken, obwohl sie den nicht näher kennen? Es kann ja sein, dass man *nicht* so ist! Und wie kommt es, dass jeder Grieche so redet? Ich kann mir das nicht anders erklären. Ich dachte immer, dass mein Vater es nicht gelernt hat, Kompromisse zu schließen. Ich denke, ich hab mich da falsch ausgedrückt: Er hat gar nicht den *Willen* dazu, denn er hat einfach ganz andere Ideale! Vielleicht ist er *fähig* dazu, aber er *will* es gar nicht. Die Erziehung hier plus Kindergarten plus Grundschule plus Oberschule hat mir die Möglichkeit gegeben, Dinge von unterschiedlichen Perspektiven zu sehen, oder zumindest den Versuch, wenn man's wirklich will. Ich hatte hier sogar mal einen türkischen Freund!"

Zusammenstöße mit Cousin und Vater bestätigen Helena, dass es „anderswo" auf der Welt weniger tolerant zugehe und ein Denken in schematischen Kollektiven überwiege, das ihr fremd sei. Obwohl Helena einen Gedanken von früher wiederholt, dass nämlich das Aufwachsen in Deutschland einen Unterschied mache, indem es ihr die Möglichkeit gegeben habe, „Dinge von unterschiedlichen Perspektiven zu sehen" und das Ideal zu entwickeln, „Kompromisse zu schließen", scheint ihr Freund, der ebenfalls in Berlin geboren und aufgewachsen war, eine ebensolche Kompromissbereitschaft nicht aufzubringen. Dass man ja nicht gleich heiraten müsse, sondern auch erst einmal unverheiratet zusammen leben könnte, widersprach seinen moralischen Prinzipien. Diese Konstellation ist eine spiegelbildliche Verkehrung dessen, was Ilona umtrieb: Während Ilona darauf wartete, endlich den Heiratsantrag zu bekommen und nicht länger nur unverheiratet liiert sein wollte, drängte Helenas Freund auf eine Verbindlichkeit in der Partnerschaft, die Helena wegen der drohenden hohen Reibungsverluste zunächst scheute. In dem Wissen, dass sich die Ehe mit einem muslimischen Mann auf das Verhältnis zu ihrer Familie „superkrass" auswirken würde, plädierte Helena für ein vorsichtigeres Vorgehen; es sei doch wichtig, sich richtig kennenzulernen, bevor man heirate.

Helena hatte, bis sie ihren aktuellen Freund traf, „an so etwas wie Ehe, Familie gar nicht gedacht", weil sie in eigenen Worten „eher so ein bisschen feministisch angetoucht war". Das machte sie in ihrer Lebensplanung flexibler als beispielsweise Ilona. Helena war bereit, die Dinge auf sich zukommen zu lassen, wollte ihren eigenen Weg finden und mögliche Handlungsspielräume nicht unnötig einschränken. Zwar konnte sie sich ebenso wenig wie Ilona vorstellen, außerehelich Kinder zu bekommen, aber eine Heirat ohne den vorherigen Praxistest des Zusammenlebens schien ihr doch zu riskant. Ironischerweise konnte aber auch sie dieses Konzept nicht ohne den passenden Partner verwirklichen. Dass ihr Freund sich überhaupt nicht vorstellen konnte, ohne Trauschein mit einer Frau zusammen zu wohnen, setzte Helena unter einen Handlungsdruck, der ihren diplomatischen Prioritäten widersprach und der auch ihrem Grundsatz der freien eigenen Entscheidung zuwiderlief. Immerhin bedeutete diese Situation für sie aber keine so verlustreiche biographische Warteschleife wie für Ilona, denn Helena hatte sich anders als Sahar und Ilona vorrangig am Ziel ihrer eigenen Berufstätigkeit und ökonomischen Unabhängigkeit orientiert. Familiengründung oder Mutterschaft hatten für sie zunächst gar nicht zur Debatte gestanden und kamen erst allmählich in den Bereich des Denkbaren. Ihr weiteres Leben ging sie mit großer Offenheit an, und das Studium war dazu ein Mittel.

Unabhängigkeit durch Qualifikation
Sabine: „Hast du schon Pläne für die Zeit nach dem Studium?"
Helena: „Eigentlich nicht. Also mein Studiengang ‚Geo-Ingenieurswissenschaften und Angewandte Geowissenschaften' teilt sich in acht verschiedene Bereiche [...] Ich weiß noch nicht genau, welchen Bereich ich vertiefen will. Aber ich will später irgendeinen Punkt haben, an den ich immer wieder zurückkommen kann und sagen kann, das ist hier mein Zuhause. Aber ich will eben auch die Möglichkeit besitzen, mich umzusehen in der Welt. Als Geologin kann man das wohl ganz gut."
Sabine: „War das für dich der Grund, das Fach zu wählen?"
Helena: „Damals auf jeden Fall: viel verreisen, viel sehen! Aber vielleicht ist das auch so eine Art Überreaktion gewesen, ich wollte ja raus, weg hier, nach Amerika! Das hat sich aber jetzt wieder geändert. Ich habe ja jetzt meinen Freund, und da ist das jetzt alles ein bisschen anders. Jetzt kann ich mir nicht mal mehr ein Auslandssemester vorstellen und will es jetzt auch gar nicht. Also ich würde es wollen, wenn er mitkommt, aber die Wahrscheinlichkeit ist ja schon mal sehr gering, dass er an den gleichen Ort kommen kann. Er studiert ja auch."
Sabine: „Stand für dich beim Abi schon gleich fest, dass du studieren würdest?"
Helena: „Ich wusste überhaupt nicht, was ich machen wollte. Ich hab mir ständig irgendwelche Studiengänge überlegt. Ich wollte schon studieren, aber ich wusste nicht was. [...] Für meine Eltern war selbstverständlich: Mit Abi gibt's ein Studium. Ja für meine Eltern zählt halt irgendwie das Studium als Berufssicherheit. Dann hat man auf jeden Fall einen Abschluss in der Hand. Auch wenn das nicht mehr ganz so ist, bin ich ganz froh, dass ich den Weg gewählt habe, obwohl es ein bisschen schwer ist. Ich wusste für mich schon immer, ich wollte studieren, vielleicht auch weil meine Eltern immer so aufgesehen haben zu den Leuten, die studiert haben, als ob die was ganz Tolles sind, was ganz Kluges. Und wenn ich mich jetzt so anschaue, ist es das ja irgendwie nicht. Was wichtig ist für mich, ist der Abschluss, und dass man irgendwann dann sein eigenes Ding drehen kann."

Auch wenn Helena als Schülerin noch keine konkreten Vorstellungen davon geäußert hatte, wie sie die angestrebte ökonomische Unabhängigkeit und den gehobenen Lebensstil, der ihr vorschwebte, würde erreichen können, hatte sie mit dem Ziel ihr „eigenes Ding drehen" zu können eine aktive Lebensführung vor Augen, die ihr Maßstab bei der Berufswahl war. Zwar hielt sie die Vorstellung ihrer Eltern, ein Studium heiße berufliche Sicherheit, für nicht mehr ganz zeitgemäß. Dass aber eine eigene und möglichst hochwertige Qualifikation nötig sein würde, um Lebensentscheidungen so unabhängig treffen zu können, wie sie es sich wünschte, hatte sich als eine Einschätzung erwiesen, die durch die konkreten akademischen Berufsperspektiven eher bestätigt als widerlegt wurden: Helena war zuversichtlich, ihr weiteres Leben durch das Studium auf eine eigene finanzielle Basis stellen zu können und zugleich eine interessante Tätigkeit mit vielen Reisen auszuüben. Bis auf die Unklarheiten, wie es in der Beziehung zu ihrem Freund weitergehen würde, wirkte sie in Sicht auf ihre Lebensplanung und die eingeschlagenen Wege zufrieden und zuversichtlich, weiterhin geeignete „Mittelwege" zu finden.

Ratna – Anwaltschaft für Frauenrechte und die ‚Dritte Welt'

Rückblick
Wie Helena war auch Ratna vor allem Anderen wichtig, ökonomisch unabhängig sein zu können: „Ich möchte gerne auf meinen eigenen Beinen stehen und auch ziemlich viel verdienen", so die 18jährige Schülerin, „denn ich möchte die Welt kennenlernen und überall hingehen. Ich fühle mich eigentlich überall zuhause. Ich möchte alles kennenlernen!" Was das Leben in der Stadt anging, hatte sie als Oberstufenschülerin ähnliche Ideen wie Helena:

„Ich will wahrscheinlich im Ausland studieren, und dann werde ich bestimmt nach Deutschland, also nach Berlin zurückkehren. [...] Deutschland ist nicht meine Heimat, denke ich, aber Berlin schon. Ich fühle mich hier heimisch. Ja. Ich denke, in Deutschland kann ich sehr gut leben, wenn ich Geld habe. Ich möchte irgendwie am Ku'damm so eine tolle Wohnung haben. Berlin ist ja wunderschön, und ich kann es mir sehr gut vorstellen hier."

Abgesehen vom Wunsch nach einem Studium waren Ratnas Vorstellungen in beruflicher Hinsicht noch etwas undeutlich. Sie wollte die Privilegien ihres Lebens in Deutschland dafür einzusetzen, in ärmeren Ländern die Lebensbedingungen zu verbessern, aber in welcher Position sie genau tätig werden wollte, wusste sie noch nicht:

„Ich persönlich möchte gerne was dazu beitragen, dass die sogenannten Dritte-Welt-Länder eine bessere Stellung haben, dass man mehr Handel mit ihnen treibt, man könnte da so viel machen! [...] Leute, die in Deutschland leben, haben diese Machtposition! Man sollte wirklich dort etwas verändern, wo man die Chance hat, etwas zu ändern. Und dann kann man auch in den anderen Ländern was verändern [...] in anderen Ländern Kindern helfen, mit denen lernen zum Beispiel. Also ich bringe gerne Kindern etwas bei. Ich will aber keine Lehrerin werden, das finde ich furchtbar, Lehrer zu sein!"[6]

Trotz dieses Bekenntnisses, Kindern gern etwas beizubringen, kam der Gedanke an eigene Kinder in Ratnas Zukunftsplanungen nicht vor.

---

6 Die Ablehnung des Lehrerberufs kann damit zu tun haben, dass Ratnas Mutter in Sri Lanka Grundschullehrerin gewesen war und Ratna sich davon absetzen wollte. Seit der Migration nach Deutschland übte ihre Mutter den Beruf nicht mehr aus.

Nach Beendigung der Schule

Nach dem Abitur hatte Ratna sich für ein Studium der Politikwissenschaften Südasiens entschlossen und war dazu von Berlin nach Heidelberg umgezogen. Als wir uns um Herbst 2000 trafen, war sie im 4. Semester und bereitete sich auf ihre Zwischenprüfungen vor. Im Anschluss wollte sie ein Auslandssemester in Südindien oder Sri Lanka verbringen und direkt danach ein kurzes Praktikum bei *amnesty international* in Berlin absolvieren. Das hatte sie bereits in die Wege geleitet. Mit ihrem Studium und dessen Verlauf war Ratna sehr zufrieden, aber sie vermisste Berlin. Heidelberg kam ihr dagegen einesteils klein, prüde und provinziell vor. Anderntiels schätzte Ratna den strategischen Vorteil, dass die Kleinheit der Stadt und die elitären Zirkel, die in Heidelberg vertreten seien, eigene Gelegenheiten böten, mit entscheidenden Personen in Kontakt zu kommen. In dieser Hinsicht dachte sie ausgesprochen strategisch: „Das sind klare Vorteile, wenn man solche Kontakte schon während des Studiums hat", sagte sie. Zwar sei es ungerecht gegenüber denen, die diesen Vorteil nicht hätten, „aber hier kann man eben den Kontakt auch herstellen, wenn man das will." Im Vordergrund stand bei diesen Vernetzungsaktivitäten für Ratna nicht das Ziel einer Karriere um des eigenen ökonomischen Aufstiegs willen. Sie war von einem starken Gerechtigkeitsimpetus angetrieben, der sie zu ihrer Studienentscheidung motiviert hatte und in ihrer Vision vom Nutzen dieser Ausbildung deutlich wurde.

Studieren für eine gerechtere Welt

Ratna: „Eigentlich hat mein Lehrer mich auf den Weg zu diesem Studium gebracht, also Herr P. Er hat mich nach dem Unterricht immer runtergeholt und zu mir gesagt, ‚Du Ratna, es ist ja schön und gut, dass du dich für Gerechtigkeit entscheidest, Partei nimmst und so, aber die besseren Argumente haben immer mehr gezählt als die emotionalen Proteste. Du musst in deinen Argumentationen besser werden', hat er immer gesagt. ‚Du regst dich immer nur auf, das bringt gar nichts! Du musst diese Sache logischer angehen, du musst argumentieren lernen!' Das hat mich sehr beeinflusst. [...] Also ich bin ein Nichts gegenüber seinem Argumentationstalent, und das wollte ich immer: so argumentieren können wie er! Der hat eine Rhetorik drauf wie kein anderer Lehrer auf unserer Schule und ich glaube auch wie kein anderer Lehrer auf der Welt! Mir ist erst später aufgefallen, dass gar nicht alles gestimmt hat, was er gesagt hat, aber er hat es halt so formulieren können, dass es richtig war, und man konnte nichts sagen, wenn man diese Fähigkeit nicht besaß wie er, oder wenn man nicht die Fähigkeit besaß, das zu durchschauen; mittlerweile habe ich da ja mehr Fakten."
Sabine: „Das kann man auch so deuten, dass er seine Überlegenheit euch gegenüber ganz schön ausgespielt hat und euch in seinem Sinne manipuliert hat, oder?"
Ratna: „Ja, das hat er auch. Aber mir hat das ganz gut getan. Es war ja so, dass ich ab der 11. Klasse Politikwissenschaft gemacht habe, und dort war ich so frustriert und niedergeschlagen, weil der mich immer fertiggemacht hat im Unterricht! Und dann hab ich unbedingt wechseln wollen. Ich bin, glaube ich, zu Herrn B. gegangen und habe ihm gesagt, dass ich wechseln möchte und dass ich es nicht mehr aushalte in PW [Politische Weltkunde]. Und Herr P. hat das erfahren, ist zu mir gekommen und hat zu mir gesagt, ‚Du wirst nicht wechseln, ich will dich bei mir haben. Du musst noch viel lernen'. [...] Natürlich konnte ich meine Aufregung oder Kritik irgendwie nicht formulieren, aber er wollte mich haben, weil ich mich dafür interessiert habe. [...]"

Sabine: „Hast du dich nach dem Abi gezielt hierher nach Heidelberg und nur für das Fach Politikwissenschaft beworben, oder kamen noch andere Sachen in Frage?"
Ratna: „Ja, dass ich hier bin, hatte einen blöden Grund, auf den ich nicht sehr stolz bin. Also damals war ja diese traurige Geschichte mit Stuttgart, und ich war da in den Kerl verliebt, der irgendwie meine Liebe nicht erwidern konnte. Der hat in Stuttgart gewohnt hat. Und ich wollte unbedingt Politikwissenschaften machen. Das ging in Stuttgart nicht, also musste ich mir was raussuchen, was in der Nähe war. Und dann habe ich Heidelberg angeschrieben und wollte hier Politikwissenschaften machen, und dann hab ich die ‚Politikwissenschaften Südasiens' entdeckt, und das war dann halt das, was ich machen wollte. [...] Was anderes zu studieren kam für mich nicht in Frage. [...] Ich meine, wenn man als Minderheit hier lebt, dann sieht man irgendwie die Ungerechtigkeiten etwas besser als wenn man schon immer da gelebt hat."
Sabine: „Meinst du das jetzt auf Deutschland bezogen oder eher im internationalen Maßstab?"
Ratna: „Nein, ich meine die internationalen Ungerechtigkeiten. Das war ja auch die Zeit der Kriege, also der Krieg im Irak und Somalia, und alles – das war ja furchtbar. [...] Und das hat mich dann auch interessiert. Ich bin ja mit meinem Bruder zuerst hierher gekommen, nach meinem Vater, und meine anderen Geschwister waren ja noch dort. Und ich weiß noch, dass meine Mutter sich immer Sorgen gemacht hat um die zwei. Einmal wäre mein Bruder fast umgekommen, weil er nämlich in einen Tempel geflohen war, und dieser Tempel wurde in die Luft gejagt, und das hat man halt mitgekriegt und sich Sorgen gemacht, meine Mutter hat geweint, und das war *immer* Thema, *immer*! Und meine Schwester, die ist ja erst vor sieben Jahren nach Deutschland gekommen, die hat immer noch Angst, zum Beispiel wenn zu Silvester die ganzen Knaller losgehen. Denn sie hat oft fliehen müssen, zusammen mit den Großeltern, und sie hat in Bunkern leben müssen, und hat das wirklich alles voll mitgekriegt. Also ich kann mir das nicht vorstellen, aber sie erzählt mir das, und manchmal hat sie auch Alpträume, jetzt noch. – Ich hab immer gefunden, dass das alles so ungerecht ist! [...] Die Menschen hungern ja nicht, weil es nichts zu essen gibt auf der Welt, sondern weil sie einfach nichts kriegen! Das fand ich immer ungerecht, und das waren so die Sachen. Ich dachte, dass eine sozialistische Gesellschaft das nicht zulässt, und deshalb war ich in einem marxistisch-leninistischen Jugendverband. [...] Aber dann hat mich in der Gruppe immer gestört, wenn die Mädels da irgendwas Komisches über Türken oder so gesagt haben. Und da hab ich mir dann gedacht [...]: Wie kann man, wenn man in so einer Organisation ist für die internationale Gerechtigkeit, wie kann man dann sowas sagen oder überhaupt solche Gedanken hegen und solche Vorurteile haben? Das habe ich nicht verstanden. Deswegen habe ich mich in der Gruppe dann nicht lange aufgehalten."

Die starke Motivation, sich und ihr Leben für eine gerechtere Welt einzusetzen, sah Ratna in einem Zusammenhang mit ihrer Sozialisation als Minderheitenangehörige. Durch die Betroffenheit der Familie vom Bürgerkriegsgeschehen auf Sri Lanka sei sie besonders sensibilisiert worden für das Leiden in Kriegen und Hungersnöten. Die mediale Präsenz von Kriegen wie denen im Irak oder in Somalia habe diese Empathie verstärkt. Während Ratna ihre emotionale Beteiligung an solchen weltpolitischen Geschehnissen und die Kritik an den Ungleichgewichten der Weltordnung als etwas einordnete, das ihr schon als Schülerin zu eigen gewesen sei, brachte sie erst einer der Oberstufenlehrer, der sie nachhaltig herausgefordert hatte, dazu, die eigene Betroffenheit systematischer zu begründen. Dass es nötig sein würde, mit Argumenten und einer entsprechenden Rhetorik aufzutreten, um etwas zu ändern, hatte er ihr deutlich gemacht. Etwas Anderes als Politik zu studieren, war dann gar nicht mehr in Frage gekommen.

Diese Orientierung an einem Engagement für eine gerechtere Weltordnung verband sich damit, dass Ratna den konventionellen Beschränkungen des Frauseins etwas Anderes entgegensetzen wollte. So wie es ihr global gesehen um die Herstellung gerechterer Verhältnisse ging, strebte sie auch im Geschlechterverhältnis Egalität und Gerechtigkeit an. Konkret hieß dies vor allem, sich aus der Abhängigkeiten von kulturell begründeten Geschlechterrollen zu lösen sowie im eigenen Beziehungsleben keine neuen Abhängigkeiten zu etablieren. Im Vergleich zu der thematischen Gewichtung, die in den Gesprächen mit Sahar, Ilona und Helena zum Tragen kam, schienen die privaten Belange der Partnerschaft und Familienplanung für Ratna vollkommen nachrangig gegenüber der universitären Ausbildung als einem Mittel, sich für bestimmte Ziele einzusetzen. Sie hielt sich konsequent an diese Prioritätensetzung, die sie bereits als Schülerin vorgenommen hatte. Schon dass sie zu dem Zugeständnis bereit gewesen war, sich in der Wahl ihres Studien*orts* seinerzeit mit von ihrer Verliebtheit beeinflussen zu lassen, bewertete sie im Rückblick als „einen blöden Grund, auf den ich nicht sehr stolz bin". Ob sie jemals selbst eine Familie haben würde, stand auch für die 22jährige Ratna noch in den Sternen. Sie wehrte die Ansprüche aus den Reihen ihrer Familie strikt ab, nach denen sie allmählich ans Heiraten denken solle. Im Grunde war das alles für sie aber ergebnisoffen. Es machte ihr vorerst keine Gedanken, und alle Überlegungen dazu, wie es auf ihre Eltern wohl wirken würde, wenn sie mit einem Mann zusammen wäre, der nicht Tamile wäre, waren rein hypothetischer Natur. Die persönliche Unabhängigkeit und der Erwerb der nötigen Mittel zu deren Erhalt standen an oberster Stelle ihrer Lebensplanung.

...und als Weg in die eigene Unabhängigkeit: Anders Frau sein
Ratna: „Ich muss immer wieder sagen, dass unsere Schule etwas Besonderes war. Man konnte sich da entwickeln. [...] Zum Beispiel diese Clique, also Sahar oder Ilona, Mehabad: Wir hatten ähnliche Probleme, Helena auch. Wir haben ähnliche Probleme *als Frauen* gehabt, *als Frauen in einer bestimmten Kultur*, als Frauen, die aus einer bestimmten Kultur *in Deutschland* aufwachsen."
Sabine: „Aber eure Familien stammten ja aus sehr verschiedenen Ländern und würden auf die Unterschiede bestimmt auch Wert legen, oder?"
Ratna: „Jaja. Wir sind aus verschiedenen Kulturen, aber die sind sich sehr, sehr ähnlich. Es ist nur eine andere Sprache und eine andere Religion, aber die Probleme, die man als Frau in diesen Kulturen hat, die sind ähnlich: Man muss sich durchsetzen können als Frau, man muss wirklich von Anfang an klarmachen können ‚ich will was Anderes', sonst hat man keine Chance! Das hat Mehabad gemacht, das habe ich gemacht, Helena hat's versucht und versucht es wahrscheinlich immer noch, aber für mich ließ es sich nicht anders machen. Ich musste das ganz einfach klipp und klar machen und Dinge machen, die meine Mutter erschüttert haben. Ich habe viele aus der Familie auch wirklich gekränkt, aber ich musste es einfach machen: Ich wollte unabhängig sein, ich wollte meine Interessen durchsetzen. Das war mir wichtig, weil ich wusste, dass ich sonst untergehen würde. [...] Das war eine Zeit, da wollte ich *gar nichts* akzeptieren, was meine Mutter gesagt hat. Ich hab da ja ziemlich viel Stress mit meinen Eltern gehabt."

Sabine: „Zu Schulzeiten wart ich euch alle recht einig, dass eure ‚ausländischen' Eltern strenger wären als deutsche. Bringst du den Stress mit deinen Eltern immer noch damit in Verbindung?"
Ratna: „Bei mir war es eben so, dass in der Zeit haufenweise die Rede davon war, dass ausländische Mädchen von ihren Eltern davongerannt sind. Meine Mutter hat dann gesagt, ‚oh wie schlimm, wie kann sie das nur machen', und ich habe dann immer gedacht, es ist ja wohl die einzige Möglichkeit, die man hat. Entweder man bleibt bei der Familie, oder man rennt mit einem Typen davon. Aber ich habe glücklicherweise eine wundervolle Tante in Berlin. Die ist mit einem Mann zusammen und gar nicht mit ihm verheiratet, aber sie haben einen Sohn, der ist mittlerweile 18, und mit ihr konnte ich immer sehr viel über so was reden. Sie hat immer gesagt, ‚du kannst davonrennen, wenn du es willst, aber lauf ja nicht mit einem Kerl davon!' Und das war für mich auch wichtig, dass ich das nicht mache. Das kam für mich nie in Frage, weil den Mädchen hat das im Endeffekt nie viel gebracht: Die sind mit einem Mann davongerannt, haben den dann geheiratet, jetzt haben sie ein Kind und müssen ein Hausfrauenleben führen wie ihre Mütter. Man hört ja von solchen Fällen. Damals habe ich immer gedacht, das ist zwar schlimm, aber wahrscheinlich die einzige Möglichkeit, um frei zu werden. [...] Weißt du, man muss sich das ja immer so vorstellen: wir leben zwar in Deutschland, aber wir leben trotzdem in zwei Welten: Wir gehen zur Schule – dort ist die europäische Welt oder die internationale Welt – und wir gehen nach Hause – dort ist nur *eine* Welt. Und in dieser Welt müssen wir uns so benehmen, wie *diese* Welt es vorschreibt. [...] In der Schule haben sie uns was über die Freiheit der Menschen und alles Mögliche erzählt, und das konnten wir in unserem Leben gar nicht finden. Wir verstehen das, und in der Schule sagen wir, ‚natürlich, wir brauchen das, und das ist wichtig', aber wir wissen auch, dass es, wenn wir zuhause sind, nichts mehr wert ist, für unsere Eltern zumindest. Ich brauche ja keine Heimat, aber irgendwie muss ich mich ja nach was richten können. Ich bin in der tamilischen Kultur aufgewachsen, und ich bin nicht mit allem einverstanden. Immer noch bin ich nicht mit allem einverstanden vor allem, was die alles als ‚tamil' bezeichnen. Ich sage mir, ‚ich bin auch eine Tamilin, ich habe aber andere Werte als ihr sie habt', und sie sagen mir ständig, ‚du bist keine Tamilin, wenn du diese Werte nicht hast'."
Sabine: „Wenn du nun ein Auslandssemester in Madras oder Sri Lanka planst, heißt es, dass du dort auch mehr darüber in Erfahrung bringen willst, was das Tamilische noch Alles beinhaltet außer dem, was du von Tamilen hier kennst?"
Ratna: „Ja genau. Das ist mein Ziel. Ich habe ein Referat gehalten über einen sehr bedeutenden tamilischen Schriftsteller, der auch in der Unabhängigkeitsfrage sehr viel getan hat, der sich auch für die Emanzipation der Frau eingesetzt hat, für die Ausrottung der Kasten usw. Dieser Mensch war ein Meilenstein und seiner Zeit voraus, und er war ja auch ein Tamile! Ich beschäftige mich jetzt sehr viel damit, weil ich mir denke, bestimmte Menschen kann man nur mit ihren eigenen Waffen bekämpfen, und je mehr ich darüber nachdenke, desto mehr sage ich, ‚unsere Kultur – das ist gar nicht das, was ihr daraus gemacht habt!' Zum Beispiel haben wir die Göttin Kali. [...] Sie ist diejenige, die zum Schluss das Böse der Welt vernichtet und tritt immer dann in Erscheinung, wenn all die anderen Götter versagen, all die männlichen! Sie ist auch eine Frau! Und die Göttin der Weisheit ist eine Frau, die Göttin des Reichtums ist eine Frau, die Göttin der Liebe – alles Frauen!"
Sabine: „Es gibt da also ein symbolisches Universum, aus dem sich auch andere Traditionslinien ableiten lassen als das, was dir als maßgeblich und ‚typisch tamilisch' beigebracht wurde?"
Ratna: „Genau. Und das ist mir sehr wichtig."

Mit dem traditionellen Frauenbild zu brechen, ist für Ratna zunächst ein intellektuelles Projekt: Sie wehrt sich dagegen, welche Regeln und Normen mit tamilischer Kultur begründet werden und möchte sich eigenes Wissen aneignen, um dagegen zu halten. Dachte sie noch als Teenagerin, dass ein Ausreißen die einzige Möglichkeit sei, „frei zu werden", hat sie unter dem Einfluss ihrer Tante eingesehen, dass es den Mädchen „im Endeffekt nie viel gebracht" habe, sich mit einem Mann auf und davon zu machen, sondern sie in einem Hausfrauenleben enden – offensichtlich nichts, was Ratna anstrebt. Statt ihr Handeln nur an dem kurzfristigen Wunsch des Entrinnens aus der familiären Enge auszurichten, optierte sie für eine nachhaltigere Strategie: Die Definitionsmacht dessen, was tamilische Kultur sei, wollte sie nun „mit deren eigenen Waffen bekämpfen", indem sie sich demonstrativ als Tamilin identifizierte und andere Werte als tamilisch verstanden wissen wollte: Ratna widersprach der Kritik, sie sei keine Tamilin, wenn sie bestimmten Konventionen nicht folgte: „Ich bin auch eine Tamilin, ich habe aber andere Werte..."

Obwohl der Sinn ihres Studiums so auch für Ratna in Verbindung mit ihrer Herkunft stand, unterschied ihre Konzeption sich deutlich davon wie Sahar oder Helena akademische Ausbildungen sahen: Während Sahar mit ihrem für später geplanten Studium explizit auf eine kulturelle Reproduktion mit Unterstützung systematisch erworbenen Wissens aus war, und während Helena den Nutzen des Studiums für sich damit begründete, ökonomische Unabhängigkeit und ein angenehmes Berufsleben erlangen zu wollen, sah Ratna auch einen erheblichen überindividuellen Mehrwert darin, ihr Wissen für Andere einsetzen zu können. Es war ihr also nicht allein darum zu tun, als Frau ein selbständigeres Leben führen zu können als das „Hausfrauenleben" der Mütter es war, sondern auch darum, die Monopolstellung von Traditions-Interpreten anzugreifen, die Diskriminierungen von Frauen mit dem Argument der tamilischen Kultur zu legitimieren suchten. In dieser Hinsicht hob Ratna sich von den anderen jungen Frauen ihrer ehemaligen Clique sehr ab: Ihr Zugang zum Entwurf des eigenen Lebens war der abstrakteste und intellektuell reflektierteste. Die besondere Stärke, die sie in diesen Belangen aufbrachte, verdankte sich aber auch einer bemerkenswerten Unterstützung seitens ihrer Mutter, die Ratna als Schülerin nicht zu erkennen in der Lage gewesen war. Im Rückblick sah sie ihre Mutter nun als „Quelle, die unheimlich viel Kraft gibt".

Sabine: „Für einige deiner ehemaligen Mitschülerinnen ist die Frage von Heirat, und Familiengründung gerade ein sehr bewegendes Thema – beschäftigt dich das auch?"
Ratna: „Es hat mich mal beschäftigt, weil [...] meine Schwester hat jetzt einen Freund, sie ist jetzt seit einem Jahr mit ihm zusammen, und meine Eltern wissen das auch schon. Irgendwann werden sie wohl auch heiraten, aber ich glaube noch nicht so bald. Die ziehen jetzt zusammen, und meine Eltern sind da gar nicht so, also mein Vater eigentlich schon, aber der hat mittlerweile fast gar nichts mehr zu sagen. Der Freund von meiner Schwester ist auch Tamile, aber er kommt aus einer anderen Kaste. Meine Eltern stört das nicht. Die ziehen jetzt zusammen, ohne dass sie verheiratet sind, und meine Mutter mag ihn sehr, die verstehen sich gut, und sie hat keine Probleme damit. Sie sagt nur immer, sie macht sich Sorgen um mich. Sie wünscht sich einen guten Mann für mich und das alles. Irgendwann hat sie auch mal gesagt, ‚Hauptsache, er macht dich glücklich; das ist alles, was ich will' – aber dann sagt sie auch wieder, ‚es wäre doch schön, wenn ich mich mit ihm unterhalten könnte'. Ich kann es ja verstehen. Ich sag halt immer, ‚du kannst 60 Jahre warten, ich hab nicht vor zu heiraten'! [lacht] Also im Moment ist es für mich nicht so ein Thema, weil

ich keinen Freund habe und auch gar nicht vorhabe, einen zu haben. [...] Meine Oma hat kürzlich gesagt, ‚es wäre so schön, wenn du heiratest, bevor ich sterbe', und ich hab dazu gesagt, ‚ich werde nicht heiraten, nur um dich glücklich zu machen'. Wir streiten uns immer darüber, aber ich habe halt viel vor: Ich möchte mein Studium zu Ende bringen, ich möchte erfolgreich weitermachen, vielleicht auch noch weiter studieren, und das ist erstmal mein Ziel. Alles Weitere, wenn es sich entwickelt, kann es ja passieren. [...] Ich habe meiner Mutter immer gesagt, ‚ich liebe dich, und du weißt, dass ich immer darauf achten werde, dass ich mein Studium fertig bringe und dass das mein Ziel ist', und sie ist glücklich damit, denn sie hat mich immer in dieser Sache geprägt und hat mich sehr beeinflusst. Sie hat immer gesagt, sie hat sozusagen die Bildung verachtet oder musste es tun, weil die Gesellschaft es von ihr verlangt hat, aber ‚du musst das nicht tun', hat sie immer gesagt. Und ‚die einzige Waffe, die du jemals haben wirst, ist deine Bildung'. Und deshalb hat sie mich sehr dahin beeinflusst, dass ich eine gute Bildung kriege. Das war auch ein großer Druck [...] aber mittlerweile verstehe ich das, ich akzeptiere das auch. Meine Mutter wollte immer, dass ich studiere. Das war für sie immer klar. Ich musste mich aber dann durchsetzen, dass ich Politikwissenschaft Südasiens studieren konnte, weil sie immer wollte, dass ich Medizin studiere. Als es darum ging durchzusetzen, dass ich Politikwissenschaft studieren konnte, das hat sie meinem Vater erstmal klarmachen müssen, dass ich nicht Medizin studieren wollte, sondern so etwas ‚Brotloses' machen will."

Sabine: „Also hat dir eigentlich deine Mutter immer den Rücken gestärkt?"
Ratna: „Ja, sie hat mir immer klargemacht, dass man eben abhängig wird, wenn man abhängig wird vom Geld vom Ehemann. Das wollte sie immer vermeiden. [...]
Sabine: „Vor ein paar Jahren warst du ja der Meinung, dass es einen Unterschied zu deutschen Familien gibt, dass die deutschen Mädchen mit ihren Eltern über alles reden können und auch ganz anders zur Selbständigkeit erzogen werden. Aber deine Mutter scheint das auch sehr forciert zu haben. Hast du diesen Kulturunterschied, den du damals behauptet hast, überbewertet?"
Ratna: „Ja, das hat sich geändert. Das war ein Fehler in *meiner* Denkweise, weil ich habe es ja wirklich gar nicht VERSUCHT, das war mein Problem! Weil ich immer gedacht habe, nee das geht ja nicht, habe ich es nie versucht. [...] Und mittlerweile kann ich sagen, ich will nicht das Wort einer ‚Freundin' benutzen, aber meine Mutter ist eine Quelle für mich, die unheimlich viel Kraft gibt. [...] Also meine Mutter ist auch ihrer Zeit voraus. Sie ist wahnsinnig liberal, und ich kann mit meiner Mutter Gespräche führen, das hab ich früher nicht getan, aber mittlerweile verstehe ich sie, und sie versteht jetzt auch, dass ich wirklich verantwortungsbewusst sein kann mit meinem Leben."
Sabine: Was stellst du dir als dein ideales Leben in 10 Jahren vor?
Ratna: Dass ich eine Berühmtheit werde! [lacht] Also ich stelle mir vor, dass ich Projekte mache, was zum Beispiel Frauenprojekte oder Bildung angeht, in Indien oder in ganz Südasien. Das ist mir ganz wichtig. Und ein Haus hier irgendwo, vielleicht in Heidelberg am Neckar. Also ich möchte eigentlich viel reisen, so dass ich sehr viele Menschen treffen kann. Und ich hoffe vor allem, dass nach meinem Studium nicht das verlorengeht, was ich jetzt durchlebe: Dass die Veränderung immer noch da ist, dass ich immer noch viel lernen kann daraus, dass ich mit vielen interessanten Menschen zusammenkomme und ihre Erfahrungen anhöre."

Ihrer biographischen Prioritätensetzung zugunsten einer beruflichen Laufbahn war Ratna treu geblieben und hatte sich zielstrebig an eigenen Wünschen orientiert. Dass alles Weitere hinzu kommen *könnte*, aber zur Erfüllung ihres Glücks nicht zwangsläufig erforderlich wäre, verlieh ihr eine große geistige Unabhängigkeit: „Wenn es sich entwickelt, kann es ja passieren." Damit ähnelte ihre Lebenseinstellung am ehesten dem, was Helena zum Ausdruck gebracht hatte. Deren Harmoniestreben und die daraus resultierenden Skrupel gingen Ratna aber ab. Zutreffend hatte Ratna über ihre ehemalige Mitschülerin die Vermutung geäußert, Helena versuche wahrscheinlich immer noch, sich gegen ihre Eltern durchzusetzen. Mit ihrer eigenen Kompromisslosigkeit, das wusste Ratna, hatte sie zwar ihre Mutter erschüttert und viele Familienmitglieder gekränkt, aber sie habe keine Alternative dazu gesehen: „Für mich ließ es sich nicht anders machen. Ich musste das ganz einfach klipp und klar machen [...] Ich wollte unabhängig sein, ich wollte meine Interessen durchsetzen." Auf diese Weise hatte Ratna ihre Entscheidungen für ein eigenes Leben erfolgreich durchgesetzt. Das verschaffte ihr eine tiefe Befriedigung und ließ sie auch für die Zukunft Perspektiven entwickeln, wie sie im Kreis der hier vorgestellten Fallstudien ohne Gleichen waren. Unabhängig davon, was sich in Ratnas Beziehungsleben entwickeln würde, ließen ihre ambitionierten Pläne, sich in Hilfsprojekten in Südasien zu betätigen und ein anderes Bild von tamilischen Frauen zu vertreten, einen Lebensentwurf mit autonomer Sinnstruktur erkennen.

Mehabad – Unverbindlichkeit als Unabhängigkeit

Rückblick
Mehabad hatte sich zur Zeit ihres Oberstufenbesuchs auf ähnliche Weise wie Ratna in einer öffentlichen Verantwortung gesehen und sich für ihre Zukunft eine aufklärerische Tätigkeit ausgemalt. Sie verabscheute allerdings prinzipiell, dass „sich immer alles ums Geld und diese Machtspiele" drehe. Stellungnahmen, man müsse die eigene Handlungsfreiheit zunächst auch finanziell abgesichert wissen, traf sie daher nicht wie Helena und Ratna. Die 19jährige Mehabad wollte sich ganz postmaterialistisch für die Meinungsfreiheit und die Verbesserung der Menschrechtssituation in der Türkei, wenn nicht sogar über die Türkei hinaus engagieren:

„Auf jeden Fall würde ich gerne was unternehmen gegen diese Unterdrückung der Menschen, das Kurdenproblem, das ist wirklich so ein innerlich großer Wunsch. Es geht jetzt nicht darum, groß die Türkei umzuändern und die Politik und so, das würde ich bestimmt nicht schaffen. Es würde mir, glaube ich, schon reichen, meine Stimme, auch wenn's nur in ein paar Zeilen ist, in der Türkei zu erheben, auch wenn sie mich dafür verfolgen würden und umbringen würden, einfach meine Meinung darzustellen; das wäre mir sehr wichtig. Oder überhaupt, es ist ja jetzt nicht nur der Fall in Indien oder der Türkei, es ist ja auch überwiegend so in den ganzen Ländern da, diese Ungerechtigkeit, dass die da von Demokratie reden, und andererseits ist nichts von der Demokratie da! Dagegen will ich was machen."

Der hochtrabende Idealismus wurde durch Mehabads praktische Vernunft gebremst. Der jungen Frau war bewusst, dass sie noch nicht viel von der Welt gesehen hatte(n) und ihre idealistischen Weltverbesserungsvisionen vor allem Wunschvorstellungen zum Ausdruck brachten:

"Man muss ja auch erstmal woanders ein bisschen sein, also dort gewesen sein. [...] In den Träumen, also die eigenen Vorstellungen sind immer ganz schön und ohne all diesen negativen Einflüsse, aber ich denke, wir waren alle noch nicht mal so richtig weit weg. Deswegen kann man das eigentlich alles gar nicht so richtig sagen, was geht und was nicht."

Dass ihr Lebensmittelpunkt weiterhin in Berlin liegen würde, war für Mehabad bei all dem klar: „Alleine leben und dann Urlaub drüben machen, die Eltern drüben sehen, wenn die zurückgehen und hier selbständig werden", war ihr Ziel. Bei einer anderen Gelegenheit malte sie sich aus, dass „es bestimmt sehr schön wäre, eigene Familie zu haben, Kindern selbst was beizubringen davon, wie du die Welt siehst und sie auch irgendwie zu guten Menschen zu machen. Es liegt ja auch an uns, mal was zu ändern". Eine konkretere Vision davon, wie ihr Leben nach dem Abitur weitergehen sollte, war aus Mehabads Äußerungen zwischen den Extremen, die Welt entweder durch ein öffentliches Engagement unter Einsatz des eigenen Lebens oder durch ein pädagogisches Wirken im Privaten verbessern zu wollen, nicht zu erkennen.

Nach Beendigung der Schule

Mehabad war bereits zu der Zeit ihres Oberstufenbesuchs hin- und hergerissen zwischen den verschiedenen beruflichen Optionen, der Frage einer eigenen Familienplanung und dem Wunsch nach persönlicher Selbständigkeit, so dass sie keine konkreten Absichten fomulieren mochte, sondern sich nur sehr allgemein und idealistisch über ihre Zukunft äußerte. Nach ihrem Abitur ging sie zuallererst den Wunsch des selbständigen Wohnens an, aber „ganz langsam" und „ein bisschen diplomatisch". Wie sie mir einmal erläuterte, hatte sie die Idee der eigenen Wohnung vor ihren Eltern absichtlich schon gelegentlich erwähnt, als sie noch Schülerin der Abschlussklasse war, und sie dann ein Jahr später kurzerhand realisiert, indem sie eine 1-Zimmer-Wohnung in Alt-Tempelhof anmietete und einfach dorthin umzog. In dieser Wohnung traf ich sie drei Jahre nach ihrem Schulabschluss zum letzten Mal. Zwar hatte Mehabad zwischenzeitlich einige Erfahrungen in der Arbeitswelt gesammelt; diese verdichteten sich aber eher dazu, dass es bislang „alles noch nicht das Richtige gewesen" sei, als dass sich schon eine genauere Perpektive absehen ließ. Die Fragen der privaten Lebensführung verdrängte Mehabad weitgehend.

Was tun?

Mehabad: „Ich bin ja hier in die Grundschule, dann in die Oberschule, dann in die Oberstufe – das ging alles eher so automatisch, und dann nach dem Abi wusste ich gar nicht, was tun. Ich hab dann ein halbes Jahr lang ein Praktikum gemacht, und ein halbes Jahr war ich einfach zuhause. Das Praktikum war in einem Heim für schwer erziehbare Mädchen, also ‚betreutes Wohnen'. Aber das hat mich psychisch so fertig gemacht, dass ich das nach einem halben Jahr abgebrochen habe. Eigentlich hatte ich vor, das ein Jahr zu machen. Dies Praktikum – auch so im Nachhinein – entspricht eigentlich schon meinen Interessen, auch dieser Arbeitsbereich. Aber damals war es so, dass ich eigentlich so ganz ohne Fachwissen und Hintergründe in dieser Arbeit war. Ich meine, ich konnte mir selbst vieles denken, aber der wichtigste Punkt war einfach, dass die Erzieher da auch so überfordert waren, und ich einfach keine Erfolge sah. [...] Es waren wirklich auch schwierige Fälle. Die waren 13 bis 17, so in dem Dreh, aus Familien, die Probleme hatten. Und dann sind sie weggelaufen oder freiwillig in Absprache mit den Eltern in das Heim gekommen und wohnten da als eine Art Familie. Und es war öfter so, dass ich bei den Erziehern gemerkt habe, dass die selber total fertig waren! Wenn da ein bisschen mehr Professionalität gewesen wäre, wäre es okay gewesen. Aber damals, als ich mittendrin gesteckt hab, hab ich es einfach nicht mehr verstehen können und hab auch sehr viel mitgenommen. Ich hab keine richtige Grenze gesetzt, dass wenn ich nach Hause komme, dass das hier mein Leben ist und die hier nichts verloren haben. Das hat mich alles noch ein halbes Jahr danach beschäftigt. Ich bin dann krank geworden, träumte dann noch von denen und so, bis ich mich so auf eine Art davon verabschiedet habe, und dann ging's. Dann habe ich eine Bewerbung geschrieben, und mit der Bewerbung hab ich gleich eine Ausbildungsstelle bekommen – leider! [sie lacht] Also manchmal denke ich schon ‚leider', naja..."

Dass zu Schulzeiten keine großen Entscheidungen zu treffen waren, sondern „alles eher so automatisch" ging, kam mit dem Abitur an ein jähes Ende. Plötzlich war eigenes Handeln gefragt, und Mehabad fühlte sich von dem Druck zu einer Entscheidung überfordert. Mit dem Praktikum meint sie, nichts falsch machen zu können, bricht es aber nach einem halben Jahr ab. Erst im Nachhinein wird ihr klar, dass die Arbeit im sozialen Bereich durchaus ihren Interessen entspricht und das Praktikum wohl in erster Linie an fehlender Professionalität in der Einrichtung gescheitert sei. Selbstkritisch räumt sie dabei ein, dass auch ihr der professionelle Umgang mit den menschlichen Tragödien im Heim abgegangen sei und sie immer zu viel davon im Kopf mit nach Hause genommen habe. In der Erfahrung dieser hochgradigen Involviertheit zeigt sich, dass es Mehabad wegen ihres großen ideellen Engagements und Einfühlungsvermögens schwer fällt, die emotionale Distanz zu wahren. An einer anderen Stelle im selben Gespräch sagte sie über sich selbst, dass ihre ausgeprägte Empathiefähigkeit mit ihren eigenen adoleszenten Konflikten in Verbindung stünde. Sie würde merken, dass die noch in ihr nachwirkten und keinesfalls ein abgeschlossenes biographisches Kapitel darstellten. Da Mehabad in Folge ihrer Betroffenheit und emotionalen Beteiligung nach dem Praktikum krank wurde und die Probleme der Klientinnen sie noch in ihren Träumen heimsuchten, steuerte sie als Nächstes in eine ganz andere berufliche Richtung. Um sich und ihre psychische Gesundheit zu schützen, bewirbt sie sich spontan um eine Lehrstelle, die ihr keinerlei Empathie mit persönlichen Problemen Anderer abverlangen würde. Mehabad bekommt den Ausbildungsplatz prompt, fühlt sich jedoch bald wieder am falschen Platz:

Mehabad: „Die Ausbildung hat gar nichts mit diesem sozialen Bereich zu tun. Dass ich mich damals überhaupt beworben habe, hatte echt schon was mit Zufall zu tun; schon, dass ich von diesem Beruf überhaupt erfahren habe. Ich hab auch wirklich ganz zufällig eine Bewerbung abgeschickt, und dann hat das geklappt, da konnte ich ja dann nicht absagen: Andere finden gar keine Lehrstelle und ich sofort! Ich hab mich dann so kaufmännisch beworben, weil ich dachte, das andere liegt mir doch nicht so, und ich fühlte mich auch ein bisschen wie ‚versagt' in der Sache mit dem Praktikum. Dann dachte ich mir, ja das Kaufmännische, wahrscheinlich ist das eher mein Ding. Das war so'n Ausprobieren, aber mit dem Ausprobieren bin ich schon fast anderthalb Jahre beschäftigt und komme nicht mehr richtig raus. Man denkt sich

dann auch ‚zieh es eben durch'. Ich merke aber, dass ich *überhaupt nicht* kaufmännisch denke, dass Kaufmännisches einfach überhaupt nichts mit meiner Person, also einfach gar nichts mit mir zu tun hat, gar nichts! Und deshalb fühle ich mich meistens sehr allein und einsam und nicht verstanden in dem Bereich. Auch in der Schule: Es ist ja eine betriebliche und schulische Ausbildung zur Kauffrau in der Grundstücks- und Wohnungswirtschaft. Und in der Schule: Ich mache mir nichts draus, aber du gehst in eine Klasse rein, und dann sind da alles so Menschen, die [lacht], naja, die halt mit Fleisch und Blut Kaufleute da sitzen und du denkst halt ‚wo bist du hier nur gelandet?!' Die sind so eingeschränkt, die haben halt nur so eine Perspektive und außerdem auch eine ganz andere Wellenlänge: Das sind wirklich angehende Kaufmänner und Kauffrauen. Also da habe ich es auch zum ersten Mal gemerkt, was das heißt, ‚kaufmännisch denken'. Sie fühlen sich in ihrer Arbeit, in ihrer Tätigkeit mit den Tabellen und all dem Kram auch sehr erfüllt! Teilweise haben sie vielleicht mal kurz so eine Phase, wo es ihnen gerade mal nicht so gut geht und sie vielleicht mal nicht so viel Spaß daran haben, aber im allgemeinen sind die strebsam, so ‚das ist die Ausbildung, die zieht man eben durch und macht sie erfolgreich'. Und das heißt, man lernt wochenlang für Klausuren. Ich bin nicht der Mensch, der so etwas so übertrieben ernst nehmen könnte, Noten und überhaupt auch das ganze Geschacher da um die Wohnungen. [...] Ich hab mich krank schreiben lassen, weil ich so verzweifelt war, und war dann fest überzeugt, dass ich abbreche. Und dann hatte ich Urlaub und hab hier und da rumgejobbt und merke halt, einfach nur da zu sein und nichts richtig zu tun, sondern nur Jobben, das ist auch nicht das Wahre. Ich warte ja auf einen Studienplatz. Ich bewerbe mich jetzt zum Sommersemester, aber ich hab keine große Hoffnung: Psychologie. Ich hab mich noch nicht beworben, und die Wartezeit liegt halt bei 8-9 Semestern ungefähr. Dieses Semester hatte ich es verpasst bzw. war einfach noch unsicher, wenn ich studiere, was ich denn dann genau studiere und so. Aber in den letzten Monaten hat sich das für mich einfach herausgestellt, und ich bin jetzt auch überzeugt davon, dass das so mein Ding ist."
Sabine: „Psychologie ist doch im ZVS-Verfahren. Dann musst du ja vielleicht auch aus Berlin weg. Würde dir das schwer fallen?"
Mehabad: „Tja, das ist es halt. Hier kann man das auch studieren. Als andere Stadt hab ich noch an Hamburg gedacht, so weiter in den Süden will ich irgendwie nicht."

Über den Umweg des Befremdens darüber, mit welcher eingeschränkten Perspektive die angehenden Kaufmänner und Kauffrauen die Welt betrachteten, mit welcher Akribie und Hingabe sich die Anderen Tabellenkalkulationen widmeten und das, wo es ‚nur' um Noten und ein schnödes Geschacher um Wohnungen gehe, entdeckte Mehabad ihre soziale Ader wieder. Es überraschte mich nicht sonderlich, dass sie zu dem Schluss gekommen war, unter den angehenden Immobilien-Kaufleuten fehl am Platz zu sein. Dass ihr kaufmännisches Kalkül im Grunde zuwider war, hatte sie bereits als Schülerin geäußert. Dass „sich immer alles ums Geld und diese Machtspiele" drehe, fand sie schon als 19jährige empörend. Insofern fragte sich, wie sie überhaupt auf die Idee hatte kommen können, der kaufmännische Beruf könne „ihr Ding" sein. Sie konnte es sich selbst kaum erklären und nannte es puren „Zufall". Im Laufe unserer Gespräche zeigte sich jedoch eine Art Muster. Mehabad überließ ihre biographischen Entscheidungen keineswegs dem Zufall. Sie fasste ihre Entschlüsse zwar sehr spontan, kam im Rückblick auf das Erfahrene aber auch immer zu weiterführenden Schlussfolgerungen. Es schien so, als würde sie sich in den jeweils aktuellen Situationen zu sehr unter Entscheidungsdruck gesetzt sehen, um sich bereits ein klares Bild machen können. Sie versuchte dann Zeit zu gewinnen und befreite sich zunächst einmal durch einen schnellen Akt von dem auf ihr lastenden Druck, um sich der Sache mit mehr Distanz nähern zu können und ihren Kurs dem entsprechend zu korrigieren. So kam in der Entscheidung für ein Studium zum Tragen, dass Mehabad rückblickend das schulische Lernen als etwas empfand, das ihren Neigungen entgegenkam. Während sie noch zur Schule ging, habe sie das – wie üblich – gar nicht wahrnehmen können:

Mehabad: „Obwohl ich jetzt eigentlich länger von den anderen aus meiner ehemaligen Clique nichts gehört hab, hat sich auch in den anderen Freundeskreisen bei mir so gezeigt, dass wir alle im Nachhinein die Schule ganz doll vermisst haben. Wenn man mittendrin steckt, ist es was ganz Anderes. Da hab ich sowieso ein Problem damit, wenn dieses Muss da ist, und ich kann mit dem Muss immer noch nicht richtig umgehen. Das sehe ich jetzt auch an der Ausbildung wieder. Aber ich glaube, da hab ich so'n persönliches Problem, einfach diesen Druck zu haben, das ist wie... das lähmt mich irgendwie. Und ich hab da auch versagt. In Kunst hab ich ja immer 13 Punkte geschrieben, und ich war wirklich in Kunst gut, auch im Malen. Und dann dies Thema im Abi: Ich saß da 5-6 Stunden an einem einzigen Bild, ohne irgendwie Beispiele oder irgendwas wie Kritzeleien zu haben, damit der Lehrer halt noch was sieht – nein, es ging einfach nicht! Voll versagt, also voll daneben! [...] Ich hab halt dementsprechend auch keinen guten Durchschnitt jetzt. Und jetzt, komisch, jetzt habe ich so das Gefühl, Schule ist freiwilliger als eine Ausbildung! [lacht] Es ist halt so: du lernst da was. Und *jetzt* merke ich das erst. Wenn ich da jetzt mittendrin stecken würde, würde ich vielleicht wieder so komische Gefühle haben vom Druck und allem. Aber du bist halt da ganz freiwillig und hast die Möglichkeit, dein Allgemeinwissen zu erweitern, kannst alles noch mal nachfragen und so. [...] Jetzt im Nachhinein hab ich gemerkt, dass ich ganz viel Interesse an Fächern bekomme, also sich Interesse entwickelt, was ich vorher echt nicht hatte und auch nie gedacht hätte! Aber ich sehe das nicht nur als Schwachpunkt bei mir an, sondern da maße ich mir an, den Lehrern auch irgendwie die Schuld zu geben; oder auch dem System: Es hätte auch ganz anders ablaufen können, so dass sich schon *in der Schulzeit* mein Interesse entwickelt und ich merke ‚oh ja, das will ich lernen!' – So zeigt das einfach, dass das, was da abläuft in den Schulen, nicht richtig ist, wenn man erst im Nachhinein merkt, das war ja eigentlich ganz interessant, was wir im Unterricht hatten. Jetzt lese ich ganz freiwillig DDR-Literatur oder Erörterungen dazu, weil es ist halt kein Lehrer da, der mich jetzt dafür benotet."
Sabine: „Hat dich hauptsächlich das gestört, dass es immer auf Benotung hinauslief?"
Mehabad: „Ja, dass man danach bemessen wird. Dass ich mich da hinsetzen muss für eine Klausur, und was dann in diesen 1-2 Stunden passiert, entscheidet über eine Note. Außerdem ist es auch total eine Sympathiesache: Eine Klausur können sich fünf Lehrer angucken, und alle fünf würden 100% andere Noten geben! Das ist einfach total ungerecht, ich bin damit nie richtig klar gekommen."

Hier äußerte Mehabad selbst, dass sie nicht unter dem Druck einer Situation handeln könne, sondern dann geradezu paralysiert sei. „Wenn man mittendrin steckt, ist es was ganz Anderes." Sie habe sowieso Schwierigkeiten damit, „wenn dieses Muss da ist". Auch wenn sie diesen Persönlichkeitszug hier als ein Problem formulierte, hatte sie doch Strategien entwickelt, damit umzugehen. Mehabad verschaffte sich jeweils Moratorien, indem sie angeblich „per Zufall" oder intuitiv zu etwas Neuem überging, dessen Zweck aber nicht von der Logik eines bestimmten Ziels her begründet war, sondern genau darin bestand, dass sie von einer anderen Warte aus würde zurückblicken und sich über ihre Erfahrungen würde klarer werden können.

Obwohl die Schicksale der Heimbewohnerinnen ihr im Praktikum sehr nahe gegangen waren, wollte Mehabad als nächstes Psychologie studieren. Dieses Vorhaben fußte auf der rückblickenden Analyse dessen, was ihr während des Praktikums gefehlt hatte, nämlich Professionalität – bei den Betreuenden ebenso wie bei sich selbst: „Damals war es so, dass ich eigentlich so ganz ohne Fachwissen und Hintergründe in dieser Arbeit war." Ein Psychologiestudium würde dieses Manko beseitigen. Dass sich eben nicht „einfach herausgestellt" hatte, dass das Studium eher „ihr Ding" sei, sondern Mehabad viel und gründlich über sich selbst und ihre Bedürfnisse nachgedacht hatte, zeigten ihre rückblickenden Bewertungen über die adoleszenten Konflikte mit ihren Eltern, die noch kein abgeschlossenes Thema seien, sowie ihre weiteren Überlegungen dazu, was ein Studium der Psychologie ihr ermöglichen würde: Unter angenehmeren Bedingungen zu lernen sowie einen Beruf auszuüben, der weniger von Zwängen bestimmt wäre. Sie sah in einem Hochschulstudium den Weg in ein freieres Leben, das sie nicht einem solchen Zeitdiktat unterwerfe, wie es aktuell in ihrem Ausbildungsbetrieb der Fall war, das sie inhaltlich anspreche und sie später einmal in die Lage versetzen würde, Dinge zu tun, die ihr Spaß bereiteten. Das sei in erster Linie, im sozialen Bereich zu arbeiten und anderen Menschen zu helfen.

Sabine: „Was dir jetzt an der Ausbildung nicht gefällt, also dass man z.B. so eine Arbeitsdisziplin aufbringen muss, für Klausuren lernt und lauter solche Dinge, die nicht unbedingt immer Spaß machen, die gehören aber ja zum Studium auch. Wieso glaubst du, dass es dir dann leichter fallen wird als jetzt?"
Mehabad: „So in der Arbeitswelt, vor allem wenn man so eine Tätigkeit machen muss, die einem echt gar nicht liegt – oh, es ist echt die Qual, und dann acht Stunden lang jeden Tag, nicht eine Minute weniger, nicht eine Minute länger, nee! Ich glaube, so ein Studium ist da noch mal absolut Anderes, eher so wie früher in der Schule vielleicht. Und die Schulzeit war toll, doch! Ich weiß, dass ich da manchmal im Sommer einfach auf der Bank saß und habe es echt genossen, einfach so. Unsere Schule hatte insgesamt noch echt was Soziales. Jeder hat jedem geholfen, die Anderen unterstützt... [...] Im allgemeinen ging das wirklich so menschlich zu, weil wir wussten alle, es gibt Noten, und man nimmt das ernst, aber andersrum ging man damit auch ganz anders um, weil es ist eben nur eine Note. Und jetzt in der Berufsschule, Mannomann ist das ein Unterschied, wirklich! Die sind richtig so... eine Note, ja, das ist für sie irgendwie *alles*, was es gibt. So jedenfalls geben sie mir das Gefühl. Ich weiß nicht, vielleicht hab ich echt ein Problem damit, aber es ist mir wichtig, dass *ich* es weiß, dass ich's verstanden habe. Ich sehe dann eben so eine Arbeit auch so, dass ich wieder sehe, was *ich* eben durch die Arbeit auch wieder lerne. Also es ist nicht so das Endgültige." [...]
Sabine: „Psychologie zu studieren, bietet ja eine ganze Reihe von möglichen Berufen. Hast du da eine Idee, in welchem Bereich du gern arbeiten würdest?"
Mehabad: „Nicht genau. Ich bin ja auch in meinem Leben nicht so der Mensch, der plant. Die einzige Vorstellung wäre mit mir selbst, dass ich also einfach Dinge tue – wenigstens später einmal oder nach der Ausbildung –, die mir eben Spaß machen. Dass ich mich nicht irgendwie anpassen muss. Und so eine bestimmte Vorstellung habe ich gar nicht. Ich will mit Menschen zu tun haben und ihnen helfen, mit ihren Problemen fertig zu werden. Aber es ist bei mir grundsätzlich immer alles frei und

offen. [...] Ansonsten möchte ich studieren und ja... einfach nur leben, das wär das Ideal. – Ich möchte wirklich einfach nur leben."

Anders als Helena, die das Studium pragmatisch als Mittel zu einem guten Leben in stabiler Lage und mit der Chance auf interessante Tätigkeitsfelder angegangen war, ganz anders auch als Ratna, der es beim Studium um konkrete Ziele für sich selbst und ihr künftiges Engagement in der Welt ging, ging es Mehabad in erster Linie darum, sich im Studium selbst zu verwirklichen und ohne Anpassungs- oder Notendruck lernen zu können. Mit ihrer Äußerung, dass sie letztlich „ja einfach nur leben" wolle, stellte sie ein weiteres Mal klar, dass sie sich nicht festlegen mochte, worin ‚das gute Leben' für sie bestehen könnte außer darin, für Andere Gutes zu tun. Sie sei nicht so der planende Typ, sagte sie, und „mal sehen", es sei „grundsätzlich immer alles frei und offen" bei ihr. Obwohl diese Kommentare nach Rat- und Planlosigkeit klingen mögen, zeichnete sich in den Gesprächen über Mehabads Interessen und Wünsche im privaten Bereich ab, dass ihr Lebensideal in eben dieser Offenheit für alles Mögliche bestand. Vorstellungen von einer Selbstverständlichkeit bestimmter biographischer Abläufe wollte Mehabad eine klare Absage erteilen. Während es in dieser Hinsicht eine ihr vertraute Erwartungslogik gab, mit der sie im eigenen Leben brechen wollte, war sie sich über die konkreten Alternativen unsicher, besetzte die Leerstelle aber positiv als eine grundsätzliche Offenheit dem Leben gegenüber.

Familienbindungen loswerden statt knüpfen
Sabine: „Wenn alles Weitere bei dir nach Wunsch läuft, wie sieht dann das Leben aus, das du gerne führen würdest in ein paar Jahren?"
Mehabad: „Weiß ich überhaupt nicht."
Sabine: „Stellst du dir vor, mal eine eigene Familie zu haben?"
Mehabad: „Tja. Dass ich heirate, langsam mal, dass ich arbeite – weiß nicht, das wollen ja meine Eltern ganz gerne. Ich bin jetzt 23. Dass ich Kinder kriege, ja, für meine Mama ist es wohl so: In ihrer Welt bin ich nur gesichert, wenn ich einen Mann habe. So bin ich halt in ihren Augen noch sehr hilflos."
Sabine: „Aber das siehst du ja nicht so."
Mehabad: „Natürlich nicht!"
Sabine: „Redest du mit deinen Eltern darüber, dass du die Vorstellung nicht teilst?"
Mehabad: „Ja. Manchmal auch nicht, weil man kommt ja nicht an bei denen. Manchmal habe ich so Träume, dass ich vielleicht so eine Beratungsstelle oder so eine Unterkunft aufbaue für ausländische Frauen oder vor allem auch für Mädchen, und dass ich vielleicht in dem Punkt ganz hilfreich sein könnte. In dem Heim, wo ich das Praktikum gemacht hatte, haben sie ja eigentlich auch wie eine Familie zusammengelebt. Ich glaube einfach, die Empathie, also dieses Einfühlungsvermögen, einfach aus eigener Erfahrung zu haben. Ich hab das, weil meine Mama ist wirklich so ein Sonderfall. Es gibt bestimmt andere Stile und Erziehungsmethoden, aber meine Mutter hat so was ganz Radikales in der Erziehung. Ich mach auch gerade eine Therapie, um darüber einfach besser wegzukommen, eine Psychoanalyse. Ich denke, wenn man das Ganze am eigenen Leib erfahren hat, gewisse Dinge, kann das sehr hilfreich sein, denn gewisse Punkte, die kann man einfach verstandesmäßig nicht nachvollziehen, da ist keine Logik, gar nichts. [...] Wie kann man nur so sein? Das kann man nur verstehen, wenn man erst ein bisschen darüber hinwegkommt, es überwindet, diese Grenzen durchbricht und dann aus einem ganz anderen Blickwin-

kel noch einmal darauf zurück blickt. [...] Und immer noch stoße ich gegen die Widerstände an, nicht nur ich, sondern all ihre Kinder. Ja, das sind nicht nur Widerstände, was ‚den eigenen Weg gehen' betrifft. Auch die Mutter-Kind-Beziehung selbst: da ist kein Austausch, sondern immer nur das Nehmen von ihr: Wegnehmen, Einsperren, Fordern. Psychisch ist es ganz schlimm und total verwickelt."
Sabine: „Aber als du zuhause ausgezogen bist, hast du dich dem ja ein Stück weit entzogen."
Mehabad: „Ja schon, aber dieser emotionale Druck Die waren so'n bisschen erschütt... also nicht erschüttert, aber verzweifelt, als ich denen das mitgeteilt habe, aber im Endeffekt wussten sie auch, dass [...] ich doch das tue, was ich will. Für Mama ist es immer noch so, also an ihrer Einstellung hat sich nichts geändert. Aber ich bin halt raus, und jetzt weiß sie, dass sie gar nichts mehr zu sagen hat. Bei denen ändert sich schwer was. Bei meiner Mama hat das, glaube ich, auch was mit persönlichen Problemen zu tun einerseits, und andererseits ist es so eine Angst, weil es für sie immer noch ein bisschen fremd ist hier. Dabei, sie fühlt sich ja hier viel wohler als in der Türkei, das ist ja das Paradoxe! Ich glaube, die Angst für sie ist auch: Bei deutschen Freunden von mir kann sie sich vorstellen, dass die viel lockerer sind, denn bei den Deutschen, sie kennt einfach auch die Art, dass die frei erzogen werden und offener sind. Wahrscheinlich ist da die Angst bei ihr in der Hinsicht da, dass ich eben beeinflusst werden könnte oder so."
Sabine: „Wenn du so eine Unterkunft speziell für ausländische Frauen oder Mädchen machen möchtest, heißt das, du denkst, diese Probleme sind etwas Spezifisches unter ausländischen Mädchen?"
Mehabad: „Nee, das können auch deutsche sein, denn den Typ Mutter gibt's auch bei den Deutschen. Ich würde nicht sagen, nur ausländische oder nur türkische oder nur kurdische oder so, sondern *überhaupt*: das meine ich mit dem Thema der Mutter-Kind-Beziehung. Das hängt nicht nur mit der Nationalität oder der Kultur zusammen, sondern da geht es um den Typus Mutter, auf welche Art und Weise sie ihr Kind eben nicht loslassen können und so fest an sich binden. [...] Was mein Leben angeht, meine Zukunft: Ich habe nicht das Ziel, groß Kohle zu machen, und ich kann jetzt auch nicht weiter denken als an heute oder morgen vielleicht noch, aber ich bin eher so der Mensch, ich möchte *in mir selbst* Erkenntnis erlangen, an *mir* arbeiten."

Gegen den Druck ihrer Eltern und speziell der Mutter, die mit Erwartungen beladenen Beziehungen in der Familie stellte Mehabad die individuelle Sinnsuche. Sie wollte ihr Handeln weder daran ausrichten, was als das Normale und Wünschbare vorgebracht wurde – heiraten, arbeiten, Kinder kriegen –, noch an der materiellen Perspektive, „groß Kohle zu machen". Statt dessen rückte sie die eigene Persönlichkeitsentwicklung in den Vordergrund, die sie damit umschrieb „Erkenntnis erlangen" und an sich selbst arbeiten zu wollen.

Trotz des Ziels, vor allem sich selbst verwirklichen zu wollen, stellte Mehabad auch Überlegungen dazu an, wie sie ihre eigenen biographischen Erfahrungen als Hilfe für Andere teilbar machen könnte. Ihr starkes Interesse an einer sozialen Betätigung ging über eine schiere berufliche Option hinaus. Mit ihrem „Traum" von einer Beratungsstelle oder Wohnunterkunft für Frauen und Mädchen ausländischer Herkunft erwog Mehabad, ein soziales Netz aufzubauen, das dem Modell der Familie etwas Anderes entgegensetzt. Dass die Klientinnen in dem Heim ihres Praktikums „ja eigentlich auch wie eine Familie zusammengelebt" haben, hatte ihr gefallen. Gegenüber dem ‚echten' Familienleben, das sie wegen ihrer ‚klammernden' Mutter als zu eng, zu fordernd und insgesamt als psychisch sehr belastend erfahren hatte, stand die betreute

Wohngruppe für eine unverbindlichere Form des Zusammenlebens von Personen mit ähnlich gelagerten Problemen. Abgesehen von den praktischen Arrangements eines gemeinsamen Haushalts und den Geboten des zivilen Umgangs miteinander wird den Einzelnen in einem solchen *setting* nichts abverlangt. Sie erhalten die Chance, sich über ihr Leben *als Individuen* klar zu werden, und emotionale Hinwendung zu den Anderen *kann* entstehen, wird aber – anders als üblicherweise in Familien – nicht erwartet. Indem Mehabad nicht nur davon spricht, in einem solchen Kontext gern arbeiten zu wollen, sondern eine entsprechende Institution selbst würde aufbauen wollen, verlagert sie das Begründen einer eigenen sozialen Bezugsgruppe vom Privaten ins Gesellschaftliche: Nicht eine eigene Familie wollte sie gründen, sondern eine Wohngruppe zur gegenseitigen Hilfe und für einen reziproken Austausch, den sie selbst in den Beziehungen daheim vermisst hatte. Zwar bezog Mehabad dazu, dass ihre Mutter sie beispielsweise in den Belangen ihres schulischen Fortkommens nie unterstützt habe, die ausgewogene Position, das habe auch den Vorteil gehabt, nicht unter Leistungsdruck gesetzt worden zu sein, es hieß aber auch, dass Mehabad auf sich gestellt gewesen war und ihre erbrachten Leistungen von ihren Eltern nicht gewürdigt worden waren:

Mehabad: „Mama hat sich für meine schulische Laufbahn nie richtig interessiert. Sie versteht das alles nicht, und sie wird es nie verstehen. Damit habe ich mich abgefunden. Aber Papa, der hat noch den Überblick. Der kann noch unterscheiden, also er weiß halt, was ein Gymnasium bedeutet oder dass ich Abitur gemacht habe. Aber was Mama angeht, da hatte ich in der Hinsicht eigentlich nie jemanden, der in der Schule was für mich gemacht hat. [...] Irgendwie war es immer alles allein meine Sache. Auf welche Schule ich gehe, all das. Und ich meine, es hat seine Vorteile und auch seine Nachteile. Es war ja schön, dass meine Eltern mir nicht einen Druck gemacht haben, dass ich jetzt die und die Note unbedingt bringen muss oder so was. Es war für mich ganz frei, und ich hab freiwillig alles getan, ohne richtigen Druck zu bekommen. Andersrum ist es natürlich immer schön, das Interesse mal zu fühlen."

Diese Passage verdeutlicht, was Mehabad als das Einseitige in der Beziehung zu ihrer Mutter erlebt hat: Auf Grund der Erwartungen, die an sie gerichtet wurden, fühlte Mehabad sich gezwungen, die Perspektive ihrer Mutter gelten zu lassen und sich daran abzuarbeiten, ohne dass diese sich im Gegenzug auch auf die Interessen der Tochter eingelassen hätte. Ganz anders als im Fall Ratnas, der Mutter und Tante klar gemacht hatten, wie wichtig die schulische Bildung sei, war Mehabads Mutter hieran vollkommen desinteressiert und hatte vor allem die Sorge, Mehabad würde ohne Mann „sehr hilflos" dastehen.

Auch wenn Mehabad hier behauptete, sich damit abgefunden zu haben, dass ihre Mutter sie nie verstehen werde, spricht ihre Absage an das gewünschte Lebensmodell eine andere Sprache. Zwar räumte sie ein, dass es „bestimmt andere Stile und Erziehungsmethoden" gebe und ihre Mutter „so was ganz Radikales in der Erziehung" repräsentiere. Diese negative häusliche Erfahrung schien die Idee eigener Mutterschaft für Mehabad aber vollends diskreditiert zu haben. Dass sie selbst keine Mutter-Kind-Beziehungen des Typs reproduzieren wollte, in der eine Mutter ihr Kind nicht loslassen könne, fest an sich binde und damit eigentlich immer nur etwas wegnehme, einsperre und fordere, brachte sie nicht mehr mit der Überlegung in Verbindung, in einer möglichen eigenen Mutterrolle einen Unterschied machen zu können. Vielmehr galt ihre Vision davon, was es heißen könnte, „es ist an uns, mal was zu ändern", wie sie als Oberstufenschülerin gesagt hatte, nun der Gründung einer sozialen Beratungsstelle und Wohnunterkunft. Diese Idee entspricht dem Wunsch, die Loslösung aus beklemmenden Familienbeziehungen auch Anderen zu ermöglichen. Ihr selbst käme dabei höchstens die Rolle einer professionellen quasi ‚Heim-Mutter' zu, die Raum für die Persönlichkeitsentfaltung gibt und Ablösung ermöglicht, statt einzusperren und die Erfüllung eigener Erwartungen zu fordern.

Während Mehabad als Schülerin der 12. Klasse noch gelegentlich Anwandlungen gezeigt hatte, dass es sicher auch schön sein könnte, eine eigene Familie zu haben, „Kindern selbst was beizubringen davon, wie du die Welt siehst und sie auch irgendwie zu guten Menschen zu machen", fochten sie solche Sentimentalitäten fünf Jahre später nicht mehr an. Ihre Überlegungen richteten sich statt dessen darauf, sich aus eingefahrenen Bindungen lösen zu wollen und einesteils sachlichere, andernteils authentischere Beziehungen an deren Stelle treten zu lassen. Neben den familiären Bindungen betraf das auch ihre Freundschaften:

Mehabad: „Ich habe meinen Freundeskreis eher abgebaut, also mich losgelöst von denen. Es gibt so zwei oder drei, mit denen ich gerade noch kontaktiere [...] Ja, also mein Bild hat sich auch, was Freundschaften angeht, ein bisschen gewandelt."
Sabine: „Inwiefern?"
Mehabad: „Tja. Dass ich eigentlich keine Erwartungen mehr an die stelle, und dass öfters sowieso immer Enttäuschungen kommen."
Sabine: „Um nicht enttäuscht zu werden, senkst du deine Erwartungen?"
Mehabad: „Ja, und auch damit ich mich irgendwie unabhängiger mache. Es ist auch so, dass ich gemerkt habe, dass ich einfach nur dann mit Leuten zusammen sein möchte, wenn ich merke, ich *möchte* mit denen zusammen sein, und nicht nur, weil ich nicht alleine sein möchte."

Die Freiheit, die Mehabad anstrebte, war eine unverbindliche. Die Konsequenz des – entgegen ihrer Aussage, „eigentlich keine Erwartungen mehr" an Freunde zu stellen – nicht gerade geringen Anspruchs, dass Mehabad nur dann mit Anderen zusammen sein zu wollte, wenn sich ganz aufrichtige Begegnungen erwarten ließen, war, dass sie nur noch mit zwei bis drei Personen in Kontakt stand. Mehabad wirkte damit nicht unglücklich. Mit ihrer Lebenseinstellung, es sei „grundsätzlich immer alles frei und offen", hatte sie ihre schon als Schülerin artikulierte Unschlüssigkeit über den Fortgang ihres Lebens zu einer Haltung ausgebaut, die nicht Mutlosigkeit, sondern Gelassenheit ausstrahlte, einen eigenen Weg zu gehen, auch wenn er sich nicht planen ließ.

Serkan – Der Geläuterte

Rückblick
Im Unterschied zu den, mit Ausnahme derjenigen Sahars, überwiegend vagen Projektionen der jungen Frauen, äußerte Serkan bereits, als er noch Schüler war, den ausdrücklichen Berufswunsch, eine Laufbahn bei der Berliner Polizei einschlagen zu wollen. Da der damals 16jährige seinen LehrerInnen als notorischer Querulant galt, hatte das als ein eher schlechter Scherz gegolten. Ihm war es durchaus ernst, und er verlor das Ziel auch später nicht ganz aus den Augen. Wie Ratnas, Helenas und Mehabads ließen auch Serkans Einschätzungen von der Welt zur Zeit seines Schulbesuchs ein gewisses Gerechtigkeitspathos und eine empathische Anwaltschaft für Benachteiligte erkennen. Das Ziel, Polizist zu werden, stand für Serkan mit einer abstrakten Assoziation von Gerechtigkeit in Verbindung sowie mit dem konkreten Wunsch, die polizeilichen Aufgaben besser zu erfüllen, als es in der Realität des Stadtteils aus seiner Sicht häufig der Fall war:

„Ich weiß nicht, wie lange schon, aber ich weiß eigentlich schon ziemlich lange, dass ich zur Polizei will. Das ist ja auch wichtig, [...] Verbrecher jagen, Drogendealer vor allem. Also ich hasse echt die Drogen, und da würde ich gern was gegen machen, gegen die Typen! Ich kenne sie ja zum Teil vom Jugendzentrum, wo wir waren. Da wird auch gedealt, und die Polizei guckt nur zu! Das macht mich total wütend so was!"

Eine andere Beobachtung des 16jährigen Serkan war, dass die Polizei im Viertel selektiv vorgehe, sich in Parks oder Discotheken bei Routinekontrollen und Drogenrazzien fast nur auf die Jungen ausländischer Herkunft bzw. Optik beschränken würde und kaum Deutsche durchsuche. Auch das fand er ungerecht und verbesserungswürdig, denn „viele Ausländer haben gar kein Vertrauen zur Polizei hier, weil die immer nur was gegen die Ausländer machen". Neben diesen eher hehren Ansprüchen des Berufsbildes lockte Serkan auch der abgesicherte Status des öffentlichen Dienstes: „Ist ja auch gut, dass man nicht so leicht gekündigt wird bei der Polizei wie anderswo, also das ist auch ein sehr sicherer Job im Vergleich mit anderen."

Obwohl Serkan im Blick auf seine beruflichen Wünsche die sehr konkreten und ausgesprochen solide anmutenden Vorstellungen vom Polizistendasein hatte, standen sie nicht mit einem bestimmten Wunsch für sein privates Leben in Verbindung. Die Sicherheit des Öffentlichen Dienstes reizte ihn zunächst nicht, um eine eigene Familie einmal besonders gut versorgen zu können oder dergleichen, sondern weil Serkan für sich das Bedürfnis nach einer sinnvollen Aufgabe und nach Stabilität hatte. Als ich ihn fragte, ob er auch schon eine Idee davon habe, was er sich im Privaten wünsche, ob er vorhätte zu heiraten, Kinder zu haben usw., lachte der 16jährige nur: „Ja, wahrscheinlich schon. Ist ja normal so. Später irgendwann mal."[7]

---

7 Dass Serkan etwas jünger war als die weibliche Clique, macht sich hier sicherlich bemerkbar. Eine Eheschließung auf „später irgendwann" zu verschieben, hat

Nach Beendigung der Schule
Serkan machte im Laufe des Untersuchungszeitraums einen erheblichen Wandel durch. Nachdem er in der Schule ein intelligenter, aber „verhaltensauffälliger" Schüler gewesen war, der leicht mit Anderen, insbesondere mit den Lehrenden aneinander geriet, hatte er sich mit dem Abschluss der Schule vorgenommen, ein besserer Mensch zu werden. Er brach den Kontakt zu einer Clique von Gleichaltrigen ab, mit denen er regelmäßig viel Zeit in einem Neuköllner Jugendzentrum verbracht hatte, weil diese sich zunehmend kriminellen Aktivitäten zuwandten, einen Supermarkt überfallen hatten und Drogengeschäfte machten. Statt in das Jugendzentrum begann Serkan regelmäßiger in eine Kreuzberger Moschee zu gehen, denn er wollte ein moralisch einwandfreies Leben führen. Allerdings schaffte er es nicht, der Verlockung von regelmäßigen Disco-Besuchen zu widerstehen. Auch auf die Erfahrung von sexuellen Begegnungen mit Frauen, die er dort kennenlernte, mochte Serkan nicht verzichten. In dieser Hinsicht vertrat er liberale Positionen, die er im Rahmen seiner größeren Lebensplanung und -praxis so verstand, dass das Ziel eines aufrichtigen Lebens auch heiße, einander genau kennenzulernen, ehe man den Bund fürs Leben schließe.

Serkan war nach Ende seiner Schulzeit im Haushalt seiner Eltern wohnen geblieben. Was die berufliche Qualifizierung anging, absolvierte er, nachdem er die Gesamtschule mit dem einfachen Hauptschulabschluss verlassen hatte, zunächst einen vom Arbeitsamt angebotenen Förderlehrgang zur Eingliederung in den Ausbildungsmarkt. Im Rahmen dieser Schulungsmaßnahme holte

---

neben der eingangs erwähnten geschlechtsspezifischen Differenz in der Bearbeitung des Themas für die eigene Biographie wohl auch mit seinen Erfahrungen im Elternhaus zu tun: Serkans Mutter hatte ihr erstes Kind im Alter von 13 Jahren zur Welt gebracht. Als der Zweitgeborene Serkan auf die Welt kam, war sie gerade 15 geworden. Für seine Mutter hegte Serkan überaus zärtliche Gefühle, und dass er eine eigene Familiengründung in die weite Zukunft schob, kann damit in Zusammenhang stehen, dass er es an ihr leidvoll miterlebt hatte, wie sich Familie und Mutterschaft zur schieren Be- und Überlastung auswachsen können. Dass Serkan sich in einer Unterrichtsdiskussion einmal vehement für die Liebesheirat ausgesprochen hatte, dürfte in der unausgewogenen Situation der Ehe seiner Eltern zumindest einen Mitgrund haben. Serkan hatte betont, Eheleute müssten sich doch verstehen. „Irgendwie mit Zwang verheiraten, das geht doch nicht. Ich verstehe auch die Männer nicht, die das machen! Es geht doch auch um Liebe." Es ist kaum anzunehmen, dass Serkan die Ehe seiner Eltern als von beiderseitiger Liebe geprägt empfand: Sein Vater hatte mit etwa 20 Jahren eine eben 13jährige geheiratet und sie einige Jahre später mit vier Kindern in der Türkei zurückgelassen. Selbst mit Unterstützung der dortigen Angehörigen hatte Serkans Mutter dort ein hartes Leben gehabt. Auf seinen Vater war Serkan schlecht zu sprechen. Er erinnerte sich daran, dass es ihm beim Nachzug nach Berlin schwer gefallen sei, sich nun plötzlich (und für zwei Jahre ohne den Beistand der Mutter) der Autorität des Vaters zu unterwerfen. Außerdem gab es Äußerungen, in denen Serkan erkennen ließ, dass er seine Mutter während ihrer anfänglichen Zeit in Berlin gegen den Vater in Schutz genommen habe.

er den erweiterten Hauptschulabschluss nach. Anschließend wurde ihm eine Lehrstelle in Berlin-Treptow vermittelt, wo er sich zum KFZ-Mechaniker ausbilden ließ, als ich ihn im Jahr 2000 traf. Da er weiterhin mit dem Gedanken spielte, Polizist zu werden, wollte Serkan an der Berufsschule am liebsten noch den Realschulabschluss machen. Ob ihm das gelingen könnte, wusste er nicht recht einzuschätzen. Der Unterricht in der Berufsschule machte ihm Spaß, und anders als im Ausbildungsbetrieb[8], wo er sich rassistischen Anfeindungen ausgesetzt sah, fand er die Atmosphäre in der Schule gut. Wegen der Probleme im Betrieb standen Fragen der Ausbildungsentscheidung lange im Vordergrund: Sollte er den Betrieb wechseln, sich eine Lehrstelle in einem anderen Beruf suchen, oder doch noch versuchen, zur Polizei zu kommen?

Gegenwart: Nervenkrieg in der Ausbildung
Serkan: „Bei mir war es so, als ich von der 10. Klasse abgegangen bin, [...] hab ich den Lehrgang gemacht und meinen erweiterten Schulabschluss nachgeholt. Ja, und dann [...] hab ich mich zuerst als Fliesenleger, dann Maler, und zuletzt als KFZ-Mechaniker beworben. Und jetzt mache ich die Ausbildung als KFZ-Mechaniker. In dem Betrieb dort hab ich sowas erlebt wie noch nie vorher! [...] Zum Beispiel kommt da ein Meister an, da liegt ein Stück Papier auf dem Boden, ein Stück Zeitung oder so. Da kommt der an und fragt mich so ‚wer war das?', und ich sage zu ihm, ‚ich weiß es nicht'. Da sagt der, ‚das war bestimmt kein Deutscher, das war bestimmt ein Türke'. Da frage ich ihn, ‚wie meinen Sie denn das jetzt?' Und ich habe gesagt, ‚wissen Sie überhaupt, was sie da reden? Sie müssen ein Vorbild für uns sein, Sie können doch nicht so einfach daherreden.' – Und er: „Ja, ich weiß schon, was ich da rede: Das ist bestimmt ein Türke gewesen.' Lauter solche Sachen! Es waren noch andere Situationen, da hat er gesagt, ‚heute mach ich wohl 'ne türkische Werkstatt auf', weil nur drei Deutsche in unserer Gruppe sind und neun Ausländer. Er hat mich so aufgeregt. Danach hatte ich dann keine Lust mehr dorthin. Ich war bei einem Arzt, da hab ich mich dann immer krank schreiben lassen. Jetzt, wenn ich Berufsschule habe, gehe ich hin, aber in den Betrieb gehe ich nicht mehr. [...] Die Sprüche da, das gibt es echt nicht! Ich war beim Arbeitsamt und habe mit meinem Berufsberater darüber geredet. Der meinte, er glaubt es ja, aber es reicht nicht, wenn ich es einfach so sage. Ob ich mir sicher bin und es auch beweisen kann. Ja aber wie denn? Er meinte, falls ich Zeugen finde, dann könnten wir gegen die was machen, also gegen den Meister eine Anzeige. Danach kam der Meister einmal an, denn ich hab ja inzwischen meinen Führerschein, und meine Eltern haben für mich einen BMW gekauft. Ich fahr damit auch gerne zur Arbeit, und da kommt der Meister an und meint, ‚jaja, ihr Türken macht eure Geschäfte mit Drogen' – und das, wo mein Vater seit über dreißig Jahren hier in Deutschland als Bauarbeiter, Elektriker usw. gearbeitet hat!"
Sabine: „Hast du das dann auch gesagt?"
Serkan: „Ja klar, und da meinte er dann, ‚das habe ich nur so gehört.' – Tss: ‚was hören' ist doch nur Dreck! Also hab ich gesagt, ‚was reden Sie denn da? Das ist doch nicht normal, schon das zweite Mal so was!' Aber natürlich waren wieder keine

---

8   Serkan sprach immer von „der Werkstatt" oder „dem Betrieb". Es handelte sich aber nicht um ein privatwirtschaftliches Unternehmen, sondern um eine überbetriebliche Ausbildungs-Werkstatt, in der neben der Ausbildung jugendlicher SchulabgängerInnen auch ABM-Maßnahmen und Umschulungen auf Initiative des Arbeitsamtes durchgeführt wurden. Die SozialpädagogInnen in der Werkstatt, auf die Serkan im Laufe der Gespräche hinweist, waren vom zuständigen Arbeitsamt für diese Qualifizierungseinrichtung abgestellt worden.

Zeugen dabei. [...] Ich sage nicht, ich bin besser, also ich hab mich auch nicht immer an alle Regeln gehalten, aber trotzdem. Mit der Sozialpädagogin haben wir auch darüber geredet, seitdem halten die sich so'n bisschen zurück, die Meister. Also es läuft besser als vorher, aber es ist trotzdem nicht gut so. [...] Am Anfang waren wir mehr. Drei oder vier sind schon weggegangen, weil sie auch solche Erfahrungen gemacht haben."

Zwar hatte Serkan wegen des Konflikts mit dem Meister in seiner Ausbildungswerkstatt ganz korrekt das Arbeitsamt kontaktiert, aber dass der Mann nicht zu belangen war, wenn es für seine Entgleisungen keine Zeugen gab, die auch bereit waren, als solche aufzutreten, band ihm die Hände. Hinzu kam, dass Serkan sich nicht auch so verhalten wollte, dass er Andere dadurch in Schwierigkeiten brächte. Als sein Betreuer beim Arbeitsamt angeboten hatte, dass er mit den betreffenden Meistern in Serkans Ausbildungsbetrieb sprechen könnte, wenn Serkan ihm deren Namen nannte, weigerte er sich, „weil das ist ja wie den verpfeifen, und ich will ja jetzt nicht, dass die Meister meinetwegen Schwierigkeiten haben". Serkan wollte sich anständiger verhalten als die Leute, die ihm selbst das Leben schwer machten. Statt den Konflikt konfrontativ um jeden Preis auszutragen, wollte er ihm lieber vollständig aus dem Weg gehen, indem er die Ausbildung entweder in einem anderen Betrieb fortsetzen würde, wo keine Schikanen zu erwarten wären, oder sich sogar nach etwas ganz Anderem umsehen würde.

Die deeskalierende Haltung, die in der Ausbildungsfrage sogar hieß, dass Serkan zu seinem eigenen Schaden klein beigeben wollte, zeigte eine enorme Veränderung an. Statt wie zu Schulzeiten immer weiter zu provozieren und die eigene Position unbedingt zu verteidigen, war es ihm nun plötzlich wichtiger, Frieden zu wahren und Streit zu vermeiden. Die Kriminalität seiner ehemaligen Freunde und insbesondere, dass auch er selbst ins Visier polizeilicher Ermittlungen geraten war, waren Schocks gewesen, die ihn zu diesem Umdenken veranlasst hatten.

Sabine: „Solche Sachen hast du in der Schule aber anders gehandhabt. Wenn dir da jemand schräg kam, hast du eigentlich nicht nachgegeben, sondern immer ziemlich dagegen gehalten. Wie kommt es, dass du jetzt, wo es auch für dich persönlich um Einiges geht, einfach so den Abgang machen willst?"
Serkan: „Ja, damals, also das waren so, wie sagt man bei Deutschen, so Kinderzeiten waren das, Jugendsünden. [lacht] Ich wusste es nicht besser damals. Das waren so Zeiten, wo man sich als Kind eben so ganz cool gefühlt hat, so mit Schwänzen, Rauchen und solchen Sachen. Wenn man später überlegt, was man so gemacht hat, Mann, Mann, das waren alles so Kindereien. So denke ich heute darüber. Und die Schule, die alte Klasse, das hat eigentlich so viel Spaß gemacht dort. Ich überlege jetzt, warum ich damals eigentlich nicht regelmäßiger hingegangen bin, warum ich *überhaupt* manchmal geschwänzt habe. Jetzt bereue ich das total. Die Zeiten sind vorbei, und jetzt muss ich ackern, immer bis 16.00 Uhr, das nervt ja auch irgendwie. Und hier unter den Freunden hat sich auch viel verändert. Zum Beispiel die, mit denen ich früher immer so rumgegangen bin, viele von denen sind in den Knast gekommen, die Türken hauptsächlich. Ich habe mich von denen getrennt. Die haben sogar einen Raubüberfall gemacht auf einen Penny-Markt! Eine Zeitlang war es ganz schlimm. Die Polizisten waren sogar bei mir zuhause. Unter Verdacht haben die mich mitgenommen, weil ich die Leute ja kannte. Das ist sogar zweimal passiert.

[...] Die bringen mich also auf's Revier, dann nach acht Stunden lassen die mich wieder gehen, weil ich hab mit der Sache nichts zu tun gehabt. Bei der Gegenüberstellung war das dann klar. Mein Vater meinte, wenn ich mich schlagen würde, das wär ja noch normal irgendwie, das kann mal sein, ist eigentlich schlimm, aber das geht noch. ‚Aber wenn du klaust,' sagt er zu mir, ‚werde ich dir den Pass wegnehmen und verbrennen und dich für immer in die Türkei fliegen lassen, und danach bleibst du für immer dort!' Weil meine Eltern sind auch religiös, und in unserer Religion ist das Klauen streng verboten. [...] Deshalb sagt mein Vater, ‚bringst du Schande über mich, dann werde ich dich in die Türkei schicken', oder er würde sagen, ‚du bist nicht mehr mein Sohn', meinte er zu mir. Deswegen habe ich meinen Kontakt zu den Jungs, die so Raubüberfälle gemacht haben, den Kontakt habe ich einfach so komplett gebrochen und bin gar nicht mehr zu denen hingegangen. Und als die Polizei da war, also bei mir zuhause, als die mich rausgebracht haben, war fast die Hälfte der Nachbarn da, die haben alle rausgeguckt und haben dann alle so über mich geredet, ‚guck dir mal den an, das ist der Sohn von dem und dem und so'. Ich habe mich so beleidigt gefühlt! Letztens soll der eine Nachbar zu meiner Mutter gesagt haben, ‚wo ist denn dein krimineller Sohn?', nur weil die Polizisten mal bei uns waren! Ich will nicht, dass meine Eltern so was erleben."

Sabine: „Aber bei dem Konflikt im Betrieb geht es ja nicht darum, dass du etwas Unrechtes tust, sondern dass jemand Anderes sich nicht richtig verhält. Du kannst doch verlangen, fair behandelt zu werden."

Serkan: „Ich kann aber irgendwie nicht mehr so Streit vertragen, weil was so abläuft hier in Berlin, ist echt total schlimm. Das ist nicht mehr normal: Letztens lauf' ich so auf der Straße am Kotti rum, da guckt mich einer an, fragt, ‚was guckst du mich so schief an?!' Und danach versucht der, mich anzumachen und will prügeln! Ich beuge jetzt lieber meinen Kopf und gehe einfach weiter. Das ist besser als Streit. Früher war ich irgendwie anders. Jetzt, wenn ich Zeit habe, gehe ich auch gerne beten, das hilft mir. Im Ramadan gehe ich auf jeden Fall immer hin, und sonst würde ich es auch gern noch mehr machen. Ich kenne hier fast die ganzen Moscheen in Kreuzberg und Neukölln. Vor zwei Wochen war ich zuletzt beten. Zum Beispiel, wenn ich mich nicht wohl fühle, dann bete ich gern. Da war mal so eine Situation, da habe ich angefangen, Automatenkram zu spielen, da hab ich mein ganzes Geld da reingeworfen. Und da hab ich mich nicht mehr wohl gefühlt. Ich bin dann zur Moschee gegangen, habe da gebetet und so, und auf einmal habe ich aufgehört. Ich spiele nicht mehr. Ich gehe gerne zu der Moschee, die gleich da bei mir ist. [...] Der Imam ist ein Deutscher, und da kommen auch internationale Leute. Da kann man von einem Japaner bis zu einem Amerikaner alles finden. Da kommen auch Schwarze, Afrikaner, und da ist ein kleines Café, das gehört zur Moschee, da trinke ich dann Tee. Man kann irgendwie mal ausruhen da."

Der Verdacht, kriminell zu sein, kränkte Serkan so tief, dass er fortan nicht mehr den geringsten Anlass bieten wollte, dass ihm irgendetwas in dieser Richtung nachgesagt werden könnte. Sein Vater hatte die Drohung ausgesprochen, ihn „für immer in die Türkei fliegen" zu lassen oder ihn aus der Familie zu verstoßen, falls er sich einen Diebstahl zu Schulden kommen lasse. Diese Warnung nahm Serkan sehr ernst, denn er konnte sich nicht mehr vorstellen, in der Türkei zu leben. Er wisse ja nicht mehr, „wie das da alles so abläuft", sagte er, schließlich sei er mit zehn Jahren nach Berlin gekommen:

„Es würde mir bestimmt schwer fallen dort. Da hat sich auch viel verändert. Also Deutschland ist für mich das zweite Vaterland sozusagen, auch das erste kann man eigentlich sagen, weil ich lebe ja *hier*. Und wie ich mich hier entwickelt habe, also so wie ich jetzt bin, würde ich bestimmt nicht in der Türkei leben können."

Neben der abschreckenden Aussicht, vom Vater in die Türkei zurückgeschickt zu werden, tat Serkans Wunsch nach moralischer Integrität seine Wirkung. Die Kindereien und Jugendsünden sollten ein- für allemal passé sein. Serkan hatte die Erfahrung gemacht, dass ihm das Gebet und der Moscheebesuch halfen, Laster wie das Glücksspiel zu unterlassen und schlechte Gefühle zu überwinden. Er wollte sein Verhalten daher gern an den religiösen Geboten ausrichten. Serkan räumte zwar ein, in Religionsfragen nicht sehr bewandert zu sein, aber dass „Klauen streng verboten" sei, stand außer Zweifel. Er erläuterte mir das Ausmaß des Vergehens: „Im Islam ist es so, wenn ich eine Sache [...] klauen würde und habe das mit dieser Hand gemacht, die würde abgeschnitten! Ich weiß nicht, ob das im Koran steht, aber ich habe es so gehört."

Dass Serkan so geläutert daherkam, Streit nicht mehr vertrug und Prügel aus dem Weg ging, war angesichts des Hitzkopfs, der er einige Jahre zuvor gewesen war, eine enorme Veränderung. „Ich beuge jetzt lieber meinen Kopf und gehe einfach weiter" war als Deeskalationsstrategie gegenüber Streit suchenden Passanten sicher sinnvoll. Dass Serkan das Einziehen des Kopfes aber auch auf die Konflikte im Betrieb auf die Weise anwandte, dass er seinem berechtigten Anliegen einer diskriminierungsfreien Behandlung nicht mehr Nachdruck verleihen mochte, irritierte mich. Was hier mit zum Vorschein kam, war, dass er in der Wahl des Berufs hin- und hergerissen war: Zwar machte es ihm Spaß, an Autos herumzuschrauben. Dass man sich mit einer eigenen Werkstatt würde selbständig machen können, sagte ihm ebenfalls zu; in Serkans Hinterkopf lebte aber auch noch die Idee, sich an Stelle der handwerklichen Lehre für den Polizeidienst zu bewerben. Dass ausgerechnet er, der selbst gern Polizist sein wollte, der Drogenhandel und Diebstahl verabscheute und sich nach Gerechtigkeit sehnte, schon zweimal als Tatverdächtiger festgenommen worden war, nagte an ihm. Er empfand es als grobe Beleidigung und wollte das Bild korrigieren, das in der Nachbarschaft von ihm als dem „kriminellen Sohn" der Familie kursierte. Selbst als Polizist auftreten zu können, wäre ein reizvoller Triumph über die üble Nachrede.

Serkan: „Dass die [Polizisten] einfach so zu mir nach Hause gekommen sind, sagen ‚Verdacht' und versuchen erstmal, unsere Haustür kaputt zu schlagen, das fand ich nicht richtig. Also das erste Mal, wo die da waren, war ich zuerst nicht zuhause, ging ahnungslos nach Hause, und die waren so um zehn Uhr abends da. [...] Auf einmal sehe ich zwei Polizisten. Der eine hat mich gefragt, ‚bist du Serkan Aktas?' Ich sage ‚ja', und auf einmal packt der mich gleich an die Wand, Handschellen und so! Und ich sage, ‚was ist denn los? Sagen Sie mir doch, was los ist.' Er meinte, angeblich soll ich bei einer kriminellen Sache mit dabei gewesen sein. [...] Ich wollte erst eine Anzeige machen gegen die Polizei, weil die bei mir so eingebrochen sind, und außerdem hatte ich ja gar nichts gemacht! Also ich bekomme jetzt bald meinen deutschen Ausweis, ich werde Deutscher! Ob ich dann eine Chance hab, Polizist zu werden?"
Sabine: „Ja, warum nicht?"
Serkan: „Ich will ja auch nur *einfacher* Polizist werden, gar nicht Kripo. Mit Real-[schulabschluss] geht ja auch Kripo. Wenn ich zu der türkischen Werkstatt kommen kann, wo ich mich beworben hab, dann würde ich aber vielleicht auch gerne weitermachen in dem Beruf, weil KFZ ist auch ein guter Beruf. Es gefällt mir, an Autos zu

basteln. Falls das nicht klappt, würde ich lieber aufhören und zur Polizei gehen. Oder eine Stelle suchen, dass ich auf jeden Fall was sicher hab. Weil das Problem ist ja auch: Wenn ich da dann meinen Abschluss nicht schaffe [auf der Polizeischule], und dafür breche ich hier jetzt meine Ausbildung ab, dann stehe ich wieder ganz nackt da! Dazu hab ich auch keine Lust. Bei uns sind jetzt zum Beispiel welche im Lehrgang, die machen als ABM die Lehre für KFZ-Mechaniker, die sind schon ganz alt, mit Bart und so und haben überhaupt keine Ausbildung! Also so will ich nicht enden! [...] Wenn ich meine Staatsangehörigkeit habe, die deutsche, dann würde ich gerne Polizist werden."

Serkan schwankte zwischen den verschiedenen Möglichkeiten, und da er den Wunsch nach dem Polizeidienst insgeheim noch hegte, hing sein Herzblut nicht daran, die Konflikte mit dem Meister im Ausbildungsbetrieb unbedingt zu bereinigen, um die Lehre dort fortzusetzen. In seinen Überlegungen zur Frage des Berufs war Serkan nun noch stärker als schon in seinen Äußerungen als 16jähriger von sehr bodenständigen Motiven geleitet. Ohne Ausbildung wollte er auf keinen Fall bleiben, und KFZ-Mechaniker sei ja ein guter Beruf mit soliden Aussichten. Die Sicherheit, „etwas in der Hand haben" und nicht einmal „nackt dazustehen", rangierte für Serkan an oberster Stelle.

Obwohl er in dem oben zitierten Gespräch dann noch angekündigt hatte, in der folgenden Woche seine Bewerbung für den Polizeidienst zu schreiben, überlegte er es sich doch wieder anders und wechselte auch nicht in den türkischen KFZ-Betrieb, den er schon ausgespäht hatte, sondern blieb in der Werkstatt in Treptow. An dem türkischen Betrieb hatte ihm missfallen, dass „die so unzuverlässig" seien: „Vielleicht könnte ich da hin wechseln, aber die sind so ‚komm mal nächste Woche wieder', und nächste Woche heißt es ‚komm nächsten Monat'. So haut das doch nicht hin!" Da die Probleme in seinem Lehrbetrieb anhielten, konzentrierte Serkan sich mehr auf die Schule, um den Realschulabschluss zu schaffen. Im Betrieb fanden sich mit der Zeit auch Zeugen für die Ausfälligkeiten eines Meisters, und Serkan wollte diesen anzeigen, weil sich ja sonst nie etwas ändern würde:

Serkan: „Vielleicht kriege ich übers Arbeitsamt noch einen anderen Betrieb, aber mir ist es jetzt auch egal, ich gehe da echt nicht mehr hin, es steht mir bis hier oben hin! Ich will ja gar nicht sagen, dass die ausländerfeindlich sind im Betrieb, weil zu einigen Arabern und Russen ist der Meister auch ganz nett. Ich will auch nicht sagen, dass *alle* so sind, aber viele: 70-80% sind da rassistisch, denke ich. Das sind ja auch noch andere Sachen mit dem Meister, nicht nur, dass er uns nicht akzeptiert. Er lässt uns auch gar nicht so viel lernen wie die Deutschen! Die kriegen ständig neue Sachen gezeigt: elektronisches Durchchecken und so was, und wir müssen in der Zeit Kupplungen ein- und wieder ausbauen, obwohl wir das schon viele Male gemacht haben und das schon längst können. Deshalb meine ich auch, er behandelt uns wie die 2. Klasse. Das habe ich ihm auch gesagt: ‚Wenn Sie wissen wollen, was ich denke: dass Sie uns wie die 2. Klasse behandeln'. Und dass ich auch Deutscher bin, habe ich gesagt. Er hat dann gemeint, ‚das ist doch nur auf'm Papier' und hat mich angebrüllt. Da waren dieses Mal Leute dabei, zwei Lehrlinge, Freunde von mir, und noch ein Meister, also er hat mich vor Zeugen beleidigt, und jetzt gehe ich zum Arbeitsamt und mach was. Ich hab schon angerufen und mich angemeldet. Im Betrieb die Sozialpädagogen haben gesagt, das soll ich mir gut überlegen, weil ich doch die Ausbildung abschließen will. Der Typ hat gemeint, dass ich es runterschlucken soll, das schaukelt sich sonst hoch. Aber da sind ja ständig solche Sachen. Wenn nie einer was macht, bleibt das immer so. Dann ändert sich doch nichts! Jetzt habe ich zum ersten Mal Zeugen, jetzt will ich auch was machen. [...] Zur Not gehe ich eben in gar keinen Betrieb mehr und mache nur Berufsschule. Das macht sowieso viel mehr Spaß. Ich habe jetzt schon Einsen geschrieben. In Mathe bin ich gut, in technischem Zeichnen und in Sozialkunde auch – wenn ich die Berufsschule gut mache, kann ich da direkt anschließend den Realschulabschluss nachholen. Dann kann ich sogar zur Kripo gehen."

Dass Serkan sich hatte einbürgern lassen, gab ihm den Trumpf in die Hand, dem Meister als Deutscher gegenübertreten zu können. Auch wenn der so tat, als stünde das nur auf dem Papier, schien Serkans Selbstbewusstsein durch den Erwerb der deutschen Staatsangehörigkeit gewachsen. Er duckte sich nicht mehr weg und war auch nicht länger bereit, seinen Ärger angesichts der schlechten Behandlung im Betrieb runterzuschlucken. Wenn nie einer was mache, bleibe das immer so und ändere sich nichts. In dieser Haltung erkannte ich ein Stück des ‚alten' Serkan wieder, den ich als Schüler kennengelernt hatte. Im Unterschied zu dem rebellischen Aufbegehren gegen alle möglichen wahrgenommenen Ungerechtigkeiten, das er als Teenager gezeigt hatte, war der junge Mann in der Wahl seiner Mittel überlegter geworden. Ihn trieb der Wunsch nach einem soliden Beruf um, er wollte Sicherheit. Über einen ehemaligen Mitschüler, den er noch regelmäßig traf, regte Serkan sich auf, weil der nur im türkischen Café seines Vaters mitarbeitete: „Ohne Ausbildung, also das ist doch dann schwer, hier zu arbeiten. Da hat man nichts in der Hand! Der Kazim ist immer noch so wie wir alle vor ein paar Jahren in der Schule." – Über das jugendliche Stadium des unbekümmerten In-den-Tag-hinein-Lebens war Serkan in der Tat hinaus. Das wurde auch an seinen Wünschen zu Ehe und Familie deutlich. Hatte der 16jährige die Idee einer eigenen Familie noch in die unbestimmte Zukunft verschoben und davon gesprochen, dass es wahrscheinlich so kommen werde, weil es ja „normal so" sei, hatte Serkan mit 20 schon ein genaueres Bild. Zwar kam für ihn eine Eheschließung noch nicht so bald in Frage, da er erst einmal das nötige Einkommen würde aufbringen müssen, eine Wohnung zu unterhalten, aber dass er gern heiraten und Vater werden wollte, war ihm ganz klar.

Zukunft: Liebesheirat, Kinder und ein Leben in der Kleinstadt
Sabine: „Was wäre für dich die ideale Entwicklung deines weiteren Lebens?"
Serkan: „Ich würde so oder so erstmal ein bisschen versuchen, Geld zu verdienen, damit ich was in der Hand habe. Ich weiß ja nicht, ob ich das alles schaffen kann mit der Schule, Polizei, mittlere Laufbahn und so, das wollte ich ja eigentlich immer gern. Aber wenn das nicht geht, dass ich dann auch den Meister mache, also als KFZ-Meister, das wäre dann auch okay. Man verdient nicht schlecht, kann auch eine Werkstatt eröffnen. Und danach würde ich heiraten und so einfach leben eben, ganz normal, aber nicht mehr hier in Berlin."
Sabine: „Sondern?"
Serkan: „Ich werde nach Westdeutschland umziehen, spätestens wenn Kinder da sind. Also wenn Kinder kommen, unbedingt in eine kleinere Stadt. Mein Onkel ist in Hanau. Vielleicht kann er dann auch für mich Arbeit finden. Es ist alles so schlimm hier geworden, die Anmache und alles so aggressiv, und wenn ich mich so umgucke

am Kottbusser Tor: es ist alles voller Dealer überall! Und dann gibt's auch keine Arbeit hier in Berlin, es ist alles irgendwie so richtig schlecht geworden. Also wenn ich Kinder habe, allerspätestens dann will ich weg aus Berlin: Wenn ich mir vorstelle, die eigenen Kinder würden hier vielleicht Drogen nehmen, das könnte ich nicht aushalten! Sogar mir hat schon mal einer gesagt, ich könnte da von der Autobahn Hamburg einen Koffer her bringen und dann würde ich 20.000,- DM dafür kriegen. Das hätte nur zwei oder drei Stunden gedauert, und das ist ja nicht wenig Geld, da hab ich schon kurz überlegt. Aber was hätte ich meinen Eltern gesagt: ‚Ich habe 20.000,- DM auf der Straße gefunden', oder was?! Mein Vater hat immer gesagt, ich kann mich schlagen, aber wenn ich stehle oder wenn er mich mit Drogen erwischt, dann sorgt er selbst dafür, dass ich nicht mehr auf der Welt bin, dann bin ich nicht mehr sein Sohn. Ich kann das verstehen irgendwie. Mit Drogen will ich nichts zu tun haben."

Auch hinsichtlich seiner privaten Lebensplanung war Serkan also ganz bodenständig daran interessiert, ein „ganz normal[es]" Familienleben zu haben. Dass er sich dazu vorstellte, Berlin den Rücken zu kehren, fand ich beachtlich, denn er kannte die Stadt wie seine Westentasche, hatte als Jugendlicher eine hohe emotionale Bindung an ‚seinen' Kreuzberger „Kotti-Kiez" offenbart, und da er sich nach den adoleszenten Turbulenzen und Reibereien mit dem Vater auch in seiner Familie wohl und geborgen fühlte, hatte ich eher vermutet, dass er gern in Berlin bleiben wollte. Vor dem Hintergrund seiner persönlichen Entwicklung war der anvisierte Ortswechsel allerdings plausibel: Mit dem armen, sozial desolaten und gewalthaltigen Kiez seiner Jugend wollte er allerspätestens dann nichts mehr zu tun haben, wenn er eigene Kinder hätte. Seine Kinder sollten nicht wie er selbst einem Milieu ausgesetzt werden, das sie in Gefahr brachte, auf die schiefe Bahn zu geraten, sondern in einer kleineren Stadt aufwachsen, die weniger Aggressivität und Kriminalität erwarten lasse. In dieser Absichtserklärung steckte auch ein impliziter Vorwurf an die eigenen Eltern. Obwohl auch sie nach Serkans Darstellung darüber nachdachten, die Stadt zu verlassen, vermutete er, dass sie den Absprung nicht hinbekommen würden:

„Die überlegen schon eine Weile, aus Berlin wegzugehen nach Westdeutschland. Mit Arbeit ist es da besser und überhaupt, aber sie schaffen es irgendwie nicht so richtig, nochmal umziehen, denn eigentlich wollen sie ja auch zurück in die Türkei umziehen, wenn mein Vater in Rente ist."

Nicht nur in diesem Punkt wollte Serkan ein anderes Leben führen. Zwar bereitete ihm das Zusammenleben mit den Eltern und Geschwistern keine Probleme und barg nicht die Einschränkungen, mit denen die jungen Frauen in den elterlichen Haushalten zu tun (gehabt) hatten; zuhause fühle er sich „echt total wohl", berichtete mir der junge Mann. Die Wohnung sei schön und groß, da fühle er sich immer gut. Aber mit der Erwartung, sich bitteschön bald eine passende Braut suchen zu sollen, wurde auch Serkan von seinen Eltern konfrontiert. Das Thema verhandelte er vor allem mit seiner Mutter, die ihm auch bereits eine konkrete aus ihrer Sicht wünschenswerte Kandidatin ans Herz gelegt hatte.

Serkan: „Eigentlich ist es so: Nach meiner Ausbildung soll ich heiraten. Ich sage zu denen, ich heirate erstmal nicht, Punkt. Vor zwei Jahren, als wir in der Türkei waren, sagt meine Mutter doch echt, sie hat da ein Mädchen kennengelernt, und sie würde die auch gerne als Schwiegertochter haben! Ich habe so gelacht! Ich meinte zu ihr, ‚nee, nee, ich hab jetzt noch keine Lust zu heiraten und ich werde nicht heiraten, wenn du es mir sagst'. Sie meinte, ‚doch, doch, wenn ich es dir sage, musst du heiraten, so ist es nun mal. Ich gehe zu ihr.' [lacht] Da habe ich gesagt, ‚wenn das so ist, kannst du sie ja ruhig heiraten, ich habe dazu keine Lust'. Ich will ja meine Frau selber aussuchen. *Ich* will ja später mit ihr zu Ende leben und so. Da meinte sie dann, ‚ja gut, mach eben, was du willst'. Ich glaube, sie wollte nur meine Meinung wissen. Sie zwingt mich auch nicht zum Heiraten. Aber meine Mutter sagt, es wäre eigentlich schon besser, wenn sie das mitentscheidet. Weil es gibt Türken, die sind ganz anders. Also, wie soll ich das sagen? Es gibt Türken, die denken, sie sind *ganz* modern, und dabei sind sie ganz total zurückgeblieben. Die versuchen, in der Türkei wie die Europäer zu leben, aber sie übertreiben es alles und merken es nicht mal. Meine Mutter sagt, ‚für solche Türken habe ich kein Interesse, am liebsten würde ich die kurdischen nehmen', aber sonst ist ihr sowas egal: Die Frau von meinem Onkel ist zum Beispiel auch Türkin. Obwohl wir eine ganz andere Kultur als die haben, hat sie sich bei uns so angepasst. Die ist auch zufrieden damit."
Sabine: „Was für Unterschiede sind das zwischen türkischer und kurdischer Kultur?"
Serkan: „Wenn ich das alles erzählen würde, das würde gar nicht in Ihren Kopf reinpassen, weil es so viel ist!"
Sabine: „Vielleicht kannst du ja sagen, was für dich wichtige Unterschiede sind?"
Serkan: „Zum Beispiel: Bei uns muss erst der Ältere heiraten, also der Jüngere darf nicht vor dem Ersten heiraten. Gestern hab ich mich mit einem Freund darüber unterhalten, der wird bald heiraten, ein Türke, und der hat gesagt, bei ihnen gibt's das nicht, er heiratet vor seinem älteren Bruder! Das sind die modernisierten Türken, bei denen gibt's sowas nicht. Außerdem, unsere Eltern haben uns meistens erlaubt, bis um 8.00 Uhr oder so draußen zu bleiben. Eigentlich ist es immer noch so. Die sagen zu mir, ich soll eigentlich bis um 12.00 Uhr nachts nach Hause kommen. Manchmal gehe ich in die Disco, und die sind sogar dagegen, dass ich in die Disco gehe und sowas alles mache, weil es zu unserer Religion nicht so gut passt. Bei den modernisierten Türken ist das gar nicht so, die dürfen alles. Die versuchen, wie Europäer zu werden, aber die übertreiben es. In der türkischen Kultur ist es allgemein so, wenn ein Mädchen oder sogar auch ein Junge, wenn die Geschlechtsverkehr haben, wenn die nicht verheiratet sind, ist es so... wie sagt man, Ehre: also normalerweise muss man die erschießen, oder sie müssen dann heiraten. Und jetzt, in den Stadtteilen in Istanbul und so, ist es so wie hier in Deutschland. [...] Wenn es um die Kultur geht, sind die bei uns Kurden ganz streng. Und noch vor einigen Jahren ist es so gewesen in der kurdischen Kultur, dass ich mir meine Frau nicht aussuchen könnte, sondern meine Eltern das machen. Das war echt so!"
Sabine: „Aber das akzeptierst du ja jetzt nicht."
Serkan: „Weil *ich* sie ja heiraten will, nicht meine Mutter oder mein Vater, deswegen! Früher, als ich hierher gekommen bin, war ich ganz anders. Ich weiß nicht, wie ich das erklären soll. Zum Beispiel wäre ich bestimmt niemals mit einem Mädchen ausgegangen in Agri. Das fand ich peinlich. In der Türkei fand ich das total peinlich. Und jetzt mache ich es einfach. Ich habe eine Freundin gehabt. Sie ist Türkin, aber hier geboren. Ich kannte sie schon, als ich noch auf der Schule war. Schon seit dem wollte ich was von ihr, so unbedingt mit ihr zusammenkommen. Damals hat es irgendwie nicht geklappt, und dann war ich bei dem Lehrgang, und meine beste Freundin war auch dort. Eines Tages hat die gesagt, ‚sie will sich mit dir treffen', und ich meinte ‚okay'. Dann haben wir uns getroffen, und das war auch schön."
Sabine: „Jetzt seid ihr aber nicht mehr zusammen, höre ich da raus?"
Serkan: „Am Anfang hatte ich gedacht, es hat Zukunft, aber sie hat sich verändert. Deswegen konnte ich mir das nicht mehr vorstellen. Also ich hab eigentlich zu we-

245

nig Zeit für eine Freundin, wegen der Ausbildung. Jetzt habe ich ja eine deutsche Freundin [...] Sie ist auf'm Gymnasium, macht Abi und hat eine eigene Wohnung hier um die Ecke. Sie will natürlich nachmittags gerne was mit mir machen. Aber bis ich aus der Schule oder dem Betrieb raus bin, dann duschen, essen und alles, dann ist es schon Abend. Sie hat Zeit für mich, aber sie findet, dass ich nicht genug Zeit für sie habe."
Sabine: „Macht das für dich in so einer Beziehung einen Unterschied aus, ob du dich mit deiner Freundin auch auf Türkisch unterhalten kannst oder nicht?"
Serkan: „Das spielt eigentlich keine Rolle. Für mich ist das eigentlich gar nicht wichtig, nee, der Charakter muss stimmen, das ist die Hauptsache. Gut aussehen soll sie natürlich auch [lacht], aber die Persönlichkeit ist am wichtigsten und dass man sich versteht."
Sabine: „Könntest du dir auch vorstellen, eine deutsche Frau zu heiraten?"
Serkan: „Ja klar, ich habe ja auch gute Erfahrungen so gemacht. Mir ist es ganz egal, was die ist, also Türkin, Kurdin, Deutsche, der Charakter zählt: Sie muss ein guter Mensch sein. Aber bevor ich nicht eine Wohnung und alles bezahlen kann, heirate ich sowieso nicht."
Sabine: „Und ein Religionsunterschied, wäre der dir auch egal? Du gehst ja selbst inzwischen ganz gerne mal in die Moschee."
Serkan: „Ja, das ist egal. Bei uns sagt man ja, was sich für eine Politik hier in Deutschland abspielt, das ist eigentlich – so sagen einige – genau nach Koran, aber die Deutschen haben es selber entwickelt. Das hat mir einmal meine Mutter gesagt, und es hat auch so ein religiöser Mann gesagt. Wie es in Deutschland ist, genauso ist es auch im Koran gemeint. Es gibt halt eben Unterschiede mit dem Geschlechtsverkehr vor dem Heiraten und bei so Straftaten, was man da machen soll, aber sonst ist es wie im Koran auch."

Mit seinen Vorstellungen zu Ehe und Familiengründung bekräftigte Serkan, dass die Zeiten der jugendlichen Rebellion hinter ihm lägen und er ein rechtschaffenes und verantwortungsvolles Leben führen wollte. In den Äußerungen vom „normalen" Leben, das ihm vorschwebte, und von der materiellen Sicherheit, die zunächst einmal gegeben sein müsse, damit er eine Wohnung finanzieren könne, kommt zum Ausdruck, dass er sich eine Versorgerehe nach konventionellem Muster vorstellte, in der er den Großteil des Haushaltseinkommens erwirtschaften würde. Zwar schloss er auf meine Nachfrage dazu nicht aus, dass seine künftige Ehefrau einem Beruf würde nachgehen können, aber er fand es „auch wichtig, dass eine Mutter für ihre Kinder da ist". Familie und Beruf gegebenenfalls miteinander zu vereinbaren, war mithin kein Dilemma, das Serkan in seiner *eigenen* biographischen Planung beschäftigte. Es würde seiner Frau zufallen, ein Modell zu entwickeln, das Beruf *und* Familie gerecht würde, falls ihr daran läge, einen Beruf auszuüben.

In seinem Konzept von der privaten Lebensführung folgte Serkan weitgehend dem, was seine Eltern von ihm erwarteten; allein bei der Frage der Partnerwahl und dem Zeitpunkt einer Heirat war er nicht bereit, den mütterlichen Empfehlungen zu folgen. Dabei schienen Mutter und Sohn sich in der Ablehnung solcher „Türken, die denken, sie sind ganz modern" und „versuchen, in der Türkei wie die Europäer zu leben", sogar einig zu sein. Ob er aber überhaupt eine Frau kurdischer oder türkischer Herkunft heiraten würde, war für Serkan nicht ausgemacht. Er nahm an sich in diesen Dingen einen Veränderungsprozess wahr hinsichtlich dessen, was für ihn vorstellbar und schön sei.

So wie er in Berlin geworden sei, würde er bestimmt nicht mehr in der Türkei leben können. Wäre es ihm früher peinlich vorgekommen, mit einem Mädchen auszugehen, fand er nun Gefallen daran, eine Freundin zu haben, besuchte Discotheken und setzte sich dabei darüber hinweg, dass seine Eltern ihn bis spätestens Mitternacht zurück erwarteten. Serkan war damit zu den Normen, die ihm als Zeichen kurdischer Kultur galten, einerseits auf Distanz gegangen. Andererseits missfiel ihm, dass „die modernisierten Türken" sich an keine Anstandsregeln mehr zu halten schienen. Die ambivalente Beurteilung klingt danach, als wollte Serkan die Konventionen, die ihm auf Grund seiner persönlichen Entwicklung selbst nicht mehr ‚passten', zumindest in der Türkei noch gewahrt wissen. Leben „wie die Europäer" und die moralisch einwandfreie Lebensführung in der Türkei von ehedem repräsentierten aus dieser Perspektive zwei Pole, zwischen denen er einen Mittelweg beschreiten wollte.

Der Weg, den Serkan für sich entwarf, bestand in einer Liebesheirat, für die Fragen der Nationalität ganz irrelevant seien, da allein der Charakter und die Qualität der Beziehung zähle – neben dem guten Aussehen, das seine künftige Braut mitzubringen hätte. Da *er* ja mit seiner Frau zusammenleben würde, hielt er es für abwegig, seinen Eltern Mitspracherecht zu geben, und hatte seine Konzessionslosigkeit in dem Punkt artikuliert. Dass die öffentliche Ordnung der Deutschen ganz im Sinne des Koran sei, ließ ihn auch eine mögliche religiöse Differenz als unerheblich betrachten.

Da Serkan Heiratspläne in die Zeit nach einer beruflichen und finanziellen Konsolidierung verschob, hatte das Thema in seiner Familie zunächst keine Relevanz. Ob es etwa große Widerstände mobilisieren würde, wenn er tatsächlich eine Frau deutscher Abstammung ins Auge fasste, die möglicherweise nicht Muslima wäre, war eine rein spekulative Frage. Indem Serkan darauf verwies, die Frau seines Onkels sei ja auch Türkin und habe sich an die kurdischen Gepflogenheiten seiner Familie angepasst und sei zufrieden damit, setzte er offenbar sowohl voraus, dass seine künftige Frau einige Anpassungsbereitschaft aufbringen müsse, als auch, dass den Ansprüchen seiner Familie damit Genüge getan sei. Selbst wenn er sich in dieser Hinsicht täuschen sollte, fällt auf, dass Serkan nicht unter dem gleichen Druck stand, die biographischen Entscheidungen zu treffen wie die fokussierten jungen Frauen. Weder hatte er wie Sahar und Ilona zu befürchten, dass er „verwelken" würde, wenn er nicht bald eine Ehe einginge, noch war die Frage der beruflichen Qualifizierungsoptionen für Serkan durch Überlegungen der Reproduktionsplanung beeinträchtigt.

Ost-Deutsche, West-Deutsche, „Ausländer": Akzeptanzdilemmata

Die bislang diskutierten Einstellungen zur Lebensführung bilden ein Spektrum an unterschiedlichen Orientierungen und Strategien ab, mit denen die Einzelnen sich u.a. zu intergenerationalen Diskrepanzen von biographischen Zielvorstellungen verhielten. Die unterschiedlichen Motivationen und Prioritätensetzungen zogen dabei in unterschiedlichem Ausmaß soziale Abhängigkeiten oder Autonomiebereiche nach sich: Mit dem Wunsch nach einer konventionellen Kleinfamilie machte Ilona ihr Konzept vom guten Leben davon abhängig, dass ihr Freund sie heiraten würde. Mehabad befreite sich aus der Umklammerung durch ihre Mutter und setzte die eigene Freiheit zur unabhängigen Entwicklung an die oberste Stelle. Helena mochte ihre Eltern nicht brüskieren und verstetigte mit dem diplomatischen Anliegen die eigene biographische Ambivalenz. Im Unterschied zur Einflussnahme auf die Gestaltungsspielräume, die sich mit eigenem Handeln oder Unterlassen im Privaten nehmen lässt, stehen biographische Entscheidungen im gesellschaftlichen Raum unter dem Einfluss weiterer Strukturmomente. Die Frage der sozialen Identifikation lässt sich ebensowenig unabhängig von Anderen nur mit sich selbst ausmachen. Intersubjektive Geltung gewinnt eine Selbstverortung im sozialen Raum ja erst in der bestätigenden Zurechnung, die Andere vornehmen bzw. verweigern können.

Gab es in dieser Hinsicht nach dem Ende der Schulzeit eine Veränderung? Welche Erfahrungen machten die jungen Leute, die sich als Schülerinnen und Schüler als „AusländerInnen" verstanden hatten, im Hinblick auf ihre Position in der deutschen Gesellschaft, und wie deuteten sie diese? In Äußerungen zu dem Themenbereich zeigte sich, dass diejenigen meiner GesprächspartnerInnen, die in Berlin verblieben waren, nach dem Verlassen der Schule stärkere Diskriminierungen erfuhren als zuvor, und dass sie diese in erheblichem Maße mit der deutsch-deutschen Vereinigung in Verbindung brachten. Es herrschte eine frappierende Übereinstimmung in der Wahrnehmung, dass Berlin in Folge der Maueröffnung zu einem prekären Sozialraum geworden sei. Ost-Berlin galt als tendenziell bedrohliches Terrain, das Berliner Umland als von Ausländerfeinden bewohnte *no-go-area*. Aus Sicht der hier Fokussierten stellte sich Berlin seit dem Mauerfall als die geteilte Stadt und Enklave dar, die es für die deutsche Bevölkerungsmehrheit seither nicht mehr ist. Diese Polarisierung hatte Konsequenzen für Handlungsorientierungen im Alltag, für die Selbstwahrnehmungen und die Optionen der sozialen Identifikation. Die Dilemmata, mit denen die jungen Erwachsenen sich im Berliner *setting* konfrontiert sahen, lassen eine komplexe Dynamik von Exklusionserfahrungen und Zugehörigkeitsempfinden erkennen. Zugleich werfen die Deutungen der Berliner Sozialtopographie nach dem Schema der Ost-West-Differenz ein Licht auf inhärente Probleme des gesellschaftlichen Integrationsprojekts „Zusammenwachsen" von Ost und West, das für die Nachkommen der Arbeitsimmigranten spezifische Implikationen birgt. Diesen Rahmen skizziere ich kurz.

Seit dem Zusammenbruch der DDR ist das „Zusammenwachsen" von Ost und West Thema in der politischen Debatte und Medienöffentlichkeit der Bundesrepublik. Für Berlin hat das besondere Bedeutung. Kaum weniger als die Berliner Mauer für die deutsche Teilung stand, fungiert die Stadt seit der Vereinigung als ein Indikator für die gesamtdeutsche Entwicklung. Anlässlich des 10jährigen Jubiläums der Deutschen Einheit im Oktober 2000 wandte sich ein Großteil des medialen Interesses der Bevölkerung Berlins und der Frage zu, wie sehr partikulare Selbstverständnisse als „Ost-" oder „West-Berliner" bereits einer Identifikation mit der wieder vereinten Hauptstadt gewichen sei. Die Bilanz fiel überwiegend negativ aus. Während westdeutsche Kommentatoren eine Regression in Ostalgie und Wehleidigkeit konstatierten, beklagten ostdeutsche Beobachter im innerdeutschen Verhältnis eine nicht hinnehmbare „Entwertung" ostdeutscher Lebenserfahrungen durch westdeutsche Definitionsvorherrschaft. Der ostdeutsche Soziologe Wolfgang Engler sah etwa die Feierlichkeiten zum 10. Jahrestag des Mauerfalls als Beispiel für Usurpationsaktivitäten der Westdeutschen: Trotz ihres geringen Anteils an der Maueröffnung hätten sie das Ereignis in der Öffentlichkeit für sich vereinnahmt (Engler/Rada 2000). Einschätzungen wie diese weisen auf Enttäuschungen aus dem ersten Jahrzehnt der staatlichen Einheit hin. Sie zeigen überdies, dass mit dem Ost-West-Diskurs Auseinandersetzungen einer sozialen Konstruktion der Erinnerung sowie nationaler Selbstverständnisse verbunden sind: Mit seiner Kritik wirft Engler die Frage auf, wem die Einheit ‚gehört', und positioniert zugleich Ost- und Westdeutsche als Konkurrenten um die Ressource der gesellschaftlichen Deutungsmacht in Fragen des Vereinigungsgeschehens. Obwohl als Plädoyer für die Berücksichtigung spezifischer Perspektiven auf das historische Ereignis angelegt, lässt die These von Ost- versus Westdeutschen als rivalisierender Akteure sowohl innere Pluralitäten in beiden gesellschaftlichen Großgruppen außer Acht als auch die Reichweite der historischen Prozesse über die unmittelbare Beteiligung hinaus.[9]

Unstrittig ist, dass der Fall der Berliner Mauer und die Vereinigung der beiden deutschen Staaten als historische Ereignisse in die kollektive Erinnerung der kommenden Generationen überführt und Gegenstand der Konstruktion von künftiger Gemeinsamkeit werden sollen. Dieses Ziel wird in Schulen verfolgt. In die Lehrpläne und Schulbücher der Berliner Schulen haben nach der Vereinigung zügig Vorgaben Eingang gefunden, denen zufolge „Berlin und Brandenburg" ein Schwerpunktthema zu sein habe. Der Akzent liegt dabei auf dem „Zusammenwachsen" und dem „Prozess der inneren Einheit

---

9 Auch für die an der Maueröffnung nicht aktiv mitwirkenden Westdeutschen ist die BRD ja nicht geblieben, was sie vor 1989 war. Ebenso wenig sind die seitherigen gesellschaftlichen Veränderungen nur Sache der Deutschen aus DDR und BRD, sondern betreffen alle Bevölkerungsgruppen, respektive alle Steuerzahler im Land ungeachtet ihrer Nationalität, und darüber hinaus Deutschlands internationale Beziehungen. Ohne die politischen Veränderungen in der Sowjetunion der '80er Jahre wäre wohl auch das Ende der DDR 1989 nicht möglich gewesen. Angesichts der Komplexität an Ursachen, Wirkungen und Interessen, die zur Vereinigung von BRD und DDR 1990 geführt haben, offenbart die exemplarisch zitierte Auffassung, der Beitrag der Ostdeutschen werde in der Repräsentation der Ereignisse von 1989/90 nicht ausreichend gewürdigt, vor allem dass für das gemeinsame Projekt ‚Vereintes Deutschland' noch kein konsensfähiger Ursprungsmythos hinsichtlich der relevanten sozialen Akteure formuliert ist. Der Diskurs ist im Wettbewerb und bietet Verhandlungsspielräume.

Deutschlands"[10]. Willy Brandts Kommentar zum Mauerfall – „Jetzt wächst zusammen, was zusammengehört." – wird ZehntklässlerInnen seither als historische Herausforderung und vorrangige Zukunftsaufgabe vermittelt (etwa in Ebeling/Birkenfeld 1991, Bd. 6: 157). Diese Akzentuierung der Herstellung „innerer Einheit" und die Priorität, die dem „Zusammenwachsen" auf der Agenda eingeräumt wird, hat Prämissen und Konsequenzen. Im Zentrum der Aufmerksamkeit stehen nun weniger die Verfahrensweisen und instrumentelle Aspekte der Partizipation am demokratischen System, sondern ein quasi organisches Konzept vom deutschen Volk, dessen Zusammengehören offenbar keiner Problematisierung, sondern vor allem einer nachholenden Bewusstseins-Entwicklung bedarf. Wo vorrangig Differenz zugunsten der „inneren Einheit" überwunden werden soll, bleibt nach Stellenwert und legitimen Möglichkeiten von innergesellschaftlicher Pluralität zu fragen: Wo sind die Freiräume zum Anderssein in dem Bild der „zusammenwachsenden" Ost- und West-Gesellschaften? Wo verlaufen innerhalb der gesamtdeutschen Gesellschaft die Grenzen der imaginierten Zusammengehörigkeit?

Ruft man sich in Erinnerung, dass der Schulbuchdiskurs in dem hier untersuchten Fall die Berliner Immigrantenbevölkerung tendenziell als Repräsentanten einer negativ kulturalisierten Differenz in den Blick nimmt und damit als Nicht- oder allenfalls Minder-Zugehörige positioniert, wird deren sozialtopographische Wahrnehmung von Berlin als einer seit 1989 praktisch geteilten Stadt nachvollziehbar. Dass die jugendlichen „Ausländer", wie ihr Lehrer mir 1997 berichtet hatte, die Vereinigung der beiden deutschen Staaten mit Trauer und der Sorge gesehen hatten, sie könnten selbst ins gesellschaftliche Hintertreffen geraten, war angesichts der Schulbuch-Repräsentationen verständlich. Zugleich hatten die Jugendlichen zu der Zeit allerdings wenig Kontakt mit ehemaligen DDR-BürgerInnen. Abgesehen davon, dass es einige Sport-Begegnungen gegeben hatte, bei denen sich das Bild von den Ost-Jugendlichen als „Nazis" durch rassistische Pöbeleien aus deren Reihen prompt bestätigt hatte, gab es meines Wissens keine Beziehungen von „ausländischen" SchülerInnen in den Ostteil der Stadt. In einigen Immigrantenfamilien waren den Heranwachsenden nach der Maueröffnung auch spezielle Restriktionen auferlegt worden: Serkan hatte beispielsweise generell nicht mehr in bestimmte Gebiete nahe der ehemaligen Staatsgrenze gehen dürfen. Da Kreuzberg und Neukölln Nachbarbezirke zur ehemaligen DDR sind, sorgten sich seine Eltern dort seit dem Mauerfall um die Sicherheit ihrer Kinder.

Die Handlungsbedingungen änderten sich mit dem Verlassen der Schule. Das Aufsuchen von Ausbildungsplätzen, der Besuch von Berufsbildungszentren, Berufs- oder Hochschulen zwangen die SchulabgängerInnen teils dazu, sich selbst in den Osten der Stadt zu begeben. Auch wenn ihre eigenen Ausbildungsorte weiterhin in West-Berlin lagen, waren in all den Einrichtungen auch Ost-BerlinerInnen vertreten, sei es als Lehrkräfte, Ausbilder oder Dozenten, sei es als MitschülerInnen, Azubis oder Kommilitonen. Eine solche Zu-

---

10 Vgl. Rahmenplan Geschichte. Berlin 1995, Klasse 10: Lerninhalte 4.

nahme an Kontakten und Interaktionen birgt grundätzlich die Chance, Stereotypen wie die über „die Nazis im Osten" abzubauen. Die Erfahrungen meiner Berliner GesprächspartnerInnen gingen jedoch in eine gegensätzliche Richtung: Gegenüber den zumeist positiv erinnerten „deutsch-ausländischen" Beziehungen im schulischen Milieu hob die Zeit danach sich durch Eindrücke wachsender sozialer Polarisierung im Alltag ab. Die diesbezüglichen Darstellungen präsentiere ich im Folgenden in zwei Schritten. Zunächst geht es um die alltäglichen Erfahrungen im Feld der beruflichen Tätigkeit bzw. Ausbildung, sodann um deren Deutung in Bezug auf den größeren Zusammenhang des gesellschaftlichen Lebens in Deutschland. Inwiefern die Schlussfolgerungen der jungen Erwachsenen für ihr eigenes Leben und die Frage ihres sozialen Ortes sich gleichermaßen als Resultate wie auch als Beiträge zur Auseinandersetzung um die „innere" deutsche Einheit verstehen lassen, lege ich im Abschlusskapitel dar.

Diskriminierungserfahrungen

Nach allgemeinem Dafürhalten hat Berlin durch den Mauerfall ein Zentrum, der Westteil der Stadt sein Umland wiedergewonnen, die Zeiten der Insellage West-Berlins sind überwunden. In der Wahrnehmung und daraus abgeleiteten Handlungslogik meiner GesprächspartnerInnen aus dem West-Berliner Immigrantenmilieu hatte die Maueröffnung einen gegenteiligen Effekt. Seit der deutschen Einheit hatten sie mehr und mehr das Gefühl bekommen, in einer geteilten Stadt zu leben. Hatten sie als Kinder und Jugendliche im Schatten der Berliner Mauer in Kreuzberg und Neukölln gelebt, ohne den Berliner Osten sonderlich zur Kenntnis zu nehmen, geriet das Gebiet der vormaligen DDR im Laufe der 1990er Jahre zunehmend ins Visier ihres Denkens und Handelns, zunächst als ein auf Grund diffuser Bedrohung gemiedenes Terrain, später als Synonym für unmittelbare Konfrontationen mit Rassismus.

Von den fünf jungen Leuten, die in Berlin verblieben waren, machte Serkan in dieser Hinsicht entweder die drastischsten Erfahrungen, oder er brachte sie am vehementesten zum Ausdruck. Im Vorangegangenen war bereits die Rede von den Konflikten in seinem Ausbildungsbetrieb. Für Serkan stand außer Frage, dass der alltägliche Rassismus, den er dort zu spüren bekam, mit der Lage der Einrichtung auf ehemaligem DDR-Gebiet und mit der Ost-Berliner Provenienz des ausbildenden Personals zu tun hatte. Dass es einschlägige Probleme besonders im Ostteil der Stadt gebe, hatte Serkan bereits vom Arbeitsamt zu hören bekommen. Man hatte ihm von einer Lehre im Ost-Berliner Marzahn ausdrücklich abgeraten wegen der hohen Zahl Rechtsextremer in dem Bezirk. Serkans Erfahrungen in Treptow bestätigten seinen Verdacht, dass „die Ostler, also jedenfalls ganz viele von denen, irgendwie ziemlich rassistisch sind", und er bereute, sich überhaupt auf eine Ausbildung in Ost-Berlin eingelassen zu haben.

Serkan: „Die Ausbildung mache ich ja in Ost-Berlin, und das ist total krass da. Am Anfang wollte ich doch Fliesenleger werden, aber das hat ja schon mal nicht geklappt, weil die Ausbildung in Marzahn [in Ost-Berlin] war. Ich habe mit so einer Frau geredet, die war zuständig für den Betrieb, [...] als Sozialpädagogin [...] Sie meinte, ‚hier sind einige Türkische, die auch hier die Ausbildung machen. Aber es sind zu viele ausländerfeindliche Jugendliche da, deshalb haben die Türken keine Lust herzukommen und lassen sich immer krank schreiben'. Und sie meinte, es wäre besser, wenn ich was im Westen kriegen kann. Da hab ich mich dann für KFZ-Mechaniker entschieden und auf dem Arbeitsamt [...] diese Stelle gekriegt. Das ist auch im Osten, aber nicht so weit. Vom U-Bahnhof Neukölln braucht man bloß zwei Haltestellen zu fahren, dann kommt man da hin: Schöneweide. Und ich dachte, da ist es dann vielleicht besser und bin hingegangen. Aber ich habe da so schlechte Erfahrungen gemacht, also so was hab ich ja bisher noch nie gesehen! Zur Berufsschule gehe ich ja immer hin. [...] Das ist in Charlottenburg, das ist im Westen, das reicht schon, da fühle ich mich zuhause. Aber in dem Betrieb? Was ich da erlebt hab, das hab ich im Westteil noch nie erlebt, so was. So was hab ich noch nie gesehen, seit ich hier in Deutschland bin. Was die da reden und so, ist nicht normal! Also seitdem ich dort war, habe ich gesehen, wie die Leute dort sind, die Ostler, wie schlimm die sind! Und dabei ist das noch recht nahe an Neukölln, wo die Werkstatt ist! [...] Dass die sich *allgemein* so verhalten! Nicht nur mal zu Einem, also so wie zu mir: Da war zum Beispiel ein Türke, der hat mal in den Kalender geguckt, der da hängt, mit Bildern von nackten Frauen, und da soll der Meister gesagt haben, ‚was guckst du denn deine Mutter so an?' – Solche Sachen zum Beispiel und noch viel mehr, immer gegen Ausländer! Ich hab ein Problem mit der Polizei gehabt, weil ich mit meinem Cousin zusammen einen Mietwagen geliehen hatte, dann ist er zu schnell gefahren. Aber weil's auf meinen Namen gemietet war, hab ich die Strafe und die Anzeige gekriegt, und mein Führerschein sollte eingezogen werden, dabei war ich gar nicht dabei gewesen. Dann habe ich das erklärt, und die hatten auch ein Foto, das Verfahren sollte eingestellt werden. Aber dafür musste ich zu einer anderen Polizeistelle gehen, damit die meinen Führerschein nicht einziehen. Das habe ich dem Meister alles gesagt und gefragt, ob ich da gleich Montag früh erstmal zur Polizei gehen kann. Da hat er gesagt, er lässt mich nicht gehen! Ich habe gesagt, warum denn nicht? Ich habe 3.000,- Mark für meinen Führerschein bezahlt, und jetzt soll er mir weggenommen werden, dabei bin ich da gar nicht gefahren. Dann hat er gesagt, ‚ihr Ausländer habt immer so Ausreden'. – Ich zu ihm: ‚Was soll das denn wieder heißen?' Da hat er sich korrigiert und gesagt ‚ihr Südländer', und ‚meine Jungs haben so was nicht am Hals'. – Ich habe gesagt, ‚das ist doch nicht normal wie Sie da reden, und was denn ‚seine Jungs' überhaupt heißen soll?' – Da hat er gemeint, die Deutschen haben solche Sachen mit der Polizei nicht! So ein totaler Quatsch!"

Dass der Berliner Westen, besonders die Stadtteile mit hohen Ausländeranteilen, Neukölln, Kreuzberg, Wedding, sicheres Territorium seien, war mir bereits 1997 versichert worden: „Die [Nazis] trauen sich gar nicht an unsere Schule oder nach Kreuzberg, weil da so viele Ausländer sind", hatte der damals 17jährige Serkan erklärt. Dass „die Nazis" im Osten zu lokalisieren seien, galt als unzweifelhaft. Schon damals hatte es bei Serkan besondere Fassungslosigkeit ausgelöst, dass er nicht etwa nur von gleichaltrigen Ost-Berlinern rassistische Sprüche zu hören bekam, sondern auch Erwachsene mit Vorbildfunktion, von denen ein Einschreiten hätte erwartet werden müssen, untätig geblieben waren. So seien einige Ost-Berliner Schüler der Neuköllner Schülermannschaft bei einem Fußballspiel ausländerfeindlich begegnet, und die begleitenden Lehrer der Mannschaften aus dem Osten seien nicht eingeschritten. Die Konfrontationen mit den Meistern in der Ausbildungseinrichtung knüpften an derlei Erfahrungen an. So hatte Serkan dem Meister, mit dem er die größten Probleme hatte, mehrfach entgegengehalten, er müsse doch ein Vorbild sein und könne „doch nicht so einfach daherreden". Dass der sich nicht einmal davon beeindrucken ließ, sondern sein Verhalten fortsetzte, war für Serkan Zeichen einer verkehrten Welt und ließ ihn zu dem Schluss kommen, die seien „nicht normal", die „Ostler".

Obwohl Serkan nicht zu pauschal urteilen wollte – „Ich will ja gar nicht sagen, dass die ausländerfeindlich sind im Betrieb, weil zu einigen Arabern und Russen ist der Meister auch ganz nett. Ich will auch nicht sagen, dass *alle* so sind, aber viele." – wurde sein Urteil dadurch bekräftigt, dass die Sozialpädagogin vom Arbeitsamt ihm geraten hatte, sich lieber etwas im Westen der Stadt zu suchen. Hinzu kam noch, dass die irritierenden Erlebnisse nicht auf die Auseinandersetzungen mit einem Meister in der Treptower Einrichtung beschränkt waren.

Serkan: „Mit einigen Meistern kommt man sehr gut klar. Aber die sind nicht von unserer Werkstatt, sondern kommen nur manchmal da vorbei, und wir reden dann über alles. Vielleicht sind das auch gar keine Ostler, ich weiß es nicht genau. Am Anfang haben wir zum Beispiel drei Monate nur gefeilt, und das hat so genervt! Die Arme haben weh getan und so, und da kam so ein Meister und fragte, wie es läuft, und ich meinte, ‚naja eigentlich ganz schlecht. Seit zwei Monaten feilen wir hier, und wir sollen doch KFZ-Mechaniker werden!'. Er meinte, das sind Grundkenntnisse, und hat mir erzählt, weswegen das nötig ist. Und dass er ein Jahr lang nur gefeilt, stell dir mal vor! Das hat mir so ein bisschen Mut gemacht. Oder da sind auch ein paar Meister, wenn wir fragen, ‚wie wird das und das gemacht?', dann kommen die und erklären uns das. Aber sonst... Also morgens, wenn ich da hin laufe, gucken schon die ganzen Leute mich da so an! Ich denke immer, ‚was ist denn mit denen bloß los, warum gucken die mich alle so an? Haben die noch nie einen Menschen gesehen?' – Vielleicht, weil ich mich so auffällig anziehe. Ich glaube, das kann auch daran liegen. Ich ziehe mich ja gerne ein bisschen auffällig an. Zum Beispiel im Winter, wenn ich die da gesehen habe, waren die immer so ganz dick in Jacke alle angezogen, und alles nur eine Farbe. Und ich hatte so 'ne Jacke mit ganz vielen Farben an, und außerdem hatte ich eine Mütze, die hab ich manchmal auch umgedreht getragen. Und auf einmal gucken die mich alle so an!"
Sabine: „Das kann aber anderswo auch mal passieren, oder?"
Serkan: „Es passiert aber nicht woanders! Ich bin so ungefähr ein halbes Jahr, nachdem die Mauer auf war, hergekommen. Aber sowas hab ich noch nicht erlebt. Übers Fernsehen, manchmal auch im Unterricht haben wir das so gesehen in Berichten, wie es vorher war im Osten. Aber sogar die Ostler, also einige sagen, ‚ja, die Mauer sollten wir ruhig wieder aufbauen'! Gestern hat das einer in der Berufsschule in der Klasse gesagt. Ich meinte zu ihm, , ich habe nichts dagegen. Ja, ich würde dir sogar gerne dabei helfen, die Mauer wieder aufzubauen'. Ich habe ihm gesagt, ich würde sie sogar noch fünf Meter höher machen!' [Er lacht] Ja, also der ist eigentlich ganz okay so. [...] Aber es gibt zum Beispiel einen anderen, der sagt zu mir direkt, ‚ich bin ein Hitler-Fan' und so was! Letztens, also da hab ich mal so rumgefragt, für welche Partei die Anderen eigentlich so sind. Einer sagt, er ist für die Grünen, einer für CDU und so, und der sagt, für die NSDAP! Da sag ich zu ihm, ‚du Trottel, die Partei gibt's gar nicht mehr – was redest du denn?' Er meinte, ‚ist doch egal, die werden wir bald wieder gründen'. Die wissen irgendwie auch gar nicht, wie gut es ihnen jetzt geht."
Sabine: „Und warum wollen einige der Ost-Jungs die Mauer wieder haben?"

Serkan: „Keine Ahnung. Sie wissen es selber nicht, glaube ich. Und sie haben irgendwie auch gar keine Ahnung von Deutschland und davon, wie es hier so ist, im Westen! Wir hatten gestern Unterricht darüber, wie viele Leute in Deutschland leben, wieviel Prozent Ausländer und dies und das. Auf einmal kommen die Türken natürlich mit den meisten Prozenten, ich denke mal so 20 oder 30% irgendwie von den Ausländern, und dann lachen alle irgendwie. Ich sage zu denen, ‚warum lacht ihr denn?' – ‚Ja, wo habt ihr den restlichen Türken gelassen?' fragen die Ostler. Auch der eine Nazi da, sagt zu mir, ‚wo habt ihr den anderen Türken gelassen? Wer lebt denn jetzt eigentlich noch in der Türkei?' Ich sage, ‚was ist denn das für eine Frage?' – ‚Ja, ihr habt ja alle nach Deutschland gebracht.' So redet der. Da habe ich ihn so angelacht und hab gemeint, ‚du bist nicht normal'! Die wissen irgendwie gar nicht, wie es hier ist."

In dieser Interview-Passage tauchen mehrere Aspekte auf, die in ähnlicher Weise auch von den jungen Frauen vorgebracht wurden: Die erstmals ganz direkten oder aber vermehrten Erfahrungen mit „den Ostlern" führten zu dem Schluss, diese seien unzivilisiert, „nicht normal", in ihrem Verhalten borniert und voller Vorurteile, und zwar nicht einmal ‚nur' gegenüber den Bevölkerungsteilen ausländischer Herkunft, sondern auch im Hinblick auf das Leben im Westen überhaupt. Dass nicht einmal die Verantwortungsträger wie seine Ausbilder sich ihrer Position entsprechend korrekt verhielten, brachte vor allem Serkan so deutlich zur Sprache. Dabei schienen seine Erwartungen gar nicht sonderlich hoch zu sein, wenn er es bereits als positive Erfahrung vermerkte, dass einige Meister zu den Arbeitsaufträgen auch Erklärungen abgaben oder Fragen ihrer Auszubildenden beantworteten. Bezeichnend ist indes auch, dass Serkan bei Meistern, mit denen er gut zurecht kam und über alles reden konnte, prompt der Gedanke kam, „vielleicht sind das auch gar keine Ostler". Sich auf einer Wellenlänge mit ehemaligen DDR-Bürgern verständigen zu können, schien jeder Wahrscheinlichkeit zu widersprechen.

Serkans Bemerkung, wonach die Ausbildungs-Werkstatt doch noch recht nahe an Neukölln sei und er daher um so mehr staune, „wie schlimm die Leute dort sind", macht deutlich, dass die heimatlichen West-Kieze nicht nur als sicheres Rückzugsterritorium empfunden wurden, sondern auch eine Erwartung bestand, dass die dort herrschende Selbstverständlichkeit des Zusammenlebens von Menschen unterschiedlichster Herkunft auf die Nachbarbezirke ausstrahlen würde. Damit verweist dieses Bild auf ein Konzept von Zentrum und Peripherie, das ähnlich wie die Wahrnehmung der Teilung Berlins seit 1989 das dominante Negativ-Image umkehrt: Gleichfalls auf einer Achse von Zentrum und Peripherie werden in der öffentlichen Repräsentation häufig Neukölln und Kreuzberg gegen das glitzernde neue Zentrum in Berlin-Mitte gestellt. Die sanierungsbedürftigen, von der eingewanderten Bevölkerung mit mehrheitlich türkischer Herkunft geprägten Viertel Kreuzberg und Neukölln sind überregional als Inbegriff von migrantischer „Parallelgesellschaft" bekannt. In Berliner Stadtrundfahrten dienen diese „Ghetto"-Bezirke als Gegengewichte zum schicken neuen Berlin und dazu, das krasse Nebeneinander verschiedener sozialer Milieus in der Hauptstadt zu illustrieren. In Serkans Blick auf Berlin rücken sie hingegen ins positiv besetzte Zentrum einer städtischen

Topographie, deren ordnendes Kriterium der zivile Umgang zwischen Deutschen und „Ausländern" ist: Im Westen Berlins fühlt Serkan sich zuhause. Dass die Berufsschule im Westen ist, „reicht schon", denn die Deutschen im Westteil der Stadt seien ja „völlig anders als die Leute im Ostteil". Auch die Anderen sahen es so, dass die Zugehörigkeit und der Beitrag der Arbeitsimmigranten zur ökonomischen und zivilen Aufbauleistung der BRD von den ehemaligen DDR-Bürgern negiert werde; und nicht nur Serkan hatte das Gefühl, im Osten der Stadt so schräg angeschaut zu werden wie nirgends je in West-Berlin.

Die heimatlichen West-Viertel bedeuteten also eine emotionale Sicherheit, und dieses sichere Terrain zumindest in der Nähe zu wissen, beeinflusste biographisch nicht unerhebliche Entscheidungen wie die Wahl der Ausbildung. Serkans Kalkül, dass eine Ausbildung im Nachbarbezirk Treptow nicht so schlimme Begleiterscheinungen zeitigen würde wie das Klima, das die Sozialpädagogin des Arbeitsamtes ihm für Marzahn in Aussicht gestellt hatte, war allerdings nicht aufgegangen. Obwohl er nun nahe an Neukölln geblieben war, musste Serkan verblüfft feststellen, dass der Mauerfall dort wohl nicht viel bewirkt habe. Selbst nahe der ehemaligen Grenze wüssten die Ostdeutschen kaum etwas vom Leben in West-Berlin, und aus seiner Sicht zeigten sie auch keinerlei Bereitschaft, dieses Defizit abzustellen:

Serkan: „Also die [Ostdeutschen] sind irgendwie... so zurückgeblieben, es kommt mir auf jeden Fall so vor. Obwohl ich seit neun, zehn Jahren oder so in Deutschland bin, war ja grade Mauerfall; wenn ich so überlege: *Ich* habe mich mehr als die entwickelt! Ich hab mich wenigstens hier so angepasst, aber die da? Ich weiß nicht."

Wie wenig Auswirkungen der Mauerfall, auf das Bewusstsein „der Ostler" selbst in unmittelbarer Nähe zum Westen gehabt habe, frappierte Serkan angesichts seiner persönlichen Entwicklung in der gleichen Zeit. Der Hinweis, er selbst habe sich in den vergangenen neun Jahren besser angepasst und entwickelt als die Ostdeutschen, operiert auf bemerkenswerte Weise mit der Forderung nach Assimilation, die typischerweise an die Immigrantenbevölkerung in Deutschland gerichtet wird. Das Argument bezieht sich auf die etablierte soziale Hierarchie von Alteingesessenen und Neuankömmlingen, und es bringt eine erfolgreiche Anpassungsleistung der Einwanderer in Anschlag, aus der eine Überlegenheit gegenüber den ehemaligen DDR-Bürgern erwächst: Selbst in West-Berlin heimisch geworden, konnte Serkan nicht nachvollziehen, dass einige ehemalige DDR-Bürger sich gewissermaßen ihren eigenen Entwicklungsmöglichkeiten in den Weg stellten, indem sie „sagen, ‚ja, die Mauer sollten wir wieder aufbauen'". Offenbar wüssten sie gar nicht, wie gut es ihnen ginge. Auch dass dort im Winter alle die gleichen tristen Jacken trügen und man schon mit einer bunten Winterjacke merkwürdige Blicke ernten würde, klingt danach, als könnten die Ost-Berliner mit ihrer hinzu gewonnenen Konsum-Freiheit ebenso wenig umgehen wie mit anderen Abweichungen vom einst Gewohnten, und als würden sie sich insgesamt der Vereinigung mit der Bundesrepublik nicht würdig erweisen. Diese Einlassungen wecken Erinnerungen an die Episode der fehlenden Dankbarkeit der DDR-Bürger für die über die Mauer geworfenen Südfrüchte, und sie zeigt ein hohes Maß an Identifikation mit dem *modus vivendi* im Westen an. Angesichts des eigenen Gefühls, sich angepasst zu haben und in West-Berlin zuhause zu sein, musste es umso kränkender sein, von den gegenüber einem selbst „zurückgebliebenen" Ostdeutschen diskriminiert zu werden.

Ähnlich einmütig wie sie eine anhaltende Differenz von Ost- und West-Gesellschaft konstatierten, die im Alltag nach Ende der Schulzeit allgemein zur relevanteren Erfahrung wurde, benannten die jungen Leute in Berlin mit dem Narrativ der Diskrepanz von Ost und West auch einen Erfahrungsvorsprung, den die ehemaligen West-Bürger der ansässigen Bevölkerung ausländischer Herkunft *verdanken* würden. Dies formulierte ganz explizit etwa die 21jährige Ilona, deren Eindrücke sich von denen Serkans oder Helenas insofern unterschieden, als sie im Unterschied zu letzteren meist nicht als „Ausländerin" wahrgenommen wurde. In ihrem sprachlichen Ausdruck berlinerte sie stark, ihr Vorname war nicht ‚auffällig' fremd, ihr Haar mittelblond. Dass ausländerfeindliche Bemerkungen auf sie persönlich gemünzt waren, erlebte sie daher sehr selten. Statt dessen versuchten aber KollegInnen oder Teile der Kundschaft mit Ilona eine Komplizenschaft mittels ausländerfeindlicher Bemerkungen herzustellen und wurden dann zu ihrem Erstaunen damit konfrontiert, dass Ilona sich selbst als „Ausländerin" zu erkennen gab.

Ilona: „In der Abteilung bei uns kommt so was öfter vor. Es ist zwar immer nur mal so'n Spruch, da sagt man was und denkt nicht nach, aber trotzdem. Da wird dann vielleicht so'n Spruch losgelassen, weil die mich ja in dem Moment auch gar nicht als Ausländerin sehen, verstehst du, weil du redest mit denen ganz normal deutsch, und sie denken vielleicht erst später dran – ‚Mensch, die ist ja Kroatin'! Bei uns ist zum Beispiel gleich die Kinderabteilung nebenan. Und da sagte mal eine Kollegin, ‚ich verstehe gar nicht, warum die ausländischen Kinder immer so schreien.' Und da habe ich gesagt, ‚warum denn die ausländischen Kinder? Das ist doch wurscht, ob das jetzt'n türkisches Kind ist oder weiß-ich-was für ein Kind, ein deutsches Kind hält doch auch nicht den ganzen Tag den Mund, Kind ist Kind!' Und dann sie: ‚Nein, nein, wenn Sie sich das mal hier angucken, das ist ja wirklich so.' – Und das regt mich so auf! Wenn jemand braune Haare hat, isset 'n Ausländer, weeste! Oder letztens, kurz vor'm Winterschlußverkauf. Ich bin kurz auf die Toilette, [...] da haben wir Toilettenfrauen sitzen. Da war so eine ältere, [...] und sie sagt, ‚heute war's schon so voll, was machen wir erst, wenn der WSV am Montag anfängt? Mir reicht das ja jetzt schon wieder, wenn ich die Kopftücher sehe.' – Du ich bin fast ins Klo gefallen!! In dem Moment, ich wusste gar nicht, was ich sagen soll, meint sie auch noch, ‚wenn Sie verstehen, was ich meine'. – Dann kam eine Kundin [...] aus einer Toilette und sagte ‚ja, wir verstehen alle, was sie meinen'. Dann bin ich aus der Toilette gekommen, und hab gemeint, ‚wieso? Was gibt's denn da zu verstehen?' Und sie: ‚Naja, wissen sie, diese Leute wurden uns ja aufgezwungen, die müssen wir erdulden!' – Da habe ich mich umgedreht und hab gesagt, ‚wenn das so ist, müssen Sie mich eben auch erdulden!' – Die hat mich angeguckt!!! Weil die nicht damit gerechnet hat, dass ich Ausländerin bin. Die ist so rot geworden! Ich hab mich umgedreht, bin raus und hab mich erstmal total aufgeregt!"

Im Unterschied zu den KollegInnen, die ihre Ansichten über die „ausländische" Kundschaft für sich behielten, so bald ihnen zu Bewusstsein kam, dass

Ilona Kroatin war, oder auch im Unterschied zu der Kundin, die immerhin peinlich berührt errötete, als sie bemerkte, dass sie mit ihrer üblen Nachrede unverhofft an eine „Ausländerin" geraten war, zeigten die Ost-Berliner, mit denen Ilona in ihrer Berufsschule zu tun hatte, kein vergleichbares Schuldbewusstsein: Auch dort rief zwar die Information, dass Ilona „Ausländerin" sei, Erstaunen hervor. Die Überraschung hatte dort aber nicht den Effekt, dass die Anderen sich mit ihrer eigenen Voreingenommenheit konfrontiert sahen, sondern dass Ilona Ausgrenzung erfuhr. Diese Differenz in den Reaktionen war für Ilona ein Beispiel der vollständigen Andersartigkeit der „Ostler".

Ilona: „Weil die nicht damit rechnen, dass ich Ausländerin bin, weil ich ja doch recht gut Deutsch spreche, oder sogar noch Berlinerisch überwiegend, und weil ich auch nicht unbedingt so wie 'ne Ausländerin aussehe, und ‚Ilona' könnte ja auch 'ne Deutsche sein, deshalb kannte ich das eigentlich nie, dass man mich so ansieht, als wenn ich gar nicht dazugehöre. Aber jetzt, wo ich auf der Berufsschule bin, habe ich das zum ersten Mal so richtig gemerkt, also diesen Ost-West-Vergleich. Ich bin da die einzige Ausländerin, wir sind 28 insgesamt, 12 aus'm Westen, und der Rest vom Osten. Und als die Lehrerin da so die Formalitäten durchgegangen ist, da hat sie gesagt, ‚ach Mensch, wir ham ja auch jemanden, der ist nicht aus Deutschland, die Ilona!' – Und da ham die sich alle, aber auch *alle* umgedreht und mich angestarrt, weil die ja nicht gedacht haben, dass ich Ausländerin bin. Und dann ging das so, ‚was du? Echt?' Und man merkte das dann total in den Pausen und so: Die haben eine viel aggressivere Einstellung gegenüber Ausländern als ein normaler Deutscher. [...] Die Westler, die hier halt auch auf Schulen viel Kontakt hatten mit Ausländern und viele gute Freunde gefunden haben unter Ausländern, die gehen damit ganz anders um und werden das auch ihr Leben lang machen. Nur die Leute, die da immer isoliert waren und nie in Kontakt mit jemandem, [...] die müssen das erst lernen. [...] Meine Mutter ist ja schon ewig lange Hauswartfrau bei der Wohnungsgesellschaft hier in Kreuzberg, und die waren immer sehr zufrieden mit ihr. Dann hat sie einen neuen Chef bekommen, das ist ein Ostler, und der hat sie total provoziert und wusste ja nicht, dass sie schon so lange da ist. Und sie hat sich dann beschwert. Da hat er einen auf den Deckel gekriegt. Da hieß es, ‚wissense was, das ist eine unserer besten Mitarbeiterinnen hier, und sie lassen bitte die Frau mal in Ruhe!' Weil die so zufrieden mit meiner Mutter waren, haben sie die voll unterstützt, das waren halt die Westler. Die haben jahrelang gesehen, die Frau kann arbeiten, und es ist egal, wo die herkommt. Man kann sich auf die verlassen, und das zählt. Und der Ostler wollte sie schnell abkassieren!"

Dass die ehemaligen DDR-Bürger auch aus ihrer Sicht „eine viel aggressivere Einstellung gegenüber Ausländern" zeigten „als ein normaler Deutscher", führte Ilona darauf zurück, dass „die Westler [...] viel Kontakt hatten mit Ausländern". Damit wird die Präsenz der Wohnbevölkerung ausländischer Herkunft zu einem Privileg, das der Westen gegenüber dem „isolierten" Osten hatte. Obwohl Ilona in Berlin geboren und aufgewachsen war, wehrte sie sich gar nicht grundsätzlich dagegen, von der Lehrerin in ihrer Berufsschule als jemand, „der nicht aus Deutschland" sei, zugeordnet zu werden: „Ausländerin" zu sein, entsprach ja in terminologischer Hinsicht ihrer Selbstdefinition. Die Abwertung, die möglicherweise schon diese Lehrerin in den Begriff gelegt hatte, vor allem aber die ostdeutschen Mitschüler/innen, die sie fortan in den Pausen offen ihre Ablehnung spüren ließen, kehrte Ilona jedoch um, indem sie die zugeschriebene Fremdheit zu einem positiven Faktor bei der Entwicklung eines fairen Miteinanders machte: Der alltägliche Umgang und die Freundschaften mit „Ausländern" hätten dafür gesorgt, dass „die Westler" auf deren Präsenz nicht mit der Aggressivität reagierten, sondern „normal" seien und darin auch für ihr Leben geprägt, während „die Ostler" von dieser Norm des zivilen Umgangs abwichen.

Die Konstruktion ist in mehrfacher Hinsicht beachtlich: Die Macht, Normalität zu definieren – nach Elias und Scotson (1990) eine Ressource der gesellschaftlich Etablierten – verweist auf einen hohen Anspruch eigener Zugehörigkeit und Identifikation mit dem ehemaligen Westen und dem Leben der Vorwendezeit. Indem Ilona darauf hinwies, sie habe es zuvor überhaupt nicht gekannt, „dass man mich so ansieht, als wenn ich gar nicht dazugehöre," spricht sie genau diese Dimension ihrer weit reichenden Zugehörigkeitsempfindung auch an. Sie reagiert auf die Irritation der plötzlich verweigerten Anerkennung aber anders als Serkan. Zwar deckte sich Ilonas Bild von den ausländerfeindlichen Ostdeutschen mit dem, was Serkan äußerte. Im Unterschied zu ihm, der seinem Unmut über die „zurückgebliebenen" Leute im Osten in Wut und moralischer Entrüstung Luft machte, und der für sich selbst die Konsequenz einer künftig möglichst weitgehenden Meidung des Ostens zog – bis hin zum Umzug in eine westdeutsche Kleinstadt –, war Ilona nachsichtig: Sie führte das Verhalten der Ostdeutschen auf deren Isolation und Unerfahrenheit mit „Ausländern" zurück. Parallel zu Serkan, der sich im Westen „zuhause" fühlte, verwies auch sie auf den angeblich im Westen allgemein erreichten Standard der Zivilität. Ilona schien dabei die Hoffnung zu haben, dass das, was sie als das Lernziel der nachholenden Entwicklung für die bislang „isolierten" Ostdeutschen betrachtete, auch durchsetzbar sei: In der Gesellschaft der ehemaligen Westler sei die Herkunft unerheblich. Wer zuverlässig arbeite, erhalte die verdiente Anerkennung und Unterstützung von „den Westlern". Ilona beschreibt damit eine zwar hierarchische, aber reelle, reziprok faire Beziehung, die auf rationalen Tauschbeziehungen basiert, und die sich nun im Konflikt mit „den Ostlern" auch bewährt habe, indem Ilonas Mutter die Unterstützung der West-Berliner Kollegen und Vorgesetzten erfahren habe: Fleiß gegen Akzeptanz. Ebenso wie die Diskriminierung, die sie selbst in der Schulklasse erfahren musste, ordnete Ilona auch die Erfahrungen ihrer Mutter im Berufsalltag nach diesem Muster, das die eigene Zugehörigkeit im Schulterschluss mit den Westdeutschen gegen die Ostdeutschen formuliert. Qua Verweis auf die gemeinsame, bessere Vergangenheit und auf die geteilte Erfahrung von rationalisierten sozialen Interaktionen konnte „den Ostlern" entgegengehalten werden, worauf es im gesellschaftlichen Miteinander ankomme.

Ungeachtet der mythischen Elemente, die dieser Narration der vor 1989 besseren Welt sowie der entspannten Beziehungen im Westen des Landes zueigen sind, zitiert die imaginierte Vergemeinschaftung von „Ausländern" und „Westlern" eine Reihe von etablierten Argumentationsmustern, um andere Gemeinsamkeiten als die von Deutschen aus Ost und West in den Vordergrund zu rücken. Der Mythos, dass vor 1989 die West-Berliner Welt in bester

Ordnung war, Zugewanderte und Einheimische in einer Atmosphäre von Harmonie und Wohlstand, der gemeinsam erarbeitet war, zusammen lebten, folgt in der Logik den Projektionen kollektiver Identität, die die jungen Leute aus ihrer Schulzeit als effektiv und unverdächtig kannten: Es bezieht sich zum Einen auf den wirtschaftliche Erfolg der Bundesrepublik als das positiv besetzte Projekt schlechthin, das sich der Bevölkerung ausländischer Herkunft besonders zur Identifikation anbietet, da die Arbeitsimmigranten dazu aktiv beigetragen hat. Auf Grund dieser Teilhabe am Wirtschaftswunder werden viele der einstigen „Gastarbeiter" nicht zuletzt auch in den Herkunftsländern als die „*Almancis*" oder die wohlhabenden ‚quasi-Deutschen' bezeichnet und behandelt. Das Bild vom guten alten Westen steht auf dieser Basis und entwirft zum Anderen das abgeleitete Gegenbild eines sowohl wirtschaftlich als auch sozial unterentwickelten Ostens, der aufholen müsse, sich für geleistete Hilfen – einschließlich derjenigen, nun in einen zivilisierenden Kontakt mit „Ausländern" treten zu können – aber auch dankbar zeigen sollte.

Serkans Kommentar, die BürgerInnen der Ex-DDR wüssten offenbar gar nicht, wie gut es ihnen gehe, kann einesteils damit erklärt werden, dass er selbst drastische ökonomische Gefälle kennengelernt hatte und ihm auch das bescheidene Leben im armen Kreuzberger Kiez gegenüber den Lebensumständen an den Orten seiner Kindheit im armen Osten der Türkei als ein Leben „wie im Luxus" bewusst war. Andernteils kommt hier unübersehbar ein Zug des paternalistischen ‚Wessis' zum Vorschein, der von den eingemeindeten und alimentierten ‚Ossis' Dankbarkeit erwartet, analog dazu, was das deutsche Geberland in Sachen Entwicklungshilfe von den Nehmerländern und das Einwanderungsland BRD in Sachen Integration von den Immigranten erwartet. Hinzu kommt noch, dass Serkans Vater es sehr schwer gehabt hatte, den Aufenthalt in der Bundesrepublik für sich und die Familie nach dem Anwerbestopp zu sichern. Dass einige der ehemaligen DDR-Bürger, die sofort und ungehindert Zugang, Begrüßungsgeld und Rechtssicherheit erhalten hatten, nach Serkans Beobachtung den privilegierten *status quo* nicht einmal zu schätzen wussten, sondern ihrerseits die Mauer wieder errichten wollten, wurmte ihn. In einer Replik auf das dominante Bild des Migranten als Habenichts, der von der Einwanderung in die Bundesrepublik einseitig profitiert, Probleme induziert und deshalb nach Möglichkeit außen vor gehalten oder gar zurückgeschickt werden sollte in die ehemalige Heimat, konstruierte Serkan das Bild der einseitigen Ost-Profiteure, die man am besten wieder zurückverfrachte in ihr Ost-Dasein und zwar mit höheren Zugangsschranken als je zuvor: Er würde die Mauer beim neuerlichen Bau noch fünf Meter höher machen als sie gewesen war.

Dieses zwar in unterschiedlichem Ausmaß, aber doch von allen der hier Porträtierten eingesetzte Mittel des *othering* (Abu-Lughod 1991) der Ostdeutschen bedient sich exakt der Elemente, die in herrschenden Ausgrenzungsdiskursen gegen die Immigrantenbevölkerung in Deutschland in Anschlag gebracht werden: Zurechnung einer kollektiven Mentalität, die Annahme kultureller Differenz mit einer negativen Bewertung derselben, die mit Assimilations*erwartungen* gepaarte Behauptung fehlender Integrations*bereitschaft* sowie die Verortung an einer gesellschaftlichen Peripherie. Der versierte Umgang mit diesen Strategien offenbart ein hohes Maß an Vertrautheit mit den Auseinandersetzungen um die überindividuellen Selbstdefinitionen in Deutschland: Serkan, Ilona und meine anderen Gesprächspartnerinnen operierten mit den diskursiven Mitteln der Etablierten und mit Insiderwissen: Sie wussten, dass Ost- und Westdeutsche eben nicht quasi organisch „zusammenwachsen" und argumentierten auf Grundlage ihrer Kenntnisse der innergesellschaftlichen Friktionen, Distinktionsnarrative und im Bewusstsein der internen Pluralität. Es war dies auch ihre Basis für die Herstellung eines Einverständnisses und die Vergewisserung gesellschaftlicher Solidarität. So dient der Vorschlag, von „den Ostlern" als von ‚den Anderen' zu reden, die hinter den Stand der westdeutschen Gesellschaft zurückfielen, auch zur Klärung von Gruppenzugehörigkeiten und der sozialen Hierarchisierung von Anwaltschaften, zum Beispiel auch in der konkreten Interaktion mit mir.

Anlässlich der Zurückweisung durch Ost-Berliner, die sie zweitklassig und als Fremde behandelten, rückten die jungen „Ausländer" ihre Zugehörigkeit und ihre Identifikation mit dem Aufwachsen im Westen Berlins ins Licht. Sich mit mir auf ‚Wessi'-Ebene auf eine kollektive kulturelle Differenz entlang des überholten Grenzverlaufs zu verständigen, drückte den Anspruch auf Anerkennung der empfundenen Zugehörigkeit aus, die meine GesprächspartnerInnen durch die deutsche Einheit und die begleitenden Diskussionen zur Wiederherstellung nationaler Gemeinschaft teils in Frage gestellt sahen. Hiergegen die Ost-West-Differenz als weiterhin gültige Diskrepanz in Anschlag zu bringen, appellierte an unsere gemeinsame ‚Wessi'-Erinnerung, dass die Zugehörigkeit zum Kollektiv der Deutschen eben nur eine von mehreren Optionen darstellte, Gemeinsamkeiten zu begründen und mit Verweisen auf die Vergangenheit zu legitimieren; eine kleine Auswahl an Äußerungen dazu:

Ilona: „Ich bin ja hier geboren, Berlin ist ein Teil von meinem Leben, und dann gibt es noch den anderen Teil, mit dem ich ja auch aufgezogen bin, praktisch ein kleines Kroatien in Berlin. [...] Mir sieht man es halt nicht so an, und an der Sprache merkt man das auch nicht, aber wenn da zum Beispiel [in der Berufsschule] irgendwo ein Türke steht, der mal ein bisschen lauter redet und vielleicht noch 'ne Goldkette umhat, dann fangen die Ostler gleich an zu quatschen und versuchen den so übel nachzumachen, also quasi mit nicht so gut sprechendem Deutsch, und den können die dann nicht einfach in Ruhe lassen. Ich meine, soll er halt 'ne Kette tragen! Das sind vor allem die Jungens, die so übel Stimmung machen. Die Mädchen, gut da gibt's schon auch einige Kandidatinnen, aber die sind nicht ganz so krass. Früher war es halt nie so. Wir waren ja praktisch viel unter Ausländern, da gab's es kaum Probleme. [...] Letztens gab es ein Erlebnis in der Berufsschule, als wir Volleyball hatten, da war eine kleine Türkin, die hat super gespielt. Da kamen mir echt die Erinnerungen, wie Sahar und ich früher Volleyball gespielt haben, die Halle voll zusammengeschrien und angefeuert. Und dann ham die in der Berufsschule plötzlich alle so total rumgemeckert darüber, und ich hab gefragt, was das soll, was die denn gegen das Mädchen haben? Und dann kam so Kram wie, ‚ich mag die irgendwie nicht, und was schreit die hier so, die Ausländerin?'. Das ist so dieses pampige Reagieren insgesamt, das ist einfach so unnötig. Ist doch wurscht, ob die gelbe oder schwarze Haare hat, man kann sich doch einfach in Ruhe lassen! Wenn ich daran denke, dass wir denen damals noch Blumen verteilt haben, Mannomann... Wir waren da in der Grundschule, 6. Klasse, und unsere Schule war gleich an der Grenze an der Sonnenallee. Da haben wir schulfrei bekommen und haben Rosen bekommen und sind an die Mauer zu dem Grenzübergang und haben den Leuten, die hier rüber sind, Rosen verteilt – das waren Massen, sag ich dir!"

Ilona empörte sich über die Ressentiments auch dann, wenn sie selbst dabei nicht angesprochen war. Das hatten bereits ihre Schilderungen aus dem Kaufhaus gezeigt: Weder der Toilettenfrau noch der Kaufhaus-Kundin wäre aufgefallen, dass Ilona „Ausländerin" war, wenn sie sich nicht entsprechend geäußert hätte. Sich im gemeinsamen Ressentiment gegen die Kopftuchträgerinnen mit den Deutschen gemein zu machen, kam für Ilona aber nicht in Frage: Sie erwartete unterschiedslos faire Behandlung, statt dass Äußerlichkeiten wie Goldketten, Haarfarben oder Kopftücher darüber entschieden, wie Menschen begegnet würde. In Anbetracht des freundlichen Empfangs, der den Ostdeutschen im Westen – auch seitens der „Ausländer" – bereitet worden sei, lasse deren Verhalten nun umso mehr zu wünschen übrig; keine Spur von Reziprozität. Wie Serkan konstatierte auch Ilona einen Mangel an Dankbarkeit bei den ehemaligen DDR-BürgerInnen. In der bereits zitierten Äußerung über den neuen Chef ihrer Mutter, der – als „Ostler" – Ilonas Mutter schnell habe „abkassieren" wollen, klang etwas Ähnliches an: „Dieses pampige Reagieren insgesamt", störte Ilona auch an den Ostdeutschen, die sie in der Berufsschule kennengelernt hatte und die den „ausländischen" MitschülerInnen offenkundig die Berechtigung zur Teilhabe streitig zu machen versuchten.

Für Sahar spielten sich Begegnungen mit „Ostlern" ebenfalls vor allem in der Berufsschule ab. Sie hatte dort auf dem Pausenhof zwar auch ausländerfeindliche Äußerungen von Azubis aus dem Berliner Osten aufgeschnappt, war selbst aber nicht involviert gewesen. Dennoch ließ auch sie in ein Gespräch einfließen, „früher war es doch schöner, oder? Also ich fand's vorher viel schöner in Berlin, als die Mauer noch war." Ich fragte sie, inwiefern es früher schöner gewesen sei:

Sahar: „Alles einfach. Es war schon mal nicht so voll. Da waren wir in der Grundschule, so zehn waren wir in dem Dreh, als die Mauer fiel. Da hat man die Ostler alle in der Bahn stehen sehen, und dann natürlich vor dem Bananenstand, oh je, oh je! Und die U-Bahn war total voll, da haben wir gar nicht mehr reingepasst. Da musste man ewig warten, ehe man sich wo reinquetschen konnte. Es war alles irgendwie auf einmal anders. Auch die Schulen waren vorher leerer. Wir hatten ja dann auch auf der Grundschule plötzlich ein paar Ostler, und man merkt den Unterschied so! Wir waren ja noch relativ jung, aber trotzdem kann ich mich erinnern, ich habe gedacht, ‚boah was ist denn mit denen los?'! Als die ersten Ostler bei uns auf die Schule gekommen sind, dann hieß es ‚guck mal, die ist aus'm Osten' und so, das hat man gleich gemerkt. Das Problem ist doch, dass die mit keinen Ausländern groß geworden sind. Die Westler sind doch mit Ausländern aufgewachsen, da war es nie ein Problem. Vielleicht hab ich es auch nur nie als Problem empfunden, aber ich hab sowas sonst nie mitbekommen. Ich war bis zur 6. Klasse in einer Ausländerklasse, dann kam die Oberschule, und da waren wir ja auch ziemlich viele Ausländer. Aber in der Oberstufe hieß es dann auch, ‚guck mal, ih, der ist ja Ostler'."
Sabine: „Also habt ihr die Ostler auch ausgegrenzt?"

Sahar: „Jaja, die waren eben noch neu und hatten diesen Akzent. [...] Bei mir in der Berufsschule hab ich jetzt auch Ostler in der Klasse, aber die trauen sich nicht, was zu sagen. Wir sind ja auch viele Ausländer da. Bei uns ist hinten die ganze letzte Reihe, das sind sechs oder sieben, alles Ostler, aber die sind auch eher so wie Punks drauf, grüne Haare und sowat."

Während Sahar die Ansicht vertrat, im früheren Westen sei deshalb alles besser gewesen, und es habe „nie ein Problem" gegeben, weil die „Westler doch mit Ausländern aufgewachsen" seien, räumte sie immerhin ein, in Grund- und Oberschule den MitschülerInnen aus Ost-Berlin von vornherein anders begegnet zu sein als den „Westlern". Zog sie daraus Konsequenzen für ihr derzeitiges Verhalten?

Sabine: „Hast du denn jetzt auch außerhalb der Schule Kontakt zu Leuten aus dem Osten, oder fährst du manchmal nach Ost-Berlin oder ins Umland?"
Sahar: Um Gottes... – ich würde mich da absolut nicht heimisch fühlen! Hier in Berlin ist es insgesamt okay, alles schön und gut, aber da im Osten, nee, nee, nee! Ich fühle mich da nicht wohl. Die Menschen gucken dich da auch ganz anders an, als wär man kein Mensch oder so! Meine Mutter war letztens im Osten einkaufen, die hat gesagt, da geht sie niemals wieder hin, so unfreundlich waren die da zu ihr. Die hat einen Typen gefragt, wo es langgeht, und der hat ihr natürlich den falschen Weg gezeigt, einfach so. Und ein anderer läuft vorbei, und antwortet nicht mal! Das ist schon schlimm da drüben. Und auch mit der Arbeit war es vorher viel besser. Mein Vater sagt das auch, und dann gab's früher noch Berlin-Zuschläge und so was alles, die Fahrkarten waren total billig. Jetzt zahlst du dich dumm und dämlich. Und das ist es nicht nur, auch die Arbeitsplätze gehen verloren. Die Ostler sagen ja, die Ausländer nehmen ihnen die Arbeitsplätze weg, und die Ausländer sagen, wegen den Ostlern haben wir nun keine Arbeit mehr. Das ist wirklich so! Die Mauer ist weg, und alles hat sich geändert."
Sabine: „Deine Eltern finden also auch, dass es vor dem Mauerfall besser war?"
Sahar: „Ja, auf jeden Fall, und auch akzeptierter."

Obwohl Sahar kurz darüber spekuliert, ob sich ihre eigene Wahrnehmung gegenüber früher verändert haben könnte, indem sie sagt, „vielleicht hab ich es auch nur nie als Problem empfunden, aber ich hab sowas sonst nie mitbekommen", und obwohl sie den Osten meidet, meint sie zu wissen, wie es dort ist: Unfreundliche Menschen, die „natürlich" falsch Auskunft geben; solche Unannehmlichkeiten kann sich ersparen, wer gar nicht erst hinfährt. Gravierender erscheint der größere Wandel: Dass sich alles geändert und die Akzeptanz abgenommen habe, seit die Mauer weg sei, formulierte Sahar zwar verhältnismäßig neutral als einen allgemein festzustellenden Trend. Auch in diesem Bild sind es aber „die Ostler", die mit ihrem Auftreten die Situation in der Stadt zum Schlimmeren gewendet haben. Dass alles „so voll" geworden sei und bei Maueröffnung die U-Bahnen so überfüllt waren, „da haben wir gar nicht mehr reingepasst", und man konnte sich höchstens noch „wo reinquetschen", versinnbildlicht den verschärften Verteilungskampf um verfügbare Ressourcen, in der Sahar „Ausländer" gegen Ostdeutsche miteinander konkurrieren sieht.

Solche Überlegungen stellten auch Andere an. Dabei zeigte sich insgesamt, dass von den persönlichen Konfrontationen im Ausbildungsbetrieb oder der Berufsschule schnell auf die größere Ebene der gesellschaftlichen Balance von Ost-Deutschen, West-Deutschen und „Ausländern" geschlossen wurde. Die Interpretationen folgten weitgehend dem Schema der ungehobelten Ostdeutschen, die in die westliche multikulturelle Idylle eingebrochen waren, und selbst wer, wie die eben zitierte Sahar, eher sehr wenig Kontakt zu Ostdeutschen hatte oder persönlich auch gar keine negativen Erfahrungen gemacht hatte, war sich sicher, dass man sich „da im Osten" nicht würde wohlfühlen können. Dass es in Ost-Berlin nicht nur Rechtsradikale gab, sondern zum Beispiel auch Punks, nahm Sahar zwar zur Kenntnis. An erster Stelle erklärte sie sich die Abwesenheit nennenswerter Probleme in ihrer Berufsschulklasse aber weiterhin damit, dass die „Ostler" sich nicht trauen würden, massiver aufzutreten, denn: „Wir sind ja auch viele Ausländer da." Vergleichbare Schemata reproduzierte beispielsweise auch Serkan ungeachtet solcher Erlebnisse, die sein festes Urteil über die Ostdeutschen hätten ins Wanken bringen können: Analog zu dem Überraschungseffekt, den Ilona regelmäßig erzielte, wenn sie sich als „Ausländerin" zu erkennen gab, hatte eine ehemalige deutsche Freundin von ihm nämlich auch erst anlässlich eines Wutanfalls, in dem Serkan sich über rassistische Ossis ausließ, zu erkennen gegeben, selbst „Ossi" zu sein:

Sabine: „Hast du auch mal Leute aus dem Osten kennengelernt, die vielleicht nichts gegen Ausländer haben?"
Serkan: „Ja. Mein Cousin hat eine Freundin, die ist Ossi. Die hat er auf'm Bau da kennengelernt, als er da mal gearbeitet hat in Brandenburg. Wir haben sie sogar mal besucht zusammen, in der Nähe von Frankfurt/Oder ist das gewesen, wo die wohnt. Sie ist ganz okay. Und dann [auflachend:]: Ich hatte ja sogar auch selbst eine Freundin aus'm Osten bis vor kurzem! Ich wusste das gar nicht: Ich habe sie ja hier kennengelernt im Westen. Sie hat in Neukölln gewohnt, und dann rechnet man ja nicht mit so was. Irgendwann hab ich dann mal so auf die Ossis geschimpft, so ‚alles Rassisten da drüben' und so... [Serkan lacht und lacht:], und da hat sie auf einmal gesagt, sie ist auch ein Ossi! Das hat man gar nicht gemerkt bei ihr!"

Obwohl Serkan sich darin getäuscht hatte, dass in Neukölln ohnehin nicht mit „so was" wie einer „Ossi"-Frau zu rechnen sei, zog er aus der überraschenden Enthüllung seiner Ex-Freundin nicht den Schluss, dass seine stereotype Wahrnehmung der Ostdeutschen oder die Mauer in seinem eigenen Kopf korrekturbedürftig sein könnte, die da hieß: „Die sind völlig anders, die Leute im Ostteil." Vielmehr scheint ihm die ehemalige Freundin ihre „Ossi"-Eigenschaften zumindest überzeugend kaschiert, möglicherweise aber sogar abgelegt zu haben, denn „das hat man gar nicht gemerkt bei ihr"! Serkan konnte gar nicht mehr aufhören zu lachen, als er diesen Schwank aus seinem Leben erzählte, so unwahrscheinlich und kurios schien ihm das Ganze noch immer; als sei er einem *alien* oder einer *undercover*-Agentin auf den Leim gegangen und hätte sich ein, wenngleich harmloses, Fraternisieren mit dem Feind zuschulden kommen lassen. Ein gesteigertes Interesse am östlichen Berlin oder Deutschland erwuchs daraus mitnichten: „Sogar hier, es ist ja nicht mal so weit, nur ein paar Kilometer, sogar wenn ich dort hingehe, wo es noch ganz nah an Kreuzberg dran ist, kommt es mir manchmal bis hier hin hoch [mit entsprechender Geste am Hals]. Ich habe *überhaupt* keine Lust, im Ostteil von Deutschland irgendwo hinzugehen! Die sind doch nicht normal, die Ostler", lautete weiterhin sein Fazit.

Es herrschte also ein Konsens unter diesen jungen Erwachsenen, dass die deutsche Einheit eine Veränderung zum Schlechten hin bewirkt habe. Nur zu einem Teil ließ sich die entstandene Misere mittels Vermeidungsstrategien oder durch den rückblickenden Schulterschluss als „Wessis" handhaben, zumal da gelegentlich der Eindruck entstand, dass auch gesamtgesellschaftlich ein Umschwung zu Lasten von Akzeptanz zu registrieren sei. In der Tat kamen auch diejenigen aus meiner Untersuchungsgruppe, die bevorzugt in Erinnerungen über den goldenen alten Westen schwelgten, über kurz oder lang nicht an der Frage vorbei, wie mit der innerdeutschen Situation weiter umgegangen werden sollte und wie sie selbst sich dazu aktuell und künftig zu verhalten gedachten. Die im Vorangegangenen diskutierten Perspektiven, nach denen ‚wir' angestammten ‚Wessis' mit den Einwanderern der letzten Jahrzehnte und deren Nachkommen eine Erinnerungsgemeinschaft teilen, die seit nunmehr 15 Jahren mit dem Schicksal eines weder sozial noch mental passenden Neuzugangs aus dem Osten geschlagen sei, taugt zu einer tröstenden Vergewisserung über die vermeintlichen Glanzlichter der Vergangenheit. Aus der resignativen Rückschau lässt sich aber schwerlich ein tragfähiger Entwurf für Gegenwart und Zukunft ableiten. Was bewirkten die Erfahrungen im vereinten Berlin bzw. Deutschland im Hinblick auf die Perspektiven sozialer Identifikation? Wurde es beispielsweise attraktiver, nun erst recht selbst deutsch zu werden, um der ethno-nationalen Gemeinschaftsidee Paroli zu bieten, oder führten die erfahrenen Diskriminierungen zu einer noch stärkeren Identifikation mit der Kategorie der „Ausländer"?

Polarisierungen im öffentlichen Raum

Obwohl sich die Einschätzungen, nach denen alles schlechter geworden sei, seit die Mauer gefallen war, im Wesentlichen in einem Feindbild von „den Ostdeutschen" konzentrierten, gab es auch Töne, nach denen die deutsche Einheit das soziale Leben *insgesamt* verändert habe, dass es im gesellschaftlichen Leben – wie Sahar als das Votum ihrer Eltern vorbrachte – früher „akzeptierter" zugegangen wäre. Dieser Eindruck war überwiegend „so ein Gefühl", wie Sahar noch ergänzte. Es gab allerdings ein ‚Ereignis', das sich allen stark eingeprägt hatte und das auf meine Fragen zu einer möglichen Einbürgerung abgerufen wurde: Die Unterschriftenkampagne, mit der die CDU/CSU im Bundeswahlkampf 1998 gegen den Gesetzentwurf für erleichterte Einbürgerungen unter Duldung doppelter Staatsangehörigkeit mobil gemacht hatte, war als ein demütigendes Polarisierungsmoment in bleibender Erinnerung. Ilona äußerte dazu Folgendes:

„Als die CDU diese Kampagne gemacht hat mit den Unterschriften gegen die doppelte Staatsbürgerschaft, da hatten die an der Karl-Marx-Straße mitten in Neukölln am Rathaus einen Stand aufgebaut, und da sind ja auch total viele Ausländer. Ich bin da zufällig vorbeigelaufen und hab mich mit einem Typen von der CDU, der da stand, total angelegt. Der meinte, ‚wenn ihr Ausländer schon hier in Deutschland lebt, muss man wenigstens von euch erwarten, dass ihr die deutsche Rechtschreibung beherrscht'. Da hab ich gemeint, ‚hör mal zu, ich bin genau wie deine Tochter oder dein Sohn hier zur Schule gegangen, meine Eltern zahlen hier genauso Steuern wie du und mittlerweile auch ich, die leben seit mehr als 25 Jahren hier, was soll da jetzt bitteschön für ein Unterschied gemacht werden?'. Da sagt der Typ, ‚ihr könnt doch alle kein Deutsch', und ich hab gemeint, ‚red ich jetzt hier Chinesisch mit dir oder was?!' Der hatte überhaupt keine Argumente: ‚Das ist hier Deutschland, wir leben nicht in Amerika' und solche dummen Sprüche kamen da nur. Mit so Menschen kann man gar nicht kommunizieren irgendwie. Die akzeptieren nichts, lassen neben sich nichts gelten. Und *deshalb* will ich den deutschen Pass eigentlich nicht. Wenn ich es doch machen würde, dann nur wegen den ganzen Papieren; dass man halt, wenn du ein Konto eröffnest oder die Polizei dich kontrolliert, nicht immer deinen ganzen Lebenslauf rausholen musst, sondern den Ausweis zeigst und fertig. Aber das Andere würde sich doch sowieso nicht ändern. Und wenn ich jetzt zehnmal einen deutschen Ausweis hätte, bleibt mein Name Batic, und das klingt eben nicht deutsch."

Als Oberstufenschülerin hatte Ilona die Frage der Staatsangehörigkeit noch offener gesehen. Ihre Unsicherheit war seither verstärkt worden. In der Auseinandersetzung mit dem CDU-Wahlkämpfer erfuhr Ilona eine Exklusion ohne jedes Argument. „Dumme Sprüche" wie der, dass Deutschland nicht Amerika sei, bestätigten ihr das Negativ-Image der Deutschen als latent selbstherrlicher Rassisten und trafen ins Mark dessen, was den Jugendlichen in der Clique als anstrebenswerte Vision gegolten hatte: das „multikulturelle" Zusammenleben in der US-amerikanischen Gesellschaft. Dass man mit Menschen wie dem Neuköllner CDU-Aktivisten „gar nicht kommunizieren" könne, denn „die akzeptieren nichts, lassen neben sich nichts gelten", bezog Ilona eindeutig nicht nur auf Anhänger einer bestimmten politischen Partei, schloss sie doch daran nahtlos an, sie wolle „*deshalb* [...] den deutschen Pass eigentlich nicht".

Auch Helena sah es so, dass die Atmosphäre in Berlin sich insgesamt zu Lasten der Bevölkerungsteile ausländischer Herkunft verändert habe. Die Konfrontationen, die sie selbst erlebt hatte, waren nicht im Kontext ihrer universitären Ausbildung situiert, sondern ausschließlich im öffentlichen Raum, auf der Straße oder in der U-Bahn. Das trug sicher auch dazu bei, dass sie diese Ereignisse in einem gesamtgesellschaftlichen Rahmen deutete.

Helena: „Ich kann mich sehr gut erinnern, dass ich damals [nach der Wende] sehr viel von Rechtsextremismus gehört habe, Neonazis kamen wieder, die Vorfälle haben sich da sehr gehäuft, als die Mauer auf war. [...] Ich selbst hab da mal einen Freund im Krankenhaus besucht, und da hat sich jemand von mir weggesetzt in der Bahn! Mein Freund hat damals gleich gesagt, ‚das ist ein Rechter gewesen, der hat sich weggesetzt, weil du schwarze Haare hast'. Das war das einzige Mal, wo ich das selbst so erlebt hab, und ich konnte das erst gar nicht ganz glauben. Ich kannte das gar nicht. Das war so die Zeit am Anfang [nach Maueröffnung]. Ich glaube, es ist klar, dass, wenn es so Faktoren gibt, wo es wirtschaftlich alles nicht mehr so ganz klar ist und Arbeitslosigkeit herrscht, dass dann mehr Hass entsteht. Aber ich glaube

auch nicht, dass Leute nur aus solchen Gründen Hass entwickeln. Man sagt halt, in Marzahn und Lichtenberg und so, da muss man total aufpassen, denn die sind da alle so drauf! Ein Kommilitone von mir ist jetzt von da weggezogen, weil er meinte, es wäre sowas von krass, und der ist Deutscher; wenn der das schon sagt! Also wenn ich mir anhöre, wie manche Leute reden, vor allem alte Menschen – manchmal auch meine Nachbarin hier – dann glaube ich, es gibt immer Leute, die die Anderen beeinflussen. Wieso sollten nicht deren Meinungen auch die Meinungen ihrer Kinder beeinflussen, so dass dann viele so werden und diesen Hass mitbekommen?"
Sabine: „Denkst du, dass man auch etwas dagegen tun kann, also dass man Menschen auch gegen diese Weitergabe von Hass beeinflussen kann?"
Helena: „Ja, aber ich gehe halt wenig da hin, bewusst ganz wenig und auch nur, wenn ich... also entweder es ist hier in der Nähe, also Stadtmitte und dann ein ganz bisschen weiter hoch, oder zu einer Freundin, die wohnt in Treptow. Ich hab da mal gearbeitet, bei ‚Stella Musicals‘, die hatten halt ihre Zentrale im ehemaligen Osten, und ich hatte immer so Angst da hinzugehen, ich hatte wirklich Riesenangst! Ein Freund von mir wohnt am Rosenthaler Platz. Da bin ich mal zwei, drei Rechten begegnet, Erkennungsmerkmal weiße Schnürsenkel und so schwarze Springerstiefel, und da hat einer von denen auch gleich so'n Spruch rausgehauen, so wie ‚pass schön auf, junge Frau, sonst kommst du in die Gaskammer‘ oder so'n Kram. Ich meine, okay, das hat jetzt nichts zu bedeuten, von Betrunkenen kommt so was öfter, das hört man ja auf den U-Bahnhöfen, oder wenn Fußballspiele anstehen, aber die Kleidung deutet ja auch darauf hin, dass die jetzt nicht nur so betrunken vor sich hin gelabert haben. Und man zieht dann halt seine Schlüsse im Kopf und sagt nix dazu. Es sind nicht unbedingt Vorfälle, die mich betreffen, aber so Sprüche hört man schon viel. Da kriege ich echt Angst manchmal! Neulich stand einer sogar am Wittenbergplatz und hat da rumgebrüllt mit seinem Bier in der Hand, sowas von Hitler, und dann hat er den rechten Arm erhoben, und jeder wusste, was los war, und die Leute, die haben da rumgestanden und gegrinst! Eine Frau hat eine Zeitung gelesen, hat ihn angeguckt, gegrinst und weiter gelesen! Und das war nicht so ein Grinsen von wegen ‚so ein Spinner‘, sondern so ein ‚JA!‘. Da dachte ich, Mann ey, das kann ja wohl nicht sein! Ich meine, klar gibt es solche Meinungen, aber solange man sich *bemüht* irgendwie; wenn so was nicht existieren würde wie der *Wille*, einfach normal miteinander umzugehen, dann könnte man es alles vergessen! Das war früher anders, glaube ich, normaler eben."

In dieser Passage treten wieder Schlüsselthemen und -begriffe auf, die alle meine GesprächspartnerInnen mit dem Thema Ost-Berlin, Ostdeutsche und Mauerfall in Verbindung brachten: Früher war das soziale Klima „normaler", es herrschte mehr Akzeptanz, und selbst hatte man zuvor gar keine negativen Erfahrungen im Zusammenleben mit den Deutschen gemacht. Plötzlich nahmen die jungen Leute Alltagsrassismus wahr, Gesten, in denen auch unauffällige Passanten ihre Sympathie mit Nazi-Parolen bekundeten, oder dreist auftretende Rechtsradikale, die mit der Vergasung drohten. Damit, dass es „solche Meinungen" gibt, dass Krawallmacher und Betrunkene nazistische Parolen grölten, hatte Helena sich längst abgefunden. Aber dass plötzlich „sogar" am Wittenbergplatz der Hitlergruß gezeigt wurde und Umstehende nicht nur nicht eingriffen, sondern beifällig zuschauten, empfand sie als beängstigende neuartige Qualität. Aus Helenas Erzählungen stieg ein anderes Bild auf als das vom Osten Berlins als einem Hort der „Nazis", in dem selbige auch, quasi bar jedes Interesses am Westteil der Stadt, verblieben, so dass es damit sein Bewenden haben könnte, um die ehemaligen DDR-Gebiete einen weiten Bogen zu machen. Helena sah eine ausländerfeindliche Mentalität aus dem Osten gen Westen diffundieren.

Schutz- und Gegenmaßnahmen

Wie Ilona, Sahar und Serkan, die den Osten der Stadt, nach Möglichkeit mieden, ließ sich auch Helena in der Gestaltung ihres Aktionsradius von den negativen Erwartungen oder auch Erfahrungen mit Ostdeutschen leiten. Die Furcht vor rassistisch motivierten Übergriffen entfaltete zunächst einmal ganz unabhängig vom Geschlecht ihre Wirkung und folgte letztlich *nolens volens* der rassistischen Logik, nach der „AusländerInnen" an der Farbe von Haut und Haaren erkennbar seien. Dieses Bild war in erheblichem Maße verinnerlicht: Helena hatte gelernt, dass sie wegen ihrer schwarzen Haare und braunen Augen in das Beuteschema der Rechtsextremen passte. In ihren Erläuterungen dazu, dass sie selbst ja „nicht gleich als Ausländerin erkennbar" sei, bezog sich auch die mittelblonde Ilona auf das nämliche Bild von den „Schwarzköpfen", und Serkan verwies in einem unserer Gespräche darauf, dass er wenige Tage zuvor in einer Talkshow einen gebürtigen Deutschen mit schwarzen Haaren gesehen hatte, als sei das eine Sensation, „also der war echt deutsch, und der hatte ganz schwarze Haare!", wie er sagte,.

Das praktische Wissen um die eigene Gefährdetheit hatte mehrere Konsequenzen: Zum Einen entwertete die rassistische Logik der Alltagserfahrungen die Aussichten, mit Hilfe der deutschen Staatsangehörigkeit eine spürbare Besserstellung zu erreichen. Als Serkan seinem Meister vorgehalten hatte, dass er selbst Deutscher sei, wischte der das fort als „nur auf dem Papier" stehend. Auch Sahar hatte festgestellt, dass die Einbürgerung ihr kein Mehr an Anerkennung einbrachte; sie werde „ja sowieso nicht akzeptiert als Deutsche":

„Ich habe die deutsche Staatsangehörigkeit. Und? Was hilft sie mir? Alles, was mit Papieren zu tun hat, ist jetzt viel einfacher geworden, aber ansonsten? Ich trau mich jetzt nicht, auf der Straße zu sagen ‚ich bin doch Deutsche'. [...] Man nimmt mich nicht als deutsch, man sieht mich nicht als Deutsche an."

Aus eben dem Grund war für Helena das Behalten der griechischen Staatsangehörigkeit wichtiger geworden. Hatte sie die Einbürgerungsfrage als Schülerin eher pragmatisch gesehen, war ihr in Anbetracht diverser Beobachtungen von Ausländerfeindlichkeit wichtiger geworden, diese „Nabelschnur" nicht zu kappen:

Helena: „Ich bin ja hier aufgewachsen, hier groß geworden, und wenn ich die deutsche Staatsangehörigkeit nehme, erleichtert mir das bestimmt Vieles, aber je älter man wird, desto mehr entwickelt man sich ja auch. Ich hab irgendwie immer mehr das Gefühl, der Pass ist das einzige, was so eine Art Nabelschnur nach Griechenland ist. Und das ist mir auch wichtiger jetzt. [...] Wenn ich dort in Griechenland bin, habe ich das Gefühl, dass die Menschen dort mich irgendwie lieben und ich mich dort auch wohlfühlen kann. [...] Ich finde, hier ist es absolut gefühlskalt. Wenn ich hier bin, ist alles so maschinell: Man geht jeden Morgen in die Uni, man kommt zurück. Man hat auch Freunde, kennt sich aber nicht wirklich. Naja bei mir selbst hat sich das eigentlich nicht so sehr verändert. Ich bin ja an der TU, da sind halt ziemlich viele Ausländer. Also im Vergleich zur Humboldt-Uni oder der FU ist der Ausländeranteil sehr hoch. Aber mir geht das auch so, wenn ich z.B. zu Ärzten fahre, die etwas weiter weg sind. Da kommt man ins Wartezimmer und da sieht's aus, als wär man in einem komischen Film: wie in so einem Heimatfilm, wo die Leute ein ganz anderes Leben führen, mit Obstkorb und ihrem Hündchen oder so. Aber halt kein Ausländer oder halt kein Schwarzschopf, sagen wir's mal so, vielleicht schon Ausländer – keine Ahnung. Aber das hat halt ein ganz anderes Flair. Meine Mutter geht hier am Kotti zum Arzt, und da merkt man sofort, es boomt vor Türken und Kopftüchern, schwarze Schöpfe halt. Und ich weiß noch, ich war mal bei 'nem Arzt weiter weg. Meine Eltern haben mich da hingefahren, ich musste eine Untersuchung machen. Und da kam man rein, wurde angeguckt, und ich dachte nur, wo sind wir denn hier? Das kam mir vor, als würden wir die ganze Zeit beglotzt werden! Vielleicht habe ich mir das auch nur eingebildet, und das heißt ja auch nicht gleich Hass, aber so dieser sture kalte Blick dazu, irgendwie war das total ungemütlich."

Die griechische Staatsangehörigkeit als „Nabelschnur" behalten zu wollen, gebraucht eine Metapher des Überlebens. Für Helena scheint die Rückfalloption eines anderen Lebens möglich, so lange sie noch griechische Staatsbürgerin ist, und diese Option ist relevanter geworden, denn während sie sich in Griechenland angenommen fühlte, schlugen ihr in Deutschland Gefühlskälte und Ressentiments entgegen. Dabei mochte sie sich gar nicht vorstellen, in Griechenland zu leben. Politische Rechte waren ihr im Grunde wichtig, und im Kiez am Kottbusser Tor fühlte sie sich heimisch. Die „total ungemütlich[en]" Situationen, die die Deutschen ihr bereiteten, ließen Helena dennoch Abstand davon nehmen, sich hier einbürgern zu lassen.

Neben dieser desintegrativen Auswirkung auf Ebene der Bewertung der Einbürgerungsoption konditionierte die Furcht vor Übergriffen auch das Handeln in dem Bereich, der theoretisch als ein Einflussmoment für eine weniger rassistische Gesellschaft identifiziert wurde: Helena erkannte die Notwendigkeit, den Osten Deutschlands mit seinen angeblichen oder tatsächlichen Hochburgen des „Ausländer"-Hasses nicht sich selbst zu überlassen. Sie mied dennoch wie Ilona, Serkan und Sahar ganz bewusst den Osten Berlins, wo auch sie eine erhöhte Bedrohung durch Rechtsradikale lokalisierte. Obwohl sie die bemerkenswerte Überlegung angestellt hatte, dass eine ökonomische Misere allein keinen Hass hervorrufen könne, sondern immer absichtsvolle Akteure im Spiel sein müssten, so dass auch eigenes Handeln gegen den Hass möglich und nötig sei, hielt ihre Furcht sie davon ab, das auf sich selbst zu beziehen. Als ich sie fragte, ob es aus ihrer Sicht gelingen könne, Menschen aus einem Umfeld des Hasses, wie sie es in Marzahn oder Lichtenberg annahm, andere Einstellungen nahezubringen sagte sie, „Ja, aber ich gehe halt wenig da hin". Persönliches Interagieren würde aus ihrer Sicht also einen Unterschied herbeiführen können. Um die eigene Unversehrtheit nicht zu riskieren, machte Helena aber lieber einen Rückzieher auf ganzer Linie und wollte die sichernde Nabelschnur nach Griechenland behalten.

Eine andere Strategie wählte Serkan: Zum Einen hatte er sich einbürgern lassen. Die Erwartung einer besseren Behandlung ging in seinem Betrieb zwar nicht auf; dort galt er trotz deutscher Staatsangehörigkeit nicht als Deutscher. Den Ausländerfeinden kampflos das Terrain zu überlassen, kam für ihn jedoch nicht in Frage, und insgesamt rechnete er sich aus, als Deutscher korrekter behandelt zu werden denn als ausländischer Staatsangehöriger:

Serkan: „Ich hab denen das im Betrieb auch gesagt. Also ich meinte, ich bekomme jetzt meinen deutschen Ausweis, ich werde ein Deutscher! Da meinte einer zu mir, ‚trotzdem hast du schwarze Haare'. Und ich meinte, ‚na und? So gibt's auch Deutsche!' Zum Beispiel letztens war so einer bei Bärbel Schäfer, also der war echt deutsch, stellen Sie sich mal vor, und der hatte ganz schwarze Haare! Als Deutscher hat man irgendwie mehr Rechte, denke ich. Es ist mal so eine Sache passiert in Kreuzberg. Ein Älterer wurde da von Polizisten zusammengeschlagen, irgendwie haben die sich mit den Polizisten gestritten, seine Freunde und er, ich kenne ihn. Seine Freunde sind weggerannt, weil die Polizisten immer mehr geworden sind. Dann haben die ihn gepackt, in den Mannschaftswagen, da haben die ihn brutal zusammengeschlagen, Platzwunde hier und hier und da. Und danach, weil er ja die deutsche Staatsangehörigkeit hatte, hat er eine Anzeige gemacht. Gegen die Polizisten wird noch ermittelt. Der hat gesagt, als die Polizisten gehört haben, dass er die deutsche Staatsangehörigkeit hat, sind die sogar zum Krankenhaus gegangen und haben sich entschuldigt bei ihm. Das wär sonst mal passiert. Für Politik habe ich mich nie interessiert, aber es ist ja auch so: Ich bin Kurde. Auch deswegen möchte ich Deutscher werden: Ich will endlich ein Land haben. Die Türken wollen uns doch auch nicht."

Für Serkan schien die deutsche Staatsangehörigkeit eine Art Schutzschild darzustellen, mit dem er sich gegen Ungleichbehandlung besser zur Wehr setzen konnte. Im Betrieb hatte er den Schild bereits hoch gehalten. Zudem hoffte er, sich als Deutscher auch im größeren gesellschaftlichen Rahmen mehr Respekt verschaffen zu können. Aufschlussreich ist seine Bemerkung, er wolle „endlich ein Land haben", denn die Türken würden die Kurden ja auch nicht wollen. Wie bei Helena spielte also auch bei Serkan die Frage der Akzeptanz eine wichtige Rolle. Während sie jedoch immerhin in Griechenland das erfuhr, was sie sich an menschlicher Wärme und Anerkennung wünschte, hatte Serkan als Kurde keine derartig positiv besetzte Bindung an die Türkei. Dagegen stellte der Erwerb der deutschen Staatsangehörigkeit einen Zugewinn dar. Auf vergleichbare Weise wertete auch Sahar ihre erfolgte Einbürgerung: „Wir sind ja Palästinenser, und ich galt vorher als staatenlos, nirgends anerkannt, und deswegen: Na besser als staatenlos ist dann immer noch Deutsche sein." Von den angestammten Deutschen als Deutsche auf gleicher Höhe angenommen zu werden, versprach Sahar sich allerdings nicht davon. Einen Lernprozess, in dem die ausgrenzende Logik der Nationalität verabschiedet würde, hielt sie nur über die sehr lange Zeit von Generationen für denkbar.

Die Bewertungen, wie weit die deutsche Staatsanghörigkeit einen Schutz vor Diskriminierung und Übergriffen bieten würde, divergierten also. Konvergenz bestand hingegen in dem Urteil, der beste Selbstschutz bestünde darin, die gefahrvollen östlichen Landesteile zu meiden. In einen Zielkonflikt geriet

Serkan, als er durch einen Freund, auf eine Disco im Brandenburger Umland aufmerksam wurde, die ihm sehr gut gefiel. Dort wollte er für tätliche Angriffe besser als nur symbolisch gewappnet sein.

Serkan: „In Brandenburg, da ist so eine Disco, da fahren wir jetzt öfter mal hin, weil es uns da gut gefällt, [...] aber wir gehen nicht ohne Waffen, das ist zu gefährlich, weil da so viele Rechte sind. Da haben wir immer was dabei. Es kann da passieren, dass einen einfach Leute so überfallen wollen. Inzwischen, wenn ich mit Freunden im Auto unterwegs bin, haben wir immer Waffen dabei: Messer und so einen Schläger – wenn wir nach Brandenburg zur Disco fahren sowieso. [...] Da haben neulich ein paar Typen uns mit ihrem Auto überholt und sind dann vor uns stehen geblieben und haben uns so angemacht und rumgebrüllt: ‚Was habt ihr hier zu suchen, haut hier ab' und solche Sachen. Dann sind wir ausgestiegen, und ich habe zu meinen Kumpels gesagt, ‚erstmal die Waffen im Auto lassen, kann man danach immer noch holen, erstmal reden'. Und dann sind wir raus und haben gesagt, die sollen keinen Stress machen, was sie für ein Problem haben und dass sie weiterfahren sollen. Dann sind wir wieder rein ins Auto und weitergefahren. Aber ruck-zuck hab ich da mal ein Messer in meinem Bauch oder so, deshalb fahren wir nicht mehr ohne."

Keine der jungen Frauen hatte sich wie Serkan bewaffnet. Das bedeutet nicht, dass die Strategien in Reaktion auf wahrgenommene Polarisierungen sich nach Geschlechterdifferenz in offensive oder defensive einteilen ließen. Die Frauen setzten auf andere Mittel als Serkan, dem es offenbar wichtig war, etwas ‚in der Hand' zu haben, um sich im Notfall wehren zu können, und der ansonsten ebenfalls auf Konfliktvermeidung aus war. Im Unterschied zu ihm setzten die jungen Frauen jedoch stärker auf die zivilisierende Wirkung im alltäglichen Umgang. Helena scheute zwar den Gang ins östliche Berlin, sah aber in der persönlichen Interaktion das Mittel der Wahl, um Menschen aus ihrem Hassklima zu befreien. Ilona sah die Sache ähnlich. Sie verspürte aber auch keine Lust, sich selbst dem entsprechend einzubringen, denn sie sehe an ihrer Tante, die in ein Dorf in Brandenburg umgezogen war, dass „die Ostler ja gar keinen Kontakt wollen, oder irgendwie das auch nicht so können". Obwohl ihre Tante wie auch sie selbst phänotypisch nicht als „Ausländerin" auffalle, deutsche Staatsangehörige sei und ja sogar *wegen* ihres Interesses an Kontakten zu Nachbarn, dem Dorfleben etc. umgezogen sei, seien die Ostler zu so „einem normalen Umgang" gar nicht in der Lage: „Sie wohnt jetzt in Brandenburg, Mann, zwei Kinder, hat sich da ein Häuschen gekauft, und das ist natürlich ein Problem mit den Nachbarn: keinerlei Kontakt zu irgendwelchen Nachbarn! Also mit dem Haus da, so schön es auch ist, hat sie sich ziemlich in die Scheiße geritten, wenn man das mal so sagen darf."

„Die Ostler" aus ihrer Berufsschule hatte Ilona für aggressiv erklärt. Ihre und ebenso die Einlassungen der anderen jungen Frauen waren auf eine Art sozialpädagogischer Resozialisierung angelegt, wo Serkan für Wegsperren plädierte: Die Brandenburger Dorfbewohner wie auch die Ost-Berliner erschienen in den Äußerungen der jungen Frauen als verhaltensgestört, in Hassmilieus sozialisiert, isolationsgeschädigt. Die kurativen Maßnahmen der Frauen hießen daher nicht erneuter Mauerbau, sondern Kontakt und Kommunikation; aber wer wollte diese wenig reizvolle Aufgabe schon auf sich nehmen, wenn die ‚PatientInnen' auch noch stur waren, unwillig und sich aggressiv verhielten? Mehabad hatte den Sprung ins kalte Wasser gewagt und betrachtete ihre Erfahrungen mit gemischten Gefühlen:

Mehabad: „Die Mädchen in dem Heim, wo ich da gearbeitet habe, das sind ja alles [flüstert:] Ossis! Ja wirklich! Das war ja in Treptow auf der Insel. Ich hatte mich in ein paar Heimen telefonisch beworben, um das Praktikum zu machen, und die meinten ‚komm halt mal vorbei'. Mir war das ja erst gar nicht klar, dass das im Osten ist. Aber ich muss sagen, dass ich da eigentlich recht positive Erfahrungen mit den Ost-Frauen gemacht habe. Vor allem: Jetzt hier in der Ausbildung und bei der Arbeit, im Beruf, also jetzt habe ich auch überwiegend mit Ossis zu tun, und die können mir echt alle gestohlen bleiben, echt – so was Pingeliges und Geiziges und – ja die haben irgendwie sowas von Festhalten, nichts Loslassen, so ganz endgültig alles in Beschlag nehmen. Mannomann, ich will auf jeden Fall nicht verallgemeinern, aber buhh... die Ossis besonders sind so. Im Vergleich dazu, also vielleicht hatte es auch mit meinen Erwartungen zu tun: die Erzieherinnen waren jedenfalls einfühlsam, aber was heißt schon ‚positive Erfahrungen' – meine Einstellung war wohl schon, dass ich unbewusst eine bestimmte Vorstellung hatte von denen, und dass ich dann gemerkt habe, *so* schlimm ist es nicht. Vielleicht ist das aber nicht unbedingt positiv, sondern irgendwie eher normal. Also jetzt, wo wir darüber reden, merke ich das gerade. Sie waren hilfsbereit, aufgeschlossen und familiär, pflichtbewusst auch und verantwortungsbewusst. [...] Obwohl natürlich nicht jede gleich gut war, aber im Allgemeinen. Das sind ja auch nur Menschen."

Dass „Ossis" auch nur Menschen sind und sich ganz „normal" verhalten können, war etwas, was Mehabad nicht erwartet hatte. In Relation zu ihren unbewussten Befürchtungen galten ihr die Erfahrungen in Treptow sogar als positiv. Dagegen waren die „Ossis", mit denen sie in ihrer kaufmännischen Ausbildung zu tun hatte, kleingeistige Krämerseelen, die ihr gestohlen bleiben konnten. Dass ihr Psychologiestudium sie eventuell aus Berlin fort und nach Hamburg oder in eine ander westdeutsche Stadt führen würde, sah Mehabad daher auch unter dem Aspekt der Distanz, die sie zu den „Ossis" gewinnen würde, positiv:

„Ich glaube, das ist anderswo gar nicht so schlimm wie hier in Berlin, wo man das so auf Schritt und Tritt erlebt, diesen ganzen Ost-West-Unterschied. Ich stelle mir das Leben in Hamburg ein bisschen angenehmer vor, [kichernd:] ohne die Ossis."

Anders formuliert, ließ die Präsenz der Ostdeutschen aus Mehabads Sicht die Lebensqualität in Berlin sinken. Ihre Erfahrungen waren zwar nicht eklatant negativ, aber ein Leben „ohne die Ossis" versprach besser zu sein. Dabei fühlte Mehabad sich im Grunde als Berlinerin, und diese Verbundenheit hatte sie auch die deutsche Staatsangehörigkeit beantragen lassen, wenngleich sie Zweifel hinsichtlich der schützenden Wirkungen hegte:

Mehabad: „Ich bin ja noch in der Türkei geboren, aber mit zwei Jahren kam Mama mit mir hierher. Seitdem bin ich hier in Berlin aufgewachsen und lebe noch immer in Berlin, also ich sehe mich halt auch als Berlinerin an. Ich bin nur nicht hier geboren, aber an die zwei Jahre kann ich mich bewusst sowieso nicht erinnern. Ich wollte deshalb schon lange meine deutsche Staatsangehörigkeit haben, ich hatte es schon

immer vor, aber ich habe es irgendwie erst dieses Frühjahr geschafft, den Antrag zu stellen!"
Sabine: „War das ein Problem für deine Eltern, oder warum hast du so lange gewartet, wenn du es schon immer wolltest?"
Mehabad: „Nee, nee. Papa ist auch dafür, der hat mich darin auch unterstützt, auch finanziell. Der möchte schon, dass ich meine deutsche Staatsangehörigkeit habe. Mama ist es, glaube ich, ganz egal. Ich bin nur irgendwie nicht dazu gekommen, oder vielleicht hab ich das auch verdrängt und wollte noch ein bisschen warten, wie alles sich weiter entwickelt hier."
Sabine: „Mit deiner Ausbildung?"
Mehabad: „Nee, eher so in Deutschland überhaupt. Es ist ja schon härter geworden, seit die Mauer weg ist, für Ausländer, mit all den Überfällen und solchen Sachen."

Die Vermutung, dass ein möglicher Umzug nach Hamburg, Mehabads Pendant zu Serkans Wunsch, Berlin zugunsten einer westdeutschen Kleinstadt zu verlassen, sie in den Genuss entspannterer sozialer Lebensverhältnisse kommen ließe, wurde indirekt durch Ratna bestätigt. Als Einzige der sechs, die Berlin bereits den Rücken gekehrt hatte, kommentierte sie distanzierter und weitaus gelassener sowohl das innerdeutsche Verhältnis als auch Möglichkeiten, wie die parallel diagnostizierten Probleme mangelnder Toleranz im Osten anzugehen wären: Ratna formulierte den sozialpädagogischen Hilfsgedanken explizit als eine *persönliche* Herausforderung: Ausländerfeindlichkeit könne durch persönlichen Kontakt abgebaut werden, war ihre Überzeugung. In Ermangelung von Ostdeutschen in ihrem Heidelberger Umfeld könne sie aber „leider" nicht so aktiv auf diese einwirken, wie sie es ansonsten gern täte:

Ratna: „Wir waren mit der Schule mal da im Osten, so in der 8./9. Klasse, da waren wir mal in Marzahn auf einer Schule. Ich weiß gar nicht mehr genau, was wir da gemacht haben, so eine Art Workshop, und all die Kinder da, die haben so komisch geguckt. Und ‚Scheiß-Ausländer' hat man da schon gehört, aber irgendwie haben die sich ja nicht richtig getraut, weil wir waren ja so viele [mit gesenkter Stimme] Türken und Araber – hohohoo [wir lachen beide]. Ich fand das total lustig. Jetzt, also hier habe ich jetzt leider keine Erfahrungen mit Ostdeutschen. Ich kenne keine, außer einem, der auch hier studiert. Der ist aus Sachsen und ist mit einer Iranerin zusammen. Das ist der einzige, den ich kenne."
Sabine: „Wenn du sagst, dass du ‚leider' keine Ostdeutschen kennst, heißt das auch, dass du selbst Erfahrungen mit ihnen machen möchtest, um nicht selbst Vorurteile gegenüber Ostdeutschen zu entwickeln?"
Ratna: „Naja, also ich würde nicht von Vorurteilen *gegenüber* Ostdeutschen reden, sondern von den Vorurteilen, die die Ostdeutschen vielleicht haben – also die einige, die meisten, manche gegenüber Minderheiten haben – das ist irgendwie auch ein schlechtes Wort – gegenüber Andersdenkenden eigentlich, und das kann aber aufgelöst werden im persönlichen Kontakt! Weil es ist ja auch so, ach ja, ich habe noch einen bei mir bei den Politikwissenschaften Südasiens, der kommt auch aus der Gegend im Osten, und am Anfang, als wir uns unterhalten haben, habe ich gesagt, das ist so arbeitslosenbedingt, dass die im Osten so sind, das muss ja nicht *wirklich* was mit Vorurteilen zu tun haben. Da hat er gesagt, er kommt aus der linken Szene, und die werden da auch nicht gerne gesehen. Diese Frustrationen und Wutausbrüche, das ist nicht nur gegenüber Anders*aussehenden*, sondern auch gegen Anders*denkenden*! Ich hab mal eine Reportage gesehen über ein kleines Dorf im Osten, wo eine rechtsextreme Gruppe wohl eine ganze Stadt terrorisiert, und da wird nichts dagegen gemacht! Ansonsten habe ich mal einen Spiegel-Artikel gelesen, da wurde eine Statis-

tik aufgemacht, wonach die meisten Ostdeutschen keine Ausländer mögen. Aber das ist auch ein Bereich, wo wenige Ausländer leben, und das hat mich ziemlich konfus gemacht: Wie kann man denn jemanden nicht mögen, den man gar nicht kennt oder nicht mal auf der Straße trifft? Bei mir auf der Etage wohnt eine Türkin, mit der ich mich darüber mal unterhalten habe. Sie meinte, die Deutschen werden sich halt nie ändern! [lacht] Also ich denke schon, dass ein regionaler Unterschied besteht zwischen Ost und West, und dass das auch durch verschiedene Faktoren be-einflusst ist. Wenn man frustriert ist über seine Situation, dann neigt man wohl zu solchen Sachen. Wenn man dann hört, dass 50.000 Inder hier deponiert werden sollen, um hier zu arbeiten, und selber hat man keine Arbeit, dann, denke ich, kann so eine Frustration schon kommen; also ich kann das verstehen sozusagen."

Hier zeigt sich wieder, dass Ratna sich den Dingen sehr reflektiert nähert. Nicht zu übersehen ist aber auch, dass die Involviertheit der in Berlin verbliebenen ehemaligen MitschülerInnen eine ganz andere ist. Insoweit trifft Mehabads Vermutung offensichtlich zu, dass die Erfahrungen in Berlin, „wo man das so auf Schritt und Tritt erlebt, diesen ganzen Ost-West-Unterschied" besondere Polarisierungen beinhaltete. Vom als sicherer empfundenen Terrain am Neckar ließ sich eine gelassenere Position gewinnen.

Dem pauschalen Urteil ihrer türkischen Mitbewohnerin, nach dem sich „die Deutschen [...] halt nie ändern" würden, mochte Ratna sich nicht anschließen, schon deshalb nicht weil sie einen Unterschied zwischen Ost und West sah. Ratna versuchte statt dessen, Gründe dafür aufzuspüren, dass laut Meinungsfrage die meisten Ostdeutschen keine Ausländer mögen würden, obwohl sie doch kaum mit welchen zu tun hätten. Ihr erster Gedanke galt dem ‚klassischen' Erklärungsmuster der Konkurrenz um ökonomische Ressourcen, insbesondere um Arbeitsplätze: Dass Menschen, die selbst vergeblich auf der Suche nach Erwerbsarbeit waren, weitere Einwanderung und die Präsenz von Immigranten ablehnten, fand sie nachvollziehbar. Allerdings hatte sie von einem Kommilitonen aus Sachsen erfahren, dass diejenigen Ostdeutschen – und Ratna vermied es tunlichst, an dieser Stelle zu generalisieren –, die das negative Image des Ostens überregional prägten, nicht allein „AusländerInnen", sondern anders denkende Deutsche ebenso wenig tolerierten. Im Unterschied zur konjunkturellen und Arbeitsmarktlage sah Ratna hier einen Ansatzpunkt zum Handeln: Das Toleranz- und Demokratiedefizit sei ein lösbares Problem, und zwar lösbar mit dem Mittel des „persönlichen Kontakt[s]". Ihre eigenen Erfahrungen aus der Schulzeit seien der beste Beweis für dessen Wirksamkeit:

Ratna: „Wir haben auch [...] den Vorteil, dass wir bereichert sind durch diese Kulturen. Ich habe in der Schule die palästinensische Kultur, die jugoslawische Kultur, die türkische, ach, ich hab so vieles kennengelernt, und das ist so eine Bereicherung, weil ich niemals sagen kann, dass ich etwas habe gegen jemanden aus dieser oder jener Kultur, denn ich habe diese Leute ja kennengelernt! Die haben ja meine Probleme gehabt sozusagen, und ich konnte mich mit ihnen austauschen, und das ist eine wahnsinnige Bereicherung, andere Kulturen kennenzulernen. Und es ist doch auch eine Entwicklung da. Also ich weiß, dass die Menschen in meinem Alter [...] doch meistens wirklich kosmopolitisch sind."
Sabine: „Kosmopolitisch durch das akademische Milieu?"

Ratna: „Nicht nur. Die sind viel in der Welt rumgekommen und so. Also ich kenne zwar fast nur Studenten, aber ich glaube dass unsere jüngeren Leute, also meine Generation, Grenzen einfach nicht mehr akzeptieren, sondern die Welt wirklich als *eine* Welt sehen, als *unsere* Welt. Sie sehen die Verbindungen, und ich muss auch sagen, dass ich oft Personen getroffen habe, die mehr über mein Land wussten und über bestimmte Bereiche dort als ich! Also ich habe Leute getroffen, auch Deutsche, die sich super über den Hinduismus auskannten und so. Das ist schon eine gewisse Veränderung, und das finde ich sehr schön, dass wir zunehmend kosmopolitischer werden."
Sabine: „Und du denkst, das ist eine Frage des Generationsunterschieds?"
Ratna: „Ja auf jeden Fall. Also solche Fragen wie, warum ich so gut Deutsch kann, wo ich das denn gelernt hab und so was, die kommen ja immer eher von den Älteren. Es ist halt total doof, weißt du, wenn man irgendwo ist und sich unterhält, und dann dreht ein Mensch sich um und fragt, warum du so gut Deutsch sprechen kannst! Das hat mich immer so geärgert und aufgeregt, und dann hab ich immer gesagt, ‚ich bin genauso zur Schule gegangen wie Sie, mein Herr' oder so was. [...] Ich meine, wenn man so gut Deutsch kann wie ich, da müssten die Leute doch sowieso wissen, dass ich hier aufgewachsen bin. Also das ist doch logisch, oder? Und so Fragen ärgern mich dann total. Ich würde einfach gerne haben, dass so was aufhört. Inzwischen denke ich dann, dass dieser Mensch dumm ist, aber es ärgert mich trotzdem noch."

Mit ihren Schlussfolgerungen zum sozialen Lernen und dem Abbau von Vorurteilen durch interkulturellen Kontakt formulierte Ratna ähnliche Gedanken wie die anderen jungen Frauen: So wie etwa Sahar konstatierte, „die Westler sind doch mit Ausländern aufgewachsen, da war es nie ein Problem", oder wie Ilona meinte, dass „die Westler, die hier halt auch auf Schulen viel Kontakt hatten mit Ausländern und viele gute Freunde gefunden haben unter Ausländern, [...] damit ganz anders um[gehen]", sah auch Ratna im zwischenmenschlichen Kontakt den Schlüssel zur Überwindung von Ressentiments. Im Unterschied zu ihren ehemaligen Mitschülerinnen, die dieses Argument in erster Linie in Sicht auf die Wandlungsprozesse deutsche Mehrheitsbevölkerung formulierten, benannte Ratna freilich auch den eigenen Lernprozess. Dieser umfasste nicht nur die Bereicherung durch Menschen anderer „Kulturen", die die gleichen Probleme gehabt hätten wie sie selbst, sondern auch die überraschende Feststellung, dass es Deutsche gebe, die Interesse an den „Kulturen" der Einwanderer zeigten und sich Wissen über, beispielsweise, den Hinduismus aneigneten. Vergleichbare Beobachtungen hatte auch Serkan gemacht. Er berichtete mir von einem deutschen Freund:

„Der ist wie wir. Der ist in Kreuzberg aufgewachsen und hat sich immer auch interessiert dafür, wie wir so leben. Der ist jetzt selbst so wie die Türken: locker und mit vielen verschiedenen Leuten zusammen. Jetzt wohnt er in Charlottenburg, und ich gehe manchmal hin zu ihm. Man sieht da immer unterschiedliche Menschen. Mir gefällt das gut. Man kann dann auch Erfahrungen über alles sammeln."

Serkan verortete die Bereitschaft, für das Leben der Immigrantenbevölkerung Interesse aufzubringen ausschließlich im Westen und sah die von den Migrantenmilieus dominierten Viertel Berlins als Brennpunkte des Austauschs. Ratna setzte einen anderen Akzent: Zwar sah auch sie den Osten Deutschlands als eine Region an, in der die Menschen erhebliche Defizite im Umgang mit Differenz hätten. Ratna vertrat aber die Ansicht, dass sich im Umgang mit Menschen ausländischer Herkunft und mit Differenz ganz allgemein vor allem ein Unterschied zwischen den Generationen zeige, dass ältere Deutsche stärker zu nationalistischen Schemata neigten, während die jüngeren Kosmopoliten wären. Wenngleich Ratnas euphorische Einschätzung über die kosmopolitische Wende der jüngeren Generation in Deutschland im Widerspruch zu anderen Aussagen von ihr stand, etwa über Situationen, in denen sie sich von anderen *jungen* Leuten bedroht gesehen hatte, überwog die Zuversicht einer insgesamt positiven Entwicklung. Den Gedanken ihrer kulturellen Differenz vertrat Ratna mit großem Selbstbewusstsein als Faktor der gesellschaftlichen Bereicherung. Während sie im Rückblick auf die Zeit als Schülerin feststellte, dass die Kinder in Ost-Berlin „so komisch geguckt" hätten und von den vielen Türken und Arabern offenbar eingeschüchtert gewesen seien, stellte sich Belustigung ein. Zwar meinte Ratna, sie habe die Begegnung mit den Marzahner SchülerInnen schon als Jugendliche „lustig" gefunden, in Anbetracht ihrer weiteren Erzählungen über den Wohnortwechsel und die Unterschiede zwischen Berlin und Heidelberg scheint die amüsierte Gelassenheit aber auch dem Umstand geschuldet, dass Ratna an ihrem Studienort deutlich mehr Akzeptanz und Austausch auf Augenhöhe erfuhr als zuvor in Berlin. Was Serkan mit West-Berlin verband, „mit vielen verschiedenen Leuten zusammen" sein zu können, erfuhr Ratna in Heidelberg noch einmal auf andere Weise als zuvor in Berlin.

Sabine: „Wie ist es jetzt für dich, wenn du nach Berlin fährst zu deiner Familie? Ist das ein Nach-Hause-Kommen?"
Ratna: „Ich habe ja 15 Jahre in Berlin gelebt, ehe ich hierher nach Heidelberg gekommen bin, und hier habe ich wirklich die unterschiedlichsten Menschen getroffen, aus allen Ländern und Ecken, und Leute, die wirklich die extremsten, absolut verschiedensten Meinungen haben. Und ich muss sagen, ich finde das toll, all die Leute hier zu treffen. Ich kenne hier zum Beispiel Leute, die ganz reich sind, also so reich, dass man denkt ‚Scheiße, du bist arm!' [lacht] und Leute aus unterschiedlichsten Ländern habe ich hier kennengelernt. Also, ich kenne einen aus Madagaskar, der ist da der Sohn des Bürgermeisters der Hauptstadt, und dann kenne ich ganz viele Verbindungsleute hier, das sind ja ganz elitäre Truppen, nicht alle, aber so überwiegend. In Berlin habe ich nie reiche Leute gekannt, aber wenn man hierher kommt: Die Eltern haben alle eigene Immobilien, eigene Praxis oder Kanzlei, da denkt man sich schon, wow, das gibt es also auch! Das finde ich ganz super. [...] Und sie kommen hier in Kontakt, man sieht sie überall. In Berlin gibt es ja garantiert, also, ja natürlich, viele reiche Leute, aber die bleiben eigentlich aller eher so unter sich: Türken in Kreuzberg, Reiche weiß-ich-wo in den Vororten im Grünen oder so. Aber es ist trotzdem ganz komisch: Ich hätte *niemals* gedacht, dass ich so eine Freude erleben würde, wenn ich nach Berlin komme! Also, wenn ich in Berlin in der U-Bahn sitze – wie ich das hier vermisse! Ich freue mich immer *so sehr*, wenn ich in Berlin bin. Also allein schon, wenn ich die Berliner Luft einatme, und so gut ist die ja eigentlich nicht, aber dann fühle ich mich schon gut, sofort! Also wirklich, Berlin ist *meine* Stadt, das wird sich wohl nie ändern. Deshalb habe ich gemerkt: Ich finde nicht mal, dass Deutschland meine Heimat ist, sondern ich glaube, ich würde mich überall wohl fühlen. Und ich finde es wirklich sehr schön, dass sich das so verändert hat, denn ich bin wirklich gar nicht mehr eingeschränkt in dem, wo ich mich wohl fühlen

kann. Ich glaube, dass ich mich überall wohl fühlen kann, und das ist eine sehr schöne Entwicklung. Aber Berlin ist und bleibt mein Zuhause."
Sabine: „Du hast ja vorhin gesagt, dass Probleme im Osten Deutschlands wie die fehlende Bereitschaft, Andere zu akzeptieren im Kontakt aufgelöst werden könnten. Kannst du dir vorstellen, auch selbst in eines der Ost-Bundesländer zu ziehen und dich auch dort wohl zu fühlen?"
Ratna: „Hm. Nee, also eigentlich das dann doch nicht. Mein Leben ist mir ja lieb, wie man so sagt. Also als die Mauer aufging, bin ich ja noch auf die Grundschule gegangen. Und ich weiß noch, da waren *Riesen*-Schlangen vor der Sparkasse, wo die alle ihr Geld abgeholt haben zur Begrüßung, und meine Mutter hat sich beschwert, dass es bei Aldi nichts mehr zum Einkaufen gibt [lacht]. Also das hab ich gleich mitgekriegt. Aber andererseits war ich davor nie im Osten und danach auch nur manchmal; ich hab ja eigentlich keinen Bezug da hin. In der Ecke vom Ostbahnhof wohnt ja die Vera, und da habe ich sie ein paar Mal besucht. Da wollte ich vorher Wein einkaufen, da ist so 'ne Riesenpassage neu hingebaut worden zum Einkaufen – ist ja auch irgendwie typisch, oder? – und da waren gleich so'n paar Teenies, Skinheads, die haben mich ganz komisch angeguckt, haben aber nichts gemacht. Eigentlich war ja der Plan sogar, dass wir zusammenziehen, Vera und ich, und sie wollte aber *unbedingt* im Osten wohnen, hat immer gemeint, sie hat da ihre meisten Freunde und so, und da hatte ich schon immer Bedenken. Ich habe immer gesagt, ich möchte keine Angst haben müssen, wenn ich abends nach Hause komme. Ich möchte meine Freiheit haben und nicht diese Angst haben müssen. Sie hat das nicht so ganz verstanden und hat immer gesagt, nein, nein, ihre ganzen tollen Freunde wohnen doch dort, und das kann ja alles nicht so sein. Aber ich hab mich dann bestätigt gefühlt, als ich die Skinheads da gesehen hab. Da habe ich gedacht, das war echt okay, war eine sehr gute Entscheidung, dass du nicht da hingezogen bist. Weil ich möchte einfach nicht provoziert werden. Ich kann dann halt mein Maul nicht halten, wenn mich jemand blöde anmacht, und ich weiß, dass das dann bestimmte Konsequenzen haben kann, dass sich das so hochkurbeln kann. So was möchte ich nicht haben. Meine Mutter hatte da auch Bedenken, viel viel mehr als in West-Berlin."

Dass Ratna auf die Frage nach einem möglichen Umzug in den Osten der Republik entgegnete, ihr Leben sei ihr ja lieb, bestätigte, dass auch sie das vereinte Deutschland mit einer gewachsenen Bedrohung assoziierte. Zwar wollte sie nicht pauschalieren, wie die Reihe an Einschränkungen zum Thema Toleranzdefizite im Osten zeigten, aber der Generationen-Unterschied, den Ratna in Sachen Diskriminierung als maßgeblich veranschlagte, galt ihr doch als regional unterschiedlich ausgeprägt. Trotz des Credos, sich gar nicht mehr eingeschränkt zu fühlen in der Wahl der Orte, an denen sie sich wohl fühlen könne, kam das Territorium der Ex-DDR prinzipiell nicht in Betracht. Die gewohnten etwas überheblich konstatierten Eindrücke davon, dass die Ostdeutschen bei Maueröffnung als schiere Masse in Erscheinung getreten seien, mit Geldgeschenken begrüßt wurden, die Lebensmittel-Geschäfte in West-Berlin leer gekauft hätten und seither vor allem durch Rechtsradikalismus von sich reden machten, hinderten Ratna indes nicht daran, Berlin für sich als Zuhause zu reklamieren. Mit ihrer emotionalen Bindung an die Stadt und der Feststellung, dass der Umzug nach Heidelberg ihr „kosmopolitisches" Lebensgefühl „eher noch positiv verändert" habe, machte sie sich davon unabhängig, wieviel Raum ihr von deutscher Seite zugestanden oder aberkannt würde. Mit der Perspektive der Freiheit zur *eigenen* Verortung nahm Ratna auch zur Staatsangehörigkeit eine souveräne Haltung ein:

„Das haben meine Eltern für mich gemacht. Ich bin Deutsche. Aber irgendwie, für mich sagt ein Pass gar nichts aus, das ist nur ein Stück Papier, auf dem was steht. Ich fühle mich eigentlich an kein Land gebunden, und das gefällt mir sehr gut so."

Sich als Deutsche zu verstehen, war also nichts, das davon abhing, ob die angestammten Deutschen einem die Gunst ihrer Anerkennung als solche zuteil werden ließen oder nicht. Anders als Sahar, die sich trotz deutscher Staatsangehörigkeit in eigenen Worten nicht traute, „auf der Straße zu sagen, ich bin Deutsche", da man sie ja doch nicht als solche betrachte, oder auch als Helena und Ilona, die angesichts der erfahrenen Diskriminierungen Abstand von früheren Einbürgerungsüberlegungen genommen hatten, stellte Ratna das keiner Fremddefinition zur Disposition: Mit der Aussage „Ich bin Deutsche" formulierte sie so selbstbewusst wie Serkan den Anspruch auf Gleichbehandlung. Das war möglicherweise mit dadurch bedingt, dass Ratna die Entscheidung nicht selbst getroffen hatte, sondern ihre Eltern die Einbürgerung einfach für sie betrieben hatten. Sie hatte also selbst keine Abwägung vornehmen müssen zwischen dem eigenen Statuszugewinn in Deutschland und der Bedeutung des Verlustes ihrer Herkunftsnationalität. Zwar konnte das eigene Bekenntnis zur deutschen Staatsangehörigkeit Diskriminierungs-Erfahrungen nicht verhindern. Ebenso wie Serkan sich darüber aufregte, dass sein KFZ-Meister ihn als lediglich „auf dem Papier" Deutscher abqualifizierte, ärgerte sich auch Ratna über Fragen zum Erwerb ihrer Deutschkenntnisse. Von solchen Erlebnissen machten beide aber nicht ihr Selbst(wert)gefühl abhängig, auch Deutsche zu sein. Nahm Serkan solche Vorfälle zum Zeichen der Zurückgebliebenheit „der Ostler", wertete Ratna sie als Dummheit und Ausdruck eines beschränkten Horizonts älterer Deutscher. Beide waren sich nicht nur gewiss, solchen Menschen etwas voraus zu haben, sondern verstanden sich auch als *agents* eines gesellschaftlichen Wandels, die bei dem Insistieren, sich nicht als zweitklassige Deutsche behandeln zu lassen, das Recht auf ihrer Seite wussten.

Individualität und Bindungen im eigenen, anderen Leben

Ungeachtet der möglichen weiteren kategorialen Differenzierungen nach elterlichen Herkunftsländern, der Religion oder Ethnizität teilten die sechs Protagonisten dieser Arbeit die biographische Erfahrung des Heranwachsens in Berliner Migrantenfamilien. Als Jugendliche sahen sie ihre Lebenslagen in mehrerlei Hinsicht als parallele von „AusländerInnen" in Deutschland. Dabei hatte ein Großteil der im Schulalter vorgebrachten Äußerungen die Relation von sozialen Bindungen und individueller Freiheit betroffen. Im Vergleich zu ihren ethno-national verstandenen „deutschen" MitschülerInnen hatten sich die jungen „Ausländerinnen" und „Ausländer" in der exponierten Position gesehen, sich und die Entwicklung ihrer eigenen Lebensperspektiven gegenüber Anderen und ihren Versuchen der Einflussnahme unablässig erklären und abgrenzen zu müssen: gegenüber den Eltern, da diese sich um die kulturelle Entfremdung der nächsten Generation sorgen würden, gegenüber „den Deutschen", und im Schulalltag hieß das speziell gegenüber den deutschen Lehrkräften und MitschülerInnen, da deren Ansichten über Lebensweisen in migrantischen Kreisen sowie deren „Herkunftskulturen" nicht selten die Form beleidigender Klischees annahmen und Zeugnis einer überheblichen Ignoranz ablegten.

Die allenthalben präsenten kulturalisierten Alteritätsdiskurse und die mit ihnen verbundenen Konformitätserwartungen ließen die Heranwachsenden den Eindruck gewinnen, sie befänden sich in einem Geflecht von einschränkenden Verbindlichkeiten, während die gleichaltrigen Deutschen in geradezu paradiesisch toleranten Familien mit jeder erdenklichen persönlichen Freiheit aufwüchsen. Durch diese Brille betrachtet, schien das künftige ‚eigene' Leben latent konfliktreich, galt unter den adoleszenten „AusländerInnen" doch als evident, dass man von ihnen im familialistisch orientierten Herkunftsmilieu ein Familienleben mit konventioneller Geschlechterrollenverteilung und vor allem eine Heirat innerhalb der Herkunftsgruppe erwartete. Die Möglichkeiten, sich über solche Vorstellungen hinwegzusetzen, waren unklar. Insbesondere den Mädchen fehlte es an Vorbildern, die sich zur Identifikation und Nachahmung angeboten hätten. Selbst wenn weibliche Devianz von konventionellen Lebenswegen in der Schule zur Sprache kam, wurde sie im Blick auf migrantische Milieus als patriarchales Drama um die Familienehre thematisiert, das mindestens den sozialen Tod bedeuten könnte, wenn nicht gar den „Ehrenmord".

Zwar wehrten sich die weiblichen Adoleszenten in der Schule gegen derartige Stereotype, wenn sie an sie selbst gerichtet wurden. In zahlreichen Äußerungen über ihre häusliche Situation war dennoch ein latentes Misstrauen unüberhörbar gewesen, ihren Eltern sei zwar allgemein an einem Aufstieg der Kinder durch Bildung gelegen, sie nähmen das aber bei Mädchen weniger ernst als bei Jungen, würden ihre Töchter vor allem auch gut verheiraten wollen, und wieviel Emanzipation von den hergebrachten Modellen des guten Lebens tatsächlich möglich sein würde, sei ungewiss. Auch dann, wenn sie selbst nicht radikal andere Vorstellungen von ihrem eigenen Leben hatten als das, was ihre Eltern (angeblich) für sie vorsahen, sahen viele der Mädchen aus Einwandererfamilien, die ich in der Neuköllner Schule 1996/97 traf, in den Fragen der Partnerwahl Schwierigkeiten auf sich zukommen. Durch das Aufwachsen in einem Viertel mit verschiedensten Herkunftsnationalitäten und die analoge Heterogenität im schulischen Raum fanden viele es durchaus vorstellbar, sich quer zu solchen Gruppengrenzen zu verlieben. Wie weit ihre Eltern sie selbst biographische Entscheidungen treffen lassen würden, ließ sich jedoch kaum vorhersagen.

In dieser Unklarheit liegt eine Spezifik der weiblichen Lebenslage: Mit den Überlegungen, die der damals 16jährige Serkan zu seiner künftigen Lebensplanung anstellte, wirkte er im Vergleich zu den um ein bis drei Jahre älteren jungen Frauen von ausgesprochen wenig Zweifeln befallen. Die Wahl eines künftigen Berufes ließ er von seinen Wünschen und einigen pragmatischen Gedanken leiten; seine spätere Familie würde sich in das Konzept seines Lebens einfügen und nicht umgekehrt. Neben ihm waren Sahar und Ilona sich ihres nachschulischen Lebensentwurfs bereits relativ sicher gewesen, und dessen soziale Akzeptanz war ganz unstrittig. Mit dem konventionellen Modell der Ehefrau und Mutter, die eventuell noch ein bisschen „dazuverdiene", konnten Sahar und Ilona mit der Billigung ihrer Eltern rechnen.

Die Aussicht des Abiturs motivierte die übrigen hier porträtierten jungen Frauen zu hochfliegenden Phantasien von einem im wahrsten Sinn des Worts abgehobenen Lebensstil über den Dächern der Großstadt, einem glanzvollen Wirken für den fairen Welthandel, einem öffentlichen Leben als Politikerin oder dem aufopferungsvollen Engagement für das freie Reden und Denken. Die spektakulären Überhöhungen reflektieren eine Lücke: Offenkundig fehlte es den jungen Frauen an Vor-Bildern dafür, welche beruflichen Positionen sie als gebildete Immigrantentöchter bzw. als „Ausländerinnen" würden einnehmen können und was dies jeweils für ihre Lebensplanungen hieße. In den Berliner Immigrantenkreisen, aus denen sie stammten, gab es kaum hoch qualifizierte Frauen mit anspruchsvollen Berufen. Dass ihre höhere Schullaufbahn sie biographisch und ökonomisch gegenüber den eigenen Eltern voran bringen sollte, schien allgemein außer Frage zu stehen. Wie weit dieser Aufstieg real gehen könnte, welche Berufe anstrebenswert waren, welche Konsequenzen eine bestimmte Berufstätigkeit für die Realisierung einer Mutterschaft haben würde, schien dagegen nicht absehbar.

Mit ihren Projektionen vom entweder mondänen oder märtyrerhaften Leben für eine bessere Welt hatten Helena, Ratna und Mehabad als Schülerinnen in erster Linie zum Ausdruck gebracht, dass sie sich vom Lebensstil der Eltern definitiv abheben und sich deren Druck zu Ehe und Familiengründung nach Möglichkeit entziehen wollten; selbstverständlich hatten all ihre Ideen im Bereich des theoretisch Möglichen gelegen. Vor dem Hintergrund ihrer Lebensrealitäten in Berlin-Neukölln und -Kreuzberg und auch im Vergleich zu den eher handfest wirkenden Planungen von Sahar und Ilona hatten diese Vorstellungen aber surreal angemutet. Wenngleich in dem meritokratischen Versprechen der Möglichkeit eines Aufstiegs durch Bildung ein zentrales Credo moderner Vergesellschaftung liegt, fiel doch die enorme Distanz ins Auge, sich aus den unterprivilegierten Bezirken Berlins heraus für einen gerechteren Welthandel oder die Meinungsfreiheit in der Türkei verwenden zu wollen.

Auch drängte sich die Frage auf, warum der Impetus zur Verbesserung nicht stärker den Verhältnissen vor der eigenen Haustür galt. Dieses Betätigungsfeld visierte allein Serkan an, indem er die Berliner Polizeiarbeit durch sein Mittun verbessern und so deren Ansehen in der „ausländischen" Wohnbevölkerung stärken wollte. Zieht man allerdings in Betracht, dass Serkan als Jugendlicher kein nennenswertes Engagement zeigte, seine schulischen Leistungen auf das Niveau zu bringen, das zur Bewerbung für den Polizeidienst erforderlich war, ergibt sich ein etwas anderes Bild: Zwar hatte er ein konkretes, männlich konfiguriertes Berufsbild vor Augen; es sah aber seinerzeit nicht danach aus, als könne Serkan hinreichende Mittel erwerben, um sein Ziel zu erreichen. Die jungen Frauen waren dagegen auf dem Weg zur Allgemeinen Hochschulreife und damit immerhin dabei, das auf dem Arbeits- und Ausbildungsmarkt am besten konvertierbare Mittel zu erwerben, das die Schulen im Angebot haben, auch wenn sie nicht recht wussten, wie sie dieses Mittel für ihre eigenen Zwecke zum Einsatz bringen sollten und worin diese genau bestünden.

Bemerkenswert war überdies die thematische Lücke dessen, was den eigenen Wunschpartner auszeichnen würde. Zwar kamen die fünf jungen Frauen mit ihren Einlassungen zu Fragen der Haushaltsführung, die ich im dritten Kapitel zitiert habe, zu Absichtserklärungen, Kinder im Sinne einer Gleichberechtigung der Geschlechter zu erziehen wären; über den Part der Männer war jedoch so gut wie nicht gesprochen worden. Dass die Rede davon war, auch die Brüder zu erziehen, zeigte zwar den Wunsch nach männlicher Beteiligung an den Haushaltsarbeiten an; die Idee einer eigenen Partnerschaft bzw. Ehe wurde aber eher im Diffusen belassen, als dass Vorstellungen konkret wurden. Die jungen Frauen schienen latent die Auffassung zu teilen, wonach die Jungen und Männern hier nicht viel Entgegenkommen zeigen würden. Der Tenor, dass die männlichen Gleichaltrigen ihre Privilegien der etablierten Geschlechterverhältnisse nicht aufgeben würden, war auch in Diskussionen anderer Schülerinnen-Gruppen vernehmbar gewesen. In einer Diskussion der 11. Klasse hatte ein Mädchen türkischer Herkunft beklagt, dass die Norm vorehelicher Keuschheit doch auch für Männer gelte, „aber das wird von denen immer so beiseite geschoben!" Eine 16jährige aus einer türkischen Immigrantenfamilie hatte sogar verkündet, dass sie „jedenfalls einen Türken nicht heirate", denn „der kann dann kein Deutsch, und man muss für den immer arbeiten!" Eine ihrer Mitschülerinnen kurdischer Herkunft hatte dazu ergänzt: „Die lassen sich zuhause doch von vorne bis hinten bedienen." Prononcierte Absichtserklärungen wie die, keinen Türken heiraten zu wollen, waren jedoch selten. Unter den jungen Mädchen ausländischer Herkunft überwog eher ein mit Ratlosigkeit gepaartes Unbehagen angesichts der befürchteten fortgesetzten Bequemlichkeit ihrer männlichen Altersgenossen in Fragen der Haus- und Familienarbeit, die als „traditionell" galt.

Nicht weniger ambivalent waren die Einstellungen der damaligen SchülerInnen zu ihrer sozialen Verortung in der deutschen Gesellschaft gewesen. Weder hatte es ihrem Lebensgefühl entsprochen, sich vorbehaltlos als RepräsentantInnen ihrer Herkunftsgruppen zu betrachten, noch bot die Kategorie des Deutschen hinreichend Raum und Attraktivität, als dass sie sich selbst als künftige Deutsche sehen mochten. Statt sich in dem selbst reproduzierten Bild der „zwei Welten" oder „zwei Kulturen" auf eine der beiden ‚Seiten' zu schlagen, hatten sie sich als Adoleszenten in einem beide umfassenden Raum eingerichtet. Eindimensionale Konzepte vermeintlich evidenter Gruppenzuordnung wurden so für die eigene Lage als unzureichend abgelehnt. Ihren Niederschlag hatte diese Ambivalenz in der geteilten Gruppenidentifikation als „AusländerInnen" gefunden, die einen spezifischen Sozialisationsprozess reflektierte. Mehr noch als manche der biographischen Leerstellen erweckte die

Identifikation mit dieser Kategorie den Eindruck einer Verlegenheitslösung: Dass sich auf Dauer mit einem Selbstverständnis leben ließe, nach dem man fremd sei, „ausländisch" in dem Land, in dem man, wenn vielleicht auch nicht geboren, so doch zu überwiegenden Teilen aufgewachsen war und seine Zukunft zu verbringen gedachte, war wenig wahrscheinlich. Insofern konnte unterstellt werden, dass sich in diesem Bereich des Selbstentwurfs Wandlungen vollziehen würden, sobald die jungen Leute das schulische *peer*-Milieu von „AusländerInnen" verlassen hätten.

Verschiebungen der biographischen und sozialen Orientierungen konnten in der nachschulischen Lebensphase tatsächlich beobachtet werden. Sowohl hinsichtlich ihrer privaten Lebensentscheidungen als auch in Bezug auf das Erleben der innergesellschaftlichen Relation von alteingesessenen Deutschen zu den Bevölkerungsteilen mit Einwanderungshintergrund fand eine individuelle Ausdifferenzierung der eigenen Lebensführung statt. Anders als die Mädchen 1996/97 befürchtet hatten, stellten ihre Eltern sich ihnen praktisch nicht in den Weg bei der Aufgabe, nach Schulabschluss die Prioritäten für das weitere Leben hinsichtlich einer Abwägung von Qualifizierungsoptionen vis-à-vis Partnerschaft und Familiengründung nach eigenen Vorstellungen zu setzen.

Das Private

Während die jungen Frauen sich, als sie noch Oberstufenschülerinnen waren, bereits mit einem sozialen Druck aus der Verwandtschaft zur baldigen Gattenwahl konfrontiert gesehen hatten, stießen ihre Priorisierungen der eigenen Berufsausbildung sowie zum Teil Berufsausübung nach dem Schulabschluss auf keinen nennenswerten Widerstand von Seiten der Eltern. Zugespitzt lässt sich festhalten, dass die aus Sicht der Jugendlichen als konservativ wahrgenommene, auf Grund ihrer „traditionellen" Sozialisation und „Kultur" im Herkunftsland vermeintlich engstirnige und zu keinen Abstrichen bereite migrantische Elterngeneration sich letztlich doch als umgänglich erwies. Auch wenn es vielleicht nicht den Idealvorstellungen ihrer Eltern entsprach, dass sie den Familienhaushalt noch ledig verließen, waren Ilona, Mehabad und Ratna zu ihren eigenen Haushalten gekommen, ohne dass es den Bruch mit ihren Eltern bedeutet hätte. Sahar hatte es darauf zwar nicht erst ankommen lassen wollen, und Helena war auf Bitten des Vaters heimgekehrt in den Schoß des elterlichen Haushalts, um ihren guten Willen zu beweisen und ihn sein Gesicht wahren zu lassen; was ihnen allen fünf Jahre zuvor als typische Umklammerung durch „die ausländischen Eltern" gegolten hatte, erwies sich als wenig dramatisch. Für Kontroversen sorgte dagegen tatsächlich die Frage einer möglichen Eheschließung quer zu Religion, ethnischen oder nationalen Herkunftsgruppen. Auch Ratnas Eltern, die eine Konformität mit den konventionellen Heiratsregeln des Kastensystems für lässlich hielten und Ratna große Freiheit einräumten, signalisierten der Tochter, dass sie es doch für überaus wünschenswert hielten, sich mit einem künftigen Schwiegersohn auch in der eigenen Sprache unterhalten zu können.

Insgesamt stellte sich jedoch nicht die „kulturelle" Ablösung von den Eltern als das spezifische Dilemma der weiblichen Lebensführung dieser Migrantentöchter heraus, sondern die biographische Vermittlung von beruflichen und reproduktiven Optionen. Die Differenzierung, die sich in den verschiedenen Strategien des Umgangs mit tatsächlichen oder unterstellten elterlichen Erwartungen andeutete, nahm bei den Konzepten zur angestrebten Balance von eigener Familie vis-à-vis Berufstätigkeit deutliche Konturen an: Sahar und Ilona verfolgten verschieden akzentuierte, aber jeweils heteronom angelegte Lebenskonzepte, in denen Ehemann und Kinder einen festen Platz einnahmen. Dabei rangierte für Sahar der Kinderwunsch eindeutig so weit oben, dass schon die Partnerwahl pragmatisch erfolgte, der Beruf fungierte als Ausfallbürgschaft. Sie hatte in punkto Liebesheirat Abstriche zu Gunsten sowohl eines Teils der elterlichen Wünsche als auch zu Gunsten eines umgehenden und stressfreien Etappenerfolgs in der eigenen Lebensführung gemacht. Solche Konzessionen mochte Ilona in Sachen ihres romantischen Ideals der bürgerlichen Liebesehe nicht machen. Sie wünschte sich Kinder von und mit ihrem Traummann und unterwarf ihr Konzept daher weder elterlichen Ansprüchen noch dem Pragmatismus der unverzüglichen Machbarkeit, sondern band sein Gelingen an das Vorhandensein des idealen Partners. Dass der Mann zur Erfüllung von Ilonas Wünschen zwar gefunden, der Gefundene aber nicht willig war, sorgte für nachhaltige Frustration, denn er stellte die *conditio sine qua non* ihres Konzepts vom guten Leben dar. Die Ausübung des eigenen Berufs hatte für Ilona lediglich die eingeschränkte Bedeutung, ihr in der Zeit der Ungebundenheit eine biographische ‚Zwischenphase' als junge Erwachsene (vgl. Bilden/Diezinger 1984: 197) und künftig die konventionelle Zuverdienerrolle zu ermöglichen.

Eine andere Art Frustration handelte Helena sich ein, weil sie das rigorose Durchsetzen eigener Ziele verantwortungsethisch ablehnte: Ihr Lebenskonzept war zwar prinzipiell an Autonomie orientiert; ihr Studium entsprach diesem Ziel, und die Partnerwahl stellte sie nicht auf die Wünsche der Eltern ab. Helenas Wunsch nach Folgenabschätzung, ausgleichender Diplomatie und tragfähigen Kompromissen ließ sie jedoch darauf setzen, dass man ihr aus Gründen der Ethik gegenseitigen Respekts die Freiheit zur autonomen Lebensführung zugestehen und sich auf Augenhöhe mit ihr auseinandersetzen solle. Damit erwartete sie in der Interaktion von Anderen, dass diese ebenfalls Kompromissbereitschaft aufbrächten, zeigte selbst aber so viel Flexibilität und Verhandlungsbereitschaft, dass ihre Gegenüber sich zu sonderlichen Abstrichen nicht veranlasst sahen. Zwar war Helena selbst auf Grund ihrer reflexiven Prinzipien für Vieles offen, sie gab aber auch schnell zu Lasten der eigenen Wünsche und Ziele nach und litt dann an der Unfähigkeit der Anderen, ihr entgegenzukommen.

Dem gegenüber folgten sowohl Ratna und Mehabad einer Ethik der Autonomie. Für Ratna standen die eigene erfüllende Berufstätigkeit und Gleichberechtigung in zwischenmenschlichen Beziehungen ganz oben auf der Agenda, Mehabad wollte Selbstverwirklichung und soziales Engagement im Beruf verbinden. Mit der Priorisierung einer Sinn stiftenden beruflichen Laufbahn gelang es diesen beiden, sich in den Belangen ihrer privaten Lebensentscheidungen – zumindest vorerst – von Fremdbestimmung weitgehend frei zu machen. Das gute Leben sahen sie vor allem als ein individuelles Projekt, das zudem nach Möglichkeit zur Gestaltung besserer gesellschaftlicher Verhältnissen beitragen sollte; die private Perspektive auf das Glück im Sinne einer Paarbeziehung und/oder eigener Nachkommenschaft war für sie beide nachrangig. Mit ihren Nutzungen der entstandardisierten biographischen Situation als Chance, die Offenheit für persönliche Erfahrungen biete, nahmen beide in Kauf, dass die Gewichtung zu Gunsten ihrer individuellen Entwicklung auch bedeuten könnte, dass sie kinderlos blieben. Als Mann musste Serkan, dessen Priorität ebenfalls darin bestand, ökonomische Unabhängigkeit und berufliche Qualifizierung zu erlangen, keinen solchen Preis befürchten. Dass er sich erst später privat binden wollte und nur eine Liebesehe einzugehen bereit war, kollidierte zwar ein wenig mit dem, was seine Mutter von ihm erwartete, nicht aber mit Serkans eigenem Kinderwunsch. Mit einiger empirischer Berechtigung konnte er davon ausgehen, dass nicht er, sondern seine künftige Frau den Preis der beruflichen Einschränkung entrichten würde.

Wenngleich die verschiedenen Gewichtungen der biographischen Optionen unterschiedliche Konsequenzen dafür hatten, ob ihr Erfolg von derzeitigen oder künftigen Lebenspartnern abhing oder sich auch allein erreichen ließ, zeigte sich bei allen sechs hier betrachteten Personen, dass sie ihr Handeln an einer *eigenen* Konzeption vom guten Leben orientierten. Die im Jugendalter in Folge der adoleszenten Konflikte mit den Eltern antizipierten Barrieren waren zwar teilweise in Sicht geraten, hatten sich von den jungen Erwachsenen aber dann umstoßen oder überwinden lassen. Nur wenige Jahre nach dem Verlassen der Schule lieferten die Heranwachsenden mit ihren Pfaden in das erwachsene Leben nicht nur kein plausibles Anschauungsmaterial für die zuvor allgemein unterstellte Polarisierung der Lebensformen, nach der es typisch für „die Deutschen" sei, Individualität zu kultivieren, während heranwachsende „AusländerInnen" vor allem auf die normativen Ansprüche ihrer Familien zu reagieren hätten; sie pflegten diesen Diskurs auch selbst nur noch dann, wenn es um die innerfamiliären Konflikte der Vergangenheit ging und bekräftigten damit implizit, was sie bereits als Jugendliche an sich beobachtet hatten: dass sie ihre eigenen sozialen Praxen und Identifikationen an anderen Bezugspunkten ausrichteten als an den Normalitätsvorstellungen ihrer Eltern und dass sie sich, im Ikon der kulturellen Differenz ausgedrückt, in Prozessen der Distanzierung von deren „Herkunftskulturen" befanden: „Ich denke, das ist eine Art, die man als deutsche Lebensweise bezeichnet: ‚dein Leben', ‚mein Leben'," so Helena rückblickend über die Verständigungsprobleme mit ihrem Vater. Diese als „deutsch" eingestufte Art der individuell verantworteten, entstandardisierten Lebensführung praktizierten alle sechs auf ihre je eigene Weise.

In Abgrenzung zu dem, was einerseits Eltern und Verwandte darin sahen und ihnen andererseits als Anpassungsnorm der Mehrheitsgesellschaft entgegenschlug, hatten sie alle solche persönlichen Entwicklungen im Jugendalter nicht als ein vollständiges „Verdeutschen" verstanden wissen wollen. Vielmehr war die heterogene Residualkategorie des „Ausländischen" in der deutschen Gesellschaft angeeignet worden, um sich gegen Vereinnahmungsversuche von Kollektive zu verwahren, die mit Homogenitätskonzepten assoziiert waren. Diese Strategie geriet in den Folgejahren zusehends unter Druck.

Gesellschaftliche Belange

Dem Credo von Diversität als Normalität waren die Protagonisten dieser Untersuchung auch als junge Erwachsene treu geblieben. Nicht nur in mancher Hinsicht anders leben als ihre Eltern wollten sie, sondern das eigene Leben auch in einer Gesellschaft führen, die partikularen Identifikationen eigenen Raum zugestände und Menschen nicht für ihre Abstammung diskriminierte; sie selbst begriffen dieses Ideal als das einer „multikulturellen" Gesellschaft.[11]

Außerhalb des schulischen *peer*-Milieus erwies sich die eigene Begrifflichkeit von den „AusländerInnen" jedoch zunehmend als ungeeignet, diesen Anspruch auf Daseinsberechtigung ‚als Andere' zur Geltung zu bringen: War der Begriff unter den Heranwachsenden im *setting* ihrer Schule als wertneutrale Kategorie zur Bezeichnung ihres gemeinsamen sozialen Orts eingeführt, erfuhren die SchulabgängerInnen mehr und mehr die diskriminierenden Bedeutungen von Ausländer-Status und -Terminologie.

Angesichts der abwertenden Fremd(heits)zuschreibungen, die in Ausbildungsbetrieben und der gesellschaftlichen Öffentlichkeit kursierten, wurde es problematischer, sich weiterhin selbst als „AusländerIn" in Deutschland zu verorten. Im Wesentlichen zeigten die jungen Leute zwei Strategien, mit dem Dilemma umzugehen: Die deutsche Staatsangehörigkeit anzunehmen und zugleich den ethno-nationalen Beiklang des Deutschen abzuwehren, indem die Staatsangehörigkeit zur bloßen Formalität erklärt wurde, die an der eigenen Besonderheit ohnehin nichts ändere, war die eine Option. Ratna, Sahar, Mehabad und Serkan sahen sich in dieser Weise als deutsche Staatsbürger, die in kultureller Hinsicht weiterhin ‚Andere' seien. Ilona und Helena wählten eine andere Strategie. Beide wandten sich stärker ihren Herkunftsnationalitäten zu als in jüngeren Jahren. Obwohl sie genau wie ihre ehemaligen MitschülerIn-

---

11 Ungeachtet der akademischen Diskussion um die Widersprüche zwischen dem Wunsch nach Anerkennung von Partikularität und Universalismus sowie um die angemessene Benennung einer sozialen Ordnung, die systemisch offen ist, Differenzen zuzulassen, ohne sie als hypostasierte „Kulturen" festzuschreiben, war die Rede von der „multikulturellen" Gesellschaft unter den Heranwachsenden ausländischer Herkunft durchweg positiv konnotiert. Ebenso wie der reifizierende kulturalistische Diskurs von ihnen mit Selbstverständlichkeit reproduziert wurde, so lange sie damit nicht *selbst* in eine schematische Zugehörigkeit gepresst wurden, galt das Konzept des Multikulturalismus als unverdächtiges Ideal des toleranten Miteinanders von „verschiedenen Kulturen", das auch für so hybride Mischformen wie die eigene Melange an diversen sozialen Identifikationen und Lebenspraxen Raum böte.

nen in Berlin ihr Zuhause sahen, mochten sie nicht die Nationalität einer Gesellschaft annehmen, die ihrer differenten nationalen Herkunft nicht mit mehr Akzeptanz begegnete. Helena hatte das Verständnis entwickelt, dass ihre griechische Staatsangehörigkeit ihr eine Lebensader sei. Ilona begriff sich als Kroatin und gelegentlich auch weiterhin als „Ausländerin" in Berlin. Da sie als Einzige der hier Porträtierten meist nicht als „Ausländerin" eingestuft und behandelt wurde, konnte sie ganz offensiv diese ‚Karte ziehen', um rassistischen Deutschen den Spiegel vorzuhalten.

Mit dem Trend zum Ablegen der „AusländerInnen"-Identifikation und einer stärkeren Übernahme nationaler Kategorien entstand nun freilich ein neues Dilemma: Während die verfügbaren nationalen Kategorien, sowohl die deutsche als auch die der Herkunftsnationalitäten, von den adoleszenten SchülerInnen als so ambivalent empfunden worden waren, dass sie sich eben nicht eindeutig einer ‚Seite' hatten zurechnen mögen, sondern beide mit dem Attribut des „Ausländischen" relativierten, machten Positionierungen wie „Ich bin auch Deutscher" nun zusätzliche Erläuterungen erforderlich, denn die Ambivalenzen bestanden ja fort. Neben einschränkenden Kommentaren, dass „deutsch zu sein" immerhin besser sei als staatenlos, oder dass es ja ohnehin nur um amtliche Dokumente gehe, eignete sich der innerdeutsche Ost-West-Diskurs in besonderem Maße, die eigenen gemischten Gefühle und das Bedürfnis nach Anerkennung ihrer Zugehörigkeit zum Ausdruck zu bringen. Die Parallelität, mit der die jungen Leute auf dieses Thema rekurrierten, ist nicht allein damit zu erklären, dass sie nach dem Verlassen der Schule plötzlich in stärkeren Kontakt mit Ost-Berlin und ehemaligen DDR-BürgerInnen traten; in Ratnas Fall war das beispielsweise kaum relevant. Die Narrationen zu den angeblich durchweg rassistischen „Ostlern", wenn ihnen auch reale Konfrontationen zugrunde lagen, waren zu mythischen Erzählungen stilisiert. Wie alle Mythen dienten auch sie dem Zweck einer Gemeinschaftsbildung, hier einer, die die Selbstverständlichkeiten der ethno-nationalen Zusammengehörigkeit als Besitzstand des „deutschen Volkes" in Frage stellte, indem sie gesellschaftliche Allianzen zwischen „Wessis" und „Ausländern" mobilisierte und Querverbindungen wie einen generationsspezifischen Kosmopolitismus oder politische Fraktionierungen betonte.

Dass die Selbst-Thematisierungen sich der Ost-West-Linie bedienten und gegen die Imagination ethno-nationaler deutscher Gemeinsamkeit ‚unsere' gemeinsame Vergangenheit im Westen in Anschlag brachten, drückte Gefühle der Zugehörigkeit aus, die mit der innerdeutschen Betonung des „Zusammenwachsens" von Ost und West offenbar Kränkung erfahren hatten. Als Kontrastbild zum neuen Deutschland entwarfen meine GesprächspartnerInnen das Bild vom West-Berliner Paradies vor 1989, aus dem uns die „Ossis" vertrieben hätten. Die nostalgische Rückwendung zu den vermeintlich goldenen Zeiten vor der Vereinigung der beiden deutschen Staaten artikulierte eigene Ansprüche, indem der ehemaligen DDR-Bevölkerung Ansprüche auf gleichberechtigte Teilhabe an sozialer Definitionsmacht aberkannt wurden. Die Karikatur von „den Ostlern" als unzivilisierten ‚hässlichen Deutschen' – einer Disposition die man im ehemaligen Westen der Republik durch Zutun der Einwanderer in den Griff bekommen habe – dreht den Spieß der konzeptionellen Ausgrenzung um.

Die Wendung, mit der die hier porträtierten Nachkommen aus Einwandererfamilien sich auf der Diskursebene der Ossis und Wessis als letztere behaupteten, wies sie als intime Kenner der deutschen Gesellschaft aus: Dass vor dem Mauerfall Einiges besser gewesen sei, taugt ohnehin noch beiderseits der ehemaligen Staatsgrenze zur Bekräftigung des eigenen Werts. Indem sie das Bild des aufgeklärten westlichen Gemeinwesens entwarfen, das durch den Einbruch des Ostens wieder bedroht sei, rezitierten die jungen Leute nun aber nicht irgendeine Geschichte über die innerdeutschen Beziehungen, sondern sie adaptierten das, was Detlef Pollack als die einflussreichste kollektive Erzählung beschreibt, mit der „Meinungsführer" aus der politischen Generation der '68er die Geschichte der Bundesrepublik Deutschland akzentuiert hätten, und sie ergänzten diese Erzählung um den Beitrag der Migrantenbevölkerung im Westen: Laut Pollack sieht die etablierte Narration die kollektive Leistung der 1968er darin, durch ihren Ansturm und kulturellen Aufbruch die Bundesrepublik in einer Weise geläutert zu haben, dass dieser Staat sich nun als so kritikwürdig, reformierbar, zivil, demokratisch, plural und resistent gegenüber totalitären Versuchungen repräsentieren lasse, wie die 1968er ihn sich gewünscht hätten (Pollack 1998). Mit einem homologen Gestus stellten die zitierten jungen Leute die Läuterung der jüngeren Westdeutschen zu Kosmopoliten als eine kollektive Leistung von Wessis und „Ausländern" dar, die auf ein Zusammenleben in Toleranz rückführbar sei, wie sie es sich wünschten. Damit reklamierten sie für sich und ihre Familien einen Platz in der deutschen Selbstbeschreibung und wiesen der durch Immigration induzierten „multikulturellen" Heterogenität der deutschen Gesellschaft die Bedeutung eines signifikant zivilisierenden Faktors zu.

Dass meine GesprächspartnerInnen aus dieser rückblickenden Perspektive, welche die erfahrenen Entwertungen mit der Behauptung einer zentralen Rolle im Gemeinwesen beantwortet, auch Selbstwertgefühle für Gegenwart und Zukunft gewannen, zeigte sich an dem Widerspruch zwischen der allenthalben behaupteten Misere mit den ins Paradies eingefallenen „Ostlern", die „nicht normal" seien, und dem Stil, mit dem dieses Urteil vorgebracht wurde: Kaum war die erste Empörung abgeklungen, wurden die Ostdeutschen zum Gegenstand herablassend mitleidiger, teils auch ironisierender Darstellungen, zwar „zurückgeblieben" und unwillig, sich den neuen gesellschaftlichen Bedingungen anzupassen, aber durch das evident Unzeitgemäße ihrer sozialen Handlungslogiken letztendlich am kürzeren Hebel sitzend. Über kurz oder lang würden sie den Umgang mit Diversität in der pluralen Gesellschaft lernen und Andere fair behandeln müssen. Damit kommt ‚den Anderen' in Deutschland auch künftig ein wesentlicher Part zu. Es kommt aber auch ein Grundvertrauen auf die integrative Kraft ‚unserer' Gesellschaftsform zum Tragen, die im Endeffekt eine Normalisierung und Zivilisierung der in ‚unser' soziales Leben eingedrungenen „Ostler" erwarten lasse.

Obwohl ein flüchtiger Blick auf die Rede von den goldenen Zeiten im West-Berlin vor 1989 und von den „Ostlern" als Vertretern von Irrationalität und Intoleranz den Eindruck einer schlichten Mobilisierung von Stereotypen zur Erhöhung des Selbstwertgefühls nahelegen könnte, zeigt die genauere Betrachtung der Kommentare zur deutschen Einheit vor allem ein hohes Maß diskursiver Kompetenz, mit der die Heranwachsenden ausländischer Herkunft sich daran zu beteiligen suchten, Bedeutungen von bzw. Möglichkeiten zu Differenz in der deutschen Gesellschaft auszuhandeln, indem sie teilbare Interpretationen entwarfen. Der Mythos der besseren Vergangenheit beinhaltet die teilbare Chance, die für das eigene Leben jeweils als bedeutsam wahrgenommenen Fraktionierungen im Sozialraum Berlin oder Deutschland dadurch zu relativieren, dass sie alle, einschließlich der etwaigen Ost-West-Differenzen oder diesbezüglicher Nostalgien, nur einige von vielen in einer ohnehin hochgradig differenzierten Gesellschaft sind, mit denen sich im Rahmen des freiheitlichen Rechtsstaat gut leben lässt. Die Konfliktlinien innerhalb des Kollektivs „der Deutschen" zur Sprache zu bringen, kann insoweit auch dazu dienen, sich von der (leit)kulturellen Konsensfiktion, nach der selbst in „komplexen Gesellschaften alle Mitglieder, unabhängig von ihrer spezifischen Soziallage, in wesentlichen Grundhaltungen, Normen und Werten" doch übereinstimmen würden (Bausinger 1980: 62 f.), zu Gunsten eines Verständnisses zu verabschieden, das innergesellschaftlichen Antagonismen ihre *prinzipielle* Existenzberechtigung zugesteht und sich auf dieser Grundlage den notwenigen *Prozeduren* des regelkonformen Konfliktausgleichs zuwendet (vgl. de Certeau 1984: xvii, 165).

Mir ging es darum, die biographische Perspektivenbildung der Mitglieder einer gesellschaftlichen Minderheit in Relation zu dieser Gesellschaft im empirischen Detail zu untersuchen: Schafft die deutsche Gesellschaft es also, zunächst in ihrer Sozialisationsagentur Schule und überdies in den alltäglichen Interaktionen und Verständigungen, jungen Leuten ausländischer Herkunft eine sinnvolle Perspektive vom „eigenen Leben" (Beck 1995 und 2001) in Deutschland anzubieten, die sich für sie als plausibel und realisierbar erweist? Worin besteht diese Perspektive? Was erleben sie als die eigene Optionenausstattung und als Chancenlage in dieser Gesellschaft? Was die hier versammelten Mikrostudien an Sozialisationswirkungen feststellen lassen, ist dass sich die diskursive ‚Angebotsstruktur' erkennbar darin niederschlägt, auf welche Weise die Heranwachsenden sich einbringen und sich zu den Tableaus sozialer Klassifikationen in Beziehung setzen. Diese Prozesse zeigen in Sicht auf die Positionierung im größeren gesellschaftlichen Kontext Zielkonflikte und Handlungsdilemmata auf, die aus den spezifischen strukturellen und konzeptionellen Integrationsbedingungen in der deutschen Einwanderungsgesellschaft resultieren. Als Nachkommen aus Einwandererfamilien sahen die sechs hier Porträtierten sich in gleicher Weise mit der Aufgabe konfrontiert, unter dem Einfluss disparater Assimilationsforderungen den eigenen sozialen Ort zu bestimmen. Bei den Belangen der privaten Lebensführung differenzierte sich der biographische Handlungsdruck hingegen nach geschlechtsspezifischen

Momenten. Die Formen, mit denen sie die Entscheidungsprobleme im biographischen Selbstentwurf jeweils bearbeiteten, zeigen indes bei parallelen Betroffenheiten eine Gleichzeitigkeit von individualisierten Entscheidungsmustern und sozial situierten Sinngebungen.

5. Resümee und Ausblick: Die verkannte Integration

Der abschließende Blick auf die diskutierten biographischen Positionierungen soll dazu dienen, diese als Reflexionen bestimmter Emergenz-Bedingungen zu betrachten, um daraus theoretische und praxisrelevante Schlüsse zu ziehen.

Die leitende Frage meiner Untersuchung war darauf gerichtet, wie die heranwachsenden Nachkommen aus Einwandererfamilien sich und ihren sozialen Ort in der deutschen Gesellschaft verstanden, welche Perspektiven sie daraus ableiteten und welche Erfahrungen für diese Verständnisse jeweils den Ausschlag gaben. Als Fokus der Auseinandersetzung mit dem sozialen und diskursiven *setting* des Aufwachsens im deutschen Einwanderungsland interessierte hierbei vor allem, in welcher Weise die Betreffenden ihre ausländische Herkunft, ihre in Deutschland eventuell minoritäre Religion oder andere Spezifika ihres migrantischen Hintergrundes zum Thema des biographischen Selbstkonzepts machten, ob es in dieser Hinsicht geschlechtsspezifische Wirkungen gab, und welche Rolle solche Faktoren für die Ausprägung bestimmter sozialer Identifikationen in der deutschen Gesellschaft spielten. Ein gleichförmiges Erleben *der* deutschen Gesellschaft oder bestimmter in ihr anzutreffender Diskurse zu Schlüsselthemen der Einwanderung wie z.B. den gegenwärtig dominierenden Fragen der „Integration" kann genausowenig vorausgesetzt werden wie irgendwelche daraus zwangsläufig entstehenden Konsequenzen für die Selbstbilder und die alltägliche Identitätsarbeit von Heranwachsenden mit familialem Migrationshintergrund. Hierzu haben die theoretischen Ausführungen im ersten Kapitel begründet, warum die Fragestellung einen methodischen Zugang erforderlich macht, der nicht den Axiomen der standardisierenden Sozialforschung folgt, sondern individuelles Erleben in einem konkreten und immer auch spezifischen Sozialraum zu rekonstruieren sucht.

Die Wahl der Forschungsperspektive bedeutet einen Verlust an Breite zu Gunsten von empirischer Tiefe: Was sechs verschiedene Personen in einem kleinen Ausschnitt der deutschen Gesellschaft erleben und welchen Sinn sie ihren in diesem gesellschaftlichen Ausschnitt gemachten Erfahrungen geben, kann weder darüber informieren, ob andere Heranwachsende ausländischer Herkunft in vergleichbaren Situation gleiche oder andere Schlüsse zögen, noch verspricht es Aufschluss darüber, ob die hier Fokussierten in anderen Teilen der Republik andere Einstellungen dazu entwickelt hätten, was es nach ihrem Verständnis heißt, „deutsch", „nicht deutsch" bzw. „Ausländer/in" in Deutschland zu sein. Epistemologische Erwägungen lassen solche Spekulationen müßig erscheinen: Auch Personen, die zu als repräsentativ und reliabel geltenden Daten beitragen, sind zu ihren subjektiven Urteilen und Sinngebungen infolge spezifisch situierter sozialer Geschehnisse gelangt. Der jeweilige Kontext der sozialen Erzeugungsbedingungen von individuellen Sinn- und Handlungslogiken wird in der quantitativen Forschungstradition bei der Operationalisierung lediglich ausgeblendet; der Preis für dieses Vorgehen ist das Risiko einer folgenreichen Komplexitätsreduktion (vgl. Steinke 2003: 319 ff.).

In den auf Individualisierung ausgerichteten spätindustriellen Gesellschaften der Gegenwart, die eine Möglichkeit zur Freiheit von konventionellen Standards der Lebensführung nicht nur versprechen, sondern auch realisieren lassen, indem die Einzelnen ihren disparaten sozialen Erfahrungen subjektiven Sinn für die eigene Lebensführung verleihen und selbige im Rahmen des sozial Akzeptierten praktizieren können, erweist sich der Anspruch auf eine überindividuelle Repräsentativität persönlicher Äußerungen mehr und mehr als Fiktion (vgl. Beck 1986: 217; Beck/Beck-Gernsheim 1994 sowie die Ausführungen zu Sozialisation, Individuation und Identifikation im ersten Kapitel). Die qualitativen, hermeneutisch orientierten Methoden der Ethnologie und Sozialanthropologie sind insofern schon aus erkenntnistheoretischen Gründen eher ‚auf der Höhe der Zeit', da sie die Entstehungsrationalitäten individuell verschiedener Deutungen der Welt systematisch in den Blick nehmen. Hinzu kommt freilich, dass eine bewusste Aufarbeitung der Spezifizität von sozialen Umgebungsvariablen im Forschungsfeld mehr dazu beitragen kann, idiosynkratische von – möglicherweise – generalisierbaren Daten zu trennen, als das vermeintliche Kontrollieren von Idiosynkrasien qua Standardisierung im Forschungsdesign leisten kann.

Bei der vorliegenden Untersuchung ist die Sonderheit Berlins das markanteste Spezifikum. Das hat sich im Kontext der im Vorangegangenen diskutierten Replikationen des Ost-West-Diskurses bereits deutlich abgezeichnet. Worin besteht nun das Besondere der Berliner Situation, und was bedeutet es für die Fragestellung der Arbeit?

Aufwachsen im Schaufenster des Westens

Dass sie während der 1980er und 90er Jahre in West-Berliner Quartieren von Kreuzberg und Neukölln aufgewachsen sind, ließ die jungen Leute, mit denen sich die Arbeit befasst, die speziellen Lebensumstände West-Berlins als einer politischen Enklave und Frontstadt des Westens erfahren, und es machte sie zu Zeugen außergewöhnlicher historischer Ereignisse.

Bis Ende der 1980er war der Westen der geteilten Stadt räumlich und ökonomisch praktisch isoliert. Spezielle Anreize stellten den Zuzug in die Stadt sicher. Mit Privilegien wie der weit gehenden Subventionierung des öffentlichen Haushalts durch den Bund, Berlin-Zulagen für die Verbesserung der Lebensverhältnisse, einem großen Angebot von staatlich günstig gehaltenem, wenn auch einfachem Wohnraum, und nicht zuletzt der Freistellung junger Männer vom Wehrdienst bot West-Berlin Provinzflüchtigen aus der gesamten

Bundesrepublik eine einzigartige Gelegenheitsstruktur. Als praktisch „geschlossene Stadt" war West-Berlin bis zum Fall der Mauer zudem ein „Labor für zahlreiche neue sozialpolitische Strategien" (Schwarz 2001: 127). Zu den experimentell eingesetzten Steuerungsinstrumenten zählten Initiativen zum Aufbau einer autonomen Kinder- und Jugendarbeit, die Bereitstellung öffentlicher Mittel für Wohn- und Arbeitsprojekte der alternativen Szene, schließlich 1981 auch die auf Länderebene bundesweit erste Einrichtung des Ressorts einer oder eines „Ausländerbeauftragen" des Senats, deren Auftrag seither die Vertretung von Interessen der Immigrantenbevölkerung gegenüber den anderen politischen Ressorts vorsieht.

Mit ihrer rückblickenden Glorifizierung der Lebensverhältnisse im ehemaligen Westen der Stadt und mit der Einschätzung, dass es vor 1989 sozial friedlicher zugegangen sei, übertrieben die Protagonisten meiner Studie zwar; sie trafen zugleich jedoch einen Kern der sozial-ökonomischen und stadtpolitischen Veränderung, die seit den späten 1980er Jahren in Gang ist und in Berlin unter dem Eindruck der Vereinigung eine besondere Dramatik entfaltet hat: Hinter dem Stichwort der „Spaltung der Stadt" (Häußermann/Siebel 1987) als einem Merkmal neuer Urbanität steht ein Strukturwandel der großen Städte, in dem sich neue Ungleichheiten herausgebildet haben, soziale Entmischungsprozesse weiter voranschreiten und die Spreizung der Einkommensverhältnisse in den Privathaushalten breiter wird. Berlin wurde von diesem allgemeinen Trend erst mit dem Ende der Teilung voll erfasst, denn zuvor beschränkten die Geschlossenheit und öffentlich finanzierten Vergünstigungen im westlichen Teil sowie das DDR-System im Osten solche Entwicklungen:

„Insgesamt zeichnet sich im Stadtgebiet von Berlin ein stärkerer Sortierungsprozess nach Einkommen, Nationalität und Familienstand ab als vor 1990 in den getrennten Teilen [...] Die soziale Segregation in der Stadt nimmt durch selektive Mobilität von Jahr zu Jahr zu. Die beobachteten Veränderungen führen im Westteil zu einer klareren Profilierung bereits zuvor angelegter sozialräumlicher Ungleichheiten. Im Ostteil lösen sich die durch die staatliche Wohnungszuweisung entstandenen vergleichsweise heterogenen sozialräumlichen Strukturen durch selektive Migration langsam auf." (Häußermann 2001: 76)

Der Behauptung, dass es vor Mauerfall mehr Arbeitsplätze, mehr Akzeptanz, eine höhere Lebensqualität selbst in den relativ armen Kiezen gegeben habe, liegen also faktische Strukturveränderungen zugrunde. Deren Ursachen sind freilich nicht in dem Ausmaß in der deutschen Einheit begründet, wie meine GesprächspartnerInnen unterstellten. Der Mauerfall ermöglichte aber nicht nur, sondern dynamisierte in der Tat auch den räumlichen Vollzug einer sozialen Entmischung und dadurch sozialräumlichen Polarisierung in Berlin, die in den spätmodernen Industriegesellschaften seit den späten 1980er Jahren allgemein beobachtet wird. Auch die Sorge einer fortschreitenden Entsolidarisierung und sozialen Desintegration, die sich in urbanen Räumen zunehmend territorial konzentriere und die Benachteiligung problembeladener Quartiere weiter verschärfe, wird von zahlreichen Experten geteilt (vgl. Häußermann/

Siebel 1987; Kronauer 1997; Häußermann 1997 und 2001; Heitmeyer et al. 1998; Heitmeyer/Anhut 2000, Kapphan 2001).

Dass die befragten Heranwachsenden in West-Berlin aufgewachsen sind und dabei das Ende der deutschen Teilung recht unmittelbar miterlebt haben, ist insofern zweifellos als ein spezifischer Sozialisationsfaktor zu bewerten. Während die sozialen und ökonomischen Verhältnisse in West-Berlin bis 1989 unter einem besonderen politischen Schutz standen, der stabilisierende Wirkung hatte, fiel mit dem Eisernen Vorhang auch die politische Protektion und setzte die bis dato noch relativ geschützte Enklave umso jäher den nunmehr verschärften Verhältnissen des Spätkapitalismus aus. Auch die Konflikte um das sogenannte „Zusammenwachsen" von Ost und West sind in der Stadt präsenter als andernorts in der Republik, und sei es auf der Ebene der konkreten Ressourcenkonkurrenz: Haushaltsmittel, die der Berliner Senat in den 1980ern bereits für Investitionen in Kreuzberg und Neukölln vorgesehen hatte, wurden in Anbetracht der veränderten Situation, Ausgaben für die gesamte Stadt Berlin budgetieren zu müssen, teilweise in den ehemaligen Ostteil umgelenkt. In den diesbezüglichen Auseinandersetzungen um innerstädtische Zuteilungen der Finanzen finden die polarisierenden Ost-West-Zuspitzungen meiner GesprächspartnerInnen Parallelen. Auch greifen die involvierten politischen Akteure gern zum Mittel der Dramatisierung, um – im doppelten Sinne – Zuwendung für ihre Belange zu erwirken: Dass *Der Spiegel* das (insbesondere) nördliche Berlin-Neukölln vor einigen Jahren bundesweit als angeblichen „Slum" bekannt machte (Heft 43/1997), kam der finanzinteressierten Verhandlungsposition des Neuköllner Bezirksbürgermeister durchaus entgegen (vgl. Groeger 2001: 359).

Sonderheiten wie diese tragen dazu bei, dass Berlin in seinen von den Arbeitsimmigranten der letzten Jahrzehnte geprägten innerstädtischen Quartieren, zu denen auch Kreuzberg und Neukölln zählen, nicht nur sozialstrukturelle Phänomene der Benachteiligung versammelt hat, wie sie für sogenannte „soziale Brennpunkte" allgemein typisch sind (vgl. ebenda: 350 f.; Häußermann 2001). Hinzu kommt hier die sogar überregional kommunizierte Stigmatisierung als „Slum" oder „Ghetto" (Çaglar 2001), die in einer symbolischen Ausgrenzung die überproportionale Exklusion der ansässigen Bevölkerung aus dem Arbeitsmarkt noch unterstreicht. Wird für das Aufwachsen von Kindern und Jugendlichen in solchen unterprivilegierten Milieus ohnehin eine negative Wechselwirkung der Lebens- und Sozialisationsbedingungen prognostiziert, so scheint das Spezifische des fokussierten Berliner *settings* in einer Verstärkung und der besonders dichten Konzentration von Belastungsfaktoren zu bestehen. In seiner Funktion als sozialisierender Sozialraum lässt ein so stabiles Gehäuse der Benachteiligung regressive Dynamiken erwarten, die den Ausschluss von Lebenschancen in die nächste Generation fortschreiben, wenn nicht sogar deren soziale Abwärtsmobilität forcieren:

„In einer Nachbarschaft, in der vor allem Modernisierungsverlierer, sozial Auffällige und sozial Diskriminierte das Milieu bestimmen, können abweichende Normen und Verhaltensweisen dominant werden, ‚normale' gesellschaftliche Rollen hingegen sind nicht oder immer weniger repräsentiert. Dadurch wird ein internes Feedback erzeugt, das zu einer stärkeren Dominanz der abweichenden Normen führt, und von dieser geht nun ein Konformitätsdruck aus. Sowohl durch sozialen Druck wie durch Imitationslernen werden diese Normen immer stärker im Quartier verbreitet, und die Kultur der Abweichung wird zur dominanten Kultur. Kinder und Jugendliche haben gar nicht mehr die Möglichkeit, andere Erfahrungen zu machen und werden so gegenüber der ‚Außenwelt' sozial isoliert. [...] Die Einschränkung der Erfahrungswelt insbesondere von Jugendlichen und Kindern durch die fehlende Repräsentation von sozialen Rollen, die ein ‚normales' Leben ausmachen (z.B. Erwerbstätigkeit, regelmäßiger Schulbesuch etc.) stellt eine Benachteiligung dar, weil sie die Möglichkeiten sozialen Lernens beschränkt und einen Anpassungsdruck in Richtung von Normen und Verhaltensweisen erzeugt, die von der übrigen Gesellschaft mit Ausgrenzung beantwortet werden." (Häußermann 2001: 80 f.)

Wie ist zu erklären, dass die jungen Leute, denen die Fallstudien dieser Arbeit gelten, nicht in eine derartige Abwärtsspirale von Delinquenz, Abhängigkeit von staatlichen Transferleistungen und sozialer Exklusion gerieten, obwohl sie doch in einem besonders benachteiligenden und stigmatisierten Milieu aufgewachsen sind? Es liegt nahe, die Antwort auf diese Frage im Bereich der Schule zu suchen, deren Auftrag ja darin besteht, Heranwachsenden unabhängig vom sozialen Hintergrund Inklusionshilfe zu geben, indem sie sie mit den Handlungsformen des „normalen" gesellschaftlichen Lebens vertraut macht.

Sozialisationsagentur Schule

Es zeigte sich, dass der gemeinsame Sozialraum der von allen sechs Befragten besuchten Gesamtschule in Berlin-Neukölln für die Jugendlichen einen hohen Stellenwert als außerfamiliäre Sozialisationsagentur entfalten konnte. Die jungen Leute selbst maßen ihrem Schulbesuch für die eigene Entwicklung eine hohe Relevanz bei, die allerdings nicht auf der Ebene der Vermittlung von Bildung und formaler Qualifikation lag. In dieser Beziehung wurde das schulische Angebot von praktisch all meinen GesprächspartnerInnen erst im Rückblick als eine persönliche Chance erkannt, die nicht ausreichend genutzt zu haben, Bedauern auslöste. Obwohl die fünf jungen Frauen die Abiturprüfung erfolgreich passiert hatten, waren sie alle der Meinung, dass sie mehr aus sich hätten machen können, mehr gelernt und einen den Noten nach besseren Abschluss erzielt hätten, wenn ihnen der Wert dessen seinerzeit bewusster gewesen wäre. Besonders ausgeprägt mischte sich bei Mehabad in das nachträgliche Bedauern auch das unbestimmte Gefühl, von den Lehrkräften der besuchten Berliner Gesamtschule nicht genügend gefordert und motiviert worden zu sein. Letztlich hätten die wenigsten Lehrer und Lehrerinnen in der Neuköllner Schule ihre Aufgabe ernst genommen, und es sei ihnen daher auch der Vorwurf zu machen, dass sie mit ihrer überwiegenden Indifferenz die ihnen anvertrauten Jugendlichen vernachlässigt hätten.

Dass die Stimmung in dem betreffenden Lehrerkollegium in die Richtung ging, von der „problematischen Klientel" aus Neukölln und Kreuzberg seien ohnehin keine nennenswerten Leistungen zu erwarten und sonderliches eigenes Engagement lohne sich deshalb gar nicht, schätzte Mehabad durchaus zutreffend ein. In ihren Äußerungen zu den Arbeitsbedingungen an der Schule und zu den Erfolgsaussichten der eigenen Tätigkeit hatte sich auch mir gegenüber so gut wie niemand von den PädagogInnen vor Ort optimistisch darüber geäußert, eigenen Einfluss in der Weise geltend machen zu können, dass die als sozial und kulturell diagnostizierten Defizite des umgebenden Milieus seitens der Schule teilweise kompensiert werden könnten. Neben dem allgemeinen Credo, Kooperationsversuche mit dem häuslichen Umfeld der Schülerinnen und Schüler seien doch aussichtslos, weil die Eltern eine andere Sozialisationsagenda im Sinn hätten, gestand manche/r explizit ein, dass man sich auch im Kerngeschäft der Schule zu wenig um die Jugendlichen kümmere. Während meiner Feldforschung erlebte ich in der Tat mehrfach, dass weder unerledigten Hausaufgaben noch den dafür zusätzlich aufgetragenen Strafarbeiten nachgegangen wurde oder Gründe für die Versäumnisse gesucht wurden, dass wochenlange unentschuldigte Abwesenheit von SchülerInnen achselzuckend – bei notorischen Störenfrieden auch schon einmal mit Erleichterung – zur Kenntnis genommen wurde, ohne Maßnahmen zur Durchsetzung der Schulpflicht einzuleiten oder überhaupt Erkundigungen über den Hintergrund des fortgesetzten Fehlens einzuholen, dass SchülerInnen, die dem Unterricht auf Grund ihrer unzureichenden Deutschkenntnisse[1] inhaltlich gar nicht folgen

---

1 Dieses Problem hatten regelmäßig solche SchülerInnen, die im Herkunftsland der Eltern die Schule besucht hatten, bis sie als junge Jugendliche dann doch nach Berlin geholt wurden, da die Altersgrenze von 16 Jahren für den legalen Familiennachzug in Sicht geriet. Kamen die Kinder im Alter von 13/14 Jahren nach Berlin, durchliefen sie zwar vor der Einschulung in eine Regelklasse eine spezielle Sprachvorbereitungsklasse. Der Sprachstand im Deutschen war nach ein bis zwei Jahren aber bis auf Ausnahmefälle auf so elementarem Niveau, dass die Betroffenen dem Unterricht kaum folgen, geschweige denn sich daran aktiv beteiligen konnten. Praktisch lief für die meisten dieser Jugendlichen ihre Perspektive in der Schule darauf hinaus, dass sie dort noch einige Zeit schlicht präsent sein und mit dem Ende der Schulpflicht ohne einen qualifizierten Abschluss entlassen würden. Manche schafften es, trotz dieser enormen Belastung ein Leistungsniveau zu erreichen, das sie für eine weitere Schullaufbahn qualifizierte: Auf den im dritten Kapitel einige Male zitierte Hashim trifft das beispielsweise zu. Er war im Alter von 13 Jahren aus dem Kosovo nach Berlin gekommen und hatte sich trotz der Notwendigkeit, zunächst die deutsche Sprache zu erlernen, mit guten Leistungen behauptet. Wie die fünf fokussierten jungen Frauen legte auch Hashim 1998 erfolgreich die Abiturprüfung ab. Er nahm anschließend an der TU Berlin ein Ingenieurstudium auf. Dieser beachtliche Erfolg verdankte sich Hashims eigener Initiative und Durchsetzungsgabe. Er hatte z.B. gezielt die Hilfe von älteren Nachbarskindern eingeholt, um die Schulaufgaben verstehen zu können, denn seine Eltern konnten ihm in diesen Dingen mangels sprachlicher und fachlicher Kompetenz überhaupt nicht helfen. Hashims Mutter war praktisch Analphabetin. Der Berliner Senat stellt zwar Schulen, die überproportional viele SchülerInnen mit dieser Sprachproblematik haben, zusätzliche Mittel für einen gezielten sprachlichen Förderunterricht zur Verfügung. Die Mittel sind aber

nicht folgen konnten, schlichtweg ihrem Schicksal überlassen blieben, den Rückstand immer weniger aufholen zu können.

Eine Lehrerin sagte mir, sie rechne angesichts des unterdurchschnittlichen Leistungsniveaus an der Schule schon gar nicht mehr damit, irgendwelche formalen Qualifizierungserfolge zu erzielen und setze statt dessen nur noch auf den „heimlichen Lehrplan", den Jugendlichen im alltäglichen Umgang andere Werte und Verhaltensformen zu vermitteln als in deren Herkunftsmilieus gelten würden. Damit erreiche sie dann hoffentlich immerhin, dass auf die erwartbare Arbeitslosigkeit nicht mit Delinquenz oder Gewalt reagiert würde. Einer ihrer Kollegen räumte selbstkritisch ein, dass die Schulen allein schon wegen des zeitlichen Aufenthaltvolumens eine sehr große Rolle für die gesellschaftliche Integration von Heranwachsenden spielen müssten, sie selbst diese Rolle aber wegen der Vielzahl an Mängeln in einem Bezirk wie Neukölln nicht erfüllen könnten.

In ihren teils sozialstrukturellen, teils kulturalistischen Argumentationen zur Rechtfertigung eigener Unterlassungen oder zur Erklärung ausbleibender Bildungserfolge in der Schülerschaft hielten die Lehrkräfte mir das etablierte Theorem zur sozialisierenden Wirkung unterprivilegierter Quartiere entgegen: Als Kind einer Einwandererfamilie im „Ghetto" des nördlichen Neukölln oder in der Kottbusser Tor-Gegend in Kreuzberg zu wohnen, wurde als effektiv so negativer Einflussfaktor auf die Biographie eingestuft, als einer der „Mängel" des Bezirks, die sich wider die wünschenswerte Entwicklung der dort lebenden Heranwachsenden auswirkten, dass die Schule in der vorhandenen Form nichts mehr ausrichten könne. Dazu noch eine Lehrerstimme im Original:

„Hier hat man's laufenlassen, und ich glaube es ist blind Toleranz geübt worden. Was rausgekommen sind, sind Ghettos, das heißt also funktionierende ausländische Infrastrukturen bis hin zur deutschen Sprachlosigkeit. Es gibt Bereiche in Berlin, da kann ich alles, was ich brauche, mein ganzes Leben bewältigen ohne ein Wort Deutsch! Also hier hat sich eine Ghettostruktur entwickelt, möglicherweise weil man diese Problematik nicht gesehen hat, und die ersten Steuerungsversuche, Bezirke dicht zu machen für ausländischen Zuzug usw., sind ja nicht durchführbar eigentlich. [...] Da ist auf Toleranz gesetzt worden, und man hat die Probleme, die entstanden sind, nicht vorausgesehen, und jetzt haben wir sie, und es ist nicht richtig. Wir haben keine türkische Schule mit Deutsch als erster Fremdsprache, was eine Konsequenz einer solchen Entwicklung wäre, meine ich. Das heißt, diese türkischen

---

nicht zweckgebunden. An der Schule, die Ort meiner Untersuchung war, wurden die extra vorhandenen Ressourcen flächendeckend dazu eingesetzt, die Klassengrößen in der Mittelstufe zu reduzieren. Das komme dann schließlich allen zu Gute, und sprachliche Defizite gebe es in der Schülerschaft ja allgemein, lautete das Argument des Schulleiters für diese Praxis. Die Einstellung entspricht dem, was Czock und Radtke (1984) als „ignorierende Toleranz" bezeichnet haben: Eine fiktive Gleichheit der SchülerInnen, hier in Sicht auf ihre sprachlichen Defizite, motiviert eine Behandlung, die als gerecht gilt, weil sie zwischen den disparaten Problemlagen – hier im Umgang mit sprachlichen Defiziten bei Muttersprachlern vis-à-vis derer bei Heranwachsenden mit Deutsch als Zweitsprache – keine Unterschiede mehr macht.

Schüler, die aus einem solchen Ghettomilieu kommen, sind in einer deutschen Schule verraten und verkauft, absolut chancenlos. Da produzieren wir schon den weiteren gesellschaftlichen Abstieg von denen."

In der Massivität, mit der solche resignativen Perzeptionen des umgebenden Milieus in der hospitierten Neuköllner Schule anzutreffen waren, mag eine idiosynkratische Besonderheit eben dieser Berliner Schule bestehen, die neben der Herausforderung einer heterogenen Schülerschaft eine Reihe von strukturellen und Ausstattungsproblemen gewärtigte. Allerdings stellt der Befund, dass sozialräumliche Segregationen zu Lasten der problembehafteten Gebiete gehen und deren Abstiegsrisiko weiter verschärfen, einen Standard in Sozialpädagogik, Ungleichheits- und Stadtforschung dar (vgl. Häußermann 1997 und 2001: 74-76; Kronauer 1997; Groeger 2001: 350). Ebenfalls ist bekannt, dass selektive Mobilität in den großen Städten für eine residentielle Polarisierung gesorgt hat, die als Risikostruktur einer neuen städtischen Unterschichtung öffentlich diskutiert wird und im Falle Berlins bereits Debatten über die Möglichkeit einer neuerlichen Einführung von Zuzugssperren für „Ausländer" in Bezirke mit bereits hoher „ausländischer" Wohnbevölkerung ausgelöst hat; hierbei geht es wiederum nur um bestimmte, als Problemgruppen eingestufte Immigrantenkreise, nicht um Ausländer im juristisch korrekten Sinne (vgl. Çaglar 2001: 334 f.).

Die stigmatisierenden Deutungsmuster waren in der Schule, die meine Studie zum sozialräumlichen Ausgangspunkt nahm, also höchstens in besonders zugespitzter Form präsent, ansonsten aber kein Spezifikum des dortigen *settings*. Auch wenn eine vergleichbare Konstellation an Umgebungsvariablen in einer anderen Schule möglicherweise mehr pädagogisches Engagement mobilisiert hätte, besteht leider kein Anlass daran zu zweifeln, dass die Herkunft aus einem sozial schwachen Umfeld und ein bildungsferner migrantischer Familienhintergrund in anderen deutschen Schulen ebenfalls als Strukturprobleme gegolten hätten, die von pädagogischer Warte aus die Einschätzung erfahren, sie würden *per se* die Chancenlagen der Kinder massiv beeinträchtigten. Bliebe es bei dieser Einschätzung oder würde daraus der Schluss gezogen, dass eine am Individuum orientierte, zielgerichtete Förderung aller Kinder und Jugendlichen erforderlich ist, die im Fall von sprachlichen Defiziten gezielte Sprachförderung verlangt, im Fall von Defiziten der sozialen Kompetenz eine psychosoziale Unterstützung usw., wäre die Diagnostik von Benachteiligung ein schlichtes Instrument zur Effektivierung der Kompetenzförderung. Die Ergebnisse der vergleichenden Bildungsforschung zeichnen allerdings ein ganz anderes Bild von der deutschen Schullandschaft und den Auswirkungen ihrer Binnenlogik auf die Bildungskarrieren von Kindern aus benachteiligenden und migrantischen Milieus: Frühe Selektion nach Schultypen und eine an Habitus, Lernformen und mündig-autonomer Lebensführung der deutschen Mittelschichten orientierte Schulpraxis verschärfen die bei Schuleintritt bestehenden Diskrepanzen noch, statt benachteiligende Faktoren wettzumachen. Zur Reproduktion der Chancenungleichheit trägt offenbar eine auf soziale Herkunft abgestellte Zuschreibung von Leistungsvermögen bzw. -unvermögen durch große Teile der Lehrerschaft bei, und zwar bereits in der Primarstufe, denn die Empfehlungen zu dem folgenreichen Schulübergang auf die Sekundarstufe fallen in diesen Verantwortungsbereich. Es ist inzwischen belegt, dass sich die Differenzen der sozialen Herkunft in einer entsprechend differenzierten Bewertung von Intelligenz und Leistungsfähigkeit und daran orientierten Benotungen sowie Empfehlungen zur Schulwahl für die Sekundarstufe niederschlagen (vgl. Gottschall 2001; Allmendinger/Leibfried 2003; Becker/Lauterbach 2004; Baethge 2005; Mängel 2006). Insofern sind die relativ erfolgreichen Bildungskarrieren der in meiner Studie porträtierten Personen zunächst Ausdruck einer ganz beachtlichen eigenständigen Leistung unter schwierigen Umständen. Mit hoher Wahrscheinlichkeit sind sie außerdem darauf zurückzuführen, dass der Schultyp der Integrierten Gesamtschule den Heranwachsenden deutlich mehr Möglichkeiten gab, als es bei einer frühen Segregation nach Sekundarschultypen der Fall gewesen wäre.

Insgesamt scheitert das deutsche Schulsystem in eklatanter Weise daran, potenziell negative Einflüsse der Soziallage auf die Kompetenz-Entwicklung von Heranwachsenden einzudämmen und ihre Bildungs- und Lebenschancen zu optimieren.[2] Das Ideal ist auf eine Komplementarität mit den Eltern angelegt, dessen Ergebnisse sich, sofern das Zusammenspiel funktioniert, auch sehen lassen können. Es trägt aber zur weiteren Benachteiligung derjenigen Kinder bei, deren Eltern weder über die nötige Bildung verfügen, ihren Kindern selbst die nötige Unterstützung zuteil werden zu lassen, noch notwendigerweise das nötige Bewusstsein über die Relevanz bestimmter Fördermaßnahmen, geschweige denn das kulturelle Kapital der mittleren und gehobenen Gesellschaftsschichten besitzen. Kurz: Jene Bedingungen, die die Währung zum Aufstieg durch Bildung in diesem System ausmachen, aber nun einmal nicht in allen Familien gegeben sind, werden als Distinktionsmomente wirksam (vgl. Enders-Dragässer 1991b; Mannitz 2002b; Allmendinger/Leibfried 2003; Becker/Lauterbach 2004; Grundmann et al. 2004). Die systemische Unfähigkeit, soziale Benachteiligungen und die gesellschaftlich ungleichen Ausstattungen an kulturellen und sozialen Ressourcen in deutschen Schulen zu neutralisieren, zeigt sich bundesweit bei Heranwachsenden aus Einwanderer-

---

2   In dieser Hinsicht bestand eine deutliche Diskrepanz zwischen den Einrichtungen in der DDR und der BRD: Während in der DDR die Beschäftigung von Frauen durch garantierte Kinderbetreuung gefördert wurde und sich die staatlichen Anstrengungen auf eine Maximierung der erzieherischen Kontrolle über die heranwachsende Generation richteten, lag und liegt die Betonung in der bundesdeutschen Konzeption weitaus stärker auf Pluralismus durch ein heterogenes Angebot in privater Trägerschaft und auf elterlicher Sozialisationsverantwortung, ob in Kindergarten oder Schule (vgl. Lehmann 1994: 2474). Auch dürfte es im Schulsystem der sozialistischen Republik keine spürbare Orientierung am Mittelschichtsbürgertum gegeben haben bzw. stellte eine proletarische Herkunft sicherlich keinen Makel dar. Im Zuge der deutsch-deutschen Vereinigung wurden die schulischen und vorschulischen Systemstrukturen in den Ländern der ehemaligen DDR vielfach an westdeutsche Verhältnisse angepasst.

familien auf besondere Weise. Der sozialstrukturelle Umstand, dass sie vielfach auch sozialen Milieus entstammen, die beim Zugang zu höherer Bildung generell stark benachteiligt sind, ist hierbei nur ein Faktor. Zusätzlich zu den impliziten Codes des habitualisierten kulturellen Kapitals, die den Ausschluss sozial schwacher Immigrantenkinder begünstigen, sind auch die expliziten Vorkehrungen des deutschen Schulsystems nicht an die Realität einer heterogener und multilingual gewordenen Schülerschaft angepasst worden.

Während es in den im internationalen Vergleich erfolgreicheren Schulsystemen nicht der einzelnen Schule oder gar einzelnen Lehrer/innen überlassen bleibt, ob eine konstruktive Auseinandersetzung mit dem schulischen Umfeld erfolgt oder nicht, ob Personalentwicklung und Weiterbildung betrieben wird oder nicht, ob und wie Kinder anderer Herkunftssprachen gefördert werden etc., sondern die involvierten Akteure auf Leistungsstandards verpflichtet sind und im Blick auf deren Erfüllung einem institutionalisierten *monitoring* unterliegen, sind solche Dinge im föderalen deutschen System mehrheitlich subsidiär organisiert. Damit ist letztlich Glückssache, eine Frage des Zufalls z.B. der Kollegienbesetzung, ob Kinder in eine Schule geraten, die sie durch passgenaues Fördern und Fordern ihr Bestes leisten lässt, oder ob man sie dort ihrem vermeintlichen Schicksal überlässt, als Angehörige eines bildungsfernen Milieus über dieses ja doch nicht hinauswachsen zu können. Sicher, es gibt auch eine Reihe sehr positiver anderer Beispiele. In Deutschland macht es allerdings Bildungseinrichtungen, die ihren Beitrag zur Verbesserung der Chancenstruktur leisten, indem sie so naheliegende Dinge tun, wie den Kontakt zu den ‚fremden' Eltern zu suchen, dabei notfalls Dolmetscher hinzuziehen, ein lokal angepasstes Lernkonzept entwickeln und in denen die Mitarbeiter/innen Bereitschaft zeigen, an Weiterbildungen teilzunehmen, schon zu „Leuchttürmen der Pädagogik" (Engin/Walter 2005)!

Zwar sind die Kinder und Jugendlichen ausländischer Herkunft mit legalem Aufenthalt im deutschen Schulsystem formal denen deutscher Herkunft gleichgestellt. *De facto* werden ihnen aber Leistungen als selbstverständlicher Standard abverlangt, die in Immigrantenfamilien noch weniger allgemein vorausgesetzt werden können als in ‚der' Gesellschaft überhaupt. Dass der Erfolg in deutschen Schulen primär von Sprachbeherrschung, Lernmotivation und habitualisierten Lerngewohnheiten abhängt, haben zuletzt die Ergebnisse der „PISA"-Studien sowie der in 2006 erstmals erstellte nationale Bildungsbericht gezeigt (Baumert et al. 2001; Prenzel et al. 2004; http://www.bildungsbericht .de). Im deutschen Bildungssystem erfolgreich zu sein, gelingt demnach vor allem denjenigen, die in dieser Hinsicht hohe Assimilationsleistungen erbringen und gut deutsch können. Bringen sie diese Voraussetzungen nicht bereits von zuhause mit, tut man in deutschen Schulen offenkundig zu wenig, um den SchülerInnen – zumal denen ausländischer Herkunft – bei der Aneignung der notwendigen Kompetenzen behilflich zu sein. Ingrid Dietrich kommt nach ihrer Untersuchung von Erfahrungen, die eingewanderte Familien unterschiedlichster Soziallage mit deutschen Schulen machten, zu dem Schluss, die schulischen Erwartungen ließen sich insgesamt als ein Bemühen um die kulturelle

„Eindeutschung" verstehen; die ‚mitgebrachten' Sprachkenntnisse und Wissensbestände aus anderen Teilen der Welt würden höchstens als Störfaktoren zur Kenntnis genommen (Dietrich 1997: 16). Um solche auftretenden Störungen der schulischen Routine zu beheben, kommt es vielfach zur Querversetzung von SchülerInnen aus migrantischen Elternhäusern auf Schultypen, die zu geringer qualifizierenden Abschlüssen führen. Durchlässigkeit zeigt das System damit vor allem nach unten.[3] An einer Schule wie der von mir untersuchten, deren Schülerschaft sich zu mehr als 50% aus Bevölkerungskreisen ausländischer Herkunft rekrutiert, ist die Maßnahme jedoch praktisch obsolet.

Die Perzeption der migrantischen Familienherkunft als eines Störfaktors war zwar im Lehrerkollegium der fokussierten Berliner Gesamtschule ebenso präsent, wie die von Dietrich zitierte Geringschätzung von Wissensbeständen aus anderen Teilen der Welt, die im übrigen ja auch aus vielen der vor Ort eingesetzten Lehrbücher sprach. Die aus dieser Perspektive ‚störenden' Schülerinnen und Schüler quer zu versetzen, ist jedoch von einer Gesamtschule aus nur noch sehr eingeschränkt möglich und wäre im vorliegenden Fall zudem einer Entvölkerung der Schule gleichgekommen. Während die Stimmung im Kollegium klar in die Richtung ging, dass eine andere demographische Mischung und insbesondere ein höherer Anteil an Schülerinnen und Schülern aus deutschen Herkunftsfamilien wünschenswert und für die Integration der „Ausländer" förderlicher wäre, kam den SchülerInnen ausländischer Herkunft ihre starke Präsenz praktisch durchaus zugute: Es gab für die LehrerInnen dieser Schule ja gar keine Alternative dazu, sich auf die Situation einigermaßen einzustellen. Auch wenn viele die Arbeitsbedingungen als Zumutung und Überlastung empfanden, die sie teilweise resignieren ließ, legen die andernorts so bereitwillig praktizierten Aussonderungen der ‚störenden' SchülerInnen aus Einwandererfamilien aus ‚normal' funktionierenden Schulklassen den Schluss

---

3 Kinder und Jugendliche aus Einwandererfamilien sind auf Grund der doppelten Benachteiligung ihres häufig bildungsfernen sozial-ökonomischen Hintergrunds wie der Sprachproblematik besonders von der selektiven Wirkung des deutschen Schulsystems betroffen. Dies kommt in Verteilungsquoten nach Schultyp deutlich Ausdruck zum: 1999 besuchte jede/r zweite ausländische Schüler/in eine Schule, die keinen weiterführenden Abschluss ermöglicht (41,7% besuchten eine Hauptschule und 6,4% eine Sonderschule). Unter deutschen SchülerInnen waren es lediglich 17,1% an Haupt- und 3,9% an Sonderschulen. Die häufige Zurückstellung dieser Kinder bei der Einschulung lässt das Risiko der so genannten Überalterung in der Grundschule wachsen, das dann im Zusammenhang mit fehlenden oder mangelhaften Deutschkenntnissen zur Interpretation genereller Lernschwierigkeiten und dann häufig bereits zur Sonderschulüberweisung führt. Resultat ist, dass von den SonderschülerInnen mit ausländischem Pass 1999 ca. 70 Prozent eine Schule für Lernbehinderte besuchten, bei den deutschen SonderschülerInnen betrug dieser Anteil vergleichsweise nur ca. 50%. Die Praxis der Sonderschulüberweisungen erfolgt häufig auf Grund mangelnder Deutschkenntnisse der SchülerInnen ausländischer Herkunft, allerdings ohne dass Sonderschulen besondere Kompetenzen in der Vermittlung von Sprachen besäßen (vgl. Bainski et al. 2004: 201 ff.; Uçar 1996; Kornmann 1996).

nahe, dass die schiere Überzahl von SchülerInnen aus migrantischen Elternhäusern sich in diesem Berliner *setting* in einer schützenden Weise für diese auswirkte. Andere Studien stützen die Vermutung:

„Diese vordergründig ‚integrationsfreundliche' Situation [, dass Zuwanderer-Kinder vereinzelt in deutschen Klassen sitzen,] ist für die betroffenen Kinder besonders ungünstig. Eine *große Anzahl* von Zuwanderer-Kindern mit anderen Lernvoraussetzungen als denen des deutschen ‚Durchschnittskindes', auf die die Unterrichtsplanung der deutschen LehrerInnen normalerweise ausgerichtet ist, verlangsamt zwar eventuell den Erwerb des Deutschen als Zweitsprache. Sie erzwingt jedoch auch ein Eingehen auf die Lernvoraussetzungen dieser Kinder und eine Umstellung der Lehrkräfte hinsichtlich des Lehrangebots, der Methoden und der Unterrichtsführung, soll denn der Unterricht nicht ganz zusammenbrechen. Für *vereinzelt* auftretende Zuwanderer-Kinder dagegen werden diese ‚Umstände' im allgemeinen nicht gemacht. Sie sind auf sich allein gestellt, und falls sie es nicht aus eigener Kraft schaffen, im Unterricht etwas zu verstehen und Anschluß an den Leistungsstand der deutschen Kinder zu finden, ‚gehen sie unter' (*submersion*).⁴ Die allgemeine Verhaltenserwartung, die ihnen [...] entgegengebracht wird, ist, sich ruhig zu verhalten und den ‚normalen' Ablauf [...] nicht zu stören. [...] Schaffen sie es nicht, so ‚machen sie Probleme'. Dann setzt die Palette der Sonderbehandlungsmöglichkeiten ein, die den Lehrpersonen und der Schulleitung zur Verfügung steht, um die (ohnehin nur als Fiktion existierende) Homogenisierung der Klassengruppe wiederherzustellen." (Dietrich 1997: 18 f., Hervorhebungen im Original)

Es mag zynisch anmuten, eine Schule, an der eine ganze Reihe schwieriger Rahmenbedingungen zu bewältigen sind, als ein verhältnismäßig günstiges Umfeld zu beschreiben. In Anbetracht der Defizite oder Weigerung an vielen deutschen Schulen, mit Heterogenität in den Lerngruppen konstruktiv oder auch nur pragmatisch umzugehen, erweist sich aber zumindest die angebliche Problematik eines besonders hohen Anteils sogenannter „ausländischer" Schülerinnen und Schüler als ein Umstand, der homogenitätsorientierte Exklusionen unwahrscheinlicher werden lässt. An möglichen sonstigen Versäumnissen, unzureichender Förderung, schlechtem Unterricht oder mangelhafter Schulausstattung ändert dies freilich kaum etwas. Auch wenn die pauschale Bewertung der SchülerInnen ausländischer Herkunft als Problemklientel fehl am Platz ist, bleibt zweifellos zu fordern, dass alle öffentlichen Schulen und insbesondere diejenigen in sozial belasteten Quartieren angemessen ausgestattet werden, um gezielte individuelle Förderung und den Ausgleich milieuspezifischer Benachteiligungen überhaupt leisten zu können. Schließlich hängt die künftige Produktivität der wissensbasierten Gesellschaft nicht unwesentlich davon ab, wie die vorhandenen personellen und kognitiven Ressourcen gefördert werden. Dass dagegen ein Mangel an Ausstattung und politischer Unterstützung die Motivation auf Seiten der Lehrkräfte ebenso wie die

---

4 Der Begriff der *submersion* wurde in die Bildungsforschung eingeführt, um die Situation des assimilativen Drucks zu Lasten der Erstsprache zu beschreiben, in die frankophone Schulkinder im mehrheitlich anglophonen Kanada geraten, wenn sie als Einzelne in englischsprachigen Lerngruppen platziert sind: Passen sie sich sprachlich nicht an, ‚gehen sie unter'.

die Ambitionen der SchülerInnen kollabieren lassen kann, wurde mir während meiner Feldforschung in der Neuköllner Schule eindrucksvoll vorgeführt.

Dem apathischen Klima, das an der Schule herrschte, entspricht nicht zuletzt, dass die befragten Heranwachsenden auch in ihren sentimentalen Rückblicken auf die „schöne Schulzeit" weder den Unterricht noch andere schulische Aktivitäten als solche in besonderer Erinnerung hatten. Es bezog sich auf eine andere Ebene, dass vor allem die porträtierten jungen Frauen die Schule als wichtig und prägend für ihre persönlichen Entwicklungen ansahen: Der Wert lag für sie vorrangig darin, dass das alltägliche Interagieren in einem *peer*-Milieu ihnen die Gelegenheit zur intersubjektiven Verständigung über ähnlich gelagerte adoleszente Krisen und Probleme als „AusländerInnen" geboten hatte. Selbst Ratna, die mit fünf Jahren Distanz zur Schulzeit auch erkannte, dass ihre Mutter ihr stets den Rücken gestärkt und sie zu einer universitären Ausbildung gedrängt hatte, durch die sie ein unabhängiges Leben würde führen können, betrachtete ihren eingeschlagenen Weg als etwas, was sie *gegen* die Normen der elterlichen „Kultur" hatte durchsetzen müssen, was erst durch die *peer*-Begegnungen im schulischen Raum möglich geworden sei:

Ratna: „Wir haben ja einen bestimmten Vorteil, weil wir aus so einer Kultur kommen, dass wir lernen mussten uns durchzusetzen. Andere Leute, die nie Probleme in ihrer Kultur oder ihrer Umgebung hatten, die kennen das Problem sich durchzusetzen gar nicht. Und das war was Besonderes an der Schule, weil wir uns gefunden haben in einer Zeit, wo wir uns gebraucht haben. Und wir haben uns wirklich gebraucht! Zum Beispiel die Clique, die ich damals hatte, also Sahar oder Ilona, Mehabad: Wir hatten ähnliche Probleme, Helena auch. Wir haben ähnliche Probleme *als Frauen* gehabt, *als Frauen in einer bestimmten Kultur*, als Frauen, die aus einer bestimmten Kultur kommen und *in Deutschland* aufwachsen."

Im Nachhinein wurde dieser sozialen Gelegenheitsstruktur nicht nur die Bedeutung verliehen, die Entwicklung persönlichen Durchsetzungsvermögens und devianter Strategien gegenüber Ansprüchen im Herkunftsmilieu gefördert zu haben; die jungen Leute sahen sich durch ihr Aufwachsen in der ausgesprochen diversen Schülerschaft ihrer Neuköllner Schule auch in einem alltäglichen Umgang mit anderen „Kulturen" geübt, der sie zu einem besonderen Maß an Toleranz befähige. Mit der Selbsteinschätzung, als „AusländerInnen" in Deutschland ein spezifisches soziales Wissen zu repräsentieren, wurden Perspektiven begründet, die über die private, eigene Lebensführung hinausgingen und den kollektiven Mehrwert der Diversitätserfahrung herausstellten.

Die Selbstverständlichkeit des heterogenen Sozialraums

Migrationen verursachen u.a. Erfahrungen von Zurechnungen und Grenzziehungen seitens unterschiedlicher, meist national-gesellschaftlich konzipierter Kollektive. Da selten komplette Verwandtschaftssysteme migrieren, stiften Migrationen unter den heutigen Bedingungen von massenhaft und daher zugleich preiswert verfügbaren Kommunikations- und Reisemöglichkeiten zu-

301

dem für den längeren Zeitraum von mindestens ein bis zwei Generationen anhaltende Austauschbeziehungen über Ländergrenzen hinweg. Dieser besondere Zugang, den migrantische Akteure zu verschiedenen Ländern oder Regionen unterhalten, bedeutet eine Teilhabe an den Wissensbeständen unterschiedlicher Gesellschaften, deren spiegelbildliche Reflexionen Eingang in die Weltsichten und Deutungsmuster der MigrantInnen finden. Ob sie diese doppelten Teilhabeoptionen als Zerreißproben wahrnehmen, sich selbst eindeutig oder situationsabhängig mit einem der beiden gesellschaftlichen Kontexte oder einer dazu quer liegenden Ebene identifizieren, sich in beiden als Außenseiter oder aber in beiden als *insider* verstehen, hängt von vielen Faktoren ab. In jedem Fall sorgt aber die Kenntnis des jeweils Anderen dafür, die individuelle Identitätsaufgabe durch einen Zugewinn an symbolischen Ressourcen herauszufordern. Das erstreckt sich nachweislich auch auf die bereits im Zielland der Migration zur Welt gekommenen Söhne und Töchter in Migrantenfamilien. Die vielfach widersprüchliche Konstellation erschwert es, die eigene Lebenspraxis als eine so kontinuierliche und kohärente Angelegenheit zu behaupten, wie der von Erik H. Erikson in den späten 1940er Jahren eingeführte Begriff der „Ich-Identität" (Erikson 1966) es nahelegt. Die strukturellen Bedingungen des heutigen Migrationsgeschehens lassen insoweit den Schluss zu, Migrantinnen und Migranten seien dem Individuationseffekt der Moderne in einem hohen Maße ausgesetzt, und die Biographie mit Migrationshintergrund repräsentiere ein „Modell der gesellschaftlichen Transformation" (Apitzsch 1993: 12), da sie weder im symbolischen Ordnungssystem der einen noch dem der anderen Gesellschaft vollständig abgebildet werden kann.

Als strukturelle Konstellation geht diese Inkongruenz von transnationalen Erfahrungen und jeweils lokal Mitteilbarem darüber hinaus, lediglich ein Umstand der personalen Identifikationsarbeit von Migrantinnen, Migranten und ihren Kindern zu sein. Als sozial situierte Kommunikationsprozesse verarbeiten identifikatorische Äußerungen das Erleben von gesellschaftlichen Zusammenhängen und können auch gestaltend auf diese einwirken, sofern sie kommuniziert, das heißt auch zur Kenntnis genommen werden. Dass Mitglieder von Migrantenfamilien hierbei nicht unbedingt (nur) Wahrnehmungs- und Bewertungsmustern folgen, die in der weiteren Gesellschaft als die normativ gültigen etabliert sind, ist angesichts ihres Grenzgängertums wenig überraschend. Von majoritären Perspektiven her betrachtet, stellen solche abweichenden Beiträge gleichwohl Stachel im Fleisch dar, denn die Machtposition der angestammten Mehrheit verleiht ihren normativen Zuordnungen zumeist hohe Definitionskraft, der Neuhinzugezogene unterliegen, ohne dass ihnen gleiche Mittel zur Verfügung stünden (Elias/Scotson 1965). Die Beziehungen gewinnen andere Vorzeichen, wenn Bevölkerungsteile ausländischer Herkunft, die gesamtgesellschaftlich auf die strukturelle Position der Außenseiter verwiesen sind, in einem sozialen Teilbereich die etablierte Majorität stellen. In Teilen der Bezirke Berlin-Kreuzberg und Berlin-Neukölln ist das zweifellos der Fall.⁵ Dieses Phänomen taucht in der deutschen Berichterstattung und gegenwärtigen Integrationsdebatte meist als unerwünschte Ausbildung einer migrantischen Subkultur oder, im heute geläufigeren Jargon, als die inakzeptable Installierung einer „Parallelgesellschaft" auf, mit der integrationsunwillige Einwanderergruppen sich von der deutschen Gesellschaft abschotten würden. Hingegen repräsentierten diese Viertel für die Mitglieder meiner Untersuchungsgruppe eine polyglotte Lebensform, die Berlin ihr Zuhause sein ließ und ihnen die positive Selbstidentifikation als *insider* in der deutschen Gesellschaft ermöglichte. Die „ausländisch" geprägten Milieuzusammenhänge sahen sie nicht in einer Opposition, sondern als Komplementierung der deutschen Gesellschaft und zu deren Nutzen: Mit den „Ausländern" zusammenzuleben, habe doch auch den Deutschen gut getan, lautete diese Einschätzung.

Entgegen der öffentlich dominierenden Darstellung von den innerstädtischen Berliner Migrantenvierteln als „Slums" und der „Problemschulen" in solchen „sozialen Brennpunkten" als Pulverfässer kulturell aufgeladener Konflikte werteten die jungen Leute, deren Entwicklungen ich begleitet habe, das soziale Leben sowohl in ihren Wohnviertel als auch in ihrer Gesamtschule als ein überwiegend gelungenes Miteinander der verschiedenen „Kulturen". Dagegen lässt sich einwenden, es handle sich lediglich um eine Verklärung des sozialen Elends zum Selbstschutz. Die Frage, wieviel Idealisierung die Darstellung des „multikulturellen" Aufwachsens birgt, führt als Kritikstrategie aber letztlich nicht weit. Auch wenn sich über das Ausmaß und die angemessene Repräsentation der prekären Verhältnisse in den verarmten Berliner Innenstadtrandgebieten ausgiebig debattieren lässt, bleiben die subjektiv positiven Erfahrungen ‚wahre' Interpretationen der Welt, die den Handlungen der Akteure Sinn verliehen. Dass es meinen GesprächspartnerInnen gelang, die gesellschaftliche Allokation als Stigmatisierte abzuwehren und eine positive Bilanz der Diversität verschiedener „Kulturen" in Deutschland zu entwerfen, ist schließlich nicht weniger beachtlich, wenn es als Deutungsstrategie funktional der Aufrechterhaltung eigener Würde dient. Allerdings war die positive Wertung nicht allein als Ressource zur Selbstbehauptung als „AusländerIn" plausibel. Sie hatte auch mit der spezifischen Weiterung der biographischen

---

5 In seiner Arbeit zu Nachbarschaftskonflikten und Quartiersmanagement im Neuköllner Rollbergkiez weist Frederick Groeger darauf hin, dass auch die deklassierten Deutschen vor Ort die Machtbalance in dieser Weise verstehen und sich „den Ausländern" strukturell unterlegen sehen: „Im vorliegenden Fall nehmen die Autochthonen als ‚Einheimische' sich selbst als ‚Außenseiter' wahr, die ‚Zuwanderer' sind aus ihrer Sicht die ‚Etablierten' mit dem [...] überlegenen inneren Organisationsgrad und Zusammenhalt und den größeren Machtchancen auf Grund ihrer besseren Kontakte zu den staatlichen Institutionen." (Groeger 2001: 355 ff.) Die eigene Benachteiligung werde in einer ethnisierten Form und nicht auf der Ebene von Armut oder Arbeitslosigkeit thematisiert, so Groeger, weil es von den ‚Einheimischen' als verkehrte Welt darstellbar sei, dass die ‚Zuwanderer' im Vorteil seien, während eine „‚öffentliche' Sprache" für die kollektive Erfahrung und Deutung von Armut nicht mehr existiere (ebd.: 357).

Erfahrungen durch die Migrationsgeschichte der eigenen Familie zu tun: Hätten die Heranwachsenden sich und ihre Lebenschancen allein im Kontext und Gefüge der sozialen Hierarchie der deutschen Gesellschaft gesehen und die eigenen Verhältnisse durch die ‚Mittelschichtsbrille' ihrer deutschen LehrerInnen betrachtet, wäre die Bilanz deutlich negativer ausgefallen. Als Töchter bzw. Sohn aus einer Einwandererfamilie setzten meine GesprächspartnerInnen sich und ihre biographischen Projektionen jedoch auch zu dem in Relation, was ihnen an den einstigen Herkunftsorten ihrer Familien – durch die in Berlin erworbenen ‚deutschen Brillen' betrachtet – auffiel und missfiel. Für die jungen Frauen noch mehr als für den jungen Mann im *sample* stellte sich das Leben in Berlin aus diesem Blickwinkel als eine Vervielfältigung der eigenen Zukunftschancen dar, die sie nicht missen mochten.

Im Aufgreifen der Kulturdifferenz-These und deren Einbindung in das größere Tableau der deutschen Gesellschaft zeigte sich, dass die hier vorherrschende und auch schulisch vermittelte Klassifikationspraxis eine stilbildende Wirkung auf die Selbstwahrnehmungen als Minderheitenangehörige in Deutschland entfaltete. Segregative Aspekte leugneten die Heranwachsenden aus den Einwandererkreisen in dieser Hinsicht nicht: Dass etwa die deutschen MitschülerInnen eher unter sich bleiben würden, ließ meine GesprächspartnerInnen zu ihrer Schulzeit betonen, die kategoriale Unterscheidung von Deutschen und „Ausländern" unterschiedlichster Herkunft meine weniger die Staatsangehörigkeit, sondern betreffe vor allem den Umgang miteinander: „Die Deutschen" seien im Vergleich individualistischer, Ich-bezogener und insgesamt weniger imstande, die menschliche Wärme aufzubringen, die in den Ländern und „Kulturen" des Südens ganz selbstverständlich sei. Trotz aller häuslichen Konflikte um die eigenen Ablösungsambitionen und Distanzierungen von den Verhaltensnormen der Eltern stand deren „andere Kultur" so auch für starke emotionale Bindungen, die den Deutschen in ihrer als rational und modern klassifizierten Lebensweise abgehen würden. Diese orientalistische Schematisierung anderer Kulturen als rückständig, aber lebensfroh, irrational und engstirnig, dabei aber voller Mysterien – kurz: vormodern mit allen Vorzügen und Nachteilen, griffen die jungen Leute für die eigenen Positionsbestimmungen in Differenz zum Herkunftskontext der Familie ebenso auf wie die selbstreferentiellen Botschaften der Deutschen als Vertreter der Moderne, die rational und aufgeklärt seien, dabei aber steif und humorlos, materialistisch und von einer Gefühlskälte, die menschliche Abgründe erahnen lasse: „Typisch deutsch" bezeichne doch etwas Abschreckendes, so hatte das eines der Mädchen formuliert. Es erschien insofern abwegig, die Kategorie enthusiastisch für sich zu reklamieren. Das Deutsche musste zunächst pragmatisch redefiniert werden, um überhaupt ein akzeptables Kollektiv darstellen zu können, als dessen Mitglied man sich betrachten mochte: Um der Papiere willen, der Rechte wegen, und zwar speziell auch der Rechte, sich gegen erfahrene Diskriminierungen besser wehren zu können, sei die Einbürgerung attraktiv.

Vor dem Bild von extremen und nachhaltigen Gegensätzen der „Mentalitäten" standen die eigenen, als „multikulturell" begriffenen „Ausländer"-Kreise in Schule und Berliner Wohnquartier für etwas Drittes, das das Beste aus den Karikaturen beider Kollektive versammelte und sich zugleich von deren negativen Zügen abhob. Die Sozialstruktur in Kreuzberg und Neukölln deuteten die Nachkommen der Einwanderer mit Hilfe dieser Narrative nicht als ein *Cluster* ethnischer Kolonien, sondern als eine ideal(isiert)e „multikulturelle" Gesellschaft im Kleinen, in der „die Ausländer" alias „die schwarzen Schöpfe" den Ton angaben und mit ihrer starken Präsenz zugleich einen Schutzraum für die Akzeptanz ethnischer und kultureller Differenz bildeten. „Ausländer/in" zu sein, bedeutete hier kein Stigma, sondern war eine schlichte Normalität, die emotionale und psychische Sicherheit gab. Die einschlägige Rede von der Toleranz im „multikulturellen" Westen Berlins wurden denn auch gegen die als Bedrohung des eigenen Status wahrgenommene Reorganisation der Zusammengehörigkeits-Diskurse seit der deutschen Einheit in Anschlag gebracht: Politische Absichtserklärungen zur vorrangigen Beseitigung der „Mauer in den Köpfen" oder das Ziel der „Vollendung der inneren Einheit" lassen das Projekt der deutsch-deutschen Vergemeinschaftung meist wie ein naturwüchsiges „Zusammenwachsen" erscheinen, d.h. ohne Bezug zu Formen moderner Vergesellschaftung. Dagegen hielten die befragten jungen Leute einen *gesellschaftlichen* Standard der Akzeptanz interner Pluralität hoch, der im ehemaligen Westen angeblich erreicht worden sei, und der nun auch im vereinten Deutschland gelten müsse, um den sozialen Frieden wieder herzustellen. Mit dieser Haltung brachten sich meine GesprächspartnerInnen so für die Durchsetzung bestimmter Werte ein, dass es nicht nur einen möglichen Verlust an Anerkennung auszugleichen geeignet ist, sondern der eigenen Präsenz und der Lebenserfahrung im ehemaligen Westen sowie auch der eigenen Besonderheit, anderer Herkunft zu sein und dadurch Einblicke in weitere Handlungslogiken zu haben, zivilisierendes Potenzial zumaß.

Dass die Wahrung einer erreichten Normalität, hier der Normalität des im heterogenen Sozialraum selbstverständlichen Umgangs mit Differenzen, besondere Anstrengungen zu ihrer Verstetigung erfordert (Rohe 1996: 8), hatten alle dadurch erfahren, dass die nachschulischen Konfrontationen im wiedervereinigten Berlin die zuvor gewohnte Sicherheit in der „multikulturellen" Nische ins Wanken brachten. Die historiographische Zuspitzung, die sie daraufhin vornahmen, um an der kollektiven Repräsentation des deutsch-deutschen Zusammenwachsens zu partizipieren, nutzte die spezifischen Gestaltungsspielräume der Assoziation und Dissoziation, in denen sie sich in Deutschland sahen. Aufgewachsen als „AusländerInnen", positionierten sie sich unter Bezug auf die dominanten Klassifikationsschemata: Sie seien die im ehemaligen Westen schon längst einheimischen ‚Anderen', die ehemaligen DDR-BürgerInnen seien in diese Konstellation gewissermaßen ‚zugewandert'. Von dieser Warte der Etablierten aus argumentierten die jungen Leute sodann für die Akzeptanz der gemeinhin diskreditierten Heterogenität im vereinten Deutschland, und sie taten es unverkennbar mit Hilfe eben des „tool kit" (Swidler 1986), das ihnen hier nahegebracht worden war: Analog zu den – vielleicht gut gemeinten – Versuchen, der gesellschaftlichen Pluralität in der schulischen Sozialisation Rechnung zu tragen, indem Schulbücher die „fremden Kinder" in unserer Mitte vorführen, insistierten diese nun auf einer als noch größer dargestellten Fremdheit der Ostdeutschen. Das Konstrukt, in beiden Fällen statisch mit Blick auf das Gegenüber, attestierte der eigenen Gruppe prozessualen Fortschritt. Gegen das dominante Bild der zurückgebliebenen Immigrantenbevölkerung wurden die eigenen Entwicklungs- und Anpassungsleistungen herausgestellt und mit einer behaupteten Unbeweglichkeit „der Ostler" kontrastiert; als strukturell Immigranten vergleichbare *newcomer* in ‚unserer' westlichen Gesellschaft, sei bei letzteren keinerlei Integrationsbereitschaft erkennbar. Diese Konstruktion basiert auf der Kenntnis innergesellschaftlicher Allianzen und Friktionen und operiert mit genau den argumentativen Mitteln der ‚älteren Rechte' einer etablierten Bevölkerung, die unsere jungen „ausländischen MitbürgerInnen" in ihrer deutschen Sozialisation als wirksam zur Herstellung der sozialen Hierarchie kennengelernt hatten. Das dabei durchaus mit reproduzierte Konzept der eigenen kulturellen Differenz von „den Deutschen" diente nicht einem beleidigten Rückzug in abgeschottete, parallelgesellschaftliche Herkunftsmilieus, sondern ging Hand in Hand mit dem Selbstverständnis einer Zugehörigkeit zur deutschen Gesellschaft ‚als Andere', das auch Ansprüche auf Teilhabe an den gesellschaftlichen Machtverhältnissen beinhaltet (vgl. Barth 1969 und 1994).

Integration durch Individuation

Mit der vorliegenden Untersuchung habe ich zu verstehen versucht, was es heißt, als Tochter oder Sohn einer Einwandererfamilie in einem der notorisch stigmatisierten „Ausländerviertel" Berlins aufzuwachsen. Dabei ist deutlich geworden, dass Jugendliche aus eingewanderten Familien, die hierzulande als kulturell (zu) fremdartig wahrgenommen werden, besonderen Zwängen konkurrierender Zugehörigkeitsmodelle ausgesetzt sind, deren wechselseitige Zuschreibungen kulturalistischer Klischees denkbare Synthesen eher delegitimieren als fördern. Den Adoleszenten stellte sich diese Situation als Nötigung zu einer Eindeutigkeit dar, die ihren gemischten und im Alltag situationsabhängig variierenden Gefühlslagen nicht entsprach. Dass sie ihre Identifikationen stark aus der Defensive heraus formulierten, gewinnt vor diesem Hintergrund seine Plausibilität: Sie verorteten sich mehr mit Hilfe von Abgrenzungen zu dem, als was alles sie sich *nicht* verstanden wissen wollten, als durch ein affirmatives Bekennen von sozialen Zugehörigkeiten, denn das komplexe Erleben fluider Selbstverständnisse, sich gegenüber diversen Kollektiven als jeweils *relativ* anders zu empfinden, erfuhren sie nur in ihrem *peer*-Milieu als ‚normal' und legitim.

Der gemeinsame Sozialraum der Schule bot die Möglichkeit, diese spezifisch konfigurierten adoleszenten Ablösungskrisen in den größeren konzeptionellen Rahmen einer gemeinsamen, geschlechts- und generationsspezifischen Lebenslage auf Grund der ausländischen Herkunft zu stellen. Trotz ihrer verschiedenen (nationalen, ethnischen und religiösen) Familienhintergründe herrschte unter den fünf jungen Frauen, die im Mittelpunkt der Studie stehen, zur Zeit ihres gemeinsamen Schulbesuch das Selbstverständnis großer Gemeinsamkeit: Sie alle verstanden sich in erster Linie als „Ausländerinnen" in Deutschland, die hier als Töchter eingewanderter Eltern strukturell gleichartige Probleme zu gewärtigen hätten. Diese für sie „typischen" biographischen Erfahrungen standen zunächst im Kontext der häuslichen Eltern-Kind-Beziehung und, als deren Weiterung, der Verwandtschaftsbeziehungen, die über das *setting* in Deutschland hinausreichten; außerdem war es ein paralleles Erleben der deutschen Gesellschaft, sowohl hinsichtlich der Interaktionen in der schulischen Lebenswelt als auch in der Form medial vermittelter Bilder und Diskurse, das die Vorstellungen dieser jungen Frauen von den gesellschaftlich gegebenen und den für sie selbst überdies möglichen sozialen Allokationen prägte. Dabei folgten sie in der Bewertung der elterlichen Migration weitgehend der herrschenden Perspektive vom Fortschrittsgefälle, das die Übersiedlung der Familie nach Deutschland für sie persönlich zu einem lohnenden Unterfangen mache. Anders als manche Schulbücher, LehrerInnenkommentare und Äußerungen deutscher MitschülerInnen nahelegten, sahen sie sich dabei aber keineswegs in einem ehernen Gehäuse traditionalistischer Herkunftskulturen gefangen, sondern als kompromissbereite Mittlerinnen, denen die verdiente Anerkennung mangels Kompromissbereitschaft der übrigen Beteiligten versagt blieb. Die allenthalben zirkulierenden Thesen von kulturellen Differenzen nahmen sie zum Ausgangspunkt einer geteilten sozialen Erfahrung, die sich quer über „beide Seiten" lege und ein Spezifikum von „AusländerInnen" in Deutschland darstelle. Die Übernahme dieser Residualkategorie entsprach der Einschätzung, dass der eigene Sonderstatus schon deshalb nicht abzulegen sei, weil man „für die Deutschen [...] immer ein Ausländer [ist], wenn man so aussieht, schwarze Haare und so einen Namen hat", wie Ilona sagte.

Dass der Begriff des Ausländers in der Logik der sozialen Praxis von der Staatsangehörigkeit absieht und Anwendung auf diejenigen findet, denen ein Gros der autochthonen Deutschen ungeachtet möglicher Einbürgerungen bleibende Fremdheit zuschreibt, bestätigte sich in außer- und nachschulischen Erfahrungen. Der Begriff des Deutschen blieb im Alltag letztlich die (in der Gesetzeswirklichkeit überholte) ethno-nationale Kategorie, die keinen Verhandlungsspielraum für hybride Identifikationen anbietet. Durch die Positionierung als „AusländerInnen" bestimmten meine GesprächspartnerInnen ihren sozialen Ort im deutschen Diskursfeld jedoch trotz ihrer Exklusions-Erfahrungen als den der ‚dazugehörigen Anderen'. Die vielfältigen Zurechnungen und diskrepanten Erwartungen, mit denen sie sich auseinanderzusetzen hatten, in der Schule und zuhause, beim Besuch der Orte, aus denen ihre Familien ursprünglich stammten, später auch in Ausbildungsbetrieben und in der lokalen Berliner Öffentlichkeit, ließen über die längere Dauer des Erhebungszeitraum komplexe Mehrfach-Zugehörigkeiten in den Vordergrund der persönlichen Orientierungen treten, die sich nicht gegenseitig ausschlossen. Mit der Auflösung des Gleichaltrigenmilieus, das die Schule bereitgehalten hatte, mussten die

Einzelnen freilich selbst geeignete Handlungsspielräume ausloten, um den eigenen Lebensentwürfen nachgehen zu können.

Bei aller Individualität in den biographischen Entscheidungen und identifikatorischen Akzentuierungen der jungen Erwachsenen wiesen diese auch ohne die alltägliche Verständigung in der *peer*-Gruppe einige Parallelen auf, welche die Dilemmata reflektieren, in denen sie alle sozialisiert waren: Die eigene Biographie siedelten sie grundsätzlich in einem Prisma verschiedener sozialer Kreise an. Die differenten, teils konträren Orientierungspunkte, die aus der Konfrontation mit verschiedenen gesellschaftlichen Teilsystemen, ihren Ansprüchen und Bewertungsmaßstäben resultierten, führten dabei nicht zu den Loyalitätskonflikten, die eine herkömmliche Konzeption von sozialer Integration als Aneignung versammelter Werte einer bestehenden Gemeinschaft unterstellt. Die gewählten Konzepte der eigenen Lebensführung waren nicht daran ausgerichtet, von irgendwelchen Gemeinschaften vorgezeichnete Lebenslaufmuster zu übernehmen, sondern an dem Schnittpunkt von individueller Projektion und der Verwiesenheit auf Andere anschlussfähig zu bleiben. Dabei durchlebten sie alle die Ambivalenz der Individualisierung. Vor allem die jungen Frauen, denen auch an der eigenen Reproduktionsplanung lag, waren mit den bekannten Konsequenzen der Entstandardisierung moderner Biographien konfrontiert: In der Abwesenheit standardisierter biographischer Statusübergänge liegt die Chance, lebenszeitliche Phasen der eigenen Qualifikation und der Familiengründung flexibel zu gestalten. Die allgemeine Flexibilität der Lebenslaufregime erschwert es zugleich, zur passenden Zeit den passenden Partner für den eigenen Entwurf zu finden. Die moderne Notwendigkeit, die eigene Biographie auf eine Weise steuern zu müssen, die sowohl den individuellen Zielen gerecht zu werden verspricht als auch sozial anschlussfähig sein muss, um überhaupt gelingen zu können, erkannten meine GesprächspartnerInnen alle als die strukturelle Problematik, dass die „Individualisierung eben *kein* ‚individualistisches' Phänomen ist" (Berger 2004: 109).

Obwohl die Selbst- und Lebensentwürfe, die in diesem Buch diskutiert wurden, somit paradigmatisch die Auswirkungen von Strukturphänomenen der postindustriellen Gesellschaft reflektieren, fiel es den Befragten auf Grund der gesellschaftlich vermittelten Bedeutung ihrer ausländischen Herkunft schwer, die eigenen Orientierungskrisen als Ausdruck eines Integrationsprozesses zu thematisieren. Was ihnen von deutscher Seite entgegenschlug, war die Konzeption der sogenannten ‚ersten Moderne', dass der Grad ihrer Integration sich an persönlichen Werthaltungen messen lassen müsse, weil die familiäre Herkunft aus differenten kulturellen Zusammenhängen Zweifel an Konsens oder Kompatibilität der Werte wecke. Die Diskrepanz zwischen dem, was sozialwissenschaftlich als ein postmoderner Integrationsmodus erkannt ist, und dem, was in gesellschaftlichen Teilpraxen und ihren normativen Diskursen an ‚älteren' Integrationsmodi weiterhin zitiert und verlangt wird, bildet ein Spannungsverhältnis von divergenten Präferenzen und Interessen ab:

„[S]o scheinen sich auch unter dem Vorzeichen von Individualisierung viele Menschen nach wie vor darauf zu verlassen – und auch verlassen zu wollen –, dass andere die ‚Weichen' richtig stellen, dies auch verantwortungsbewusst tun und sich dabei auch an ‚allgemeinverbindliche' Normen halten. *Integration durch Individualisierung* ist deshalb auch *keine* Fundamentalalternative zu Integration durch Herrschaft oder geteilte Werte, sondern eine Integrationsform, die in der ‚zweiten' Moderne zu den ‚einfachen' Integrationsformen der ‚ersten' Moderne hinzutritt, sie überlagert und ergänzt, dabei freilich auch mit ihnen in Konkurrenz treten kann." (Berger 2004: 109 f.; Betonung im Original)

Mit dem Dilemma konkurrierender Optionen individueller und sozialer Sinngebung hatten die Heranwachsenden und jungen Erwachsenen praktisch umzugehen. Die Strategien, die die sechs Protagonisten dieses Buches darauf anwandten, wiesen sie als aktiv an der Auseinandersetzung um Anerkennung Beteiligte aus, die ihr gesellschaftliches *insider*-Wissen für den individualisierten Selbstentwurf zu nutzen verstanden. Dennoch weisen die Frustrationen und Diskriminierungen, die sie erfuhren, auf blinde Flecken der hiesigen Debatte und gesellschaftlichen Praxis der Integration von eingewanderten Minderheiten und ihren Nachkommen hin, die zu beseitigen im gemeinsamen Interesse liegt.

Die während der Adoleszenz meiner GesprächspartnerInnen noch eher verhaltene Rhetorik, autonome Deutungen und Handlungsstrategien von „Ausländern" müssten ebenso wie die „der Deutschen" zur Geltung kommen dürfen, wurde von den jungen Erwachsenen einige Jahre später offensiv als ein kollektiver Wert von Diversität artikuliert, die in der modernen Gesellschaft ‚normal' sei bzw. es sein müsse. Dass diese Auffassung nicht allgemein herrscht, sondern die migrantisch induzierte Diversität im deutschen Alltag häufiger mit Unbehagen und abwertenden Bedeutungen belegt wird, gehörte für alle sechs zum Fundus an sozialisierenden Erfahrungen, die sie zwar durch die psychische Sicherheit im eigenen „multikulturellen" Milieu aufzufangen wussten; dies stellte aber erstens ein Spezifikum der starken Präsenz von „AusländerInnen" in Schule und Stadtviertel dar und ist zweitens kein verlässlicher Wirkungszusammenhang, um die Bindekräfte an das Gemeinwesen zu stärken. Bei fortgesetzter gruppenspezifischer Benachteiligung kann eine konzeptionelle Exklusion gerade durch die Doppelung beim Zusammenfallen mit residentieller Konzentration auch gänzlich konträre Wirkungen hervorrufen, etwa die Verfestigung einer „eth-class" (Gordon 1964: 37 ff.). Vermutlich finden sich auch in Berliner Quartieren empirische Beispiele für solche Entwicklungen, also beispielsweise einen Anstieg von Ressentiments gegenüber „den Deutschen" und eine sinkende Bereitschaft, auf die Institutionen einer Bürgergesellschaft zu vertrauen, die gruppenspezifische Diskriminierungen nicht konsequenter abzustellen sucht.

Als Theoretiker der funktionalen Differenzierung hat Niklas Luhmann darauf hingewiesen, dass die Vollinklusion das Prinzip der modernen Gesellschaft sei, es in ihr aber keine Zentralinstanz gebe, in deren Verantwortungsbereich die Umsetzung dieses Anliegens falle. Vielmehr würden die einzelnen Teilsysteme ihre eigenlogischen Inklusionsfunktionen ausüben (vgl. Luhmann

309

1995a: 266). Und wenn nicht? Luhmann konzediert das Vorhandensein von Exklusion als einem Desintegrationsphänomen. Er sieht dies aber einerseits in unmittelbarer Abhängigkeit von Funktionsbereichen und konstatiert andererseits, die moderne Gesellschaft würde extrem ungleiche Verteilungen von öffentlichen und privaten Gütern nur als temporär tolerieren, da Separierungen die funktionalen Interdependenzen unterbrechen (Luhmann 1994: 29f.).

Die empirische Ungleichheitsforschung kommt gleichwohl zu anderen Ergebnissen: Exklusion ist erstens als Ergebnis kumulativer Effekte belegt und erfolgt zweitens auch entlang sozialer Kategorien, die eben nicht aus funktionalen gesellschaftlichen Teilbereichen herrühren, sondern auf Diskriminierungspraxen beruhen. Weder geschlechtsspezifische noch rassistische Ausgrenzungen oder Segregationspraktiken nach Soziallage korrespondieren mit einem der funktional ausdifferenzierten Teilsysteme moderner Gesellschaft. So hat Rudolph Stichweh den Luhmann'schen Thesen entgegengehalten, dass insbesondere Einwanderer speziellen Ausschlussrisiken unterliegen, weil sie „noch nicht die pluralen Einbettungen in verschiedene Kontexte aufweisen, die *einzelne* Exklusionen aufzufangen erlauben" (Stichweh 1997: 131; Betonung hinzugefügt). Die Integrationsfähigkeit der modernen Gesellschaft hängt demnach ganz wesentlich davon ab, inwieweit es gelingt, Inklusionsofferten zu bieten und gruppenspezifische Diskriminierungen abzubauen.

Den selbst erfahrenen Alltagsrassismus ordneten meine GesprächspartnerInnen mehr oder minder nachsichtig in den Kontext der deutsch-deutschen Vereinigung, d.h. als Problem der Ex-DDR ein. Dieser Deutungsrahmen gab ihnen die Möglichkeit, sich trotz konzeptueller Exklusion mit bestimmten Teilen der deutschen Gesellschaft zu identifizieren und z.B. die Inklusionsebene der heimatlichen Verbundenheit mit West-Berlin zu benennen. Die von allen vorgebrachten Diskriminierungen lenken den Blick indessen zurück auf die autochthonen Deutschen und ihren Anteil an sozialen Integrationsprozessen. Sicherlich ist damit zu rechnen, dass die jüngsten Änderungen im Staatsangehörigkeitsrecht, in deren Folge die Kinder ausländischer Staatsbürger in Deutschland nicht länger als „Ausländer" geboren werden, über Zeit einen Wandel im Verständnis der deutschen Nation bewirken und Ausgrenzungen entlang der ethno-nationalen Denktradition erschwert werden. Auch wenn die einstige Fortschreibung des Ausländer-Status in die Folgegenerationen ein Ende hat, wird es aber weiterhin auch Einwanderungen in die Bundesrepublik geben, die angesichts der über Jahrzehnte praktizierten Marginalisierung der ehemaligen „Gastarbeiter" die Frage nach der Integrationsbereitschaft auf Seiten der deutschen Bevölkerungsmehrheit aufwirft. Die Ergebnisse der vorliegenden Untersuchung weisen darauf hin, dass hier jenseits des gesetzlich Regelbaren erheblicher Kommunikationsbedarf zu den oft als evident behandelten Verantwortlichkeiten besteht, nach denen es allein an den Immigranten sei, integrative Prozesse gelingen zu lassen.

Aus einer Vielzahl öffentlicher Stellungnahmen zu Aspekten der Integration von eingewanderten Bevölkerungsteilen in Deutschland und speziell zu der Situation in den stark von Immigranten geprägten Vierteln Berlins und anderer großer Städte spricht ein resignativer Tenor: Die eingewanderte Bevölkerung sei sich selbst genug, lasse sich auf die deutsche Gesellschaft nicht ein, passe sich zu wenig an hiesige Gepflogenheiten an und so fort. Die räumliche Konzentration in bestimmten Quartieren und die dort zu beobachtende Ausbildung eigener Infrastrukturen, die eine spezifische Nachfrage von MigrantInnen befriedigt, wird dabei als Ausdruck einer Distanzierung von der deutschen „Mehrheitsgesellschaft" gewertet, die dem Ziel „der Integration" zuwiderlaufe. Diese Interpretation ist Teil des bundesdeutschen Einwanderungsdiskurses, d.h. der gesellschaftlich eingeführten Redeweise über die Einwanderung, und sie wird nicht allein von großen Meinungsmedien genährt, sondern findet auch Widerhall in Politik und Teilen der Sozialforschung. Bemerkenswert ist daran, wie wenig bedacht wird, dass hierzulande wegen der über Jahrzehnte geleugneten Immigration gar keine Integrationskonzepte entwickelt wurden, die der eingewanderten Bevölkerung eine andere ‚inländische' Perspektive geboten hätten als die „im Kern unveränderte Identität als Ausländer" (Hoffmann 1990: 33), die auch meine GesprächspartnerInnen annahmen (vgl. Bade 1992: 358 f.). Dessen ungeachtet bleibt spekulativ, ob und welche ‚inländischen' Perspektiven zur Ausbildung welcher weiteren Identifikationsoptionen geführt hätten, wer diese angenommen hätte oder wer nicht.

Die bestehende Konstellation, auch die plötzlich als Integrationshindernisse beklagten räumlichen Konzentrationen einkommensschwacher Einwanderergruppen, sind in erster Linie auf strukturelle Bedingungen in der deutschen Aufnahmegesellschaft rückführbar. Überdies haben solche Konzentrationen nicht eindeutig negative Wirkungen. Sie können eine positive „Brückenfunktion" wahrnehmen, die seit den Zeiten der Chicago School in der Stadtentwicklung mit dem Begriff der „zone of transition" verbunden wird (vgl. Lindner 1990; Häußermann 2001; Kapphan 2001). Dass die Bewertung der residentiellen Segregation in der öffentlichen Meinung trotz alledem nicht nur durchweg negativ ist, sondern sie auch einseitig den Bevölkerungskreisen ausländischer Herkunft angelastet wird,[6] gerade so, als bestünde deren Integrationspflicht

---

6 Diese Perspektive verkennt nicht zuletzt die für städtische Raumnutzung typische Dynamik der sozialen Hierarchisierung von Wohnvierteln: Die Arbeitsimmigranten zogen in den 1960er und 70er Jahren in die sanierungsbedürftigen Berliner Altbaubestände ein, als die vorherigen Bewohner in modernisierte Wohngebiete am Stadtrand umzogen. Die sanierungspolitisch betriebene Umschichtung sorgte in einem „Fahrstuhleffekt" für den relativen sozialen Aufstieg der wegziehenden deutschen Bewohner und hatte eine zunehmende Deklassierung der innenstadtnahen Bezirke zur Folge, in denen sich dann die Bewohner ausländischer Herkunft konzentrierten. Während diesen nun die Konzentration im Viertel als Zeichen ihrer ungenügenden Integrationsleistungen zur Last gelegt wird, trifft diejenigen in der Regel kein Vorwurf, deren sozial selektive Mobilität des Fortziehens in ‚bessere' Wohngebiete die sozialen Entmischungsprozesse vorantreiben. Auch im schulischen Feld hörte ich zwar mehrfach Lehrkräfte beklagen, dass „die ausländischen Jugendlichen" meist unter sich blieben und diese Segregation ihre fehlende Integrationsbereitschaft zeige. Dagegen wurde nicht

darin, sich in zahlenmäßig unauffälligen Kleingruppen unter die alteingesessenen Deutschen zu mischen, deutet einerseits darauf hin, dass die Einwanderung der letzten Jahrzehnte mittlerweile doch ins Bewusstsein der Deutschen vorgedrungen ist. Andererseits zeigt es, dass die Axiome der ungleichen Machtbeziehung noch nicht in einer Weise problematisiert werden, die zu einer strategischen Integrationspolitik für die gesamte deutsche Einwanderungsgesellschaft führen könnte. Hinter dem Schlagwort der Integration verbirgt sich ein historisch gewachsenes Bündel meist unartikulierter Erwartungen, die sowohl Bring- als auch Holschuld bei der eingewanderten Bevölkerung ansiedeln, die notwendigen Beiträge der deutschen Aufnahmegesellschaft aber erst allmählich zu benennen beginnt.

„Die Segregation der Zuwanderer wird in der deutschen Segregationsforschung als (negativer) Integrationsindikator verwendet: Je stärker eine Gruppe segregiert ist, desto weniger ist sie integriert. Den Zuwanderern wird dabei oft unterstellt, dass sie sich gegenüber der Mehrheitsgesellschaft abschotten. Der Blick auf die Segregation von Zuwanderern ändert sich allerdings, wenn man berücksichtigt, dass die Segregation eine räumliche Trennung von *zwei* Bevölkerungsgruppen bezeichnet, dass also die deutsche Bevölkerung genauso segregiert ist wie die ausländische. Demnach beschreibt Segregation auch die mangelnde Fähigkeit der (aufnehmenden) Gesellschaft, eine zugewanderte Gruppe zu integrieren. Die Probleme, welche sich aus der Segregation von Zuwanderern ergeben, sind demnach systematische Mängel unserer Gesellschaft, gleichen Zugang zu Ressourcen zu gewähren und Teilhabe zu sichern." (Kapphan 2001: 97)

Diese Mängellage durchzieht das Gros hiesiger Integrationsdebatten. Postuliert wird die Norm einer Eingliederung disparater Teile in ein größeres Ganzes, das aber unbestimmt bleibt. Wie kann und soll eine Eingliederung erfolgen? Welche Voraussetzungen braucht es dazu? – Wegen des jahrzehntelangen Fehlens einer Integrationspolitik fanden sachliche Auseinandersetzungen zu diesen Fragen praktisch nicht statt, sondern konnten sich diffuse Anpassungserwartungen halten, die mit Integration eine Art allmähliche Unsichtbarwerdung von Einwanderern meinen. Auch wurden keine instrumentellen Konzepte entwickelt, die der Interessenlage vieler Einwandererfamilien Rechnung tragen, im Zielland der Migration zwar längerfristig einen Platz einnehmen zu wollen, dies aber nicht um den Preis einer völligen Abwertung der eigenen ‚anderen' Herkunft oder auch „Kultur" anzustreben. Selbst wenn der im politischen Diskurs regelmäßig artikulierte Verdacht zutrifft, dass in Teilen der Bevölkerung ausländischer Herkunft kein Bedürfnis besteht, sich in der deutschen Gesellschaft als ‚Vollmitglied' zu positionieren, enthebt diese Diagnose die aufnehmende Gesellschaft nicht von der Notwendigkeit, ImmigrantInnen ein Angebot zu machen, das ihnen faire Chancen gibt und tragfähige Perspektiven aufzeigt.

Nun ist nach Ansicht einer Reihe von KritikerInnen das Integrationskonzept wegen seiner normativen Zielorientierung überhaupt nicht mehr tauglich,

---

problematisiert, ob und warum deutsche Jugendlichen soziale Muster ethnischer Abgrenzung erkennen ließen.

eine angemessene Gestaltung des das Einwanderungsgeschehens anzuleiten (vgl. Hoffmann 1990; Sauter 2000: 130 ff.). Diesem Votum liegt die Anschauung des bundesdeutschen Pfades zu Grunde, der einem zähneknirschenden Kompromiss entspricht, die Marginalisierungen der einstigen „Gastarbeiter" im Land aufgrund von deren Verbleib abmildern zu müssen, ohne eine – ob auf Individuen oder Gruppen bezogene – gesellschaftspolitische Vision entwerfen zu wollen, die Ausländern anträgt, sich (auch) als Inländer zu begreifen. Dass das Integrationsparadigma in diesem Sinne für eine verfehlte Politik und deren widersprüchliche Steuerungsversuche steht, macht das Konzept ungeeignet, für induktive Forschungsfragen operationalisiert zu werden. Mit Blick auf die Lebensführung der Akteure, denen die Aufmerksamkeit dieser Arbeit galt, lässt sich jedoch deduktiv zeigen, dass ihre Praxen den reflexiven Integrationsprozess repräsentieren, den Peter Berger als „Integration durch Individualisierung" bezeichnet hat (Berger 2004: 101). Es könnte zu einer Versachlichung der öffentlichen Verständigung über „die Integration" beitragen, wenn diese Integrationsphänomene auch *als solche* zur Sprache gebracht würden, zumal da sie Zeichen und Konsequenz der fortgeschrittenen Modernisierung sind, die *alle* Mitglieder dieser Gesellschaft involviert.

„Individualisierung [ist] – *erstens* – keine ‚neue' Erscheinung, sondern sie gehört neben anderen Entwicklungen wie z.B. Differenzierung, Rationalisierung und Domestizierung zu den fundamentalen und längerfristigen Prozessen der ‚ersten' Moderne [...] Es ist – *zweitens* – nicht sinnvoll, Individualisierung ausschließlich mit negativ bewerteten Erscheinungen wie Desintegration, Vereinzelung oder gar ‚Egoismus' in Verbindung zu bringen. Vielmehr stehen den Individualisierungsrisiken, die man etwa auch in Identitätskrisen und Orientierungsproblemen sehen kann, unter dem Gesichtspunkt einer ‚reflexiven' Moderne gleichzeitig Chancen des Lernens, der Toleranz und damit der Integration *durch* Individualisierung gegenüber." (Berger 2004: 107)

Die bereits in der Soziologie Georg Simmels formulierte Beobachtung, dass die fortschreitende Arbeitsteilung oder funktionale Differenzierung des gesellschaftlichen Lebens zu einer Enttraditionalisierung und Individualisierung der Biographie führe, ist in der soziologischen Integrationsforschung immer wieder – etwa bei Emile Durkheim und Talcott Parsons – mit der pessimistischen Deutung aufgegriffen worden, Individualisierung unterminiere letztlich die soziale Kohäsion, da diese auf kollektiv geteilten Werten beruhe. Die Idee, es brauche doch eine Art „Leitkultur", die den Kanon der kollektiven Werte und allgemeinverbindlichen Normen abbildet, stützt sich auf dieses Konzept vom gesellschaftlichen Zusammenhalt auf Basis einer Wertegemeinschaft. Die Einzelnen erscheinen aus diesem Blickwinkel in eine durch die fortschreitende soziale Differenzierung immer prekärer werdende Situation gestellt, die mangels klarer Orientierungspunkte mehr und mehr Identitätskrisen provoziert. Dagegen haben Modernisierungsforscher immer eher die optimistischen Perspektiven von Autonomiegewinn und sozialer Mobilitätschance durch Enttraditionalisierung betont. Die Risiken der modernen Individuationsaufgabe wurden dabei jedoch zum Teil dermaßen heruntergespielt, dass die Überbetonung der Individualisierung als Freiheitschance denjenigen als blanker Hohn erscheinen dürfte, denen es nicht gelingt, sich als Schmiede des eigenen Glücks oder erfolgreiche „Ich-AGs" am Markt zu behaupten.[7] Dass der Individualisierungstendenz empirisch weder eine eindeutig negative noch eine durchweg positive Wirkung attestiert werden kann, führte zu der Einsicht in die Ambivalenz der „reflexiven Modernisierung" (Beck/Giddens/Lash 1996) als einer strukturellen Bedingung des Lebens in den heutigen postindustriellen Gesellschaften. Als systemische Eigenart ermöglicht diese Ambivalenz indessen auch neuartige Vergesellschaftungsformen, die für „kulturautonome" Wege der sozialen Integration offen sind (vgl. Santel 2000). Über diese Wege könnte sich ein Verständnis von Differenz entwickeln, das „als neue Selbstverständlichkeit zur [...] aufgeklärten Tradition wird" (Heitmeyer 1997: 10).

Ausblick

Ob die zunehmende Komplexität des Verhältnisses von Individuum und Gesellschaft es nur ermöglicht oder geradezu erzwingt, die handlungsorientierenden Werte als disponible Ressourcen nach Situation und Bedarf zu reaktualisieren (Luhmann 1995: 45), sei einmal dahin gestellt. In jedem Fall ist die einstmals geläufige Gegenüberstellung vom Kanon der Werte als dem universalen Kitt der Gesellschaft vis-à-vis partikularen Lebensformen als Zeichen desintegrativer Tendenzen völlig ungeeignet, die Kohäsionsbildung in der spätmodernen Gesellschaft noch systematisch zu erfassen. Dagegen scheint es angemessener, „diese Heterogenität als die kollektive Verwirklichung von Autonomie zu verstehen, die ihren Schutz im Grundgesetz findet" (Kötter 2005: 83). Als Ergebnis der Rationalisierungsgeschichte besteht in den modernen Gesellschaften der Gegenwart der verbindende Entwurf ja gerade darin, dass differente Lebensstile sich als legitim behaupten und vervielfältigen können, solange sie sich im Rahmen des Rechts bewegen: Die maßgebliche soziale Kohäsion, die Solidarität der Bürgergesellschaft, die die Einzelnen eben nicht mehr auf verbindliche Lebenswege festlegt, besteht heute wesentlich in der Bindungsform der „Rechtsgenossenschaft" (Brunkhorst 2002; vgl. Oberndörfer 2002; Kötter 2005) und stellt ansonsten frei, ob das Subjekt seine Lebenspraxis primär als individuelle oder als Mitglied einer Gruppe bestimmt.

Insoweit ließe sich die Frage nach den Erfordernissen einer gelingenden Integration „durch" und in Anbetracht der Individualisierung ganz einfach mit Verweis auf die Erwartung der Rechtsbefolgung beantworten, welche diese Gesellschaftsform den Einzelnen im Zusammenleben abverlangt:

---

7   Allerdings scheint es weniger einem Werteverfall geschuldet als dem Schwinden intermediärer sozialer Strukturen, dass in marginalisierten Milieus „eine Individualisierung voranschreitet, die [...] gänzlich andere Perspektiven und Folgen hat als jene, die in den Hymnen der postmodernen Soziologie bedacht werden" (Häußermann 2001: 79).

„Scheidet das Konzept einer Leitkultur als Integrationsziel [...] aus, so stellt sich [...] die Frage, welche Erwartung an einen Zuwanderer zu stellen [...] ist. Diese Frage lässt sich mit einem Blick darauf beantworten, welche Erwartung unsere Gesellschaft allgemein an die als ‚integriert' geltenden Bürger stellt: Diese erschöpft sich in der Forderung nach der Anerkennung der Verfassung und der Befolgung des Rechts. [...] Es ist das Produkt eines institutionalisierten und partizipativen Deliberationsprozesses, es konkretisiert die inhaltliche Übereinkunft, macht sie öffentlich und vollziehbar. Weil das Gesetz an sich neutral ist [...] und weil sein Zustandekommen strengen formalen Anforderungen unterliegt, stellt es die ideale Form dar, um die in der liberalen Gesellschaft gebildeten Konsense zu speichern. [...] Wer [...] glaubt einwenden zu müssen, mit der bloßen Anforderung der Rechtsbefolgung werde dem Zuwanderer zu wenig ‚zugemutet', irrt indes. Indem die kulturelle Integration den Zuwanderer einem staatlichen Erziehungsprogramm unterwirft, um [...] ihm die zur legalen Lebensführung notwendigen Kompetenzen zu verschaffen, wirkt sie ganz erheblich auf seine Identität ein." (Kötter 2005: 83-89)

Die Schlussfolgerung, es komme schlicht darauf an, dass dieses ideale Regelwerk vermittelt und respektiert werde, lässt sich zwar theoretisch ableiten. Die soziale Praxis folgt aber einer anderen Logik. Gewiss, die bestehenden rechtlichen Steuerungsmechanismen drücken den in institutionalisierten Verfahren gebildeten Konsens über die Regelungen des Gemeinwohls aus und markieren so zugleich Grenzen akzeptierter Abweichung wie die möglichen Wege zur Aushandlung neuer Konsense in der liberalen Demokratie. Dabei speichert die Gesetzeslage notgedrungen immer einen Konsens, der ohne die Neuankömmlinge zustande gekommen ist, die ihn sodann auch als Leitplanke der eigenen Integration respektieren sollen. Nutzt die „Mehrheitsgesellschaft" diesen komparativen Vorteil indes, um vorhandene Abwehrhaltungen und Ressentiments gegenüber Immigranten in Gesetzesform zu bringen, büßt die Rechtsordnung einen Tel des integrativen Potenzials ihrer sachlichen Neutralität ein.

In der öffentlichen Meinung und zahlreichen alltäglichen Interaktionen werden MitbürgerInnen ausländischer Herkunft keineswegs bereits als „integriert" akzeptiert, wenn sie geltendes Recht befolgen, sondern es wird ihnen mehr abverlangt, auch ohne dass dies in jedem Fall inhaltlich konkretisierbar oder in der Sache berechtigt wäre. Sie können sich theoretisch darauf berufen, die Gesellschaft erwarte von ihren Bürgern doch lediglich die Anerkennung der Verfassung und die Befolgung des Rechts. Das latente Misstrauen, ihr Bekenntnis sei rein äußerlich, sie könnten letztlich doch Praktiken etablieren wollen, die Normen oder dem Geist des Gesetzes widersprechen, ihre Loyalität gelte womöglich doch eher dem Land der familialen Herkunft als dem ihrer Residenz, soll aber nun Eingang ins Einbürgerungsgesetz finden. Mit einem Test, der sich nach dem Stand der Diskussion eben nicht auf die Pflicht zu Gesetzes- und Verfassungstreue konzentriert, sondern einen Werte-Kanon abzufragen vorsieht, wird die Staatsbürgerschaft moralisch aufgeladen. Ohnehin haben Personen, die sich einbürgern lassen wollen, nach wie vor hohe Hürden zu überwinden. Es sind mehrere Jahre sozialversicherter Beschäftigung sowie der gesicherte Unterhalt nachzuweisen, deutsche Sprachkenntnisse usw. In seiner vorgesehenen Form legt der geplante Einbürgerungstest noch eine „Leitkultur"-Komponente obenauf.

315

Das Beispiel zeigt, dass auch der Vergesellschaftungsmodus der Rechtsgenossenschaft in der liberalen Demokratie nicht notgedrungen ein neutrales Integrationsinstrument ist. Um als solches wirken zu können, hat die aufnehmende Gesellschaft Inklusionshilfe anzubieten, indem sie die Kompetenzen vermittelt, die für rechtskonformes Verhalten erforderlich sind. Das bedeutet ein am Bedarf orientiertes Qualifizierungsangebot, also nicht nur „Integrationskurse" für Neuzuwanderer, sondern eine Bildungsstrategie, mit der die nachgewiesene strukturelle Benachteiligung von Kindern und Jugendlichen ausländischer Herkunft in Deutschland behoben wird. Zudem muss die „Mehrheitsgesellschaft" auch Bereitschaft aufbringen, die ansässige Bevölkerung ausländischer Herkunft an den deliberativen Prozessen partizipieren zu lassen, um eine fortschreitende integrative Selbsterneuerung der Rechtsgenossenschaft und ihrer Konsense durch Konfliktaustrag zu ermöglichen. Auch wenn sich ein Bewusstseinswandel hin zu einer größeren Anerkennung der Realität der deutschen Einwanderungsgesellschaft weder verordnen noch erzwingen lässt, sind doch Instrumente bekannt, mit denen sich günstige Voraussetzungen für ein gesellschaftliches Klima schaffen lassen, das solche Integrationsprozesse stärker unterstützt, als es hierzulande der Fall ist. So zeigen internationale Vergleiche, dass es sich lohnt, die gegebenen diversen Verhältnisse pragmatisch anzugehen und „Integration" mit einer Politik des *diversity-mainstreaming* als kollektive und wechselseitige Aufgabe zu vermitteln.

Ob Pluralität als gesellschaftliche Ressource begriffen oder als schiere Belastung verstanden wird, entscheidet mit über die Entwicklung von Lebenseinstellungen, Zukunftsperspektiven und Ambitionen. So weit kann der eingangs zitierten Bewertung des Rheinisch-Westfälischen Instituts für Wirtschaftsforschung e.V. (Fertig 2004) durchaus zugestimmt werden, das eine Form von Desintegration darin erkennt, wenn junge Leute nicht-deutscher Abstammung nur geringes Vertrauen in ihre Aufstiegschancen setzen und das persönliche Fortkommen mehr als Glückssache oder Schicksal verstehen denn als Ergebnis eigener Leistung. Auch die Tragweite dessen ist zu unterstreichen:

„Since the typical respondent from the second-generation immigrant group is rather young, their pessimistic perception of life and its prospects should be alarming. [...] In any case, by ignoring the rather gloomy orientation of this immigrant generation, we are running the risk of losing a sizeable fraction of young people as content and productive members of our future society." (Fertig 2004: 18)

Was Ursache und was Wirkung sei, lässt der Autor offen. Die in diesem Buch diskutierten Wirkungen hegemonialer Diskurse lassen indes den Schluss zu, dass es mindestens auch eine Desintegrationsleistung der deutschen Einwanderungsgesellschaft und ihrer Institutionen offenbart, wenn Migrantenkinder sich als ‚die Anderen' mit geringen Erfolgsaussichten in das hiesige Diskursfeld integrieren. Sich integrationspolitisch systematisch am Ziel der Anti-Diskriminierung und der Herstellung von Chancengleichheit zu orientieren, wäre ein viel versprechender Weg, dem entgegenzuwirken.

LITERATUR

Abu-Lughod, Lila (1991): „Writing against Culture". In: Richard G. Fox (Hg.), Recapturing Anthropology, Santa Fé/New Mexico: School of American Research Press.
Adorno, Theodor Wiesengrund (1970): Negative Dialektik, Frankfurt a.M.: Suhrkamp.
Ahmed, Bipasha (1997): The Identity of Second-Generation Bangladeshis, Sheffield University: Department of Psychology.
Ahmed, Leyla (1982): „Western Ethnocentrism and the Perception of the Harem". Feminist Studies 8.
Alanen, Leena/Mayall, Berry (Hg.) (2001): Conceptualizing Child-Adult Relations, London: Routledge Falmer.
Al-Azmeh, Aziz (1993): Islams and Modernities, London: Verso.
Albers, Georg (2000): Zivile Bearbeitung ethno-sozialer Konflikte: Möglichkeiten und Grenzen konsensorientierter Interventionsverfahren, Frankfurt a.M.: Peter Lang.
Albrow, Martin (1997): „Travelling beyond Local Cultures. Socioscapes in a Global City". In: John Eade (Hg.), Living the Global City. Globalization as a Local Process, London, New York: Routledge.
Allmendinger, Jutta/Leibfried, Stephan (2003): „Bildungsarmut". Aus Politik und Zeitgeschichte 53 (21/22), S. 12-18.
Amann, Klaus/Hirschauer, Stefan (1997): „Die Befremdung der eigenen Kultur. Ein Programm". In: Klaus Amann/Stefan Hirschauer (Hg.), Die Befremdung der eigenen Kultur. Zur ethnographischen Herausforderung soziologischer Empirie, Frankfurt a.M.: Suhrkamp.
Anderson, Benedict (1993): Imagined Communities: Reflections on the Origin and Spread of Nationalism, London: Verso.
Apitzsch, Ursula (1993): „Migration und Ethnizität". Peripherie 50 (13), S. 5-18.
Appadurai, Arjun (1991): „Global Ethnoscapes: Notes and Queries for a Transnational Anthropology". In: Richard Fox (Hg.), Recapturing Anthropology: Working in the Present, Santa Fé/New Mexico: School of American Research Press.
Apte, Mahadev L. (1985): Humour and Laughter. An Anthropological Approach, Ithaca, London: Cornell University Press.
Arbeitsgruppe Bielefelder Soziologen (Hg.) (1976): Kommunikative Sozialforschung, München: Fink.
Assmann, Aleida/Frevert, Ute (1999): Geschichtsvergessenheit – Geschichtsversessenheit. Vom Umgang mit deutschen Vergangenheiten nach 1945, Stuttgart: Deutsche Verlagsanstalt.
Assmann, Jan (1995): „Erinnern um dazuzugehören. Kulturelles Gedächtnis, Zugehörigkeitsstruktur und normative Vergangenheit". In: Kristin Patt/Mihan Dabhag (Hg.), Generation und Gedächtnis. Erinnerungen und kollektive Identitäten, Opladen: Leske & Budrich.
Assmann, Jan (1999): Das Kulturelle Gedächtnis, München: Beck.

Aswad, Barbara C. (1979): „Women, Class and Power: Examples from the Hatay, Turkey". In: Lois Beck/Nikki Keddie (Hg.), Women in the Muslim World, Cambridge/Mass.: Harvard University Press.

Auernheimer, Georg (1988): Der sogenannte Kulturkonflikt. Orientierungsprobleme ausländischer Jugendlicher, Frankfurt a.M., New York: Campus.

Baacke, Dieter (1985): „Soziale Handlung, Textstruktur und Geschichten über Identität". In: Dieter Baacke/Theodor Schulze (Hg.), Pädagogische Biographieforschung, Weinheim: Beltz.

Badawia, Tarek (2002): Der dritte Stuhl. Eine Grounded-Theory-Studie zum kreativen Umgang bildungserfolgreicher Immigrantenjugendlicher mit kultureller Differenz, Frankfurt a.M., London: IKO – Verlag für Interkulturelle Kommunikation.

Badawia, Tarek/Hamburger, Franz/Hummrich, Merle (2003): „Wider die Ethnisierung einer Generation – Überlegungen zur Konzeptionsidee". In: Tarek Badawia/Franz Hamburger/Merle Hummrich (Hg.), Wider die Ethnisierung einer Generation. Beiträge zur qualitativen Migrationsforschung, Frankfurt a.M., London: IKO – Verlag für Interkulturelle Kommunikation.

Bade, Klaus (2000): Europa in Bewegung, München: Beck.

Badinter, Elisabeth (1992): „Schleier gegen Menschenrechte". In: Alice Schwarzer (Hg.), Krieg. Was Männerwahn anrichtet und wie Frauen Widerstand leisten. Emma, Sonderheft.

Baethge, Martin (2005): „Bildung und soziale Strukturierung". In: SOFI, Soziologisches Forschungsinstitut/IAB, Institut für Arbeitsmarkt- u. Berufsforschung/ISF Institut für Sozialwissenschaftliche Forschung/INIFES, Internationales Institut für empirische Sozialökonomie (Hg.), Berichterstattung zur sozio-ökonomischen Entwicklung in Deutschland: Arbeit und Lebensweisen. Erster Bericht, Wiesbaden: VS Verlag für Sozialwissenschaften.

Bainski, Christiane/Mannitz, Sabine/Sliwka, Anne/Solga, Heike/Volkholz, Sybille/ Yoksulabakan, Gül (2004): „Schule und Migration – 6. Empfehlung der Bildungskommission der Heinrich-Böll-Stiftung". In: Heinrich-Böll-Stiftung und Bildungskommission der Heinrich-Böll-Stiftung (Hg.), Selbst*ständig* lernen. Bildung stärkt Zivilgesellschaft, Weinheim: Beltz.

Banton, Michael (1983): Racial and Ethnic Competition, Cambridge: Cambridge University Press.

Barnard, Alan/Spencer, Jonathan (Hg.) (1997): Encyclopaedia of Social and Cultural Anthropology, London, New York: Routledge.

Barth, Fredrik (Hg.) (1996): Ethnic Groups and Boundaries: The Social Organization of Cultural Difference, London: George Allen and Unwin.

Barth, Fredrik (1992): „Enduring and Emerging Issues in the Analysis of Ethnicity". In: Hans Vermeulen/Cora Grovers (Hg.), The Anthropology of Ethnicity: Beyond „Ethnic Groups and Boundaries", Amsterdam: Het Spinhuis.

Bauman, Zygmunt (1992): Moderne und Ambivalenz. Das Ende der Eindeutigkeit, Hamburg: Junius.

Bauman, Zygmunt (1992): Intimations of Postmodernity, London, New York: Routledge.

Baumann, Gerd (1996): Contesting Culture: Discourses of Identity in Multi-ethnic London, Cambridge: Cambridge University Press.

Baumann, Gerd (1998): „Ethnische Identität als duale diskursive Konstruktion". In: Aleida Assmann/Heidrun Friese (Hg.), Identitäten: Erinnerung, Geschichte, Identität, Frankfurt a.M.: Suhrkamp.

Baumann, Gerd (1999): The Multicultural Riddle: Rethinking National, Ethnic and Religious Identities, London, New York: Routledge.
Baumann, Gerd (2004): „Introduction: Nation-State, Schools, and Civil Enculturation". In: Werner Schiffauer/Gerd Baumann/Riva Kastoryano/Steven Vertovec (Hg.), Civil. Enculturation. Nation-State, Schools, and Ethnic Difference in Four European Countries, Oxford, New York: Berghahn.
Baumert, Jürgen et al. (2001): PISA 2000, Opladen: Leske & Budrich.
Baumgartner-Karabak, Andrea/Landesberger, Gisela (1990) [1978]: Die verkauften Bräute, Reinbek bei Hamburg: Rowohlt.
Bausinger, Hermann (1980): „Zur Problematik des Kulturbegriffs". In: Alois Wierlacher (Hg.), Fremdsprache Deutsch, Bd. 1, München: Fink.
Bausinger, Hermann (1986): „Kulturelle Identität – Schlagwort und Wirklichkeit". In: Hermann Bausinger (Hg.), Ausländer – Inländer. Arbeitsmigration und kulturelle Identität, Tübingen: Tübinger Vereinigung für Volkskunde.
Beck, Ulrich (1986): Risikogesellschaft. Auf dem Weg in eine andere Moderne, Frankfurt a.M.: Suhrkamp.
Beck, Ulrich (1995): „Eigenes Leben". In: Ulrich Beck/Wilhelm Vossenkuhl (Hg.), Eigenes Leben. Ausflüge in die unbekannte Gesellschaft, in der wir leben, München: C.H. Beck.
Beck, Ulrich (1998): „Vorwort". In: Ulrich Beck (Hg.), Perspektiven der Weltgesellschaft, Frankfurt a.M.: Suhrkamp.
Beck, Ulrich (2000): „Wohin führt der Weg, der mit dem Ende der Vollbeschäftigungsgesellschaft beginnt?". In: Ulrich Beck (Hg.), Die Zukunft von Arbeit und Demokratie, Frankfurt a.M.: Suhrkamp.
Beck, Ulrich (2001): „Das Zeitalter des ‚eigenen Lebens'. Individualisierung als paradoxe Sozialstruktur und andere offene Fragen". Aus Politik und Zeitgeschichte B29, S. 3-6.
Beck, Ulrich/Beck-Gernsheim, Elisabeth (Hg.) (1994): Riskante Freiheiten, Frankfurt a.M.: Suhrkamp.
Beck, Ulrich/Giddens, Anthony/Lash, Scott (1996): Reflexive Modernisierung. Eine Kontroverse, Frankfurt a.M.: Suhrkamp.
Becker, Rolf/Lauterbach, Wolfgang (Hg.) (2004): Bildung als Privileg? Erklärungen und Befunde zu den Ursachen der Bildungsungleichheit, Wiesbaden: VS Verlag für Sozialwissenschaften.
Benard, Cheryl (2003): Civil Democratic Islam. Partners, Resources, and Strategies, Santa Monica/Ca.: RAND Corporation.
Benard, Cheryl/Schlaffer, Edit (1990) [1984]: Die Grenzen des Geschlechts. Anleitungen zum Sturz des Internationalen Patriarchats, Reinbek bei Hamburg: Rowohlt.
Benhabib, Seyla (1997): „Wer sind wir? Probleme politischer Identitäten im ausgehenden 20. Jahrhundert". Arbeitspapier des Instituts für Höhere Studien (IHS) Wien, Reihe Politische Wissenschaften (42).
Benhabib, Seyla (1999): Kulturelle Vielfalt und demokratische Gleichheit. Politische Partizipation im Zeitalter der Globalisierung, Horkheimer Vorlesungen, Frankfurt a.M.: Fischer.
Berger, Peter (1996): Individualisierung. Statusunsicherheit und Erfahrungsvielfalt, Opladen: Leske & Budrich.
Berger, Peter (2000): „Individualisierung und Toleranz". In: Hans-Jürgen Wendel (Hg.), Toleranz im Wandel, Rostock: Institut für Kulturwissenschaft.

Berger, Peter (2004): „Individualisierung als Integration". In: Angelika Poferl/Natan Sznaider (Hg.), Ulrich Becks kosmopolitisches Projekt: Auf dem Weg in eine andere Soziologie, Baden-Baden: Nomos.

Berger, Peter/Hradil, Stefan (Hg.) (1990): Lebenslagen, Lebensläufe, Lebensstile. Soziale Welt, Sonderheft 7.

Berger, Peter/Luckmann, Thomas (1969): Die gesellschaftliche Konstruktion der Wirklichkeit. Eine Theorie der Wissenssoziologie, Frankfurt a.M.: Fischer.

Bergmann, Klaus (2000): „‚So viel Geschichte wie heute war nie.' – Historische Bildung angesichts der Allgegenwart von Geschichte". In: Ulrich Mayer et al. (Hg.), Geschichtsdidaktik. Beiträge zu einer Theorie historischen Lernens, Schwalbach a.Ts.: Wochenschau.

Berreman, Gerald D. (1964): „Aleut Reference Group Alienation, Mobility and Acculturation". American Anthropologist 66, S. 231-250.

Bertilotti, Teresa/Mannitz, Sabine/Soysal, Yasemin N. (2005): „Rethinking the Nation-State. Projections of Identity in French and German History and Civics Textbooks". In: Hanna Schissler/Yasemin N. Soysal (Hg.), The Nation, Europe, and the World: Textbooks and Curricula in Transition, Oxford, New York: Berghahn.

Bhabha, Homi K. (1994): The Location of Culture, London, New York: Routledge.

Bhaba, Homi K. (1996): „Postkoloniale Kritik: Vom Überleben der Kultur". Das Argument 215, S. 345-359.

Bhaskar, Roy (1998): „Societies". In: Roy Bhaskar et al. (Hg.), Critical Realism: Essential Readings, London: Routledge.

Bilden, Helga/Diezinger, Angelika (1984): „Individualisierte Jugendbiographie? Zur Diskrepanz von Anforderungen, Ansprüchen und Möglichkeiten". Zeitschrift für Pädagogik 30, S. 191-207.

Blankertz, Herwig (2000): Theorien und Modelle der Didaktik, Weinheim: Juventa.

Blaschke, Jochen/Greussing, Kurt (Hg.) (1980): „Dritte Welt" in Europa: Probleme der Arbeitsimmigration, Frankfurt a.M.: Syndikat.

Bodemann, Michael: Das Phantom der Wüstengesellschaft. die tageszeitung, 25.11.2004, S. 16.

Böhnisch, Lothar/Winter, Reinhard (1997): Männliche Sozialisation. Bewältigungsprobleme männlicher Geschlechtsidentität im Lebenslauf, München, Weinheim: Juventa.

Bohnsack, Ralf (1997): „Adoleszenz, Aktionismus und die Emergenz von Milieus. Eine Ethnographie von Hooligan-Gruppen und Rockbands". Zeitschrift für Sozialisationsforschung und Erziehungssoziologie 17 (1), S. 3-18.

Bohnsack, Ralf (1999): Rekonstruktive Sozialforschung, Opladen: Leske & Budrich.

Bohnsack, Ralf (2003): „Gruppendiskussion". In: Uwe Flick/Ernst von Kardorff/ Ines Steinke (Hg.), Qualitative Forschung. Ein Handbuch, Reinbek bei Hamburg: Rowohlt.

Bohnsack, Ralf/Nohl, Arnd-Michael (1998): „Adoleszenz und Migration – Empirische Zugänge einer praxeologisch fundierten Wissenssoziologie". In: Ralf Bohnsack/Winfried Marotzki (Hg.), Biographieforschung und Kulturanalyse, Opladen: Leske & Budrich.

Bohnsack, Ralf/Nohl, Arnd-Michael (2000): „Allochthone Jugendcliquen: Die adoleszenz- und migrationsspezifische Suche nach habitueller Übereinstimmung". In: Wolf-Dietrich Bukow et al. (Hg.), Die Grammatik urbanen Zusammenlebens, Opladen: Leske & Budrich.

Bolte, Karl-Martin (1983): „Subjektorientierte Soziologie – Plädoyer für eine Forschungsperspektive". In: Karl-Martin Bolte/Erhard Treutner (Hg.), Subjektorientierte Arbeits- und Berufssoziologie, Frankfurt a.m., New York: Campus.
Bommes, Michael (1996): „Die Beobachtung von Kultur: Die Festschreibung von Ethnizität in der bundesdeutschen Migrationsforschung mit qualitativen Methoden". In: Christoph Klingemann et al. (Hg.), Jahrbuch für Soziologiegeschichte, Opladen: Leske & Budrich.
Bommes, Michael/Radtke, Frank-Olaf (1993): „Institutionalisierte Diskriminierung von Migrantenkindern". Zeitschrift für Pädagogik 39 (3), S. 483-497.
Bommes, Michael/Scherr, Albert (1991): „Der Gebrauchswert von Selbst- und Fremdethnisierung in Strukturen sozialer Ungleichheit". Prokla 21 (83), S. 291-316.
Boos-Nünning, Ursula/Hohmann, Manfred/Reich, Hans H. Reich (1976): Integration ausländischer Arbeitnehmer, Schulbildung ausländischer Kinder. Bonn: Eichholz.
Boos-Nünning, Ursula/Karakasoglu, Yasemin (2004): Viele Welten leben. Lebenslagen von Mädchen und jungen Frauen mit griechischem, italienischem, jugoslawischem, türkischem und Aussiedlerhintergrund, Berlin: Bundesministerium für Familie, Senioren, Frauen und Jugend.
Bosse, Hans (1991): „Zugänge zur verborgenen Kultur der Jugendlichen. Ethnoanalyse in Papua Neuguinea und ethnohermeneutische Textinterpretation". In: Arno Combe/Werner Helsper (Hg.), Hermeneutische Jugendforschung. Theoretische Konzepte und methodologische Ansätze, Opladen: Westdeutscher Verlag.
Bosse, Hans (1994): Der fremde Mann: Jugend, Männlichkeit, Macht. Eine Ethnoanalyse, Frankfurt a.M.: Fischer.
Bosse, Hans/King, Vera (2000): Männlichkeitsentwürfe. Wandlungen und Widerstände im Geschlechterverhältnis, Frankfurt a.M., New York: Campus.
Bourdieu, Pierre (1971): Die Illusion der Chancengleichheit. Untersuchungen zur Soziologie des Bildungswesens am Beispiel Frankreichs, Stuttgart: Klett.
Bourdieu, Pierre (1987): Sozialer Sinn, Frankfurt a.M.: Suhrkamp.
Bourdieu, Pierre (1990): Was heißt sprechen: Die Ökonomie des sprachlichen Tausches, Wien: Braumüller.
Bourdieu, Pierre (1991): Language and Symbolic Power, Cambridge: Harvard University Press.
Bourdieu, Pierre (2000): „Das väterliche Erbe: Probleme der Vater-Sohn-Beziehung". In: Hans Bosse/Vera King (Hg.), Männlichkeitsentwürfe: Wandlungen und Widerstände im Geschlechterverhältnis, Frankfurt a.M., New York: Campus.
Brah, Avtar (1996): Cartographies of Diaspora: Contesting Identities, London: Routledge.
Brubaker, Rogers W. (1992): Citizenship and Nationhood in France and Germany, Cambridge: Harvard University Press.
Bründel, Heidrun/Hurrelmann, Klaus (1995): „Akkulturation und Minoritäten. Die psychosoziale Situation ausländischer Jugendlicher in Deutschland unter dem Gesichtspunkt des Belastungs-Bewältigungs-Paradigmas". In: Gisela Trommsdorf (Hg.), Kindheit und Jugend in verschiedenen Kulturen. Entwicklung und Sozialisation in kulturvergleichender Sicht, Weinheim, München: Juventa.
Brumann, Christoph (1999): „Writing for culture. Why a successful concept should not be discarded". Current Anthropology 49, S. 1-27.

Brumlik, Micha (2000): „Erziehung nach Auschwitz und Pädagogik der Menschenrechte". In: Bernd Fechler/Gottfried Kößler/Till Lieberz-Groß (Hg.), „Erziehung nach Auschwitz" in der multikulturellen Gesellschaft. Pädagogische und soziologische Annäherungen, Weinheim, München: Juventa.

Brunkhorst, Hauke (2002): Solidarität. Von der Bürgerfreundschaft zur globalen Rechtsgenossenschaft, Frankfurt a.M.: Suhrkamp.

Bude, Heinz (1997): Deutsche Karrieren – Lebenskonstruktionen sozialer Aufsteiger aus der Flakhelfer-Generation, Frankfurt a.M.: Suhrkamp.

Bude, Heinz (2003): „Qualitative Generationsforschung". In: Uwe Flick/Ernst von Kardorff/Ines Steinke (Hg.), Qualitative Forschung. Ein Handbuch, Reinbek bei Hamburg: Rowohlt.

Budde, Hendrik/Sieverich, Gereon (Hg.) (1989): Europa und der Orient 800-1900, Berlin: Bertelsmann Lexicon Verlag.

Bukow, Wolf-Dietrich (1993): Leben in der multikulturellen Gesellschaft, Opladen: Leske & Budrich.

Bukow, Wolf-Dietrich (1996): Feindbild Minderheit. Ethnisierung und ihre Ziele, Opladen: Leske & Budrich.

Bukow, Wolf-Dietrich/Heimel, Isabel (2003): „Der Weg zur qualitativen Migrationsforschung". In: Tarek Badawia/Franz Hamburger/Merle Hummrich (Hg.), Wider die Ethnisierung einer Generation. Beiträge zur qualitativen Migrationsforschung, Frankfurt a.M., London: IKO-Verlag für Interkulturelle Kommunikation.

Bukow, Wolf-Dietrich/Llaroya, Roberto (1993) [1988]: Mitbürger aus der Fremde. Soziogenese ethnischer Minoritäten, Opladen: Leske & Budrich.

Bukow, Wolf-Dietrich/Yildiz, Erol (Hg.) (2000): Der Umgang mit der Stadtgesellschaft. Ist die multikulturelle Stadt gescheitert oder wird sie zu einem Erfolgsmodell?, Opladen: Leske & Budrich.

Bukow, Wolf-Dietrich/Nikodem, Claudia/Schulze, Erika/Yildiz, Erol (2001): Die multikulturelle Stadt. Von der Selbstverstädlichkeit im städtischen Alltag, Opladen: Leske & Budrich.

Burget, Berta (1996): Ausländische Eltern und deutsche Schulen. Darstellung des wechselseitigen Verhältnisses in der empirischen Sozialforschung, Heidelberg: unveröffentlichte Diplomarbeit, Pädagogische Hochschule Heidelberg.

Butler, Judith (1990): Gender Trouble. Feminism and the Subversion of Identity, New York, London: Routledge.

Butler, Judith (1993): Bodies that Matter: On the Discursive Limits of „Sex", New York, London: Routledge.

Butler, Judith (1999): „Performativity's Social Magic". In: Richard Shusterman (Hg.), Bourdieu. A Critical Reader, Oxford, Malden: Blackwell.

Çaglar, Ayse (1990): „Das Kultur-Konzept als Zwangsjacke in Studien zur Arbeitsmigration". Zeitschrift für Türkeistudien 3 (1), S. 93-105.

Çaglar, Ayse (2001): „Stigmatisierende Metaphern und die Transnationalisierung sozialer Räume in Berlin". In: Frank Gesemann (Hg.), Migration und Integration in Berlin. Wissenschaftliche Analysen und politische Perspektiven, Opladen: Leske & Budrich.

Carrigan, Tim/Connell, Robert W./Lee, John (2001): „Ansätze zu einer neuen Soziologie der Männlichkeit". In: BauSteineMänner (Hg.), Kritische Männerforschung. Neue Ansätze in der Geschlechtertheorie, Hamburg: Argument.

Castells, Manuel (1997): The Power of Identity, Oxford: Blackwell.

Certeau, Michel de (1984): The Practice of Everyday Life, Berkeley: University of California Press.
Claessens, Dieter (1962): Familie und Wertsystem. Eine Studie zur „zweiten soziokulturellen Geburt" des Menschen, Berlin: Duncker & Humblot.
Cohen, Ronald (1978): „Ethnicity. Problem and Focus in Anthropology". Annual Review of Anthropology 7, S. 379-403.
Connell, Robert W. (1987): Gender and Power. Society, the Person and Sexual Politics, Stanford: Stanford University Press.
Connell, Robert W. (1995): „„The Big Picture': Formen der Männlichkeit in der neueren Weltgeschichte". Widersprüche, Sonderheft 56/57.
Connell, Robert W. (2000): Der gemachte Mann: Konstruktion und Krise von Männlichkeiten, Opladen: Leske & Budrich.
Corsten, Michael (1999): „The Time of Generations". Time and Society 8 (2), S. 249-272.
Cyrus, Norbert (1999): „Im menschenrechtlichen Niemandsland. Illegalisierte Zuwanderung in der Bundesrepublik Deutschland zwischen individueller Rechtlosigkeit und transnationalen Bürgerrechten". In: Katja Dominik/Marc Jünemann/ Jan Motte/Astrid Reinecke (Hg.), angeworben – eingewandert – abgeschoben. Ein anderer Blick auf die Einwanderungsgesellschaft Bundesrepublik Deutschland, Münster: Verlag Westfälisches Dampfboot.
Czock, Heidrun (1993): Der Fall Ausländerpädagogik. Erziehungswissenschaftliche und bildungspolitische Codierung der Arbeitsmigration, Frankfurt a.M.: Cooperative Verlag.
Davies, Bronwyn (1990): „Agency as a Discursive Practice: A Classroom Scene Observed". British Journal of Sociology of Education 11 (3), S. 341-361.
Davies, Bronwyn (1991): „The Concept of Agency". Social Analysis 30, S. 42-53.
Davies, Bronwyn/Harré, Rom (1990): „Positioning. The Discursive Production of Selves". Journal for the Theory of Social Behaviour 29, S. 43-63.
Davis-Sulikowski, Ulrike/Diemberger, Hildegard/Gingrich, André/Helbling, Jürg (Hg.) (2001): Körper, Religion und Macht. Sozialanthropologie der Geschlechterbeziehungen, Frankfurt a.M., New York: Campus.
Denzin, Norman K. (1990): „Writing the Interpretative Postmodern Ethnography". Journal of Contemporary Ethnography 19, S. 231-236.
Denzin, Norman K. (2003): „Symbolischer Interaktionismus". In: Uwe Flick/Ernst von Kardorff/Ines Steinke (Hg.), Qualitative Forschung. Ein Handbuch, Reinbek bei Hamburg: Rowohlt.
Deutsch, Karl W. (1978) [1953]: Nationalism and Social Communication. An Inquiry into the Foundations of Nationality, Cambridge/Mass.: M.I.T. Press.
Devereux, George (1985): Realität und Traum: Psychotherapie eines Prärie-Indianers, Frankfurt a.M.: Suhrkamp.
Dietrich, Ingrid (1997): Voll integriert? Zuwanderer-Eltern berichten über Erfahrungen ihrer Kinder mit Schule in Deutschland, Interkulturelle Erziehung in Praxis und Theorie, Vol. 20, Baltmannsweiler: Schneider Verlag Hohengehren.
Dietzel-Papakyriakou, Maria (1993): „Ältere Ausländer in der Bundesrepublik Deutschland. Zwischen Ausländersozialarbeit und Altenhilfe". Informationsdienst zur Ausländerarbeit 3, S. 43-53.
Dittrich, Eckhard/Radtke, Frank-Olaf (1990): „Der Beitrag der Wissenschaften zur Konstruktion ethnischer Minderheiten". In: Eckhard Dittrich/Frank-Olaf Radtke (Hg.), Ethnizität, Wissenschaft und Minderheiten, Opladen: Westdeutscher Verlag.

Döbert, Rainer/Nunner-Winkler, Gertrud (1975): Adoleszenzkrise und Identitätsbildung, Frankfurt a.M.: Suhrkamp.
Douglas, Mary (1966): Purity and Danger. An Analysis of Concepts of Pollution and Taboo, London: Routledge & Kegan Paul.
Dracklé, Dorle (1996): Jung und wild. Zur kulturellen Konstruktion von Kindheit und Jugend, Berlin, Hamburg: Reimer.
Eberding, Angela (1998): „Arm – hilflos – ausgeliefert?". In: Eckhard Koch et al. (Hg.), Chancen und Risiken von Migration: Deutsch-türkische Perspektiven, Freiburg: Deutsch-Türkische Gesellschaft für Psychiatrie, Psychotherapie und psychosoziale Gesundheit.
Eckert, Julia/Kissler, Mechthilde (1992): „Multikultur und ethnische Vielfalt. Überlegungen angesichts gewandelter städtischer Lebensweisen". Soziale Welt 4, S. 462-475.
Ehalt, Hubert Christian (1985): „Über den Wandel des Termins der Geschlechtsreife in Europa und dessen Ursachen". Saeculum 36, S. 201-253.
Eisenstadt, Shmuel N. (1966): Von Generation zu Generation: Altersgruppen und Sozialstruktur, München: Juventa.
Elias, Norbert (1992): Studien über die Deutschen. Machtkämpfe und Habitusentwicklung im 19. und 20. Jahrhundert, Frankfurt a.M.: Suhrkamp.
Elias, Norbert/Scotson, John L. (1965): The Established and the Outsiders: A Sociological Enquiry into Community Problems, London: Cass.
El Saadawi, Nawal (1980): The Naked (Hidden) Face of Eve, Boston: Beacon Press.
Enders-Dragässer, Uta (1991): „Schule ist Frauensache". In: Uta Enders-Dragässer/Claudia Fuchs (Hg.), Frauensache Schule. Aus dem deutschen Schulalltag: Erfahrungen, Analysen, Alternativen, Frankfurt a.M.: Fischer.
Enders-Dragässer, Uta (1991): „Mütterarbeit und schulische Ausgrenzung: Die heimliche Ganztagsschule". In: Uta Enders-Dragässer/Claudia Fuchs (Hg.), Frauensache Schule. Aus dem deutschen Schulalltag: Erfahrungen, Analysen, Alternativen, Frankfurt a.M.: Fischer.
Engin, Havva/Walter, Sven (2005): Leuchttürme der Pädagogik. Porträts erfolgreicher interkultureller Bildungsarbeit an Berliner Kindertagesstätten und Schulen in sozial benachteiligten Quartieren, Berlin: Der Beauftragte für Integration und Migration.
Engler, Wolfgang/Rada, Uwe: Gleichheit als neue Utopie (Interview). die tageszeitung, 2.10.2000.
Erdheim, Mario/Nadig, Maya (1983): „Ethnopsychoanalyse". In: Wolfgang Mertens (Hg.), Psychoanalyse: Ein Handbuch in Schlüsselbegriffen, München, Wien, Baltimore: Urban & Schwarzenberg.
Eriksen, Thomas Hylland (1991): „The Cultural Contexts of Ethnic Differences". Man 29, S. 127-144.
Eriksen, Thomas Hylland (1993): Ethnicity and Nationalism. Anthropological Perspectives, London, Boulder: Pluto Press.
Erikson, Erik H. (1966): Identität und Lebenszyklus, Frankfurt a.M.: Suhrkamp.
Esser, Hartmut (1980): Aspekte der Wanderungssoziologie. Assimilation und Integration von Wanderern, ethnischen Gruppen und Minderheiten: Eine handlungstheoretische Analyse, Darmstadt, Neuwied: Luchterhand.
Esser, Hartmut (Hg.) (1983): Die fremden Mitbürger. Möglichkeiten und Grenzen der Integration von Ausländern, Düsseldorf: Patmos.
Esser, Hartmut (1996): „Ethnische Konflikte als Auseinandersetzung um den Wert von kulturellem Kapital". In: Wilhelm Heitmeyer/Rainer Dollase (Hg.), Die be-

drängte Toleranz. Ethnisch-kulturelle Konflikte, religiöse Differenzen und die Gefahren politisierter Gewalt, Frankfurt a.M.: Suhrkamp.

Esser, Hartmut (2000): „Kapitel 6: Integration". In: Hartmut Esser (Hg.), Soziologie. Spezielle Grundlagen, Band 2: Die Konstruktion der Gesellschaft, Frankfurt a.M., New York: Campus.

Esser, Hartmut (2001): „Integration und ethnische Schichtung". Arbeitspapiere des Mannheimer Zentrums für Europäische Sozialforschung 40.

Estel, Bernd (2002): Nation und nationale Identität. Versuch einer Rekonstruktion, Wiesbaden: Westdeutscher Verlag.

Fabian, Johannes (1983): Time and the Other. How Anthropology makes its Object, New York: Columbia University Press.

Fechler, Bernd/Kößler, Gottfried/Lieberz-Groß, Till (Hg.) (2000): „Erziehung nach Auschwitz" in der multikulturellen Gesellschaft. Pädagogische und soziologische Annäherungen, Weinheim, München: Juventa.

Fernea, Elizabeth Warnock (1985): Women and the Family in the Middle East: New Voices of Change, Austin: University of Texas Press.

Fernea, Elizabeth Warnock (1989): Middle Eastern Women and the Invisible Economy, Gainesville: University Press of Florida.

Fernea, Elizabeth Warnock (2000): In Search of Islamic Feminism: One Woman's Global Journey, Gainesville: University Press of Florida.

Fernea, Elizabeth Warnock/Fernea, Robert A. (1979): „A Look Behind the Veil". Human Nature 2 (1), S. 68-77.

Fertig, Michael (2004): „The Societal Integration of Immigrants in Germany". RWI Discussion Paper No. 18.

Fitzgerald, Michael et al. (Hg.) (1977): Mensch, Welt, Staat im Islam. Islam und westliche Welt Bd. 2, Graz, Wien, Köln: Styria.

Flick, Uwe (1998): „Triangulation: Geltungsbegründung oder Erkenntniszuwachs". Zeitschrift für Soziologie der Erziehung und Sozialisation 18, S. 443-447.

Flick Uwe (2003): „Triangulation in der qualitativen Forschung". In: Uwe Flick/ Ernst von Kardorff/Ines Steinke (Hg.), Qualitative Forschung. Ein Handbuch, Reinbek bei Hamburg: Rowohlt.

Francis, Emerich (1965): Ethnos und Demos. Soziologische Beiträge zur Volkstheorie, Berlin: Humblot.

Forsythe, Diana (1989): German identity and the problem of history, in: Elizabeth Tonkin/Maryon Mc Donald/Malcolm Chapman (Hg.), Ethnicity and History, London: Routledge.

Foucault, Michel (1993): Technologien des Selbst, Frankfurt a.M.: Fischer.

Foucault, Michel (1995): Archäologie des Wissens, Frankfurt a.M.: Suhrkamp.

Fuchs, Werner (1983): „Jugendliche Statuspassage oder individualisierte Jugendbiographie?". Soziale Welt (34) 4, S. 341-371.

Fuchs, Werner (1985): „Jugend als Lebenslaufphase". In: Werner Fuchs/Arthur Fischer/Jürgen Zinnecker (Hg.), Jugendliche und Erwachsene '85. Generationen im Vergleich. 10. Shell-Jugendstudie, Bd. 1, Opladen: Leske & Budrich.

Fuchs-Heinritz, Werner (1990): „Biographische Studien zur Jugendphase", in: Mayer, Karl Ulrich (Hrsg.): Lebensverläufe und sozialer Wandel. Kölner Zeitschrift für Soziologie und Sozialpsychologie, Sonderheft 31, S. 58-88.

Garfinkel, Harold (1967): Studies in Ethnomethodology, Englewood Cliffs: Prentice Hall.

Garfinkel, Harold/Sacks, Harvey (1976): „Über formale Strukturen praktischer Handlungen". In: Elmar Weingarten/Fritz Sack/Jim Schenkein (Hg.), Ethnome-

thodologie. Beiträge zu einer Soziologie des Alltagshandelns, Frankfurt a.M.: Suhrkamp.
Geertz, Clifford (1973): The Interpretation of Cultures, New York: Basic Books.
Geertz, Clifford (1984): „From the Native's Point of View". In: Richard A. Shweder/Robert A. LeVine (Hg.), Culture Theory, Cambridge: Cambridge University Press.
Gellner, Ernest (1983): Nations and Nationalism, Oxford: Blackwell.
Gemende, Marion/Schroer, Wolfgang/Sting, Stephan (Hg.) (1999): Zwischen den Kulturen. Pädagogische und sozialpädagogische Zugänge zur Interkulturalität, München, Weinheim: Juventa.
Georgi, Viola B. (2003): Entliehene Erinnerung. Geschichtsbilder junger Migranten in Deutschland, Hamburg: Hamburger Edition.
Giddens, Anthony (1990): The Consequences of Modernity, Cambridge: Polity Press.
Giddens, Anthony (1991): Modernity and Self-Identity. Self and Society in the Late Modern Age, Cambridge: Polity Press.
Giesen, Bernhard/Junge, Kay/Kritschgau, Christian (1994): „Vom Patriotismus zum völkischen Denken: Intellektuelle als Konstrukteure der deutschen Identität". In: Hans Berding (Hg.) Nationales Bewusstsein und kollektive Identität. Studien zur Entwicklung des kollektiven Bewusstseins in der Neuzeit, Bd. 2, Frankfurt a. M.: Suhrkamp.
Gildemeister, Regine (2003): „Geschlechterforschung (gender studies)". In: Uwe Flick/Ernst von Kardorff/Ines Steinke (Hg.), Qualitative Forschung. Ein Handbuch, Reinbek bei Hamburg: Rowohlt.
Gildemeister, Regine/Wetterer, Angelika (1992): „Wie Geschlechter gemacht werden. Die soziale Konstruktion der Zweigeschlechtlichkeit und ihre Reifizierung in der Frauenforschung". In: Gudrun-Axeli Knapp/Angelika Wetterer (Hg.), Traditionen Brüche. Entwicklungen feministischer Theorie, Freiburg: Kore.
Glaser, Barney G./Strauss, Anselm (1967): The Discovery of Grounded Theory: Strategies for Qualitative Research, Chicago: Aldine Publications.
Goffman, Erving (1969): The Presentation of Self in Everyday Life, London: Allen Lane.
Goffman, Erving (1983): „The Interaction Order". American Sociological Revue 48, S. 1-17.
Gordon, Milton (1964): Assimilation in American Life: The Role of Race, Religion, and National Origins, Oxford: Oxford University Press.
Gottschall, Karin (2001): „Erziehung und Bildung im deutschen Sozialstaat. Stärken, Schwächen und reformbedarfe im europoäischen Vergleich". Arbeitspapiere des Zentrums für Sozialpolitik Bremen 9.
Graumann, Carl F. (1999): „Soziale Identitäten. Manifestation sozialer Differenzierung und Identifikation". In: Reinhold Viehoff/Rien T. Segers (Hg.), Kultur, Identität, Europa. Über die Schwierigkeiten und Möglichkeiten einer Konstruktion, Frankfurt a.M.: Suhrkamp.
Greverus, Ina-Maria (1987): Kultur und Alltagswelt. Eine Einführung in Fragen der Kulturanthropologie, Frankfurt a.M.: Institut für Kulturanthropologie und Europäische Ethnologie der Johann Wolfgang Goethe-Universität.
Griffin, Christine (1985): Typical Girls? Young Women from School to the Job Market, London: Routledge.

Griffin, Christine (1988): „Young women and the ‚gang of lads' model". In: Jan Hazekamp/Wim Meeus/Yolanda te Poel (Hg.), European Contributions to Youth Research, Amsterdam: Free University Press.
Groeger, Frederick (2001): „Armut, Alltag und ethnisch-soziale Konflikte. Nachbarschaftskonflikte im ‚Problemviertel' und ihre ‚zivilgesellschaftliche' Bearbeitung". In: Frank Gesemann (Hg.), Migration und Integration in Berlin. Wissenschaftliche Analysen und politische Perspektiven, Opladen: Leske & Budrich.
Groenemeyer, Axel (2003): „Kulturelle Differenz, ethnische Identität und die Ethnisierung von Alltagskonflikten". In: Axel Groenemeyer/Jürgen Mansel (Hg.), Die Ethnisierung von Alltagskonflikten, Opladen: Leske & Budrich.
Gröpel, Wolfgang (1999): „Allgemeines zum Begriff der Sozialisation unter Migrationsbedingungen". In: Wolfgang Gröpel (Hg.), Migration und Schullaufbahn: Wissenschaftstheoretischer und praxisorientierter Diskurs inklusive internationalem Ausblick zu (Schul-)karrieren von Kindern ethnischer Minderheiten, Frankfurt a.M.: Peter Lang.
Grossberg, Lawrence (1992): We gotta get out of this place. Popular conservatism and post-modern culture, London, New York: Routledge.
Grossberg, Lawrence (1999): „Was sind Cultural Studies?". In: Karl H. Hörning/ Rainer Winter (Hg.), Widerspenstige Kulturen: Cultural Studies als Herausforderung, Frankfurt a.M.: Suhrkamp.
Grundmann, Matthias/Bittlingmayer, Uwe H./Dravenau, Daniel/Groh-Samburg, Olaf (2004): „Bildung als Privileg und Fluch". In: Rolf Becker/Wolfgang Lauterbach (Hg.), Bildung als Privileg? Erklärungen und Befunde zu den Ursachen der Bildungsungleichheit, Wiesbaden: VS Verlag für Sozialwissenschaften.
Gümen, Sedef (1996): „Die sozialpolitische Konstruktion ‚kultureller' Differenzen in der bundesdeutschen Frauen- und Migrationsforschung". Beiträge zur feministischen Theorie und Praxis 42, S. 77-87.
Gümen, Sedef (2001): „Das Soziale des Geschlechts. Frauenforschung und die Kategorie ‚Ethnizität'". In: Sabine Hark (Hg.), Dis/Kontinuitäten: Feministische Theorie, Lehrbuch zur sozialwissenschaftlichen Frauen- und Geschlechterforschung, Bd.3, Opladen: Leske & Budrich.
Gutiérrez-Rodriguez, Encarnacion (1996): „Migrantinnenpolitik jenseits des Differenz- und Identitätsdiskurses". Beiträge zur feministischen Theorie und Praxis 42, S. 99-112.
Gutiérrez-Rodriguez, Encarnacion (1999): Intellektuelle Migrantinnen – Subjektivität im Zeitalter der Globalisierung, Opladen: Leske & Budrich.
Habermas, Jürgen (1979): Stichworte zur „Geistigen Situation der Zeit", Frankfurt a.M.: Suhrkamp.
Habermas, Jürgen (1981): Theorie des kommunikativen Handelns, Bd. 2, Frankfurt a.M.: Suhrkamp.
Habermas, Jürgen (1983): Moralbewußtsein und kommunikatives Handeln, Frankfurt a.M.: Suhrkamp.
Habermas, Jürgen (1998): Die postnationale Konstellation. Politische Essays, Frankfurt a.M.: Suhrkamp.
Häußermann, Hartmut (2001): „Marginalisierung als Folge sozialräumlichen Wandels in der Großstadt". In: Frank Gesemann (Hg.), Migration und Integration in Berlin. Wissenschaftliche Analysen und politische Perspektiven, Opladen: Leske & Budrich.
Häußermann, Hartmut (1997): „Armut in den Städten: Eine neue städtische Unterklasse?". Leviathan 25 (1), S. 12-27.

Häußermann, Hartmut/Siebel, Walter (1987): Neue Urbanität, Frankfurt a.M.: Suhrkamp.

Hagemann-White, Carol (1988): „Wir werden nicht zweigeschlechtlich geboren". In: Carol Hagemann-White/Maria S. Rerrich (Hg.), FrauenMännerBilder. Männer und Männlichkeit in der feministischen Diskussion, Bielefeld: AJZ Verlag.

Hall, Stuart (1987): „Minimal Selves". In: Stuart Hall (Hg.), The Real Me. Postmodernism and the Question of Identity, London: ICA Paper.

Hall, Stuart (1990): „Cultural Identity and Diaspora". In: Jonathan Rutherford (Hg.), Identity, Community, Culture, Difference, London: Lawrence & Wishart.

Hall, Stuart (1991a): „Old and New Identities, Old and New Ethnicities". In: Anthony D. King (Hg.), Culture, Globalization and the World System: Contemporary Conditions for the Representation of Identity, Basingstoke: Macmillan.

Hall, Stuart (1991b): „The Local and the Global: Globalization and Ethnicity". In: Anthony D. King, Anthony (Hg.), Culture, Globalization and the World System: Contemporary Conditions for the Representation of Identity, Basingstoke: Macmillan.

Hall, Stuart (1996): „The West and the Rest: Discourse and Power". In: Stuart Hall et al. (Hg.), Modernity. An Introduction to Modern Societies, Cambridge/Mass.: Blackwell.

Hall, Stuart (1997): „New Ethnicities". In: James Donald/Ali Rattansi (Hg.), Race, Culture, and Difference, London: Sage.

Hamburger, Franz (1997): „Kulturelle Produktivität durch komparative Kompetenz". In: Ingrid Gogolin/Bernhard Nauck (Hg.), Folgen der Arbeitsmigration für Bildung und Erziehung. Dokumentationsbroschüre der Fachtagung FABER vom 20.-22. März 1997 in Bonn, S. 151-161.

Hannerz, Ulf (1980): Exploring the City: Inquiries toward an Urban Anthropology, New York: Columbia University Press.

Hannerz, Ulf (1992): Cultural Complexity. Studies in the Social Organization of Meaning, New York: Columbia University Press.

Harker, Richard K. (1984): „On Reproduction, Habitus, and Education". British Journal of Sociology of Education 5, S. 118-127.

Heitmeyer, Wilhelm (1992): „Individualisierungsprozesse und Folgen für die politische Sozialisation von Jugendlichen: Ein Zuwachs an politischer Paralysierung oder Machiavellismus?". In: Wilhelm Heitmeyer/Juliane Jacobi (Hg.), Politische Sozialisation und Individualisierung. Perspektiven und Chancen politischer Bildung, Weinheim, München: Juventa.

Heitmeyer, Wilhelm (1997): „Auf dem Weg in eine desintegrierte Gesellschaft". In: Wilhelm Heitmeyer (Hg.), Was treibt die Gesellschaft auseinander? Bundesrepublik Deutschland: Auf dem Weg von der Konsens- zur Konfliktgesellschaft, Band 1, Frankfurt a.M.: Suhrkamp.

Heitmeyer, Wilhelm/Dollase, Rainer/Backes, Otto (Hg.) (1998): Die Krise der Städte. Analysen zu den Folgen desintegrativer Stadtentwicklung für das ethnischkulturelle Zusammenleben, Frankfurt a.M.: Suhrkamp.

Heitmeyer, Wilhelm/Anhut, Reimund (Hg.) (2000): Bedrohte Stadtgesellschaft. Soziale Desintegrationsprozesse und ethnisch-kulturelle Konfliktkonstellationen, Weinheim, München: Juventa.

Henriques, Julian/Hollway, Wendy/Urwin, Cathy/Venn, Couze/Walkerdine, Valerie (1984): Changing the Subject. Psychology, Social Regulation and Subjectivity, London: Routledge, Kegan & Paul.

Herwartz-Emden, Leonie (1997): „Die Bedeutung der sozialen Kategorien Geschlecht und Ethnizität für die Erforschung des Themenbereichs Jugend und Einwanderung". Zeitschrift für Pädagogik 43 (6), S. 895-913.

Hirschauer, Stefan (1993): Die soziale Konstruktion der Transsexualität. Über die Medizin und den Geschlechtswechsel, Frankfurt a.M.: Suhrkamp.

Hitzler, Ronald (1998): „Posttraditionale Vergemeinschaftung. Über neue Formen der Sozialbindung". Berliner Debatte INITIAL 1, S. 81-98.

Hitzler, Ronald/Honer, Anne (1984): „Lebenswelt, Milieu, Situation". Kölner Zeitschrift für Soziologie und Sozialpsychologie 36, S. 56-74.

Hitzler, Ronald/Honer, Anne (1988): „Der lebensweltliche Forschungsansatz". Neue Praxis 18, S. 496-501.

Hitzler, Ronald/Honer, Anne (1994): „Bastelexistenz". In: Ulrich Beck/Elisabeth Beck-Gernsheim (Hg.), Riskante Freiheiten, Frankfurt a.m.: Suhrkamp.

Hitzler, Ronald/Pfadenhauer, Michaela (2004): „Individualisierungsfolgen. Einige wissenssoziologische Anmerkungen zur Theorie reflexiver Modernisierung". In: Angelika Poferl/Natan Sznaider (Hg.), Ulrich Becks kosmopolitisches Projekt: Auf dem Weg in eine andere Soziologie, Baden-Baden: Nomos.

Höhne, Thomas (2000): „Fremde im Schulbuch: Didaktische Vorstrukturierung und Unterrichtseffekte durch Schulbuchwissen am Beispiel der Migrantendarstellung". iks – QuerFormat 3.

Höhne, Thomas/Kunz, Thomas/Radtke, Frank-Olaf (1999): „Bilder von Fremden. Formen der Migrantendarstellung als der ‚anderen Kultur' in deutschen Schulbüchern von 1981-1997". Frankfurter Beiträge zur Erziehungswissenschaft, Forschungsberichte, Bd. 1, Frankfurt a.M.: Universitätsdruck.

Höhne, Thomas/Kunz, Thomas/Radtke, Frank-Olaf (2000): „‚wir' und ‚sie'. Bilder von Fremden im Schulbuch". Forschung Frankfurt 2, S. 16-25.

Hoffmann, Lutz (1990): Die unvollendete Republik: Einwanderungsland oder deutscher Nationalstaat, Köln: PapyRossa.

Hofmann, Lutz (1996): „Der Einfluß völkischer Integrationsvorstellungen auf die Identitätsentwürfe von Zuwanderern". In: Wihelm Heitmeyer/Rainer Dollase (Hg.), Die bedrängte Toleranz. Ethnisch-religiöse Konflikte, religiöse Differenzen und die Gefahren politischer Gewalt, Frankfurt a.M.: Suhrkamp.

Hoffmann-Nowotny, Hans-Joachim (1993): „Weltmigration und multikulturelle Gesellschaft. Begriffliche, theoretische und praktische Überlegungen". In: Caroline Robertson-Wensauer (Hg.), Multikulturalität – Interkulturalität? Probleme und Perspektiven der multikulturellen Gesellschaft. Baden-Baden: Schriften des Instituts für Angewandte Kulturwissenschaft der Universität Karlsruhe.

Hormel, Ulrike/Scherr, Albert (2004): Bildung für die Einwanderungsgesellschaft. Perspektiven der Auseinandersetzung mit struktureller, institutioneller und interaktioneller Diskriminierung, Wiesbaden: VS Verlag für Sozialwissenschaften.

Hornstein, Walter (1988): „Strukturwandel der Jugendphase in der Bundesrepublik Deutschland. Kritik eines Konzepts und weiterführende Perspektiven". In: Wilfried Ferchhoff/Thomas Olk (Hg.), Jugend im internationalen Vergleich. Sozialhistorische und sozialkulturelle Perspektiven, München, Weinheim: Juventa.

Hornstein, Walter (1989): „Ein halbes Jahrzehnt ‚Pädagogische Jugendforschung'". In: Wilfried Breyvogel (Hrsg.), Pädagogische Jugendforschung: Erkenntnisse und Perspektiven, Opladen: Leske & Budrich.

Hradil, Stefan (1989): Sozialstrukturanalyse in einer fortgeschrittenen Gesellschaft. Von Klassen und Schichten zu Lagen und Milieus, Opladen: Leske & Budrich.

Huhnke, Brigitta (1996): „Männerphantasien über die ‚fremde' Frau. Oder: Wie Macht- und Medieneliten patriarchalische Innenwelten reproduzieren". In: Bärbel Röben/Cornelia Wilß (Hg.), Verwaschen und verschwommen. Fremde Frauenwelten in den Medien, Frankfurt a.M.: Brandes & Apsel.

Huhnke, Brigitta (2004): „Herrinnen der Plantage – Zum Rassismus in der feministischen Kopftuchdebatte". ZAG 45, S. 22-26.

Huhnke, Brigitta (2006): „Biedermann und die Brandstifter von heute". Überblick 12/2, S. 10-13.

Huisken, Freerk (1982): Zur Kritik bürgerlicher Didaktik und Bildungsökonomie, München: dtv.

Hurrelmann, Klaus (1983): „Das Modell des produktiv realitätsverarbeitenden Subjekts in der Sozialisationsforschung". Zeitschrift für Erziehungswissenschaften 3, S. 91-103.

Hurrelmann, Klaus (1990): Einführung in die Sozialisationstheorie, Weinheim: Beltz.

Hurrelmann Klaus (1999): Lebensphase Jugend. Eine Einführung in die sozialwissenschaftliche Jugendforschung, München, Weinheim: Juventa.

Huth-Hildebrandt, Christine (1999): „Die fremde Frau – Auf den Spuren eines Konstrukts der Migrationsforschung". Interkulturelle Studien der Arbeitsstelle Interkulturelle Pädagogik der Westfälischen Wilhelms-Universität Münster 29.

Hutnik, Nimmi (1991): Ethnic Minority Identity: A social-psychological perspective, Oxford, New Delhi: Clarendon und Oxford University Press.

Iragaray, Luce (1985): This sex which is not one, Ithaca: Cornell University Press.

Jacobmeyer, Walter (1994): „Konditionierung von Geschichtsbewusstsein". In: Jerzy Topolski (Hg.), Historisches Bewusstsein und politisches Handeln in der Geschichte, Poznan: Adama Minkiewicza Uniwersytet.

Jeismann, Karl-Ernst (Hg.) (1984): Geschichte als Legitimation? Internationale Schulbuchrevision unter den Ansprüchen von Politik, Geschichtswissenschaft und Geschichtsbedürfnis, Braunschweig: Georg-Eckert-Institut.

Jenkins, Richard (1996): Social Identity, London, New York: Routledge.

Jerusalem, Matthias (1992): „Akkulturationsstress und psychosoziale Befindlichkeit jugendlicher Ausländer". Report Psychologie, Februar-Ausgabe, S. 16-25.

Joas, Hans (1994): „Kreativität und Autonomie. Die soziologische Identitätskonzeption und ihre postmoderne Herausforderung". In: Christoph Görg (Hg.), Gesellschaft im Übergang: Perspektiven kritischer Soziologie, Darmstadt: Wissenschaftliche Buchgesellschaft.

Joas, Hans (1996): Die Kreativität des Handelns, Frankfurt a.M.: Suhrkamp.

Johnsen, Egil Börre (1992a): Textbooks in the kaleidoscope: A critical survey of literature and research on educational texts, Oslo: Scandinavian University Press.

Johnsen, Egil Börre (1992b): „Are we looking at it in the same way? Some remarks on the problem of ideological investigation of textbooks and methodological approaches". In: Karl-Peter Fritzsche (Hg.), Schulbücher auf dem Prüfstand. Perspektiven der Schulbuchforschung und Schulbuchbeurteilung in Europa. Studien zur internationalen Schulbuchforschung 75, Frankfurt a.M.: Diesterweg.

Kabbani, Rana (1988): Europe's Myths of the Orient, Devise and Rules, London: Pandora Press.

Kabbani, Rana (1993): Mythos Morgenland. Wie Vorurteile und Klischees unser Bild vom Orient bis heute prägen, München: Droemer Knaur.

Kapphan, Andreas (2001): „Migration und Stadtentwicklung. Die Entstehung ethnischer Konzentrationen und ihre Auswirkungen". In: Frank Gesemann (Hg.), Migration und Integration in Berlin. Wissenschaftliche Analysen und politische Perspektiven, Opladen: Leske & Budrich.

Karakasoglu, Yasemin/Boos-Nünning, Ursula (2004): Viele Welten leben. Lebenslagen von Mädchen und jungen Frauen mit griechischem, italienischem, jugoslawischem, türkischem und Aussiedlerhintergrund, Berlin: Bundesministerium für Familie, Senioren, Frauen und Jugend.

Kelek, Necla (2005): Die fremde Braut. Ein Bericht aus dem Inneren des türkischen Lebens in Deutschland, Köln: Kiepenheuer und Witsch.

Kessler, Suzanne J./McKenna, Wendy (1985): Gender. An Ethnomethodological Approach, Chicago: University of Chicago Press.

Keupp, Heiner (1988): „Auf der Suche nach der verlorenen Identität". In: Heiner Keupp (Hg.), Riskante Chancen. Das Subjekt zwischen Psychokultur und Selbstorganisation, Heidelberg: Asanger.

Kiesel, Doron et al. (Hg.) (1999): Die Erfindung der Fremdheit. Zur Kontroverse um Gleichheit und Differenz im Sozialstaat, Frankfurt a.M.: Brandes & Apsel.

King, Vera (2002): Die Entstehung des Neuen in der Adoleszenz. Individuation, Generativität und Geschlecht in modernisierten Gesellschaften, Opladen: Leske & Budrich.

King, Vera/Schwab, Angelika (2000): „Flucht und Asylsuche als Entwicklungsbedingungen der Adoleszenz. Ansatzpunkte pädagogischer Begleitung am Beispiel einer Fallgeschichte". In: Vera King/Burkhard K. Müller (Hg.), Adoleszenz und pädagogische Praxis: Bedeutungen von Geschlecht, Generation und Herkunft in der Jugendarbeit, Freiburg: Lambertus.

Knigge, Volkhard (1987): „Zur Kritik kritischer Geschichtsdidaktik. Normative Entstellung des Subjekts und Verkennung trivialen Geschichtsbewusstseins". Geschichtsdidaktik 3, S. 253-266.

Knigge, Volkhard (1992): „Aneignen – Abwehren. Perspektiven auf den Holocaust. Der industrielle Massenmord als Gegenstand der schulischen und außerschulischen politischen Bildung". In: Gottfired Kössler (Hg.), Spurensuche, Frankfurt a.M.: Fritz-Bauer-Institut.

Knorr-Cetina, Karin (1984): Die Fabrikation von Erkenntnis, Frankfurt a.M.: Suhrkamp.

Koebner, Thomas/Pickerodt, Gerhart (Hg.) (1987): Die andere Welt. Studien zum Exotismus, Frankfurt a.M.: athenäum.

Kötter, Matthias (2005): „Rechtskultur statt Leitkultur". Blätter für deutsche und internationale Politik 1, S. 83-89.

Kohli, Martin (1978): Soziologie des Lebenslaufs, Darmstadt, Neuwied: Luchterhand.

Kohli, Martin (1988): „Normalbiographie und Individualität: Zur institutionellen Dynamik des gegenwärtigen Lebenslaufregimes". In: Hanns-Georg Brose/Bruno Hildenbrand (Hg.), Vom Ende des Individuums zur Individualität ohne Ende, Opladen: Leske & Budrich.

Kohnen, Brigitte (1998): Akkulturation und kognitive Kompetenz. Ein Beitrag zu einem grundlagentheoretischen Perspektivenwechsel in der sozialisationstheoretischen Migrationsforschung, Münster, New York: Waxmann.

Koller, Hans-Christoph (1999): Bildung und Widerstreit: Zur Struktur biographischer Bildungsprozesse in der (Post-)Moderne, München: Fink.

Korff, Wilhelm (1983): „Kulturelle Integration von Ausländern als christlicher Auftrag". In: Hartmut Esser (Hg.), Die fremden Mitbürger. Möglichkeiten und Grenzen der Integration von Ausländern, Düsseldorf: Patmos.

Kornmann, Reimer/Klingele, Christoph (1996): „Ausländische Kinder und Jugendliche an Schulen für Lernbehinderte". Zeitschrift für Heilpädagogik 47 (1), S. 2-9.

Krappmann, Lothar (1993): Soziologische Dimensionen der Identität. Strukturelle Bedingungen für die Teilnahme an Interaktionsprozessen, Stuttgart: Klett-Cotta.

Kröncke, Gerd: „Die Fremdheit der Fremden". Süddeutsche Zeitung, 18. November 2005, S. 2.

Kronauer, Martin (1997): „‚Soziale Ausgrenzung' und ‚Underclass'. Über neue Formen der gesellschaftlichen Spaltung". Leviathan 25 (1), S. 28-49.

Kroon, Sjaak/Pagel, Dietmar/Vallen, Ton (Hg.) (1991): Multiethnische Gesellschaft und Schule in Berlin, Münster, New York: Waxmann.

Kuchenbrod, Matthias (1999): Die Funktion des Idealtypus nach Max Weber. In: Kuchenbrod, Matthias: Bausteine der Wirtschafts- und Sozialgeschichte, Wissenschaftstheoretische Grundlagen: http://people.freenet.de /matkuch1

Lamphere, Louise/Ragoné, Helena/Zavella Patricia (Hg.) (1997): Situated lives. Gender and culture in everyday life, London: Routledge.

Lang, Sabine (1990): Männer als Frauen, Frauen als Männer – Geschlechtsrollenwechsel bei Indianern Nordamerikas, Hamburg: Wayasbah.

Langewiesche, Dieter (1995): „Nation, Nationalismus, Nationalstaat: Forschungsstand und Forschungsperspektiven". Neue Politische Literatur 40 (2), S. 190-236.

Larsen, Henrik (1999): „British and Danish European Policies in the 1990s: A Discourse Approach". European Journal of International Relations, 5 (4), S. 451-483.

Lauser, Andrea (1994): „Die Geschwisterschaft als soziales Netz. Zur ‚tayarian' (Geschwisterbande) bei den Mangyan Malulas (Mindoro, Philippinen)". Kea 6, S. 71-96.

Leggewie, Claus (1989): „‚Multikulturelle Gesellschaft' oder: Die Naivität der Ausländerfreunde". Arbeitshefte zur sozialistischen Theorie und Praxis 84, S. 60-64.

Lehmann, Rainer H. (1994): „Germany: System of Education". In: Torsten Husén/ Neville T. Postlethwaite (Hg.), International Encyclopedia of Education, Oxford: Pergamon.

Lepsius, Rainer M. (1990): Interessen, Ideen und Institutionen, Opladen: Westdeutscher Verlag.

Lerner, David (1961): „Die Modernisierung des Lebensstils: Eine Theorie". In: Wolfgang Zapf (Hg.), Theorien des sozialen Wandels, Königstein: athenäum.

Lefèbvre, Henri (1972): Das Alltagsleben in der modernen Welt, Frankfurt a.M.: Suhrkamp.

Levy, Daniel/Sznaider, Natan (2001): Erinnerung im globalen Zeitalter: Der Holocaust, Frankfurt a.M.: Suhrkamp.

Lewis, Gail (1996): „Situated Voices". Feminist Review 53, S. 24-56.

Lewis, Reina (1995): Gendering Orientalism: "Race", Feminity, and Representation, London: Routledge.

Lindemann, Gesa (1993): Das paradoxe Geschlecht. Transsexualität im Spannungsfeld von Körper, Leib und Gefühl, Frankfurt a.M.: Suhrkamp.

Lindner, Rolf (1990): Die Entdeckung der Stadtkultur, Frankfurt a.M.: Suhrkamp.

Lockwood, David (1964): „Social Integration and System Integration". In: George K. Zollschan/Walter Hirsch (Hg.), Explorations in Social Change, Boston: Houghton Mifflin.

Loerzer, Sven: „Wer zu uns kommt, muss zu uns passen". Süddeutsche Zeitung, 24./25. Juni 2000, S. 57.

Lorenzer, Alfred (1986): „Tiefenhermeneutische Kulturanalyse". In: Alfred Lorenzer et al. (Hg.), Kultur-Analysen. Psychoanalytische Studien zur Kultur, Frankfurt a.M.: Fischer.

Lüders, Christian (1995): „Von der teilnehmenden Beobachtung zur ethnographischen Beschreibung". In: Eckard König/Peter Zedler (Hg.), Bilanz qualitativer Forschung, Bd. 2: Methoden, Weinheim: Deutscher Studien-Verlag.

Luhmann, Niklas (1989): Gesellschaftsstruktur und Semantik. Studien zur Wissenssoziologie der modernen Gesellschaft, Bd. 3, Frankfurt a.M.: Suhrkamp.

Luhmann, Niklas (1994): Inklusion und Exklusion. In: Hans Berding (Hg.), Nationales Bewusstsein und kollektive Identität, Frankfurt a.M.: Suhrkamp.

Luhmann, Niklas (1995a): „Inklusion und Exklusion". In: Niklas Luhmann: Soziologische Aufklärung 6: Die Soziologie und der Mensch, Opladen: Westdeutscher Verlag.

Luhmann, Niklas (1995b): Gesellschaftsstruktur und Semantik. Studien zur Wissenssoziologie der modernen Gesellschaft, Bd. 4, Frankfurt a.M.: Suhrkamp.

Lutz, Helma (1989a): „Orientalische Weiblichkeit. Das Bild der Türkin in der Literatur konfrontiert mit Selbstbildern". Informationsdienst zur Ausländerarbeit 4, S. 32-38.

Lutz, Helma (1989b): „Unsichtbare Schatten? Die ‚orientalische' Frau in westlichen Diskursen – Zur Konzeptualisierung einer Opferfigur". Peripherie 37, S. 51-65.

Lutz, Helma (1991): Welten verbinden. Türkische Sozialarbeiterinnen in den Niederlanden und der Bundesrepublik Deutschland, Frankfurt a.M.: IKO – Verlag für Interkulturelle Kommunikation.

Lutz, Helma (1993): „Sind wir uns immer noch fremd? Konstruktionen von Fremdheit in der weißen Frauenbewegung". In: Ika Hügel-Marshall et al. (Hg.), Entfernte Verbindungen. Rassismus, Antisemitismus, Klassenunterdrückung, Berlin: Orlanda.

Lutz, Helma/Huth-Hildebrandt, Christine (1998): „Geschlecht im Migrationsdiskurs". Das Argument 224, S. 159-173.

Mängel, Annett (2006): „Bildung: Erben statt Erwerben". Blätter für deutsche und internationale Politik 4, S. 392-395.

Maihofer, Andrea (1995): Geschlecht als Existenzweise. Macht, Moral, Recht und Geschlechterdifferenz, Frankfurt a.M.: Ulrike Helmer Verlag.

Makhlouf, Carla (1979): Changing Veils. Women and Modernisation in Northern Yemen, Austin: University of Texas Press.

Malinowski, Bronislaw (1922): Argonauts of the Western Pacific, London: Routledge.

Mannheim, Karl (1982): „The Problem of Generations". In: Chris Jenkins (Hg.), The Sociology of Childhood. Essential Readings, London: Batsford Academic and Educational Press.

Mannitz, Sabine (1992): Humor und Lachen als Determinanten sozialer Interaktion. Selbst- und Fremdbild im Spiegel unernster Rede- und Verhaltensweisen, Frankfurt a.M.: unveröffentlichte Magisterarbeit, FB 08 der Johann Wolfgang Goethe-Universität.

Mannitz, Sabine (2002a): „Auffassungen von kultureller Differenz: Identitätsmanagement und Diskursive Assimilation". In: Werner Schiffauer/Gerd Baumann/Riva Kastoryano/Steven Vertovec (Hg.), Staat – Schule – Ethnizität. Politische Sozialisation von Immigrantenkindern in vier europäischen Ländern. Interkulturelle Bildungsforschung Bd. 10, Münster, New York: Waxmann.

Mannitz, Sabine (2002b): „Disziplinarische Ordnungskonzepte und zivile Umgangsformen in Berlin und Paris". In: Werner Schiffauer/Gerd Baumann/Riva Kastoryano/Steven Vertovec (Hg.), Staat – Schule – Ethnizität. Politische Sozialisation von Immigrantenkindern in vier europäischen Ländern. Interkulturelle Bildungsforschung Bd. 10, Münster, New York: Waxmann.

Mannitz, Sabine/Schiffauer, Werner (2002): „Taxonomien kultureller Differenz. Konstruktionen der Fremdheit". In: Werner Schiffauer/Gerd Baumann/Riva Kastoryano/Steven Vertovec (Hg.), Staat – Schule – Ethnizität. Politische Sozialisation von Immigrantenkindern in vier europäischen Ländern. Interkulturelle Bildungsforschung Bd. 10, Münster, New York: Waxmann.

Mannitz, Sabine (2003): „Turkish Youths in Berlin: Transnational Identification and Double Agency". New Perspectives on Turkey 28-29, S. 85-106.

Mannitz, Sabine (2004a): Projektionsfläche Kopftuch. Dilemmata der freiheitlichen Demokratie auf einem Quadratmeter Stoff. HSFK-Standpunkt 1.

Mannitz, Sabine (2004b): „Ein Kopftuch ist ein Kopftuch ist ein Kopftuch.... Ungelöste Fragen der Islampolitik in Deutschland". In: Corinna Hauswedell/Christoph Weller/Ulrich Ratsch/Reinhard Mutz/Bruno Schoch (Hg.), Friedensgutachten 2004, Münster: Lit-Verlag, S. 154-162.

Marcia, James E. (1980): „Identity in Adolescence". In: Joseph Adelson (Hg.), Handbook of Adolescent Psychology, New York: Wiley.

Marshall, Thomas H. (1965): Class, Citizenship, and Social Development: Essays, Garden City/N.Y.: Doubleday.

Marx, Daniela (2000): Zum Umgang der Zeitschrift *Emma* mit dem Thema „islamischer Fundamentalismus" – Rassismus im Namen des Feminismus?, Göttingen: Unveröffentlichte Magister-Hausarbeit an der Universität Göttingen.

Mayall, Berry (1994): „Children in action at home and school". In: Berry Mayall (Hg.), Children's Childhoods: Observed and Experienced, London: Falmer.

Mayall, Berry (2000): Learning Childhoods: Commentaries from London. Paper presented at the Conference of the Sociology of Childhood Section of the German Sociological Association: „Doing Identities" in Arnoldshain: unveröffentlichtes Konferenzpapier.

Mayer, Karl Ulrich (1990): „Lebensverläufe und sozialer Wandel. Anmerkungen zu einem Forschungsprogramm". In: Karl Ulrich Mayer (Hg.), Lebensverläufe und sozialer Wandel. Kölner Zeitschrift für Soziologie und Sozialpsychologie, Sonderheft 31, S. 7-21.

Mecheril, Paul/Teo, Thomas (Hg.) (1994): Andere Deutsche: Zur Lebenssituation von Menschen multiethnischer und multikultureller Herkunft, Berlin: Dietz.

Meinl, Susanne/Zwilling, Jutta (2004): Legalisierter Raub. Die Ausplünderung der Juden im Nationalsozialismus durch die Reichsfinanzverwaltung in Hessen. Wissenschaftliche Reihe des Fritz Bauer Instituts, Band 10, Frankfurt a.M., New York: Campus

Mernissi, Fatima (1987): Le Harem politique – Le prophète et les femmes, Paris: Albin Michel.

Mernissi, Fatima (1991): Die Sultanin. Die Macht der Frau in der Welt des Islam, Frankfurt a.M.: Luchterhand.

Mernissi, Fatima (1995): Der Harem in uns. Die Furcht vor dem Anderen und die Sehnsucht der Frauen, Freiburg: Herder.

Mernissi Fatima (1997): Die vergessene Macht. Frauen im Wandel der islamischen Welt, Frankfurt a.M.: Fischer.

Mernissi, Fatima (2000): Harem: Westliche Phantasien, östliche Wirklichkeit, Freiburg: Herder.
Mertens, Gabriele (1980): „Türkische Mädchen und Frauen – Rollenkonflikte – nicht erst in der Bundesrepublik". Westermanns Pädagogische Beiträge 32 (2), S. 62-63.
Meyer, Cordula (1990): „Knüppel im Kreuz, Kind im Bauch". Der Spiegel 44, S. 98-117.
Minai, Naila (1981): Women in Islam, New York: Seaview Books.
Minai, Naia (1984): Schwestern unterm Halbmond: Muslimische Frauen zwischen Tradition und Emanzipation, Stuttgart: Klett-Cotta.
Misik, Robert: Denker an die Front! Eine Presseschau nach dem Mord an Theo van Gogh. die tageszeitung, 20./21.11.2004, S. 16.
Modood, Tariq/Beishon, Sharon/Virdee, Satnam (1994): Changing Ethnic Identities, London: Policy Studies Institute.
Morris, Lydia (1997): „Globalization, Migration and the Nation-state: The path to a postnational Europe?". British Journal of Sociology 2, S. 192-209.
Mosse, George L. (1997): Das Bild des Mannes. Zur Konstruktion der modernen Männlichkeit, Frankfurt a.M.: S. Fischer Verlag.
Müller, Klaus E. (1989): Die bessere und die schlechtere Hälfte. Ethnologie des Geschlechterkonflikts, Frankfurt a.M., New York: Campus.
Müller-Funk, Wolfgang (2002): Die Kultur und ihre Narrative. Eine Einführung, Wien, New York: Springer.
Müller-Frank, Wolfgang (Hg.) (1994): Macht – Geschlechter – Differenz, Wien: Picus.
Müller-Giebeler, Ute (1996): Der Pädagoge in der multikulturellen Gesellschaft, Opladen: Leske & Budrich.
Nadig, Maya (1986): Die verborgene Kultur der Frau, Frankfurt a.M.: Suhrkamp.
Nagata, Judith (1976): „The Status of Ethnicity, and the Ethnicity of Status". International Journal of Comparative Sociology 17, S. 242-260.
Naimark, Norman M. (2004): Flammender Hass, München: C.H. Beck Verlag.
Neusel, Ayla, Sirin Tekeli und Meral Akkent (Hg.) (1991): Aufstand im Haus der Frauen, Berlin: Orlanda.
Nicolaisen, Ida (1983): „Introduction". In: Bo Utas (Hg.), Women in Islamic Societies. Social attitudes and historical perspectives. Studies on Asian Topics no. 6, London, Malmö: Curzon Press.
Niekrawitz, Clemens (1992): Interkulturelle Pädagogik im Überblick. Von der Sonderpädagogik für Ausländer zur interkulturellen Pädagogik für alle, Frankfurt a.M.: IKO – Verlag für Interkulturelle Kommunikation.
Niethammer, Lutz (1985): Lebenserfahrung und kollektives Gedächtnis. Die Praxis der *Oral History*, Frankfurt a.M.: Syndikat.
Nohl, Arnd-Michael (2001): Migration und Differenzerfahrung. Junge Einheimische und Migranten im rekonstruktiven Milieuvergleich, Opladen: Leske & Budrich.
Norman, Karin (1997): Kindererziehung in einem deutschen Dorf. Erfahrungen einer schwedischen Ethnologin, Frankfurt a.M., New York: Campus.
Oberndörfer, Dieter (2000): „Rückkehr zum Gastarbeitermodell? Weichenstellungen in der Einwanderungspolitik". Blätter für deutsche und internationale Politik 11, S. 1335-1344.
Oberndörfer, Dieter (2002): „„Den integrierten Deutschen gibt es nicht"". In: Heinrich-Böll-Stiftung (Hg.), Einwanderungsland Deutschland. Interkulturelle Ge-

sellschaft und Citizenship, politische ökologie_forum, Sonderveröffentlichung 79, S. V-VII.

Oevermann, Ulrich (1991): Genetischer Strukturalismus und das sozialwissenschaftliche Problem der Erklärung der Entstehung des Neuen. In: Stefan Müller-Dohm (Hg.), Jenseits der Utopie, Frankfurt a.M.: Suhrkamp.

Oevermann, Ulrich (1993): „Die objektive Hermeneutik als unverzichtbare methodologische Grundlage für die Analyse von Subjektivität. Zugleich eine Kritik der Tiefenhermeneutik". In: Thomas Jung/Stefan Müller-Dohm (Hg.), „Wirklichkeit" im Deutungsprozess. Verstehen in den Kultur- und Sozialwissenschaften, Frankfurt a.M.: Suhrkamp.

Oldman, David (1994): „Childhood as a Mode of Production". In: Berry Mayall (Hg.), Children's Childhoods: Observed and Experienced, London: Routledge Falmer.

Olk, Thomas (1985): „Jugend und gesellschaftliche Differenzierung – Zur Entstrukturierung der Jugendphase". Zeitschrift für Pädagogik 19, S. 290-301.

Olk, Thomas (1986): „Jugend und Gesellschaft. Entwurf für einen Perspektivenwechsel in der sozialwissenschaftlichen Jugendforschung". In: Wilhelm Heitmeyer (Hg.), Interdisziplinäre Jugendforschung: Fragestellungen, Problemlagen, Neuorientierungen, Weinheim, München: Juventa.

Ortner, Sherry B. (1997): „Introduction". Representations 59, S. 1-13.

Ortner, Sherry B./Whitehead, Harriet (Hg.) (1981): Sexual meanings, the cultural construction of gender and sexuality, Cambridge: Cambridge University Press.

Ostner, Ilona (1986): „Die Entdeckung der Mädchen. Neue Perspektiven für die Jugendsoziologie". Kölner Zeitschrift für Soziologie und Sozialpsychologie 38, S. 352-371.

Paczensky, Susanne von (1990) [1978]: „Vorwort". In: Andrea Baumgartner-Karabak/Gisela Landesberger (Hg.), Die verkauften Bräute, Reinbek bei Hamburg: Rowohlt.

Parekh, Bhikhu (2000): Rethinking multiculturalism. Cultural Diversity and Political Theory, Basingstoke: Macmillan.

Peschel-Gutzeit, Lore Maria (1997): „Unvollständige Legitimation der Staatsgewalt oder: Geht alle Staatsgewalt nur vom volljährigen Volk aus?". Neue Juristische Wochenschrift (43), S. 2861-2862.

Peukert, Helmut (1984): „Über die Zukunft der Bildung". Frankfurter Hefte, FH extra 6, S. 129-137.

Phoenix, Ann (1998): (Re)constructing gendered and ethnicised identities: Are we all marginal now?, Utrecht: Universiteit voor Humanistiek.

Pollack, Detlef (1998): „Über die 68er, ihr Verhältnis zur DDR und wie man das Ausbleiben einer revolutionären Bewegung in der DDR als Mangel an revolutionärem Geist mißverstehen kann". Leviathan 26, S. 540-549.

Prengel, Annedore (1993): Pädagogik der Vielfalt: Verschiedenheit und Gleichberechtigung in interkultureller, feministischer und integrativer Pädagogik, Opladen: Leske & Budrich.

Prenzel, Manfred et al. (Hg.) (2004): PISA 2003: Der Bildungsstand der Jugendlichen in Deutschland – Ergebnisse des zweiten internationalen Vergleichs, Münster: Waxmann.

Pries, Ludger (1998): „Transnationale soziale Räume". In: Ulrich Beck (Hg.), Perspektiven der Weltgesellschaft, Frankfurt a.M.: Suhrkamp.

Pries, Ludger (2001): Internationale Migration, Bielefeld: transcript.

Qvortrup, Jens (1994): „Childhood matters. An Introduction". In: Jens Ovortrup et al. (Hg.), Childhood matters: Social Theory, Practice and Politics, Aldershot: Avebury Press.
Radin, Paul (1933): The Method and Theory of Ethnology, New York: Mc Graw-Hill.
Radtke, Frank-Olaf (1995): Multikulturalismus: Regression in die Moderne? Wien: Institut für Soziologie.
Radtke, Frank-Olaf (1996): Multikulturell. Die Konstruktion eines sozialen Problems und ihre Folgen. Opladen: Leske & Budrich.
Raichmayr, Johannes (1995): Einführung in die Ethnopsychoanalyse. Geschichte, Theorien und Methoden, Frankfurt a.M.: Fischer.
Reichertz, Jo (2003a): „Abduktion, Deduktion und Induktion in der qualitativen Forschung". In: Uwe Flick/Ernst von Kardorff/Ines Steinke (Hg.), Qualitative Forschung. Ein Handbuch, Reinbek bei Hamburg: Rowohlt.
Reichertz, Jo (2003b): „Objektive Hermeneutik und hermeneutische Wissenssoziologie". In: Uwe Flick/Ernst von Kardorff/Ines Steinke (Hg.), Qualitative Forschung. Ein Handbuch, Reinbek bei Hamburg: Rowohlt.
Renner, Erich (2000): Ethnopädagogik, Weinheim: Beltz.
Renner, Erich (2003): Wie Kinder die Welt verstehen, Wuppertal: Hammer.
Rhum, Michael (1997): „Enculturation". In: Thomas Barfield (Hg.), The Dictionary of Anthropology, Oxford: Blackwell.
Rodinson, Maxime (1988): Europe and the Mystique of Islam, Seattle: University of Washington Press.
Römhild, Regina (1996): Die Macht des Ethnischen. Dekonstruktionen und Rekonstruktionen rußlanddeutschen „Deutschseins", Frankfurt a.M.: Dissertationsschrift, FB 09 der Johann Wolfgang Goethe-Universität.
Rogers, Alisdair/Vertovec, Steven (1995): „Introduction". In: Alisdair Rogers/Steven Vertovec (Hg.), The urban context. Ethnicity, social networks and situational analysis, Oxford, Washington: Berg.
Rommelspacher, Birgit (1995): „Frauen in der Dominanzkultur". In: Birgit Rommelspacher (Hg.), Dominanzkultur. Texte zu Fremdheit und Macht, Berlin: Orlanda.
Rorty, Richard (1989): Kontingenz, Ironie und Solidarität, Frankfurt a.M.: Suhrkamp.
Rotter, Ekkehart/Rotter, Gernot (1996): Venus, Maria, Fatima: Wie die Lust zum Teufel ging, Zürich, Düsseldorf: Artemis & Winkler.
Sackmann, Rosemarie (2000): „Kollektive Identität, Assimilation und Integration". InIIs-Arbeitspapier 20, S. 28-45.
Said, Edward (1978): Orientalism, London: Routledge & Kegan Paul.
Santel, Bernhard (2000): „Einwanderungs- und Integrationspolitik in Deutschland und den USA". In: Christoph Butterwegge/Gudrun Hentges (Hg.), Zuwanderung im Zeichen der Globalisierung. Migrations-, Integrations- und Minderheitenpolitik, Opladen: Leske & Budrich.
Sassen, Saskia (1996): Losing Control: The Decline of Sovereignty in an Age of Globalization, New York: Columbia University Press.
Sassen, Saskia (2000): The Global City, New York: Princeton University Press.
Sauter, Sven (2000): Wir sind „Frankfurter Türken". Adoleszente Ablösungsprozesse in der deutschen Einwanderungsgesellschaft, Frankfurt a.M.: Brandes & Apsel.

Schepker, Renate/Eberding, Angela (1996): „Der Mädchenmythos im Spiegel der pädagogischen Diskussion. Ein empirisch fundierter Diskussionsbeitrag zu Stereotypen über Mädchen türkischer Herkunft". Zeitschrift für Pädagogik 42, S. 111-126.

Scherr, Albert (1999): „Die Konstruktion von Fremdheit in sozialen Prozessen". In: Doron Kiesel et al. (Hg.), Die Erfindung der Fremdheit. Zur Kontroverse um Gleichheit und Differenz im Sozialstaat, Frankfurt a. M.: Brandes & Apsel.

Schiffauer, Werner (1989): „Personalität, Individualität, Subjektivität. Zum Wandel des Selbstverständnisses bei Arbeitsmigranten". In: Christian Giordano et al. (Hg.), Kultur anthropologisch. Eine Festschrift für Ina-Maria Greverus, Frankfurt a.M.: Institut für Kulturanthropologie und Europäische Ethnologie der Johann Wolfgang Goethe-Universität.

Schiffauer, Werner (1991): Die Migranten aus Subay. Türken in Deutschland: Eine Ethnographie, Stuttgart: Klett-Cotta.

Schiffauer, Werner (1993): „Die *civil society* und der Fremde". In: Friedrich Balke et al. (Hg.), Schwierige Fremdheit. Über Integration und Ausgrenzung in Einwanderungsländern, Frankfurt a.M.: Fischer.

Schiffauer, Werner (1994): „Zur Logik von kulturellen Strömungen in Großstädten". In: Ina-Maria Greverus (Hg.), Kulturtexte, Frankfurt a.M.: Institut für Kulturanthropologie und Europäische Ethnologie der Johann Wolfgang Goethe-Universität.

Schiffauer, Werner (1997a): „Die Angst vor der Differenz. Zu neuen Strömungen in der Kultur und Sozialanthropologie". In: Werner Schiffauer (Hg.), Fremde in der Stadt. Zehn Essays über Kultur und Differenz, Frankfurt a.m.: Suhrkamp.

Schiffauer, Werner (1997b): „Zur Logik von kulturellen Strömungen in Großstädten". In: Werner Schiffauer (Hg.), Fremde in der Stadt. Zehn Essays über Kultur und Differenz, Frankfurt a.m.: Suhrkamp.

Schiffauer, Werner (2000): Die Gottesmänner. Türkische Islamisten in Deutschland, Frankfurt a.M.: Suhrkamp.

Schiffauer, Werner (2002): „Einleitung (für die Herausgeber)". In: Werner Schiffauer/Gerd Baumann/Riva Kastoryano/Steven Vertovec (Hg.), Staat – Schule – Ethnizität. Politische Sozialisation von Immigrantenkindern in vier europäischen Ländern. Interkulturelle Bildungsforschung Bd. 10, Münster, New York: Waxmann.

Schiffauer, Werner/Baumann, Gerd/Kastoryano, Riva/Vertovec, Steven (Hg.) (2002): Staat – Schule – Ethnizität. Politische Sozialisation von Immigrantenkindern in vier europäischen Ländern. Interkulturelle Bildungsforschung Bd. 10, Münster, New York: Waxmann.

Schiffauer, Werner/Baumann, Gerd/Kastoryano, Riva/Vertovec, Steven (Hg.) (2004): Civil Enculturation. Nation-State, Schools, and Ethnic Difference in Four European Countries, Oxford, New York: Berghahn.

Schiffauer, Werner/Sunier, Thijl (2002): „Die Nation in Geschichtsbüchern". In: Werner Schiffauer/Gerd Baumann/Riva Kastoryano/Steven Vertovec (Hg.), Staat – Schule – Ethnizität. Politische Sozialisation von Immigrantenkindern in vier europäischen Ländern. Interkulturelle Bildungsforschung Bd. 10, Münster, New York: Waxmann.

Schimmel, Annemarie (1995): Meine Seele ist eine Frau. Das Weibliche im Islam, München: Kösel.

Schittenhelm, Karin (2000): „Dissens, Distinktion und Gegenentwürfe in soziokulturellen Milieus junger Frauen". In: Roland Roth/Dieter Rucht (Hg.), Jugendkulturen, Politik und Protest, Opladen: Leske & Budrich.
Schneider, Jens (2001): Deutsch sein. Das Eigene, das Fremde und die Vergangenheit im Selbstbild des vereinten Deutschland, Frankfurt a.M., New York: Campus.
Schneider, Norbert/Limmer, Ruth/Ruckdeschel, Kerstin (2002): Mobil, flexibel, gebunden: Familie und Beruf in der mobilen Gesellschaft, Frankfurt a.M., New York: Campus.
Schrader, Achim/Nikles, Bruno/Griese, Hartmut M. (1979): Die Zweite Generation: Sozialisation und Akkulturation ausländischer Kinder in der Bundesrepublik, Bodenheim: athenäum.
Schröer, Norbert (Hg.) (1994): Interpretative Sozialforschung. Auf dem Weg zu einer hermeneutischen Wissenssoziologie, Opladen: Westdeutscher Verlag.
Schütz, Alfred (1972): Gesammelte Aufsätze, Bd. 2, Den Haag: Martinus Nijhoff.
Schütz, Alfred (1993): Der sinnhafte Aufbau der sozialen Welt, Frankfurt a.M.: Suhrkamp.
Schütze, Fritz (1983): „Biographieforschung und narratives Interview". Neue Praxis 3, S. 283-93.
Schulze Gerhard (1992): Die Erlebnisgesellschaft. Kultursoziologie der Gegenwart, Frankfurt a.M., New York: Campus.
Schumm, Wilhelm (1988): „Arbeit und Subjektivität in der jüngeren soziologischen Forschung". In: Rudi Schmiede (Hg.), Arbeit und Subjektivität. Dokumentation zur Tagung der Sektion Industrie- und Betriebssoziologie in der Deutschen Gesellschaft für Soziologie 21.-23.5.1987 in Kassel, Bonn: Informationszentrum Sozialwissenschaften.
Schwarz, Thomas (2001): „Integrationspolitik als Beauftragtenpolitik. Die Ausländerbeauftragte des Berliner Senats". In: Frank Gesemann (Hg.), Migration und Integration in Berlin. Wissenschaftliche Analysen und politische Perspektiven, Opladen: Leske & Budrich.
Seeberger, Bernd (1998): Altern in der Migration – Gastarbeiterleben ohne Rückkehr, Köln: Kuratorium Deutsche Altershilfe.
Sennett, Richard (1998): Der flexible Mensch. Die Kultur des neuen Kapitalismus, Berlin: Berlin-Verlag.
Sewell, Tony (1997): Black Masculinities and Schooling, Stoke-on-Trent: Trentham.
Shibutani, Tamotsu (1991): „On the Empirical Investigation of Self-Concepts". In: David R. Maines (Hg.), Social Organisation and Social Process: Essays in Honor of Anselm Strauss, New York: de Gruyter.
Shils, Edward (1957): „Primordial, Personal, Sacred and Civil Ties". British Journal of Sociology 8, S. 130-145.
Shotter, John (1990): Knowing of the Third Kind, Utrecht: ISOR.
Soeffner, Hans-Georg (Hg.) (1988): Kultur und Alltag. Soziale Welt, Sonderheft 6.
Soeffner, Hans-Georg (1989): Auslegung des Alltags – Der Alltag der Auslegung, Frankfurt a.M.: Suhrkamp.
Sökefeld, Martin (2002): „Feld ohne Ferne. Reflexionen über ethnologische Forschung ‚zu Hause' – in Hamburg, zum Beispiel". Ethnoscripts (4) 1; zugleich http://www.uni-hamburg.de/Wiss/FB/09/EthnoloI/Artikel/feld.html.
Spindler, George (Hg.) (1987): Education and Cultural Process, Illinois: Waveland Press.

Spradley, James P. (1979): The Ethnographic Interview, New York, Chicago u.a.: Holt, Rinehart and Winston.
Stangl, Werner (1999): Das neue Paradigma der Psychologie: Die Psychologie im Diskurs des Radikalen Konstruktivismus, Braunschweig: F. Vieweg & Sohn.
Steinke, Ines (2003): „Gütekriterien qualitativer Forschung". In: Ines Steinke/Uwe Flick/Ernst von Kardorff (Hg.), Qualitative Forschung. Ein Handbuch, Reinbek bei Hamburg: Rowohlt.
Stern, Marie/Hugonie, Gérard (1998): Histoire et géographie 4ème, Paris: Bordas.
Stichweh, Rudolph (1997): „Inklusion/Exklusion, funktionale Differenzierung und die Theorie der Weltgesellschaft". Soziale Systeme 3, S. 123-136.
Stöber, Georg (Hg.) (2001): „Fremde Kulturen" im Geographieunterricht, Hannover: Hahn.
Stoiber, Edmund: Herausforderungen anpacken. Auszüge aus der Rede des CSU-Vorsitzenden. Das Parlament 49, 29.11.2004.
Strauss, Anselm (1987): Qualitative Analysis for Social Scientists, Cambridge: Cambridge University Press.
Strauss, Anselm (1991): Grundlagen qualitativer Sozialforschung – Datenanalyse und Theoriebildung in der empirischen soziologischen Forschung, München: Fink.
Strauss, Anselm/Corbin, Juliet (1996): Grounded Theory. Grundlagen qualitativer Sozialforschung, Weinheim: Beltz.
Swidler, Ann (1986): „Culture in Action: Symbols and Strategies". American Sociological Review 51, S. 273-286.
Taft, Ronald (1957): „A Psychological Model for the Study of Social Assimilation". Human Relations (10), S. 141-156.
Taylor, Charles (1989): Sources of the Self. The Making of the Modern Identity, Cambridge: Cambridge University Press.
Taylor, Charles (1992): Negative Freiheit? Zur Kritik des neuzeitlichen Individualismus, Frankfurt a.M.: Suhrkamp.
Taylor, Charles (1994): „The Politics of Recognition". In: Charles Taylor/Amy Gutmann (Hg.), Multiculturalism: Examining the Politics of Recognition, Princeton/NJ: Princeton University Press.
Terra 8: Erdkunde für die 8. Klasse, Ausgabe B, Stuttgart, Düsseldorf, Berlin und Leipzig 1996: Klett
Terra 10: Erdkunde für die 10. Klasse, Ausgabe für Berlin, Gotha und Stuttgart 1997: Klett-Perthes
Thomas, Dorothy Swaine/Thomas, William Isaac (1928): The Child in America: Behavior Problems and Programs, New York: Alfred A. Knopf.
Thorton, Lynne (1989): „Frauenbilder". In: Gereon Sieverich/Hendrik Budde (Hg.), Europa und der Orient 800-1900, Berlin: Bertelsmann Lexicon Verlag.
Tillmann, Klaus-Jürgen (Hg.) (1992): Jugend weiblich – Jugend männlich. Sozialisation, Geschlecht, Identität. Studien zur Jugendforschung, Bd. 10, Opladen: Leske & Budrich.
Tomasello, Michael (2002): Die kulturelle Entwicklung des menschlichen Denkens: Zur Evolution der Kognition, Frankfurt a.M.: Suhrkamp.
Treibel, Annette (2000): Einführung in soziologische Theorien der Gegenwart, Opladen: Leske & Budrich.
Treibel, Annette (2003): Migration in modernen Gesellschaften. Soziale Folgen von Einwanderung, Gastarbeit und Flucht, Weinheim, München: Juventa.

Trömel-Plötz, Senta (1991): „Väter und Schule. Warum die deutsche Schule so ausbeuterisch bleibt, wie sie ist". In: Uta Enders-Dragässer/Claudia Fuchs (Hg.), Frauensache Schule. Aus dem deutschen Schulalltag: Erfahrungen, Analysen, Alternativen, Frankfurt a.M.: Fischer.
Turner, John C. et al. (1994): Rediscovering the social group. A self-categorization theory, Oxford: Basil Blackwell.
Tyrell, Hartmann (1986): „Geschlechtliche Differenzierung und Geschlechterklassifikation". Kölner Zeitschrift für Soziologie und Sozialpsychologie 38, S. 450-489.
Uçar, Ali (1996): Benachteiligt. Ausländische Kinder in der deutschen Sonderschule. Eine empirische Untersuchung zur Lage der türkischen Kinder in der Schule für Lernbehinderte, Baltmannsweiler: Schneider Verlag Hohengehren.
Utas, Bo (Hg.) (1983): Women in Islamic Societies. Social attitudes and historical perspectives. Studies on Asian Topics no. 6, London, Malmö: Curzon Press.
Van de Loo, Marie-José/Reinhart, Margarete (Hg.) (1993): Kinder. Ethnologische Forschungen in fünf Kontinenten, München: Trickster.
Voss, Günter (1984): Bewußtsein ohne Subjekt? Eine Kritik des industriesoziologischen Bewußtseinsbegriffs, Großhesselohe: Hampp.
Yuval-Davis, Nira (1997): Gender & Nation, London: Sage.
Wagner, Peter (1995): Soziologie der Moderne: Freiheit und Disziplin, Frankfurt a.M., New York: Campus.
Waters, Mary (1990): Ethnic Options: Choosing Identities in America, Berkeley: University of California Press.
Weber, Max (1973): „Die ‚Objektivität' sozialwissenschaftlicher Erkenntnis". In: Max Weber (Hg.), Soziologie, weltgeschichtliche Analysen, Politik, Stuttgart: Kröner.
Weimann, Mike (2002): Wahlrecht für Kinder. Eine Streitschrift, Weinheim: Beltz.
Welsch, Wolfgang (1995): „Transkulturalität. Zur veränderten Verfaßtheit heutiger Kulturen". Zeitschrift für Kulturaustausch 1, S. 39-44.
Welz, Gisela (1996): Inszenierungen kultureller Vielfalt, Frankfurt a.M., New York: Campus.
West, Candace/Zimmermann, Don (1991): „Doing Gender". In: Judith Lorber/Susan Farrell (Hg.), The Social Construction of Gender, Newbury Park: Sage.
White, Hayden (1987): The Content of the Form: Narrative Discourse and Historical Representation, Baltimore: Stanford University Press.
Wikan, Unni (1982): Behind the Veil in Arabia: Women in Oman, Baltimore, London: The Johns Hopkins University Press.
Wikan, Unni (1999): „Culture, a new concept of race?". Social Anthropology 7, S. 57-64.
Willis, Paul E. (1981): Learning to Labor: How working class kids get working class jobs, New York: Columbia University Press.
Wimmer, Andreas (1996): „Kultur. Zur Reformulierung eines sozialanthropologischen Grundbegriffs". Kölner Zeitschrift für Soziologie und Sozialpsychologie 48, S. 401-425.
Wimmer, Andreas/Glick Schiller, Nina (2002): „Methodological Nationalism and Beyond: Nation-state Building, Migration, and the Social Sciences". Global Networks 2, S. 301-334.
Wimmer, Andreas/Glick Schiller, Nina (2003): „Methodological Natonalism, the Social Sciences, and the Study of Migration: An Essay in Historical Epistemology". International Migration Review 37, S. 576-610.

Winter, Leon de (2004): „Vor den Trümmern des großen Traums". Die Zeit 48, 18.11.2004.
Wittpoth, Jürgen (1994): Rahmungen und Spielräume des Selbst, Frankfurt a.M.: Diesterweg.
Wolbert, Barbara (1984): Migrationsbewältigung: Orientierungen und Strategien. Biographisch interpretative Fallstudien über die „Heirats-Migration" dreier Türkinnen, Aachen: Alano Verlag.
Wolbert, Barbara (1988): „Rückkehr – Abschied und Neubeginn. Ethnologische Aspekte zur Remigration zweier junger Türkinnen". Informationsdienst zur Ausländerarbeit 4, S. 37-42.
Wolfrum, Edgar (2006): Die geglückte Demokratie. Geschichte der Bundesrepublik Deutschland von ihren Anfängen bis zur Gegenwart, Stuttgart: Klett-Cotta.
Wulff, Helena (1988): Twenty Girls: Growing Up, Ethnicity and Excitement in a South London Microculture. Stockholm Studies in Social Anthropology, vol. 21, Stockholm: University of Stockholm Department of Social Anthropology.
Ziegler, Heinz (1931): Die moderne Nation, Tübingen: Mohr.
Zima, Peter (1997): Moderne/Postmoderne: Gesellschaft, Philosophie, Literatur, Tübingen, Basel: UTB.
Zinnecker, Jürgen (1991): „Zur Modernisierung von Jugend in Europa. Adoleszente Bildungsgeschichten im Gesellschaftsvergleich". In: Arno Combe/Werner Helsper (Hg.), Hermeneutische Jugendforschung, Opladen: Westdeutscher Verlag.

DANKSAGUNG

Auch diese Studie wäre ohne vielfältige Unterstützungen nicht zustande gekommen, für die ich mich bedanken möchte. An erster Stelle gilt mein herzlicher Dank den in der vorliegenden Arbeit teils exponierten, teils auch unsichtbar gebliebenen Protagonisten, also jenen Personen, die mir über die Jahre ihr Vertrauen und ihre Zeit geschenkt haben, sich wiederholt zu Gesprächen, Diskussionsrunden und Interviews mit mir getroffen haben und dabei so bereitwillig wie offen über ihre Lebenserfahrungen und -pläne, ihre persönlichen Meinungen, Einstellungen und Gefühle Auskunft gegeben haben. Ich habe mich bemüht, mit diesen persönlichen Äußerungen achtsam umzugehen, und hoffe, dass mir das gelungen ist.

Den Anfang nahm die Untersuchung durch meine Mitarbeit im internationalen Forschungsprojekt *State, School, and Ethnicity*, das die Volkswagen-Stiftung dankenswerterweise von 1996 bis 1999 finanzierte. Den Initiatoren und SupervisorInnen des Projekts, Prof. Dr. Gerd Baumann, Dr. Riva Kastoryano, Prof. Dr. Werner Schiffauer und Prof. Dr. Steven Vertovec, danke ich dafür, die großartige Chance einer systematisch angeleiteten internationalen Forschungskooperation möglich gemacht zu haben, und für alles, was ich während der ebenso intensiven wie intellektuell inspirierenden Zusammenarbeit mit ihnen lernen durfte.

Die vorliegende Studie ist die überarbeitete Fassung meiner Dissertation, mit der ich an der Europa-Universität Viadrina in Frankfurt an der Oder zur Doktorin der Philosophie promoviert wurde. Ich danke den beiden Gutachtern der Arbeit, Prof. Dr. Werner Schiffauer an der Europa-Universität Viadrina und Prof. Dr. Gerd Baumann an der Universität Amsterdam, ganz herzlich für das in mich gesetzte Vertrauen, für ihre Geduld während der langwährenden Forschungsphase, für ihre durchweg hilfreichen Kommentare und die überaus kollegiale Form des Umgangs. Wie sie beide haben auch die Mitglieder des Forschungskolloquiums am kultur- und sozialanthropologischen Institut der Europa-Universität Viadrina aus den Jahren 1996-2000, die wechselnden Mitglieder des Wittenberger Diskussionskreises und eine große Zahl meiner Kolleginnen und Kollegen in der Hessischen Stiftung Friedens- und Konfliktforschung in Frankfurt am Main dafür gesorgt, dass das Promovieren kein ‚einsames Brüten' war, sondern ich meine Interpretationen und Überlegungen im Lichte anderer Perspektiven und Forschungsbeiträge betrachten konnte.

Außerhalb der unmittelbaren Arbeitszusammenhänge verdanke ich einer Vielzahl von Foren, denen ich Teile meiner Untersuchung in den vergangenen Jahren vorgestellt habe, wertvolle Anregungen, weiterführende Auseinandersetzungen und Diskussionen zu einzelnen Details, theoretischen Überlegungen und grundsätzlichen Fragen zum methodischen Vorgehen wie auch zu den Auswertungen des empirischen Materials. Gelegenheiten dazu erhielt ich im Rahmen von verschiedenen Kolloquien und Tagungen, Workshops und Fachkonferenzen. Für ihre Einladungen zu solchen Veranstaltungen, von denen ich in besonderem Maße profitiert habe, möchte ich an dieser Stelle Frau Dr. Hiltgunt Jehle als ehemaliger Referentin der VolkswagenStiftung danken, ebenso Dr. Peter van Rooden vom Research Centre Religion and Society der Universität Amsterdam und Dr. John Wolffe an der Open University in Milton Keynes, Dr. Johannes Kandel bei der Friedrich-Ebert-Stiftung und Dr. Frank Gesemann an der Fachhochschule für Verwaltung in Berlin, Prof. Dr. Christel Hopf an der Universität Hildesheim, Norbert Cyrus an der Universität Oldenburg, Prof. Dr. Franz Hamburger an der Johannes Gutenberg-Universität in Mainz, Dr. Jaro Stacul, University of Regina, und Dr. Davide Però beim Centre on Migration, Policy and Society an der University of Oxford, den Mitgliedern der Bildungskommission der Heinrich Böll-Stiftung, deren Koordinatorin Sybille Volkholz und dem zuständigen Referenten Dr. Andreas Poltermann, Prof. Dr. Hanna Schissler am Georg-Eckert-Institut Braunschweig, PD Dr. Jacqueline Knörr am Max-Planck-Institut für ethnologische Forschung in Halle sowie Prof. Dr. Sigrid Luchtenberg an der Universität Duisburg-Essen. Für die Gewährung finanzieller Beihilfen in der Form von Konferenzreise-Stipendien bin ich überdies der Wissenschaftsförderung der Europäischen Kommission und der Wenner-Gren Foundation for Anthropological Research zu Dank verpflichtet.

Prof. Dr. Yasemin N. Soysal und Prof. Dr. Harald Müller, unter deren Leitung ich in den vergangenen sechs Jahren an der University of Essex in Colchester und dann in der Hessischen Stiftung Friedens- und Konfliktforschung in Frankfurt am Main gearbeitet habe, möchte ich für ihr Entgegenkommen bei der Gestaltung großzügiger, zeitlich flexibler Arrangements danken, die mir erlaubt haben, mein Promotionsvorhaben neben der Erwerbstätigkeit nicht aus den Augen zu verlieren. Mit Blick auf die ökonomischen Ressourcen, die die vorliegende Studie ermöglicht haben, war mir zudem ein einjähriges Schreibstipendium aus der Graduiertenförderung des Landes Brandenburg eine Hilfe. Der Geschwister Boehringer Ingelheim-Stiftung für Geisteswissenschaften danke ich für die Gewährung eines Druckkostenzuschusses, der diese Veröffentlichung erleichtert hat. Bei der Herstellung der Druckvorlagen war Marlar Kin mir eine unentbehrliche und geduldige Hilfe.

Während meine ‚Informanten', die Betreuer, Geld- und Arbeitgeber sowie KollegInnen auf ihre Art zum Entstehen beigetragen haben, hat mein Mann Ralph mir die nötige Zuversicht vermittelt, um über Jahre am Ball zu bleiben. Mit diversen Formen periodischer Trennung, Doppel- und Pendelhaushalten hat er Einschränkungen unseres Lebens hingenommen und mich trotzdem nach Kräften unterstützt. Ihm danke ich für das Wunder seiner Liebe.

Frankfurt am Main, im August 2006   Sabine Mannitz

Kultur und soziale Praxis

Martin Baumann,
Jörg Stolz (Hg.)
**Eine Schweiz –
viele Religionen**
Risiken und Chancen des
Zusammenlebens
Dezember 2006, ca. 325 Seiten,
kart., ca. 15,80 €,
ISBN: 3-89942-524-3

Klaus Müller-Richter,
Ramona Maria Uritescu (Hg.)
Imaginäre Topografien
Migration und Verortung
Dezember 2006, ca. 340 Seiten,
kart., ca. 27,80 €,
ISBN: 3-89942-594-4

TRANSIT MIGRATION
Forschungsgruppe (Hg.)
Turbulente Ränder
Neue Perspektiven auf
Migration an den Grenzen
Europas
November 2006, ca. 250 Seiten,
kart., ca. 24,80 €,
ISBN: 3-89942-480-8

María do Mar Castro Varela
Unzeitgemäße Utopien
Migrantinnen zwischen
Selbstfindung und gelehrter
Hoffnung
November 2006, ca. 280 Seiten,
kart., ca. 28,80 €,
ISBN: 3-89942-496-4

Daniel Münster
Postkoloniale Traditionen
Eine Ethnografie über Dorf,
Kaste und Ritual in Südindien
Oktober 2006, ca. 264 Seiten,
kart., ca. 27,80 €,
ISBN: 3-89942-538-3

Manfred Glagow
**Die Mkandawires auf
Livingstonia**
Eine afrikanische Familie
in Zeiten der Mission,
des Kolonialismus und der
Diktatur, Malawi 1875-1994
September 2006, 210 Seiten,
kart., 24,80 €,
ISBN: 3-89942-573-1

Sabine Mannitz
Die verkannte Integration
Eine Langzeitstudie unter
Heranwachsenden aus
Immigrantenfamilien
September 2006, 346 Seiten,
kart., 30,80 €,
ISBN: 3-89942-507-3

Annette Hornbacher (Hg.)
Ethik, Ethos, Ethnos
Aspekte und Probleme
interkultureller Ethik
August 2006, 432 Seiten,
kart., 31,80 €,
ISBN: 3-89942-490-5

Leseproben und weitere Informationen finden Sie unter:
www.transcript-verlag.de

Kultur und soziale Praxis

Kulturwissenschaftliches
Institut (Hg.)
Jahrbuch 2005
August 2006, 318 Seiten,
kart., 27,80 €,
ISBN: 3-89942-509-X

Maria Wurm
Musik in der Migration
Beobachtungen zur kulturellen
Artikulation türkischer
Jugendlicher in Deutschland
Juli 2006, 248 Seiten,
kart., 25,80 €,
ISBN: 3-89942-511-1

Michael Craanen,
Antje Gunsenheimer (Hg.)
Das ›Fremde‹ und das ›Eigene‹
Forschungsberichte
(1992 – 2006)
Juni 2006, 364 Seiten,
kart., 29,80 €,
ISBN: 3-89942-598-7

Heidrun Schulze
Migrieren – Arbeiten – Krankwerden
Eine biographietheoretische
Untersuchung
April 2006, 282 Seiten,
kart., 27,80 €,
ISBN: 3-89942-495-6

Kerstin Hein
Hybride Identitäten
Bastelbiografien im
Spannungsverhältnis zwischen
Lateinamerika und Europa
April 2006, 472 Seiten,
kart., 31,80 €,
ISBN: 3-89942-447-6

Karin Scherschel
Rassismus als flexible symbolische Ressource
Eine Studie über rassistische
Argumentationsfiguren
Februar 2006, 254 Seiten,
kart., 25,80 €,
ISBN: 3-89942-290-2

Thomas Hüsken
Der Stamm der Experten
Rhetorik und Praxis des
Interkulturellen Managements
in der deutschen staatlichen
Entwicklungszusammenarbeit
Januar 2006, 306 Seiten,
kart., 27,80 €,
ISBN: 3-89942-444-1

Leseproben und weitere Informationen finden Sie unter:
www.transcript-verlag.de